बुल्स, बेयर्स ऐंड अदर बीस्ट्स

संतोष नायर सीएनबीसीटीवी18 डॉटकॉम के कार्यकारी संपादक हैं। उन्हें कारोबारी पत्रकारिता का दो दशकों का गहन अनुभव है। उन्होंने अपने करिअर की शुरुआत 1997 में *बिज़नेस स्टैंडर्ड* के स्टॉक मार्केट के रिपोर्टर के रूप में की थी। इससे उन्हें भारतीय वित्त बाज़ारों में व्यापक बदलाव ला रहे संरचनात्मक परिवर्तनों को क़रीब से देखने का मौक़ा मिला। प्रतिदिन आने वाले उनके स्तंभ 'स्ट्रीट साइन्स' में उस दिन के कुछ प्रमुख सौदों, बाज़ार के रुझान और उससे जुड़ी बातें हुआ करती थीं। यह निवेशक बिरादरी के बीच बहुत लोकप्रिय था। 2006 से 2010 तक द *इकोनॉमिक टाइम्स* के मार्केट्स एडिटर रहते हुए उन्होंने उस दौर के कुशल, लेकिन बहुत अधिक अलग-थलग रहने वाले निवेशकों के जीवन पर गहराई से शोध करके प्रकाश डाला। इसके अतिरिक्त संस्थानों, रुझानों और तरह-तरह के छल-प्रपंचों के संबंध में लेखन किया। 2011 से 2020 तक मनीकंट्रोल डॉटकॉम के संपादक के रूप में संतोष ने न्यूज़रूम के माहौल को ऊर्जावान बनाने में मदद के साथ ही इसे बहुत अधिक डेटा तथा टूल आधारित संस्थान से डिजिटल वित्तीय प्रकाशन की सभी सेवाएँ प्रदान करने वाले प्लेटफ़ॉर्म में बदलने की कवायद का नेतृत्व किया। संतोष अपनी पत्नी और दो बेटियों के साथ मुंबई में रहते हैं।

बुल्स, बेयर्स ऐंड अदर बीस्ट्स

भारतीय शेयर बाज़ार की रोचक कहानी

संतोष नायर

भूमिका : प्रो. संजय बख्शी

अनुवाद : अखिलेश अवस्थी

MANJUL

मंजुल पब्लिशिंग हाउस

मंजुल पब्लिशिंग हाउस

कॉरपोरेट एवं संपादकीय कार्यालय

• द्वितीय तल, उषा प्रीत कॉम्प्लेक्स, 42 मालवीय नगर, भोपाल-462 003

विक्रय एवं विपणन कार्यालय

• सी-16, सेक्टर 3, नोएडा, उत्तर प्रदेश, 201301

वेबसाइट : www.manjulindia.com

वितरण केन्द्र

अहमदाबाद, बेंगलुरू, भोपाल, कोलकाता, चेन्नई,
हैदराबाद, मुम्बई, नई दिल्ली, पुणे

संतोष नायर द्वारा लिखित मूल अंग्रेजी पुस्तक
बुल्स, बेयर्स ऐंड अदर बीस्ट्स का हिन्दी अनुवाद

Bulls, Bears & other Beasts by Santosh Nair – Hindi edition

अंग्रेजी संस्करण सर्वप्रथम पैन मेकमिलन इंडिया द्वारा 2016 में प्रकाशित
पाँचवीं वर्षगाँठ संस्करण पैन मेकमिलन इंडिया द्वारा 2021 में प्रकाशित

ISBN 978-93-5543-321-3

अनुवाद : अखिलेश अवस्थी

Cover design by Haitenlo Semy
Cover image © Shutterstock

मुद्रण व जिल्दसाज़ी : थॉमसन प्रेस (इंडिया) लिमिटेड

उस हरेक शख़्स और उन सभी के लिए, जो यह सोचते हैं कि शेयर बाज़ार से बिना कड़ी मेहनत के दौलत कमाई जा सकती है।

अनुक्रमणिका

भूमिका

आप जो किताब पढ़ने जा रहे हैं वह शेयर बाज़ार में बुल्स, बीयर और अन्य जानवरों जैसे कि भेड़ की खाल में छुपे हुए भेड़ियों की एक दिलचस्प कहानी है, जो निवेशक रूपी भेड़ों के झुंड के झुंड निगल जाते हैं।

इसका नायक एक 'काल्पनिक' चरित्र है लाला; जो 27 साल - 1988 से 2015 तक - भारतीय शेयर बाज़ार के घटनाक्रमों का बहुत नज़दीकी गवाह रहा है। लाला, एक ग़रीब परिवार से है और बॉम्बे स्टॉक एक्सचेंज के एक दलाल के दफ़्तर में क्लर्क के रूप में 1998 में अपने करिअर की शुरुआत करता है। इसके बाद वह स्टॉक जॉबर बनता है और फिर दौलतमंद दलाल, जिसकी अच्छी ख़ासी संपत्ति होती है।

लाला हमें इन दशकों की यात्रा कराते हुए इस दौरान भारत के वित्तीय घोटालों, राजनीतिक और आर्थिक उथल-पुथल, पाकिस्तान के साथ युद्ध, भारत के सूचना प्रौद्योगिकी उद्योग का विकास, कई कंपनियों के उत्थान और पतन, शेयर बाज़ार में उनका मूल्यांकन तथा व्यवसाय के दोनों मालिकों, प्रबंधक और 'बाज़ार के लोगों' की प्रतिष्ठा आदि का उल्लेख करता है।

किताब में भारतीय शेयर बाज़ारों के आधुनिक शक्ल में आने का उल्लेख है - काग़ज़ी कारोबार, 1.5 प्रतिशत दलाली, क़ीमतें लगाने की खुली बोली व्यवस्था, जिसमें बेचने और ख़रीदने के प्रस्तावित बोलियों में बहुत अधिक अंतर होता था, से लेकर आधुनिक काग़ज़रहित ट्रेडिंग, जिसमें शेयर बाज़ार का एक्सचेंज के परिसर से बाहर देशभर में कंप्यूटर स्क्रीन तक विस्तार हो गया, निपटान का चक्र छोटा हो गया और ख़रीदी, बिक्री बोलियों का अंतर तथा दलाली बहुत ही कम हो गई।

हमें इंसानी स्वभाव के बारे में भी बहुत कुछ सीखने को मिलता है – कैसे लोग व्यवस्था के साथ खिलवाड़ करते हैं, किस तरह से नियामक एजेंसियाँ लगभग हमेशा ही धूर्तों से पीछे रह जाती हैं, जो बहुत तेज़ी से अपने को एक क़दम आगे रखते हैं, किस तरह से ये धूर्त–कपटी सीधे-सादे और बेवकूफ़ों का धन हड़प लिया करते हैं और किस तरह दलाली कारोबार, निवेश बैंकिंग और धन प्रबंधन में दिया जाने वाला प्रोत्साहन अक्सर ग्राहकों के साथ ठगी में बदल जाता है।

उदाहरण के तौर पर किताब के इस अंश को लें; जिसमें 1994 में आईपीओ बाज़ार के बहुत अधिक बढ़ जाने का ज़िक्र है, जिसे बाज़ार के शब्दों में गुब्बारा बन जाना कहते हैं, जो ज़रा-सा पिन की नोक चुभते ही फट जाता है। इसने मुझे हैरान कर दिया था कि आख़िर भारत में चल क्या रहा है :

व्यवसायिक बैंकर : सर, क्या आप 10–15 करोड़ रुपए की पूँजी बाज़ार से चाहते हैं?

प्रमोटर : नहीं, अभी तो ऐसी ज़रूरत नहीं है।

व्यवसायिक बैंकर : लेकिन बाज़ार में और ज़्यादा समय तक इतनी तेज़ी नहीं रहेगी। अभी जब पूँजी उपलब्ध है तो आपको इसका इस्तेमाल करना चाहिए।

प्रमोटर : ब्याज कितना है?

व्यवसायिक बैंकर : कुछ भी नहीं।

प्रमोटर : अच्छा, सच? लेकिन कभी न कभी तो मुझे पैसा वापस देना होगा, है कि नहीं?

व्यवसायिक बैंकर : नहीं, यही तो असली मज़ा है।

प्रमोटर (कुछ संदेह भरे स्वर में) : मतलब, मुझे पूँजी मिल जाएगी, कोई ब्याज भी नहीं देना है और मुझे पूँजी भी नहीं लौटानी है। आप यही कह रहे हैं ना?

व्यवसायिक बैंकर : जी, बिलकुल यही।

प्रमोटर : ये तो बहुत अच्छी बात है।

इस बातचीत को पढ़कर मुझे अतीत के कई आईपीओ की याद आ गई। साउथ सी बबल (जिसका वर्णन चार्ल्स मैकाय की *एक्स्ट्राऑर्डिनरी पॉपुलर डिल्यूज़ंस ऐंड द मैडनेस ऑफ़ द क्राउड्स* में है) से लेकर अभी इस समय तक जब मैं यह लिख रहा हूँ।

1994 के आईपीओ के गुब्बारे के समय पूँजी जुटाने वाली दर्जनों कंपनियाँ ग़ायब हो गईं और मैं कुछ-कुछ विश्वास के साथ कह सकता हूँ कि इस बार भी नतीजा बहुत अलग नहीं होने वाला है। परिणाम कभी भी अलग नहीं होता है।

इंसानी स्वभाव नहीं बदलता। लाखों वर्षों से लालच और ईर्ष्या, डर और घमंड तथा अतिविश्वास हमारे स्वभाव की पहचान रहे हैं और ये स्वाभाविक गुण ख़त्म होने वाले नहीं हैं। यही कारण है कि हमारे सामने यहाँ घोटाले और बड़े धमाके होंगे, भंडाफोड़ होगा और छल-प्रपंच होंगे। भेड़ जैसे सीधे-सादे लोग होंगे और भेड़िए जैसे निगल जाने वाले लोग होंगे। हमेशा से ऐसा ही होता रहा है और आगे भी होता रहेगा। हर्षद मेहता की जगह केतन पारेख आएँगे और एमएस शूज़ की जगह कोई और कंपनी होगी। आंकड़ों और किरदारों के अलावा कुछ भी बदलता नहीं है।

यह किताब ऐसी कई शख़्सियतों की सटीक तसवीर पेश करती है, जो उतने ही वास्तविक थे या हैं, जितने कि आप और मैं। आप 'भेड़ियों' द्वारा इस्तेमाल किए जाने वाले दाँव-पेंचों - सूचना का जुगाड़ कर पहले से सौदे करना यानी कि फ्रंट रनिंग, भेदिया कारोबार यानी कंपनियों की भीतरी सूचना का लाभ लेना, शेयर के भाव चढ़ाना-गिराना और आईपीओ में पूँजी जुटाकर भाग जाने वाली (सेबी ने इन 'ग़ायब होने वाली कंपनियों' की पहचान कर जाँच की है) कई कंपनियों के प्रमोटरों (अपनी कंपनियों के शेयरों को 'प्रमोट' करने के सिवाय हम उनसे और क्या उम्मीद कर सकते हैं) के अपने को बढ़ावा देने वाले व्यवहार - के बारे में जानेंगे। जब आप लाला की कहानी पढ़ेंगे, आपको ये तीन सवाल करने चाहिए :

1. क्या यह फिर से होगा?
2. यह मुझे क्या याद दिलाता है?
3. यह मुझे उसकी याद क्यों दिलाता है?

प्रवृत्ति की पहचान करना वास्तव में दुनिया किस तरह से काम करती है, उसको समझने का एक अहम हिस्सा है। इतिहास से संबंधित इस तरह की किताबें बारंबार प्रकट होने वाले अहंकार और अज्ञानता को समझने के बहुत से अवसर देती हैं। यही अहंकार और अज्ञानता अंततः लोगों को और उनके द्वारा संचालित संगठनों को पतन की ओर ले जाता है। यह किताब इस तरह की कई प्रवृत्तियों को रेखांकित करती है।

किताब में शामिल प्रमुख घटनाओं का विवरण लेखक की ख़ास आदत – कम से कम आधुनिक समय के लिए – की वज़ह से तथ्यों की दृष्टि से सटीक है। द *इकोनॉमिक टाइम्स* के मार्केट्स एडिटर और मनी कंट्रोलडॉटकॉम के संपादक रह चुके और अब वर्तमान में सीएनबीसी टीवी18 डॉटकॉम के कार्यकारी संपादक संतोष पिछले 25 वर्ष से पत्रकारिता के क्षेत्र में काम कर रहे हैं। वे कई साल से एक डायरी में दैनिक घटनाओं का विवरण लिखते आ रहे हैं। इस डायरी में वे ख़ासकर प्रमुख घटनाओं, बातचीत और रोज़ाना के अपने अनुभवों की छोटी-छोटी बातें लिखा करते हैं। (कई साल पहले जब मैं उनसे पहली बार मिला था। हम साथ में ब्रेकफ़ास्ट कर रहे थे। उन्होंने बीच में कई बार रुककर डायरी में कुछ नोट किया था)।

यह बहुत अच्छी आदत है। मुझे लगता है कि इस किताब की प्रस्तुति के पीछे इसका बहुत बड़ा योगदान है। ऐसा प्रतीत होता है कि लेखक संतोष ने इतने बरसों में जो कुछ डायरी में लिखा है, उसे बताने के लिए लाला नाम का किरदार, नायक रचा है। इस तरह से देखें तो लाला क़तई काल्पनिक चरित्र नहीं है!

किताब हमें भारतीय शेयर बाज़ार के भयानक और कुरूप पक्ष के बारे में बताती है, जो हम जानना चाहते हैं। लेकिन उसका *उजला* पक्ष भी है। इस कहानी में जब 1998 के अंत में घटनाएँ घट रही थीं, उस समय सेंसेक्स 3,000 अंक पर था। 2015 के अंतिम महीनों में जब किताब पूरी होने को थी, उस समय सेंसेक्स 26,000 का आंकड़ा पार कर गया था। जब मैं सितंबर, 2021 में इसकी भूमिका लिख रहा हूँ, सेंसेक्स 59,000 से ऊपर पहुँच गया है।

उजला पक्ष है कि कोई भी घोटाला, शेयरों की क़ीमतों के साथ छेड़छाड़, राजनीतिक तथा आर्थिक संकट, युद्ध और बाज़ार के किरदारों के अनैतिक व्यवहारों की तरह-तरह की कपटपूर्ण साजिशें, जिनका किताब में बहुत ही अच्छी तरह से विवरण दिया गया है, भारतीय शेयर बाज़ारों में लंबी अवधि के निवेशकों को अकूत दौलत कमाने से नहीं रोक पाए। उनको बस पर्याप्त सावधानी बरतते हुए शेयरों में निवेश करना था। उसके बाद शेयर बाज़ारों में चल रहे सर्कस की तरफ़ से आँखें बंदकर चुपचाप बैठे रहना था। अंत में कुल मिलाकर असल में जिन्होंने दौलत कमाई, वे धूर्त नहीं थे बल्कि लंबी अवधि के निवेशक थे। जिन्होंने शेयर बाज़ार के कोलाहल को अनुसना कर दिया और उसकी बजाय कारोबार की बुनियादी बातों की ओर, भारत के विकास की ओर ध्यान केंद्रित किया।

शायद संतोष के लिए यह एक और किताब लिखने का वक्त है। इस बार भारत में शेयर बाज़ार में निवेश करने के उजले पक्ष के संबंध में, जो शायद बाज़ारों में लंबी अवधि के निवेशकों के लिए दौलत बनाने के उद्देश्य से आवश्यक सभी घटकों के संबंध में हो सकती है – उद्यमिता और नवाचार, वृद्धि और लाभ की संभावना और सुशासन। फिर भी अगर वे यह किताब नहीं लिखते हैं तो भी मैं आपसे कहूँगा कि आप यह किताब पढ़ें। भारतीय शेयर बाज़ारों में भागीदार होने के ख़तरों से वाकिफ़ होने के लिए और ऐसी भेड़ बनने से बचने के लिए, जिसकी नियति है कि एक भेड़िया उसको निगल जाने वाला है।

संजय बख्शी

डिस्टिंगुइश्ड एडजंक्ट प्रोफ़ेसर

फ़्लेम यूनिवर्सिटी

सितंबर, 2021

1

बचपन के मुश्किल दिन

मेरा नाम लालचंद है। मुझे स्कूल और कॉलेज के दिनों से जानने वाले दोस्तों के लिए लाल, जो और शेयर बाज़ार में मेरे दोस्तों और परिचितों के लिए, लाला। 1968 में मेरा जन्म मुंबई की उपनगरी भांडुप के एक साधारण से नर्सिंग होम में हुआ। मेरे पिता जिन्हें मैं बाउजी कहता था, वे गेस्ट कीन विलियम्स नाम की इंजीनियरिंग फ़र्म की भांडुप की फ़ैक्ट्री में काम करते थे। 1992 में अपनी सेवानिवृत्ति तक वे प्लांट टेक्नीशियन रहे।

मूल रूप से मेरे माता-पिता जयपुर के थे और कुछ मुश्किल हालात के चलते उन्हें मुंबई जाना पड़ा। क्या हालात थे, यह इस कहानी के लिए प्रासंगिक नहीं है, जो मैं अभी बताने जा रहा हूँ। मेरे जन्म के समय वे भांडुप वेस्ट में प्रमुख मार्ग जंगल मंगल रोड के पास शिवम सिंह चाल में रह रहे थे। बाउजी के वेतन से मुश्किल से गुज़र-बसर होती थी। उस पर जयपुर से रोज़गार की तलाश में मुंबई आने वाले हमारे रिश्तेदार हमारे घर पर रुकते थे। इससे उनके सीमित संसाधन पर दबाव और बढ़ जाता था। माँ को इन्हीं हालात में घर चलाना पड़ता था। ऐसे में वे कई बार बाउजी की दरियादिली पर भड़क जाती थीं।

मैं शुरुआत में ख़राब संगत में पड़ गया था। लेकिन अगर आप उस चाल के माहौल को देखें, जिसमें मेरा बचपन बीता था तो इसमें मेरी बहुत ज़्यादा ग़लती नहीं थी। वह चाल मुंबई के एक ऐसे उपनगर में थी, जहाँ

अपराधों का बोलबाला था। लेकिन आज मैं अपने अतीत के बारे में सोचता हूँ तो मुझे लगता है कि मेरे माता-पिता ने मुझे एक अच्छी परवरिश देने की कोशिश की, लेकिन मेरा झुकाव हमेशा से ही क़ानून तोड़ने की ओर रहा।

मेरी पढ़ाई नैशनल एजुकेशन सोसायटी में हुई, जो उस समय भांडुप के अच्छे स्कूलों में माना जाता था। उसकी प्रिंसिपल की हिटलर की तरह छवि थी और बच्चे उनके सामने आने से घबराते थे। बाउजी ने अपने एक अच्छे संपर्कों वाले दोस्त की मदद से मेरा उस स्कूल में दाख़िला करा दिया था।

बाद में हम लोग अपनी चाल से कुछ ही दूरी पर नई बनी इमारत में एक छोटे से फ़्लैट में रहने चले गए। उस समय मैं क़रीब 12 साल का था। एक कमरे, किचन वाले फ़्लैट को लेने के लिए बाउजी को आर्थिक रूप से काफ़ी परेशानी उठानी पड़ी। लेकिन वे इस चाल को छोड़ने के लिए पूरी तरह से अपना मन बना चुके थे। इसके पीछे कारण कोई सामाजिक प्रतिष्ठा हासिल करना नहीं था, बल्कि वे इस बात को समझते थे कि उनके बच्चों के लिए चाल कोई अच्छी जगह नहीं है। वे जानते थे कि मैं ग़लत संगत में हूँ।

जगह बदलने से मेरे ग़लत तौर-तरीक़ों में कोई ख़ास फ़र्क़ नहीं पड़ा। नौवीं कक्षा में आने तक मैं शराब पीने की शुरुआत कर चुका था। कभी-कभार सिगरेट पी लेता था। स्कूल में मेरे दोस्त आर्थर और शंकर दोनों मुझसे एक अगली कक्षा में थे, लेकिन उम्र में दो साल बड़े थे। वे नौवीं में फ़ेल हो चुके थे। आर्थर कुछ हिंसक स्वभाव का था। हमेशा झगड़ा मोल लेने को तैयार। वहीं शंकर शांत स्वभाव का था। लेकिन हम तीनों में सबसे तगड़ा था और सबसे ज़्यादा क्रूर भी।

शंकर नगर निगम के पार्षद किम बहादुर थापा के भाई बाबू के लिए काम करता था। थापा की 1991 में गैंगवार में हत्या हो गई थी। मैं अपनी उम्र के ज़्यादातर लड़कों से ऊँचा था और तंदुरुस्त भी दिखाई देता था। लेकिन उससे भी ख़ास बात थी, जो शंकर मुझे कहता था। उसे लगता था कि मैं बहुत दिलेर हूँ। अब मैं उन बीते दिनों की बातों को सोचता हूँ तो अपनी हरकतों को लेकर मेरी कँपकँपी छूटने लगती है।

शंकर, बाबू के लिए कुछ छोटे-मोटे अपराध करता रहता था। जैसे कि वसूली ना देने वाले खोमचे वालों को डराना-धमकाना, लोगों पर निगाह रखना या बाबू के कहने पर लोगों से मारपीट करना, उसके लिए

किराना ख़रीदना। इस तरह की तमाम चीज़ें। मैं और आर्थर इन कामों में शंकर की मदद करते थे।

मैं पढ़ाई में बहुत अच्छा नहीं था, लेकिन गणित पर अच्छी पकड़ थी। बाउजी की बड़ी हसरत थी कि मैं इंजीनियर बनूँ। वे खुद बारहवीं कक्षा के बाद आगे पढ़ाई जारी नहीं रख सके थे। लेकिन उनका दिमाग़ इंजीनियर की तरह ही काम करता था। घर में कोई भी चीज़ रेडियो से लेकर रसोई का नल तक ख़राब होता तो वे खुद ही उसकी मरम्मत कर लेते थे।

हम लोग रात का खाना जब साथा खा रहे होते तो वे बड़े गर्व के साथ बताते थे, 'बेटा फ़ैक्टरी में कई बार ख़राबी आने पर मैं उसे दूर कर देता हूँ। इसे देखकर कई बार ट्रेनी इंजीनियर मुझसे पूछने लगते हैं, मैंने कहाँ से इंजीनियरिंग की पढ़ाई की है। मैं उनसे कहता हूँ कि मैं इंजीनियर नहीं हूँ, लेकिन एक दिन मेरा बेटा ज़रूर इंजीनियर बनेगा।'

लेकिन मेरी करतूतों की ख़बरें मिलने के साथ धीरे-धीरे उनकी उम्मीदें धुँधलाती गईं। जैसा कि हरेक पिता के साथ होता है, शुरू में उन्हें भी यक़ीन नहीं हुआ कि मैं ऐसा कर सकता हूँ।

मैं उस समय दसवीं में पढ़ रहा था। बाउजी को अहसास हो गया कि मैंने शराब पीना शुरू कर दिया है। एक दिन उन्होंने मेरे शरीर से आ रही शराब की गंध को भाँप लिया। उन्हें शक तो काफ़ी समय से था। लेकिन सच्चाई जानकर उनको सदमा लगा। उस रात को मैंने उन्हें माँ से कहते हुए सुना कि अगर उन्होंने कोई कड़ा क़दम नहीं उठाया तो मैं अपने साथ उन सबकी ज़िंदगी बरबाद कर दूँगा। मेरे तमाम परेशानियाँ पैदा करने के बावजूद वे अपने को शांत और स्थिर रख पा रहे थे तो शायद उसका कारण था कि मेरे भाई सतीश और बहन अंजू पढ़ाई में बहुत अच्छे नतीजे ला रहे थे।

शराब वाले किस्से के एक महीने के भीतर ही बाउजी ने भांडुप वाला फ़्लैट बेच दिया और हम डोंबिवली में किराए के मकान में रहने चले गए। मेरा स्कूल में आख़िरी साल चल रहा था और क़रीब आधा समय बाक़ी था। लेकिन बाउजी ने फ़ैसला किया था कि जब तक उनका बस चलेगा तब तक वे मुझे भांडुप में क़दम भी नहीं रखने देंगे। उन्होंने अपनी पहचान के सहारे डोंबिवली वेस्ट में साउथ इंडियन एसोसिएशन हाई स्कूल में मेरा दाख़िला करा दिया।

हमारे घर बदलने से सबसे ज़्यादा नुक़सान अगर किसी को हुआ तो वो बाउजी को ही हुआ था। अब उनको आधे घंटे से ज़्यादा समय तक लोकल में धक्के खाते हुए रोज़ फ़ैक्टरी जाना पड़ता था। उससे पहले वे बेस्ट की बस से दस मिनट में पहुँच जाते थे।

नया स्कूल मुझे रास नहीं आ रहा था। लेकिन मैं कुछ कर भी नहीं सकता था। वहाँ ज़्यादातर बच्चे दक्षिण भारतीय थे। स्कूल में शिक्षक और दूसरे कर्मचारी भी दक्षिण के ही थे। हर क्लास में जैसा कि होता है एक-दो लड़के कुछ दादा क़िस्म के होते हैं और कुछ मवाली भी। लेकिन शंकर और आर्थर के मुक़ाबले में वे कुछ भी नहीं थे।

नए दोस्त बनाने के मामले में, मैं थोड़ा कच्चा था और शायद यही कारण था कि मैं पढ़ाई पर ज़्यादा ध्यान दे पाया। एसएससी की परीक्षा में मैंने 71 प्रतिशत नंबर हासिल किए थे। हालाँकि उन दिनों भी वे किसी नामी कॉलेज में विज्ञान विषय में प्रवेश के लिए पर्याप्त नहीं थे। मुझे विज्ञान पढ़ने में कोई दिलचस्पी नहीं थी, लेकिन मेरे पिता मुझे इंजीनियर बनते हुए देखना चाहते थे। लेकिन अब तक बाउजी को भी समझ आ गया था कि दो-तीन टॉप कॉलेजों को छोड़ दें तो किसी भी अच्छे इंजीनियरिंग कॉलेज में प्रवेश के लिए मोटी रक़म बतौर फ़ीस देनी होगी, जो कि उनके बस में नहीं था। भांडुप के फ़्लैट को बेचने से मिली रक़म में से थोड़े-बहुत पैसे बचे थे। लेकिन यह रक़म मेरी पढ़ाई पर दाँव पर लगाना एक तरह से जुआ ही था।

बाउजी मुझे लेकर किसी तरह की झूठी उम्मीदें पालकर और निराश हों इससे अच्छा था कि मैं उनके सामने सच्चाई क़बूल कर लेता। मैंने वही किया। मैंने बाउजी के सामने साफ़ कर दिया कि विज्ञान की पढ़ाई में मेरी कोई दिलचस्पी नहीं है या क़ाबिलियत नहीं है। जो भी वे समझें। मैं कॉमर्स या कोई भी दूसरे विषय पढ़ने में ज़्यादा सहज था।

उन्होंने भी कोई ज़ोर नहीं दिया। अपने दोस्तों और रिश्तेदारों से बातचीत के बाद उन्होंने मुझे कॉमर्स लेने की सलाह दी। सच तो यह था कि बाउजी का भांडुप का फ़्लैट बेचकर डोंबिवली में जाकर रहने का फ़ैसला सही नहीं था। यह उन पर भारी पड़ सकता था, लेकिन कुछ अप्रत्याशित घटनाओं के कारण ऐसा नहीं हुआ।

उपनगरीय क्षेत्र में ज़मीन और मकानों का कारोबार बहुत तेज़ी से बढ़ा था। इससे डोंबिवली में ठग और बदमाश भी भरपूर फल-फूल रहे थे। रोज़ाना के झगड़े सामान्य हो गए थे और खुलेआम वसूली हो रही थी। ज़मीनों को लेकर विवादों से संगठित गिरोहों को पनपने का मौक़ा मिल गया और आए दिन आपसी दुश्मनी में ये दिनदहाड़े देशी पिस्तौल, हॉकी और साइकिल चेन से एक-दूसरे पर हमले करते दिखाई देते थे। इस तरह से डोंबिवली कई मायनों में भांडुप से भी अपराधों में आगे निकल रहा था।

मुझ जैसे शख़्स के लिए, जिसे आसानी से उकसाया जा सकता था और जिसे मारधाड़ से कोई परहेज़ नहीं था, ऐसा माहौल जैसे दावत देने वाला था। मुझे किसी भी विवाद से दूर रहने और बुरी संगत से बचने के लिए बहुत संघर्ष करना पड़ा। शंकर और आर्थर के साथ रहते हुए मैंने कुछ सीख हासिल की थी और कई बार मेरे मन में डोंबिवली के किसी बदमाश दादा के लिए काम करने का ख़याल भी आया।

लेकिन फिर बाउजी की परेशानियों के बारे में सोचकर मैं मन मसोस कर रह गया। वे मुझे सही राह पर रखने के लिए रोज़ाना कई तरह की तक़लीफ़ें सह रहे थे। मुझे अपने ऊपर शर्म भी आती थी कि सतीश और अंजू अब भी मुझे आशा भरी नज़रों से देखते थे। हालाँकि मुझे उनके प्रति ज़िम्मेदारी का अहसास था और मुझ पर इसी क़िस्म के दबाव थे, जो मुझे नेक बने रहने को मज़बूर कर रहे थे। मैंने अपने को समझाया और कुछ ही दोस्तों तक खुद को सीमित कर लिया और पढ़ाई पर ध्यान देने लगा।

मैं 12वीं में था, जब बाउजी फ़ैक्टरी में एक हादसे में कुछ समय के लिए शारीरिक रूप से अक्षम हो गए। वे घर पर ही रहते थे। उन्हें काम पर वापस जाने में क़रीब दस महीने लगे - अंतिम ढाई महीने तो उनका वेतन भी बंद हो गया। यह वक्त हम सबके लिए भावनात्मक और आर्थिक दोनों ही तरीक़े से बहुत कठिन बीता। एक समय तो हमें ऐसा लगने लगा था कि पता नहीं वे पूरी तरह से ठीक होकर काम करने जा सकेंगे या नहीं।

इस घटना से मेरे भीतर ग़ैर क़ानूनी क़िस्म के कारनामों को करने की जो थोड़ी बहुत लालसा बची थी, वह भी ख़त्म हो गई। मैं अब ऐसा कुछ भी नहीं करना चाहता था, जिससे घरवालों के लिए और समस्याएँ पैदा हों।

मैंने कुछ महीने तक डोंबिवली रेलवे स्टेशन के पास योगायोग नाम के पुस्तकालय में काम किया, जो कि लोगों तक किताबें पहुँचाया करता था। वेतन बहुत ज़्यादा नहीं था, लेकिन उस समय हमारे लिए एक-एक पाई क़ीमती थी। लेकिन यह नौकरी इसलिए ख़ास थी कि इसने किताबों की दुनिया से मेरा परिचय कराया। उसके पहले तक कभी किताबों में मेरी दिलचस्पी नहीं थी। मैं रोज़ाना चार घंटे पुस्तकालय में देता था और मेरे पास काफ़ी ख़ाली वक्त होता था। इससे धीरे-धीरे मैं किताबों से जुड़ता गया। शुरुआत कुछ रोमांचक क़िस्म की किताबों से हुई, जो बाद में बढ़ते-बढ़ते मुझे अच्छी किताबों की ओर ले गई। संयोगवश पैदा हुई पढ़ने की मेरी यह आदत साल-दर-साल और विकसित होती गई और शेयर बाज़ार में मेरी नौकरी में आगे बहुत काम आने वाली थी।

कॉलेज में बी. कॉम करने के बाद दुबई में नौकरी करने की योजना पर पानी फिर चुका था। दुबई में एक कारोबारी फ़र्म में क्लर्क की नौकरी के लिए बाउजी ने एक एजेन्ट को 15 हज़ार रुपए दिए थे। लेकिन वह एजेन्ट धोखेबाज निकला। हमारे लिए वो रक़म बहुत बड़ी थी। मेरे पास कोई चारा नहीं था। एजेन्ट से वो रक़म वसूलने के लिए मुझे थोड़े समय के लिए अपने पुराने अवतार में लौटना पड़ा। बाउजी को इस बारे में मैंने कुछ भी नहीं बताया। वे इसकी कभी भी अनुमति नहीं देते।

इसके बाद मैंने कुछ महीनों के लिए फ़ोर्ट में एक केमिकल फ़र्म में ट्रेनी के रूप में अकाउंटेंट का काम किया। ये नौकरी मुझे रास नहीं आ रही थी। लेकिन हमारी आर्थिक स्थिति अभी पूरी तरह से पटरी पर नहीं आई थी। मुझे नौकरी की ज़रूरत थी।

संयोग या क़िस्मत जो भी कहें कि एक दोपहर मैं रोज़ाना की तरह अपने नियत स्टॉल पर खाना खा रहा था, वहीं मुझे कॉलेज के दिनों का सहपाठी प्रदीप मोहन मिल गया। कॉलेज में हम सिर्फ़ एक-दूसरे को जानते थे। लेकिन हम ऐसे घुल-मिलकर बात कर रहे थे, जैसे दो पुराने बिछुड़े यार मिल रहे हों।

प्रदीप शेयर दलाल के दफ़्तर में काम करता था। उसका काम शेयर बाज़ार में ख़रीदी-बिकवाली पूरी हो जाने के बाद ग्राहकों के हिसाब-किताब रखने का था। उस पहली मुलाक़ात के बाद हमारी रोज़ाना दोपहर में

स्टॉल पर खाना खाते समय मुलाक़ात होने लगी और हमारे संबंध और गहरे हो गए। वह बिना थके बोलता रहता था और मैं अच्छा श्रोता था। वो मुझे विस्तार से शेयर बाज़ार के किस्से सुनाया करता था। कैसे चंद घंटों में किसी की क़िस्मत चमक जाती है तो कोई बरबाद हो जाता है। बड़े दलाल किस तरह से चालबाज़ियाँ और निर्मम तरीक़े अपनाते हैं और बड़े उद्योगपतियों पर उनका कितना प्रभाव है। लेकिन मेरा ध्यान उसकी कही एक बात पर जाकर अटक गया। उसने कहा कि शेयर बाज़ार में सफलता के लिए कोई बहुत बड़ी डिग्री तो क्या किसी तरह की औपचारिक क़िस्म की पढ़ाई की ज़रूरत भी नहीं है। थोड़ा हुनर, लगन, और सबसे महत्त्वपूर्ण क़िस्मत से शेयर के इस कारोबार में कोई अथाह दौलत कमा सकता है। घर वापस आने के बाद प्रदीप की कही बात बार-बार मेरे दिमाग़ में गूँजती रही।

2

दलाल स्ट्रीट का सफ़र

एक महीने की बातचीत में हम दोनों एक-दूसरे से अच्छे से घुल-मिल गए थे। तभी मैंने प्रदीप से एक दिन अपने किसी परिचित दलाल के दफ़्तर में नौकरी दिलाने का आग्रह किया। एक बार को तो वह चौंक गया। मुझे ऐसा लगा, प्रदीप इसके लिए तैयार नहीं था। शुरू में तो हो सकता है कि उसे ऐसा लगा हो कि मैं कहीं और नौकरी करने लगा तो उसकी इतनी सारी बातें इतने ध्यान से कौन सुनेगा।

प्रदीप से जितना कुछ मैंने शेयर बाज़ार के बारे में जाना-समझा था, उससे इतना तो मैंने सोच लिया था कि मैं दलाल के दफ़्तर में शेयर सर्टिफ़िकेट देखना, हिसाब-किताब मिलाना और काग़ज़ी काम करने वाला नहीं था। मैं कारोबार के बिलकुल केंद्र में रहना चाहता था। बाज़ार में। शेयरों की ख़रीद-फ़रोख़्त के लिए ज़ोर-ज़ोर से आवाज़ देना चाहता था।

साथ ही मैं यह भी जानता था कि वहाँ तक जाने का अपना रास्ता मुझे शेयर दलाल के दफ़्तर में कुछ नीरस काम के शुरू करना होगा। मैंने प्रदीप से गुज़ारिश की कि मुझे दलाल के दफ़्तर में कोई भी काम चलेगा। उसे मेरी बातों से लगा कि मैं सचमुच में इसे लेकर गंभीर और दृढ़ हूँ। उसने यह भी भाँप लिया था कि छोटे स्तर से शुरुआत करने के बावजूद मेरे दिमाग़ में कुछ ऊँचे इरादे हैं। कुछ कम जानी-पहचानी दलाल फ़र्म में उसने मुझे नौकरी दिला दी।

साथ ही मुझे आगाह किया, 'लाल, मुझे नहीं मालूम तुम्हारे दिमाग़ में क्या चल रहा है। लेकिन कोई भी चीज़ बेलगाम, अंधाधुंध तरीक़े से नहीं करना। दलाल स्ट्रीट में अक्सर सिफ़र से शिखर तक की ढेरों कहानियों की चर्चा होती है। लेकिन शिखर से खाक होने वाली कहानियों की कोई बात नहीं करता, जो कि सफलता की कहानियों से कहीं ज़्यादा हैं। लोग कहानियों को सुनकर मुग़ालते में आ जाते हैं। उनको लगता है कि शेयर बाज़ार में पैसे कमाना बहुत आसान है और कड़वी हक़ीक़त का सामना कर उन्हें असलियत समझ में आती है।'

मैं जानता था, प्रदीप सच बोल रहा था। लेकिन मैं अपने नए करियर के एकदम आरंभ में ही नाकामी के डर को हावी होने देना नहीं चाहता था। यदि स्थायी नौकरी और एक बँधी हुई पगार ही मेरा लक्ष्य होता तो केमिकल फ़र्म की नौकरी मेरे लिए बहुत अच्छी थी। मैं उससे पूरी तरह से संतुष्ट हो जाता।

1988 के उन बुरे दिनों में मैंने अपने व्यवसायिक जीवन का नया अध्याय शुरू किया। उस समय तक शेयर कारोबार में छोटे खुदरा निवेशक बहुत बड़े पैमाने पर नहीं आए थे। हालाँकि शेयरों में निवेश को लेकर उनमें जागरूकता लगातार बढ़ रही थी। कुछ चुनिंदा ख़ुशक़िस्मत लोग थे, जिन्होंने 1970 के दशक के अंत और 1980 के दशक के आरंभ में कोलगेट, हिंदुस्तान लीवर, कैडबरीज़, पॉन्ड्स और इस तरह की बड़ी कंपनियों के आईपीओ में शेयर लेकर आसानी से मोटी रक़म बनाई थी। बाज़ार पर ऐसे ताक़तवर दलालों के समूह का क़ब्ज़ा था, जो अपने पैसे का इस्तेमाल कर शेयरों पर ज़्यादातर सट्टेबाजी करते थे। उस समय जो भी संस्थागत कारोबार था, उसका बड़ा हिस्सा एक छोटे समूह को जाता था। इन दलालों के अलावा बाज़ार में प्रमुख किरदार घरेलू संस्थान थे – जिनमें सबसे बड़ा यूनिट ट्रस्ट ऑफ़ इंडिया था और कंपनियों के प्रमोटर खुद भी थे। निवेश की रक़म के हिसाब से जीवन बीमा निगम, यूटीआई से बड़ा था लेकिन वह यूटीआई की तरह शेयरों में बहुत आक्रामक अंदाज़ में निवेश नहीं करता था। देश में बड़े स्तर पर विदेशी संस्थागत निवेशकों एफ़आईआई का आना 1993 के बाद ही आरंभ हुआ।

दलाली फ़ीस तब 1.5 प्रतिशत थी, लेकिन शेयर सर्टिफ़िकेट जैसे तमाम ताम–झाम को देखते हुए यह कुछ मायनों में उचित भी जान पड़ता

था। मोटे कमीशन के बावजूद दलाल ग्राहकों के आवेदन स्वीकार करने को लेकर सतर्क रहते थे, क्योंकि कई संदिग्ध ऑपरेटर सक्रिय रहते थे, जो फ़र्जी सर्टिफ़िकेट बेच देते थे। इनकी असलियत तभी सामने आती थी, जब ख़रीदार उनको अपने नाम पर कराने के लिए कंपनी को भेजता था। फ़र्जी निकलने पर बिकवाल के दलाल को तब दूसरे शेयर देने पड़ते थे या ख़रीदार को उसकी रक़म वापस देनी होती थी और यदि उसका ग्राहक तैयार नहीं होता तो उसको ही नुक़सान उठाना होता था।

कंपनी के आंकड़ों को देखकर उसके आधार पर निवेश करने की उस समय शुरुआत ही हुई थी। इसका मुख्य कारण था कि कंपनियों के बारे में सार्वजनिक रूप से पर्याप्त सूचनाएँ कहीं नहीं मिल पाती थीं। जो भी थोड़ी-बहुत सूचनाएँ मिल पाती थीं वह उनकी बैलैंस शीट से मिलती थीं, जो शेयरधारकों के पास पहुँचते-पहुँचते पुरानी हो जाती थी। और कुछ दलाल शेयरधारक होने पर भी कंपनियों की सालाना साधारण बैठकों में प्रतिनिधि भेजते थे। शायद शेयरधारकों के लिए यही एकमात्र मंच था, जहाँ पर वे प्रबंधन से मिलकर उनसे उनके कारोबार के बारे में जान सकते थे। तब भी कई दलाल दावा करेंगे कि कंपनियों और उनके सेक्टरों पर बहुत अधिक गहन शोध के आधार पर अपने ग्राहकों को शेयर ख़रीदने की सलाह देने की शुरुआत उन्होंने की।

उन दिनों जिसे 'शोध' माना जाता था वह बहुत कुछ आज भेदिया कारोबार की श्रेणी में आता है। उस दौर के एक नामी-गिरामी सट्टेबाज़, निवेशक, दलाल ने अपने एक संबंधी की गाड़ियों के पुर्ज़े बनाने वाली कंपनी में किसी तरह से नौकरी लगवा दी। उनके पास इस कंपनी के शेयर थे और वे अक्सर उनकी ख़रीदी-बिकवाली करते रहते थे। रिश्तेदार दलाल को कंपनी के मासिक उत्पादन आदि के बारे में सूचना दे देता था। वे इस सूचना का इस्तेमाल उस कंपनी के शेयर की ख़रीदी-बिकवाली में कर लेते थे।

शेयर बाज़ार के कारोबारियों से ज़्यादा कंपनी के प्रमोटर अपनी कंपनी के शेयरों में सट्टेबाज़ी में शामिल रहते थे। उन सबके अपने-अपने पसंदीदा दलाल होते थे, जिन्हें 'हाउस ब्रोकर' कहा जाता था, जिन्हें बाज़ार में उस प्रमोटर का आदमी माना जाता था। भले ही वह हमेशा उसके लिए ख़रीदी-बिकवाली नहीं कर रहा होता था। बाज़ार का कोई भी चतुर खिलाड़ी इन

दलालों के सौदों को देखकर आंकड़ों और तौर-तरीक़े से यह जान सकता था कि वे किसी कंपनी के प्रमोटर की ओर से सौदा कर रहे हैं या अपने किसी ग्राहक की ओर से।

कोई भी दलाल फ़र्म जो बाज़ार में सही तरीक़े से चल रही है उसकी तरक्की के लिए यूटीआई का कारोबार अहम था। यूटीआई ज़्यादातर थोक में सौदे करती थी, जिससे कमीशन में मोटी रक़म हासिल होती थी। लेकिन सभी दलाल सीधे तरीक़े से काम नहीं करते थे। कई दलाल गोरखधंधों में लिप्त थे। उनके लिए कमीशन की आय बहुत थोड़ी थी। वे मोटी रक़म यूटीआई के सौदे की आड़ में कमाते थे।

इस तरह के अनैतिक काम में लिप्त दलाल यूटीआई की ओर से ख़रीदी के लिए कहे जाने पर पहले वे उन्हीं शेयरों को अपने लिए ख़रीदते थे। स्वाभाविक रूप से यूटीआई के लिए बड़ी संख्या में शेयरों की ख़रीदी के दौरान बाज़ार में इन शेयरों की क़ीमत बढ़ जाती थी। तब यह दलाल अपने लिए ख़रीदे शेयरों को मुनाफ़े में बेच देते थे।

यदि यूटीआई का किसी शेयर की बिकवाली का ऑर्डर होता था तो दलाल अपनी निजी हैसियत में उस शेयर की बिकवाली यानी शॉर्ट सेल कर देते थे। शॉर्ट सेल का अर्थ है कि शेयर नहीं होने के बावजूद इस उम्मीद में उनको बेच देना कि आगे भाव गिरकर कम होंगे तब उनको दोबारा सस्ते में ख़रीद कर निपटान के दिन उनको ख़रीदार को सौंप देंगे। जब यूटीआई शेयरों को थोक में बाज़ार में बेचता था तो उस शेयर के भाव गिर जाते थे और वह दलाल उतनी ही मात्रा में शेयरों को दोबारा मगर कम दाम में ख़रीद कर शॉर्ट पोजीशन को कवर कर लेता था।

ऐसे दलाल जिनके पास यूटीआई के ख़रीदी-बिकवाली के सौदे नहीं आते थे, वे जानकारी जुटाने की ताक में रहते थे कि यूटीआई क्या करने वाला है और उसके आधार पर सौदे करने की कोशिश करते थे। यूटीआई के रुतबे के कारण बाज़ार बंद होने के बाद मुंबई में मरीन लाइंस पर उसके दफ़्तर पर दलालों की भीड़ लग जाया करती थी। यूटीआई की कारोबारी सूची में वैसे तो बहुत सारे दलालों के नाम थे, लेकिन ख़ास सौदे कुछ चुनिंदा दलालों के माध्यम से ही हुआ करते थे। ऐसे किस्से सुने जाते थे कि किस तरह से कुछ दलाल यूटीआई के निवेश विभाग के अधिकारियों को महँगे तोहफ़े देकर लगातार सौदे हासिल करते रहते थे।

रिलायंस इंडस्ट्रीज, एसीसी, ग्रेसिम, बजाज ऑटो, सेंचुरी टैक्सटाइल, आईटीसी, जीई शिपिंग, सेंचुरी एन्का, कैस्ट्रॉल, टेल्को (तब टाटा इलेक्ट्रिक लोकोमोटिव कंपनी और अब टाटा मोटर्स), टिस्को (टाटा आयरन ऐंड स्टील कंपनी), टाटा टी और टाटा केमिकल्स उन दिनों सबसे ज़्यादा कारोबार वाले शेयरों में थे।

नेमिश शाह, मनु मानेक और अजय कायन बड़े दाँव लगाने वाले माने जाते थे। किसी शेयर को उठाने या उसे गिराने की उनकी कूवत को देखते हुए बाज़ार में उनका बड़ा नाम-सम्मान था। मनु मानेक अपने कारोबारी हितों को साधने के लिए निर्ममता की किसी भी हद को पार कर सकते थे, इसलिए उनके लिए सम्मान से ज़्यादा डर था। वे एक्सचेंज में सबसे बड़े बदला फ़ायनेंसर के तौर पर स्थापित थे। मनु भाई अगले सेटलमेंट तक कारोबार को आगे बढ़ाने के लिए तेजड़ियों को ब्याज पर पूँजी भी देते थे वही ब्याज तय करने को लेकर अंतिम निर्णय देते थे। जिस शेयर के लिए उन्होंने किसी तेजड़िए दलाल को पैसे उपलब्ध कराए होते थे उसी शेयर की क़ीमतों को नीचे गिरा देने में उन्हें रत्ती भर पछतावा नहीं होता था। मनुभाई को एक तरह से छोटा-मोटा एक्सचेंज ही माना जाता था। वे पलभर में किसी तेजड़िए ऑपरेटर के द्वारा चलाए जा रहे किसी शेयर के भाव को सँभालने की उसकी क्षमता का अंदाज़ लगा लेते थे। यदि ऑपरेटर कमज़ोर होता था तो मनुभाई शेयर को थोड़े समय के लिए शॉर्ट सेल कर देते थे। और जब ऑपरेटर कम भाव पर घबराकर बिकवाली कर देता था तो मनु भाई जिस भाव पर उन शेयरों को बेचा था उससे कम पर ख़रीदी कर एक झटके में मोटा मुनाफ़ा बना लेते थे।

उनके पास सैकड़ों सौदों को याद रखने की ग़ज़ब की क्षमता थी। रिंग में ढेरों शेयरों के सौदे करते हुए शायद ही कभी उन्होंने सौदा पैड में उनको नोट किया होगा। बाज़ार बंद होने के बाद वे अपने दफ़्तर जाते और कर्मचारी को बोल-बोलकर सभी सौदे नोट करा देते थे। उनकी एक और ख़ूबी थी। बॉम्बे स्टॉक एक्सचेंज कर्मचारी यूनियन के प्रमुख पदाधिकारियों से उनके बहुत अच्छे संबंध थे। इसे संयोग ही कहेंगे, लेकिन जब भी मनु भाई किसी सौदे को लेकर मुश्किल में पड़ते थे तो कर्मचारी यूनियन अचानक हड़ताल कर देती थी और निपटान की तारीख़ कुछ दिनों के लिए आगे बढ़ जाती थी, उनको कुछ समय मिल जाता था।

मानेक काफ़ी निडर थे – या कहें कि बहुत बेपरवाह थे, जैसा कि आगे आने वाली घटनाएँ उनके बारे में बताएँगी। उन्होंने धीरूभाई अंबानी से टकराव मोल ले लिया और रिलायंस इंडस्ट्रीज के शेयरों को मंदी में उलझा दिया। मंदड़ियों के गठजोड़ ने रिलायंस इंडस्ट्रीज के शेयरों में भारी शॉर्ट सेलिंग कर दी। वे शेयर के भाव ज़मीन पर लाने पर आमादा हो गए। दो तरह की कहानी बताई जाती हैं, मुझे पता नहीं है कि उनमें से कौन–सी सही है। एक के अनुसार मनु भाई ने धीरू भाई को शेयर बाज़ार में अपनी धाक दिखाने के लिए सोचे–समझे तरीक़े से यह सब किया था। दूसरी कहानी बताई जाती है कि रिलायंस के धन पर बेहतर मुनाफ़ा हासिल करने के लिए विभिन्न वित्तीय साधनों में उनको निवेश करने वाले कंपनी के ट्रेजरी विभाग ने शेयर बाज़ार में निवेश के लिए मनु मानेक से रक़म उधार ली थी। कहा जाता है कि मानेक ने अपने सहयोगियों को रिलायंस के शेयरों को निशाना बनाने के लिए उकसाया और कहा कि कंपनी वित्तीय रूप से संकट में है। उन्होंने धीरू भाई के बारे में बहुत अपमानजनक टिप्पणियों के साथ ही काफ़ी भला–बुरा कहा।

शुरुआती लड़ाई मंदड़िए जीत गए और उनके लगातार हमलों से शेयर के भाव टूट गए। लेकिन वे धीरू भाई के ख़ास सिपहसालार आनंद जैन की अगुआई में पलटवार के लिए तैयार नहीं थे। जैन और उनके सहयोगियों ने रिलायंस इंडस्ट्रीज के शेयर ख़रीदने वाले दलालों और कारोबारियों के शेयर ले लिए और खुद भी बाज़ार से जितने शेयर ख़रीद सकते थे, ख़रीद लिए। इस कारोबार के सामने मंदड़ियों का गठजोड़ था, जिसने रिलायंस के शेयरों को शॉर्ट सेल कर दिया था या शेयर बेच दिए थे, जो उनके पास नहीं थे। जैन और उसके सहयोगियों के द्वारा शेयरों की ख़रीदी से माँग पैदा हुई और शेयर के दाम चढ़ने लगे। अब मंदड़िए बाज़ार से शेयर ख़रीद कर अपनी पोजीशन बराबर करने की कोशिश में जुट गए। लेकिन ज़्यादातर शेयर जैन और उनके साथियों ने ख़रीद लिए थे और बाज़ार में शेयर कम हो गए थे और मंदड़ियों की अपनी पोजीशन बराबर करने के लिए ख़रीदी की कोशिशों ने शेयर के दामों को और बढ़ा दिया।

मंदड़ियों ने सोचा कि वे अपने सौदे को अगले निपटान तक ले जाने के लिए निपटान के दिन तेजड़ियों को ब्याज का भुगतान कर और समय ले सकते हैं। वे अब भी यही मान रहे थे कि अगर वे कुछ समय और अपनी

पोजीशन बनाकर रखते हैं तो शेयर के भाव उनके अनुरूप कम हो जाएँगे। लेकिन रिलायंस शेयर के 'ख़रीदारों' ने ब्याज भुगतान की पेशकश ठुकरा दी और मंदड़ियों पर शेयर सौंपने के लिए दबाव बनाने लगे। उनको अच्छी तरह से पता था कि वे ऐसा नहीं कर पाएँगे। मंदड़ियों द्वारा अपनी पोजीशन बराबर रखने के लिए आवेश में ख़रीदारी करने पर भाव और चढ़ गए। मंदड़ियों के शेयर नहीं सौंपने और तेजड़ियों के ब्याज के लिए राज़ी नहीं होने पर स्टॉक एक्सचेंज को कुछ दिन के लिए बंद करने की नौबत आ गई।

आख़िरकार सुलह हुई। लेकिन उससे पहले कुछ मंदड़िए दिवालिया हो चुके थे और मनु भाई को खुद भी बहुत छोटा हिस्सा ही मिल पाया।

मनु भाई की तुलना में नेमिश और कायन थोड़ा परदे में रहकर काम करते थे। कायन बीएसई से ज़्यादा कलकत्ता स्टॉक एक्सचेंज में सक्रिय रहते थे। वह परदे में चलने वाले करंसी बाज़ार के प्रमुख खिलाड़ी थे। जल्दी ही कायन करंसी और शेयर बाज़ार दोनों जगह हर्षद मेहता से जंग में उलझने वाले थे। यह ऐसी जंग होने वाली थी, जो हमेशा के लिए भारतीय वित्त बाज़ारों के परिदृश्य को बदल देने वाली थी।

जहाँ तक नेमिश शाह का सवाल था वे सट्टेबाज़ और दलाल से अपने आप को एक निवेशक के रूप में बदल रहे थे। वे कुछ उभरते हुए सट्टेबाज़ों के संरक्षक भी थे। उनमें से कम से कम एक आगे आने वाले वर्षों में अपने गुरु से भी ज़्यादा प्रसिद्ध होने वाला था। शाह की फ़र्म इनाम सिक्योरिटीज बीएसई की प्रतिष्ठित दलाल फ़र्म थी। शाह खुद एक समय मनु भाई पर निर्भर थे और उनसे कारोबार के गुर सीखते रहे थे।

इस बीच, हर्षद मेहता के सितारे बुलंद हो रहे थे। वह अहम किरदार था। बाज़ार में उनकी पहचान थी, लेकिन अब भी कायन, शाह या मनु भाई की तरह सितारों की लीग में वे शामिल नहीं हुए थे।

3

ए, बी, सी, डी से शुरुआत

जिस दलाल फ़र्म के लिए मैं काम कर रहा था वह उतनी भी बेकार नहीं थी, जितनी कि मैंने आरंभ में सोचा था। उसके मालिक अपने को परदे के पीछे ही रखना पसंद करते थे। और केवल इसी कारण से कुछ कंपनियाँ और संस्थान उनके साथ काम करना पसंद करते थे। मैं दफ़्तर में ख़रीदी करने वाले ग्राहकों के लिए शेयर ट्रांसफ़र अनुबंध भरने और बेचवाल ग्राहकों से डिलीवरी के बाबत काम करता था। इस तरह से मैंने सीखा कि कौन किस कंपनी के शेयर ख़रीद या बेच रहा है। चूँकि हमारे कुछ ग्राहक बाज़ार के अहम किरदार थे तो उन दिनों के उथले सतही बाज़ार में ये सूचनाएँ भी महत्त्वपूर्ण थीं।

दफ़्तर के लिपिक के तौर पर मेरी पगार 2000 रुपए महीना थी। लगभग वही, जो मैं अपनी पिछली नौकरी में भी प्राप्त कर रहा था। लेकिन मुझे कोई संदेह नहीं था कि मैंने अपने लिए सही राह चुन ली है। भले ही इसमें उस पहले पड़ाव, जिसे मैंने अपने लिए तय किया था उसको पाने के लिए कुछ क़िस्मत का साथ भी मिला था।

मेरा काम नीरस और ऊबाऊ था, लेकिन मैं पूरी तल्लीनता के साथ कर रहा था, क्योंकि यह सौदे के रिंग में जहाँ असली एक्शन था वहाँ जाने के लिए पहली सीढ़ी थी। दफ़्तर के बाद मैं कुछ अन्य मशहूर दलाल फ़र्मों के अपनी तरह के कर्मचारियों से संबंध बनाने की कोशिश करता था। हालाँकि मैं बहुत अपने में सीमित क़िस्म का व्यक्ति था, भले ही मैं शुरुआत

छोटे स्तर से कर रहा था, लेकिन मैं यह जानने समझने लगा था कि लोगों से संबंध बनाना कितना ज़रूरी है।

मेरी मेहनत बेकार नहीं गई, फ़र्म के मालिक ने दफ़्तर में महज़ काग़ज़ी काम से अलग मुझे कहीं और बेहतर इस्तेमाल के लायक़ समझा। सौदे के रिंग में एक दलाल के खुद के अलावा उसके सात डीलर भी हो सकते थे। ग्राहकों के द्वारा दलाल के दफ़्तर में फोन पर दिए गए ऑर्डर एक्सचेंज की फ़्लोर पर डीलर को सूचित किए जाते थे, तब वह उस सौदे को पूरा कराता था। हॉटलाइन के पहले तक दलाल फ़र्मों में संदेशवाहक होते थे, जो एक्सचेंज फ़्लोर तक भागकर ऑर्डर पहुँचाने जाया करते थे।

जब हमारे एक डीलर ने काम छोड़ दिया तो मुझसे पूछा गया कि क्या मैं उसकी जगह पर काम करना चाहता हूँ। मुझे मुँहमाँगी मुराद मिल गई। मैं तैयार हो गया, लेकिन मैंने अपनी ख़ुशी को ज़ाहिर नहीं होने दिया। मैं जानता था कि बॉस मेरी परीक्षा ले रहे हैं। वह मेहनती कर्मचारियों को पसंद करते थे, लेकिन बहुत ज़्यादा उत्साहीलाल को लेकर चिंतित रहा करते थे।

आरंभ में फ़्लोर पर मेरा काम हॉटलाइन पर जवाब देना था और ऑर्डर ले जाकर अपने पुराने डीलर को सूचित करना था, जो कि बेहतर सौदे की संभावनाएँ टटोलता होता था। एक महीने तक मुझे एक पुराने डीलर के साथ काम करने को कहा गया था। मुझे उसे दलालों और जॉबर्स के साथ डील की बात करते हुए देखना-समझना था।

जॉबर पेशेवर सट्टेबाज होता है और अपने लिए शेयरों की ख़रीद-फ़रोख़्त करता है। उसके ग्राहक नहीं होते; उसका काम अनुमान लगाना था कि शेयर के भाव ऊपर जाएँगे या नीचे और इस तरह से तुरंत मुनाफ़ा कमाना था। वह शेयर ख़रीदकर लंबे समय तक रखना नहीं चाहता था, जैसा कि निवेशक करते हैं। लेकिन स्टॉक एक्सचेंज की फ़्लोर पर कारोबार करने के लिए उसे प्रायोजक के रूप में एक दलाल की ज़रूरत होती है। उसे पूर्व निर्धारित समझौते के तहत दलाल को अपने मुनाफ़े का एक हिस्सा देना होता है।

आप कह सकते हैं कि एक तरह से वह दलाल के एजेंट की तरह होता है। यदि जॉबर किसी डील पर चूक करता है तो स्टॉक एक्सचेंज दलाल को दोषी ठहराता है। इसलिए दलाल बहुत देखभाल कर जॉबर्स का

चुनाव करते हैं। जॉबर्स नक़दी का सुलभ स्त्रोत होते थे और दलाल हमेशा उनके माध्यम से काम करते थे।

उन दिनों में किसी ख़ास शेयर के लिए 'काउंटर' हुआ करते थे। रिलांयस के शेयरों में काम करने वाले एक ख़ास जगह एकत्र होते थे, टाटा आयरन ऐंड स्टील के शेयरों में काम करने वाले एक अन्य स्थान पर और इस तरह से अलग-अलग कंपनियों के शेयरों के लिए अलग-अलग स्थान तय थे। 'ए' समूह के शेयर वायदा कहलाते थे, जिनमें ख़रीदार या बेचवाल ब्याज शुल्क जिसे बदला कहते थे, का भुगतान कर अपने सौदे को अगले निपटान तक आगे बढ़ा सकता था। 'बी' समूह के शेयरों के कारोबार को आगे नहीं ले जाया जा सकता था, 15 दिन के निपटान चक्र के समापन पर शेयर बेच कर पोजीशन समाप्त करनी होती थी या डिलीवरी लेनी होती थी। इन शेयरों को रोकड़ा कहा जाता था।

स्टॉक एक्सचेंज की इमारत में हरेक मंज़िल पर सार्वजनिक उद्घोषणा की व्यवस्था थी। इसके ज़रिए ज्यादातर ए समूह के शेयरों के दामों का ऐलान होता था। कभी-कभार बहुत अधिक उतार-चढ़ाव होने पर बी समूह के शेयरों के दाम भी बताए जाते थे। इसके अलावा कंपनियों के नतीजों और कंपनियों की अन्य महत्त्वपूर्ण सूचनाएँ घोषित की जाती थीं। कुछ क़ीमत देकर दलाल इस उद्घोषणा व्यवस्था की एक लाइन का विस्तार अपने दफ़्तर तक कर सकते थे, जिससे वहाँ बैठे हुए घोषणाएँ सुन सकें। जो दलाल ख़र्च बचाना चाहते थे, वे अपने एक कर्मचारी को एक्सचेंज के दफ़्तर में बैठाकर रखते थे, जो कोई भी अहम ऐलान होने पर भागकर अपने दफ़्तर को सूचित कर सके।

ट्रेडिंग रिंग पहली मंज़िल पर थी। पहली और दूसरी दोनों मंज़िलों पर बाहर बहुत बड़े सूचनापटल लगे हुए थे, जिनपर स्टॉक एक्सचेंज का एक कर्मचारी बहुत अधिक कारोबार कर रहे शेयरों के दाम लिखता रहता था। हर आधे घंटे पर वह ताज़ा स्थिति दर्ज़ करता जाता था। अधिकारी मुख्य दलालों और जॉबर्स से उनकी ख़रीदी और बिकवाली की क़ीमतों को जानता और उनका मिलान करता। सूचना पटल पर क़ीमतों को दर्ज़ करने के बाद वह क़ीमतों का ऐलान करने वाले अपने सहयोगी को यह जानकारी देता था। उसके बाद वह अधिकारी रिंग में जाता था और आधे घंटे बाद सूचना पटल पर फिर ताज़ा जानकारी देता था।

शाम को क़रीब साढ़े पाँच बजे स्टॉक एक्सचेंज 'भाव कॉपी' प्रकाशित करता था जिसमें उस दिन के शेयरों के ऊँचे, नीचे और बंद भाव दिए होते थे। यह बहुत वैज्ञानिक तरीक़े से नहीं किया जाता था, लेकिन मोटे तौर पर भरोसेमंद हुआ करता था। इसे स्टॉक एक्सचेंज के अधिकारी के द्वारा दलालों और जॉबर्स से बातकर जुटाई गई और ज़रूरत पड़ने पर सौदा पैड (जो बीएसई जारी करता था और उसकी सील होती थी) की जाँच कर हासिल क़ीमतों के आधार पर तैयार किया जाता था।

स्टॉक एक्सचेंज सीमित संख्या में भाव कापियाँ जारी करता था, जिससे इसके लिए हमेशा भाग-दौड़ करनी पड़ती थी। कुछ चतुर लोगों ने भाव कॉपी की फ़ोटो कॉपी कराकर एक्सचेंज के बाहर कुछ रुपए में बेचने का धंधा शुरू कर दिया और इसी से मुनाफ़ा कमाने लगे। कारोबारी सत्र के बाद कुछ ख़ासी नक़दी वाले शेयरों के लिए एक अनधिकृत बाज़ार संचालित होता था। इसे कर्ब यानी फुटपाथ मार्केट कहते थे और अपने नाम के अनुरूप इसके सौदे स्टॉक एक्सचेंज के बाहर सड़क किनारे पर हुआ करते थे। कर्ब मार्केट में क़ीमतें स्टॉक एक्सचेंज के बंद भाव के आधार पर धारणा और कोई घटना को देखते हुए ऊँचे या कम होते थे। कुछ ऐसे खिलाड़ी थे, जिन्हें कर्ब मार्केट के सौदों में महारत थी और नियमित बाज़ार में वे ज़्यादा काम नहीं करते थे। नियमित बाज़ार में वे सौदा करते भी थे तो फ़ोन पर हुई बातचीत में या एक दिन पहले कर्ब मार्केट में तय सौदे को पूरा करने के लिए।

कर्ब सौदों में माहिर कारोबारियों के प्रतिनिधि उस सड़क पर जहाँ इस प्रकार के सौदे हुआ करते थे, मौजूद रहते थे और ग्राहकों से ऑर्डर लेते थे। दलाल स्ट्रीट के समानांतर अंबालाल दोषी मार्ग पर पुरानी ललित रेस्तराँ के ठीक बाहर ये सौदे हुआ करते थे। बाज़ार से संबंधित किसी तरह की घटनाओं के होने पर कर्ब पर गतिविधियाँ उफान पर आ जाती थीं। ऐसे मौक़ों पर लोगों के उस हुज़ूम में से बिना धक्का-मुक्की किए हुए निकलना असंभव होता था।

शेयर बाज़ार के तमाम किरदारों में मुझे सबसे ज़्यादा जॉबर्स का काम पसंद आया। जब मेरे पुराने वरिष्ठ अनुभवी डीलर उनसे सौदे की बातचीत करते थे तो मैं उन्हें ध्यान से देखता रहता था। जॉबर दो तरफ़ा क़ीमतों की पेशकश कर किसी शेयर की नक़द तरलता और क़ीमत को तय करने में

मदद करता था। वह इस भरोसे पर जोख़िम लेता था कि जो कुछ भी उसने ख़रीदा है उसे बेच सकेगा और जो कुछ बेचा है उसे वापस ख़रीद लेगा। लेकिन इस तरह के कारोबारियों को आसानी से लेन-देन के लिए वास्तविक ख़रीदार और बेचवाल खोजना मुश्किल होता होगा।

जॉबर आपसे उससे कम क़ीमत में ख़रीदेगा, जितने में वह आपको बेचेगा और बीच का अंतर या जैसा कि कहा जाता था 'स्प्रेड' उसका मुनाफ़ा होता है। जॉबर जो स्प्रेड बताता है वह इस पर निर्भर करता है कि आप उससे कितने शेयर ख़रीदना चाहते हैं या बेचना चाहते हैं - शेयर कम होंगे तो स्प्रेड कम होगा और शेयर ज़्यादा होंगे तो स्प्रेड ज़्यादा होगा। ज़्यादा शेयर होने पर जॉबर को ज़्यादा स्प्रेड की माँग करनी होती थी, क्योंकि उसमें जोख़िम भी अधिक था।

सफल जॉबर दिमाग़ में ही पूरा हिसाब-किताब करने वाला होना चाहिए था। यदि एक या दो कंपनियों के शेयर से ज़्यादा में कोई काम कर रहा है तब तो यह हुनर और भी अधिक ज़रूरी हो जाता था। क्योंकि आपके पास इतने ज़्यादा शेयर हैं, चाहे वह किसी शेयर में लॉन्ग पोजीशन यानी ख़रीदी की हो या शॉर्ट पोजीशन यानी बिकवाली की हो।

ना केवल यह याद रखना होता था कि कितनी संख्या में शेयर हैं, बल्कि उन शेयरों की औसत ख़रीदी या बिक्री की लागत भी ज़ेहन में रखनी होती थी। इससे ही जॉबर का बिड-आस्क स्प्रेड तय होगा (ख़रीदार जो क़ीमत बताती है वह 'बिड' है और बेचवाल, जो क़ीमत बोलता है वह 'आस्क' है)।

जॉबर्स सौदा पैड में अपने सौदे नोट कर लेते हैं, लेकिन कई बार उतार-चढ़ाव और बहुत उत्तेजना के माहौल में एक के बाद एक लगातार सौदे करते जाने पर लिखने का समय नहीं मिल पाता। एक से ज़्यादा शेयर में वह हो सकता है कि सौदे कर रहा हो, ऐसे में उसका काम और कठिन हो जाता है। ऐसे हालात में उसके हुनर की असली परीक्षा होती है। मैं ऐसे माहिर जॉबर्स को जानता हूँ, जिनको अपने पास रखे हुए सभी शेयर याद रहते हैं और वे बिना सौदा पैड देखे हुए दो दर्ज़न शेयरों के सौदे का औसत भाव बता सकते हैं।

एक अच्छे जॉबर को चतुर मनोवैज्ञानिक भी होना होता था। उसको सामने वाले का आकलन करना होता था और पता लगाना होता था कि

वह संभावित ख़रीदार है या बेचवाल। उसके मुनाफ़े का मार्जिन इसी क्षमता पर निर्भर करता था। सामने वाली कोई भी पार्टी यह ज़ाहिर नहीं होने देती कि वह कितना, ख़रीदना या बेचना चाहती है। वह जॉबर से केवल दाम के बारे में पूछती है। दोनों के बीच बातचीत कुछ इस तरह से होती है :

'अरविंद मिल्स का क्या भाव है?'

'57-60!' (मैं आपसे 57 में ख़रीदूँगा और 60 में बेचूँगा)।

'ये भाव कितने शेयरों के लिए है?'

'500 शेयरों के लिए।'

'मुझे 500 शेयर बेचने हैं।'

'ठीक है, आपसे 57 के भाव पर 500 शेयर ख़रीदे।'

'क्या और 500 शेयरों के लिए भी आपका यही भाव है?'

'जी, हाँ।'

'ठीक है, तो मुझे 500 और शेयर बेचना है।'

'57 के भाव पर 500 शेयर ख़रीदे।'

'मुझे 500 और बेचने हैं। क्या भाव है?'

'56-59।'

'ठीक है, मैं 500 और आपको बेचता हूँ।'

'56 के भाव पर 500 शेयर आपसे ख़रीद लिए।'

'500 और का क्या रहेगा?'

'55-58।'

जैसे-जैसे ग्राहक और शेयर बेचता जाता है जॉबर, बिड-आस्क के दाम कम करता जाता है। लेकिन ज़रूरी नहीं है कि स्प्रेड भी कम हो, जो 3 रुपए बना रहता है। यह इसलिए, क्योंकि जॉबर अब मुनाफ़े में है और जितने सस्ते से सस्ते भाव पर वह शेयर हासिल कर सकता है, उस पर ही उसका मुनाफ़ा निर्भर करेगा।

एक अच्छा जॉबर हर बार छोटे-से मुनाफ़े के लिए जितनी बार हो सकता है अपनी पोजीशन बनाएगा और बाहर आएगा। उसका मक़सद बड़े

सौदे से ज़्यादा मुनाफ़ा कमाने की जगह छोटे-छोटे कई सौदों से थोड़ा-थोड़ा करके मोटा मुनाफ़ा काटना होता है।

बहुत ज़्यादा कारोबार वाले शेयर में जॉबर के लिए स्प्रेड कम मिलेगा, क्योंकि ख़रीदार और बेचवाल ज़्यादा होंगे। कम कारोबार वाले शेयर में स्प्रेड में भी ज़्यादा अंतर होगा और कई बार तो यदि किसी कंपनी के शेयर में जॉबर का ही एकाधिकार हो जाता है तो स्थिति बड़ी अपमानजनक हो जाती है। जॉबर अलग-अलग क़िस्म के होते हैं। यह निर्भर करता है कि कौन जॉबर कितना जोख़िम लेना चाहता है।

जॉबर को इतना चालाक भी होना ज़रूरी था कि वह जिससे शेयरों को बेचने या ख़रीदने का सौदा कर रहा है, वह कौन हो सकता है। कई बार दूसरी पार्टी के पास ऐसी कोई सूचना होती है, जो जॉबर के पास नहीं होती और जॉबर यह जाने बिना शेयर को ख़रीद या बेच सकता है कि यह उसके लिए जाल बिछाया गया था।

जॉबर के साथ लेन-देन कर रहा दलाल हो सकता है अपनी ओर से सौदा कर रहा हो, या अपने किसी ग्राहक की ओर से, किसी संस्थान या जिस शेयर का सौदा कर रहा हो उस कंपनी के प्रमोटर की ओर से। किसी सौदे के पीछे जब कोई प्रमोटर है तो ज़रूरी नहीं कि वह कोई अंदरूनी सूचना को भुनाने के चक्कर में हो। लेकिन अगर ऐसा कर रहा है तो जॉबर के लिए संकट पैदा होगा।

जॉबर की माँग हमेशा रहती है, क्योंकि दलाल एक-दूसरे की बजाय उसके साथ सौदा करना पसंद करते हैं। चूँकि जॉबर जितना संभव हो छोटे-छोटे मुनाफ़े के लिए कई बार सौदा करते हैं, जिससे दलालों के लिए सुविधा होती है कि उन पर ज़्यादा दलाली का भार नहीं आता। ज़्यादातर जॉबर को जल्दी से जल्दी अपनी पोजीशन से बाहर आना होता था, भले ही बहुत थोड़ा मुनाफ़ा हो, क्योंकि उनकी नुक़सान उठाने की क्षमता कम रहती थी। बहुत ही कम वे अपनी पोजीशन अगले दिन पर ले जाते हैं।

एक ऐसा अनौपचारिक क़ायदा था, अलिखित नियम, जॉबर की क़ीमत पर दलाल बड़ा मुनाफ़ा बनाने की कोशिश नहीं करेंगे, क्योंकि ऐसे में वह बर्बाद हो सकता था। वहीं जॉबर को उसके साथ सौदा कर रहे दलाल की गोपनीयता का सम्मान रखना होता था। यदि दलाल किसी अंदरूनी

सूचना पर किसी प्रमोटर के लिए ख़रीदी कर रहा होता था या किसी संस्थान की ओर से एकमुश्त ख़रीदी कर रहा होता था तो वह सौदे के बाद जॉबर को इस तरह से बोलकर संकेत दे देता था, जैसे 'ज़्यादा देर तक पोजीशन मत रखना, जल्दी निकल जाना' या 'मुनाफ़ा लेकर जल्दी निकल लो।'

इसका अर्थ होता था कि और ख़रीदी या बिकवाली होने वाली है और भाव में तेज़ उतार–चढ़ाव हो सकता है। इस तरह की सूचना देने के लिए दलाल का जॉबर पर पूरा भरोसा होना ज़रूरी था। ईमानदार जॉबर उसके बाद तुरंत अपनी पोजीशन बंद करने की कोशिश करता और इस सूचना का लाभ लेने के लिए दलाल की तरह पोजीशन भी नहीं बनाता था।

एकमुश्त शेयर बेचने या ख़रीदने के लिए दलाल अक्सर जॉबर की कृपा पर आश्रित रहते थे और जॉबर बिरादरी को यह श्रेय जाता है कि उनमें से ज़्यादातर ने इस अधिकार का दुरुपयोग कर विश्वास को नहीं तोड़ा। जैसा पहले भी बताया है कि जॉबर जो भाव बताता है वे शेयरों की निश्चित संख्या के लिए होते हैं। उस संख्या के बाद ख़रीदार या बेचवाल को अगले जॉबर के पास जाना होता था या जैसी भी स्थिति होगी, यह भरोसा करना होता था कि वह जॉबर अतिरिक्त शेयर जुटा लेगा या बाक़ी शेयर का भी निपटान कर देगा। उसी जॉबर की क्षमता पर भरोसा करना होता था।

कुछ ख़तरनाक और घृणित क़िस्म के जॉबर भी थे, जिन्हें 'रॉबर्स' कहा जाता था। हालाँकि इनकी संख्या कम थी। इनकी माली हालत मज़बूत होती थी और बड़ी पोजीशन को भी रोक कर रखने में सक्षम होते थे। कारोबारी सदस्यों के बीच आपसी सम्मान और अलिखित नियम इन 'रॉबर्स' के लिए कोई मायने नहीं रखते, जिनका एकमात्र ध्येय ज़्यादा से ज़्यादा मुनाफ़ा कमाना होता था। भले ही इससे उनके ग्राहकों को भी नुक़सान हो जाए।

यह पता होने के बावजूद भी कि 'रॉबर्स' बेईमान हैं, दलालों को एकमुश्त शेयरों की ख़रीदी या बिक्री के लिए अक्सर इनके साथ कारोबार करना होता था। यदि कोई दलाल बड़ी संख्या में शेयरों को ख़रीदने का इच्छुक होता था तो 'रॉबर' सभी जगह से उस शेयर को जितना ला सकता था अपने पास ले आता था, जिससे उस दलाल की ज़रूरत का फ़ायदा उठाकर बड़ा मुनाफ़ा लेकर उसे बेच सके। इसी प्रकार से यदि कोई दलाल

बहुत अधिक शेयर बेचना चाहता था तो 'रॉबर' उससे पहले ऊँचे भाव पर उसे बेच देता था और उसके बाद दलाल से सस्ते में उनको ख़रीद लेता था।

ऐसे दो 'रॉबर' एएस और पीएस सामने वाले को लूटने का कोई भी मौक़ा हाथ से नहीं जाने देते थे। बाज़ार में वे इसके लिए कुख्यात थे। मज़ेदार बात यह थी कि वे दोनों एक-दूसरे पर भी क़तई भरोसा नहीं करते थे। बहुत कम ही वे एक-दूसरे से शेयर ख़रीदी या बिकवाली करते थे। मैंने सुना था कि वे एक-दूसरे के सौदा पैड में झाँक कर देखते थे कि सही विवरण नोट किया है या नहीं। और तब भी कई दलालों को कभी-कभार उनके साथ काम करना पड़ता था, क्योंकि एएस और पीएस एकमुश्त थोक शेयरों की ख़रीदी या बिकवाली कर सकते थे। वे आर्थिक रूप से मज़बूत थे और जोख़िम लेने में भी उस्ताद थे तो कई दिनों या हफ़्तों तक जब तक कि सौदे के लिए कोई पार्टी नहीं मिल जाए तब तक पोजीशन को रोकने में भी सक्षम थे।

कई ग्राहकों के सामूहिक रूप से उनको कोसने के बावजूद एएस और पीएस ने अपना काफ़ी भला किया है। मेरे इस किताब को लिखने तक उनके कर्मों का फल उनको नहीं मिला है।

एक्सचेंज में रिंग में किए गए सौंदों को सौदा पैड में नोट करना होता था। सौदा पैड की प्रत्येक शीट पर सौदे की पाँच जानकारियों की प्रविष्टि के लिए पाँच कॉलम होते थे - जिस दलाल के साथ सौदा हुआ है, उसका क्लियरिंग नंबर, शेयर ख़रीदे या बेचे, शेयर की कंपनी का नाम, शेयरों की संख्या और क़ीमत जिस पर सौदा हुआ है। यदि कोई दलाल *सौदा* पैड में शेयरों की संख्या या ख़रीदी या बिकवाली को नोट करने में ग़लती करता था तो विवाद हो जाता था। तब स्टॉक एक्सचेंज दोनों सदस्यों को आपत्ति ज्ञापन जारी करता था, जिसे *वांदा कापली* कहा जाता था और उनसे विवाद को सुलझाने को कहता था। विवाद को निपटाने के लिए समय सीमा तय होती थी और दोनों पक्षों को विवाद को सुलझाने के लिए आमने-सामने मुलाक़ात करनी होती थी। ज़्यादातर मामलों में दोनों पक्ष एक-दूसरे को बहुत अच्छे से जानते होते थे तो ऐसे में समाधान बहुत कम ही कटु या उग्र

होता था। कई बार एक पक्ष को कुछ झुकना होता था तो कई बार सामने वाला कुछ झुक जाता था।

उन दिनों के बारे में सोचते हैं तो जिस तरह से विवाद निपटाए जाते थे उसे यादकर हँसी आ जाती है। कई बार दलाल जो सही होता था वह ऐसे गवाह लाकर प्रस्तुत करता था, जो विवादित सौदे के समय उनके पास खड़ा हुआ होता था। दूसरा दलाल यदि जवाबी सबूत पेश करने में असमर्थ होता था तो उसे अपनी ग़लती स्वीकार करनी होती थी।

सौदा पैड के रंग से भी कारोबारी के बारे में जानकारी मिलती थी। मालिक दलालों के पास गुलाबी रंग का सौदा पैड होता था, जबकि उनके कर्मचारियों और जॉबर के पास नीले रंग का। यदि दोनों पक्ष सुलह करने में नाकाम रहते थे तो अक्सर गुलाबी सौदा पैड की ही चलती थी, क्योंकि स्टॉक एक्सचेंज की जाति व्यवस्था में दलाल ब्राह्मण की तरह था, जिसे ज़्यादा वरीयता हासिल थी।

हालाँकि इनमें से कोई भी व्यवस्था पूरी तरह पुख़्ता नहीं थी, लेकिन बाज़ार के सभी भागीदारों के इस पूरे तंत्र पर विश्वास को बनाए रखने के लिए इसने अधिकतर समय सही तरीक़े से काम किया।

4

ट्रेडिंग की बारीकियाँ

उस समय की जानी-मानी ग़ैर बैंकिंग वित्तीय फ़र्म (एनबीएफ़सी) में ट्रेजरी संबंधी काम देखने वाले बंटी से मेरी अच्छी दोस्ती हो गई थी। एक दिन वह मेरे पास आया और उसने मुझसे कुछ अलग तरह का काम करने की गुज़ारिश की।

'लाला, मेरा एक काम कर दो, मुझे पता लगाना है कि जॉबर एम कोलगेट के शेयर में इतनी दिलचस्पी क्यों ले रहा है।'

मैंने पूछा, 'पूरी बात बताओ आख़िर क्या पता करना है?'

बंटी ने और खुलासा किया। 'वह किसी और के लिए शेयर जमा कर रहा है और मैं जानना चाहता हूँ कि उसने अब तक कितने शेयर जमा कर लिए हैं। यह और भी अच्छा होगा अगर वह तुम्हें यह बता दे कि वह किसके लिए शेयर ख़रीद रहा है।'

'एम मँजा हुआ खिलाड़ी है, वह मुझे क्यों यह सब जानकारी देगा।'

'मैं यह नहीं कह रहा हूँ कि वह तुम्हें सीधे-सीधे सब कुछ बता देगा। उससे यह सब जानकारी निकलवाने का कोई रास्ता होगा। मैं इस जानकारी के लिए 10,000 रुपए तक देने को तैयार हूँ।'

'आसान काम नहीं है। एम अपने सौदों को लेकर बहुत सावधान रहता है। मैंने कभी भी उसे किसी तरह की धाँधलीबाज़ी करते हुए नहीं सुना है।'

'हो सकता है तुम सही कह रहे हो। लेकिन देखो अगर कोई रास्ता हो तो।'

वह केवल सूचना के लिए 10,000 रुपए देने को तैयार था। इसका मतलब था कि सूचना ज़रूर काफ़ी अहम थी। अगले दिन मैं एम के आसपास मँडराता रहा कि किसी तरह से उसके सौदा पैड में झाँक सकूँ। लेकिन काम नहीं बना। उसके बाद एम के पास कुछ काम कम दिखा तो मैंने गपशप के बहाने उससे कुछ जानकारी उगलवाने की कोशिश की। मैंने यूँ ही कोलगेट का ज़िक्र किया वैसे ही उसने मुँह बंद कर लिया। उसका शक सही था कि मैं कुछ जानने की कोशिश में हूँ। मैं सीधे-सीधे 10,000 रुपए की रिश्वत देकर कोलगेट में उसकी पोजीशन की जानकारी लेने का अपना अंतिम पत्ता खोलना नहीं चाहता था। यदि दाँव उल्टा पड़ता तो मैं ना केवल उसके सामने, बल्कि उसके दोस्तों और सहयोगियों के सामने भी मुँह दिखाने के क़ाबिल नहीं रह जाता। मैंने एक बार फिर से उसके सौदा पैड में झाँकने की कोशिश की, लेकिन अब तक उसे यक़ीन हो गया था कि मैं कोलगेट के उसके सौदों की जानकारी जुटाने के चक्कर में हूँ। उसने सौदा पैड को अपने सीने से चिपका लिया और मेरी ओर घूरकर देखा।

अब मेरे पास यही एक चारा बचा था कि मैं बंटी के पास जाकर उसे कह दूँ कि मैं नाकाम हो गया। मुझे पता था कि बंटी इसे लेकर मुझसे कोई रंजिश रखने वाला नहीं है, लेकिन मैं इतनी आसानी से हार मानना नहीं चाहता था। राजेश नाम के स्टॉक एक्सचेंज के एक कर्मचारी से मेरी हाल में दोस्ती हुई थी। हम दोनों अक्सर एक ही लोकल से शाम को घर लौटते थे। मैंने उसे अपनी ज़रूरत के बारे में बताया और कहा कि अगर मेरे लिए वह जानकारी जुटा लाया तो उसे मैं कुछ पैसे भी दूँगा। राजेश ने वादा किया कि वह पूरी कोशिश करेगा। दो दिन बाद वह मेरे लिए सूचनाएँ जुटाकर ले आया। मुझे लगता है कि उसने किसी ऐसे अफ़सर से वे सूचनाएँ हासिल की थीं, जो कि जॉबर के सौदा पैड पर दर्ज़ नोट को देखने का हक़दार था। मैंने राजेश को 5,000 रुपए उस सूचना के बदले दिए।

उस शाम मैं बंटी को सूचनाएँ देने के लिए मिलने गया। हम दोनों साथ में शराब पी रहे थे। वह बहुत ख़ुश था, बल्कि हैरान भी कि मैंने वे सूचनाएँ हासिल कर लीं। हम दोनों जब दो-तीन पैग ले चुके थे तब मैंने उसे बताया, 'बंटी, तुमको इसकी ज़्यादा क़ीमत देनी पड़ेगी। मुझे इसके लिए 20,000 रुपए देने पड़े, क्योंकि एक से ज़्यादा लोगों की मदद लेनी पड़ी।' बंटी ने एक घूँट भरा और मेरी ओर देखकर मुस्कराया। मुझे लगा कि उसने मेरे झूठ

को पकड़ लिया था। वह बोला, 'कोई बात नहीं लाला, तुमको बाक़ी की रक़म भी मिल जाएगी।' कुछ सोचकर उसने फिर कहा, 'मैंने जितना सोचा था तुम उससे ज़्यादा चतुर निकले, तुम पक्का बहुत आगे जाओगे।'

उसकी तारीफ़ में नेकनीयती नहीं, बल्कि कुछ तंज था। लेकिन मैं अगले कुछ वर्षों में जो नियम बनाने वाला था उसमें से एक नियम तय कर लिया था। नियम एक : यदि आप मेरे साथ सच्चे तरीक़े से काम कर रहे हैं तो मैं भी आपके साथ उसी तरह से काम करूँगा और यदि आप मुझसे कुछ छुपा रहे हैं तो... आपको मुझसे भी सच की अपेक्षा नहीं करनी चाहिए।

बंटी उसके बाद भी इस तरह की जानकारी की माँग को लेकर मेरे पास आया और हर बार राजेश ने उन सूचनाओं को उपलब्ध करा दिया। इसमें मुझे भी अच्छी रक़म मिली, और मेरी फ़र्म को भी इससे लाभ हुआ। बंटी ने हमारे साथ और कई सौदे किए।

बीएसई में नीलामी की व्यवस्था है। जब कोई बेचवाल निपटान के दिन शेयर की डिलीवरी कर पाने में असमर्थ रहता है तो उसकी पोजीशन की नीलामी होती है। बीएसई डिलीवर नहीं किए गए शेयर की सूचना नोटिस बोर्ड पर चस्पां कर देता था और अन्य दलाल क्लीयरिंग हाउस को उनके लिए बोली दे सकते थे। बोली लगाने वाले दलाल सौदे के बंद भाव पर प्रीमियम जोड़कर बोली लगाते थे। क्लीयरिंग हाउस सबसे कम वाले प्रस्ताव को स्वीकार कर लेता था। कई बार कोई दलाल या उसका ग्राहक डिलीवरी में चूक जाता था और बाज़ार में उसका निपटान हो जाता था तब प्रतिद्वंद्वी बाज़ार में उस शेयर की क़ीमत को बढ़ा देते थे और नीलामी में ऊँचे प्रीमियम पर शेयर देते थे।

एएस और पीएस का इस बाज़ार में लगभग एकाधिकार था। नीलामी में आने वाले सबसे अच्छे प्रस्तावों को स्टॉक एक्सचेंज गोपनीय रखता था, लेकिन मुझे दफ़्तर के अपने दोस्तों से पता चला था कि जब भी इस तरह के शेयरों का लॉट नीलामी के लिए आते थे तो एएस-पीएस ज़्यादातर ऐसी क़ीमत लगाते थे, जिससे उनको ही वे हासिल होते थे। इसके पीछे क्या कारण हो सकते हैं? मैं मंथन करने लगा। इसका सीधा-सादा कारण यह

हो सकता था कि उनके पास शेयरों की अच्छी ख़ासी मात्रा थी, जिससे वे अन्य दलालों के मुक़ाबले ज़्यादा बार नीलामी में भाग ले सकते थे। एक अन्य कारण यह हो सकता था कि एएस और पीएस को किसी भेदिया से प्रतिद्वंद्वी की प्रस्तावित बोली की सूचना मिल जाती थी, जिससे वे उसके अनुसार ही अपनी बोली में बदलाव कर लेते थे।

कुछ मौक़ों पर मेरा भी एएस–पीएस से फ़्लोर पर आमना–सामना हुआ और मेरा अनुभव बहुत ख़राब नहीं तो कहीं से भी अच्छा तो नहीं रहा। उनकी आत्मसंतुष्टि चिढ़ पैदा करने वाली थी और कई मौक़ों पर यह जानते हुए भी कि मेरे ग्राहक मुश्किल हालात में हैं और मैं उन्हें उससे निकालने की कोशिश कर रहा हूँ, वे मोल–भाव में ज़रा भी पीछे नहीं हटे।

एक बार एक सौदे में ठगे जाने के बाद मैंने उनके बारे में पीठ पीछे बहुत कुछ भला–बुरा कहा। किसी तरह से उनको पता लग गया। लेकिन वे उनके बारे में कहे गए मेरे शब्दों से नाराज़ होने की बजाय मेरी परेशानी से ख़ुश हो गए। एक दिन बाज़ार बंद होने पर वे मेरे पास आए।

एएस ने अपनी चिकनी–चुपड़ी मुस्कान के साथ कहा, 'लाला, आज कैसा रहा? अपने ग्राहकों के लिए कुछ मोटी रक़म कमाई कि नहीं?' मुझे पीएस का रूखापन एएस की कपटी विनम्रता से कहीं ज़्यादा पसंद था।

मैंने अपना गुस्सा चेहरे पर नहीं झलकने देने की भरपूर कोशिश करते हुए जवाब दिया, ' कुछ और भी बेहतर हो सकता था।' मैं जानता था कि वे किसी ख़ास मक़सद से आए थे।

एएस मेरे जख़्मों पर नमक छिड़कने लगा। 'क्या अब भी उस दिन के सौदे में हमारे कमाई करने को लेकर हमसे नाराज़ हो?' मेरा पारा चढ़ रहा था, लेकिन मुझे अपने पर क़ाबू रखना था। आख़िरकार तो वे ताक़तवर खिलाड़ी थे।

'तुमको बेटा थोड़ा हल्के–फुल्के अंदाज़ में लेना चाहिए। अभी तुमको बहुत समय तक काम करना है, बहुत कुछ सीखना है। सबसे ज़रूरी है कि तुमको अपने वरिष्ठों का सम्मान करना चाहिए।' एएस जितना संभव था अपने सुर में पितातुल्य संरक्षण और स्नेह टपकाता हुआ मुझे सीख दे रहा था।

मैंने भी उनकी शैली अपनाते हुए मुस्कराते हुए जवाब दिया। 'मैं आप दोनों का बहुत सम्मान करता हूँ। वास्तव में आप दोनों मेरे आदर्श हैं। मेरी हार्दिक इच्छा है कि एक दिन में आप लोगों की तरह बनूँ।'

एएस मुस्कराते हुए बोलता जा रहा था। 'अरे लाला, तुम हमारे सामने कुछ कहते हो और हमारी पीठ पीछे कुछ और। अंबुजा में हमारे सामने तुम्हारी चालाकी नहीं चली और हमसे अच्छी क़ीमत नहीं मिली तो तुमने सोचा कि हम **##%^ हैं, जो फ़ायदे के लिए अपनी माँ को भी बेच देंगे? तुम हमारे बारे में सबको यही कहते नहीं घूम रहे हो?'

मैंने अपने को सामान्य रखते हुए कहा 'मुझे लगता है कि कोई आपको ग़लत जानकारी दे रहा है। मुझे याद नहीं है, मैंने ऐसा कुछ कहा है।'

अब मुझ पर हमले की पीएस की बारी थी।

मेरे कंधे पर हाथ रखते हुए वह बोला, 'अगर तुमने ऐसा कहा था तो मर्द के बच्चे की तरह स्वीकार करो। वैसे भी हमें कोई फ़र्क़ नहीं पड़ता कि तुम हमारे बारे में क्या सोचते हो। तुम्हारे जैसे बहुत से नौसिखिए आते हैं, जिनको ट्रेडिंग का अ, ब, स नहीं आता और जब नुक़सान होता है तो इधर-उधर शिकायत करते रहते हैं।' उसकी आवाज़ तो बता रही थी कि वह मेरे मुँह पर मुक्के मारना चाह रहा था। मैं भी भड़का हुआ था, लेकिन उसे अपने तक रखने की कोशिश कर रहा था।

उस घटना के बाद से मैंने जितना संभव हुआ उनसे दूरी बना ली। कुछ मौक़ों पर रिंग में हमारा आमना-सामना हुआ तो मुझे और उनको दोनों को सुसभ्य बने रहने का भरसक प्रयास करना पड़ा। पीएस आँखें तरेर कर मुझको देखता और एएस के चेहरे पर मेरा उपहास करती हुई मुस्कान होती थी।

लेकिन मैं उनके अपमानजनक व्यवहार को भुला नहीं सका। और जब मैंने डिलीवरी शेयरों की नीलामी के बाज़ार में एएस-पीएस के दबदबे के बारे में जाना तो मुझे लगा कि यह उनकी असलियत को जानने का मौक़ा है। सार में कहें तो मैंने राजेश के नेटवर्क का लाभ उठाकर उस विभाग में एक अधिकारी से दोस्ताना संबंध बनाए।

स्टॉक एक्सचेंज के उस विभाग में नीलामी के लिए प्रस्ताव को सीलबंद लिफ़ाफ़ों में जमा किया जाता था। इसके बाद मैं अपने बॉस के

पास गया और उनको बताया कि नीलामी के शेयरों की बोली लगाकर मैंने ग्राहकों और फ़र्म के लिए अच्छा मुनाफ़ा कमाने का रास्ता तलाशा है। हमारे ग्राहक नियमित रूप से नीलामी में शामिल होते रहते थे, लेकिन कामयाबी उतनी नहीं मिलती थी। मैंने यह नहीं बताया कि मैंने किस तरह से सभी चीज़ों को अपने पक्ष में करने की योजना बनाई है। मैंने उनसे इतना ही कहा कि इसमें कुछ पैसा लगेगा। वे अब तक मुझ पर पूरा भरोसा करने लगे थे। उन्होंने दफ़्तर में कह दिया कि जब भी मैं कहूँ मुझे 10,000 रुपए तक की रक़म दे दी जाए।

विभाग में मेरे संपर्क से मुझे बोलियों के बारे में सूचना मिलने वाली थी। मैंने इतनी होशियारी बरती कि ज़्यादा लालच नहीं किया, जिससे कि मेरी ओर सबका ध्यान जाए। मैं दो या तीन शेयर ही चुनता था, जो हमें ख़ासा मुनाफ़ा देने का अच्छा मौक़ा देते थे और उसके अनुसार ही अपनी बोली लगाता था। दो बार मैंने एएस की बोलियों से दस पैसे कम की बोली लगाई और दो बार मैंने एएस की बोलियों से इसी तरह से कम बोलियाँ लगाईं। इन सभी मौक़ों पर शेयरों का बड़ा लॉट था। मेरे ग्राहकों और फ़र्म को इन सौदों में जमकर फ़ायदा हुआ तथा एएस और पीएस दोनों सिर पकड़कर रह गए कि कैसे और किसने उनके जमे-जमाए खेल को बिगाड़ दिया।

मुझे *त्रिशूल* फ़िल्म ने बहुत प्रभावित किया, जिसमें अमिताभ बच्चन की कंस्ट्रक्शन कंपनी संजीव कुमार की फ़र्म से एक रुपए कम की बोली लगाकर कान्ट्रैक्ट हासिल कर लेती है और संजीव कुमार अपना सिर पीटता रह जाता है।

इसमें कोई संदेह नहीं है कि एएस-पीएस को आर्थिक नुक़सान से सदमा लगा, लेकिन इससे ज़्यादा घबराहट उनको इस बात से हुई कि उनका वर्चस्व टूट गया था। उन्होंने इधर-उधर पूछताछ की और अंदाज़ लगाया कि कौन उनकी रोज़ी-रोटी छीन रहा है। स्वाभाविक रूप से वे गुस्से से इस क़दर बौखलाए हुए थे कि उनका बस चलता तो मुझे मार डालते। लेकिन वे मुझसे सीधे टकराव मोल नहीं ले सकते थे, क्योंकि एक्सचेंज सफल बोलियों को सार्वजनिक नहीं करता और वे यह ज़ाहिर भी नहीं होने देना चाहते थे कि उनको मेरी कामयाबी का पता कैसे चला। लेकिन उन्होंने मुझे यह जता दिया कि मैं क्या कर रहा हूँ इसकी उनको पूरी ख़बर है।

एक दिन रिंग में मैं एएस के पास से गुज़र रहा था तभी वह बोला, 'हेलो लाला, तुम्हारे ग्राहक तो बहुत ख़ुश होंगे, टिस्को और सेंचुरी में तुमने उनको ख़ासा मुनाफ़ा करा दिया।' मैं पकड़ा गया था। मेरे चेहरे पर हैरानी साफ़ दिखाई दे रही थी। दोनों ही शेयरों में मैंने एएस से हर बार की तरह दस पैसे कम बोली लगाई थी। एएस ने मुझे घूर कर देखा और ज़्यादा कुछ कहे बिना आगे बढ़ गया। पीएस उतना चालाक नहीं था। अगले दिन हम दोनों आमने-सामने हुए। मैंने उसको अनदेखा करने की कोशिश की, लेकिन वह मेरे पास आ गया और मेरे कंधे पर हाथ रख दिया, जैसे हम बहुत पक्के दोस्त हैं। लेकिन उसकी बातें दोस्ताना नहीं थीं और बोला, 'मैंने तुमसे पहले भी एक बार कहा था और लगता है कि तुम्हें समझने में दिक्कत होती है तो एक बार फिर से दोहरा रहा हूँ। बाज़ार में अपने बाप से पंगा मत लो। लाला, बहुत नुक़सान उठाना पड़ेगा।' इतना कहकर वह आगे बढ़ गया। यह धमकी ही थी। इससे ज़्यादा साफ़-साफ़ और क्या हो सकता था। उसके कुछ हफ़्ते बाद मैं सुबह रिंग में जा ही रहा था कि दोनों ने मुझे टोका। एएस ने धमकाने के अंदाज़ में पूछा, 'साले, *%#@! तू क्या सोचता है तू ही सबसे चतुर है, है ना? कैसे तेरी फ़र्म *%#@! हमारी बोली से दस पैसे हर बार कम लगा रही है?'

मैंने शांत बने रहने की कोशिश करते हुए कहा, 'मैं नहीं जानता तुम किस बारे में बात कर रहे हो।' दोनों ने एक-दूसरे की ओर देखा। एएस फिर बोला, '*%#@! अपनी कलाकारी कहीं और दिखाना। बीएसई ने आज से नीलामी में जीतने वाली बोलियाँ नोटिस बोर्ड पर लगाना शुरू कर दिया है। जाकर देख लो। और हाँ यह भी तुमको बता दें कि हमें पता है कि यह पहली बार नहीं है कि तूने ऐसा किया है। अब तू देखता चल, तेरे को यह बहुत भारी पड़ेगा।'

मेरे पास उनका कोई जवाब नहीं था और यह भी साफ हो गया था कि जो कुछ हो रहा था उसके पीछे मेरा हाथ होने को लेकर उन्हें कोई संदेह नहीं रह गया था। उसके बाद पीएस मेरे क़रीब आया। 'देखो बेटा, तुम डोबिंवली के हो, है ना? मैंने सुना है कि उस रास्ते पर ट्रेनें खचाखच भरी हुई जाती हैं...' और उसके बाद कुछ अपनी आवाज़ को धीमी करके वह बोला, '...और आए दिन इन ट्रेनों से गिरकर लोग अपने हाथ-पैर, यहाँ तक कि जान भी गँवा देते हैं।'

इस बार उन्होंने मुझे अच्छी तरह से हिलाकर रख दिया था। उन दोनों के जाने के बाद भी क़रीब एक मिनट तक मैं वहाँ हतप्रभ खड़ा रहा। मेरे हाथ कँपकँपा रहे थे और मैंने उनको छुपाने के लिए जानबूझकर जेब में डाल लिया, जिससे वे कहीं देख नहीं लें। उन्होंने ख़ासकर पीएस ने जो कुछ कहा था उससे मैं डर गया था। शेर को सवा शेर मिल जाने से दिल पर लगी चोट में शायद इस तरह की प्रतिक्रिया स्वाभाविक थी। तब भी उनके ओछे तौर-तरीक़ों से परिचित होने के कारण मैं चिंतित था। वे बदला लेने के लिए किसी भी हद तक जा सकते थे। आख़िर डोंबिवली में ही मुझे ठिकाने लगाने के लिए दो गुंडे किराये पर लेने, और इसे राह चलते विवाद का नाम देने या लूट की नाकाम कोशिश बताने में कितने पैसे ख़र्च होंगे?

बाज़ार में मेरे दोस्त थे, लेकिन ऐसा कोई भी नहीं था, जिससे मैं अपने भीतर का डर साझा कर सकता। दोनों की शिकायत एक्सचेंज के अफ़सरों से करने का भी विचार मन में आ रहा था। लेकिन मुझे इसमें बहुत दम नज़र नहीं आया, क्योंकि दोनों बदमाश बहुत रसूख वाले थे। इससे भी ज़्यादा चिंता मुझे इस बात की थी कि शिकायत करने पर मेरे कारनामे भी उजागर होने का ख़तरा था। वे मुझे शारीरिक चोट पहुँचाने की धमकी पर वास्तव में अमल कर सकते थे। साथ ही मैं उन पर यह ज़ाहिर होने देना नहीं चाहता था कि मैं डर गया हूँ। मैंने अगले निपटान में दो शेयरों में उनकी बोली को पछाड़ा। हालाँकि इस बार मैंने ऐसे दो शेयरों को चुना, जिसमें एएस या पीएस, दोनों में से किसी को भी बहुत भारी नुक़सान नहीं हुआ। मैं किसी भी बड़ी बोली में शामिल नहीं हुआ, जिसमें वे शामिल थे।

अगले कुछ महीनों तक मैं लोकल में चढ़ते और उतरते हुए बहुत सतर्क रहता था। चारों ओर चौकस निगाहों से देखता था। ट्रेन के भीतर कोच में गेट से दूर बैठने लगा था।

एएस और पीएस को जब भी मौक़ा मिलता वे मुझे अपमानित करने की कोशिश करते थे। मैं शेयर के अच्छे ख़ासे लॉट लेने में सक्षम हो गया था। यदि मैं कंपनी एक्स के शेयर का लॉट ख़रीदता था तो मुझे मालूम होता था कि उसे ख़रीदने में किस दलाल की दिलचस्पी होगी और जल्दी से जल्दी उससे शेयर बेचने के लिए डील कर लेता था। इसी तरह से यदि मैंने कोई

वाई शेयर बेच होता था तो मैं जानता था कि कौन-सा दलाल इसी शेयर का लॉट बेचना चाह रहा है और मैं उससे ख़रीदी कर अपनी पोजीशन बराबर कर लेता था।

एएस-पीएस बहुत फड़फड़ाते रहते थे जानने के लिए कि मैं आख़िर किससे शेयर ख़रीद रहा हूँ और किसे बेच रहा हूँ। वे अपने चमचों से रिंग में मुझ पर नज़र रखने को कहते थे। आउल (उसकी आँखों के कारण मैंने उसका यह नाम रखा था) ऐसा ही जॉबर था। एएस-पीएस उसके संरक्षक थे और हमेशा उनकी बोली के लिए तैयार रहता था।

ज़्यादातर दलालों चाहे वे छोटे-मोटे स्तर के भी हों उनके पास ट्रेडिंग फ़्लोर पर हॉटलाइन टेलीफ़ोन सुविधा होती थी, जिससे उनके दफ़्तर से उनको ग्राहकों के ऑर्डर की सूचना देने में मदद मिलती थी और अन्य दलालों या जॉबर डील के बारे में दफ़्तर को सूचना दे देते थे। मैं जब फ़्लोर पर अपने हिसाब से कोई बड़ी डील कर लेता था तो मैं संबंधित दलाल से उसके हॉटलाइन नंबर पर पूछ लेता था कि क्या वह मुझसे सौदा करेगा।

एक बार मेरी और आउल की एक ही शेयर पर नज़र थी। मैंने शेयर का अच्छा ख़ासा बड़ा लॉट सस्ते में ख़रीदा और एक दलाल को कॉल किया, जो मुझे मालूम था कि इस शेयर में दिलचस्पी रखता है और ख़रीदने का इच्छुक हो सकता है। दलाल के दफ़्तर के डीलर ने कहा कि वह बॉस से पूछकर बताएगा और मुझे 15 मिनट में कॉल करने को कहा। मैंने 15 मिनट बाद कॉल किया तो डीलर का जवाब था कि वह इच्छुक नहीं है। मुझे कुछ अजीब तो लगा, क्योंकि मुझे मालूम था कि वह इस शेयर के लिए जोड़-तोड़ में लगे हुए थे। लेकिन फिर मैं इसे भूल गया और ध्यान नहीं दिया। मैंने ऐसे ही बातों-बातों में अपने साथी जॉबर से इसका ज़िक्र किया तो उसने मुझे बताया कि मैंने जिस हॉटलाइन पर बात की थी उसी हॉटलाइन पर आउल ने भी कुछ ही देर बाद कॉल किया था। तब मुझे समझ आया कि जिन दलालों से मैं बात करता हूँ, आउल उन पर नज़र रख रहा है। मैं समझ गया था कि उसने पूरा ब्यौरा अपने आकाओं को दिया होगा और उन्होंने उन दलालों से बात कर बेहतर क़ीमत की पेशकश कर मेरी डील छीन ली।

मैंने तय किया कि अगली बार से मैं सावधान रहूँगा, लेकिन उससे पहले मैंने सोचा कि क्यों ना आउल के ख़र्चे पर कुछ मज़ा किया जाए। चंद

दिनों बाद मुझे मौक़ा मिल गया। मैंने डॉ. रेड्डीज़ लैबोरेटरीज़ के एकमुश्त शेयर ख़रीदे थे और मैं एक दलाल को जानता था, जिसकी इस शेयर में दिलचस्पी रहती थी। लेकिन मैंने उस दलाल को सीधे कॉल नहीं किया। पहले मैंने दो-चार हॉटलाइन नंबरों पर ऐसे ही कॉल किए और डीलरों से कुछ भी मनगढ़ंत बातें कीं। आउल सुन तो नहीं सका कि मैं क्या कह रहा था, लेकिन उसने ऐसा अंदाज़ लगाया कि मैं उन दलालों से डॉ. रेड्डीज़ के शेयर बेचने की बात कर रहा हूँ। मैं जानता था कि जैसे ही मेरी बात पूरी होगी आउल तुरंत उन दलालों को कॉल करेगा। लेकिन मैं यह जानना चाहता था कि आउल को तब कैसा लगेगा जब उसे पता चलेगा कि उसने ग़लत दलालों को फ़ोन किया है। उस समय तक मेरी जॉबर प्रकाश से दोस्ती हो गई थी, जो उम्र में मुझसे एक-दो साल बड़ा होगा। वह मेरी ख़ातिर आउल की बातों को चुपचाप सुनने को तैयार हो गया था। मेरे जाते ही आउल हॉटलाइन पर पहुँचा। ज़रूर उसके मन में कपोल कल्पनाएँ उमड़ रही होंगी कि किस तरह से एक बार फिर वह मेरी डील पर पानी फेर देगा। वह इससे बेख़बर था कि मैंने प्रकाश को वहाँ उसकी बातें सुनने के लिए तैनात कर रखा है।

हॉटलाइन पर वह शुरू हो गया। 'आप यदि डॉ. रेड्डीज़ ख़रीदना चाहते हैं तो मैं सस्ते भाव पर देने को तैयार हूँ अच्छा... ओह... नहीं चाहिए, चलिए ठीक है... मैंने सोचा था माफ़ कीजिए।' अगले कॉल पर भी कुछ इसी तरह की बात हुई। आउल को समझ नहीं आया कि मैं चाल खेल रहा हूँ।

दो दिन बाद मैंने फिर यही किया। इस बार आउल को लगा कि हो सकता है कि मैं उसे गुमराह करने के लिए कोई चाल चल रहा हूँ। उसने ज़रूर अपने आकाओं को इसकी जानकारी दी होगी, क्योंकि जल्दी ही मेरी निगरानी के लिए एक और जासूस लगा दिया गया। इस बार मैंने अपने वास्तविक सौदे की बात करने से पहले यूँ ही कोई भी चार दलालों से बात की।

उसके बाद आउल और एक अन्य जासूस को ऐसा लगा था कि ग़लत दलालों को कॉल करने पर काफ़ी खरी-खोटी सुननी पड़ी थी। उसके बाद एएस-पीएस की जोड़ी ने मेरा पीछा करना बंद कर दिया। या कम से कम मुझे तो ऐसा ही महसूस हुआ। लेकिन मैं ग़लत था।

बाहर से दिखाने के लिए उन्होंने मुझसे दुश्मनी पर कुछ लगाम लगा दी थी और आम तौर पर रूखा दिखने वाला पीएस भी कभी-कभार रिंग में मेरी ओर मुस्करा कर अभिवादन कर देता था। मैंने सोचा बीती बातों को भुलाकर गिला-शिकवा दूर हो गया है। मुझे नहीं पता था कि दोनों मुझसे बदला लेने के लिए सही मौक़े का धैर्यपूर्वक इंतज़ार कर रहे हैं। और एक दिन मैंने खुद ही उन्हें वह अवसर तोहफ़े में दे दिया, जिसकी वे राह देख रहे थे।

एक दिन दोपहर का वक्त था और व्यस्तता काफ़ी थी। आउल मेरे पास आया और पूछा कि मैं अपोलो टायर्स के लिए क्या भाव दे रहा हूँ। हॉटलाइन पर जासूसी के प्रकरण के बाद हमने एक-दूसरे के साथ कुछ काम भी किए थे और सब ठीकठाक चल रहा था। संदेह करने का कोई कारण नहीं था। मैंने भाव बता दिए। अउल ने कहा, वह 500 शेयर बेचना चाहता है। मैंने उससे शेयर ख़रीद लिए। उसने 500 और शेयर के लिए दाम पूछे। मैंने वही भाव बताए। उसके बाद उसने कुछ और शेयर बेचने की इच्छा ज़ाहिर की। स्वाभाविक तौर पर मुझे लगा कि आउल मुझसे कोई चाल चल रहा है। मैंने कुछ ज़्यादा भाव बताए, जिससे वह वहाँ से चलता बने। लेकिन मुझे हैरानी हुई, उसने मुझे 500 और शेयर बेचे और उसके बाद फिर और भाव पूछे। मैंने उसके सामने खुलकर अपनी ज़्यादा वसूली की मंशा प्रकट करते हुए अंतर बढ़ाकर और अधिक दाम बताए।

मुझे उम्मीद थी कि वह मुझे गालियाँ देते हुए मुँह फुलाकर चला जाएगा। लेकिन उसने मुझे फिर चकित कर दिया। शिकायती लहज़े में बोला, 'अरे लाला, इतने महँगे दाम लगा रहे हो, तुम तो मुझे मार ही डालोगे।'

मैंने बेपरवाह अंदाज़ में कहा, 'तुमको चाहिए तो लो नहीं तो कोई बात नहीं।'

कुछ नाराज़गी दिखाते हुए वह बोला, 'अरे लाला, तुम अब बड़े आदमी हो गए हो। लेकिन इसका यह मतलब नहीं कि तुम हमारे जैसे छोटे जॉबर का अपमान करो।'

मैं वहाँ से जाना चाह रहा था। लेकिन उस बंदे ने मुझे वहाँ से जाने नहीं दिया। हालाँकि पिछले कुछ दिनों से मैं उससे बात करने लगा था, लेकिन निश्चित ही मेरी नफ़रत कम नहीं हुई थी।

मैंने कहा, 'भाव तो वही है, तुमको लेना है तो लो नहीं तो चलते बनो।'

आउल बोला, 'तुमने इतना अंतर बताया है कि इस क़ीमत पर तो कोई अपोलो टायर्स के 50,000 शेयर बेच सकता है।'

मुझे उस पर खीज आ रही थी, अब मैंने सीधे-सीधे उसे अपमानित करने का सोचा, जिससे वह अब आगे बात नहीं करके चलता बने। '50,000 शेयर बस? इतने अगर तुम्हारे पास हैं तो अभी बेचो। मैं ख़रीदने को तैयार हूँ।' मैं अच्छे से जानता था कि आउल इतनी अधिक मात्रा में काम नहीं करता।

आउल गुस्से में दिखाई दे रहा था। 'लाला इतना घमंड मत करो। मुझे पता है कि तुम्हारी 50,000 शेयर ख़रीदने की हैसियत नहीं है। तुमको लगता है कि तुम मेरा मज़ाक़ उड़ा लोगे?'

मुझे उसको इस तरह से चिढ़ाने में आनंद आ रहा था। उससे बात करते हुए मेरे दिमाग़ में मेरी दो डील छीनने का बदला लेने की इच्छा थी। मैं उसको आहत करना चाहता था।

मुझे अंदाज़ नहीं था कि मेरे लिए जाल बिछाया जा रहा था।

कुछ अहंकार के साथ मैं बोलता जा रहा था। 'तुम इसकी चिंता मत करो कि मेरी 50,000 अपोलो टायर्स ख़रीदने की हैसियत है या नहीं। तुम तो देखो कि तुम्हारे पास इतने शेयर हैं या नहीं।'

'अच्छा, ठीक है लाला, मुझे तुम्हारे भाव मंजूर हैं। मैं अपोलो टायर्स के 50,000 शेयर तुमको और बेचता हूँ।' इतना बोलकर उसने तुरंत अपना सौदा पैड निकाला और सौदा नोट करने लगा। मुझको काटो तो ख़ून नहीं। यह सच था कि 50,000 शेयरों में काम करने की मेरी हैसियत नहीं थी। मेरे बॉस ने कोई सीमा तय नहीं की थी, लेकिन एक तरह से यह माना जाता था कि मैं कोई बहुत बड़ा जोख़िम नहीं लूँगा। आख़िर में जॉबर अगर अपनी किसी बात पर क़ायम नहीं रहता है तो दलाल को उसे निभाना पड़ता है।

मैंने आउल को इसलिए चुनौती दी कि मुझे यही पता था कि वह इतने अधिक शेयरों में काम नहीं करता। इसके अलावा फ़्लोर पर कारोबारी सही भाव ठहराने के लिए मोल-तौल करते हुए एक-दूसरे से ऐसे बात करते रहते हैं।

मामला बिगड़ जाने की आशंका से मैं घबराकर बोला, 'अरे रुको ...इतने ज़्यादा शेयर के साथ मज़ाक़ मत करो।' अब भी मुझे लग रहा था कि आउल मज़ाक़ कर रहा है।

अब आउल की बारी थी। वह मुझ पर भड़कने लगा। 'क्यों, अब क्या हुआ, तुम तो बड़े आदमी बन रहे थे, क्या 50,000 शेयर का नाम सुनकर पेंट गीली हो गई? तुम तो ऐसे बात कर रहे थे, मुझे लगा कि तुम्हारे लिए तो यह ऐसे ही छुट्टे वाली बात है।' मुझे घबराया हुआ देखकर हो रही ख़ुशी को छुपाने की कोशिश करता हुआ वह बोला।

अब इस झमेले से बाहर निकलने का एक ही रास्ता था कि साफ़ कह दूँ कि ऐसा कोई सौदा कभी हुआ ही नहीं या आउल ने ग़लत सुन लिया। मैंने तो 500 बोला था, उसने 50,000 सुन लिया। लेकिन हमारे सौदे के कुछ गवाह भी थे। आउल ने पहले ही आसपास अपने आदमी तैनात कर रखे थे। यदि मैं सौदे से पीछे हटता तो लोगों का मुझ पर भरोसा कम हो जाता और मेरी छवि को नुक़सान होता।

एक और रास्ता था कि मैं आउल के सामने गिड़गिड़ाऊँ और उसके हाथ-पैर पकड़ कर सौदे को ख़त्म करने को बोलूँ। लेकिन मेरा स्वाभिमान इसके लिए तैयार नहीं था। और मैं उससे झुककर आग्रह कर भी लेता तो वह पहले तो मेरी इस हालत का भरपूर आनंद लेगा और उसके बाद फिर इंकार कर देगा। यदि मैं सौदे पर क़ायम रहूँगा तो पूरी संभावना थी कि मुझे मेरी हैसियत से ज़्यादा नुक़सान हो जाता। एक रुपए के नुक़सान का मतलब 50,000 रुपए का घाटा था।

मुझे पूरा यक़ीन था कि आउल अपने आकाओं के इशारे पर काम कर रहा था, जो मुझे कलंकित करके इस पेशे से बाहर निकालने पर आमादा थे। अभी तक वे आधी जंग जीत चुके थे।

निपटान में क़रीब एक हफ़्ता था। अगर मैं अपोलो टायर्स में अपनी पोजीशन से किसी तरह बाहर भी निकल जाता तो भी घाटे की संभावना बनी हुई थी। मैं अच्छे से जानता था कि एएस-पीएस मुझसे कितनी नफ़रत करते हैं, वे चारों ओर फैला देंगे कि मैं अपोलो टायर्स के 50,000 शेयर बेचने के लिए बेकरार हूँ। जो भी मुझसे ख़रीदना चाहेगा वह मेरी मज़बूरी

का फ़ायदा उठाकर मुझसे कम से कम क़ीमत कराने को लेकर मोल-भाव करेगा। ऐसे हालात के लिए और कोई नहीं मैं खुद दोषी था।

उस दिन रिंग से जब मैं दफ़्तर जा रहा था तो एएस से मुलाक़ात हो गई। उसने बहुत गंभीर होने का नाटक करते हुए कहा, 'मुझे पता है तुम्हारे पास अपोलो टायर्स के शेयर का बड़ा लॉट है। मैं कुछ मदद कर सकता हूँ क्या?' मैंने उसकी बात अनसुनी करने की कोशिश की, लेकिन वो कहाँ मानने वाला था। जाते-जाते बोला, 'देखो लाला, हमने तुमको कई बार कहा था, हमसे पंगा मत लो। मैंने तुमको साफ़-साफ़ कहा था, तुमको ख़ामियाजा भुगतना होगा। तुम अगले हफ़्ते से अपने लिए कोई दूसरा काम-धंधा ढूंढ़ लेना।' मुझे अपने बचने की कोई सूरत नज़र नहीं आ रही थी। मेरे मन में तरह-तरह के विचार आ रहे थे। सबसे अच्छा विचार था कि मुझे इस सौदे में भारी मुनाफ़ा हो रहा है। हालाँकि उसकी संभावना लगभग असंभव थी; ख़ास तौर पर ऐसे समय में। क्योंकि मेरे दुश्मनों ने बाज़ार में सबको बता दिया होगा कि कोई 50,000 शेयर बेचने के लिए बैठा हुआ है। दूसरी, कुछ बेहतर स्थिति मुझे विनम्रता का सबक़ सिखाकर बिना किसी मुनाफ़े या नुक़सान के पोजीशन मेरी निकल जाए। इसकी भी संभावना बहुत क्षीण थी। प्रति शेयर एक रुपए का नुक़सान भी बहुत कष्टदायी होने वाला था। लेकिन मैं अपने बॉस को मना सकता था कि मेरी नौकरी चलने दें। मैं क़र्ज़ अदा कर दूँगा। प्रति शेयर दो रुपए के नुक़सान पर मैं निश्चित तौर पर नहीं कह सकता था कि मेरी नौकरी बचेगी या नहीं, तब भी मैं उनसे कुछ रहम की अपील कर सकता था। प्रति शेयर दो रुपए से ज़्यादा के नुक़सान के बाद मुझे स्टॉक एक्सचेंज के बाहर कोई नौकरी खोजनी होगी। मेरी ग़लती के बारे में सुनकर कोई भी दलाल मुझे एक्सचेंज में नौकरी देने को तैयार नहीं होगा।

मैं सोच रहा था कि क्या मैं बंटी की मदद लूँ और उससे उसकी फ़र्म के लिए पूरे शेयर ख़रीदने का आग्रह करूँ। शेयर सस्ते भाव में थे और मैं ख़ुशी-ख़ुशी ख़रीदी भाव पर उनको बेचने को तैयार था। इसमें समस्या थी कि बंटी की फ़र्म ने कभी भी अपोलो टायर्स के शेयर में काम नहीं किया था। बंटी को अपने बॉस लोगों को अचानक इस शेयर में पैदा हुई दिलचस्पी का कारण बताने में कठिनाई हो सकती थी।

मेरे बॉस मुंबई से बाहर गए हुए थे और अगले तीन दिनों तक उनके आने की कोई संभावना नहीं थी। इससे मुझे पूरे झमेले से निकलने के लिए जुगत करने का वक्त मिल गया था। मैं समझ नहीं पा रहा था कि जब वे मेरे इस बिना सोचे-विचारे सौदे के बारे में सुनेंगे तो क्या सोचेंगे या बोलेंगे। वे स्वभाव से बहुत संतुलित व्यक्ति थे, लेकिन जैसे शेयर बाज़ार है, उसी तरह वक्त-बेवक्त लोग भी कुछ तुनकमिज़ाज हो जाते हैं।

उस रात मुझे ठीक से नींद नहीं आई। डरावने सपने आते रहे। एक सपने में तो मैं चंद ज़रूरी कपड़ों के अलावा कुछ भी नहीं पहने हुए था और मुझे स्टॉक एक्सचेंज से बाहर खदेड़ा जा रहा था।

अगले दिन मेरा काम पर जाने का बिलकुल भी मन नहीं था। मुझे यह भी पता नहीं था कि मैं रिंग में जाऊँगा भी या नहीं। दिमाग़ में बस अपोलो टायर्स का सौदा ही घूम रहा था। मुझसे कोई और चूक होने की पूरी संभावना थी और इससे हालात और बिगड़ सकते थे। मैंने कुछ देर तक सोचा और उसके बाद तय किया कि मैं अपोलो टायर्स से बाहर आऊँगा और उसके बाद ही किसी और सौदे में हाथ डालूँगा। मैंने अपना मनोबल बढ़ाया, जिससे कि मैं अपनी हताशा के साथ कोई छल नहीं करूँ फिर अपने को और किसी ग़लत सौदे के झमेले में नहीं फँसा लूँ। रिंग में जाते हुए मैंने खुद को समझाया कि अच्छा कारोबारी बनाने के लिए भगवान ने यह मेरी परीक्षा ली है।

मैंने अपोलो टायर्स के भाव की पड़ताल की। सुनकर मुझे निराशा हुई। ख़रीदी के भाव मेरी क़ीमत से कम थे और शेयरों का लॉट भी कम था। मैंने दूसरे शेयरों में काम करने की कोशिश की, लेकिन मेरा दिमाग़ घूम-फिरकर अपोलो टायर्स पर ही जाकर अटक जाता था। मैंने दोबारा उसके भाव पता किए। लेकिन भाव अब भी मेरे लिए अनुकूल नहीं थे। मैंने कोई निर्णय लेने से पहले एक दिन और पोजीशन बनाकर रखने का तय किया।

बाज़ार बंद होने में दस मिनट का समय बाक़ी था। तभी शर्मा ऐसे ही टहलते हुए मेरी ओर आया। हम एक-दूसरे को शक्ल से जानते थे, लेकिन कभी हमारी बातचीत नहीं हुई थी। वह स्पष्टवादी और हँसमुख था। उसे हर्षद मेहता के क़रीबी लोगों में से एक माना जाता था। उसके आने से मैं कुछ चकित था। वह बोला, 'और लाला, कैसा चल रहा है?'

'बस कट रही है।' मैंने जबरन मुस्कराते हुए जवाब दिया।

'हम्म... एक तरह से हम सभी की वही हालत है।' मुझ पर क़रीब से नज़र दौड़ाते हुए वह बोला।

मैं उससे मेरे पास आने का कारण पूछना चाहता था। हम कुछ सेकेंड के लिए एक-दूसरे को ध्यान से देखते रहे। तब शर्मा बोला, 'मैं तुमसे कुछ शेयर ख़रीदना चाहूँगा।'

मैं तुरंत ही समझ गया कि वह अपोलो टायर्स के मेरे सौदे के बारे में जानता है। कोई भी ग्राहक भाव पूछे बिना अपनी मंशा का खुलासा नहीं करता है।

'कौन से?' जवाब अच्छे से पता होने के बावजूद मैंने पूछा।

'अरे, लाला बनो मत, तुम अच्छे से जानते हो कौन से। कोई और शेयर होता तो पहले मैं भाव पूछता।'

'अब तुमको मेरी स्थिति की जानकारी है तो मैं समझता हूँ कि तुम्हारे दिमाग़ में पहले से क़ीमत भी तय होगी।' मैंने संयम के साथ जवाब दिया, जिससे कि कहीं मेरा उतावलापन ज़ाहिर नहीं हो जाए।

'हाँ तुम सही कह रहे हो। हम सीधे-सीधे बात करें। तुमने किस भाव पर ये शेयर ख़रीदे?' उसका अगला सवाल था।

मैंने उसे सही भाव बता दिया, क्योंकि मुझे मालूम था कि उसे भाव की जानकारी होगी।

'ठीक है, मैं तुमसे तुम्हारी लागत से दस पैसे कम में ख़रीद लूँगा।'

'मैं जिस हालत में फँस गया हूँ उसमें यह आपकी बड़ी मेहरबानी होगी।' जवाब देने के बाद मैं हैरान हो रहा था, जिस तरह से मैं सब कुछ सच-सच उगलता जा रहा था।

'देखो मैं आपको बताऊँ, कुछ लोग आपको मुसीबत में देखना चाहते हैं और हम उनको यह ख़ुशी देना नहीं चाहते। इसके अलावा यदि भाव उचित हों तो हम उस शेयर में ख़रीदी करते रहते हैं।'

'ये ''हम'' कौन है?' मुझे पर इस तरह की कृपा बरसाने वाले के बारे में अपने अनुमान को पक्का करने के लिए मैंने सवाल किया।

'तुम बहुत चतुर बनते हो, नहीं लाला? मैं मानता हूँ कि तुम अच्छे से जानते हो मैं किसके लिए काम करता हूँ।' शर्मा कुछ चिढ़कर बोला।

'चलो हो सकता है कि आपकी इस कृपा के पीछे कोई मंशा नहीं है तो भी क्या आप पूरी कृपा नहीं कर सकते। मेरे भाव के भाव में ख़रीदी करके?' मैंने उनसे जानना चाहा।

'तुमको मूर्खता करने का कुछ सबक़ भी तो मिलना चाहिए, जिससे तुम आगे ग़लती नहीं दोहराओ। दस पैसे कोई बड़ी बात नहीं है। लेकिन अगर तुम बिलकुल बिना सबक़ के बरी हो गए तो अगली बार किसी बड़ी मुसीबत में फँस सकते हो।' सौदा पैड में सौदे का ब्यौरा लिखते हुए शर्मा बोला।

मैंने पूछा, 'क्या मुझसे इस कृपा के लिए अहसानमंद होने की अपेक्षा है?'

'यह तुम्हारे ऊपर है।' जाते-जाते शर्मा बोला।

अगले दिन आउल मेरे पास आया और मैंने जिस भाव पर बेचा था उससे तीन रुपए कम भाव पर अपोलो टायर्स ख़रीदने की मंशा ज़ाहिर की। 'लाला, हम सब ग़लती करते हैं, लेकिन मैं नहीं चाहता कि नादानी के कारण किसी की नौकरी चली जाए।' उसे उम्मीद थी कि मैं गिड़गिड़ाकर उससे भाव बढ़ाकर लेने को बोलूँगा।

'आपकी कृपा के लिए बहुत आभारी हूँ।' आगे बढ़कर उसके कान में फुसफुसाते हुए मैंने उसे बता दिया कि वह अपना यह प्रस्ताव कहाँ लेकर जा सकता है।

लेकिन एएस-पीएस का दुश्मन ही अगर मुझे बचाने नहीं आता तो मैं बड़ी मुसीबत में फँस सकता था। पाँच हज़ार रुपए का नुक़सान एक महीने तक मेरे सीने में तीर की तरह चुभता रहा। लेकिन मैं खुद को इसी तरह से समझाता रहा कि हालात और ख़राब भी हो सकते थे।

5

दलाल स्ट्रीट का दलालराज

1980 के दशक और 1990 के दशक के आरंभ का दलाल स्ट्रीट बिना किसी नियम-क़ायदे का वित्तीय बाज़ार था। दलालों और बाज़ार के ऑपरेटरों से साठगाँठ कर कंपनियों द्वारा भेदिया कारोबार बहुत आम था। वास्तव में कंपनियों को अपनी इस कारोबारी पद्धतियों में कुछ भी ग़ैर क़ानूनी जैसा महसूस ही नहीं होता था, क्योंकि क़ानून में ऐसा कुछ नहीं था, जो उन्हें इस तरह के काम करने से रोकता हो।

जहाँ तक दलालों का सवाल है, कई के बारे में माना जाता था कि वे नियमित रूप से अपने बड़े ग्राहकों के लिए अंदरूनी ख़बरों के आधार पर काम करते हैं या रिंग में ऑर्डर को अंजाम देने के भाव को लेकर ठगी करते थे। यानी वास्तविक रूप से जिस पर सौदे होते थे, उसमें कम-बढ़ाकर बताते थे दलाल काम बंद होने के बाद सौदे की पुष्टि करते थे। ऐसे में वे ग्राहक को दिन के सबसे निचले भाव पर बेचना और दिन के सबसे ऊँचे भाव पर ख़रीद बताते थे। इस तरह से उनको बेचने वाले ग्राहक को कम राशि देनी होती थी और उनसे ख़रीदी करने वाले ग्राहक से ज़्यादा राशि ले लेते थे।

नैशनल स्टॉक एक्सचेंज (एनएसई) के आने और 1994 में स्क्रीन आधारित ट्रेडिंग की शुरुआत से यह बुराइयाँ ख़त्म हो गईं। अब ग्राहक खुद यह देख सकते थे कि उनके शेयरों को किस भाव पर ख़रीदा या बेचा गया है।

एनएसई के पहले के दिनों में भी दलालों को स्टॉक एक्सचेंजों के नियमों का पालन करना ज़रूरी था, लेकिन वास्तव में इन नियमों का बहुत अधिक उल्लंघन होता था। एक्सचेंज को मार्जिन राशि अदा नहीं करना, ट्रेडिंग पर प्रतिबंधों का उल्लंघन और भाव तथा मात्रा पर पारदर्शी ढंग से आंकड़े जमा करने में आनाकानी करना आम था। उदाहरण के लिए बीएसई के लिए सदस्य दलालों के हिसाब-किताब का ऑडिट करना ज़रूरी था, लेकिन यह बहुत ही कम किया जाता था और कभी-कभार किया भी जाता था तो यह एक चलताऊ क़िस्म की कवायद होती थी। निवेशकों की शिकायतों के समाधान के लिए कोई उचित प्रक्रिया नहीं थी।

रसूखदार दलालों की मनमानी चलती थी, क्योंकि स्टॉक एक्सचेंज के बोर्ड के सदस्यों में बड़ी संख्या में दलाल भरे हुए थे। काग़ज़ों पर स्टॉक एक्सचेंज वित्त मंत्रालय के प्रति उत्तरदायी थे, लेकिन बोर्ड में सरकार के नामित सदस्य शायद ही कभी बोर्ड की बैठक में शामिल होते थे। वास्तव में एक्सचेंज रसूखदार दलालों के समूह से इस हद तक नियंत्रित था कि मज़ाक़ में कहा जाता था कि बीएसई का मतलब बॉम्बे स्टॉक एक्सचेंज नहीं, बल्कि ब्रोकर्स स्टॉक एक्सचेंज है। स्वाभाविक है कि गड़बड़ी करने वाले सदस्यों के ख़िलाफ़ किसी तरह की कार्रवाई बहुत कम ही होती थी। बहुत कम ही किसी दलाल पर जुर्माना किया गया होगा, लेकिन जुर्माने की रक़म भी बहुत ही मामूली थी।

किसी शेयर में गुटबंदी बहुत सामान्य थी और आमतौर पर देखा जाता था कि मारवाड़ी दलाल एक ओर हो जाते थे और गुजराती दलाल दूसरी ओर। एक समूह किसी शेयर पर मज़बूती का रुख़ लेता था तो दूसरा उस शेयर के भाव नीचे लाने पर तुल जाता था। स्टॉक एक्सचेंज के बोर्ड या कंपनी में दोस्त के होने से पलड़ा भारी हो जाता था। स्टॉक एक्सचेंज के अचानक ही ख़रीदी के सौदों पर मार्जिन बढ़ा देने से तेजड़िए ग़लत फँस सकते थे और अचानक ही ख़रीदी निकलने से मंदड़िए फँस सकते थे। इस ख़रीदी के पीछे ज़्यादातर कंपनी प्रवर्तक होते थे।

भारत उस समय एक बंद अर्थव्यवस्था था और शेयर बाज़ार के कारोबारी उन शेयरों के बारे में ही सोचते थे, जिनकी कंपनियों में उनकी दिलचस्पी होती थी या कहें कि जिनमें उनके हित होते थे।

मेरी जॉबिंग का हुनर लगातार निखर रहा था और किसी महीने अच्छा काम होने पर मैं 10,000 रुपए तक कमा रहा था। कभी-कभार तो बाज़ार बंद होने पर बड़े-बड़े तीसमार खाँ भी मुझ पर भड़के हुए होते थे। एक बार मनु भाई मानेक ने किसी शेयर को एकमुश्त ख़रीदने को मुझसे कहा। उसी समय मानेक के दफ़्तर से कुछ ही दूरी पर उनके दामाद का दफ़्तर था, जो उसी शेयर को बेचना चाहते थे। मैं मनु भाई के लिए वही शेयर ले आया और उनसे मैंने 1.5 प्रतिशत की दलाली ले ली।

कुछ दिन बाद मनु भाई को बेचने वाले की पहचान मालूम चली तो वे मुझपर नाराज़ होने लगे। रिंग में एक दिन सामना होने पर वे बोले, 'तुम मुझे बता नहीं सकते थे कि मेरा दामाद वो शेयर बेचना चाहता है।' मैं इस पर मुस्कराने लगा, लेकिन मनु भाई ख़ुश नहीं हुए और बोले, 'तुमको चक्कू कहना चाहिए, तुम कमीशन के लिए किसी का गला भी काट सकते हो।'

लेकिन एक सप्ताह बाद ही रिंग में मिलने पर उन्होंने मुझे एक प्रस्ताव दिया। पहले उन्होंने मुझसे सवाल किया, 'अरे चक्कू ! तुम्हारा बॉस तुमको कितनी पगार दे रहा है?'

और कोई होता तो मैं शायद उसे बुरी तरह से झिड़क कर भगा देता। लेकिन वे मनु भाई थे, जिनको मैं एक बार पटखनी दे चुका था। दो बार का मतलब होता मुसीबत मोल लेना।

'5000 रुपए और उसके ऊपर जॉबर का कमीशन', मैंने उन्हें बता दिया।

'तुम तो इससे ज़्यादा के हक़दार हो। मैं तुमको 15,000 रुपए और जॉबर कमीशन अलग दूँगा। अगले महीने से मेरे साथ आ जाओ।'

उनकी बात से ज़्यादा शायद उनके तेवरों का अंदाज़ ऐसा था, जो मुझे स्वीकार नहीं था। यह प्रस्ताव से ज़्यादा आदेश था। लेकिन मनु भाई कभी भी लोगों को ख़ुश करने के लिए नहीं जाने-पहचाने जाते थे।

मैंने उनको अपना जवाब सुना दिया। 'मुझे अभी जो पगार मिल रही है उससे मैं बहुत ख़ुश हूँ। दूसरा उन्होंने मुझे तब नौकरी दी थी, जब कोई भी मुझे लेने को तैयार नहीं था। मैं थोड़े ज़्यादा पैसे के लिए उनको छोड़कर नहीं जा सकता।'

उन्हें अहसास नहीं हुआ कि यदि वे थोड़ा चतुराई से काम लेते तो मुझे आसानी से अपने साथ काम करने के लिए मना सकते थे। आख़िरकार दलाल स्ट्रीट के बड़े नामों के साथ जुड़कर कौन काम करना नहीं चाहेगा? लेकिन यदि वे सोच रहे थे कि वे केवल धन से मुझे ख़रीद सकते थे तो वे ग़लत सोच रहे थे।

मनु भाई को मुझसे ऐसे जवाब की उम्मीद नहीं थी। वे हैरान दिखाई दिए। मुझे लगता है कि वे एक जॉबर से इस तरह ठुकराए जाने के आदी नहीं थे, जिसको अभी इस पेशे में आए एक साल भी नहीं हुआ हो।

'अच्छा लगा सुनकर कि तुम अब भी वफ़ादारी जैसी पुरानी बातों को मानते हो, अन्यथा यहाँ हर कोई जल्दी से जल्दी अमीर बनने के लिए कोई भी तरीक़ा अपनाने को तैयार बैठा है। कभी भी तुमको नौकरी की ज़रूरत हो तो मेरे पास आ जाना।' इतना बोलकर और मेरा जवाब सुने बिना वे चले गए।

उसके चंद दिनों बाद उन्होंने मुझे कुछ बेहतरीन बड़े आर्डर दिए, जिन्हें मैंने बख़ूबी अंजाम दिया। इनसे मिले कमीशन से ज़्यादा मुझे यह जानकर राहत मिली कि वे मेरे बारे में अच्छा सोचते हैं, तभी मुझे काम देते हैं।

6

हर्षद मेहता का जादू

नवंबर में आम चुनाव, जिसमें काँग्रेस को हराकर जनता दल के नेतृत्व वाला राष्ट्रीय मोर्चा सत्ता में आया उसे छोड़ दें तो 1989 और 1990 के पूर्वार्ध में दलाल स्ट्रीट में कोई ख़ास गहमा गहमी नहीं रही।

वी.पी. सिंह बड़े-बड़े वादे करके सत्ता में आए थे, लेकिन गठबंधन के सहयोगी दलों को ख़ुश रखने में ही उलझ कर रह गए। पिछड़ा वर्गों को आरक्षण के लिए मंडल आयोग की रिपोर्ट लागू करने के विरोध में देश भर में छात्र आंदोलन और कुछ युवाओं के आत्महत्या की कोशिशों ने पार्टी में ही सिंह की स्थिति कमज़ोर कर दी थी। उस समय तक 'पॉलिसी पैरेलिसिस' (नीतिगत अपंगता) के मुहावरे को गढ़ा नहीं गया था और ऐसा दिखाई देता था कि शेयर बाज़ार अलग अपनी ही दुनिया में मगन है। समग्र अर्थव्यवस्था से बेख़बर। निवेशकों को ख़ास कंपनियों या सेक्टर को प्रभावित करने वाली नीतियों से अधिक और कोई सरोकार नहीं थे।

इस दौरान सरकारी प्रतिभूतियों के लिए कुछ संदेहास्पद अंतरबैंक बाज़ार जिसके बारे में जानकारी कम थी और शेयर बाज़ार भी जिससे अनभिज्ञ था, वहाँ हलचल तेज़ हो रही थी। इस बाज़ार में सरकारी और निजी दोनों ही तरह के 49 बैंक अपनी नक़दी की ज़रूरतों की पूर्ति करते थे और मुनाफ़े के लिए आपस में बॉन्ड ख़रीदते और बेचते थे। जल्दी ही मौद्रिक बाज़ार, जैसा कि उसे कहा जाता था, के घटनाक्रमों की गूँज शेयर बाज़ार में सुनाई देने वाली थी।

सेंसेक्स जनवरी से जून, 1990 के बीच 700 से 850 के बीच कारोबार कर रहा था। इसका कोई भी संकेत नहीं मिल रहा था कि वह निचली ओर टूटेगा या ऊपर की ओर छलांग लगाएगा। हालाँकि जुलाई के आरंभ में इंडेक्स ने ऊपरी छोर पर बाधा को तोड़ा और माह के अंत में तेज़ी से भागता हुआ 1,100 के पास पहुँच गया। कुछ और भी अज़ीब था कि बाज़ार अगस्त और सितंबर में भी चढ़ता गया, जब कुवैत पर इराक के हमले के कारण कच्चे तेल के दाम चढ़ने शुरू हो गए थे। तार्किक रूप से महँगे कच्चे तेल का मतलब था देश के लिए आयात का ख़र्च बढ़ना और उसके मामूली विदेशी मुद्रा भंडार पर दबाव; जिसे बाज़ार को नकारात्मक संकेत की तरह लेना चाहिए था।

हर्षद की गतिविधियाँ उस समय तक बहुत ज़्यादा बढ़ गई थीं। एसीसी, अपोलो टायर्स, गुजरात अंबुजा, टाटा टी और एसपीआईसी जैसे शेयरों में तेज़ी का कारण पूरी तरह से उसे ही माना जा रहा था। अभी शेयर बाज़ार में उसे भगवान के जैसा दर्ज़ा और उससे भी आगे की हैसियत, जो उसके बाद किसी और की नहीं रही, मिलने में कुछ और महीने बाक़ी थे, लेकिन वह दलाल स्ट्रीट का पहला सुपर स्टार बनने की राह पर आगे बढ़ चुका था।

शेयर बाज़ार में बहुत से लोग यह नहीं जानते थे कि तब तक हर्षद मुद्रा बाज़ार में भी रसूखदार दलाल बन चुका था। यहाँ तक पहुँचने के लिए उसने कारोबार में अजय कायन की स्मिफ़्स मैकरटिक, हेमेंद्र कोठारी के नियंत्रण वाली डी.एस. प्रभुदास और भूपेन दलाल की सिफ़्को जैसी स्थापित संस्थाओं के प्रभुत्व को समाप्त कर दिया था।

हर्षद ने वित्तीय बाज़ार में 1980 के दशक के आरंभ में अपना करियर जॉबर के रूप में शुरू किया और उसने तेज़ी से तरक्की करते हुए 1984 तक तो बीएसई की सदस्यता हासिल कर ली। तीन साल बाद वह शेयर बाज़ार की सफलता को दोहराने की उम्मीद से मुद्रा बाज़ार में उतरा। कोई शेयर-बाज़ार में छोटे-से जॉबर से दलाल तक बन सकता था, लेकिन मुद्रा बाज़ार में यह बहुत मुश्किल था।

इस संबंध में एक किस्सा बताया जाता है, जिससे हर्षद मुद्रा बाज़ार में उतरने को प्रेरित हुए। कुछ सालों बाद शर्मा ने यह किस्सा सुनाया था।

उस समय हम जाम छलकाते हुए पुरानी यादों को ताज़ा कर रहे थे। हर्षद एक दलाल दोस्त के दफ़्तर में था। उसी समय मुद्रा बाज़ार का एक बहुत रसूखदार दलाल भी वहाँ पर था। जब यह दलाल बाज़ार के बारे में बातें कर रहा था तो हर्षद को बहुत जिज्ञासा हुई और किसी विषय में उसने थोड़ा विस्तार से बताने को कहा। उस दलाल ने हर्षद की ओर पलट कर कुछ रूखा जवाब दे दिया। 'यह तुम्हारे बूते के बाहर की बात है। तुम तो अपने शेयर बाज़ार तक ही रहो।' यह बात हर्षद को इतनी बुरी लगी कि उसने दलाल स्ट्रीट के रिंग की तरह ही मुद्रा बाज़ार में भी अपने को साबित करने की ठान ली।

मुद्रा बाज़ार के दलाल के रूप में उसका पहला साल बहुत ख़राब रहा। उसे पहला सौदा करने में क़रीब छह महीने का समय लग गया और इससे उसे स्टाम्प ड्यूटी हटाकर महज़ 5,500 रुपए का कमीशन मिला। अगले छह महीने भी कोई ख़ास नहीं रहे। उसकी जगह कोई और होता तो इस नए उपक्रम को छोड़-छाड़कर वापस शेयर बाज़ार में अपना पूरा मन लगाता। लेकिन हर्षद हिम्मत हारने वालों में नहीं था। कुछ भी हो जाए वह अपने आप को साबित करके दिखाना चाहता था।

पिछले साल ही हर्षद एसपीआईसी के सौदे में क़रीब-क़रीब डिफ़ाल्टर हो गया था। मनु मानेक की अगुआई में उसके विरोधियों ने उसको बर्बाद करने की पक्की योजना बना ली थी। हर्षद ने खुद अपने और अपने ग्राहकों की ओर से भी एसपीआईसी के शेयरों का बड़ा लॉट ख़रीद रखा था। केंद्रीय बजट बहुत फीका रहा था, जिससे बाज़ार निराश था और बुरी तरह गिरने वाले शेयरों में एसपीआईसी भी था। कुछ ही कारोबारी सत्र में शेयर के भाव 180 रुपए से 125 रुपए पर आ गए थे।

अचानक ऐसी अफ़वाहें चलने लगीं कि हर्षद स्टॉक एक्सचेंज को ख़रीदे शेयरों का भुगतान नहीं कर पाएगा। यदि कोई दलाल शेयर ख़रीदता है तो निपटान के दिन उसे स्टॉक एक्सचेंज को शेयरों के ख़रीद मूल्य का भुगतान करना होता है। यदि बेचता है तो उसे शेयरों की डिलीवरी देनी होती है या निपटान के दिन एक्सचेंज को शेयरों के लिए भुगतान करना होता है।

मंदड़िए बाज़ार में एसपीआईसी की ख़रीदी की इच्छा को और कमज़ोर करने और भाव गिराने के लिए पूरा जी-जान लगा रहे थे, जिससे तेजड़िए

घबराकर अपनी पोजीशन निकाल दें। अगर शेयर के भाव और गिर जाते तो हर्षद को सौदे को अगले निपटान तक आगे बढ़ाने के लिए फ़ाइनेंसर खोजना कठिन हो जाता। एक अपने भरोसेमंद दलाल दोस्त की सलाह पर हर्षद ने तय समय से पहले ही एसपीआईसी के शेयरों के लिए भुगतान करने का फ़ैसला किया। उसने भुगतान कर दिया और बीएसई के कार्यकारी निदेशक एम.आर. मैय्या से एक्सचेंज के सूचना पटल पर इसकी घोषणा कराने का आग्रह किया। मैय्या ने एक्सचेंज के नियमों का हवाला देते हुए इससे मना कर दिया। लेकिन उन्होंने हर्षद को आश्वस्त किया कि जो भी इसके बारे में पूछताछ करने आएगा वे उसे सच्चाई से अवगत करा देंगे।

इससे मदद मिली। लेकिन इतनी कि मंदड़िए एसपीआईसी के शेयरों को और ज़्यादा नहीं गिरा पाए। लेकिन यह हर्षद की बहुत स्पष्ट जीत नहीं थी जिसे तय समय से पहले भुगतान करना पड़ा। उसके कुछ ग्राहकों ने सहयोग किया और भुगतान कर दिया, लेकिन कुछ ने मना कर दिया। इसका नतीजा यह हुआ कि एसपीआईसी के शेयरों में तेज़ गिरावट के कारण बहुत नुक़सान उनकी फ़र्म को उठाना पड़ा।

1987 में हर्षद जब मुद्रा बाज़ार के दलालों के अकेले समूह में घुसने की कोशिश कर रहे थे उस समय बाज़ार में बहुत ज़्यादा हलचल नहीं थी। बैंकों को अपनी जमा राशि में से आधी भारतीय रिज़र्व बैंक (आरबीआई) के निर्धारित मानदंडों के अनुरूप नक़द आरक्षित अनुपात (सीआरआर) और वैधानिक तरलता अनुपात (एसएलआर) की पूर्ति के लिए अलग रखना होता था।

सीआरआर जमा का वह अनुपात होता है, जो कि बैंकों को आरबीआई के पास रखना ज़रूरी होता है, जिससे मुद्रा के प्रवाह पर नियंत्रण में आरबीआई को मदद मिलती है। चार प्रतिशत सीआरआर का अर्थ होगा कि बैंकों को हर 100 रुपए की अपनी जमा राशि पर चार रुपए आरबीआई में जमा कराने चाहिए। बैंकों को एसएलआर पर कोई ब्याज हासिल नहीं होता है। एसएलआर बैंकों की वह निधि होती है, जो उन्हें सरकारी प्रतिभूतियों (सरकार के जारी बॉन्ड) में निवेश करनी होती है। एसएलआर निवेश पर ब्याज प्राप्त होता है, लेकिन यह उस दर से बहुत कम होता है जो बैंक कंपनियों से क़र्ज़ पर लेती हैं। आज सीआरआर 4 प्रतिशत

और एसएलआर 21.5 प्रतिशत है (कुल 25.5 प्रतिशत)। उस समय दोनों मिलाकर 50 प्रतिशत हो जाते थे।

इसका अर्थ था कि बैंक जमा राशि के सौ रुपए में से केवल 50 रुपए का क़र्ज़ दे सकता था। इससे उनकी मुनाफ़ा हासिल करने की क्षमता घट गई थी। जब भी सीआरआर और एसएलआर दरें बढ़ाई जाती थीं तो कुछ बैंकों को उनके अनुपालन के लिए नक़दी या प्रतिभूति उधार लेनी पड़ती थी। कुछ बैंकों ने यह समझ लिया कि अधिकतम प्राप्ति के लिए बॉन्डों की नियोजित ख़रीदी मुनाफ़ा बढ़ाने का अच्छा रास्ता है। लेकिन ज़्यादातर बैंकों के लिए बॉन्डों की ख़रीद-बिक्री अधिकतर नियमों की ज़रूरत को पूरा करने की औपचारिकता थी।

सख़्त सीआरआर अथवा एसएलआर नियमों से पार पाने के लिए बैंकों ने 'पुनर्ख़रीदी' या 'रेडी फ़ॉरवर्ड' व्यवस्था आरंभ की। नक़दी की ज़रूरत वाला बैंक ए अपने पोर्टफ़ोलियो की कुछ प्रतिभूतियाँ बैंक बी को बेचता था और कुछ समय बाद उन प्रतिभूतियों को कुछ अधिक दाम पर ख़रीद लेता था। वास्तव में जो अंतर होता था वह ब्याज होता था, जो बैंक ए अल्प अवधि क़र्ज़ के लिए बैंक बी को देता था।

कॉल मनी मार्केट भी था, जिसमें बैंक, म्यूचुअल फ़ंड और कंपनियाँ एक-दूसरे से कम अवधि के लिए क़र्ज़ ले सकती थीं। लेकिन रिज़र्व बैंक ने इस बाज़ार में ब्याज दर पर दस प्रतिशत की ऊपरी सीमा लागू की थी। इसके कारण बैंकों की कॉल मार्केट में उधारी देने में ज़्यादा दिलचस्पी नहीं थी। रेडी फ़ॉरवर्ड सौदों में उनको कहीं ज़्यादा ऊँची ब्याज दरें मिल रही थीं।

रेडी फ़ॉरवर्ड सौदों के बढ़ने के साथ बैंक रेसीट (बीआर) नाम के बैंक उपकरण के इस्तेमाल में भी इज़ाफ़ा हो गया। जब कोई बैंक ए, बैंक बी को प्रतिभूतियाँ बेचता था तो अक्सर प्रतिभूतियाँ, जो कि काग़ज़ी रूप में होती थीं ना कि इलेक्ट्रॉनिक रूप में। वे तुरंत ही ख़रीदार को नहीं दी जा सकती थीं। ऐसे में बैंक ए, बैंक बी को बीआर प्रदान कर देता था, जो काग़ज़ी प्रतिभूतियाँ ख़रीदार को दिए जाने तक वैध रहती थी। एक बार प्रतिभूतियाँ प्रदान किए जाने के बाद बीआर की अहमियत ख़त्म हो जाती थी। बीआर 90 दिनों तक या उससे संबंधित प्रतिभूतियों की डिलीवरी होने, जो भी

पहले हो तब तक वैध रहती थीं। कम से कम यह एक तरीक़ा था, जो कि बीआर को नियमों के दायरे में लाता था।

जल्दी ही बीआर का बड़े पैमाने पर दुरुपयोग शुरू होने वाला था। कई लेन-देन में प्रतिभूतियों के काग़ज़ात का लेन-देन ही नहीं हुआ। केवल बीआर ही दी गई। वास्तव में विशेष परिस्थितियों में प्रतिभूतियों की डिलीवरी नहीं होने पर असाधारण तरीक़े के रूप में बीआर को माना गया था। लेकिन जल्दी ही यह आम तरीक़ा बन गया। बैंकों ने बीआर के एवज़ में बीआर जारी करना शुरू कर दिया, जो कि ग़लत था। इसका अर्थ था कि बैंक बी, बैंक ए से प्राप्त बीआर से तीसरे बैंक से सौदा कर सकता था, जैसे कि उसे संबंधित प्रतिभूतियाँ प्राप्त हो चुकी हों। तीसरा बैंक उन प्रतिभूतियों पर चौथे बैंक से सौदा कर लेता था, जैसे कि अब वह उन प्रतिभूतियों का मालिक है।

किसी भी कारण से यदि बैंक ए प्रतिभूतियों की डिलीवरी में चूक करता तो पूरी कड़ी में एक-एक कर सभी का डिफ़ाल्टर होना तय था। इसकी भी बहुत अधिक संभावना थी कि बैंक ए के पास कभी भी उस बीआर के लिए प्रतिभूतियाँ ही नहीं हों, जो उसने बैंक बी को जारी की हो। उसने संभवतया यह सोचकर बीआर जारी किया हो कि बीआर की 90 दिन की वैधता अवधि के पहले वह प्रतिभूतियों को दोबारा हासिल कर लेगा। इस तरह से बैंक ए को कभी भी बैंक बी को प्रतिभूतियाँ थमाने की ज़रूरत नहीं होती। लेकिन उसने यह नहीं सोचा होगा कि बैंक बी उसी बीआर से एक अन्य बैंक से कारोबार कर रहा है।

और वास्तव में यही चल रहा था। कुछ बैंकों ने ऐसे बीआर जारी करने आरंभ कर दिए जिनके एवज़ में कोई प्रतिभूतियाँ नहीं थीं। उनको पूरा भरोसा था कि ख़रीदार बैंक बेचने वाले बैंक के प्रतिभूतियों को डिलीवर करने की क्षमता के आकलन की ज़हमत नहीं उठाएँगे। बैंक ऑफ़ कराड और मेट्रोपोलिटन कोऑपरेटिव बैंक ने इतने अधिक मूल्य की प्रतिभूतियाँ जारी कर दीं, जो कि इन बैंकों के पूरे निवेश की कई गुना 'मूल्य' की थीं। दोनों बैंक आख़िरकार डूब गए।

स्थिति तब और बदतर हो गई, जब हर्षद मेहता जैसे दलालों ने ख़रीदार और बेचवाल बैंकों के दलाल की तरह काम करने की बजाय खुद

ही भारी-भरकम पोजीशन बनाना शुरू कर दिया। यदि बैंक ए कोई सरकारी बॉन्ड बेचना चाहता था और बैंक बी उसे ख़रीदना चाहता था तो हर्षद को आदर्श रूप में तो दोनों का संपर्क कराकर उसमें अपना कमीशन हासिल कर लेना चाहिए था। लेकिन अब हर्षद मेहता बड़ा आदमी बन गया था। वह बैंक ए से बॉन्ड ख़रीदता था और उसे बैंक बी को बेचकर मुनाफ़ा कमाता था।

बैंकों को केवल दूसरे बैंकों के साथ ही प्रतिभूति कारोबार की अनुमति थी। लेकिन हर्षद ने बैंकों के बीच के इस कारोबार में सिर्फ़ दलाल बने रहने की जगह एक नई पार्टी बनने का फ़ैसला लेकर नियमों को बदल दिया। इससे वह एक निश्चित दर पर बैंक ए से प्रतिभूति ख़रीदने की डील करता था। पूरे भरोसे के साथ कि वह बैंक बी को कहीं ऊँचे दाम पर इनको बेचने में सक्षम रहेगा। या वह बैंक ए को प्रतिभूतियाँ बेच भी सकता था। इस उम्मीद के साथ कि वह बैंक बी से सस्ते में इन्हें ख़रीद लेगा।

वास्तव में यह इससे भी कहीं ज़्यादा जटिल था। चूँकि नियमों के तहत ना तो बैंक ए और ना ही बैंक बी सीधे दलाल से सौदा कर सकते थे। हर्षद ने इसके लिए रास्ता खोजा था और बैंक सी की मदद ली थी, जिसका नाम सौदे में दर्ज़ होता था। काग़ज़ों में इस तरह से प्रतीत होगा कि बैंक ए और बैंक बी दोनों बैंक सी के साथ कारोबार कर रहे हैं। हालाँकि दोनों बैंक अच्छे से जानते थे कि वे हर्षद के साथ सीधा सौदा कर रहे हैं।

चेक से भुगतान बैंक सी के नाम पर होता था, जो तुरंत ही अपना शुल्क काटकर उसे हर्षद के खाते में भेज देता था। इसी प्रकार से बैंक सी ख़रीदार बैंक को अपने पास से प्रतिभूति की डिलीवरी कर देता था और बाद में ख़रीदार दलाल से प्रतिभूति प्राप्त कर लेता था।

इस सुविधा के कारण हर्षद को तेज़ी से अपने लेन-देन को बढ़ाने में मदद मिली। बीएसई के रिंग में उसने जो कड़ी मेहनत से जॉबिंग के हुनर सीखे थे वे मुद्रा बाज़ार में उसके काम आ रहे थे। वह सौदे में जिस पक्ष की ओर होता था, अपने लिए उसे फ़ायदेमंद बनाने प्रतिभूति को नक़दी या ग़ैर नक़दी बना देता था। एक विरोधी पक्ष की तरह होने के अलावा हर्षद बैंकों के लिए सौदों में दलाली भी करता था। औपचारिक रूप से वह बैंकों से

कुछ लेन-देन पर किसी प्रकार की दलाली नहीं ले रहा था। लेकिन इनमें भी एक बैंक के बेचने और दूसरे बैंक के ख़रीदने की दरों में व्यापक अंतर से उसे लाभ हो रहा था।

जल्दी ही जिन बैंकों के साथ हर्षद ने काम किया था वे उस पर पूरी तरह से भरोसा करने लगे और उसके कहने पर वे बड़ी राशि उसके खाते में जमा करा देते थे। वे उस प्रतिभूति के लिए उसे भुगतान कर रहे थे, जो उसे उनके लिए ख़रीदना थीं। हो यह रहा था कि हर्षद उस राशि को शेयर बाज़ार में अपने निवेश में इस्तेमाल कर रहा था। वह अपने पसंदीदा शेयरों की थोक में ख़रीदी कर रहा था, जिससे शेयरों की क़ीमतें आकाश को छू रही थीं। शेयरों के इस निवेश में हो रहे मुनाफ़े को वह अपने पास रखता था और प्रतिभूति के बेचने के एवज़ में मिली रक़म को जैसी भी डील होती थी उसके अनुसार वह बेचने वाले बैंकों को दे देता था या ख़रीदने वाले बैंक को वापस लौटा देता था। कोई नहीं जानता कि हर्षद को बैंकों की धनराशि शेयर बाज़ार में लगाने का आइडिया कब आया। इसके बारे में बातचीत 1991 में जाकर शुरू हुई, जब उसके दाँव की राशि बहुत अधिक बढ़ गई। हालाँकि 1990 में अभी दलाल स्ट्रीट की ओर लोगों का ध्यान आकर्षित नहीं हुआ था। उस समय लोगों को शेयरों और शेयर बाज़ार के बारे में आधी-अधूरी सी जानकारी हुआ करती थी।

शर्मा ने काम करने के उस उदार प्रस्ताव के कुछ महीनों के बाद मुझसे पूछा, क्या मैं हर्षद से व्यक्तिगत रूप से मिलना चाहता हूँ। मैंने उसके बारे में बहुत कुछ सुन रखा था और मैं मिलने को उत्सुक था। कुछ दिन बाद हम रिंग में मिले तो शर्मा ने बताया कि हर्षद का उस शाम विले पार्ले के एक रेस्तराँ ग्रासहॉपर में डिनर पर कुछ दोस्तों से मिलने का कार्यक्रम था।

शर्मा ने मुझसे भी कहा, 'भाई को ख़ुशी होगी अगर तुम भी हमारे साथ होगे।'

मुलाक़ात को लेकर मैं थोड़ा तनाव में था। मैंने सुन रखा था कि हर्षद बहुत ज़्यादा बातूनी था, जो मेरे जैसे व्यक्ति के स्वभाव के एकदम विपरीत था। मेरे लिए ज़्यादा बातें करना कठिन था। मैं कुछ चिंतित था। मुझे लग रहा था कि पता नहीं कम बोलने का मेरा स्वभाव हर्षद को पसंद आएगा या नहीं। मैं शायद उस पर अपनी कोई छाप नहीं छोड़ सकूँगा।

शर्मा और मैं साथ-साथ ग्रासहॉपर पहुँचे। हमें दस मिनट की देर हुई। हर्षद सात अन्य लोगों के साथ पहले से ही वहाँ पर था। वे सभी शेयर बाज़ार से ही जुड़े थे। मैं उन सब को नाम से जानता था और मेरे ख़याल से वे भी बाज़ार में मेरी मौज़ूदगी से परिचित थे। हमेशा की तरह शर्मा ने इधर-उधर की बात नहीं करते हुए मेरा सीधा-सीधा परिचय दिया।

उसने अपना हाथ मेरे कंधे पर रखा और हर्षद से कहा, 'यह लालचंद है, इसे लाला कहकर लोग बुलाते हैं।' मेरी आवाज़ नहीं निकल रही थी, बड़ी मुश्किल से मैंने किसी तरह धीमे सुर में हर्षद से हेलो कहा। मैं अवाक था। हर्षद से मिलते हुए अनायास ही मैं कुछ झुक गया था। हर्षद कुछ सेकेंड तक मुझे देखता रहा। मुझे लगा जैसे वह मेरी गहराई नाप रहा था। फिर मुस्करा कर जवाब दिया, 'मैं हर्षद हूँ। तुम कैसे हो लाला?'

जिस विनम्रता से उसने अपना परिचय दिया उससे मैं चकित था। मैं उसके नाम से भली-भाँति परिचित था। लेकिन यही हर्षद का आकर्षण था। जैसा कि मुझे बाद में पता चला कि अपने साथ के लोगों को सहज बना देना उसकी ख़ूबी थी।

'अरे शर्मा, तुमने मुझे जब जॉबर के बारे में बताया था, जो उन डाकुओं की नाक में दम कर देता है, तो मुझे लगा था कि कोई मँजा हुआ पुराना खिलाड़ी होगा, यह तो एकदम कॉलेज के छोरे जैसा है।' मेरी ओर पलटते हुए हर्षद ने कहा, 'ऐसा लगता है तुमने बहुत जल्दी इस खेल की बारीकियाँ सीख लीं। पहले चंद सालों तक अगर तुमको बाज़ार में टिकना है तो यह बहुत ज़रूरी है। यह सबसे मुश्किल दौर होता है। इससे मुझे रिंग में अपने शुरुआती दिन याद आ गए।'

मैं झूठ नहीं कहूँगा, उसकी बातों से मेरी छाती फूल गई थी। और हर्षद भी वास्तव में यही चाहता था। लेकिन इसने मेरी बोलती और ज़्यादा बंद कर दी। मैं समझ नहीं पा रहा था कि क्या बोलूँ।

लेकिन हर्षद के एक दोस्त ने बीच में आकर मेरी मुश्किल को आसान कर दिया। शुक्रवार होने के कारण उस दिन रेस्तराँ में डिनर के लिए आने वालों की बहुत ज़्यादा भीड़ थी। ऐसा लग रहा था कि हमें अभी आधा-एक घंटे का और इंतज़ार करना पड़ेगा।

तभी हर्षद का दोस्त वीरेन आया, '...हर्षद भाई मैं इसीलिए कह रहा था, हमें एडवांस बुकिंग कर देनी थी, अब बहुत इंतज़ार करना पड़ेगा।' लेकिन हर्षद की सोच कुछ और थी, 'अरे जब आराम से टेबल मिल सकती है तो एडवांस बुकिंग की झंझट का क्या मतलब है?'

मुझे कुछ आश्चर्य हुआ कि क्या हर्षद यह सोच रहा था कि रेस्तराँ के कर्मचारी उसे पहचानकर उसके लिए जल्दी-जल्दी टेबल की जुगाड़ कर देंगे। शेयर बाज़ार में लोग उसे अच्छे से पहचानते थे, लेकिन यहाँ तो वह दूसरे अन्य आगंतुकों की तरह था, जो एक अच्छी शाम बिताने और कुछ अच्छा खाने-पीने और आनंद उठाने के लिए आए हुए थे। वीरेन ने कहा, 'अगर इतना ही आसान है तो तुम हम लोगों के लिए टेबल की जुगाड़ क्यों नहीं कर देते?' हर्षद ने इस हँसी-मज़ाक़ को और आगे बढ़ाते हुए कहा, 'अच्छा तो तुम मुझे चुनौती दे रहे हो।'

'हाँ।'

बहुत विस्तार में नहीं जाते हुए, इतना ही कि हर्षद ने जल्दी ही हम सबके लिए टेबल की व्यवस्था कर दी। उसने रेस्तराँ के गेट पर आने वाले अतिथियों को टेबल अलॉट करने वाले कर्मचारी को बताया कि वह टूर ऑपरेटर है और हम सब उसके साथ आए यात्री हैं। उसने उस कर्मचारी के नोट पैड में झाँककर देखा और पहले वहाँ इंतज़ार कर रहे 12 लोगों का बहुत अच्छे से ख़याल रखने को कहा। उसने बताया कि वे गुजरात के हीरा कारोबारी हैं और उसने ख़ास तौर पर उनको इस रेस्तराँ का नाम दिया था। कुछ देर बाद वह फिर उसके पास गया और उसके बाद उसने हमारे लिए कहा कि उसके कुछ और मेहमान हैं, जो पहले वाले से भी ज़्यादा ख़ास हैं और उनको वह पहले जगह दे। मैं हर्षद की चतुराई से अचंभित था। लेकिन मुझे संदेह था कि यदि उसे इस प्रकार से आगे बढ़ने में मदद मिलती है तो वह बड़े स्तर पर भी इसे आज़मा सकता है।

मुझे उस रात के डिनर के बारे में ज़्यादा कुछ याद नहीं है। मैंने हर्षद से ज़्यादा से ज़्यादा दूर बैठना पसंद किया था। मुझे डर था कि कहीं हर्षद मुझसे बाज़ार के बारे में और सवाल नहीं पूछ बैठे और मैं कोई मूर्खतापूर्ण जवाब नहीं दे दूँ। तब भी उसने मुझे देख लिया और एक कंपनी के बारे में कुछ पूछा। मैं खुद को लेकर बहुत अधिक सजग था और मैंने कुछ धीरे-

धीरे बुदबुदाकर जवाब दिया। उसने मुझे ध्यान से सुना और जवाब के आधार पर फिर सवाल किया।

'सही है लाला, लेकिन अगर तुमको उसे अलग तरीक़े से देखना हो तो, मान लो कि... ' मैंने कुछ और अनर्गल-सा प्रलाप किया, जिससे वह मुझसे कोई और अधिक सवाल नहीं करे, क्योंकि मेरे पास और कुछ कहने के लिए नहीं था।

'हाँ... तुम्हारी बात भी सही हो सकती है।' उसने कुछ विचार करते हुए मेरी ओर देखा, जैसे कि मैंने उसके सामने पूरी तरह कोई नया नज़रिया पेश कर दिया हो। डिनर के बाद विदा होते समय हर्षद ने मेरे कंधे पर हाथ रखा, 'तुम बड़े दिलचस्प आदमी हो लाला। हम लोग मिलते-जुलते रहेंगे।' उसने मुझे अपना विज़िटिंग कार्ड दिया और बोला, जब भी कोई दिमाग़ में आइडिया हो तो मुझको फ़ोन करना।

डिनर वाले दिन के चंद हफ़्तों बाद मैंने हर्षद के लिए सौदे करना शुरू कर दिए। शर्मा के ज़रिए मेरा उससे संपर्क होता था। वही मुझे ऑर्डर देता था। ज़्यादातर शेयरों की ख़रीदी के लिए होते थे। कई बार कितने भाव तक रखना है, उसको लेकर निर्देश होते थे और कई बार मुझे भाव को लेकर छूट होती थी। मैं यह सभी सौदे जॉबर के रूप में कर रहा था, ना कि अपनी फ़र्म के डीलर के रूप में। तब भी मेरे मालिक से हुए अनुबंध के तहत मुनाफ़े का एक हिस्सा मेरी फ़र्म को जाता था।

आरंभ में सौदे छोटे-छोटे थे, लेकिन मुझे लगता है कि वे मेरे कौशल और निष्ठा को परख़ रहे थे। मेरे काम से संतुष्ट होने के बाद धीरे-धीरे बड़े ऑर्डर आने शुरू हो गए और नियमित भी। मेरा कमीशन लगातार बढ़ रहा था और मुझे विश्वास हो गया था कि अगले कुछ वर्षों में घाटकोपर में अपना खुद का घर होने का मेरा सपना पूरा हो जाएगा।

7

दलाल स्ट्रीट में नया बिग बुल

बिहार में रथयात्रा के दौरान लालकृष्ण आडवाणी को मुख्यमंत्री लालू प्रसाद यादव की सरकार ने गिरफ़्तार कर लिया। इसके बाद अक्टूबर के अंतिम सप्ताह में भारतीय जनता पार्टी ने वी.पी. सिंह सरकार से समर्थन वापस ले लिया। लेकिन राजनीतिक उथल-पुथल से बेअसर बाज़ार ऊपर की ओर जा रहा था। आने वाली जनवरी में ज़रूर खाड़ी में युद्ध टालने के प्रयास नाकाम होने के बाद बाज़ार टूट गया। कुवैत से इराक को वापस हटने के लिए मनाने के तमाम कूटनीतिक प्रयास विफल हो गए थे।

इन उतार-चढ़ाव के बीच भी एक शेयर था लगातार रहस्यमय तरीक़े से बढ़ता चला जा रहा था। ये था एसोसिएटेड सीमेंट कंपनीज (एसीसी) का शेयर। हर्षद के इस शेयर में भारी ख़रीदी करने के कारण अचानक इसके प्रति आकर्षण उमड़ा था। खुद मैंने उसके लिए बड़ी मात्रा में एसीसी के शेयर जुटाए थे। मैं जानता था कि वह एसीसी के जहाँ से भी जितने शेयर मिलें, उनको ख़रीद रहा था। पिछले छह महीने में शेयर के भाव दोगुने से ज़्यादा हो गए थे और मंदड़ियों ने ज़्यादा भाव को देखते हुए उसकी बिकवाली में अच्छी ख़ासी रक़म गँवा दी थी।

मैं भी एसीसी के शेयरों की बिकवाली करने वालों में से था। मैंने 1000 रुपए के भाव पर इसकी बिकवाली कर दी थी, यह सोचकर कि अब इनके और ऊपर जाने की कोई संभावना नहीं है। मैं ग़लत साबित हो गया और 1100 रुपए पर मुझे अपनी पोजीशन निकालनी पड़ गई। इसमें उस महीने में मैंने जितना जॉबिंग कमीशन कमाया था उसकी आधी रक़म

डूब गई। कुछ महीने बाद मैंने फिर यही दाँव आज़माया, लेकिन नतीजा वही रहा।

खाड़ी युद्ध में अमेरिका के नेतृत्व वाली गठबंधन सेना की निर्णायक जीत हुई। लेकिन इससे शेयर बाज़ार में कोई बहार नहीं आई। इस संकट ने भारत की विदेशी मुद्रा की पहले से ही ख़राब स्थिति को और गंभीर हालत में पहुँचा दिया। भारत के अपने भुगतान दायित्वों से चूक जाने का ख़तरा पैदा हो गया था। महँगाई 13.6 प्रतिशत के रिकॉर्ड स्तर पर पहुँच गई थी और हर ओर निराशा का माहौल था। ख़राब वित्तीय हालत के बारे में सबको जानकारी थी। ऐसे में जब काँग्रेस ने मार्च में कामचलाऊ चंद्रशेखर सरकार से समर्थन वापस लिया और नए सिरे से चुनाव की माँग की तो बाज़ार इससे क़तई निराश नहीं हुआ।

मई, 1991 में आम चुनाव होने तक बाज़ार सुस्त बना रहा, क्योंकि नतीजों में किसी को बहुमत नहीं मिलने और एक बार फिर त्रिशंकु संसद आने की प्रबल संभावना बनी हुई थी। 21 मई को राजीव गाँधी की हत्या ने बाज़ार को हिला दिया। क्योंकि उनकी सत्ता में वापसी और प्रधानमंत्री रहते हुए उन्होंने जो सुधार किए थे उनको जारी रखने को लेकर दाँव लगाए जा रहे थे। अगले दिन बाज़ार बंद रहा। 23 मई को बाज़ार सँभल गया था। घरेलू वित्तीय संस्थाओं ने निवेशकों के डर को दूर करने के लिए ख़रीदी से बाज़ार को समर्थन दिया और अंत में सेंसेक्स में गिरावट नहीं आने दी।

मई की समाप्ति तक बाज़ार एक दायरे में ही रहा। बाज़ार में ज़्यादातर खिलाड़ियों को किसी के स्पष्ट बहुमत हासिल नहीं कर पाने और चुनाव बाद भी राजनीतिक अस्थिरता बने रहने के आसार नज़र आ रहे थे। तभी कुछ और बुरी ख़बरें आ गईं। विदेशी मुद्रा भंडार ख़ाली हो गया था, केवल तीन हफ़्ते के आयात के लिए ही विदेशी मुद्रा बची थी। चंद्रशेखर सरकार को सोना गिरवी रखकर अंतरराष्ट्रीय मुद्रा कोष से क़र्ज़ लेना पड़ गया। लोगों में आक्रोश था। लेकिन इसने देश की ख़स्ता हालत को पूरी तरह से ज़ाहिर कर दिया।

एक बार फिर से वही हुआ, जैसा कि माना जा रहा था कि बाज़ार टूट जाएगा, लेकिन उसके विपरीत बाज़ार नहीं टूटा। ऐसा सुनने में आया कि हर्षद और उसके क़रीबी दूसरे दलाल बहुत बड़े पैमाने पर ख़रीदी कर रहे हैं। मैंने शर्मा से इस बारे में जानना चाहा।

'भाई को लगता है कि सरकार का सोना गिरवी रखने का फ़ैसला बताता है कि वह डिफ़ाल्टर होने से बचने के लिए किसी भी सीमा तक जा सकती है।'

शर्मा का जवाब भी बाज़ार में गिरावट के रुख़ के प्रति मेरी धारणा को नहीं बदल सका। मैं मान रहा था कि गड्ढे में फँसी अर्थव्यवस्था को उबारने में आने वाली नई सरकार के कुछ समय लगेगा।

राजीव गाँधी की हत्या के बाद सहानुभूति की लहर के चलते दूसरे चरण में काँग्रेस के शानदार प्रदर्शन ने सभी को चौंका दिया। कुछ छोटे दलों के समर्थन से वह सरकार बनाने में कामयाब हो गई। सेंसेक्स क़रीब सौ अंक उछल गया, लेकिन बाज़ार अब भी फूँक-फूँक कर क़दम रख रहा था।

दलाल स्ट्रीट पर असली रौनक मनमोहन सिंह के सुधारवादी बजट के साथ आई, जो उन्होंने 24 जुलाई को पेश किया। इसमें उन्होंने आयात में बहुत से अवरोध कम करने और उद्योगों के लिए लाइसेंस व्यवस्था ख़त्म करके अर्थव्यवस्था को खोलने की भारत की दृढ़ इच्छा के संकेत दिए। कई और फ़ैसले थे, जिनके लिए शेयर बाज़ार इस बजट को याद रखने वाला था, जैसे कि भारत में निवेश के लिए विदेशी संस्थागत निवेशकों एफ़आईआई को अनुमति दे दी गई। म्यूचुअल फ़ंड के लिए निजी एजेंसियों को अनुमति मिली। शेयर बाज़ार और स्टॉक एक्सचेंज के नियमन के लिए कन्ट्रोलर ऑफ़ कैपिटल इश्यूज़ की जगह भारतीय प्रतिभूति एवं विनिमय बोर्ड (सेबी) का प्रस्ताव।

अगले महीने के दौरान तेजड़ियों की आक्रामक ख़रीदी से सेंसेक्स में 300 से ज़्यादा अंकों का उछाल आया। इन तेजड़ियों का नेतृत्व और कोई नहीं, बल्कि हर्षद मेहता कर रहा था, जिसे अब बिग बुल के नाम से बुलाया जाने लगा था। इससे पहले तक यूटीआई के बॉस एम.जे. फेरवानी को यह खिताब मिला हुआ था।

हर्षद ने अपने कई पसंदीदा शेयरों के बहुत अधिक भाव को सही ठहराने के लिए 'प्रतिस्थापना लागत' सिद्धांत की दुहाई दी। इसके अनुसार किसी शेयर की क़ीमत का मूल्यांकन उस कंपनी की आमदनी की क्षमता से नहीं किया जाना चाहिए, बल्कि इससे किया जाना चाहिए कि इसी प्रकार की कंपनी खड़ी करने पर कितनी लागत आएगी। बाज़ार में यह नया सिद्धांत

जंगल की आग की तरह फैल गया। इससे कई अक्षम और कुप्रबंधन का शिकार कंपनियों के शेयरों के भाव भी आसमान छूने लगे।

आज भी हर्षद को 'प्रतिस्थापना लागत' सिद्धांत का श्रेय दिया जाता है, लेकिन यह सच नहीं है। उसने इसका प्रसार किया था, लेकिन यह उसका मूल विचार नहीं था। जैसा कि मैंने पहले भी उल्लेख किया था कि पुस्तकालय सहायक के रूप में थोड़े समय की नौकरी के दौरान पढ़ने में मेरी दिलचस्पी पैदा हो गई, जो जीवनपर्यंत बनी रही। कई साल बाद जब मैंने सिक्योरिटीज ऐंड कॉन्ट्रैक्ट्स रेगुलेशंस एक्ट पर 1956 में राज्य सभा में हुई पूरी बहस को पढ़ा। इसमें पश्चिम बंगाल के संसद सदस्य पी. डी. हिमतसिंगका के भाषण में एक दिलचस्प दलील पढ़ने को मिली। उन्होंने इंडियन आयरन ऐंड स्टील कंपनी के शेयर की क़ीमत में बेतहाशा वृद्धि को यह कहते हुए उचित ठहराया कि ख़रीदार के लिए नया स्टील प्लांट स्थापित करने में बड़ा ख़र्च करने से बाज़ार से शेयर ख़रीदकर कंपनी का स्वामित्व हासिल करना कहीं ज़्यादा सस्ता है।

उस समय तक एसीसी के शेयर 3000 रुपए तक पहुँच गए थे। साल के आरंभ से दोगुनी क़ीमत पर। हर्षद और उसके साथी दलाल किसी भी शेयर के बारे में पूछताछ भी करते तो एक भी शेयर की ख़रीद-फ़रोख़्त हुए बिना उसी पल उस शेयर की क़ीमत चढ़ना शुरू हो जाती। पिछले साल एसीसी के शेयर में छह गुना वृद्धि बाज़ार के लिए इसका प्रमाण था कि हर्षद मेहता किस तरह से किसी शेयर की क़िस्मत को बदल सकता था।

कंपनियों के प्रमोटरों ने हर्षद को खोजना शुरू कर दिया और वह उन कंपनियों के प्रमोटरों की तलाश में था, जिनके शेयरों में उसकी दिलचस्पी थी। ये सभी बैठकें फलदायी नहीं रहती थीं, लेकिन कई बार प्रमोटर बैठक की ख़बर बाज़ार में लीक कर देते थे, इस उम्मीद से कि संबंधित शेयर में तेज़ी आ जाएगी। और कई बार हर्षद के साथी ख़बरें फैला देते थे, जिसके कारण शेयर के भाव चढ़ जाते थे।

उस समय तक हर्षद की चमक-दमक से भरी भड़कीली जीवनशैली सुर्ख़ियों में आ गई थी। वर्ली में 15,000 वर्गफ़ीट का अपार्टमेंट जहाँ से समंदर का नज़ारा दिखाई देता था, डिज़ाइनर सूट, आयातित शानदार कारें। दलाल स्ट्रीट में बिग बुल एक आदर्श बन गया था। तेजड़िए जश्न में डूबे

हुए थे, वहीं मुद्रा बाज़ार में दबे पाँव नीतियों में बदलाव किए जा रहे थे, जिनका शेयर बाज़ार पर भी बड़ा असर होने वाला था। अगस्त में रिज़र्व बैंक ने सार्वजनिक क्षेत्र की इकाइयों के द्वारा जारी बॉन्डों और डिबेन्चरों पर ब्याज दरों पर से सीमा हटा दी। नई प्रतिभूतियों के अधिक ब्याज दर देने के कारण पुरानी प्रतिभूतियों का मूल्य कम हो गया, जिससे जिन बैंकों के पास यह थी उनको नुक़सान हो रहा था। जब नए बॉन्ड परिपक्वता पर 11 प्रतिशत ब्याज दे रहे हों तो दस प्रतिशत ब्याज देने वाले बॉन्ड फ़ेस वैल्यू में किसी तरह की छूट के बिना- कौन ख़रीदना चाहेगा?

बैंक पुरानी प्रतिभूतियों को बेचकर अपना नुक़सान कम से कम करने की कोशिश में लग गए, जिससे मुद्रा बाज़ार में कारोबार बढ़ गया। दलाल संकट में फँसे बैंकों की मदद करने में बहुत ख़ुश हो रहे थे और बदले में बैंक संतोषजनक व्यवस्था के माध्यम से उनको फ़ायदा पहुँचा रहे थे।

वहीं शेयर बाज़ार में हर्षद अपने प्रतिस्थापना लागत सिद्धांत को बढ़ाते हुए अपने पसंदीदा शेयरों की क़ीमतों को नई ऊँचाइयों पर ले जाने में लगा हुआ था। बाज़ार हर्षद के धन के स्त्रोत जानने को उत्सुक था और इसको लेकर बहुत सारी अटकलबाज़ियाँ चलती थीं। इनमें एक यह थी कि बिग बुल को नेताओं और माफ़िया का धन मिल रहा है।

बाद में शर्मा ने मुझे बताया कि हर्षद के दुश्मन भी अच्छे से जानते थे कि वास्तव में उसको पैसा कहाँ से मिल रहा था। लेकिन उनकी परेशानी यह थी कि वे भी हर्षद की तरह ही ग़लत तौर-तरीक़ों के उतने ही दोषी थे। अलबत्ता वे इतने बड़े पैमाने पर नहीं कर पा रहे थे। सभी नहीं तो उनमें से कई बैंकों की रक़म से कारोबार करते थे, लेकिन वे बदला जैसे कम जोख़िम वाले अल्पावधि साधनों में उसका इस्तेमाल करने की सावधानी बरतते थे। इससे उनको सौदों में लाभ हासिल हो जाता था, लेकिन वे सूचना मिलने पर उस धनराशि को वापस करने में सक्षम रहते थे।

हर्षद इस धन को अब शेयर बाज़ार में अंधाधुंध निवेश कर उनकी इस दूसरी आमदनी के लिए ख़तरा पैदा कर रहा था और अपनी चमक-दमक भरे रहन-सहन से लोगों को आकर्षित कर रहा था। उसके दुश्मन उसे फँसाने के मौक़े की तलाश में थे, लेकिन वे सामने भी नहीं आना चाहते थे, क्योंकि डर था कि अधिकारियों को एक बार उन ख़ामियों के बारे में पता चल गया

तो उनके धन का स्त्रोत भी बंद हो जाएगा। निश्चित ही हर्षद के शेयर और मुद्रा दोनों बाज़ारों में उनको पछाड़ देने और कुछ नहीं कर पाने की बेबसी ने उनको बहुत अधिक निराशा और कुंठा से भर दिया होगा।

शुरुआत में हर्षद ऐसी कंपनियों पर दाँव लगा रहा था, जिनकी स्थिति मज़बूत थी, लेकिन मुझे लगता है कि बाद में उसे जो सफलता और जो समर्थन हासिल था, वह उसके फेर में पड़ गया। उसने साधारण कंपनियों के शेयर ख़रीदने शुरू कर दिए और उसके बाद तो उसकी ख़रीदी का दायरा संदिग्ध कंपनियों तक फैल गया। शायद हर्षद को अपनी ताक़त को लेकर यह मुग़ालता हो गया था कि उसने निवेश किया है तो कंपनियों के प्रदर्शन में सुधार होगा!

बजट के बाद के रोमांच ने मध्य-सितंबर तक सेंसेक्स को 1900 अंकों तक पहुँचा दिया था। काँग्रेस सरकार के सत्ता में आने के ढाई महीने से भी कम समय में बाज़ार सूचकांक शानदार 50 प्रतिशत बढ़ गया था।

जुलाई और अगस्त महीने मेरे लिए बहुत ज़ोरदार रहे। मैंने जॉबिंग के कमीशन के रूप में जुलाई में 41,000 रुपए और अगस्त में 46,000 रुपए कमाए। और तब भी मैं दुखी था कि मैं 50,000 रुपए तक नहीं पहुँच पाया। हर महीने मैं 25,000 रुपए घर ख़र्च के लिए रखता था और बाक़ी की रक़म अपनी कंपनी के पास जमा रहने देता था, जिससे कभी मौक़ा मिलने पर कोई बड़ा दाँव लगा सकूँ।

मैं जब अपनी कमाई जाकर बाउजी और माँ के हाथों में रखता था तो उनकी आँखें विस्मय से चमक उठती थीं। बाउजी को शेयर बाज़ार और उसकी अस्थिरता के बारे में थोड़ी-बहुत जानकारी थी, लेकिन उन्हें यक़ीन नहीं होता था कि 23 साल का लड़का 25,000 रुपए महीने लगातार दो महीने कमा सकता है।

एक दिन रात में खाना खाने के बाद उन्होंने अपनी आशंका ज़ाहिर कर ही दी। 'लालचंद, मुझे आशा है कि तुम कोई ग़लत काम नहीं कर रहे हो।'

मैंने उन्हें आश्वस्त कर दिया। 'नहीं बाउजी, एक-एक पैसा कड़ी मेहनत से मैंने कमाया है। और यह शुरुआत है। पूरी कोशिश और भगवान के आशीर्वाद से हम दो साल में ही घाटकोपर के घर में चले जाएँगे।'

मैं उनकी चिंता को समझता था। भांडुप में रहते हुए मेरी कारस्तानियाँ उनके दिमाग़ में अब भी ताज़ा थीं। मैं देख सकता था कि मेरे जवाब से वे

पूरी तरह से संतुष्ट नज़र नहीं आ रहे थे। ना ही वे अपनी शंकाओं को पूरी तरह से ज़ाहिर कर पा रहे थे।

मैंने उनका हाथ अपने हाथ में लेकर भरोसा दिलाने के लिए कहा, 'बाउजी, मैं जानता हूँ कि मैंने आपको पहले बहुत दुख पहुँचाया है, लेकिन अब वो बीती बात हो गई है। मैं आपसे वादा करता हूँ कि मैं अब कभी ऐसा कुछ नहीं करूँगा, जिससे कि आपको अपना सिर शर्म से झुकाना पड़े।'

इससे वे कुछ सहज तो हुए, पर उनके सवाल ख़त्म नहीं हुए, 'लेकिन मुझे यह बताओ लाला, यदि तुम 25,000 रुपए दो महीने तक लगातार कमा सकते हो तो उतने ही गँवा भी सकते हो। है कि नहीं?'

'सच है बाउजी, इसीलिए मैं पहले से जितना नुक़सान उठा सकता हूँ उसकी सीमा तय कर लेता हूँ और उसके दायरे में ही रहता हूँ। यदि मैं उससे आगे जाता हूँ तो मुझे नौकरी से बाहर किया जा सकता है।'

मेरी तरह बाउजी की ऐसी कोई प्राथमिकता नहीं थी कि हम बड़े घर में रहने जाएँ। सतीश ने उसी साल बी.एससी. में प्रवेश ले लिया था। हायर सेकंडरी में उसके नंबर इतने नहीं थे कि उसे किसी अच्छे से इंजीनियरिंग कॉलेज में नंबरों के आधार पर दाख़िला मिल जाता और हमारे पास अभी इतनी रक़म नहीं थी कि हम प्रबंधन कोटे की फ़ीस चुकाकर दाख़िला ले सकें। हम किसी तरह से जोड़-तोड़कर के ही ऐसा कर सकते थे। लेकिन बाउजी के मन में शंका थी कि इतना पैसा इसमें ख़र्च किया जाना चाहिए या नहीं। लेकिन अब जब मैं अच्छी ख़ासी रक़म कमा रहा था तो बाउजी को एक उम्मीद नज़र आई कि वे अपने कम से कम एक बच्चे को इंजीनियर बनाने का अपना सपना पूरा कर सकते हैं।

कुछ हिचकिचाते हुए उन्होंने पूछा, 'लाला, क्या हम कुछ रक़म बचाकर रख सकते हैं, जिससे हम सतीश को अगले साल किसी अच्छे इंजीनियरिंग कॉलेज में दाख़िला दिला सकें?'

मैंने उनके आग्रह को उनके हक़ में बदलते हुए कहा, 'मैंने आपको कितना परेशान किया है, मैं उसके बदले में कम से कम इतना तो कर सकता हूँ।' भावुक होकर उन्होंने मुझे गले लगा लिया। मैंने पहले कभी उनको अपने इतने क़रीब नहीं पाया था, जितना वे उस पल में थे।

8

लहरों के विरुद्ध

बाज़ार की धारणा कितनी ही मज़बूत क्यों ना हो, वे अनिश्चितकाल के लिए बढ़ते तो नहीं रह सकते। और कोई भी दलील क्यों ना हो प्रतिस्थापना लागत सिद्धांत की भी अपनी सीमा है। एकतरफ़ा रैली से तेजड़िए भी थकने शुरू हो गए, जो जुलाई से शुरू होकर मध्य सितंबर तक चली और सेंसेक्स क़रीब 1,275 अंकों से बढ़ता हुआ 1,916 की नई ऊँचाई तक पहुँच गया।

इसके बाद बाज़ार में सुस्ती आ गई और अगले एक महीने में बाज़ार क़रीब 200 अंक नीचे आ गया। मैंने इसे एसीसी की अल्प अवधि के लिए बिकवाली करने का सही मौक़ा माना, जिससे कि मैं पिछले साल अपनी इसी चाल में हुए नुक़सान की भरपाई कर सकता था। एसीसी के शेयरों की शानदार बढ़त से पूरा बाज़ार अचंभित था और जिन मंदड़ियों ने भी उसके शिखर पर पहुँचने का अनुमान लगाकर अल्पावधि में उसकी बिकवाली की तो उन्हें बड़ा झटका सहना पड़ा। हालाँकि ख़तरों से खेलने का ज़्यादा ही शौक रखने वाले इसे देखकर भी नहीं रुके और उनको भी उसी अंजाम का सामना करना पड़ा।

सितंबर के आरंभ में एसीसी का शेयर 4,000 रुपए के क़रीब आ गया और एसीसी के बहुत कट्टर समर्थक भी यह मानने लगे थे कि इससे ऊपर इसका भाव नहीं जाएगा।

सिवाय हर्षद के।

हर्षद के क़रीबी दोस्त और हर्षद जितने ही एसीसी में मज़बूती के समर्थक नेमिश शाह ने 3,500 रुपए के भाव पर एसीसी को बेच दिया। यह साफ़ संकेत था कि शेयर की क़ीमत अब वास्तव में ज़्यादा हो गई थी। दलाल स्ट्रीट का एक चतुर निवेशक जब शेयर की माँग को देखते हुए उसे बेच रहा है तो उसका और क्या अर्थ हो सकता था? मैंने प्रकाश से कहा कि एसीसी की बिकवाली में अच्छा ख़ासा पैसा बनाया जा सकता है।

'नेमिश भाई जैसा बड़ा खिलाड़ी मान रहा है कि शेयर की क़ीमत ज़्यादा है। इससे ज़्यादा और आप क्या चाहते हो?'

लेकिन प्रकाश ने उत्साह नहीं दिखाया। उसने मुझे चेताया, 'मैंने बाज़ार में तुमसे दो दिवाली ज़्यादा देखी हैं, एक बात मैं कह सकता हूँ कि किसी शेयर के शिखर और निचले स्तर का अनुमान कोई नहीं लगा सकता।'

मैं तब भी नहीं माना। मैंने 3,150 रुपए के क़रीब शेयर को बेच दिया, इस उम्मीद से कि भाव नीचे आने पर इसे ख़रीद लूँगा। अगले हफ़्ते पूरा बाज़ार ही बढ़ना शुरू हो गया और एसीसी के शेयर के भाव सौ रुपए बढ़ गए। एसीसी के शेयरों की बिकवाली करने के कुछ दिन बाद मैं शर्मा के साथ चाय पी रहा था। हमने कई शेयरों के बारे में चर्चा की। आख़िर में मैंने बातों-बातों में एसीसी के बारे में उसकी राय ली। वह बाज़ार का मँजा हुआ खिलाड़ी था और सामने वाले के बात करने के अंदाज़ से ही जान लेता था कि वह तेजड़िया है या मंदड़िया।

उसने कुछ व्यंग्य भरी मुस्कराहट के साथ जवाब दिया। 'एसीसी के बारे में तुम उदासीन रहने की बहुत ज़्यादा कोशिश कर रहे हो, जिससे मुझे लगता है कि तुम कुछ मुश्किल में हो। अगर तुमने एसीसी की बिकवाली की है तो मैं तुमको यही सलाह दूँगा कि अपनी पोजीशन को तुरंत ख़रीदी बंद कर दो।'

मैंने पकड़े जाने के बाद खुलकर बात करना ही उचित समझा, 'अच्छा, ठीक है। मैं सही कहूँ तो मैंने एसीसी की बिकवाली की है। अब यहाँ से शेयर कितना ऊपर जा सकता है?'

शर्मा ने कहा, 'भाई का कहना है कि वह ऐसे स्तर तक जा सकता है जहाँ तक कोई सोच ही नहीं सकता।'

मैंने फिर पूछा, 'वह स्तर कितना रहने की संभावना है? '

शर्मा मेरे उतावलेपन को समझ रहा था। 'लगता है तुम कम सुनते हो, मैंने तुमसे अभी कहा कि किसी की कल्पना से भी परे और यह मुझ पर भी लागू होता है। सच कहूँ तो लाला मुझे लगता है कि भाई को भी यह अंदाज़ नहीं था कि एसीसी के शेयर के भाव 4,000 रुपए के क़रीब पहुँच जाएँगे और पूरी संभावना है कि उनको भी यह नहीं मालूम होगा कि भाव ऊपर कहाँ तक जाएँगे।'

शर्मा से बातचीत के बाद मैं अपने सौदे को लेकर चिंतित हो गया। मुझे अफ़सोस भी हुआ कि मैंने उससे इस बारे में बात ही क्यों की। शेयर के भाव में कोई कमज़ोरी नज़र नहीं आ रही थी। मैंने तय कर लिया कि मैं एक दिन और देखता हूँ और उसके बाद एसीसी शेयर की ख़रीदी कर अपनी पोजीशन बंद कर दूँगा। उस शाम को प्रकाश ने मुझे डिनर पर अपने घर बुलाया था। वहाँ मेरी मुलाक़ात उसके संबंधी एक बुज़ुर्ग से हुई, जो 75 साल के आसपास की उम्र के थे और पाँच साल पहले तक एक दलाल के दफ़्तर में काम करते रहे थे। वे खुद कारोबार नहीं करते थे मगर उनके पास सुनाने के लिए कई दिलचस्प कहानियाँ थीं।

उनसे बातचीत होते-होते एसीसी की तेज़ी पर आ गई। मैंने उनसे पूछा कि शेयर बाज़ार में इतने साल तक काम करते हुए उन्होंने पहले कभी इस तरह से कुछ देखा था। वे कुछ देर सोचते रहे फिर बोले, 'उस समय भी बाज़ार में अजीबोग़रीब बातें होती थीं। मुझे एक बार 1960 के दशक के आख़िर में एक बार टाटा डेफ़र्ड ('डेफ़र्ड' उस समय शेयरों की एक श्रेणी होती थी) के शेयरों में इसी तरह की तेज़ी की याद है। कुछ ही महीनों में शेयर 30 रुपए से 2500 रुपए हो गया था। कुछ लोगों के तो वारे-न्यारे हो गए, लेकिन शेयर की बिकवाली करने में उससे कहीं ज़्यादा बर्बाद हो गए।'

अगले दिन मैंने एसीसी के शेयर में बिकवाली की अपनी पोजीशन काट दी। मुझे नुक़सान हुआ फिर भी क़िस्मत अच्छी रही, क्योंकि मेरे पोजीशन काटने के बाद अगले तीन दिनों में शेयर 300 रुपए और बढ़ गया। अक्टूबर में तेजड़िए कुछ सुस्ताने के लिए रुके थे। उसी दौरान मुद्रा बाज़ार में एक और अहम घटनाक्रम हो गया। अधिक ब्याज दर वाले नए सरकारी बॉन्डों ने पुराने बॉन्डों की चमक को फीका कर दिया और उनकी क़ीमतें

गिरनी शुरू हो गईं। सरकार के स्वामित्व वाले बैंकों के पास रखे सरकारी बॉन्डों की क़ीमत कम हो गई। बैंक इससे होने वाले नुक़सान की भरपाई करने के प्रयास करने लगे, जिससे सरकारी प्रतिभूतियों में बैंकों के अंधाधुंध कारोबार का एक और दौर आरंभ हो गया। एक बार फिर से शेयर बाज़ार इससे बेख़बर रहा और बड़े वर्ग ने इस उतार-चढ़ाव को इस घटनाक्रम से अलग करके देखा।

जनवरी में शेयर बाज़ार में एक बार फिर तेज़ी का दौर लौट आया। इसकी वज़ह हर्षद की ख़रीदी को माना गया। हर्षद संभवत: बाज़ार में सबसे बड़ा ख़रीदार होगा, लेकिन ऐसा कहना कि वह अकेला बाज़ार को चढ़ा रहा था उसके प्रभाव को बढ़ा-चढ़ा कर बताना होगा। मैं यह बात अब अपने अनुभव के कारण कह रहा हूँ। उस समय तो मैं भी यही मानता था कि हर्षद में इतनी ताक़त है कि बाज़ार उसके इशारे पर चलता है।

बाज़ार में उस समय कारोबार आज जैसा नहीं था। 1991-92 के अंत तक रोज़ाना का कारोबार बढ़कर क़रीब 400 करोड़ तक हो गया था। हर्षद में हो सकता है कि बाज़ार को संचालित करने का क़रिश्मा रहा हो, लेकिन उसके लिए और किसी के लिए भी यह असंभव था कि वह रोज़ाना बाज़ार को नियंत्रित कर सके, क्योंकि इतनी अधिक धनराशि किसी के पास नहीं थी। बाज़ार के सबसे बड़े ऑपरेटर भी ज़्यादा से ज़्यादा एक दिन या दो दिन तक बाज़ार को प्रभावित कर सकते हैं और वह भी केवल तभी जब उनको बहुसंख्यकों का साथ मिल रहा हो। ऐसा प्रतीत हो सकता है कि ऑपरेटर शेयर भावों को गति दे रहे हैं, जबकि वास्तविकता ये होती है कि वे एक लहर पर सवारी कर रहे होते हैं। शेयर बाज़ार ऐसे खिलाड़ियों के इतिहास से भरा हुआ है, जो इस मुग़ालते के चलते बर्बाद हो गए कि वे बाज़ार से बड़े हो गए हैं।

ऐसा लगता है कि हर्षद भी अपने हिसाब में गड़बड़ा गया और बहुत ख़तरनाक ढंग से अतिविश्वास में डूब गया। मंदड़ियों का गठजोड़ बार-बार उन शेयरों में बिकवाली कर उसे नाकाम करने की कोशिशों में जुटा था, जिनको वह ख़रीद रहा था। वे ना केवल असफल रहे, बल्कि इसमें उनको बहुत नुक़सान उठाना पड़ा, क्योंकि वे शेयर लगातार आसमान छूते रहे।

मुझे संदेह है कि बाज़ार में आगे कोई ऐसी तेज़ी आएगी, जो एक जनवरी से 2 अप्रैल, 1992 के बीच देखी गई। उस अवधि में सेंसेक्स दोगुने से अधिक हो गया, 1,957 से 4,546 की नई ऊँचाई पर पहुँच गया। एसीसी के बारे में हर्षद की भविष्यवाणी सच साबित हुई थी। जिस दिन सेंसेक्स ने शिखर को छुआ उस दिन शेयर के भाव 10,500 रुपए के स्तर पर पहुँच गए। इतनी क़ीमत की किसी ने भी कल्पना नहीं की थी। हर्षद ने मंदड़ियों के गठजोड़ पर अपनी जीत का जश्न कुछ अलग अंदाज़ में मनाया – एक चिड़ियाघर में एक भालू को मूँगफली के दाने खिलाकर। अँग्रेज़ी में मंदड़ियों को बीयर कहते हैं और भालू को भी बीयर कहा जाता है। इसे बक़ायदा एक वीडियो मैग्जीन *न्यूज़ट्रैक* से रिकॉर्ड करवाया। बाज़ार के कुछ पुराने खिलाड़ियों का मानना था कि इस तरह सार्वजनिक रूप से अपने प्रतिद्वंद्वियों को नीचा दिखाकर उन्होंने हदें पार की थीं।

तीन महीने की इस तेज़ी में मैंने क़रीब 3.5 लाख रुपए कमाए। इस बीच में हर्षद के साथा मेरे संबंधों में खटास आ गई थी। एक छोटी-सी मुलाक़ात से शुरू होकर हम क़रीब आने लगे थे। एकाध मौक़े पर मैंने उसको कुछ अच्छे मुनाफ़े वाले सौदे लाकर दिए। उसने उनके लिए मेरी तारीफ़ भी की। उसने भी मुझे अपने लिए शेयर ख़रीदने के मोल-भाव करने की पूरी छूट दी। इस भरोसे के साथ कि मैं उसके साथ धोखा नहीं करूँगा।

उसके क़रीबी कुछ लोगों को मेरी नज़दीकी नागवार गुज़र रही थी। शर्मा ने उनके बारे में मुझे संकेत दिए, लेकिन उनके नाम नहीं बताए। लेकिन मुझे अच्छे से मालूम था कि वे कौन लोग थे। कभी-कभार मैं हर्षद के पसंदीदा शेयरों में बिकवाली कर देता था। इसके बारे में पूरी तरह से उसे अवगत करा देता था। मैं उसके विपरीत दिशा को पकड़कर उसके फ़ैसले को चुनौती दे रहा था। लेकिन मुझे नहीं लगता कि उसने कभी इसको लेकर बुरा महसूस किया। लेकिन उसे ऐसा बताया गया कि मैं मंदड़ियों के साथ हूँ। चूँकि मनु भाई के साथ मेरे अच्छे संबंध थे और मैंने उनके लिए कुछ सौदे भी किए थे, इसके कारण कुछ लोग इसे कारोबारी संबंधों से भी आगे बढ़कर देख रहे थे।

एक बार उसने मुझे शेयर बेचने के लिए कहा, काफ़ी प्रयासों के बाद भी मुझे उसके पूरे भाव नहीं मिले। उसके क़रीबियों ने उसके कान भरना शुरू कर दिया कि मैं लगातार उसके साथ सौदों में धोखा कर रहा हूँ। इसके

पहले तक जब भी मेरे पास उसके पसंद के शेयर होते थे तो मैं सीधे फ़ोन लगाकर उससे बात कर लेता था। लेकिन अब हमारे बीच दीवार खड़ी होती हुई दिखाई दे रही थी। जो भी कारण हो, या तो वह बड़े-बड़े मसलों में इतना उलझ गया कि मेरे जैसे छोटे जॉबर के लिए वह समय नहीं निकाल पा रहा था। या, उसने उन किस्सों पर भरोसा कर मुझ पर संदेह करना शुरू कर दिया था, जो उसे नियमित रूप से मेरे बारे में सुनाए जा रहे थे। एक बार मेरे पास अच्छे शेयर का लॉट बेचने के लिए आया और मैंने सूचना देने के लिए उसे फ़ोन किया। उसके डीलर ने मुझसे बात की और बोला कि हम आपको कॉल करके बताते हैं। दोबारा उनका कोई फ़ोन नहीं आया। दो दिन बाद मुझे पता चला कि उन्होंने किसी और से वह सौदा कर लिया। ऐसा ही घटनाक्रम एक बार और हुआ। मुझे इस घटिया बर्ताव पर बहुत गुस्सा आ रहा था। इसके बाद लंबे समय तक मेरी हर्षद से कोई बातचीत नहीं हुई।

हर्षद जिस अंधाधुंध तरीक़े से अपने शेयरों को ऊँचाई पर ले जाने में लगा हुआ था, उससे ऐसा लग रहा था कि उसे अपनी सफलता को लेकर कोई संदेह नहीं रह गया था। ऐसा लोगों का मानना है कि अगर वह थोड़ा संतोष कर लेता तो कोई और उससे आगे नहीं बढ़ता और वह दौलत में खेलते हुए आराम से जीवन बिताता और शायद उसका खेल लंबे समय तक चलता रह सकता था। मैं ऐसा सोचता हूँ कि वह अपने ही जाल में उलझ गया। एक बार जब शेयर के दाम एक निश्चित ऊँचाई तक पहुँच जाते हैं तो उसे बनाए रखने के लिए आपको ख़रीदी में और ज़्यादा रक़म लगाने की ज़रूरत होती है। अन्यथा, भाव टूट जाते हैं और दहशत में लोग उस शेयर को बेचते जाते हैं, जिससे क़ीमत और गिरती जाती है। मुझे लगता है कि यदि यह खेल लंबा भी चलता तो भी हर्षद और हमेशा तेज़ी की उसकी सोच को देखते हुए इसका अंजाम कुछ अलग होने वाला नहीं था।

अप्रैल में हर्षद की क़िस्मत का सितारा अस्त होने को आ गया। उसकी मुसीबतों की शुरुआत सरकार के सेबी की स्थापना करने के निर्णय के साथ हुई। इसे देश के स्टॉक एक्सचेंजों की निगरानी करने की ज़िम्मेदारी सौंपी गई। सेबी ने अपने पहले अहम फ़ैसले में दलालों से ज़्यादा पंजीकरण शुल्क देकर अपना दोबारा पंजीकरण कराने को कहा। दलालों की लॉबी बहुत ताक़तवर थी और वह अपने नियम बनाने की आदी रही थी। उसे सेबी का नियम हज़म नहीं हुआ। सेबी के विरोध में 16 अप्रैल से 24 अप्रैल

तक देश भर के स्टॉक एक्सचेंज में हड़ताल कर दी गई। कारोबार पूरी तरह ठप हो गया।

इससे हर्षद की परेशानियाँ और बढ़ गईं। वह बीएसई से आने वाले भुगतान का इंतज़ार कर रहा था। इससे उसे भारतीय स्टेट बैंक से 'उधार' ली रक़म अदा करनी थी, जो उनके लिए प्रतिभूति ख़रीदने का वादा करके प्राप्त की थी। लेखा-जोखा करते हुए स्टेट बैंक ने पाया कि हर्षद ने रक़म ले रखी थी, लेकिन प्रतिभूतियाँ जमा नहीं की थीं। बैंक ने हर्षद से प्रतिभूति लाकर देने या रक़म लौटाने का दबाव बनाया। जब तक हर्षद बैंक से मिलकर इस मामले को सुलझाता तब तक तो यह मामला मीडिया में उछल गया।

इसके साथ ही पूरे घोटाले की परतें खुलती चली गईं और खुलासा हुआ कि कई बैंक और वित्तीय संस्थानों ने रक़म अदा कर दी है, लेकिन उनके पास प्रतिभूतियाँ नहीं हैं या वास्तविक प्रतिभूतियों की बजाय जाली बैंक रसीदें हैं। घोटाले की ख़बर ने बाज़ार का रुख़ पलट दिया। मई के अंत तक बाज़ार टूट कर 3,000 से नीचे आ गया। आरंभ में इसके 4,000 करोड़ रुपए का घोटाला होने का अनुमान आया। बाद में दर्ज़ मामलों के आधार पर सीबीआई ने 8,300 करोड़ रुपए से अधिक का घोटाला बताया।

इसमें हर्षद अकेला ही नहीं उलझा था। घोटाले में दलाल स्ट्रीट के कई जाने-माने लोगों की छवि धूमिल हो गई। घोटाले से जुड़े बैंकों में कई होनहार युवाओं के करियर चौपट हो गए। कई छोटे कर्मचारियों का जीवन बर्बाद हो गया, जो केवल आदेशों का पालन कर रहे थे।

घोटाले की जाँच करने वाली संयुक्त संसदीय समिति ने बाद में अपनी रिपोर्ट में कहा कि बैंक रसीदों में गड़बड़ियाँ 1986 से हो रही थीं और रिज़र्व बैंक को भी इस बारे में बताया गया था, लेकिन उसने कोई क़दम नहीं उठाया। रिपोर्ट में यह भी कहा गया कि देश में कार्यरत विदेशी बैंक ना केवल इस घोटाले में बड़े खिलाड़ी के रूप में सक्रिय थे, बल्कि घोटाले की शुरुआत के लिए भी ज़िम्मेदार थे। और जिस तरह से हर्षद मेहता शेयर बाज़ार में सबसे बड़ी रैली का चेहरा बना था, ठीक उसी प्रकार से अब उसे स्टॉक मार्केट के सबसे बड़े घोटाले का सरगना बताया गया।

9

नई शुरुआत, एक नए गुरु के साथ

जून के पहले हफ़्ते में हर्षद की गिरफ़्तारी से लड़ाई तेजड़ियों के हाथ से बाहर निकल गई। बाद में सामने आया कि मंदड़िए बड़ी मुश्किल से अपने आप को बचा पाए। हर्षद की बेलगाम ख़रीदी और उसके कारण शेयरों के भावों में उछाल ने शेयर बाज़ार के कई बेहद होशियार मंदड़ियों को भी बर्बादी की क़गार पर ला खड़ा किया था। लेकिन यह भी सामने आया कि यदि सभी नहीं तो उनमें से ज़्यादातर ने लंबे समय तक बाज़ार में बने रहने के लिए किसी तरह से धन की व्यवस्था कर ली थी, जो कि अन्यथा संभव नहीं था। यदि घोटाले का भंडाफोड़ नहीं होता तो वे बहुत मुश्किल में फँस जाते। मैं 'दिवालिया' तो नहीं कहूँगा। लेकिन मंदड़ियों के गहरे जख़्मों को भरने में लंबा वक्त ज़रूर लगता।

अप्रैल के सौदों से मैंने एक लाख रुपए से ज़्यादा की रक़म बनाई। इंजीनियरिंग कॉलेज में सतीश के दाख़िले के लिए धनराशि अलग रख देने के फ़ैसले ने मुझे बचाया। जब शेयरों में गिरावट का लंबा सिलसिला शुरू हुआ उस समय तक मैंने इस साल के आरंभ में मुझे मिली अच्छी ख़ासी रक़म का बड़ा हिस्सा बैंक में जमा कर दिया था। हालाँकि मेरी ज़्यादातर पोजीशन नुक़सान में चली गईं। लेकिन अपने दोस्तों और परिचितों को हुए भारी नुक़सान को देखते हुए मैं भगवान का बहुत शुक्रगुज़ार था।

मुझे शेयर बाज़ार में डेढ़ साल हो गया था। इसके बावजूद अभी तक मैंने अपनी जेब से एक भी पाई का निवेश शेयरों में नहीं किया था। मेरे नाम पर कोई शेयर नहीं थे। मैंने एक-दो बार शेयरों की डिलीवरी ली थी, लेकिन अगले ही निपटान में उनको बेच देता था। इसका मुख्य कारण था कि मैं कंपनियों के कारोबार को नहीं समझता था। मुझे केवल उनके शेयरों के भाव समझ में आते थे। एक और कारण था कि मुझे लंबे समय के लिए निवेश के फ़ायदों पर बहुत यक़ीन नहीं था। मैंने ऐसे बहुत-से छोटे निवेशकों के किस्से सुन रखे थे, जिन्होंने 1970 के दशक के आख़िर और 1980 के दशक के आरंभ में लखपति बनने के लिए बड़ी बहुराष्ट्रीय कंपनियों के आईपीओ (आरंभिक सार्वजनिक निर्गम) में शेयर लिए। लेकिन मैंने कुछ बड़ी भारतीय कंपनियों के बारे में यह भी सुना था कि प्रतिस्पर्धी कंपनियों से पिछड़कर किस तरह से वह इतिहास बन कर रह गईं।

और आख़िर में मैंने जाली शेयरों के बारे में भी कई भयानक कहानियाँ सुनी थीं। डिलीवरी आधारित निवेश जिसमें ख़रीदार शेयर के प्रमाण पत्र प्राप्त करता है, प्रतिभूति घोटाले ने उसके ख़तरों को भी उजागर कर दिया था।

घोटाले से संबंधित मामलों की सुनवाई के लिए बनी विशेष अदालत ने उन इकाइयों, व्यक्तियों या फ़र्मों को अधिसूचित किया, जो घोटाले में संदिग्ध थे और जिनके विरुद्ध आपराधिक आरोप दाख़िल किए गए थे। इनमें हर्षद मेहता, उससे संबद्ध फ़र्में और कुछ अन्य शामिल थे। बैंकों की बकाया रक़म और सरकार की कर अदायगी की वसूली करने के लिए नियुक्त प्राधिकारी ने ऐसे शेयर प्रमाण पत्र ज़ब्त कर लिए जिन पर इनमें से किसी भी आरोपी का नाम था। भले ही कई मामलों में इकाइयों को अधिसूचित किए जाने से पहले शेयरों की ख़रीद की गई थी। अन्य मामलों में अधिसूचित इकाइयों द्वारा बेचे जाने के बाद शेयरों को इधर से उधर हस्तांतरित किया गया था। अधिसूचित इकाइयों के द्वारा बेचे गए शेयरों को ख़रीदने वाले शेयरधारकों ने ज़्यादातर उन शेयरों को अपने नाम पर कराने के लिए नहीं भेजा था। बेचने से पहले वे उन शेयरों को रखे हुए थे और इस कड़ी के अंतिम छोर का निवेशक जब उन्हें नामांतरण के लिए भेजेगा तब तक वे कई निवेशकों के हाथों से गुज़र चुके होंगे। इससे भी डिलीवरी के लिए शेयरों को नहीं ख़रीदने का मेरा इरादा मज़बूत हुआ।

बाज़ार के टूटने से हमारी फ़र्म के एक या दो ग्राहकों को छोड़कर बाक़ी सभी को भारी नुक़सान हुआ। उन सभी ने हर्षद के पसंदीदा शेयरों में निवेश किया हुआ था। कुछ ग्राहक बड़ी रक़म के भुगतान में असमर्थ हो गए और फ़र्म को नुक़सान उठाना पड़ा। मेरी फ़र्म के मालिक ने भी कुछ बड़े सौदे कर रखे थे, जिनमें उनको बहुत घाटा हुआ। हमारी फ़र्म बंद होने को आ गई। जुलाई में हमारे मालिक ने शेयर दलाली का काम छोड़कर कोई और काम शुरू करने का फ़ैसला किया। उन पर मेरे कमीशन आदि मिलाकर 50,000 रुपए बकाया थे। वे इसके अलावा ऊपर से भी 50,000 रुपए मिलाकर मेरा हिसाब करते हुए बोले, 'लाला, मुझे अच्छा लगता कि मैं कुछ और रक़म तुम्हें दे पाता, लेकिन इस समय हाथ बहुत तंग है।' उनकी आवाज़ में क्षमायाचना के स्वर थे।

मैंने उन पर भरोसा किया। उन्होंने कभी भी मेरे सौदों के मुनाफ़े को साझा करने में मोल-भाव नहीं किया। ना तो किसी सौदे में ऊँच-नीच हो जाने पर मुझसे कोई सवाल किया। मैं दिल से उस इंसान का सम्मान करता था। और फ़र्म बंद होने या नौकरी जाने पर भले उन्होंने कोई बड़ी रक़म नहीं दी हो, लेकिन उन्होंने अपने बहुत अच्छे मित्र और कुशल कारोबारी गोविंदभाई से मेरी सिफ़ारिश कर दी।

मैं गोविंदभाई को निजी तौर पर नहीं जानता था, लेकिन उनका नाम काफ़ी सुन रखा था। उनको दलालों के दलाल के रूप में जाना जाता था। वे दलाल स्ट्रीट में एक-दूसरे के विरोधी बड़े खिलाड़ियों के लिए सौदे करते थे। यह उनकी ख़ासियत थी। वह रिंग में नियमित रूप से नहीं आते थे। आम तौर पर वे फ़ोन के माध्यम से ख़रीदी और बिकवाली के बड़े सौदे करते थे। वैसे उनके डीलर रिंग में मोल-भाव करते देखे जाते थे। उनके ग्राहक दो चीज़ों को लेकर उन पर बहुत विश्वास करते थे : पहला, उनके सौदे का फ़ायदा उठाकर वे अपनी ख़रीदी बिकवाली का ऑर्डर नहीं लगाएँगे (जैसा कि यूटीआई के मामले में होता था)। दूसरा, वे किसी सौदे के बारे में किसी तीसरे व्यक्ति से चर्चा नहीं करते थे। गोविंदभाई का कारोबार का तरीक़ा साफ़-सुथरा था - वे विशुद्ध दलाली से पैसा कमाते थे, जिसमें ग्राहक के डिफ़ाल्ट के अलावा कोई अन्य जोख़िम नहीं होता था। कई एक्सचेंज में वे दलाली का काम कर रहे थे और कलकत्ता (अब कोलकाता) में उनका दफ़्तर था। जुलाई महीने के आख़िर में उस सुबह बारिश हो रही थी, जब

मैं उनसे मिलने गया। मशहूर दलाल स्ट्रीट के साथ 90 डिग्री कोण पर लगी नगीनदास मास्टर रोड पर एक इमारत में उनका दफ़्तर था।

गोविंदभाई मध्यम क़द-काठी के व्यक्ति थे, जबड़ों के आकार के कारण उनका चेहरा चौकोर था, चौड़ा माथा, बाल पीछे को चिपके हुए। लेकिन मुझे उनकी आँखों में दोस्ताना भाव नज़र नहीं आया। वे 38 से 42 साल की उम्र के आसपास के थे। मैंने ऐसा सुना था कि वे क़रीब 15 साल से इस धंधे में हैं। उनके चेहरे पर स्थायी रूप से गुस्से का भाव रहता था, त्योरियाँ चढ़ी हुई दिखाई देती थीं। मैं कह नहीं सकता कि यह उनकी आँखों के कारण था या किसी और वज़ह से। यह मुझे बाद में पता चला कि वे ऐसा चेहरा ही बनाकर रखते थे। गोविंद भाई ऐसा दिखाना चाहते थे कि आप उनसे काम नहीं निकलवा सकते। लेकिन उनको जानने के बाद पता चलता था कि वे मिलनसार इंसान थे और आप पर बहुत भरोसा करते थे। हास-परिहास करने में भी नहीं चूकते थे और मुझे इसमें बहुत मज़ा आता था।

मैंने उनके पास पहुँचकर अपना परिचय दिया। उन्होंने मुस्कराकर मुझे बैठाया। मुझे उनकी मुस्कराहट ज़बरन थोपी हुई लगी। वे स्वाभाविक रूप से नहीं मुस्कराते थे। उनके बारे में पहली राय ऐसे शख़्स की बनती थी, जिसे दुनिया में किसी पर कोई भरोसा नहीं है। हमने कुछ देर तक बाज़ार के बारे में चर्चा की और इससे मुझे कुछ सहज महसूस हुआ।

कुछ मुस्कराते हुए वे बोले, 'मेरे दोस्त की तुम्हारे बारे में अच्छी राय है और मैंने तुम्हारे कुछ शानदार सौदों के बारे में सुना है।' इस बार उनकी मुस्कराहट कुछ स्वाभाविक लग रही थी।

मुझे कुछ समझ नहीं आया कि मैं उनको क्या जवाब दूँ। मैंने एक नक़ली-सी मुस्कराहट के साथ उनकी ओर देखा।

फिर वे बोले, 'लाला, मुझे पता है तुम काम में माहिर हो, क्योंकि भले ही मेरे बहुत क़रीबी दोस्त भी कहते हैं तो भी मैं सिफ़ारिश नहीं सुनता।' उनके चेहरे पर मुस्कराहट की जगह एक बार फिर से गुस्से का स्थायी भाव आ गया था और अब जैसे शर्तें बता रहे थे। 'लेकिन मेरी नज़र में चतुराई से ज़्यादा वफ़दारी क़ीमती है। तुम जानते हो कि किसी भी दलाल के कारोबार में वफ़ादारी कितनी ज़रूरी है।'

उनकी आवाज़ अब कुछ ज़्यादा दोस्ताना हो गई थी। 'तुम देख ही रहे हो, मेरे यहाँ बहुत कम कर्मचारी हैं। मेरे पास दो डीलर थे। उनमें से एक पिछले महीने काम छोड़ गया। कलकत्ता में भी मेरे दो डीलर हैं। मुझे छोटी टीम रखना पसंद है, उससे जहाँ तक संभव होता है गोपनीयता बनी रहती है। यदि मुझे ग्राहकों को अच्छे भाव दिलाना है तो यह बहुत ज़रूरी है।'

मुझे कुछ कोफ़्त-सी महसूस होने लगी थी। मुझे भी अब बाज़ार में क़रीब डेढ़ साल का समय हो गया था। इस कारोबार में गोपनीयता की अहमियत को मैं अच्छे से समझता था। मेरे चेहरे के भावों से जैसे गोविंद भाई ने मेरे विचारों को जान लिया हो। वे अचानक बोले, 'लाला, मुझे मालूम है तुम यह सब जानते हो। तब भी मैंने सोचा कि तुमको बता देना ठीक रहेगा कि मैं अपने ग्राहकों के सौदों को गोपनीय रखने को लेकर कितना सतर्क रहता हूँ। वे मुझे अच्छी ख़ासी दलाली देते हैं और मेरी ज़िम्मेदारी है कि मैं उनको अच्छे भाव दिलाऊँ। मैं इसमें लापरवाही बर्दाश्त नहीं करता। यदि मैंने कभी भी सुना कि तुमने मेरे सौदे में कुछ लापरवाही की है तो मैं कोई कारण नहीं पूछने वाला। मेरे बहुत से दोस्त हैं, जो मुझे बताते रहते हैं कि बाज़ार में क्या चल रहा है। मेरे साथ धोखा करने वाले डीलर को किसी अच्छे दलाल के पास काम मिलने में मुश्किल आती है। मुझे आशा है तुम मेरी बात समझ गए होगे।' मैंने सिर हिलाकर सहमति दी।

'अभी तुमको कितनी पगार मिल रही थी?'

'10,000, साथ में जॉबिंग का मेरा मुनाफ़ा।'

'मैं भी तुम्हें इतना दे दूँगा। बस इतना ध्यान रहे कि हमारे पास आने वाले ऑर्डर पर अपने जॉबिंग के सौदे मत करना।'

'जी, मैं ध्यान रखूँगा। क्या आज से ही काम शुरू कर दूँ?'

'नहीं, घर जाओ, और जाकर सोचना मैंने जो कहा है। अगर मेरी शर्तों का पालन कर सकते हो तभी नौकरी करना। मैं साफ़-साफ़ बात करता हूँ, मेरे साथ काम करना है तो बहुत बातों का ध्यान रखना पड़ेगा।'

'आप मेरे काम में कहीं भी कमी नहीं पाएँगे।'

'मुझे तुम्हारा आत्मविश्वास पसंद आया। तब भी मैं कहूँगा कि एक बार और अच्छे से विचार कर लो।'

मेरे पास सोचने जैसा कुछ नहीं था। मुझे गोविंदभाई की साफ़गोई पसंद आई थी। अगले दिन मैंने उनके यहाँ काम शुरू कर दिया। यह एक लंबे समय तक चलने वाले गुरु-शिष्य संबंधों का आरंभ था। अब तक मैं खुद से ही सीख-सीखकर काम कर रहा था। लेकिन मेरी शिक्षा में काफ़ी कमियाँ थीं और मुझे एक अच्छे गुरु की सख़्त ज़रूरत थी। गोविंदभाई का सानिध्य मेरी उन ख़ामियों को धीरे-धीरे दूर करेगा। जल्दी ही मुझे समझ में आया कि गोविंदभाई की सफलता का एक कारण उनके संबंधों की ताक़त है, जो उन्होंने इतने वर्षों में बनाए हैं। हालाँकि वे बहुत सीमित और देख-परख़ कर संबंध बनाते थे।

संबंधों के बारे में एक दिन उन्होंने खुद ही कहा,'कोई भी संबंध बनाना बहुत आसान है, लेकिन उसे निभाना असल चुनौती है और आप सोच नहीं सकते कि कौन-सा संबंध कब किस संकट के समय आपके काम आ जाए।'

मैंने गोविंदभाई को काम करते हुए देखकर ही बहुत सारी चीज़ें सीखीं। वे अपनी तरफ़ से हरसंभव यह ख़याल रखते थे कि उनके ग्राहकों ने क्या ख़रीदी-बिकवाली की है, वे क्या करने वाले हैं, इसकी बाज़ार को पूरी ख़बर नहीं होने पाए। इसके लिए वे आधे सौदे बीएसई में करते थे और आधे सीएसई में। इससे पहले कि चतुर कारोबारी को कोई भनक लगे वे एक्सचेंजों के बीच में भी अपनी पोजीशन बदलते रहते थे। चूँकि वे बहुत थोक में सौदे करते थे, जिससे एक सीमा के बाद ऑर्डर के बारे में जानकारी को छुपाकर रख पाना हर बार संभव नहीं रहता था। लेकिन ऐसा कम होता था और यह ज़्यादा मायने रखता था।

हर्षद मेहता से प्रेरित रैली हो सकता है कि कमज़ोर पड़ गई हो, लेकिन शुरुआती बिकवाली के दौर के बाद कुछ घटनाक्रम ऐसे हुए, जिनसे बाज़ार को स्थिर होने में मदद मिली। पहला, सरकार का नियंत्रक पूँजी निर्गम को ख़त्म करने का निर्णय, जिससे कंपनियों को अपने अनुसार अपने निर्गम का मूल्य तय करने की छूट मिल गई। दूसरा, एफ़आईआई के भारत में निवेश के लिए दिशानिर्देश की सेबी की अधिसूचना।

जो कुछ हुआ था उसे देखते हुए कहा जा सकता था कि दो एकदम विपरीत फ़ैसले लेकर सरकार ग़लत कर रही थी। धन जुटाने के लिए शेयर

बाज़ार की ओर भाग रही कंपनियों की पृष्ठभूमि की जाँच के लिए नए नियामक के पास कोई बुनियादी ढाँचा नहीं था। अभी नियम भी नहीं बने थे और नियामक सीखने के दौर में था। कंपनियाँ आम जनता से धन उगाहने के लिए जो शेयर जारी कर रही थीं उनकी क़ीमत किसी भी तरह से उनके आधारभूत आंकड़ों से मेल नहीं खाती थी। यानी शेयरों की क़ीमत उन कंपनियों की आर्थिक स्थिति के अनुसार उचित नहीं कही जा सकती थी। वास्तव में कंपनियों के बीच ज़्यादा से ज़्यादा प्रीमियम वसूलने की प्रतिस्पर्धा चल रही थी।

पहली बात, कंपनियों में इसको लेकर ही असमंजस था कि आख़िर वे किस लिए धनराशि जुटा रही हैं। स्वघोषित व्यावसायिक बैंक मोटे कमीशन के बदले कंपनियों को इक्विटी पूँजी जुटाने में मदद की पेशकश करते थे।

इस बीच में शेयर बाज़ार में विदेशी निवेश के लिए मंजूरी का रास्ता साफ़ हो गया था और एफ़आईआई ने संभावनाओं का पता लगाने के लिए अपनी टीमों को भेजना शुरू कर दिया था। इन फ़र्मों के प्रतिनिधि ताज, ओबेरॉय और दूसरी शानदार होटलों में ठहरा करते थे। मैंने ऐसा सुना था कि उनसे मिलने और अपनी गोटी जमाने के लिए इन होटलों में रोज़ाना ढेरों दलाल लॉबियों में भटकते रहते थे। अपमानजनक रूप से उनका उल्लेख गोरों के नाम से किया जाता था।

एक शुक्रवार बाज़ार बंद होने के बाद मैंने खुद होटलों में जाकर यह देखने का मन बनाया कि विदेशी निवेशकों से काम पाने की उम्मीद में दलालों में मची होड़ के किस्से कितने सही हैं। मैं एक पाँच सितारा होटल पहुँचा, जहाँ एक एफ़आईआई के अधिकारी ठहरे हुए थे। मैंने जो सुना था वह सही पाया। वहाँ दलाल स्ट्रीट के कई प्रभावशाली और बड़े नाम लॉबी में विदेशी निवेशक कंपनियों के अधिकारियों से मिलने के लिए इंतज़ार में बैठे हुए थे। यह सिलसिला आगे कई और महीनों तक जारी रहने वाला था। जब तक कि एफ़आईआई इस बात को अच्छी तरह से नहीं समझ जाते कि उनके लिए भारत में अपना पूर्ण रूप से सक्रिय दफ़्तर स्थापित करना ज़रूरी है।

भारत के आर्थिक सुधारों की ज़ोर-शोर से चर्चा के बावजूद विदेशी निवेशकों ने शुरुआत में फूँक-फूँक कर क़दम रखे। अक्टूबर, 1992 में

एफ़आईआई के लिए दिशानिर्देश जारी हुए। उसके अगले साल मार्च तक की अवधि में एफ़आईआई ने धीमी रफ़्तार से चलते हुए 15 करोड़ रुपए से भी कम निवेश किए।

इस बीच में आईपीओ के प्रायमरी बाज़ार में कंपनियों के बिना रोक-टोक जमकर मौज़-मज़े चल रहे थे। क़रीब 550 कंपनियों ने उस वित्त वर्ष में आईपीओ के माध्यम से 11,000 करोड़ रुपए जुटा लिए थे। यह उससे पिछले साल जुटाई धनराशि की तुलना में लगभग दोगुना था। कुछ लोग बाज़ार में एक बार फिर कृत्रिम तेज़ी का गुब्बारा फूलने को लेकर चिंतित हो रहे थे। तब किस को मालूम था कि आईपीओ में एक बड़ी तेज़ी के लिए नींव तैयार हो रही है?

मार्च, 1993 में मुंबई में एक के बाद एक कई बम धमाके हुए। इनमें से एक तो स्टॉक एक्सचेंज की इमारत के तलघर में ही हुआ था, जिससे कुछ समय के लिए बाज़ार में चिंता पैदा हुई। ख़ास तौर पर एफ़आईआई को लेकर कि कहीं वे यह नहीं मान लें कि भारत कारोबार के लिए सुरक्षित जगह नहीं है और यहाँ से मुँह फेरकर चले जाएँ।

मैं ट्रेडिंग रिंग में था, जब दोपहर क़रीब डेढ़ बजे धमाके से इमारत थरथरा गई। मैं कुछ जॉबर दोस्तों के साथ गप्पें मार रहा था, जो डिबेन्चर के सौदों में माहिर थे। डिबेन्चर में काम करने वाले रिंग में बीच से हटकर कोने में जमा हुआ करते थे, जहाँ रिंग की अर्धगोलाकार छत की सीलिंग किनारों की ओर कुछ नीची थी। धमाका इतना ज़ोरदार था कि प्लास्टर ऑफ़ पेरिस की छत में गहरी दरारें आ गईं। उसमें से कुछ चूने जैसा पाउडर हमारे ऊपर आकर गिरा। चारों ओर दहशत का माहौल था। लोग चीख़ रहे थे और बाहर जाने के लिए गेट की ओर झपट रहे थे। भगदड़ जैसी स्थिति बनी हुई थी। स्टॉक एक्सचेंज में कोई भी हताहत नहीं हुआ था। लेकिन 25 मंज़िल ऊपर तक इसके असर से दफ़्तरों की खिड़कियों के काँच टूट गए थे। उससे गिरे काँच के बड़े टुकड़ों के जख़्मों से बाहर कुछ लोगों की मौत हो गई थी। इनमें राहगीर और पीजे टॉवर के प्रवेश गेट के पास खाने के स्टॉल लगाने वाले शामिल थे।

मुझे याद है कि उस समय दलाल मोहन विजान हममें से कुछ को साथ लेकर तलघर की ओर गया था, जहाँ बम धमाका हुआ था। हमें आशंका

थी कि कोई वहाँ फँसा नहीं हो, जिससे हम वहाँ पहुँचकर मदद कर सकें। कुछ ड्राइवरों की भी मृत्यु हो गई थी, जो तलघर में खड़ी अपनी कारों के आसपास मँडराते रहते थे। मुझे याद है कि वहाँ मांस-ख़ून के जलने की भयंकर दुर्गंध से मुझे उबकाई आने लगी थी।

बम धमाका शुक्रवार को हुआ था। बीएसई का पूरा अमला अगले दो दिनों तक पूरी तरह से यह सुनिश्चित करने में जुटा रहा कि सोमवार से कामकाज शुरू करने के लिए उसके कंप्यूटर सिस्टम और पूरा ढाँचा चुस्त-दुरुस्त रहे। बाज़ार को सोमवार से पूरी तरह से खोलकर जैसे कि कुछ हुआ ही नहीं हो, सरकार दुनिया को यह संदेश देना चाह रही थी कि भारत आतंकवादियों की इन हरकतों से डरने वाला नहीं है।

मैं सोमवार को काम पर नहीं गया। बाउजी और माँ ने एक दिन की छुट्टी लेकर उनके साथ समय बिताने की इच्छा ज़ाहिर की थी। मैंने उनसे बातचीत कर उनको समझाने की कोशिश की, लेकिन फिर देखा कि मेरे रहने से उनको सुकून मिल रहा था तो मैं मान गया। बम धमाके की घटना से मुझसे ज़्यादा वे हिल गए थे।

सप्ताह के पहले दो सत्र में सेंसेक्स क़रीब 100 अंक चढ़ा। पूरी संभावना थी कि सरकार ने घरेलू संस्थानों को दहशत में होने वाली किसी भी तरह की बिकवाली को बेअसर करने के लिए ख़रीदी करने के निर्देश दिए होंगे। लेकिन रैली ज़्यादा नहीं चल सकी। मार्च के अंत तक सेंसेक्स विस्फोट के पहले वाले स्तर से कुछ नीचे ही आ गया था। तब भी बाज़ार धमाकों के साये से उबरा और उसने नीतिगत सुधारों के नतीजतन अर्थव्यवस्था में आ रहे सकारात्मक बदलावों पर ध्यान दिया।

मैंने आईपीओ के ग्रे मार्केट में दाँव लगाना पसंद किया, जो उस समय अच्छी तरक्की पर था। आईपीओ के शेयर बाज़ार में सूचीबद्ध होने से पहले ही उसके कारोबार के लिए यह अवैध बाज़ार था, जिसे ग्रे मार्केट बोला जाता था। उस समय आईपीओ के बंद होने के बाद उस कंपनी के शेयर के स्टॉक एक्सचेंज में सूचीबद्ध होने तक दो से ढाई महीने का समय लगता था। इस बीच के समय में उससे पैसे बनाए जा सकते थे... या गँवाए जा सकते थे।

10

ब्लैक नहीं ग्रे मार्केट

गोविंद भाई या जीबी के साथ काम करते हुए दूसरे महीने की समाप्ति तक वे मुझे पसंद करने लगे। ट्रेडिंग के दौरान तो वे बहुत कठोर काम लेने वाले बॉस की तरह व्यवहार करते दिखाई देते थे, जिसे ख़ुश करना कठिन था। लेकिन काम ख़त्म होते ही वे एक अलग इंसान बन जाते थे। कई बार वे मुझसे और दूसरे डीलर दिलीप से यूँ ही बातचीत करते रहते थे और स्टॉक एक्सचेंज के अपने अनुभवों के किस्से सुनाते थे। वे 1975 से शेयर बाज़ार में काम कर रहे थे। उनके किस्से-कहानियाँ रोचक होने के साथ ही सीख देने वाले होते थे।

एक शाम ऐसे ही काम के बाद इसी तरह बातचीत करते हुए उन्होंने सवाल किया। 'क्या तुमने कभी सोचा कि यह आईपीओ का ग्रे मार्केट कैसे खड़ा हो गया?' मैं और दिलीप दोनों इससे अनजान थे, हमने सिर हिलाकर ना में जवाब दिया।

उन्होंने बताया, 'यह भी 1970 और '80 के दशक के लाइसेंस राज और कोटा राज की दूसरी देन की तरह ही एक है। सप्लाई की तुलना में माँग बहुत ज़्यादा थी, जिससे हर चीज़ का काला बाज़ार अस्तित्व में आ गया। तुम ऐसा मान लो कि आईपीओ का ग्रे मार्केट एक तरह से काला बाज़ार है, जहाँ आप यदि ज़्यादा क़ीमत देने को तैयार हैं तो आपको अतिरिक्त शेयर प्राप्त हो सकते हैं।'

'ग्रे मार्केट बनने का एक और कारण था। उन दिनों में ज़्यादातर आईपीओ में जितने शेयर जारी होते थे, उनके भी मुश्किल से ख़रीदार

मिलते थे। मैं उन दिनों की बात कर रहा हूँ, जब बड़ी बहुराष्ट्रीय कंपनियों के आईपीओ ने शेयर बाज़ार को लोकप्रिय नहीं बनाया था। आईपीओ में अपने शेयरों की ख़रीदी में निवेशकों की दिलचस्पी पैदा करने के लिए प्रमोटर अपने शेयरों में प्रीमियम जोड़ दिया करते थे। यदि किसी शेयर की आईपीओ में क़ीमत 10 रुपए है और ग्रे मार्केट में वह 11 रुपए का है तो स्वाभाविक तौर पर लोगों की उसमें दिलचस्पी बढ़ जाएगी। ग्रे मार्केट में शेयर को 11 रुपए में ख़रीदने के इच्छुक ऑपरेटर को प्रमोटर या उस आईपीओ के निवेश बैंकर का समर्थन होता था। कुछ हज़ार शेयरों की शुरुआती बोली क़ीमत तय करने में मदद कर देती थी और उसके बाद बाज़ार की ताक़तें सक्रिय हो जाती थीं। यदि ऐसा नहीं होता था तो ऑपरेटर पर्याप्त रुचि पैदा होने तक और शेयरों की ख़रीदी करता जाता था।'

तभी मैंने टिप्पणी की, 'प्रमोटर द्वारा जोड़ा गया प्रीमियम एक तरह से उसके प्रोत्साहन का ख़र्च है।'

जीबी ने सिर हिलाते हुए कहा, 'बिलकुल सही, और अंतराल से थोड़ा-थोड़ा भुगतान करने की आसान प्रक्रिया के कारण भी ग्रे मार्केट बहुत सक्रिय रहता था। आईपीओ या राइट्स इश्यू के इच्छुक निवेशकों को आवेदन के समय 25 प्रतिशत, आवंटित होने पर 25 प्रतिशत और बाक़ी 50 प्रतिशत का भुगतान कंपनी द्वारा माँगे जाने पर करना होता था, जो कि सामान्य तौर पर सूचीबद्ध होने के एक या दो महीने बाद का समय होता था।'

जीबी हमें ग्रे मार्केट की बारीकियों के बारे में बताते जा रहे थे। 'छोटे निवेशकों को आम तौर पर जितने के लिए आवेदन किया है उतने शेयर मिलने का पूरा भरोसा रहता था। ऐसे में वे उतने शेयर ग्रे मार्केट में प्रीमियम दरों पर बेच सकते थे और आवंटित होने पर शेयरों की सुपुर्दगी कर सकते थे। प्रीमियम बहुत ज़्यादा नहीं था, जिससे ऐसे देखें तो बहुत अधिक लाभ नहीं होता था, लेकिन पूरे साल में इस मुनाफ़े को देखें तो यह 40-50 प्रतिशत का अच्छा खासा लाभ देता था।'

उन्होंने अनेक किस्से सुनाए, जिनमें से ग्रे मार्केट के बारे में एक बहुत मज़ेदार था। एक और किस्सा था, जिसमें उन्होंने बहुत विस्तार से बताया था कि सार्वजनिक निर्गम बाज़ार कैसे काम करता है।

'एक दुबला-पतला कमज़ोर-सा शख़्स हुआ करता था, कमानी; वह हमेशा टोपी लगाए रहता था। उसे बाज़ार में सभी लोग ग्रे मार्केट में सक्रिय ऑपरेटरों के एजेंट के रूप में जानते-पहचानते थे। यदि आपको कभी भी ग्रे मार्केट में आईपीओ के शेयर ख़रीदने हों तो आप सीधे कमानी के पास जा सकते थे। उसकी ज़बान पर सभी के भाव रखे हुए थे। मैंने शेयरों का काम चालू ही किया था और मैं श्राफ़ नाम के दलाल के साथ काम कर रहा था।'

'एक बार श्राफ़ अपने दफ़्तर के बाहर फुटपाथ पर अपने किसी दोस्त से बातें कर रहा था। कमानी सड़क के दूसरी ओर चाय पी रहा था।'

श्राफ़ ने अपने दोस्त को बताया, 'यह कमानी भी ना, मैं बता रहा हूँ, वह आपको कुछ भी बेच देगा, यहाँ तक कि ऐसी कंपनी के शेयर भी जिसका नाम भी उसने नहीं सुना होगा। उससे कहेंगे कि आप टैट्रापॉड (मरीन ड्राइव पर लहरों को रोकने के लिए बनाई दीवार की सुरक्षा करने वाला कन्क्रीट् का ढाँचा) ख़रीदना चाहते हैं और वह भी वो आपको बेच देगा।

श्राफ़ को यक़ीन नहीं हुआ। इस पर श्राफ़ ने कहा, वह इसे अभी उसके सामने साबित करके दिखाता है। उसने कमानी को बुलाया।

जैसे ही कमानी आया, श्राफ़ ने विश्वास के साथ कहा, 'कमानी, मुझे टैट्रापॉड का भाव चाहिए, जो जल्दी ही आईपीओ लेकर आ रहा है।

कमानी ने अपनी जेब से एक छोटी-सी डायरी निकाली, जिसमें ग्रे मार्केट के भाव दर्ज़ थे। वह डायरी के पन्ने उलटता-पलटता रहा, लेकिन टैट्रापॉड नाम की कोई कंपनी उसमें नहीं मिली। उन दिनों ज़्यादातर शेयरों की क़ीमत 10 रुपए तय होती थी। कमानी को कोई आइडिया नहीं था कि कौन-सी, क्या कंपनी है, उसने अपनी आदत के मुताबिक़ ऐसे ही हवा में तीर चला दिया।

'एक रुपया।'

श्राफ़ ने सवाल किया, 'क्या यह तुम्हारा सबसे बेहतर भाव है?

उसने जवाब दिया, 'जी हाँ, श्राफ़ जी, आप जानते हैं कि मुझसे सही भाव और कोई नहीं लगाता।'

'बिलकुल, मैं जानता हूँ कमानी, चलो अच्छा मुझे 5,000 शेयर ख़रीदने हैं।' इतना कहते हुए श्राफ़ ने उससे हाथ मिलाकर डील पक्की कर दी। कमानी ने अपनी डायरी में सौदा दर्ज़ कर लिया।

'पाँच दिन बाद शाम को कमानी, श्राफ़ के दफ़्तर पहुँचा और पूछने लगा कि श्राफ़ जी, यह टैट्राफ़ोर्ड अमेरिका की फ़ोर्ड कंपनी के साथ कोई साझा उपक्रम है क्या?' वह उस डील को लेकर जानकारी ले रहा था।

'मैं भी हैरान रह गया कि कमानी ऐसी कंपनी के भाव बता सकता है, जिसकी एबीसी भी नहीं जानता।'

श्राफ़ ने गंभीरता के साथ कहा, 'बिलकुल है।'

बेचारा कमानी पूछने लगा, 'कोई उसके दस्तावेज़, काग़ज़ात कुछ हैं क्या आपके पास?

श्राफ़ ने पूछा, 'क्यों क्या हुआ?

वह बोला, 'मैंने अपने ग्राहकों को कंपनी के बारे में बताया तो लोगों ने उसकी माँग शुरू कर दी। मेरे एक ग्राहक ने तो कहा है कि यह फ़ोर्ड के साथ साझा उपक्रम हो सकता है। यदि ऐसा है तो ठीक-ठाक प्रीमियम लगाना, जिससे ऐसा नहीं हो कि बाद में नुक़सान हो।'

जीबी ने हँसते हुए पूरे किस्से को याद किया, 'श्राफ़ ने एक-दो दिन में उसको कंपनी के दस्तावेज़ लाकर देने का वादा किया और दो दिन बाद उसको बताया कि ये तो एक मज़ाक़ था। ग्रे मार्केट इतना ज़ोरों पर था कि कई बड़े-बड़े अख़बारों में एक्सचेंज से जारी शेयरों के रोज़ाना आने वाले भाव के साथ ग्रे मार्केट में टैट्राफ़ोर्ड के भाव भी छपने लगे थे।'

'इससे स्टॉक मार्केट के शेयरों के भाव की तरह टैट्राफ़ोर्ड के भाव भी प्रामाणिक प्रतीत होने लगे थे। कमानी और उसके दफ़्तर से बिना किसी चूक के रोज़ाना अख़बार के दफ़्तर में उसके भाव फ़ैक्स से भेजे जाते थे। इससे सरकार की ओर से कार्रवाई से चिंतित बीएसई के अध्यक्ष फ़िरोज जीजीभाय ने ग्रे मार्केट से जुड़े ऑपरेटरों और एजेंटों को अपने दफ़्तर बुलाया और इस तरह से अख़बारों को भाव देने पर चेतावनी दी।'

जीबी का दूसरा किस्सा दिल्ली की एक कंपनी मिल्क फूड प्रोडक्ट्स के बारे में था। यह कंपनी आईपीओ से धन जुटाने की इच्छुक थी।

'कंपनी ने इस आईपीओ को बाज़ार में लाने के लिए एक बड़े विदेशी बैंक की सेवाएँ ली थीं। लेकिन बाज़ार में उस तरह का माहौल नहीं बना था। विदेशी बैंक का एक अफ़सर आहूजा, श्राफ़ का अच्छा दोस्त था। वह

श्राफ़ के पास आया और उसको दिल्ली की कंपनी के आईपीओ के हाल के बारे में बताया कि किस तरह से एक अच्छी, मज़बूत कंपनी के आईपीओ को लेकर बाज़ार में कोई दिलचस्पी नहीं है।'

श्राफ़ बोला, 'कंपनी हो सकता है अच्छी हो, लेकिन बाज़ार को इसको लेकर भरोसा नहीं है।'

आहूजा ने कहा, 'इसके लिए क्या करना होगा?

श्राफ़ ने उससे कहा, 'मैं तुमको बताता हूँ।' वह मुझसे बोला कमानी से कहना मेरे दफ़्तर आ जाए, एक नए आईपीओ के बारे में मुझे उससे बात करनी है।' उसके बाद वह आहूजा की ओर पलटा, मैं जब कमानी से बात करूँगा तो चुपचाप सुनते जाना और कुछ भी मत बोलना। आहूजा को क्या परेशानी हो सकती थी।

'कुछ ही देर के बाद मैं कमानी को लेकर पहुँच गया। औपचारिक बातचीत के बाद श्राफ़ ने कमानी से पूछा कि मिल्क फूड प्रॉडक्ट्स के आईपीओ के बारे में उसकी राय क्या है।'

कमानी ने यूँ ही हल्के-फुल्के अंदाज़ में जवाब दिया, 'इश्यू में कुछ दम नहीं है। पहली बात तो दिल्ली की कंपनियों पर आप भरोसा नहीं कर सकते। छह महीने बाद ना दूध रहेगा, ना फूड और ना ही प्रॉडक्ट्स।'

'मैं देख रहा था, आहूजा बड़ी मुश्किल से कमानी को पलट कर जवाब देने से खुद को रोक पा रहा था। लेकिन श्राफ़ को उसने वादा किया था, इसलिए मज़बूर था। कमानी के जाने के बाद श्राफ़ ने आहूजा को बताया, 'दिमाग़ का खेल है, लोगों की सोच के साथ समस्या है। ग्रे मार्केट में आईपीओ को लेकर माहौल बनाने से ही इसे दूर किया जा सकता है। अगर आप ऐसा नहीं कर सके तो आईपीओ नाकाम हो जाएगा।'

'आहूजा मान गया और उसने श्राफ़ को ग्रे मार्केट से मिल्क फूड के जितने चाहे उतने शेयर ख़रीदने की छूट दे दी। श्राफ़ ने वैसा ही किया और ग्रे मार्केट में मिल्क फूड का प्रीमियम ज़बरदस्त तरीक़े से उछल गया। कुछ लोगों ने शेयरों को बेच दिया था, उनको लगा कि सूचीबद्ध होने पर भाव और अधिक उछलने पर उनकी परेशानी बढ़ जाएगी, वे भी ख़रीदी कर अपनी पोजीशन कवर करने की कोशिशों में लग गए। आशंकाओं के चलते बढ़ी ख़रीदी ने भाव को और तेज़ कर दिया।

'भारी नुक़सान से डरे बेचवालों का गुट बीएसई अध्यक्ष के पास पहुँच गया और उनसे शेयर के सूचीबद्ध होने के दिन शेयर के भाव ज़्यादा नहीं चढ़ जाएँ इसके लिए भाव की सीमा तय करने की माँग करने लगे। अध्यक्ष के ऐसा करने पर पक्षपात करने के आरोप लगना तय था। इसकी बजाय उन्होंने दूसरा रास्ता अपनाने का फ़ैसला किया। उन्होंने श्राफ़ और कुछ अन्य दलालों की मीटिंग बुलाई, जिन पर इन बेचवालों की बड़ी रक़म बकाया हो गई थी।'

'अध्यक्ष ने श्राफ़ और आईपीओ के मैनेजर से मंदड़ियों के समूह के साथ सुलह करने का आग्रह किया। श्राफ़ भड़का हुआ था। सुलह का मतलब था कि उसे अपना बड़ा मुनाफ़ा छोड़ना पड़ता, जो कि वह मानता कि हक़ से हासिल किया गया लाभ है। उसने अध्यक्ष के सामने अपनी नाखुशी ज़ाहिर कर दी। अध्यक्ष ने उसे फिर समझाया कि एक्सचेंज के अंदरूनी मामलों को शांति के साथ आपस में सुलझा लेना ज़्यादा बेहतर है।'

'आख़िर में श्राफ़ मान गया। अध्यक्ष उस समय के बहुत सम्मानित व्यक्ति थे। श्राफ़ अध्यक्ष के साथ अपने लंबे समय से चले आ रहे रिश्तों को बिगाड़ना नहीं चाहता था।'

हमारी गप्पबाजी कई बार घंटों तक चलती रहती थी। जीबी ने हमें यह भी बताया कि कैसे एमएनसी कंपनियों के शेयरों की सफलता ने शेयर बाज़ार की ओर खुदरा छोटे निवेशकों की दिलचस्पी को बढ़ाया।

'फेरा क़ानून, 1974 के तहत एमएनसी को भारतीय निवेशकों को शेयर जारी कर अपनी हिस्सेदारी 40–74 प्रतिशत तक कम करने के लिए मज़बूर किया गया। ऐसी कंपनियाँ जो यह साबित कर सकती थीं कि उनके पास ख़ास क़िस्म की टेक्नोलॉजी है उनको केवल 26 फ़ीसदी हिस्सेदारी ही बेचनी थी और निर्यात को बढ़ाने वाली कंपनियों को अपनी 49 प्रतिशत हिस्सेदारी बेचनी थी और बाक़ी को 60 प्रतिशत तक। इंदिरा गाँधी की सरकार ने दो कारणों से ये फ़ैसले किए, कम होती विदेशी मुद्रा को बचाना और विदेशी कंपनियों को भारत में निवेश के लिए आकर्षित करना।'

'इन फ़ैसलों के लागू होने तक जनता पार्टी सत्ता में आ गई। जो कंपनियाँ अपनी हिस्सेदारी कम करने और स्टॉक एक्सचेंज में सूचीबद्ध हो गईं वे भारत में कारोबार जारी रख सकीं। बाक़ी को बोरिया-बिस्तर समेट

कर देश छोड़कर जाना पड़ा। आईबीएम और कोका-कोला उन कंपनियों में थीं, जिन्होंने भारत से अपना कारोबार समेट लिया। उद्योग मंत्री जॉर्ज फ़र्नांडिस ने दोनों कंपनियों को देश से बाहर खदेड़ने में अहम भूमिका निभाई। लेकिन सच्चाई यही है कि कंपनी समझौते के अनुसार गईं।'

'अपने स्वामित्व को कम करने के लिए मज़बूर किया जाना बहुत बुरा निर्णय था। इस पर एमएनसी को जिस भाव पर अपने शेयर भारत की जनता को बेचने थे उसे तय करने की भी छूट नहीं थी। उनकी बुक वैल्यू और पिछली आमदनी के रिकॉर्ड से संबंधित फ़ॉर्मूले के आधार पर पूँजी निर्गमन नियंत्रक द्वारा यह तय की जाती थीं।'

'इसके कारण कंपनियों को अपने शेयर उनके वास्तविक मूल्य से बहुत कम दामों पर जारी करने पड़े। सीसीआई के नियम भारतीय शेयरधारकों के लिए तो बहुत अच्छे थे, लेकिन कंपनियों के साथ यह एक तरह सख़्ती थी, क्योंकि शेयर का मूल्य आगे आने वाले समय में कंपनियों की आमदनी को लेकर धारणा पर आधारित होता है ना कि उनके बीते समय के प्रदर्शन पर। वास्तव में लगभग हरेक शेयर के आईपीओ में वित्तीय संस्थानों और खुदरा निवेशकों को बहुत कम क़ीमत में शेयर दिए जाते थे। एमएनसी का नुक़सान वित्तीय संस्थानों और खुदरा निवेशकों का मुनाफ़ा होता था। मैं तो यहाँ तक कहूँगा कि इस तरह से शेयर मिलने से यूटीआई और एलआईसी को सुदृढ़ होने में मदद मिली। उनको इस तरह के इश्यू में बड़ा हिस्सा प्राप्त होता था। इसने उनके पास कम क़ीमत में बेहतरीन क़िस्म के शेयर का ख़ासा स्टॉक बन गया। इसके अलावा वे किस तरीक़े से इतने अच्छे शेयरों का स्टॉक बना सकते थे?'

'बुनियादी रूप से मज़बूत बहुत सारी कंपनियाँ हो सकती हैं, लेकिन उनके शेयरों में निवेश करके आप बहुत धन तब तक नहीं बना सकते जब तक कि आप सस्ते दामों में उनके शेयर नहीं ख़रीदते हैं। 1977 में हिंदुस्तान लीवर और रिलायंस इंडस्ट्रीज कुछ ही हफ़्तों के अंतर से अपने आईपीओ लेकर आई, जिससे देश में भागीदारी की संस्कृति को बहुत प्रोत्साहन मिला। दलालों को इसमें संदेह था कि बाज़ार में इतना धन होगा, जिससे दोनों निर्गम को ज़रूरी धनराशि प्राप्त हो जाए। लेकिन दोनों ही निर्गमों को शानदार प्रतिक्रिया मिली, जिससे सभी को हैरानी भी हुई। उन दोनों निर्गमों ने ही देश में शेयरधारकों के आधार में व्यापक विस्तार कर दिया होगा।'

'1970 के दशक के आख़िर और 1980 के दशक के आरंभ में सार्वजनिक निर्गमों से आसानी से धन कमाया जा सकता था। कोलगेट, एचएलएल, कैस्ट्रॉल, सीबा, पॉन्ड्स, फ़ाइज़र, ग्लैक्सो, बाटा, कैडबरी, रिचर्डसन हिंदुस्तान अब प्रॉक्टर ऐंड गैम्बल, अनेक चाय बागान कंपनियाँ और अन्य ने शेयरों में धन लगाने वाले निवेशकों को बहुत शानदार मुनाफ़ा दिया।'

'धीरे-धीरे ज़्यादा लोगों तक यह बात पहुँची और अधिक निवेशक आईपीओ के लिए आवेदन करने लगे। इसका नतीजा यह हुआ कि सार्वजनिक निर्गमों में जारी शेयरों से कहीं अधिक के लिए आवेदन आने लग गए। इससे अब सभी को शेयर मिलने की गारंटी नहीं रही। तब भी ज़्यादा शेयरों के लॉट के लिए आवेदन देने वालों की तुलना में कम शेयर लॉट के लिए अर्जियाँ लगाने वाले निवेशकों को प्राथमिकता दी जाती थी। इसका नतीजा यह हुआ कि छोटे निवेशक कई-कई आवेदन देने लगे, क्योंकि इससे उनको शेयर मिलने की संभावना बढ़ जाती थी। हरेक निवेशक अपने स्वयं के अलावा अपने परिजनों के नाम पर कम से कम चार से पाँच आवेदन करता था। इस उम्मीद से कि एक न एक आवेदन में तो लॉटरी खुलेगी।'

'1980 के दशक में एमएनसी के अलावा कुछ प्रतिष्ठित भारतीय कंपनियाँ भी बाज़ार में उतर गईं। इनमें हीरो होंडा, टीवीएस, अपोलो हॉस्पिटल्स और डॉ. रेड्डीज लैब शामिल थीं।'

'कंपनियों की जानकारी से जुड़ा दस्तावेज़ एक बड़े अख़बार के पूरे पेज के आकार के बराबर होता था। इसमें ज़्यादातर विवरण वैधानिक सूचनाएँ हुआ करती थीं। लाभ और नुक़सान के संबंध में एक छोटी सारणी में दी गई जानकारी आधी-अधूरी क़िस्म की होती थी। मेरा मानना है कि सूचनाओं का तो भंडार था, लेकिन इसमें महत्त्वपूर्ण या ज़रूरी जानकारी का अभाव था। कंपनियाँ कोई भी दावा कर सकती थीं और कोई भी इसकी जाँच करने वाला नहीं था।'

'इस समय लोग सार्वजनिक निर्गमों के बाज़ार में बने गुब्बारे के फटने को लेकर चिंतित हैं। लेकिन मैं कहूँगा कि हम जैसे पुराने लोगों ने 1980 के दशक के मध्य में जो पागलपन देखा है उसके सामने आज तो कुछ भी

नहीं है। राजीव गाँधी के सत्ता में आने के बाद लीजिंग कंपनी में ज़ोरदार वृद्धि हो रही थी। कई क्षेत्र आंशिक रूप से खुले थे, जिससे कार्यशील पूँजी की बहुत अधिक आवश्यकता थी। चूँकि बैंकों से सीमित वित्तीय सहायता उपलब्ध होती थी और सभी कंपनियाँ आईपीओ का रास्ता नहीं अपना सकती थीं। ऐसे में अपेक्षा की जा रही थी कि लीजिंग कंपनियाँ इस कमी को पूरा करेंगी। यह एक तरह से स्वयं की भविष्यवाणी की तरह था। कई लीजिंग कंपनियाँ पूँजी जुटाने के लिए बाज़ार में उतरना शुरू हो गईं। 60 लाख रुपए से एक करोड़ रुपए तक बाज़ार से जुटाए गए। लीजिंग कंपनियों की उछाल जल्दी ही दूसरे सेक्टरों में भी फैल गई। 11 फ़रवरी, 1986 को एक दिन में 110 आईपीओ बाज़ार में आए। मुझे नहीं लगता कि मैं अपने जीवन में दोबारा ऐसा कभी भी देख सकूँगा। कुछ ने ही अच्छा मुनाफ़ा दिया, लेकिन अधिकतर बुरी तरह से नुक़सान में रहे।'

'लोगों की याददाश्त कमज़ोर होती है। 1980 के दशक के अंत में छोटी स्टील और सीमेंट कंपनियाँ पूँजी जुटाने के लिए बाज़ार में उतरीं तो एक बार फिर लोगों ने आँखें मूँदकर पैसा लगाना शुरू कर दिया। और अब एक नई सनक चल रही थी। इतिहास कुछ भी रहा हो अब हर दो-चार साल में यह होता ही रहने वाला था। लोगों की कमज़ोर याददाश्त के कारण ही शेयर बाज़ार इतने वर्षों से चलता जा रहा है।'

जीबी के साथ चर्चा से बहुत-सी बारीकियाँ हमें समझ में आईं, लेकिन आदमी खुद करके अपने अनुभव से ही वास्तविक रूप से सीख सकता है।

भारत के बाज़ार में एफ़आईआई की गतिविधियाँ लगातार बढ़ रही थीं। अब पाँच सितारा होटलों में आकर ठहरने वाले विदेशी वित्तीय संस्थाओं के प्रबंधकों में और बढ़ोतरी हो गई थी। उनके पास दलालों के लगातार कॉल आ रहे थे और बड़ी संख्या में दलाल उनसे मिलने पहुँच रहे थे। वे उनसे मोटे कमीशन की आस में व्यवसायिक संबंध बनाना चाहते थे। प्रकाश को दलाल स्ट्रीट में चल रही ख़बरों की पूरी जानकारी रहती थी और वह मुझे भी कुछ सनसनीखेज क़िस्म की अटकलों से बाख़बर रखता था।

'लाला, फलाँ श्री एक्स की तो कई विदेशी प्रबंधकों के साथ अच्छी डील जम गई है, जानते हो क्यों?' शरारती मुस्कान के साथ वह मुझसे

पूछता था। मैंने भी कुछ किस्से सुन रखे थे और भले हर किस्सा एक जैसा भी होता था, उसके किरदार अलग होते थे।

मैं उसे उत्साहित करता था, 'अरे, वाह, बताओ, बताओ, प्रकाश क्या बात है, मैं भी तो सुनूँ।'

फिर प्रकाश कुछ ठिठोली करते हुए कहता, 'श्री एक्स विदेशी प्रबंधकों से दो सूची लेकर संपर्क करने जाते हैं, एक में निवेश के लिए कुछ आइडिया होते हैं और दूसरी में सभ्रांत वर्ग की कॉल गर्ल और बी-ग्रेड की फ़िल्म अभिनेत्रियों के नाम। अब यह बताने के लिए कोई इनाम मिलेगा यह मत सोचना कि कौन-सी सूची व्यवसायिक संबंध बनाने में मदद करती है।'

अभी उसके किस्से का क्लाइमेक्स बाक़ी था। 'लेकिन श्री एक्स कुछ भी हो श्री वाई की तुलना में तो ज़्यादा पेशेवर है, वाई तो केवल एक ही सूची के साथ विदेशी कंपनियों के प्रतिनिधियों से मिलने पहुँच जाते हैं।' हम दोनों ज़ोर का ठहाका लगाते थे।

1993-94 में क़रीब 770 कंपनियों ने आईपीओ के मार्ग से 13,000 करोड़ रुपए जुटाए। बाज़ार में कोई भी निवेश प्रस्ताव आता तो निवेशक हाथों-हाथ उसे लपकने को तैयार थे। उन्हें ना तो प्रमोटरों की प्रतिष्ठा की चिंता थी और ना ही उनके कारोबारी मॉडल को समझने की ज़रूरत। तभी एक बहुत बड़े स्तर पर गड़बड़झाला हुआ : मोर्गन स्टेनली की पहली म्युचुअल फ़ंड स्कीम भारत में शुरू हुई। अमेरिका का निवेश बैंक भारत में म्युचुअल फ़ंड शुरू करने वाली पहली विदेशी कंपनी थी। जनवरी 1994 में उसकी पहली स्कीम मोर्गन स्टेनली ग्रोथ फ़ंड थी। इसमें निवेश करने वाले अपनी रक़म 15 साल की परिपक्वता अवधि के बाद ही निकाल सकते थे। इसका प्रति यूनिट मूल्य 96 रुपए था और नियमित निवेशकों ने इसे भी सामान्य आईपीओ की तरह समझा जिसमें उनका धन दो से ढाई महीने में इसके सूचीबद्ध होने पर दोगुना या तीन गुना हो जाएगा। कम ही लोगों को ओपन-एडेंड और क्लोज़-एंडेड योजनाओं के बारे में जानकारी थी और उससे भी कहीं कम लोग नेट एसेट वैल्यू (एनएवी) और यूनिटों के संबंध में समझ रखते थे। तो स्कीम आते ही आवेदन पत्र ख़रीदने के इच्छुक निवेशकों की कतार लग गई। मोर्गन स्टेनली ने धूमधाम से घोषणा की कि 'पहले आएँ, पहले पाएँ' आधार पर यूनिट आवंटित की जाएँगी। किसी ने

भी यह पूछने की ज़हमत नहीं की कि जब देश भर से आवेदन आने हैं तो कंपनी यह कैसे तय करेगी कि किस निवेशक ने पहले आवेदन किया है। मुझे तो लगता है कि बैंक को भी इसका अंदाज़ नहीं था कि निवेशकों का ऐसा उत्साह देखने को मिलेगा, जिन्हें स्कीम के बारे में पूरी जानकारी भी नहीं थी। उनको धन दोगुना-तीन गुना करने की जल्दी थी।

कंपनी ने 300 करोड़ रुपए की पूँजी जुटाने का लक्ष्य रखा था और उसके तीन गुना से ज़्यादा 1000 करोड़ रुपए की पूँजी मिल गई।

बदक़िस्मती से मोर्गन स्टेनली फ़ंड ने कई ग़लत शेयरों पर दाँव लगा दिया और वह भी बहुत महँगी क़ीमतों पर। जब पहली एनएवी घोषित हुई तो निवेशकों की रक़म 10 प्रतिशत तक कम हो गई थी। इससे भी बुरा उनको तब लगा जब पता चला कि उनकी रक़म 15 साल के लिए इस स्कीम में फँसी रहेगी। म्युचुअल फ़ंड यूनिट की ख़रीद-फ़रोख़्त स्टॉक एक्सचेंज में हो रही थी, लेकिन उनकी क़ीमत एनएवी से भी कम थी। यह अनुभव बहुत बुरा रहा और उसके अगले कुछ साल तक 'म्युचुअल फ़ंड' के नाम से भी भारतीय निवेशक की रूह काँप उठती थी।

इसी दौरान एफ़आईआई धीरे-धीरे भारतीय शेयर बाज़ार में अपनी सक्रियता बढ़ा रहे थे। 1993-94 में एफ़आईआई ने 5000 करोड़ रुपए भारतीय शेयर बाज़ार में झोंक दिए, जिसमें से क़रीब आधे अंतिम तिमाही में आए थे। अंत में प्रतीत हुआ कि विदेशी फ़र्मों के प्रबंधकों के मुँह को दलाल स्ट्रीट के ख़ून का स्वाद भा गया और उनकी भूख बढ़ने लगी।

कई बड़ी विदेशी फ़र्मों से जिन दलालों ने अच्छे संबंध बना लिए थे उनको इसका बहुत फ़ायदा मिला। आरंभ में कई दलालों ने विदेशी फ़र्मों की क़ीमत पर अपना फ़ायदा निकाला। दलाल फ़र्म के लिए ख़रीदी, बिकवाली के ऑर्डर पूरे करने वाले दो चतुर डीलरों को मैं जानता हूँ, जो दो अलग-अलग जानी-मानी फ़र्मों के लिए काम करते थे। दोनों इस खेल में बहुत माहिर थे।

उनका काम करने का तरीक़ा साधारण था। एफ़आईआई शेयरों में एकमुश्त थोक में काम करते थे। वित्तीय संस्थानों में अपने संपर्कों के बूते पर दोनों थोक शेयरों के ऑर्डर हासिल करने में एक्सपर्ट थे। इन डीलर की ओर से एक दलाल घरेलू संस्थान से सस्ते मे शेयरों को ख़रीद लेता

था। बाद में दोनों डीलर अपने विदेशी ग्राहक के लिए इस दलाल से महँगी क़ीमत पर उन शेयरों को ख़रीद लेते थे। इसमें जो मुनाफ़ा होता था उसे दोनों डीलर और वह दलाल आपस में नक़द राशि में बाँट लेते थे। कई बार घरेलू संस्थान और विदेशी फ़र्म दोनों के अधिकारियों को इस सौदे की भीतर की पूरी जानकारी रहती थी। इसमें उनका भी हिस्सा होता था।

ऐसा नहीं था कि केवल संस्थागत दलाल ही अपने विदेशी ग्राहकों के दम पर माल कमा रहे थे। जॉबर्स भी बेहिसाब अंतर का लाभ लेकर मोटी मलाई काट रहे थे। ख़ुली बोली की व्यवस्था होने के कारण दस सबसे ज़्यादा कारोबार वाले शेयरों के अलावा दूसरे शेयर ख़रीदने की इच्छुक एफ़आईआई को उन शेयरों के लिए जॉबर्स की शर्तों को स्वीकार करने के लिए मज़बूर किया जाता था। 1994 के अंत में एनएसई द्वारा शुरू की गई इलेक्ट्रॉनिक स्क्रीन आधारित ट्रेडिंग कुछ गड़बड़ियों को तो दूर कर सकी, लेकिन सभी को नहीं।

वहीं दोनों चतुर डीलर टोपाज़ बार में नाचने वाली लड़कियों के चक्कर में पड़कर उनपर लाखों रुपए उड़ाने लगे। दोनों ही के बारे में बताया गया कि वे दोनों एक रात में अपनी पसंद की लड़की पर पाँच-पाँच लाख रुपए तक ख़र्च कर देते थे। 1990 के दशक की शुरुआत का समय था, उस समय पाँच लाख रुपए की बहुत क़ीमत थी। दोनों की इस शाह ख़र्ची की ख़बरें उनके मालिकों तक पहुँच गईं और उनको अपनी इस विलासिता पर अंकुश लगाना पड़ा। लेकिन अगले छह साल में ये पाँच लाख रुपए भी बहुत कम नज़र आने वाले थे, जब कलकत्ता के कुछ दलाल लड़कियों को लेकर पागल होंगे।

11

बदलाव की बयार

विदेशी फ़ंड कंपनियों को शुरू में भले ही ठगा गया हो, लेकिन उनके कुछ मैनेजरों ने अनैतिक रूप से दलालों के साथ मिलीभगत कर निजी तौर पर इसका पूरा फ़ायदा उठाया। विदेशी फ़ंडों के साथ काम करने के इच्छुक दलाल उनकी रात की पार्टी के लिए शराब, कबाब और शबाब हर तरह की व्यवस्था करते थे। कुछ बड़ी दलाल फ़र्में गेटवे ऑफ़ इंडिया पर एफ़आईआई ग्राहकों के लिए नियमित रूप से पार्टियाँ करती थीं। यहाँ तक कि कपड़े उतारने के फूहड़ स्ट्रिप शो भी हुआ करते थे।

बीएसई की प्रतिस्पर्धा में एनएसई के आने से कारोबार के तौर-तरीक़ों में नाटकीय बदलाव आ गया। उस समय भी देश में स्टॉक एक्सचेंजों की कमी नहीं थी, लेकिन बीएसई उनमें से सबसे बड़ा और सबसे महत्त्वपूर्ण था। उसमें सबसे ज़्यादा कंपनियाँ सूचीबद्ध थीं और अन्य एक्सचेंजों के मुक़ाबले ज़्यादा तरलता वाला था। सीएसई ज़रूर तरलता के मामले में उससे कुछ ही पीछे था। लेकिन दिल्ली स्टॉक एक्सचेंज तीसरे स्थान पर काफ़ी पीछे था।

दूरदराज़ के कस्बों में रहने वाले कई खुदरा निवेशक बीएसई पर सौदे करना पसंद करते थे, लेकिन उनको कभी सही भाव नहीं मिल पाते थे। कारण कि उनके सौदे के ऑर्डर कई छोटे-छोटे दलालों के माध्यम से होते हुए मुंबई में मुख्य दलाल तक पहुँचते थे। इस कड़ी में हर दलाल कमीशन लेता था और अंत में सौदे की कुल लागत में तीन से चार प्रतिशत या उससे भी ज़्यादा तो दलाली ही लग जाती थी। अंत में निवेशक के लिए वह सौदा शानदार साबित होता है या नहीं वह मुख्य दलाल की कुशलता और उसके

नैतिकता के साथ काम करने पर निर्भर करता था। अक्सर ख़रीदी मूल्य दिन के उच्चतम स्तर के क़रीब होता था और बिक्री मूल्य दिन के सबसे निचले भाव के आसपास होता था। दलाल ग्राहकों को संतुष्ट करने का सिरदर्द नहीं पालते थे। निवेश के इच्छुक ग्राहकों के प्रति उनका रवैया इसी तरह का था, जैसे कि 'आपकी मर्ज़ी है, हमारे साथ काम करें या नहीं करें।' इसका कारण, वे अच्छे से जानते थे कि किसी दूसरे दलाल के पास जाने पर भी उनको कोई भरोसा नहीं था कि वहाँ विश्वसनीय या बेहतर सेवा मिलने वाली है।

इसका यह अर्थ नहीं है कि बीएसई में प्रगतिशील सोच वाले पेशेवरों का नितांत अभाव था। एक्सचेंज का अध्यक्ष रहते हुए महेंद्र कंपानी ने सौदों के लेन-देन की प्रक्रिया के कंप्यूटरीकरण और खुली बोली प्रणाली को स्क्रीन आधारित बनाने के लिए बहुत कोशिश की। स्क्रीन आधारित ख़रीद-बिक्री से दलाल अपने दफ़्तरों से ही ट्रेडिंग टर्मिनल पर अपने ऑर्डर लगा सकते थे। इलेक्ट्रॉनिक ट्रेडिंग के कई लाभ थे। पहला, एक साथ बहुत अधिक निवेशकों की सिस्टम तक पहुँच होने से बाज़ार में तरलता या नक़दी बढ़ेगी। इससे स्प्रेड (ख़रीदी और बिक्री की बोलियों में अंतर) में बहुत अधिक कमी आती। उससे भी ज़्यादा महत्त्वपूर्ण यह होने वाला था कि शेयरों को वास्तविक रूप से जिस भाव पर ख़रीदा या बेचा गया उसको अब छुपाया या उसकी ग़लतबयानी नहीं की जा सकती थी।

इससे निवेशकों को तो लाभ होने वाला था, लेकिन जॉबर्स और दलालों के मुनाफ़े पर चोट होने वाली थी, जो कि नक़दी की कमी से अधिक स्प्रेड और ग़लत क़ीमतें बताकर फलते-फूलते रहे थे। वास्तव में बहुत बड़ी संख्या में जॉबर्स के सामने बेकार होने की नौबत आ गई थी। स्वाभाविक रूप से कंपानी को दलालों की लॉबी से विरोध झेलना पड़ा और यह प्रस्ताव ठंडे बस्ते में डाल दिया गया। लेकिन दलालों-जॉबर्स की लॉबी ये नहीं समझ सकी कि कंप्यूटरीकरण को रोक कर उन्होंने बीएसई के विकास में बहुत बड़ा रोड़ा अटका दिया और वास्तव में जिससे कभी भी नहीं उबर पाया। अगर बीएसई ने उस समय नई टेक्नोलॉजी को अपना लिया होता तो एनएसई को बाज़ार में अपने पाँव जमाने के लिए बहुत कड़ी मशक्कत करनी पड़ जाती। मैं यह तो नहीं कह सकता कि यदि बीएसई ने कंप्यूटरीकरण को पहले अपना लिया होता तो वह एनएसई से आगे होता,

क्योंकि एनएसई के उसकी थाली में घुसपैठ करने के बाद भी बीएसई आत्मघाती क़दम उठाना जारी रखे हुए था।

सालों बाद मैं बीएसई के बहुत अनुभवी दलाल से मिला, जो एक्सचेंज के प्रेसीडेंट भी रहे थे। उन्होंने मुझे बताया कि बीएसई की इलेक्ट्रॉनिक ट्रेडिंग योजना को कभी भी सरकार से वैसा समर्थन नहीं मिला, जैसा कि मिलना चाहिए था। बल्कि वास्तव में ऐसा प्रतीत हुआ कि सरकार में कुछ रसूखदार लोगों ने ठान लिया था कि बीएसई को किनारे लगा कर रहेंगे। मेरा मानना है, जिससे बहुत से पुराने लोग भी सहमत होंगे कि कहीं न कहीं इस बीच में दलालों की लॉबी अपने हित में बहुत अधिक ताक़तवर हो गई थी और सरकार के लिए चुनौती के रूप में देखी जाने लगी थी। यूटीआई के पूर्व चेयरमैन मनोहर फेरवानी भारतीय शेयर बाज़ार के मूल बिग बुल थे। 1980 के दशक के अंत में उन्होंने यूटीआई की सहायक फ़र्म के लिए दलाली का कार्ड लेने की कोशिश की, लेकिन उनको मना कर दिया गया। यूटीआई का दलालों के साथ बहुत ज़्यादा कारोबार था और उसे मालूम था कि कई सौदों में नियमित तौर पर उसको ठगा जा रहा है। उसके बड़े सौदों की ख़बर पहले ही बाज़ार में पहुँच जाती थी और कई सौदों में उसको संतोषजनक से भी कम क़ीमत पर मन मसोस कर रह जाना पड़ रहा था। इस समस्या से निज़ात पाने के लिए उसने अपना खुद का दलाली कार्ड बनवाने का फ़ैसला किया था, लेकिन दलाल स्ट्रीट के बड़े खिलाड़ियों ने इसमें अड़ंगे लगा दिए। एक, इससे यूटीआई के कारोबार से अपनी रोज़ी-रोटी चला रहे दलालों को भारी नुक़सान होने वाला था। दूसरा, एक बार यूटीआई को सदस्यता देने के बाद दूसरे संस्थानों को सदस्यता देने का रास्ता खुल जाता। फेरवानी इससे नाराज़ हो गए, लेकिन वह ज़्यादा कुछ कर नहीं सकते थे। कुछ अन्य संस्थानों ने भी सदस्यता के लिए आग्रह किया, लेकिन उनको भी साफ़ तौर पर मना कर दिया गया।

नए नियामक सेबी ने दलालों से शुल्क देकर पंजीकरण कराने की कोशिश की तो दलालों के साथ ही जॉबर्स ने इसका विरोध किया। उन्होंने काम बंद कर दिया, जिससे अप्रैल, 1992 में एक हफ़्ते के लिए बीएसई में काम ठप रहा।

वित्त मंत्री मनमोहन सिंह उस दौरान मुंबई आए हुए थे, वे भी आंदोलन कर रहे दलालों से मिलने बीएसई पहुँचे। मुझे कुछ दोस्तों ने बताया कि

दलालों ने उनके ख़िलाफ़ नारेबाजी कर बुरा बर्ताव किया। इससे निश्चित ही सरकार चिढ़ी होगी, जो उस समय विदेशी निवेशकों को शेयर बाज़ार में निवेश के लिए आकर्षित करने में जुटी हुई थी। देश के अग्रणी एक्सचेंज के इस तरह से सरकार को धमकाने से निवेशकों के आशंकित होकर दूर होने का ख़तरा था। इस तरह से एनएसई को शेयरों में भी कारोबार के लिए एक्सचेंज शुरू करने की अनुमति दे दी गई। इसके प्रमुख शेयरधारकों में वित्तीय संस्थान थे और मूल रूप से यह थोक क़र्ज़ की ट्रेडिंग का प्लेटफ़ॉर्म था। रातों-रात नियम बदलकर नवंबर, 1994 में इसने काम करना आरंभ कर दिया। पहले से काम कर रहे बीएसई जैसे संस्थान के पास नियमों को मानने या अप्रासंगिक हो जाने के अलावा कोई और चारा नहीं था।

हालाँकि बीएसई और एनएसई का मूल कारोबार एक ही था; शेयरों के ख़रीदार और विक्रेता को एक मंच पर लाना, लेकिन दोनों के काम करने का तरीक़ा बहुत अलग था। एनएसई ने पहले दिन से ही इलेक्ट्रॉनिक सिस्टम से कारोबार शुरू किया। बीएसई के कंप्यूटर सिस्टम को काम शुरू करने में कुछ और महीने लगने वाले थे। एनएसई ने बीएसई की तरह ही सौदों के साप्ताहिक निपटान चक्र का अनुसरण किया, लेकिन बीएसई की तरह एनएसई में सौदों को अगले महीने पर नहीं टाला जा सकता था। निपटान के दिन सौदों को ख़रीदी या बिकवाली कर उनका निपटारा करना होता था।

चालाक दलालों ने इस समस्या का भी इलाज खोज लिया था। एनएसई में बुधवार से मंगलवार का निपटान चक्र था, जबकि बीएसई में सोमवार से शुक्रवार का था। दलाल सोमवार को कारोबारी सत्र समाप्त होने के पहले या मंगलवार के सत्र के शुरू में अपनी पोजीशन एनएसई से बीएसई में बना लेते थे। वे एनएसई में अपनी बकाया की पोजीशन समाप्त कर बीएसई में समान पोजीशन बना लेते थे। बुधवार की सुबह वे बीएसई में अपनी पोजीशन बंद करके दोबारा एनएसई में नए सिरे से अपनी पोजीशन बना लेते थे। इस तरह से वे एनएसई में अपने सौदे को आगे खिसकाते रह सकते थे, भले ही एनएसई में इस तरह की व्यवस्था औपचारिक रूप से नहीं थी।

एनएसई पेशेवर व्यक्तियों से संचालित था। उसके बोर्ड में कोई भी दलाल नहीं था। इसके विपरीत बीएसई के शासी बोर्ड में दलाल भरे हुए थे और संचालन के लिए ज़िम्मेदार अधिकारी अक्सर रसूखदार दलालों के

आए दिन दख़लंदाज़ी करने की शिकायत करते रहते थे। इस सबसे अधिक बीएसई के मुक़ाबले एनएसई को पूरे देश में व्यापक पहुँच का फ़ायदा था। देश भर में उसके ग्राहक फैले हुए थे। बीएसई को मुंबई से आगे विस्तार के लिए अभी कुछ महीनों का और समय लगने वाला था। जल्दी शुरुआत से बहुत फ़र्क़ पड़ा। जब तक बीएसई ने अपना विस्तार आरंभ किया तब तक एनएसई पहले ही कई छोटे शहरों, कस्बों में अपने पाँव जमा चुका था।

एनएसई का सबसे बड़ा योगदान शेयर दलाली के उद्योग के लिए बड़े स्तर पर दलालों की एक नई पौध तैयार करना है। शुल्क जमाकर और परीक्षा देकर कोई भी एनएसई का सदस्य बन सकता था। सदस्य जब भी सदस्यता समाप्त करना चाहता था, उसे उसकी जमा राशि वापस कर दी जाती थी। बीएसई के बंद खिड़की-दरवाज़ों की संस्कृति एनएसई को लाभ पहुँचाती रही। बीएसई में सदस्यता जिसे कार्ड कहा जाता था, वह सीमित थी। जो भी सदस्यता लेना चाहता था, उसे मौजूदा सदस्य से कार्ड ख़रीदना होता था। इस व्यवस्था के कारण सदस्यता कार्ड की क़ीमत बहुत अधिक थी, क्योंकि इसको बेचने वाले बहुत कम थे। बीएसई की सदस्यता के लिए सबसे ज़्यादा मारा-मारी के दौर में आईएनजी बैरिंग्स ने चार करोड़ रुपए की भारी क़ीमत चुकाकर एक सीट ख़रीदी थी। इसके बाद कभी बीएसई कार्ड इतनी अधिक क़ीमत में फिर नहीं बिका।

बीएसई के दलालों ने सदस्यता के लिए राशि जमा कराने की पद्धति की हँसी उड़ाई। ठीक वैसे ही जैसे कलकत्ता और दिल्ली के एक्सचेंजों के दलालों ने उड़ाई थी। दलाल बनने के इच्छुक ऐसे बहुत से युवा जो बॉम्बे, कलकत्ता और दिल्ली की ताक़तवर दलाल लॉबी के कारण इस पेशे में नहीं आ पा रहे थे, एनएसई ने उनके लिए नया रास्ता खोल दिया। जहाँ तक निवेशकों का सवाल था, बड़े शहरों में वे दलालों के रहमो-करम पर आश्रित थे और उनको इसका ख़ासा लाभ मिलने वाला था।

उधर सार्वजनिक रूप से एनएसई का मज़ाक़ उड़ाने वाले बीएसई के दलाल भी गुपचुप एनएसई की सदस्यता के लिए अर्ज़ी लगा रहे थे। वे अपने को सुरक्षित रखना चाहते थे। उनको पूरा यक़ीन था कि एनएसई चल नहीं पाएगा, लेकिन अगर कहीं सही काम करने लगा तो वे उससे वंचित नहीं रह जाएँ।

इलेक्ट्रॉनिक ट्रेडिंग बहुत शानदार विचार था, लेकिन उसके संचालन में कई तरह की समस्याएँ थीं। उदाहरण के लिए यदि दलाल मुंबई में था तो उसके परिसर से एक्सचेंज के सिस्टम तक आसानी से लीज्ड लाइन डाली जा सकती थी, लेकिन देश के दूसरे भागों तक लीज्ड लाइन केबल बिछाना संभव नहीं था। एनएसई ने दूसरे राज्यों और मुंबई शहरों के दूरदराज के क्षेत्रों को अपने ट्रेडिंग सिस्टम से जोड़ने के लिए उपग्रह आधारित नेटवर्क की सेवाएँ दीं। वास्तव में एनएसई को एक स्टॉक ट्रेडिंग प्लेटफ़ॉर्म को अपने टेलीकॉम नेटवर्क से जोड़ने के लिए एक टेलीकॉम कंपनी की तरह शुरुआत करनी पड़ी थी!

शेयर भाव के पहले ही जून, 1994 में एनएसई का ऋण बाज़ार कारोबार ऑनलाइन हो गया। उसी साल नवंबर में शेयर कारोबार ऑनलाइन हो पाया। इलेक्ट्रॉनिक ट्रेडिंग आरंभ होने से ख़रीदी-बिक्री भाव का अंतर बहुत सिकुड़ गया और तरलता नाटकीय ढंग से बढ़ गई। तरलता बढ़ने से और ज़्यादा लोग बाज़ार की ओर आकर्षित हुए तथा इसके चलते बाज़ार में नक़दी और बढ़ गई। अब शेयरों के भाव ऑनलाइन सामने दिखाई देते थे और दलाल निवेशकों को बेवक़ूफ़ नहीं बना सकते थे। दलालों के लिए रोज़ाना मार्ज़िन और पोजीशन पर ली जाने वाली लिमिट से जोख़िम के प्रबंधन में मदद मिली।

एनएसई के अस्तित्व में आने से पहले तक बीएसई की क्रिसमस से लेकर नए साल के अगले दिन तक छुट्टी रहा करती थी। लेकिन अब प्रतिस्पर्धी एक्सचेंज एनएसई के हिस्से में कारोबार जाने के डर से बीएसई ने पूरे हफ़्ते की छुट्टी बंद कर दी।

स्क्रीन आधारित प्रणाली ने पूरी ट्रेडिंग की प्रक्रिया को पारदर्शी कर दिया, जिसमें किसी से भी संपर्क की ज़रूरत नहीं रह गई। अब ख़रीदार और बेचवाल का एक-दूसरे से कोई संपर्क नहीं रह गया। निवेशक नहीं जान सकते कि कौन बेचवाल है और कौन ख़रीदने वाला। जब एक्सचेंज के रिंग में ट्रेडिंग होती थी तब दलाल और जॉबर्स यह चुनाव कर सकते थे कि किसके साथ वे सौदा करना चाहते हैं, किसके साथ नहीं। बहुत सीमित बिरादरी होने के कारण हर कोई दूसरे को चेहरे और नाम से जानता था, भले ही वे उनमें व्यक्तिगत रूप से घनिष्ठता नहीं हो। दलाल संदिग्ध व्यक्ति

या जिसके बारे में मालूम होता था कि उसकी आर्थिक स्थिति डाँवाडोल है और वह वचनबद्धता का पालन करने में चूक सकता है, उसके साथ सौदा करने से बचते थे। रिंग में खुद मैं, एएस और पीएस के साथ काम करने से इस तरह से बचता था, जैसे उन्हें कोई छूत की बीमारी हो। लेकिन स्क्रीन पर आप यह नहीं कह सकते थे कि मैं उनके साथ ख़रीदी या बिकवाली का सौदा नहीं करूँगा।

बीएसई के भी इलेक्ट्रॉनिक सिस्टम पर आ जाने से जॉबर्स की आमदनी बहुत कम हो गई थी। एक समय में कुछ शेयरों में जिनको शहँशाह माना जाता था उनमें से कइयों को दलालों के यहाँ डीलर के रूप में काम करने को मज़बूर होना पड़ गया। ये जॉबर्स एनएसई और बीएसई के दो टर्मिनलों पर शेयरों के बीच के मामूली अंतर पर ख़रीद-फ़रोख्त कर मुनाफ़ा निकालने की कोशिश करने लगे। वे एक एक्सचेंज पर जहाँ शेयर के भाव कम होते थे, उसे ख़रीदते थे और तुरंत दूसरे एक्सचेंज पर जहाँ भाव कुछ पैसे ज़्यादा होते थे, उस पर बेच देते थे। इसके लिए फुर्ती, चपलता की ज़रूरत के साथ ही स्क्रीन पर निरंतर मौक़ों की तलाश करते रहना होता था। रिंग में जॉबिंग की तुलना में टर्मिनल का एक फ़ायदा यह था कि इसमें आसानी से अपनी पोजीशन पर निगाह रखी जा सकती थी। कंप्यूटर के की-बोर्ड पर एक की या माउस की क्लिक दबाते ही अंतिम सौदे तक का पूरा विवरण आपके सामने आ जाता था। लेकिन नई प्रणाली कुछ नीरस थी, रिंग वाला रोमांच नहीं था। अब आप सामने वाले की आँखों में झाँक कर उसके दिमाग़ को पढ़कर भाव नहीं बता सकते थे। और भी बुरी बात कि अब बाज़ार का कोई जानकार ऐसे आदमी से मात खा सकता था, जिसे बाज़ार की कम जानकारी हो, लेकिन वह की-बोर्ड चलाने में फुर्तीला हो।

नई प्रणाली में बहुत से जॉबर्स हाशिए पर चले गए, तो कुछ ऐसे भी थे, जिन्होंने उसे स्वीकार किया और इसमें तरक्की भी की। कहने की ज़रूरत नहीं कि मैं भी उनमें से ही एक था। इलेक्ट्रॉनिक ट्रेडिंग ने जहाँ कई शेयरों में नक़दी को बढ़ावा दिया तो इसकी कई सीमाएँ भी थीं। बड़े ऑर्डर अब भी स्क्रीन पर नहीं दिए जा सकते थे, क्योंकि यह पूरे बाज़ार को दिखाई देने के कारण इससे क़ीमतों में अचानक उतार-चढ़ाव आने की आशंका थी। बड़े लॉट की ख़रीदी के ऑर्डर से बेचवाल के ऊँचे दाम लगाने से भाव

में अचानक तेज़ी आने की आशंका पैदा हो जाती और इसी तरह से बड़े लॉट की बिक्री में ख़रीदार के भाव गिरा देने से क़ीमतों में तेज़ गिरावट का ख़तरा था।

इसमें बड़े लॉट के लिए संभावित ख़रीदार या बेचवाल से पहले से सौदा तय करने के बाद उसे स्क्रीन पर डालने में ही चतुराई है। पूरी विनम्रता के साथ कहूँगा कि यहीं पर मेरे और जीबी जैसे लोग उन लोगों पर भारी पड़ते थे जो टर्मिनल पर केवल की-बोर्ड के सहारे ट्रेडिंग में शूरवीर बनते थे।

इलेक्ट्रॉनिक ट्रेडिंग ने कुछ गड़बड़ियों को ख़त्म कर दिया। लेकिन इसने मोल-भाव में कुछ नई गड़बड़ियाँ पैदा कर दीं। कुछ दलाल मिलीभगत कर एक गुट बना लेते और किसी एक शेयर की आपस में ही ख़रीदी-बिकवाली करते, जिससे ऐसा प्रतीत हो कि उस शेयर में काफ़ी कारोबार चल रहा है। यदि पाँच दलालों ने आपस में 10,000 शेयरों का सौदा किया ऐसा प्रतीत होगा कि 2.5 लाख शेयरों का कारोबार हुआ। केवल संख्या बढ़ाने से तो उनको कुछ लाभ होने वाला नहीं था तो इस गुट का हरेक सदस्य शृंखला के अगले सदस्य को थोड़ी क़ीमत बढ़ाकर बेचता था।

इस गुट का कोई सदस्य बाज़ार में ख़बर उड़ा देता था कि बड़े निवेशकों की उस शेयर में दिलचस्पी है। फिर क्या है कुछ ही देर में खुदरा निवेशक और रोज़ाना वाले कारोबारी जल्दी पैसा बनाने के चक्कर में उस शेयर पर टूट पड़ते और जो अगले 2.5 लाख शेयरों का कारोबार होता वह वास्तविक रूप में होता था। इस रेलमपेल में गुट के दलाल अच्छा मुनाफ़ा लेकर अपनी पोजीशन निकाल कर अगला खेल करने को चल देते थे।

लाइव कारोबार के सिर्फ़ 11 महीने के समय में एनएसई रोज़ाना कारोबार में बीएसई को पछाड़कर देश का सबसे बड़ा एक्सचेंज बन गया। इतनी तेज़ी से यह सब हुआ कि एनएसई को खुद ही इस पर यक़ीन नहीं हुआ। बीएसई के पुराने नामी दलालों के अहंकार पर यह तगड़ा प्रहार था, जो कि एनएसई का मज़ाक़ उड़ाते रहते थे। जबकि वह लगातार बीएसई के समीप आ रहा था। हालाँकि उनको आर्थिक रूप से ज़्यादा नुक़सान नहीं हुआ। उनमें से ज़्यादातर ने पहले ही एनएसई की सदस्यता ने ली थी।

भारत में काम करने के इच्छुक विदेशी निवेश बैंकों की माँग के कारण 1994 से लेकर 1995 के मध्य तक बीएसई की सदस्यता कार्ड की क़ीमत

बढ़ती रही थी। एनएसई में सदस्यता बहुत सस्ती थी तब भी विदेशी फ़र्में दोनों एक्सचेंजों की सदस्य बनने को उत्सुक थीं।

विदेशी दलाल फ़र्मों के आने पर शेयरों और अर्थव्यवस्था की जानकारी रखने वाले विश्लेषकों की भी काफ़ी माँग पैदा हुई। 1994 तक संस्थागत निवेशकों को सेवाएँ दे रही कई घरेलू दलाल फ़र्मों ने सौदों के साथ ही शोध सेवाएँ देने के लिए विश्लेषकों को रखना आरंभ कर दिया था। ज़्यादातर विश्लेषक सावधिक क़र्ज़ देने वाले संस्थानों से लिए गए, जहाँ वे परियोजना विश्लेषण रिपोर्ट बनाते थे।

ये चार्टर्ड अकाउंटेंट और एमबीए थे। उनकी योग्यता को देखते हुए घरेलू दलाल फ़र्म उनको अच्छे वेतन पैकेज दे रही थीं। लेकिन रातोंरात विदेशी दलाल फ़र्मों ने इन विश्लेषकों को उनके मौजूदा वेतन से तीन से चार गुना वेतन देकर उद्योग के पूरे वेतन ढाँचे को ही उलट-पुलट कर रख दिया। यह इतना ज़्यादा था कि ज़्यादातर विश्लेषकों के लिए इसे ठुकराना मुमकिन नहीं था।

घरेलू दलाल फ़र्में इस पर बहुत भड़कीं, लेकिन मन मसोस कर रह गईं, क्योंकि वे इस मामले में विदेशी प्रतिद्वंद्वियों से मुक़ाबला नहीं कर सकती थीं। 1994 से आगे मॉर्गन स्टेनली, मेरिल लिंच, बार्क्लेज डे जोएते वेड (बीज़ेडडब्ल्यू), नैशनल वेस्टमिंस्टर (नेटवेस्ट), इंडो स्वेज़ डब्ल्यूआई कैर, होरे गोवेट, क्रेडिट ल्योनेस (बाद में सीएलएसए), एबीएन एम्रो, पेरेग्राइन, जार्डाइन फ़्लेमिंग, सोसजेन क्रॉस्बे, एचएसबीसी (लंबे समय तक बाटलीवाला ऐंड करानी के साथ साझेदारी में), आईएनजी बेरिंग्स, यूबीएस, क्रेडिट सुइस फ़र्स्ट बोस्टन, कैस्पियन, कैजेनोव वो फ़र्में थीं, जिन्होंने भारत में अपने दफ़्तर आरंभ किए। 1997 के एशियाई मौद्रिक संकट के बाद इनमें से बहुत-सी फ़र्में भारत से वापस जाने वाली थीं और 2001 में डॉटकॉम का गुब्बारा फटने के बाद कुछ और भी चली गईं।

कुछ बड़ी फ़र्मों ने भारतीय शेयर बाज़ार की दलाली के जोख़िम में उतरने का फ़ैसला किया। उनको भारत की कुछ जानी-मानी दलाल फ़र्मों ने सहारा दिया। मेरिल लिंच ने डीएस प्रभुदास को भागीदार बनाया। मोर्गन स्टेनली ने जेएम फ़ाइनेंशियल को चुना। गोल्डमैन सॅक्स और कोटक

सिक्योरिटीज़ सहयोगी बने। सभी जोड़ियाँ अगले एक दशक या उसके आसपास के समय तक टूट जाने वाली थीं।

एफ़आईआई के आगमन ने विश्व बाज़ारों में भारत के क़द को बढ़ा दिया। हालाँकि क्रम के हिसाब से यह नीचे था, लेकिन इसने दुनिया का ध्यान आकर्षित किया था। हालाँकि कारोबार की मात्रा में बहुत इज़ाफा हुआ था, जिसका श्रेय इलेक्ट्रॉनिक ट्रेडिंग को जाता था। लेकिन एफ़आईआई को विस्तृत लॉट में सौदे करने के लिए पर्याप्त तरलता का अभी भी अभाव था।

एफ़आईआई के आने से बाज़ार में वरीयता क्रम भी बदल गया था। एक समय भारतीय शेयर बाज़ार का बादशाह रहा यूनिट ट्रस्ट ऑफ़ इंडिया अब क़ीमतों या बाज़ार की धारणा को पहले की तरह प्रभावित नहीं कर सकता था। यूटीआई के मुख्यालय में घंटों कतार में लगे रहने वाले दलाल अब खेल के नए आका - एफ़आईआई की कृपा हासिल करने के लिए कड़ी मशक्कत कर रहे थे। कुछ महीनों पहले तक यूटीआई के सौदों की थाह पाने में जुटे रहने वाले दलाल और जॉबर्स अब एफ़आईआई के कारोबार में झाँकने में लगे रहते थे।

12

आसानी से दौलत बनाने का दौर

एफ़आईआई भारत में अपनी गतिविधियाँ लगातार बढ़ा रहे थे, जिससे आईपीओ बाज़ार में तेज़ी का उन्माद थमने का नाम नहीं ले रहा था। खुदरा निवेशकों में एक बार फिर से शेयर बाज़ार के प्रति प्यार उमड़ रहा था। लेकिन पूँजी जुटाने के लिए जो कंपनियाँ आ रही थीं वे अब बहुत अच्छे रिकॉर्ड वाली नहीं थीं। अस्थाई क़िस्म के व्यवसायिक बैंकों ने संदिग्ध प्रमोटरों को ऐसी योजनाओं के लिए पूँजी जुटाने में मदद की जो केवल काग़ज़ों पर ही थीं। परिणाम, इनमें से ज़्यादातर कंपनियाँ लापता हो गईं और उनके बारे में फिर किसी ने कभी नहीं सुना।

स्व-घोषित व्यवसायिक बैंक, प्रमोटरों को अपनी तरफ़ से फ़ोन करके उनसे पूछते थे कि क्या वे पूँजी जुटाने के इच्छुक हैं। व्यवसायिक बैंकर और प्रमोटर के बीच बातचीत कुछ इस तरह से होती थी :

व्यवसायिक बैंकर : सर, क्या आप 10-15 करोड़ रुपए की पूँजी बाज़ार से चाहते हैं?

प्रमोटर : नहीं, अभी तो ऐसी ज़रूरत नहीं है।

व्यवसायिक बैंकर : लेकिन बाज़ार में और ज़्यादा समय तक इतनी तेज़ी नहीं रहेगी। अभी जब पूँजी उपलब्ध है तो आपको इसका इस्तेमाल करना चाहिए।

प्रमोटर : ब्याज कितना है?

व्यवसायिक बैंकर : कुछ भी नहीं।

प्रमोटर : अच्छा, सच? लेकिन कभी न कभी तो मुझे पैसा वापस देना होगा, है कि नहीं?

व्यवसायिक बैंकर : नहीं, यही तो असली मज़ा है।

प्रमोटर (कुछ संदेह भरे स्वर में) : मतलब, मुझे पूँजी मिल जाएगी, कोई ब्याज भी नहीं देना है और मुझे पूँजी भी नहीं लौटानी है। आप यही कह रहे हैं ना?

व्यवसायिक बैंकर : जी, बिलकुल यही।

प्रमोटर : यह तो बहुत अच्छी बात है।

एक हफ़्ते से भी कम समय में महत्त्वाकांक्षी प्रोजेक्ट के दस्तावेज़ और उनके लंबे-चौड़े कपोल कल्पित अनुमान बनकर तैयार हो जाते थे और कंपनी बाज़ार में उतरने को तैयार हो जाती थी। बाज़ार से जुटाई गई पूँजी में से 15 से 20 प्रतिशत व्यवसायिक बैंकर के हिस्से में आ जाती थी।

जीबी ने एक बार मुझे एक इलेक्ट्रॉनिक सामग्री की कारोबारी फ़र्म के प्रमोटर के बारे में बताया था, जो उसका दोस्त था। 'अपने आसपास के सभी लोगों को पूँजी बाज़ार की ओर भागते हुए देखकर मेरे इस दोस्त ने भी अपनी क़िस्मत आज़माने का फ़ैसला किया। उसे व्यवसायिक बैंकर मिलने में तो कोई दिक्कत आने का सवाल ही नहीं था। उसने मेरे दोस्त को आश्वस्त किया कि उसकी कंपनी के लिए ढेरों ख़रीदार मिल जाएँगे। एक पार्टी में मेरी उससे मुलाक़ात हुई जहाँ उसने बताया कि वह कंपनी के शेयर की क़ीमत 50 रुपए रखने के बारे में सोच रही है। मैंने उससे कहा, तुम्हारा दिमाग़ ख़राब तो नहीं हो गया है। "किस आधार पर तुम 50 रुपए क़ीमत तय कर सकते हो और इतनी क़ीमत के लिए तुम्हारे पास कोई आमदनी नहीं है तो कौन इतनी क़ीमत देना चाहेगा?" बेहतर होगा इससे तिहाई दाम रखो। मैंने उसको समझाया। उसने मुझसे कहा कि वह इसके बारे में सोचेगा।

'एक हफ़्ते बाद एक जगह हम दोनों की मुलाक़ात हुई। वह मेरे पास आया और बोला : गोविंद भाई, आपने उस दिन पार्टी में मुझसे जो कुछ कहा था, मैंने उसके बारे में सोचा। और मेरे मन में आईपीओ की क़ीमत 50 रुपए रखने को लेकर सवाल चलता रहा। दो दिन पहले जब मैं नहा रहा था तो मेरे दिमाग़ में विचार आया कि मैं आईपीओ का भाव 75 रुपए

क्यों नहीं कर सकता, केवल 50 रुपए क्यों होना चाहिए? तब मैंने क़ीमत बढ़ाकर 75 रुपए कर दी।'

जीबी का दोस्त बाज़ार से 10 करोड़ रुपए जुटाने में कामयाब हो गया। आज के दौर में ज़रूर यह बहुत छोटी राशि प्रतीत हो सकती है। लेकिन उस समय यह बहुत अधिक थी। और जीबी के दोस्त के लिए तो और भी ज़्यादा थी, जिसकी सालाना मुनाफ़े के रूप में एक करोड़ रुपए से भी कम आय थी। यह रक़म निश्चित ही ऐसे कुछ लोगों के लिए बहुत अधिक है, जो अगर बुद्धिमानी से निवेश करें तो उन्हें जीवन में आगे कभी कुछ करने की ज़रूरत नहीं होगी। मैंने जीबी से जानना चाहा कि उसके उस दोस्त का बाद में क्या हुआ।

जीबी ने बताया, 'मुझे नहीं लगता कि उसने जीवन में कभी सोचा था कि इतने कम समय में उसके पास इतना बड़ा ख़ज़ाना हाथ लगेगा। उसे समझ ही नहीं आया कि इस रक़म का क्या करें। या हो सकता है कि उसने कुछ सोचा होगा। एक दिन अचानक वह ग़ायब हो गया।'

बाज़ार में चल रहे अजब-ग़ज़ब खेलों से वाकिफ़ सेबी ने तब बीच में आकर व्यवसायिक बैंकों और प्रमोटरों पर लगाम कसी। व्यवसायिक बैंकों के लिए नियम बनाए गए और जो भी कंपनियों के साथ व्यवसाय करने के इच्छुक होंगे, उनके लिए सेबी से लाइसेंस प्राप्त होना अनिवार्य किया गया। व्यवसायिक बैंकरों को उनके संसाधनों और उनकी पृष्ठभूमि को देखते हुए ग्रेड एक, दो, तीन या चार में वर्गीकृत किया गया।

खुदरा निवेशकों के लिए बाज़ार को सुरक्षित बनाने कुछ और नियम बनाए गए, जैसे कि कंपनियों के लिए सभी तथ्यों को प्रकट करना, विज्ञापन संहिता का पालन करना और वार्षिक विवरण देना ज़रूरी था। सेबी के द्वारा कंपनी के दस्तावेज़ों की जाँच की जाने लगी। पहले जन साधारण के लिए आईपीओ का 60 प्रतिशत हिस्सा रखना अनिवार्य था, जिसे घटाकर 25 प्रतिशत कर दिया गया। जब 1993 में नियमों को पहली बार लागू किया गया उस समय तक एफ़आईआई और म्युचुअल फ़ंड ने बड़े पैमाने पर निवेश की शुरुआत नहीं की थी। लेकिन आगे के वर्षों में उनका रुतबा बढ़ने के साथ खुदरा निवेशक आईपीओ बाज़ार में धीरे-धीरे गौण होते गए।

आईपीओ के प्राथमिक बाज़ार को सनकी ढंग के व्यवहार से बचाने के लिए सेबी ने कम से कम काग़ज़ों पर तो नियम क़ायदे बनाकर पर्याप्त अंकुश लगा दिए थे। मगर वास्तव में अनैतिक प्रमोटरों और उनके व्यवसायिक बैंकरों को इन नियमों को धता बताने में ज़्यादा कठिनाई नहीं आती थी। 1995 के आरंभ में एमएस शूज़ की घोर नाकामी से तो यही दिखाई दिया।

आम तौर पर आईपीओ दस्तावेज़ों को मंजूरी मिलने के बाद कंपनी को सेबी से एक पावती पत्र प्राप्त होता था तब प्रमोटर आईपीओ से मिलने वाली संभावित आय को दिखाकर अल्प अवधि का क़र्ज़ लेता था। बैंक से मिली इस रक़म का इस्तेमाल ग्रे मार्केट में क़ीमतों को बढ़ाने में किया जाता था, जिससे बाज़ार में शेयर ऊँचे प्रीमियम पर सूचीबद्ध हो। यदि कंपनी पहले से बाज़ार में है और फ़ॉलो-ऑन इश्यू लेकर आई है तो उस बैंक क़र्ज़ का इस्तेमाल शेयर बाज़ार में भाव बढ़ाने में किया जाता था।

ऐसा नहीं था कि केवल प्रमोटर और व्यवसायिक बैंकर ही लालची थे। मुंबई के एक पूर्व शेरिफ़ जिनकी समाज में बड़ी प्रतिष्ठा थी, वह भी आईपीओ ला रही कुछ कंपनियों के बोर्ड में नाम रखने के लिए पाँच लाख रुपए शेयरों के रूप में और पाँच लाख रुपए नक़द वसूल करते थे। यह सज्जन कंपनी के शेयर के बाज़ार में सूचीबद्ध होने के कुछ महीनों तक बोर्ड में रहते थे और उसके बाद किसी दूसरी कंपनी की ओर चल देते थे, जो किसी विश्वसनीय नाम की तलाश कर रही थी।

1994-95 में 1300 से ज़्यादा कंपनियों ने आईपीओ के माध्यम से 21,000 करोड़ रुपए की पूँजी जुटाई थी। यह रक़म इतनी अधिक थी कि आने वाले कई वर्षों तक कोई भी इसके आसपास नहीं पहुँच पाएगा। कुछ अच्छी कंपनियाँ भी इस हुज़ूम में शामिल थीं। हालाँकि निवेशकों को कई वर्षों के बाद उनकी असली क़ीमत समझ में आने वाली थी।

आईपीओ बाज़ार में इस उछाल से शेयर बाज़ार में भी तेज़ी आई और मेरे जैसे खिलाड़ियों को शेयर बाज़ार में और आईपीओ के ग्रे मार्केट में पैसे बनाने के रास्ते खुले थे। 1994 के मध्य सितंबर तक सेंसेक्स 4,643 की ऊँचाई पर पहुँच गया था। इस स्तर से लंबे समय के लिए इसका उतार आने वाला था। तब भी बहुत से दलाल मान कर चल रहे थे कि सेंसेक्स के अब पाँच हज़ार का स्तर छूने में कुछ ही महीने का समय बाक़ी है।

उसी साल मेरी बीना से शादी हो गई। बीना मेरे माता-पिता की खोज थी। शेयर बाज़ार में बहुत सरगर्मी का माहौल था और ऐसे में हनीमून की छुट्टी लेने की मेरी क़तई इच्छा नहीं थी। लेकिन जीबी ने मुझ पर छुट्टी लेने का दबाव डाला।

वह बहुत ख़ुशमिज़ाज दिखाई दे रहे थे, बोले, 'लाला, बाज़ार कहाँ भागा जा रहा है। बीना हमेशा यही सोचेगी कि तुम्हारा पहला प्यार शेयर बाज़ार ही है।' वह बहुत कम ही ऐसे मूड में दिखाई देते थे। मैंने उनकी सलाह मान ली।

दो हफ़्ते की छुट्टी में हमने दिल्ली और हिमाचल प्रदेश की सैर की। उसके बाद मैं काम पर वापस आ गया था। बुज़ुर्ग दलालों के तमाम तरह के संदेहों के बावजूद स्क्रीन पर शेयर की ख़रीद-फ़रोख़्त तेज़ होनी शुरू हो गई थी। शुरुआत में दूसरे अन्य कारोबारियों की तरह स्क्रीन पर सौदे डालने में मूझे मज़ा नहीं आ रहा था। मुझे लगता था, जैसे मैं कोई कंप्यूटर ऑपरेटर हूँ ना कि शेयर बाज़ार का कोई खिलाड़ी। धीरे-धीरे मैं इस मनोदशा से उबर गया और इसमें मुझे मज़ा भी आने लगा।

स्क्रीन को और क़ीमतों के उतार-चढ़ाव को निहारते रहना अपने आप में सीख देने वाला अनुभव था। मैं क़ीमतों में उतार-चढ़ाव को समझकर यह अनुमान लगाता था कि क़ीमतें किस दिशा में जा रही हैं। कुछ वर्षों में तो मैं काफ़ी हद तक सटीक तरीक़े से यह समझने लगा था कि कौन-सा ऑपरेटर क़ीमतों में जोड़तोड़ करने में लगा है। आरंभिक दिनों में तो यह समझना बहुत कठिन था कि क्या चल रहा है, क्योंकि दलालों के गुट अक्सर आपस में सौदेबाज़ी कर बाज़ार को गुमराह करने में लगे रहते थे।

अब एक ही समय शेयर के भाव छोटे निवेशकों की पहुँच में भी थे। पहले उन्हें दिन का सत्र ख़त्म होने पर भाव की जानकारी मिलती थी। इससे ट्रेडिंग का कीड़ा धीरे-धीरे छोटे निवेशकों में भी फैल गया। क़ीमतों तक आसान पहुँच के कारण कई छोटे निवेशक ट्रेडिंग रिंग के दिनों में जितनी ख़रीदी और बिकवाली करते थे, उसकी तुलना में कहीं ज़्यादा सौदे करने लग गए।

जीबी के साथ रहना भी अपने आप में एक अलग सीख देने वाला था। बहुत कठिन हालात में भी संयत बने रहने की उनकी क्षमता का मैं

कायल था और सलाह माँगने आने वालों को वे जो सांसारिक ज्ञान देते थे, वह मुझे बहुत पसंद था। एक मझोली दवा कंपनी (जो आगे चलकर इस क्षेत्र की बहुत बड़ी फ़र्म बनी) के प्रमोटर एक बार उनके पास कोई समस्या लेकर आए। वे जीबी से बोले, 'एक ऑपरेटर एक्स लगभग रोज़ाना ही मेरी कंपनी के शेयरों की बिकवाली कर रहा है।'

जीबी ने उनसे पूछा, 'क्या ऐसा कुछ है, जो उसे पता है, लेकिन बाज़ार को उसकी जानकारी नहीं है।'

जवाब में प्रमोटर ने इनकार करते हुए बताया, 'अगर आपका मतलब है कि हमारे कारोबार में या हिसाब-किताब में कुछ गड़बड़ है तो ऐसा कुछ नहीं है।'

जीबी ने प्रमोटर को समझाया, 'अगर आप चाहते हो, मैं आपकी मदद करूँ, तो एकदम साफ़-साफ़ बताएँ। तभी मैं आपको सही समाधान बता सकता हूँ। क्या आपने अपने हिस्से के बहुत ज़्यादा शेयर किसी के पास गिरवी रखे हैं?'

प्रमोटर ने कहा, 'भरोसा करें, कुछ भी ग़लत नहीं है। मैं चाहता हूँ कि आप शेयर के भाव बढ़ाने में मेरी मदद करें, जिससे मैं उसे सबक़ सिखा सकूँ।'

जीबी ने सलाह दी, 'अगर कंपनी में कुछ भी ग़लत नहीं है तो मेरी सलाह है कि आप कुछ मत करें, सब्र रखें।'

वे राज़ी नहीं थे, 'लेकिन बिना किसी कारण के मेरी कंपनी के शेयर के भाव नीचे गिर रहे हैं। मैं ऐसा नहीं होने दे सकता। मैं भाव गिरने से रोकने के लिए अपने पास से धन लगा सकता हूँ। तो मैं गिरावट को क्यों नहीं रोक सकता?'

जीबी ने कहा, 'इसलिए कि वह यही तो चाहता है। एक बार आप अपने मित्र दलालों के ज़रिए ख़रीदी कर क़ीमत को सहारा देना शुरू करेंगे, तो वह समझेगा कि आप डर गए हैं और क़ीमतों को और अधिक गिराना शुरू कर देगा। एक समय पर जब आप शेयर के भाव को टेका लगाना बंद कर देंगे तो इसे आपकी कमज़ोरी के रूप में देखा जाएगा और दूसरे मंदड़िए भी इससे आपको चुनौती देने का साहस करने लग जाएँगे। कंपनी की मज़बूती के आधार पर बाज़ार को शेयर के भाव तय करने दें। एक सीमा के

आगे वह भाव को गिराने में कामयाब नहीं हो पाएगा, क्योंकि दूसरे जानकार निवेशक कम स्तर पर आकर्षक भाव देखकर ख़रीदी शुरू कर देंगे। ऑपरेटर उसके बाद अपनी पोजीशन बंद करने को मज़बूर हो जाएगा।'

इस दलील से प्रमोटर बहुत संतुष्ट नहीं हुआ, लेकिन जीबी के प्रति सम्मान के कारण उन्होंने वही किया, जो उनको बताया गया। एक सप्ताह तक शेयर के भाव में कमज़ोरी बनी रही। लेकिन फिर परिस्थितियाँ उसी तरह से रंग लाने लगीं, जैसा कि जीबी ने अनुमान लगाया था। एक महीने से भी कम समय में भाव स्थिर हो गए और ऑपरेटर के अपनी शॉर्ट पोजीशन कवर करने के फ़ैसले के साथ ही भाव बढ़ने शुरू हो गए।

जीबी के ग्राहकों में मैंने देखा कि राधाकिशन दमानी ट्रेडिंग के मामले में सबसे अनुशासित और निवेश के मामले में सबसे अधिक संयम रखने वाले थे। प्रतिभूति घोटाले के बाद 1992 में बाज़ार में गिरावट में राधाकिशन दमानी ने बहुत मुनाफ़ा कमाया था, लेकिन उन्होंने बहुत ज़्यादा दिखावा नहीं किया। मुझे बाज़ार की ख़बरों से पता चला कि वह दिवालिया होने के क़रीब ही पहुँच गए थे और उन्हें कुछ और समय तक बाज़ार में बने रहने के लिए ब्लूचिप कंपनियों के अपने शेयरों का काफ़ी हिस्सा गिरवी रखना पड़ा था। उनका यह दाँव चल गया और उसके बाद उनको अपने पूरे जीवनकाल में कारोबार में दोबारा ऐसे हालात का सामना नहीं करना पड़ा।

राधाकिशन ने 32 साल की उम्र में कुछ देर से ही शेयर बाज़ार में प्रवेश किया। उनके पिता और भाई उसके काफ़ी समय पहले से ही शेयर दलाली के कारोबार में थे। शेयर के धंधे में क़िस्मत आज़माने से पहले उन्होंने बॉल बियरिंग में काम शुरू किया था। परिवार का दलाली का कार्ड उनके भाई गोपीकिशन एस. दमानी के नाम से था और बाज़ार में उनकी फ़र्म को जीएस के नाम से पहचाना जाता था। कई वर्ष बाद बाज़ार में अपनी पहचान क़ायम करने और नाम के स्थापित होने के बाद भी राधकिशन दमानी को बाज़ार में जीएस के नाम से ही जाना जाता रहा है।

मृदुभाषी और एकांतप्रिय राधाकिशन को कारोबार में राकेश झुनझुनवाला का साथ मिला, जो बहुत वाचाल थे और जल्दी ही आपा खो बैठते थे। वे उनसे कुछ साल बाद में कारोबार में आए थे। कई मामलों में वे एकदम अलग–अलग थे, लेकिन वे समझदारी भरे निवेश की समान

विचारधारा के थे, भले ही वे हमेशा एक ही शेयर पर दाँव ना भी लगाते हों। वास्तव में कई मौक़े आते थे कि एक ही शेयर पर उनकी राय एकदम विपरीत होती थी, लेकिन उनकी रणनीति से उनकी दोस्ती पर कोई असर नहीं होता था।

दलाल स्ट्रीट पर हर कोई सटोरिए की तरह शुरुआत करता है और उनमें से कुछ चतुर ही लंबी अवधि के निवेशक के रूप में अपने को विकसित कर आरंभिक लाभ से अपनी क़िस्मत बना लेते हैं। 1990 के दशक के मध्य तक राधकिशन दमानी-राकेश झुनझुनवाला की जोड़ी (जीएस-राकेश, जैसे कि बाज़ार में उनकी जोड़ी मशहूर थी) ट्रेडर के रूप में अपनी क़िस्मत को चमकाने के बाद इसी बदलाव की प्रक्रिया से गुज़र रहे थे।

राधाकिशन के पास मौजूद शेयरों में ज़्यादातर बहुराष्ट्रीय कंपनियों के थे। इनमें भी इंडियन शेविंग प्रोडक्ट्स लिमिटेड (आईएसपीएल, जिसका बाद में जिलेट इंडिया नाम हो गया) सबसे प्रमुख था। एमएनसी उनके साझेदार राकेश की पहली पसंद नहीं थे। उनके पास भी कुछ एमएनसी के शेयर भी होते थे, लेकिन उनके पास बहुतायत में घरेलू कंपनियों के शेयर ही होते थे। मैंने जीएस और राकेश जैसे शेयर बाज़ार के महारथियों की रणनीति को समझने की कोशिश की और उसमें कुछ अपनी बातों को शामिल कर सुधार के साथ अपनाया।

इस बीच, आईपीओ बाज़ार में धूमधाम जारी थी। फ़र्जी कंपनियाँ और उनके संदिग्ध प्रमोटर आराम से मज़े कर रहे थे। अर्थव्यवस्था की निहित ताक़त निवेशकों में यह भरोसा पैदा कर रही थी कि अभी और बेहतर होने वाला है। फ़रवरी, 1995 में निवेशकों को पहली बार बाज़ार से पूँजी जुटाने वाली कंपनियों और प्रमोटरों के संबंध में कटु सच्चाई का सामना करना पड़ा। गडबड़झाले से भरपूर एमएस शूज़ के आईपीओ ने यह उजागर कर दिया था कि प्रमोटरों और व्यवसायिक बैंकों के लिए सेबी जैसे नियामक की आँखों में धूल झोंकना कितना आसान था। इससे भी बुरा यह कि इस पूरे मामले ने इस मामले में सेबी की निगरानी और उसके भीतर भी भ्रष्टाचार की पोल खोल दी थी।

पवन सचदेवा द्वारा प्रवर्तित कंपनी एक होटल और सूत परियोजना को वित्त प्रदान करने के लिए 700 करोड़ रुपए जुटाना चाहती थी। उसने

पब्लिक इश्यू-राइट्स शेयर प्रस्ताव की मिश्रित पेशकश बाज़ार में उतारी। पब्लिक इश्यू पूरी तरह परिवर्तनीय डिबेंचर-बॉन्ड के लिए था, जिनको बाद में शेयरों में बदला जा सकता था।

एमएस शूज़ पहले से ही सूचीबद्ध था और प्रमोटर ने सहयोगी दलालों के साथ साठगाँठ कर शेयर की क़ीमतों को बढ़ाया, जिससे आईपीओ में भी अधिक प्रीमियम जोड़ा जा सके। एमएस शूज़ का शेयर जुलाई, 1994 में 268 रुपए का था, जो जनवरी, 1995 में 505 रुपए की रिकॉर्ड ऊँचाई पर पहुँच गया। इसके पीछे सचदेवा के लगाए हुए दलाल थे, जो जोड़तोड़ कर भाव को ऊपर ले जा रहे थे। जब एमएस शूज़ के शेयर के भाव टूटे तब वे दलाल जो कंपनी की ओर से ख़रीदी कर रहे थे, वे स्टॉक एक्सचेंज को भुगतान के अपने दायित्व को पूरा करने में नाकाम हो गए। बीएसई को तीन दिन के लिए बंद करना पड़ा और एक्सचेंज के अधिकारी डिफ़ाल्टर दलालों के द्वारा पैदा की गई इस अव्यवस्था को सुलझाने में जुटे। कर अधिकारियों ने सचदेवा पर छापा मारा और उसके बाद सीबीआई ने उसे गिरफ़्तार किया। एसबीआई कैप्स के दो अधिकारियों, इश्यू के व्यवसायिक बैंक और तीन वरिष्ठ सेबी अधिकारियों के ख़िलाफ़ मामला दर्ज किया गया। सरकार यह संदेश देना चाह रही थी कि प्रमोटर निवेशक बिरादरी के साथ इस तरह से छल-कपट करके बचकर नहीं जा सकते।

उसी साल जुलाई में बीएसई के दलालों के लिए एक अच्छी ख़बर आई। सेबी ने बदला कारोबार को दोबारा शुरू कर दिया। हालाँकि इसमें बदलाव कर दिया गया और इसे बीएसई के केवल ए समूह के शेयरों के लिए आरंभ किया गया था। बदला पर प्रतिबंध से बीएसई पर कारोबार की मात्रा पर बुरा असर हुआ था, हालाँकि प्राथमिक बाज़ार के उन्माद ने इसकी काफ़ी हद तक पूर्ति कर दी थी। 1995-96 में औद्योगिक उत्पादन में रिकॉर्ड 11.7 प्रतिशत और जीडीपी में 7.1 प्रतिशत की वृद्धि हुई। 1991 में बोए गए सुधारों के बीजों की अच्छी फ़सल पक कर तैयार हो रही थी और जैसा कि अच्छे समय में हमेशा होता है कि निवेशक उम्मीद करते हैं कि तेज़ी यूँ ही चलती रहे। लेकिन प्राथमिक बाज़ार भागते हुए अब धीरे-धीरे हाँफने लग गया था। हालाँकि अर्थव्यवस्था की सेहत बेहतर नज़र आ रही थी।

13

एक और बुलबुला फूटा

मुसीबत का पहला संकेत ब्याज दरों का बढ़ना था। 1990 के दशक के मध्य में 15-16 प्रतिशत की ब्याज दरें अपने आप में ही बहुत अधिक थीं। इस दर पर उधार लेने के बाद भी कंपनियाँ अच्छा मुनाफ़ा हासिल कर रही थीं और लगातार अपनी क्षमता का विस्तार करती जा रही थीं। आख़िरकार एक समय ऐसा आया, जब आपूर्ति ने माँग को पीछे कर दिया और अर्थव्यवस्था सुस्त पड़ना आरंभ हो गई। अपने हिसाब-किताब को संतुलित करने के लिए सरकार द्वारा अधिक उधार से भी ब्याज दरों में उछाल आया। इसके अतिरिक्त आंशिक रूप से सरकार में अनुशासन के लिए और कुछ अर्थव्यवस्था को ज़्यादा तेज़ होने से रोकने के लिए रिज़र्व बैंक ने मौद्रिक नीति को सख़्त कर दिया।

सत्र समाप्त होने के बाद एक दिन चाय पीते हुए जीबी ने मुझसे कहा, 'मुझे लगता है कि अब तेज़ी का दौर ख़त्म होने की ओर है, ब्याज दरों में वृद्धि शेयर बाज़ार के लिए अच्छी ख़बर नहीं है।'

मेरे चेहरे पर जिज्ञासा का भाव देखते हुए जीबी ने समझाया, 'अधिक ब्याज दर का अर्थ है कि कंपनियों को क़र्ज़ पर अधिक रक़म का भुगतान करना होगा और इससे उनका मुनाफ़ा कम होगा। आने वाले समय में कंपनियों की आमदनी कम होने के अनुमान से ही शेयर बाज़ार गिरने लगेगा। लेकिन इससे भी अहम यह है कि जब लोगों को बैठे-बिठाए बिना पसीना बहाए अपनी बैंक की सावधि जमा पर 12 प्रतिशत की आमदनी हो रही है

तो वे शेयरों में 20 से 25 प्रतिशत कमाने के लिए अपनी नींद क्यों ख़राब करेंगे जहाँ जोख़िम बहुत ज़्यादा है।'

1995-96 में 1,400 से अधिक कंपनियों ने 14,000 करोड़ रुपए से कुछ अधिक की पूँजी जुटाई। उससे एक साल पहले उन्होंने क़रीब 21,000 करोड़ रुपए जुटाए थे। आईपीओ का प्राथमिक बाज़ार छटपटा रहा था और शेयर बाज़ार उससे भी बुरी हालत में था। जब तक आईपीओ का बाज़ार अच्छा चल रहा था, उससे मिल रहे मुनाफ़े का बड़ा हिस्सा सेकंडरी यानी शेयर बाज़ार में जा रहा था। और जहाँ सेंसेक्स एक छोटे दायरे में बना हुआ था, ऐसे बहुत से इंडेक्स के बाहर के शेयर थे, जो निवेशकों के लिए अच्छी आमदनी का ज़रिया बने हुए थे। लेकिन एक बार आईपीओ बाज़ार के ठंडा होना शुरू होने पर शेयरों के सेकंडरी मार्केट में भी जल्दी ही धीमेपन के लक्षण नज़र आने लगे।

इस दौर के समाप्त होने तक ग्रे मार्केट में मेरे दाँव उल्टे पड़ गए और मैंने अच्छी ख़ासी रक़म गँवा दी। लेकिन उस समय तक शेयर बाज़ार की आमदनी ही मेरी आय का एकमात्र ज़रिया नहीं थी। शेयरों के बड़े लॉट बेचने या ख़रीदने के इच्छुक निवेशकों के लिए दूसरी पार्टी खोजने के काम में मैंने महारत हासिल कर ली थी और मुश्किल समय में मुझे इसका सहारा मिला। जैसा मैंने पहले कहा, पारदर्शिता और तरलता में सुधार के बावजूद शेयरों के बड़े लॉट की ख़रीदी या बिक्री स्क्रीन पर बटन दबाकर करना आसान नहीं था। इस तरह के सौदों के लिए पहले फ़ोन पर बातचीत करनी होती थी और उसके बाद उनको स्क्रीन पर डालना होता था।

जल्दी ही मैं संस्थानों के बीच का दलाल बन गया था या और साफ़ शब्दों में कहें तो दलालों का दलाल बन गया था। दलाल स्ट्रीट पर ऐसे लोग बहुत ज़्यादा नहीं थे। मुझे बस इतना ही करना होता था कि सौदे में दिलचस्पी रखने वाले ख़रीदार या बेचवाल की ओर संकेत करना होता था और मुझे अपने काम के लिए मामूली-सा शुल्क प्राप्त हो जाता था। इसके लिए मुझे वित्तीय संस्थानों, बड़े दलालों और बड़ी नेटवर्थ वाले व्यक्तियों (एचएनआई) से संपर्क में रहना होता था। कई बार ऐसे मौक़े आते थे जब मेरे मन में मुझे इस ख़ास सूचना, जो कि मेरे पास ही होती थी उससे अपने लिए मुनाफ़ा कमा लेने का लालच पैदा होता था। तब मुझे अपनी इच्छाशक्ति की परीक्षा से गुज़रना होता था। विदेशी दलाल फ़र्मों के

ज़्यादातर डीलरों के साथ लगातार मिलते-जुलते रहने के कारण मेरे बहुत अच्छे संबंध थे। कुछ ने मुझे मुनाफ़े में हिस्सेदारी का लालच भी दिया, लेकिन मैंने बहुत विनम्रता से मना कर दिया। मुझे नहीं पता कि कौन वास्तव में हिस्सेदारी चाहता था और कौन केवल मेरी परीक्षा लेना चाह रहा था।

मुझे मुनाफ़े का लालच देने वालों में एक पंजाबी था, जिसे मैं लकी कहूँगा। वह लगातार मुझे लालच दे रहा था। वह एक बड़ी दलाल फ़र्म के लिए काम करता था और मेरे साथ नियमित व्यवसाय कर रहा था। ऐसे में मुझे सजग रहना होता था कि कहीं उसको बुरा नहीं लग जाए।

एक बार वह बोला, 'लाला, आख़िर तुम क्या सिद्ध करना चाहते हो? कोई भी लंबे समय तक यह तनाव वाला काम नहीं कर सकता। इसलिए जब भी मौक़ा मिले पैसा बनाओ, जिससे 40 के होने तक इससे निकल जाओ।' मेरी तरह लकी ने भी बहुत नीचे से उठकर अपने दम पर दौलत कमाई थी। उसने बीमा विक्रेता के रूप में काम शुरू किया था और क़िस्मत से भटकता हुआ दलाली के धंधे में आ गया और उसने अपने को अच्छा ख़ासा जमा लिया था। वह मँजा हुआ खिलाड़ी नहीं था, लेकिन चालाक था और कुछ महत्त्वपूर्ण लोगों से अच्छे संबंधों की बदौलत उसे एक विदेशी दलाल फ़र्म में डीलर की नौकरी हासिल हो गई थी। यह फ़र्म भारतीय बाज़ार में आने वाली शुरुआती फ़र्मों में से थी।

मैंने लकी के बारे में बहुत-सी कहानियाँ सुनी थीं। उनमें से एक थी कि उसके एक ऑपरेटर से बहुत अच्छे संबंध हैं, जिसने उसकी विदेशी दलाल फ़र्म में नौकरी लगवाने में भी मदद की थी। लकी ग़ाहे-बग़ाहे बड़े सौदे के पहले ही उसे सूचना देकर अपना क़र्ज़ चुकाता रहता था।

मोटे-ताज़े और आनंदित रहने वाले लकी के विचार भी उसके व्यवहार की तरह ही सांसारिक थे। एक बार वह मुझसे बोला, 'भगवान की मर्ज़ी थी कि मैं ख़ूब दौलत कमाऊँ और जीवन में मज़े करूँ। तभी उन्होंने मुझे शेयर बाज़ार की राह दिखाई। मेरी तो इस धंधे में आने में कोई रुचि नहीं थी।'

मुझे लकी की पिंग्लिश (पंजाबी टोन के साथ अँग्रेज़ी बोलने का अंदाज़) बहुत मज़ेदार लगती थी और शराब के दो-चार पैग लेने के बाद तो और भी ज़्यादा। वह कहता था, 'यहाँ हर कोई किसी न किसी तरीक़े से

लूट में लगा है, अंतर इतना है कि कई बहुत शराफ़त भरे अंदाज़ से अंजाम दे रहे हैं।' लकी को अपनी सीमाओं की जानकारी थी। शायद यही कारण था कि वह जिस तरीक़े से काम कर रहा था उस पर ही ध्यान केंद्रित करता था। किस्से सुनाने में वह उस्ताद था और इस धंधे में आरंभ के संघर्ष भरे दिनों के उसके किस्सों में मुझे बहुत आनंद आता था।

'...तो एक सरकारी बीमा कंपनी में एक बुज़ुर्ग फ़ंड मैनेजर था। पता नहीं क्यों वह मुझे पंसद करने लगा था और अक्सर कभी-कभी मुझे बुलाकर ऑर्डर देता था। उसने मेरी पहली नौकरी को चलाने में बहुत मदद की। लेकिन उदारता की क़ीमत तो चुकानी ही पड़ती है, हालाँकि दूसरी फ़र्मों में इस तरह के अफ़सरों की तुलना में यह लाख दर्ज़े बेहतर था। तो मैंने उसकी मेहरबानियों के बदले एक दिन उसे एक शानदार बेड कवर देने का तय किया। मेरा एक दोस्त यही काम करता था। मैंने उसके यहाँ से शानदार कपड़े पर ख़ूबसूरत कढ़ाई वाला बेड कवर 1500 रुपए में ख़रीदा। उसको देखने से उसकी क़ीमत जायज मालूम होती थी। शुरू में तो वह महाशय मेरा तोहफ़ा लेने से मना करने लगे। कंपनी के नियमों की दुहाई देने लगे। लेकिन जब मैंने बेड कवर खोलकर उनको दिखाया तो डिज़ाइन और बनावट देखकर उनका मन भी मोहित हो गया।'

'तब भी वह बोलते रहे कि उनके उसूल दलालों से महँगे तोहफ़े लेने की इज़ाज़त नहीं देते। मैंने उनसे झूठ बोल दिया, ''यह बिलकुल भी महँगा नहीं है। मेरा एक दोस्त कुछ हल्के स्तर की चीजों का निर्यात करता है, मैंने उससे ख़रीदा है, केवल 600 रुपए का है। सर, महँगा नहीं है।'' मैंने उन्हें समझाया। उन्होंने तोहफ़ा स्वीकार कर लिया और मैं भी ख़ुश था कि उनको पसंद आ गया। लेकिन मेरी ख़ुशी अगले दिन मुसीबत बन गई। उस अफ़सर का फ़ोन आया और वह बोला कि उनकी पत्नी को वह बेड कवर इतना पसंद आया कि वह अपने माता-पिता और संबंधियों को इसी प्रकार के बेड कवर उपहार में देना चाहती है, जो अगले हफ़्ते उनके घर पर आ रहे हैं।'

'उन्होंने मुझसे पूछा, ''लकी, क्या तुम मेरे लिए ऐसे तीन बेड कवर ला दोगे? मैं तुम्हें कल ही उनका भुगतान कर दूँगा।'' मैं अपने ही जाल में फँस गया था। मैं उनको असली क़ीमत बता नहीं सकता था। मैंने तीन और बेड कवर का इंतज़ाम किया। उसने 1,800 रुपए कभी नहीं दिए। मैंने अपने आप को समझाया कि यह एक अच्छा निवेश था। मैंने सोचा कि बाद

में मुझे उस अफ़सर से कुछ अच्छे ऑर्डर प्राप्त होंगे। लेकिन ऐसा भी नहीं हुआ। अगले साल उसने मुझे बताया कि उसका कोई संबंधी एलआईसी एजेंट है और उसका सालाना लक्ष्य कुछ कम पड़ रहा है। फिर मुझसे पूछा, ''क्या तुम्हारा बीमा हो गया है?'' मैंने कहा, ''अब तक तो नहीं हुआ है।'' उसने मुझे बीमा कराने की सलाह दे डाली। और मुझसे पूछे बिना, उसने अपने संबंधी को फ़ोन कर कहा कि उसके लिए एक ग्राहक मिल गया है। मुझे समझ आ गया कि मुझे उसके संबंधी से बीमा पॉलिसी लेनी होगी। चाहे पसंद हो या नहीं। इन दो घटनाओं ने मुझे सबक़ सिखा दिया कि दुनिया में कुछ भी मुफ़्त में नहीं मिलता, और अगर मिलता भी है तो कम से कम दलाल स्ट्रीट में तो नहीं ही मिलता।'

ऐसा नहीं था कि बाज़ार में बड़े विदेशी फ़ंड क्या कर रहे हैं, मेरी इसमें कोई दिलचस्पी नहीं थी। लेकिन मेरा मानना था कि मुझ पर भरोसा करके जिन सौदों की जानकारी मुझे दी जा रही है, उस सूचना का लाभ उठाने के लिए मेरा उनमें सौदा करना धोखेबाज़ी करना होता। विदेशी दलाल फ़र्मों में डीलरों से मेरे अच्छे संबंध थे और विदेशी फ़ंड के सौदों के संबंध में मुझे अच्छी जानकारी रहती थी। समय-समय पर डीलर मुझे अपने बड़े ऑर्डर के बारे में बताते रहते थे, जिससे उनके अहम को संतोष मिलता था।

एफ़आईआई के ख़रीदी और बिकवाली के ऑर्डर का लॉट बहुत बड़ा होता था, जिससे शेयरों के दामों में बड़ा उतार-चढ़ाव आता था। उस समय तक ऑपरेटर अहम फ़ंड प्रबंधकों के साथ घुल-मिल गए थे और विदेशी दलाल फ़र्मों में डीलरों तथा विक्रय प्रतिनिधियों के बीच भी उनके दोस्त बन गए थे। ऑपरेटरों के लिए यह बहुत ज़रूरी था कि उनके पास सूचना पहुँचती रहे कि विदेशी फ़ंड क्या योजना बना रहे हैं, क्योंकि उनके बड़े सौदे शेयरों के भावों को किसी भी दिशा में पलट सकते थे। आम तौर पर शिकारी क़िस्म के ऑपरेटरों को बड़े सौदों की गंध आ ही जाती थी और वे उसमें से अपना मुनाफ़े की जुगाड़ कर लेते थे।

विदेशी दलाल फ़र्मों के डीलरों के साथ नियमित संपर्क से बाज़ार में अहम सौदों के बारे में आइडिया तो हो जाता था, लेकिन तब भी पूरी तसवीर साफ़ नहीं होती थी। किसी एक फ़र्म से किसी शेयर की बड़ी बिकवाली के ऑर्डर के बारे में हो सकता है कि आपको जानकारी मिल

जाए, लेकिन हो सकता है कि उसी शेयर को कोई दूसरी फ़र्म ख़रीदने के लिए बड़ा ऑर्डर लगा रही हो। ऐसे में यदि आपके पास केवल बिकवाली के ऑर्डर की जानकारी है और आप उसके आधार पर उस शेयर को अल्पावधि के लिए बेच रहे हैं तो हो सकता है कि जब दूसरी फ़र्म उसी शेयर के लिए ख़रीदी का ऑर्डर दे, तो आपको मज़बूरन अपनी शॉर्ट पोजीशन को कवर करना पड़ जाए।

मैंने नियम बनाया था कि जहाँ मुझे ख़रीदार या बेचवाल का पता लगाने का काम सौंपा गया है उसमें सौदा करके मुनाफ़ा कमाने की कोशिश नहीं करूँगा। जीबी से एक बार मैंने पूछा था कि बाज़ार में बहुत अधिक पैसा बनाने की क्या क़ीमत अदा करनी होती है।

मुझे उनका जवाब हमेशा याद रहता है। उन्होंने कहा था : 'हुनर, सामान्य सूझबूझ, सब्र, भीतरी सूचना और सबसे अहम...' वह कुछ रुके थे और अँगुली से अपने माथे पर एक गोल चक्र बनाते हुए बोले थे, 'क़िस्मत ...पैसा आना तुम्हारी क़िस्मत में होना चाहिए।'

'यह कुछ इस तरह से है हो सकता है कि... आप किसी बहुत बड़े ऑपरेटर की गोद में बैठे हों और वह हो सकता है कि अपने से पहले आपके सौदे को स्क्रीन पर डाल दे। लेकिन उसी क्षण में अगर बाज़ार में कोई आपदा आ जाए तो ऑपरेटर की उदारता के बावजूद आपको सौदे में नुक़सान होना तय है।'

दलाल फ़र्मों ने ग्राहकों के ऑर्डर लीक नहीं होने के लिए बहुत तगड़ी निगरानी व्यवस्थाएँ की थीं। जिस कमरे से सौदों, लेन-देन के बारे में बातचीत होती थी, वहाँ सभी फ़ोन लाइन रिकॉर्ड की जाती थीं, क्योंकि करोड़ों रुपए क़ीमत के शेयरों की ख़रीद-फ़रोख़्त फ़ोन पर मौखिक आधार पर ही होती थी। डीलिंग रूम में मोबाइल पर बात करने की मनाही थी। तब भी इंसान की चालाकियों के आगे मज़बूत से मज़बूत सुरक्षा प्रणाली भी नाकाम हो जाती है।

इलेक्ट्रॉनिक ट्रेडिंग के पहले के दौर में भी बड़े दलालों और बाज़ार के ऑपरेटरों के पास कई फ़ोन कनेक्शन हुआ करते थे। मोबाइल फ़ोन के आने के बाद भी इन फ़ोन लाइनों की ज़रूरत बनी रही। वास्तव में गोपनीय सूचना आधारित ट्रेडिंग के लिए कई फ़ोन लाइन का होना सुविधाजनक था।

संस्थानों की ज़्यादातर गतिविधियाँ रिलायंस, स्टेट बैंक, टाटा मोटर्स, टाटा स्टील, आईटीसी और कुछ अन्य जैसे कोई एक दर्ज़न मुख्य शेयरों में ही होती थी, चूँकि इन शेयरों में तरलता ज़्यादा रहती है। हरेक टेलीफ़ोन लाइन एक किसी ख़ास शेयर के लिए नियत कर दी गई थी। यदि कोई डीलर किसी एक ख़ास शेयर के ऑर्डर के बारे में कोई सूचना देना चाहता था तो वह उस शेयर के ख़ास नंबर को डायल करता था, कुछ देर घंटी जाने का इंतज़ार करता था और उसके बाद फ़ोन काट देता था। कोई बातचीत नहीं होती थी। दो घंटी का अर्थ होता था, ख़रीदी का ऑर्डर और चार घंटी का मतलब था, बिकवाली का ऑर्डर। या इसका विपरीत भी हो सकता था। फिर पहले से तय अंतराल के बाद उसी फ़ोन पर ख़रीदे या बेचे जाने वाले शेयरों की मात्रा का संकेत देने के लिए घंटी देने का एक और दौर होता था।

लेकिन एक सीमा के बाद यह व्यवस्था बहुत भरोसेमंद नहीं थी। इसलिए ऑपरेटर और डीलर/फ़ंड प्रबंधक ने सामान्य बातचीत के जरिए सूचना देने के लिए कोड वर्ड बना लिए थे।

एक ट्रेडर था, जिसे उसके दोस्त और उसके सहयोगी टायसन कहकर बुलाते थे। वह हट्टे-कट्टे शरीर और चेहरे से भी चैम्पियन मुक्केबाज टायसन की तरह दिखाई देता था। टायसन के विदेशी दलाल फ़र्मों में ज़्यादातर डीलर से बहुत अच्छे संबंध थे। वे अपने सौदों को अंजाम देने से पहले उसको उनकी जानकारी दे देते थे। टायसन उन शेयरों में अपने और अपने ख़बरचियों के लिए ख़रीदी या बिकवाली कर लेता था। वह बाद में नक़द में उनको मुनाफ़े का हिस्सा दे देता था। कोड भाषा बहुत सामान्य होती थी और यदि किसी डीलर पर सूचना लीक करने का संदेह भी हो तो क़ानूनन उसे साबित करना बहुत कठिन था।

टायसन प्रकाश का अच्छा दोस्त था। प्रकाश की जगह वह आम तौर पर सौदे भी करता था। चूँकि वह प्रकाश का क़रीबी था, मेरी भी उससे अच्छी पटती थी। एक दिन मैं प्रकाश के दफ़्तर में था तभी टायसन भी वहाँ पहुँचा और बोला कि उसे शेयरों के बड़े लॉट की ख़रीदी करनी है। प्रकाश ने पूछा कौन-से शेयर में उसे ख़रीदी करनी है।

उसने बताया, 'मुझे दस मिनट में इसकी जानकारी मिल जाएगी।'

दस मिनट बाद उसके मोबाइल पर कॉल आया। कोई चंद मिनटों में उसकी बात हो गई।

'साढ़े तीन से चार बजे के बीच, है ना? ठीक है, माइकेल को बोल देना, मैं ठीक तय समय पर उससे काग़ज़ात लेने पहुँच जाऊँगा। मान लो अगर मैं नहीं पहुँच पाया तो वह कब देगा? ठीक है, कल पाँच बजे, है ना? बहुत अच्छा।'

फ़ोन पर बातचीत पूरी होते ही टायसन ने सत्यम कंप्यूटर सर्विसेज के 50,000 शेयरों की ख़रीद का ऑर्डर दे दिया। आधे घंटे से भी कम समय में सत्यम का शेयर दस रुपए बढ़ गया। टायसन ने तुरंत ही शेयरों को बेच दिया। निसंदेह टायसन को ऑर्डर लगाने से पहले मोबाइल पर बातचीत में संकेत प्राप्त हो गया था।

मुझे मालूम था कि जवाब नहीं मिलने वाला था, फिर भी मैंने उससे पूछा, 'तो माइकेल और काग़ज़ात का क्या हुआ?' हम दोनों की काफ़ी अच्छी बनती थी, इसलिए मैंने बिना झिझक के उससे पूछ लिया था। वह कुछ बोला नहीं, बस मुझे आँख मार दी। कुछ दिन बाद हम लोग शाम के वक्त शराब पीते हुए गप्पें मार रहे थे। उसी दौरान उसने मुझे कोड बताया।

'मैंने जो समय बताया था, वह उस शेयर के बीएसई के कोड के अंतिम तीन अंक थे। जो उस दिन सत्यम कंप्यूटर था। उसका कोड 376 है। 350 और 400 के बीच का अंक। मेरे एक डीलर दोस्त ने मुझे बीती शाम ही बताया था कि उसे सत्यम का एक बड़ा ऑर्डर मिलने वाला है।

'उसे जब ऑर्डर मिल गया तो उसने माइकेल पेपर लेने के लिए आएगा, इतना कहकर फ़ोन पर पुष्टि कर दी। माइकेल से यहाँ पर मतलब विदेशी फ़ंड फ़र्म से है। यदि ख़रीदार कोई घरेलू म्यूचुअल फ़ंड होता तो कोड गोपाल होता। मैंने बातों ही बातों में आर्डर कितने शेयरों का है, इसके लिए कोड के बारे में पूछा। तो टायसन ने बताया, यदि मैं आज नहीं ले पाया तो फिर कब, तो मुझे सूचना दी गई कि पाँच बजे जिसका अर्थ था, पाँच लाख शेयर। यदि हम बिकवाली के ऑर्डर की बात कर रहे होते तो वह मुझसे कहता कि आकर माइकेल से काग़ज़ात ले जाऊँ।

'यह तो साफ़ ही है कि हम हर बार एक ही संदेश का इस्तेमाल नहीं कर सकते। कई बार हम बातचीत में अपने साझा दोस्तों के नाम पर चर्चा

करते हैं। हरेक नाम किसी ख़ास शेयर के लिए कोड होता है। शेयरों की संख्या हफ़्ते के दिन या साल के महीने के रूप में बताई जाती है। ''मैं अगले बुधवार को रोहन से मिलूँगा,'' का अर्थ है कि डीलर के पास किसी ख़ास कंपनी के चार लाख शेयरों की ख़रीदी का ऑर्डर है। यदि वह कहता है कि वह अगले बुधवार को रोहन से नहीं मिल पाएगा। तो इसका मतलब है कि उसके पास चार लाख शेयरों की बिकवाली का ऑर्डर है।'

'कई बार किसी फ़िल्म के नाम पर कोड हो सकता है, जिसमें उसके किरदारों के नाम को ख़ास कंपनी के शेयर के नाम का कोड तय कर देते हैं। यदि डीलर कहता है कि उसे फलां किरदार का काम बहुत पसंद आया तो इसका मतलब उस स्टॉक को ख़रीदना है और यदि वह कहता है कि उस किरदार का काम निराशाजनक है तो इसका मतलब कि बिकवाली का ऑर्डर है। कई बार हम लोकल ट्रेन के समय या क्रिकेट मैच पर बातचीत से कोड बनाते हैं। बातचीत को सुन रहे व्यक्ति को ज़रा भी संदेह नहीं हो पाता कि हम असल में शेयरों और ग्राहकों के ऑर्डरों के बारे में बातचीत कर रहे हैं।' टायसन ने बताया।

यह जानना कोई मुश्किल नहीं है कि कौन से डीलर या फ़ंड प्रबंधक रिश्वत ले रहे हैं या ग़लत तरीक़े से फ़ायदा उठा रहे हैं। दुनिया बहुत छोटी है और कोई भी बात घूम-फिर कर चारों ओर पहुँच जाती है। इसके अलावा कभी न कभी, कहीं न कहीं, उनकी जीवनशैली में भी यह प्रदर्शित हो जाता है। किसी एक अच्छे दिन आप एक घंटे में दो-चार लाख रुपए आसानी से कमा सकते हैं। और यदि साल में इसी तरह से कुछ अच्छे महीने भी आ गए तो आप अपना बाक़ी पूरा जीवन मज़े से बिताने के लिए अच्छी ख़ासी दौलत जमा कर सकते हैं।

मैं सूचना का जो चैनल बनाना चाहता था, वो कुछ अलग था। कहना चाहिए कि वह बहुत महत्त्वाकांक्षी था। मान लें कि मैं बड़ी दलाल फ़र्म के क़रीब एक दर्ज़न डीलरों से बातचीत करता हूँ तो ज़्यादातर अहम सौदों के बारे में मुझे जानकारी मिल जाएगी। कई बार डीलर यदि अगले दिन के लिए उनके ऑर्डर लंबित होते थे तो सूचनाओं को उजागर नहीं करते थे। और ग्राहक का नाम तो मुश्किल से ही पता चल पाता था, जो कि मेरे लिए ज़्यादा महत्त्वपूर्ण था, क्योंकि ख़रीदार की पृष्ठभूमि शेयर के

अल्पावधि के रुझान को प्रभावित करती है। बड़ी फ़ंड फ़र्म कम प्रसिद्ध फ़र्मों के मुक़ाबले अपने शेयरों को लंबे समय तक रखते थे। छोटी फ़र्में मामूली मुनाफ़ा कमाकर ही ख़ुश हो जाती थीं।

मैं एक ऐसी प्रणाली की खोज में था, जिससे मैं कम से कम लोगों से बात करके अधिकतम सूचना प्राप्त कर लेता। जल्दी ही मुझे समाधान मिल गया।

हरेक निवेशक संस्थान के पास एक कस्टोडियन होता था, जो उनके शेयरों और भुगतान के काम को सँभालता था। दिन के कारोबारी सत्र के समाप्त होने पर दलाल फ़र्म अपने ग्राहकों के सौदों के विवरण के अनुबंध नोट उनके कस्टोडियन को भेजती थी। यदि वह ख़रीदी ऑर्डर होता था तो कस्टोडियन स्टॉक एक्सचेंज के क्लियरिंग हाउस को धनराशि जारी करता था और यदि वह बिकवाली ऑर्डर होता था तो वह शेयरों की डिलीवरी जारी करता था।

दलाल फ़र्म का चपरासी यह अनुबंध नोट कस्टोडियन के यहाँ जाकर दिया करता था। कुछ ट्रेडरों ने बड़ी दलाल फ़र्मों के चपरासियों को रिश्वत देकर मिला लिया था। वे अनुबंध नोट कस्टोडियन तक पहुँचाने के पहले उनको दिखा दिया करते थे। कई बार वे इन नोट की फ़ोटो कॉपी कर लेते थे और उनको ट्रेडर को दे दिया करते थे। लेकिन इस प्रणाली की अपनी जटिलताएँ थीं। दलाल फ़र्में हमेशा अपने अनुबंध नोट एक ही चपरासी के ज़रिए नहीं भेजा करती थीं। फ़र्मों के सभी चपरासियों को साध के रखना संभव नहीं था।

इस समस्या का भी समाधान था। सभी कस्टोडियन से एफ़आईआई की गतिविधियों के आंकड़े अंत में सेबी को भेजने होते थे। यदि मैं एफ़आईआई विभाग में किसी कर्मचारी से दोस्ती कर लेता तो सभी अहम सौदों की जानकारी मेरे पास आसानी से उपलब्ध हो जाती। मुझे इसमें क़रीब तीन महीने लग गए। मैं अपने दोस्तों के दोस्तों के नेटवर्क के ज़रिए आख़िरकार उस अहम विभाग में एक छोटे कर्मचारी तक पैठ बनाने में कामयाब हो गया। मैं बहुत ख़ुश था, मुझे लग रहा था कि अब मैं बड़ी दौड़ का हिस्सा बनने के लिए तैयार था, क्योंकि अब जो आंकड़े मुझे उपलब्ध होने वाले थे, वे किसी और को उपलब्ध नहीं हो सकते थे।

सेबी के रिकॉर्ड में यह उल्लेख नहीं होता था कि सौदा 'ख़रीदी' का है या 'बिकवाली' का। इसकी बजाय उसमें ख़रीदी के लिए '1' और बिकवाली के लिए '2' लिखा होता था। बाज़ार की भाषा में कुछ महीनों के बाद इनको 1-2 आंकड़े बोला जाएगा। एफ़आईआई की गतिविधियों के सभी आंकड़ों में ये सबसे ज़्यादा महत्त्वपूर्ण थे।

मैं उस अधिकारी को इन सूचनाओं को मुहैया कराने के लिए हर महीने पाँच हज़ार रुपए देता था। मैंने मन ही मन में उसका नाम 'चूहा' रखा था, क्योंकि जब भी मैं किसी जानकारी की माँग करता था, वह सूचनाओं को खोद कर निकाल लाते थे। हमारे बीच सहमति हुई थी कि वह ख़ास-ख़ास सौदों के बारे में और कुछ जानकारी जो मैं चाहूँगा वो मुझे देंगे। मैं किसी को भी यह नहीं बताऊँगा कि मुझे यह जानकारी कौन दे रहा है। यहाँ तक कि जीबी या प्रकाश को भी नहीं, जो मेरे सबसे भरोसेमंद थे।

एक दिन लकी ने मुझे कहीं शाम को साथ बैठकर शराब पीने की दावत दी। उसने कहा, ताड़देव पर वाइट हाउस में मिलते हैं। मैं राज़ी हो गया। सबसे ज़्यादा मुझे उस जगह को लेकर दिलचस्पी थी। मैंने अपने कारोबारी साथियों से उस स्थान के बारे में बहुत कुछ सुन रखा था।

वहाँ धुँधली रोशनी थी, लेकिन शाम के उस वक्त में बहुत ज़्यादा भीड़ नहीं थी। हम डांस फ़्लोर के क़रीब की टेबल पर बैठे थे। कुछ बहुत अधिक कपड़े और भारी श्रृंगार से सजी-धजी लड़कियाँ 1980 के दशक के हिट गानों पर झूम रही थीं। लकी ने पैग का ऑर्डर दे दिया था और डांसर लड़कियों पर लुटाने के लिए कुछ छुट्टे नोट करा लिए। वहाँ कुछ लोगों ने मेरी ओर देखा, शायद वे मेरे बारे में अंदाज़ लगाने की कोशिश कर रहे थे। इसे कपोल-कल्पना कहें या मेरी कुछ घबराहट, लेकिन मुझे लग रहा था कि हर कोई मुझे घूर रहा है। मैं पहले भी कई मर्तबा बार में जा चुका था, लेकिन यह पहली बार था, जब मैं एक डांस बार में गया था।

एक व्यक्ति मेरी ओर देख रहा था और मुझे लगा कि यह मार्केट ऑपरेटर है, जिससे मिलने के लिए लकी मुझे बार-बार तंग कर रहा था। लेकिन मैं उससे मिलने को उत्सुक नहीं था। हालाँकि बाद में यह मेरी कोरी कल्पना ही निकली, क्योंकि वह कोई और शख़्स था। पता नहीं क्यों,

अचानक मेरे भीतर यह डर समा गया था कि लकी बाद में मुझे ब्लैकमेल करने के लिए यहाँ लेकर आया था। मुझे याद आया कि किस तरह से वह मुझ पर अपने गुट में शामिल होने के लिए दबाव बना रहा था। मैं हर बार उसको मना कर देता था।

कुछ महीने पहले हम लोग साथ में बैठकर शराब पी रहे थे। दो-तीन पैग के बाद वह मेरे गले में हाथ डालकर बोला, 'लाला, तुम मेरे सच्चे दोस्त हो... यदि कोई तुमसे पंगा लेने की कोशिश भी करे तो मेरे को बताना। मैं उसको ठीक कर दूँगा।'

मैंने पूछा, 'कैसे? क्या उसको मारोगे?'

हँसते हुए वह बोला, 'नहीं, पीटने पर तो थोड़ी देर दर्द होगा। मेरे पास और तगड़ा इलाज है। मैं ऐसे लोगों को जानता हूँ, जो उस आदमी की औरतों के साथ नंगी फ़ोटो खींच लेंगे। उसके बाद देखना, फिर कैसे हमेशा वह हमारी अँगुलियों पर नाचेगा।' उसकी हँसी कुछ ख़तरनाक क़िस्म की थी, जिससे मेरे पेट में एक मरोड़ सी उठी। मुझे संदेह था कि वह जो कह रहा था ऐसा करता भी होगा। लेकिन पूरी तरह से ख़ारिज भी नहीं कर सकता था। बाज़ार में कई रसूखदार और ऊँचे लोगों से उसके संबंध थे।

अभी उसके साथ बैठे हुए मुझे संदेह हो रहा था कि हो सकता है लकी मुझे इसी योजना के तहत लेकर आया हो। वह मेरा दोस्त था, लेकिन कुछ महीनों में उसे ज़्यादा बेहतर तरीक़े से जानने का मौक़ा मिला तो मुझे यही समझ आया कि वह बहुत निर्मम क़िस्म का इंसान था।

मैंने लकी से कहा, 'यहाँ से हम किसी और जगह चलते हैं।'

वह हैरान हुआ, 'अरे, इतनी जल्दी, अभी तो हम यहाँ आए हैं?'

मैंने ज़ोर दिया तो वह मान गया, 'ठीक है... लेकिन हम पहले कुछ मज़े तो कर लें।'

कुछ असहजता के साथ मैं अपनी जगह पर ही पहलू बदलने लगा।

उसने मुझे डांस फ़्लोर पर कुछ लड़कियों के बारे में बताना शुरू किया। 'वो जो गुलाबी ड्रेस में है, एक सम्मानित कारोबारी उस पर फ़िदा है। लेकिन सेक्स करने में उसके साथ समस्या है। औरतों से ज़्यादा उसको पैसा प्यारा है। किसी ने उसको इस लड़की से मिलवा दिया और तब से वह

नियमित यहाँ आता है।' फिर कुटिल मुस्कान के साथ बोला, '...लेकिन मैं यह नहीं बताऊँगा कि वह कोराबारी कौन है?'

मैं जानना भी नहीं चाहता था। मैं उस समय बस उस जगह से भागने को बेताब हो रहा था।

मेरे चेहरे पर उदासीनता के भाव पढ़ते हुए लकी ने कहा, 'मैं तुमको एक ऐसी चीज़ से मिलवाता हूँ कि तुम्हारे दिमाग़ के तोते उड़ जाएँगे।' फिर वह एक लड़की की ओर पलटा, 'पायल, यह मेरा दोस्त है, लाला।'

उस लड़की ने प्यारी-सी मुस्कान के साथ कहा, 'हेलो।'

मुझे अहसास हुआ कि उस लड़की में कुछ ख़ास बात थी। वह चालू क़िस्म की लड़की तो नहीं लग रही थी।

लकी ने उससे कहा, 'मेरा दोस्त कुछ शर्मीला है, इसको थोड़ा माहौल के रंग में तो लाओ।'

'ज़रूर', कहते हुए वह डांस फ़्लोर पर पहुँची और बज रहे गाने की धुन पर झूमना शुरू कर दिया। मैंने बहुत कोशिश की उसकी ओर नहीं देखूँ। लेकिन जब कुछ नज़रें चुराकर मैंने देखा तो वह मुझे बहुत मादक निगाहों से देख रही थी।

नोटों का एक बंडल मुझे थमाते हुए लकी बोला, 'इसे हाथ में लो और अँगुली से कैरम बोर्ड के स्ट्राइकर की तरह उस लड़की की ओर फेंको जिसे तुम चाहते हो। अगर तुम चाहते हो तो सीधे जाकर उस लड़की पर नोट बरसा दो, जो तुम्हारे मन को भा रही हो।'

मैंने उससे कहा, 'मैं ऐसे ही ठीक हूँ। मेरी ओर से तुम ही क्यों नहीं फेंक देते।'

तब तक हमारे पैग बनकर आ गए थे। डांस फ़्लोर से नज़रें हटाकर इधर-उधर देखते हुए मैंने एक-दो घूँट लिए।

चंद मिनट के बाद लकी ने मेरी कोहनी पर धक्का मारते हुए कहा, 'देखो, पायल दूसरी ड्रेस पहन रही है, इतनी ज़हमत उठा रही है... तुम्हारी ख़ातिर वह कपड़े बदल रही है... तुमने ज़रूर उस पर कोई जादू किया है... थोड़ी-थोड़ी देर में बहुत क़ातिल निगाहों से तुम्हें देख रही है... लेकिन तुम को क्या हुआ है? तुम उसको नज़रअंदाज़ कर रहे हो।'

अब की बार मैंने कुछ सख़्त लहज़ा अपनाया, 'देखो लकी, मैं बस इस जगह से भागना चाहता हूँ।'

कुछ देर वह मुझे घूरता रहा और फिर बोला, 'ठीक है, चलो। लेकिन यह पैग तो ख़त्म कर लें।'

मैंने कुछ संदेह से पूछा, 'पक्का।'

वह बोला, 'अरे बाबा, पक्का वादा।'

मैंने कुछ घूँट में ही ग्लास ख़ाली कर दिया और उठने को हुआ, 'लो, मैंने ख़त्म कर दिया, चलो, अब चलते हैं।'

लक्की हक्का-बक्का था, 'तुम सच में बहुत हड़बड़ी कर रहे हो थोड़ा सब्र करो, मैं भी तो ख़त्म कर दूँ।' उसे दस मिनट और लगे।

हम जाने के लिए उठने लगे तभी एक (पुरानी और कहना होगा कि चुकी हुई) डांस गर्ल जो अब एक वेटर की तरह काम कर रही थी, हमारे पास आई और लकी से इनाम की माँग करने लगी। उसने कुछ अनमनेपन के साथ उसे पचास रुपए थमा दिए। मैंने मन ही मन में सोचा कि यह सच में बहुत कम था। वह खड़ी रही, उसने अपने हाथ में नोट को देखा और फिर लकी की ओर। इस उम्मीद से कि वह कुछ और दयाभाव दिखाएगा। अनदेखा कर लकी आगे बढ़ने लगा तब उस औरत ने कहा, यह बहुत कम है। इससे वह भड़क गया और मेरी ओर देखते हुए बोला, 'साली... यह कहती है कि इनाम बहुत कम है।' फिर उसकी ओर घूमकर कुछ ऊँची आवाज़ में चीख़ते हुए कहा, 'मैं अपने बॉस से कहता रहता हूँ कि मेरी पगार बहुत कम है... लेकिन वह हरामी मना कर देता है, कहता है कि वह अपने कर्मचारी को उसकी क़ाबिलियत के हिसाब से ही वेतन देता है। मैं तुमको तुम्हारी बख़्रत से ज़्यादा क्यों दूँ?' मैं लकी के इस ग़ैर-ज़रूरी गुस्से को देखकर हैरान था। मैंने उसको कभी इस तरह नहीं देखा था। इससे मैं उसे लेकर और चौकन्ना हो गया। वह उस औरत को भले ज़्यादा पैसे नहीं देता, लेकिन उसकी बेइज़्ज़ती करने की भी कोई ज़रूरत नहीं थी।

आख़िर हम उस जगह से बाहर आ रहे थे। मैं इससे बहुत ख़ुश था, लेकिन लकी को कोई जल्दी नहीं थी।

उसने नया राग छेड़ दिया, 'जाने से पहले तुमको मुज़रा दिखाता हूँ। बहुत ही शानदार जगह है। तुम वहाँ मौजूद लोगों को देखकर हैरान रह

जाओगे।' मैंने विरोध किया, आज हम बहुत कुछ पहले ही देख चुके थे। लेकिन लकी अड़ा रहा, 'ऐसे डरपोक मत बनो। तुम इस तरह से बहुत परेशान कर चुके हो। मैंने तुम्हें ऐसी लड़की से मिलवाया, जो बाज़ार की बड़ी-बड़ी हस्तियों को ठुकरा चुकी है, और तुम बेवकूफ़ की तरह हरकत कर रहे हो... चलो अच्छा छोड़ो। अब तुम मेरे साथ आओ!' जैसे मुझे आदेश देते हुए बोला।

एक सँकरे गलियारे से मुज़रा हॉल की ओर बढ़ते हुए मेरे दिमाग़ में तुरंत कौंधा, अरे, यह तो उसी तरह की जगह है। अब यह मुझे गलियारे से लगे किसी कमरे में धक्का दे सकता है और कुछ औरतें मेरे ज़िस्म से कपड़े हटाकर मुझे नंगा कर जबरन बिस्तर पर लिटा देंगी, ऐसी हालत में हम लोगों के फ़ोटो खींच लिए जाएँगे और फिर उन फ़ोटो से मुझे उम्र भर ब्लैकमेल किया जाएगा।

अंततः हम मुज़रा हॉल पहुँचे। दरवाज़े पर ही गार्ड ने बता दिया कि उस दिन कोई शो नहीं था। उस शाम को विश्व कप का मैच था। उसने कहा, 'हर कोई विश्व कप मैच देखने में व्यस्त है। पिछले कुछ दिनों से धंधा, ठंडा रहा है।' मैंने राहत की साँस ली। आख़िरकार हम उमस भरी उस रात में वहाँ से बाहर निकले।

हम टहलते हुए जा रहे थे, तभी लकी बोला, 'तुमने तो मुझे हैरान कर दिया। मैंने सोचा था तुम भी किसी आम कारोबारी की तरह हो, कभी-कभार थोड़ा मौज़-मस्ती कर ली।'

मैंने उससे कहा, 'लकी मैं कोई संत नहीं हूँ। लेकिन पहली बार यौन संबंध बनाने के बाद से ही मैंने औरतों के मामले में एक नियम बना लिया है : मैं अपना शिकार मारकर ही खाऊँगा। वेश्याएँ मुझे आकर्षित नहीं करतीं।'

मैंने लकी से पूछ लिया, 'क्या डांस बार में तुम्हें मज़ा आता है।'

लकी बोला, 'सच कहूँ तो नहीं। लेकिन बिना चाहे भी मैं ऐसी कुछ जगहों पर नियमित ही आता हूँ। जब हमारे विदेशी फ़ंड प्रबंधक आया करते थे तो मेरे बॉस मुझसे कहते थे, उनको मुंबई की कुछ रौनक, चहल-पहल वाली जगहों की सैर कराके लाओ। ज़्यादातर फ़ंड प्रबंधक इसके लिए बेताब रहते थे। विदेशी फ़ंड कंपनियों के साथ व्यवसाय के लिए हमें फ़ंड

प्रबंधकों को ख़ुश रखना था। ऐसे धंधे में जहाँ किसी फ़र्म के पास कुछ अनोखा नहीं है, वे किसी एक ख़ास फ़र्म को ऑर्डर क्यों देंगे?'

मैंने प्रण किया कि ऐसी जगह पर दोबारा नहीं जाऊँगा और लकी के साथ तो बिलकुल नहीं। लेकिन कुछ ही हफ़्तों बाद उसने मुझसे वाइट हाउस चलने को कहा तो मैं थोड़ा ना-नुकर के बाद तैयार हो गया।

उसने कुछ नाराज़गी दिखाते हुए कहा, 'पिछली बार की तरह नाटक मत करना। और मैं तुमको साफ़ कह रहा हूँ – ऐसा लगता है कि पायल तुम्हें पसंद करने लगी है। पिछले हफ़्ते मैं वहाँ गया था तो तुम्हारे बारे में पूछ रही थी। मैंने उससे वादा किया कि अगली बार तुम्हें साथ लेकर आऊँगा। इस बार तुम कोई गड़बड़ी मत करना। उसकी बेइज़्ज़ती नहीं होनी चाहिए।'

मैंने कहा, 'ये गप्पें मुझे मत सुनाओ। इसे फ़ंड प्रबंधकों के लिए रखो।' हालाँकि मेरे मन में लड्डू फूटने लगे कि जो कुछ लकी कह रहा है, काश वह सच हो। मैं लकी के सामने यह स्वीकार करने को क़तई तैयार नहीं था, लेकिन कहीं न कहीं उस एक मुलाक़ात में पायल का जादू मुझ पर चल गया था। मैं उसकी उन क़ातिल निगाहों के बारे में सोचता रहता था, जिससे वह मुझे लगातार उस दिन देखती जा रही थी। तब तक जब तक कि कोई बीच में नहीं जा जाए। वास्तव में तो मैं वाइट हाउस जाने के लिए कोई बहाना तलाश रहा था और लकी के आमंत्रण पर गदगद हो गया।

संक्षेप में कहूँ तो मैं वहाँ दो-चार बार और गया। उस समय वाइट हाउस में पायल सबसे आकर्षक और सेक्सी थी और उसकी एक निगाह पाने के लिए बहुत से दावेदार थे। उसके बाद भी उसने मुझे अपनी निगाहे करम के लिए चुना। इस बात से कहीं ज़्यादा दौलतमंद और रसूखदार लोग मुझसे बहुत कुढ़े। उनमें 45 की उम्र के आसपास का एक बेहूदा कारोबारी था, जो उडिपी होटल की श्रृंखला का मालिक था और एक हीरा व्यवसायी था, जिसके अंडरवर्ल्ड से संपर्क थे। वे उसे महँगे तोहफ़े देते थे। तब भी जब मैं वहाँ पर होता था तो वह किसी और की तरफ़ देखती भी नहीं थी।

होटल मालिक मुझ पर इस क़दर नाराज़ था कि एक बार तो उसने खुलेआम मुझे धमकी दी।

मैं उस दिन वाइट हाउस में था, पायल का जन्म दिन था। उसने अपने डांस के बाद मुझे संदेश भेजा कि मैं उसके कमरे में आ जाऊँ। वहाँ उसे कुछ

उसके सहयोगियों के साथ केक काटना था। उस शाम वहाँ मौजूद बहुत से लोगों में उसने केवल मुझे ही आमंत्रित किया। और यह कुछ इस तरह से किया कि सभी को इसके बारे में पता भी चल गया था।

मैंने सोचा मुझे पायल से प्यार हो गया है और महसूस किया कि उसके मन में भी मेरे प्रति प्यार ना सही, एक अलग अहसास है। लेकिन मेरा यह मुग़ालता कुछ महीनों के बाद ही दूर हो गया। लकी से मुझे पता चला कि वह उस होटल वाले और हीरा व्यवसायी के साथ मौज़ कर रही है। उसने खुले तौर पर मेरे साथ इस तरह पींगें बढ़ाने का नाटक किया, जिससे उन दोनों के सामने थोड़ा और अपनी क़ीमत बढ़ा सके और वे उस पर और ज़्यादा धनवर्षा करें। बाज़ार की भाषा में कहें तो वह उनकी बोली को बढ़ाने के लिए मुझे चारे की तरह इस्तेमाल कर रही थी। इस अनुभव ने भावनात्मक रूप से मुझे बहुत आहत किया और मेरा काम भी प्रभावित हुआ। वैसे भी 1996 शेयर बाज़ार के लिए बहुत कठोर रहा था। अर्थव्यवस्था धीमी हो रही थी, महत्त्वाकांक्षी क्षमता विस्तार की शुरुआत करने के बाद कंपनियों के बीच फिर संघर्ष करने की नौबत आ गई थी और आईपीओ बाज़ार गहरी नींद में डूब गया था।

14

बदलाव की आँधी

शेयरों के काग़ज़ी सर्टिफ़िकेट से इलेक्ट्रॉनिक रूप लेने की शुरुआत जिसे डिमेटेरियलाइजेशन या संक्षेप में डीमेट कहा जाता है, ने भारतीय बाज़ार को हमेशा के लिए बदल दिया। और यह उसी तरह से बेहतर बदलाव था, जिस तरह से इलेक्ट्रॉनिक ट्रेडिंग। यह दुनिया के बाज़ारों से प्रतिस्पर्धा में, कंपनियों और दलालों की धोखाधड़ी ख़त्म करने, स्टॉक एक्सचेंजों के क्लीयरिंग हाउस की दक्षता को बढ़ाने, दलाली की दरें कम करने और अधिक एफ़आईआई को आकर्षित करने में भारतीय बाज़ारों के लिए सहायक होने वाला था।

कई एफ़आईआई भारत में जाली शेयर काग़ज़ात की समस्या के कारण निवेश के अनिच्छुक थे। जाली शेयर दस्तावेज़ों के लिए कंपनियाँ भी उतनी ही दोषी थीं, जितने दलाल और बाज़ार के दूसरे अन्य किरदार। काग़ज़ी शेयर सर्टिफ़िकेट में विशिष्ट संख्या होती थी। कंपनियाँ कुछ शेयर वित्तीय संस्थानों के पास गिरवी रखकर उनके एवज़ में क़र्ज़ लेती थीं। उसके बाद वे उसी संख्या के साथ और शेयर सर्टिफ़िकेट छपवा लेती थीं और अपने किसी मित्र दलाल या अपने ही स्वामित्व वाली गोपनीय कंपनियों के माध्यम से उनको बाज़ार में उतार देती थीं। वह ऐसा सुरक्षित ढंग से कर सकती थीं, क्योंकि उनको पता होता था कि मूल शेयर तब तक वित्तीय संस्थान के पास सुरक्षित हैं, जब तक कि उसे ब्याज का भुगतान में कोई चूक नहीं होती है।

जाली शेयर सर्टिफ़िकेट से बाज़ार को छलने वालों को निराशा हुई कि डीमेट शेयर में किसी तरह की कोई विशिष्ट संख्या या अलग पहचान नहीं थी। वास्तव में शेयरों को डीमेट करने की प्रक्रिया के दौरान ही जाली सर्टिफ़िकेट के कई मामले सामने आए। डीमेट नहीं होने पर लंबे समय तक इसी तरह से फर्जीवाड़ा चलता रहता और कोई पकड़ नहीं पाता। कई कंपनियों के बाज़ार में इतने अधिक शेयर सर्टिफ़िकेट थे, जितने उसने जारी नहीं किए थे। डीमेट की प्रक्रिया ने निपटान के जोख़िम को कम किया और निपटान चक्र को भी घटा दिया। दोनों ही क्लियरिंग और निपटान प्रणाली के अद्यतन बने रहने के लिए महत्त्वपूर्ण हैं।

सेबी ने 1996 में एक और बड़ा सुधार किया। स्टॉक एक्सचेंजों के क्लियरिंग हाउसों की स्थापना कराना और गारंटी फ़ंडों की ट्रेडिंग। सौदे में किसी पक्ष के दायित्व में चूक करने पर क्लियरिंग कॉरपोरेशन भुगतान को सुनिश्चित करेगा और बाद में चूककर्ता से देनदारी की वसूली करेगा।

अब शेयरों की ख़रीदी और बिक्री इतनी आसानी से होने लगी, जिसका नतीजा हुआ कि कारोबार लगातार बढ़ना जारी रहा। इसका दूसरा पहलू यह था कि छोटे निवेशक जो पहले लंबी अवधि के लिए शेयरों को ख़रीद कर निवेश किया करते थे, इसकी बजाय उनमें सट्टेबाजी की प्रवृत्ति बढ़नी शुरू हो गई। वे साप्ताहिक निपटान के चक्र के भीतर ही ख़रीद कर बेच देते और मामूली लाभ से ही संतुष्ट हो जाते। इसमें उनको नुक़सान भी होता। सट्टेबाजी नशे की तरह होता है, इसकी लत पड़ जाती है। भले ही छोटे खुदरा निवेशकों को निरंतर रूप से बहुत कम मुनाफ़ा हो रहा था, लेकिन फ़ायदे वाला सौदा उनके मन में बड़े लाभ की उम्मीद जगाता रहता और उसकी आस में वे घाटा सहते चले जाते थे।

इसका नतीजा यह हुआ कि वास्तव में किसी एक से दूसरे निवेशक के पास जाने वाले यानी डिलीवरी शेयरों का प्रतिशत कारोबार में बहुत गिर गया। बहुत अधिक ट्रेडिंग पर लगाम लगाने के लिए सेबी ने रोज़ाना मार्जिन की शुरुआत की और दलालों के लिए दिन में ख़रीद-फ़रोख़्त इंट्रा डे की सीमा तय की। किसी एक ख़ास शेयर में दलाल की पोजीशन के लिए भी एक सीमा थी। ऐसा किसी एक दलाल को किसी कम कारोबार वाले शेयर में जोड़तोड़ करना कठिन बनाने के लिए किया गया था।

दलालों के लिए मार्जिन राशि ग्राहकों से लेने की अनिवार्यता के बावजूद इस नियम को सख़्ती से लागू नहीं किया गया। दलाल जानते थे कि यदि मार्जिन पर ज़ोर दिया तो ग्राहक मार्जिन की ज़रूरत के नियम का पालन नहीं करने वाले दूसरे प्रतिद्वंद्वी दलाल के पास चले जाएँगे। कई दलालों ने ग्राहकों के भुगतान में चूकने के कारण 1992 में भारी नुक़सान उठाया था। इसके बाद भी ग्राहकों को खोने के डर से दलालों ने ग़लती को दोहराया, बल्कि आगे भी ग़लती करते गए, जिसका ख़ामियाजा उन्हें 2001 और उसके बाद 2008 की गिरावट में भुगतना पड़ा।

कंप्यूटरीकरण से स्टॉक एक्सचेंजों के लिए दलालों की पोजीशन की निगरानी करना और लक्ष्मणरेखा लाँघ रहे दलालों पर लगाम लगाना आसान हो गया। दलाल बिरादरी और फ़र्में इन प्रतिबंधों पर भड़कीं तो बहुत, लेकिन वे ज़्यादा कुछ कर नहीं सकती थीं। भारतीय बाज़ार यदि अंतरराष्ट्रीय स्तर पर सर्वश्रेष्ठ बाज़ारों में शामिल होना चाहते थे तो उनके सामने दुनिया की सबसे अच्छी प्रणालियों को अपनाने के अलावा और कोई चारा नहीं था। सरकार ने लगातार सेबी को और अधिकार प्रदान किए, जिससे वह बाज़ार में निवेश की सुरक्षा और ईमानदारी को सुनिश्चित कर सके। इससे दुनिया के निवेशकों में भारत का आकर्षण बढ़ा।

सेबी ने देखा कि किस आसानी से संदिग्ध कंपनियाँ बाज़ार से पूँजी जुटाकर निवेशकों को चूना लगा रही हैं। इसे देखते हुए आईपीओ बाज़ार के लिए भी नियमों को सख़्त बनाया। इससे कंपनियों के द्वारा प्राथमिक बाज़ार यानी आईपीओ से जुटाई जाने वाली धनराशि में गिरावट हुई।

कुल मिलाकर 1996 धन कमाने के लिहाज़ से बहुत मुश्किल साल रहा। अर्थव्यवस्था की सुस्ती के अलावा अप्रैल-मई में आम चुनाव के बाद राजनीतिक अस्थिरता ने माहौल में और निराशा पैदा कर दी थी। काँग्रेस पार्टी चुनाव हार गई। उसे केवल 140 सीटें मिलीं, जो कि उसके इतिहास में सबसे कम थीं। 161 सीटों के साथ भाजपा सबसे बड़ी पार्टी बनकर सामने आई और उसकी सरकार बनी। लेकिन विश्वास मत जीतने के लिए साधारण बहुमत जुटाने में नाकाम रहने के कारण 13 दिन के भीतर उसे हटना पड़ गया।

मुझे पूरी जानकारी थी कि एफ़आईआई क्या कर रही थीं। माउस मुझे ज़रूरी सूचनाएँ लाकर दे रहा था। लेकिन इनसे बहुत मदद नहीं मिल सकी, क्योंकि क़ीमतें अक्सर मेरे अनुमान से विपरीत भाग रही थीं। कुछ मौक़ों पर मैंने अच्छा पैसा कमाया, लेकिन तुरंत ही उससे कहीं ज़्यादा अगले ही हफ़्ते गँवा दिया। सत्र समाप्त होने के बाद एक दिन बातचीत में जीबी ने मुझे और प्रकाश को सलाह दी, 'अब तुम दोनों को लंबे समय के अपने निवेश के लिए शेयर ख़रीदकर रखने चाहिए। सट्टेबाजी शुरुआत में पूँजी बनाने का अच्छा तरीक़ा है, लेकिन सिर्फ़ ट्रेडिंग के भरोसे पर बुढ़ापे के लिए रक़म जमा नहीं कर सकते।'

मैंने दलील दी, 'वैसे तो निवेश भी सट्टेबाजी है, है ना? केवल यह है कि इसमें आप ज़्यादा समय सीमा रखते हैं।'

जीबी ने मुस्कराकर कहा, 'लाला, तुम सही कह रहे हो, लेकिन पैसे कमाने में कठिनाई बहुत अधिक है, केवल इसलिए कि भाव से क़ीमतों के कुछ रुपए ऊपर-नीचे जाने पर अपनी पोजीशन निकालने के दबाव में तुम नहीं रहोगे। ज़्यादातर लंबी अवधि का निवेश बहुत अच्छा रहता है।'

दिलीप सुन रहा था, वह बोला, 'लेकिन बाज़ार तो बहुत ख़तरनाक हो गया है। ऐसा लगता है कि अभी तो और ख़राब ही होने वाला है।'

जीबी ने जवाब दिया, 'बाज़ार में कुछ नियम स्थापित हैं और बदलते नहीं। और इसमें एक है कि कोई भी यह नहीं बता सकता कि बाज़ार का शिखर आ गया है या कि यहाँ से बाज़ार अब नीचे नहीं जाएगा। इसके अलावा अच्छी कमाई करने के लिए ख़रीदी सस्ते भाव पर करने की ज़रूरत है। और आप ऐसा कब कर सकते हो? केवल तभी जब चारों ओर निराशा का माहौल हो। क्या यह लंबी अवधि की ख़रीदी के लिए सही समय है? मैं सच में नहीं जानता। हो सकता है कि बाज़ार में कुछ और गिरावट हो, लेकिन आज की क़ीमतों में ख़रीदने पर लाभ की संभाव्यता कितनी है? तो मैं कहूँगा, बहुत अधिक।'

जीबी की बात में दम था। लेकिन मैं कंपनियों के कारोबार या उनके बही-लेखा गणित की उतनी समझ नहीं रखता था। और सही कहूँ तो कोई भी भविष्य में संभावित विजेता कंपनी की पहचान करने में महारत का दावा नहीं कर सकता। लोग नपा-तुला दाँव खेलते हैं और कुछ में उनको मुनाफ़ा

होता है। मैंने लंबी अवधि के निवेश की ख़रीदी के शेयरों के संबंध में जीबी की राय ली। वे भी कोई विशेषज्ञ नहीं थे और ना ही ऐसा कोई उनको मुग़ालता था। लेकिन बड़े खिलाड़ियों के लिए सौदे करते-करते उनको कंपनियों के बारे में अच्छी समझ थी।

कभी-कभार वे अपना ज्ञान स्वेच्छा से बाँटा करते थे। हालाँकि वे यह नहीं कहते थे कि यह उनके अपने विचार हैं, लेकिन वे उसके लिए किसी के नाम को श्रेय भी नहीं देते थे। और मैं अपने चेहरे को सामान्य रखते हुए उनको छेड़ता था।

ऐसी ही एक चर्चा ख़त्म होने पर मैंने पूछा, 'क्या नेमिशभाई सोचते हैं, ऐसा हो सकता है?'

जीबी ने लपक कर जवाब दिया, 'कौन कहता है कि नेमिशभाई ने यह कहा।'

फिर कुछ चिढ़कर बोले, 'मैंने सोचा हमेशा कुछ भी मान कर मत चलो... मेरे भी तो कुछ अपने विचार हो सकते हैं।'

1997 की शुरुआत कुछ भरोसा पैदा करने वाली रही।

बजट से उम्मीदों में बाज़ार चढ़ता चला जा रहा था।

वित्त मंत्री पलानीअप्पन चिदंबरम का पहले पूरे वर्ष का बजट बाज़ार की उम्मीदों से भी बढ़कर था। सर्वाधिक व्यक्तिगत आयकर और घरेलू कंपनियों के लिए कॉरपोरेट टैक्स में कटौती कर दी गई। आईटी क्षेत्र को बड़ा प्रोत्साहन देते हुए निर्यात लाभ को न्यूनतम वैकल्पिक कर से छूट दी गई। सूचीबद्ध कंपनियों में एफ़आईआई की निवेश सीमा बढ़ाई गई और शेयरधारकों का लाभांश करमुक्त कर दिया गया। बजट ने सार्वजनिक क्षेत्र के उद्यमों पीएसयू में विनिवेश के पहले दौर की बुनियाद रख दी और शेयरों की पुनर्ख़रीद को कुछ शर्तों के अधीन सैद्धांतिक स्वीकृति प्रदान कर दी। अधिकतम सीमा शुल्क दर के साथ ही व्यापक रूप से आयात में भी शुल्क की दरों को घटाया गया। मीडिया, उद्योग और शेयर बाज़ार बजट से भौंचक्के रह गए जिसे 'ड्रीम बजट' बताया गया।

लेकिन खुशियाँ मनाने में जल्दबाजी हो गई। 30 मार्च, रविवार के दिन काँग्रेस पार्टी ने बिना किसी चेतावनी के यूनाइटेड फ्रंट सरकार से समर्थन वापस ले लिया। काँग्रेस और यूनाइटेड फ्रंट के बीच तनाव तो कुछ समय

से बढ़ रहा था, लेकिन किसी ने भी यह नहीं सोचा था कि इतनी जल्दी ऐसी नौबत आ जाएगी।

बाज़ार में अवैध ख़रीद-फ़रोख़्त करने वाले कर्ब डीलर या जिन्हें डिब्बा ट्रेडर भी कहते हैं, कोलकाता और मुंबई में उनके फ़ोन लगातार बज रहे थे। डरे हुए शेयर ट्रेडर अपने ख़रीदे हुए शेयरों की बिकवाली के लिए लगातार उनको फ़ोन कर रहे थे। बाज़ार के समय के बाद भी उनके साथ सौदा किया जा सकता था और अगली सुबह स्टॉक एक्सचेंज के टर्मिनल पर विवरण दर्ज़ कर उस सौदे को वैधानिक रूप दिया जा सकता था। आशान्वित बजट के बाद ज़्यादातर ऑपरेटर बाज़ार को लेकर तेज़ी की धारणा रखते थे और उन्होंने बड़ी ख़रीदी की पोजीशन बना रखी थी। एक महीने के भीतर यह दूसरा मौक़ा था, जब मैं फिर से धारा के विपरीत था।

हालाँकि मंदड़ियों की क़िस्मत एक ही दिन चली। सोमवार को बाज़ार खुला तो सेंसेक्स 300 अंक टूट गया। लेकिन काँग्रेस के इंद्र कुमार गुजराल को प्रधानमंत्री बनाने पर यूनाइटेड फ़्रंट को समर्थन जारी रखने के लिए मान जाने पर कुछ ही हफ़्तों में बाज़ार में तेज़ी लौट आई।

भले ही सेंसेक्स और निफ़्टी ने तेज़ी के साथ वापसी कर ली हो, लेकिन सोमवार को उस अचानक गिरावट में जिन कारोबारियों ने अपनी पूँजी गँवाई उनको इसकी भरपाई करने में बहुत समय लग गया।

15

भँवर में फँसी दुनिया

थाईलैंड के अपनी करंसी को सट्टेबाज़ी के हमलों से बचाने की कोशिश में मई में दक्षिण पूर्व एशिया में संकट गहराना शुरू हो गया था। थाई कंपनियों ने डॉलर में भारी क़र्ज़ ले रखा था और अर्थव्यवस्था के सुस्त हो जाने के कारण ब्याज के भुगतान में उनको परेशानी आ रही थी। एक हफ़्ते के भीतर यह संक्रमण मलेशिया, फ़िलीपींस और इंडोनेशिया में फैल गया और तीनों देशों को अपनी-अपनी करंसी का अवमूल्यन करना पड़ गया। पूरे दक्षिण पूर्व एशिया में करंसी और शेयर बाज़ारों में कोहराम मचा हुआ था।

पड़ोस में तूफ़ान उठने के बावजूद भारतीय बाज़ारों में अजीब-सी शांति छाई हुई थी। वास्तव में सेंसेक्स तो जुलाई में थोड़ा ऊपर भी रहा जब थाईलैंड, मलेशिया, फ़िलीपींस और इंडोनेशिया अपनी मुद्राओं को बचाने के लिए संघर्ष कर रहे थे। भारत में पूँजी नियंत्रण उपायों के तहत कंपनियों को अपनी मनमर्ज़ी से विदेशी मुद्रा में उधार लेने की छूट नहीं होने और देश में विदेशी निवेश पर पाबंदियों से भी मदद मिली।

इस उथल-पुथल के बीच तेजड़ियों और मंदड़ियों के गुट एक-दूसरे पर हमला करने का कोई मौक़ा नहीं चूकते थे। सेंसेक्स में शामिल एक कंपनी ने शेयरधारकों को प्रति शेयर एक बोनस शेयर (बाज़ार की भाषा में 1:1 इश्यू) जारी करने का ऐलान किया था जो कि बाज़ार की उम्मीदों से कहीं ज़्यादा था। ऐसी चर्चा ज़रूर थी कि कंपनी अपनी सालाना साधारण बैठक में बोनस शेयर के बारे में ऐलान करेगी। पहले भी इसी तरह की अटकलें निराश करती रही थीं। कुछ अनुभवी लोगों का मानना था कि यदि

घोषणा की भी तो कंपनी से बहुत ज़्यादा उदारता की उम्मीद नहीं है, लेकिन कइयों को कंपनी से काफ़ी आशाएँ थीं।

मंदड़ियों ने इस संभावना से कि कंपनी के बोनस शेयर की घोषणा से निराशा में उसके शेयर के भाव नीचे आएँगे, थोड़े समय के लिए शेयरों को बेच दिया, ताकि भाव नीचे आने पर ख़रीद कर मुनाफ़ा कमा लेंगे। तेजड़ियों ने कुछ और सोचा और कंपनी के शेयरों की जमकर ख़रीदी कर ली। मेरा ऐसा अनुमान है कि उनके पास कुछ निश्चित सूचना थी। गुरुवार को बोनस शेयर की घोषणा की गई और शेयर के दाम चढ़ गए। शुक्रवार को बीएसई पर निपटान का अंतिम दिन होने के कारण मंदड़िए अपनी शॉर्ट पोजीशन कवर करने के लिए ख़रीदी करेंगे, इससे क़ीमतें और बढ़ने का अनुमान था।

बड़े नामी मंदड़िए भी अपनी शॉर्ट पोजीशन एनएसई में ले गए जहाँ निपटान मंगलवार को था। मंदड़ियों को पूरा भरोसा था कि कंपनी का बड़ा शेयरधारक घरेलू वित्तीय संस्थान सोमवार को अपने कुछ शेयरों की बिकवाली करेगा। वे यह नहीं जानते थे कि तेजड़ियों ने रविवार को उस संस्थान के एक वरिष्ठ फ़ंड प्रबंधक के घर पर अपने दो दूत भेजकर उनको इसके लिए राज़ी कर लिया कि वे सोमवार को किसी भी सूरत में शेयरों की बिकवाली नहीं करें। फ़ंड प्रबंधक को यह विश्वास दिलाया गया कि मंगलवार को मंदड़िए निराशा में अपनी पोजीशन कवर करेंगे तो वे अपने यूनिटधारकों के लिए और बेहतर दामों पर बिकवाली कर सकेंगे।

फ़ंड प्रबंधक सोमवार को बिकवाली नहीं करने को सहमत हो गए। सोमवार दोपहर तक मंदड़िए पसीने-पसीने हो गए। उनको भी पता चला कि वह संस्थान उस दिन बिकवाली नहीं कर रहा था और इसकी भी कोई गारंटी नहीं थी कि वह मंगलवार को भी बेचेगा या नहीं। डरे हुए बेचवालों ने जो शेयर मुनाफ़े के लिए बेचे थे, उनको वापस ख़रीदना शुरू किया, जिससे शेयर की क़ीमत बढ़ गई। उस संस्थान ने मंगलवार को सत्र की समाप्ति में जब एक घंटे का समय बचा था, तब जाकर आख़िर में अपने शेयर बेचे। लेकिन मंदड़ियों के लिए तब तक देर हो चुकी थी। वे नुक़सान में पहले ही ख़रीदी कर अपनी पोजीशन कवर कर चुके थे।

एक हफ़्ते बाद लकी और मैं शाम को साथ में शराब पी रहे थे। लकी ने किस्सा बताया कि किस तरह से तेजड़ियों ने मंदड़ियों की बाज़ी पलट

दी। मेरी यह जानने की बहुत इच्छा थी कि फ़ंड प्रबंधक से मिलने उसके घर जाने वाले दो दूत कौन थे।

उसने कहा, 'मैं तुम्हें केवल एक के बारे में बता सकता हूँ।'

मैंने पूछा, 'क्या तुम उनको निजी तौर पर जानते हो।'

वह हँसकर बोला, 'बहुत अच्छे से। वह मैं ही था। लेकिन दूसरे के बारे में मत पूछना वह मैं नहीं बता सकता।'

दक्षिण पूर्व एशिया के देशों में छाए वित्तीय संकट की लपटों ने अक्टूबर के अंतिम हफ़्ते में हांगकांग को अपनी चपेट में ले लिया था। एशिया के कोहराम से तब तक अप्रभावित अमेरिका भी कुछ दिन बाद धड़ाम हो गया। डाउ जोंस इंडस्ट्रियल एवरेज़ नाम वाला उसका शेयर बाज़ार सूचकांक रिकॉर्ड 554 अंक नीचे गिर गया और कारोबार रोकना पड़ गया।

सभी दिशाओं से बुरी ख़बरें आ रही थीं। अर्थव्यवस्था बहुत बेहतर होने के बावज़ूद भारत में भी किसी भी अन्य बाज़ार की तरह जोख़िम थे। अब तक भारत के प्रति विश्वास दिखाते आ रहे विदेशी निवेशकों को भारत में अपने फ़ायदे वाले निवेश को बेचकर अन्य बाज़ारों ख़ासकर दक्षिण पूर्व एशिया में हुए नुक़सान की भरपाई तो करनी थी। अगले एक साल में कुछ विदेशी निवेशक तो पूरी तरह से भारत के बाज़ारों से चले गए।

उस समय तक भारत में दलाल उद्योग में सामूहिक रूप से छँटनी कभी नहीं हुई थी। ख़ासकर पेरेग्राइन सिक्योरिटीज़ ने बेहद ख़राब तरीक़े से अपने कर्मचारियों को बाहर किया। हांगकांग के दफ़्तर के दो अधिकारी समीक्षा बैठक के लिए मुंबई के दफ़्तर पहुँचे। कामकाज को लेकर सामान्य पॉवरपॉइंट प्रस्तुति के बाद सभी कर्मचारियों को दोपहर में खाने के लिए ले जाया गया। भोजन के तुरंत बाद दोनों अफ़सर विमान का समय होने की बात कहकर वहाँ से रवाना हो गए। जब विश्लेषक, विक्रय और डीलरों की टीमें वापस दफ़्तर लौटी तो उनको भीतर जाने नहीं दिया गया। उनके पहचान पत्र ले लिए गए। उनसे कहा गया कि दफ़्तर में जो भी उनका सामान आदि है, उसे अगले दिन एक डिब्बे में पैककर उनको सौंप दिया जाएगा।

विदेशी दलाल फ़र्में कुछ बंद हो गईं या कुछ ने छँटनी कर दी। इन फ़र्मों के कर्मचारियों के लिए यह बहुत बड़ा झटका था, जिससे उनको उबरने में वक्त लग गया। एक तो वे स्थानीय दलाल फ़र्मों में अपने समकक्षों के

मुक़ाबले दोगुना या तीन गुना वेतन हासिल कर रहे थे। और अगर वे कम वेतन पर काम करने को राज़ी भी थे तो बाज़ार पूरी तरह से सुस्त पड़ जाने के कारण नौकरियों के मौक़े ही नहीं थे।

मध्य दिसंबर तक बाज़ार में गिरावट का रुख़ बना रहा। तब भी साल की समाप्ति पर इंडेक्स पिछले वर्ष के मुक़ाबले 20 प्रतिशत की बढ़त पर ही रहा। साल के अंतिम छह महीने यानी आधा साल जब पूरे एशिया में तूफ़ान ने तांडव किया ऐसे में यह कोई छोटी उपलब्धि नहीं थी।

लकी और मैं शाम को ड्रिंक के लिए मिलते रहते थे। ऐसी ही एक बैठक में मैंने अनजाने में ही माउस के साथ अपनी डील के बारे में उगल दिया। लकी ने इच्छा ज़ाहिर की कि हम तीनों मुलाक़ात करते हैं। मुझे यह कुछ ठीक नहीं लग रहा था। लेकिन मैं तैयार हो गया।

माउस भी लकी के साथ मिलने में ना-नुकर कर रहा था। मैंने उसे किसी तरह से मना लिया। अगले हफ़्ते हम तीनों वर्ली में ज्वैल ऑफ़ इंडिया में रात को डिनर के लिए पहुँचे। लेकिन जैसे-जैसे बातचीत आगे बढ़ी मुझे अफ़सोस होने लगा कि मैंने यह मुलाक़ात क्यों कराई।

लकी बातों ही बातों में माउस को ख़ुश करने में लगा था और बहुत अधिक रुपए-पैसे के ऊँचे-ऊँचे सपने दिखाकर ललचाने की कोशिश कर रहा था। दो पैग पीने के बाद तो मैं और चिंता में पड़ गया। माउस भी अपने अंतरमुखी स्वभाव को छोड़कर लकी को प्रभावित करने में जुट गया था। मैंने उसे कम बोलने का इशारा किया, लेकिन वह तो अपनी रफ़्तार से चला जा रहा था। वह और तेज़ हो गया। मुझे बहुत गुस्सा आ रहा था और मैंने अपने गुस्से को ज़ाहिर होने दिया।

डिनर के बाद लकी ने माउस से कहा, वह उसे घर छोड़ देगा। दोनों के घर अलग-अलग दिशाओं में थे। मुझे लगा कि सज्जनतावश माउस मना कर देगा। लेकिन वह राज़ी हो गया।

अगले दिन मैंने माउस के घर पर फ़ोन लगाया और बीती रात उसके साथ कुछ रूखे बर्ताव के लिए माफ़ी माँगी। माउस ने कहा, उसे क़तई कुछ भी बुरा नहीं लगा, बल्कि वह सोच रहा था कि कहीं अनजाने में उसने कुछ

ऐसा–वैसा तो नहीं बक दिया। अगले कुछ हफ़्तों तक मैं माउस से नियमित संपर्क में रहा और मैंने जो भी सूचनाएँ माँगी, वह देता रहा।

अचानक कुछ दिन बाद उसने मेरा कॉल उठाना बंद कर दिया। कुछ दिन इसी तरह से चलता रहा। मुझे संदेह हुआ कि वह लकी के चक्कर में आ गया है। अंततः हफ़्ता समाप्त होने को था, तभी मैंने उसको फ़ोन पर पकड़ लिया। मैंने जमकर अपनी भड़ास निकाली और उसे धोखेबाज़ करार दिया।

माउस धीरज के साथ मेरी बातें सुनता रहा और फिर बोला, 'ठीक है लाला, लेकिन तुम इतने दिन से मेरा फ़ायदा उठा रहे थे। इतनी क़ीमती सूचनाओं के बदले मुझे तुम मामूली–सी रक़म पकड़ा देते थे। मुझे महीने में तुम जितना देते रहे, अब मुझे उसका दस गुना मिल रहा है। तुमसे पुराने संबंध हैं, इसलिए मैं कभी–कभार तुम्हारी मदद कर सकता हूँ, लेकिन यह उम्मीद मत करना कि मैं तुम्हारे इशारे पर नाचूँगा।'

अब तो मैं भी बेक़ाबू हो गया और आवाज़ ऊँची हो गई, 'तुमने खुद को लकी को बेच दिया।'

वह शांत बना रहा, 'अब तुम जो चाहे सोच सकते हो।'

अब मैं धमकी पर उतर आया था, 'मैं तुम्हारे वरिष्ठ अफ़सरों को चिट्ठी लिखकर सब बताने वाला हूँ कि तुम्हारा क्या चल रहा है।'

वह डरा नहीं, 'बिलकुल जो चाहो वो करो, लेकिन इसमें तुम भी उलझे हुए हो, यह मत भूल जाना। यदि वहाँ तुम बच भी गए तो शिकायत के बाद कई ताक़तवर लोगों से तुम दुश्मनी मोल ले लोगे।' इतना कहकर उसने फ़ोन रख दिया।

मैं कुछ नहीं कर सकता था। माउस मेरे हाथ से जा चुका था। मुझे पक्का यक़ीन था कि वह अब लकी के साथ मिलकर काम कर रहा है। धोखा देकर मुझसे महत्त्वपूर्ण सूचनाओं का स्त्रोत छीन लिया गया था। मेरा गुस्सा कम नहीं हो रहा था। उसी शाम को मैंने लकी को भी फ़ोन कर के इस तरह से धोखा देने के लिए जमकर गालियाँ दीं।

'ब*$#@द, मा*$#@द, तुम मुझे अपना दोस्त कहते हो, भरोसे वाला बताते हो, यह है तुम्हारी दोस्ती? मेरी पीठ पर छुरा भोंकते हो।'

अनजान बने रहते हुए उसने सवाल किया, 'शांत हो जाओ लाला, क्या बात है, बताओ तो सही?'

इससे मेरा गुस्सा और भड़क गया, मैंने उसे और गालियाँ दीं। वह चुप रहा। कुछ दिन बाद उसने मुझे फ़ोन किया। मैंने कोई जवाब नहीं दिया। वह कॉल करता रहा। आख़िर में मैंने फ़ोन उठाया और गालियों के साथ शुरुआत की।

'ब*$#@द...एक बार बेवकूफ़ बना लिया, इतना काफ़ी नहीं है क्या? और अब क्या लूटने का इरादा है?' मेरा गुस्सा कम हो चुका था, लेकिन इतनी जल्दी मैं उसे बख़्शने को तैयार नहीं था।

लकी ने दोबारा दोस्ती का हाथ बढ़ाते हुए कहा, 'तुम्हारा गुस्सा जायज है। अगर तुमको सुकून मिलता है तो तुम चाहो तो और गालियाँ दे दो। लेकिन उसके बाद फिर हम कम से कम परिपक्व इंसानों की तरह बात करें।'

शाम को मैं खार में लकी के घर पहुँच गया। उसने गर्मजोशी के साथ मेरा स्वागत किया और उसके बाद नक़ली-सा डर दिखाते हुए पूछने लगा, 'कोई बंदूक, चाकू-वाकू तो नहीं है ना?'

मैंने भी मज़ाक़ में कहा, 'तुम्हारे लिए बहुत कम होगा। तुम्हारे लिए मैं कुछ और ख़तरनाक सोच रहा था।'

उसने मुझे बताया कि कुछ देर में वह मुझे अपने गुरु से मिलवाने ले जा रहा था। उनकी बाज़ार में बहुत धाक थी। चलने से पहले लकी ने मुझसे जो कुछ हुआ उसके लिए माफ़ी माँगी, 'देखो लाला, इसको व्यक्तिगत मत लो। मैं तुमसे कहता हूँ कि तुम्हारा जो भी नुक़सान है उससे ज़्यादा तुमको पूरा कर दूँगा।'

मैंने कुछ संशय के साथ कहा, 'चलो, देखते हैं।'

मैं लकी के साथ उसके गुरु, संरक्षक, मार्गदर्शक जो भी कहें, उनसे मिलने बांद्रा में हिल रोड पर उनके दफ़्तर पहुँच गया। उनकी उम्र क़रीब 45 साल के आसपास होगी। ऊँचे क़द के थे। देखने में कुछ-कुछ गुज़रे जमाने के फ़िल्म अभिनेता नवीन निश्चल की तरह। उनकी तरह शांत और स्वप्निल-सा चेहरा। बाल काले किए हुए थे और लंबे थे। देखने में ख़ूबसूरत थे। हालाँकि उनके तीखे नैन नक़्श पर धीरे-धीरे चर्बी जमा होने लगी थी।

शायद शराब के उनके शौक के कारण। मैंने मन ही मन उनको मोंक का नाम दिया।

ज़िंदादिल मुस्कान के साथ मज़बूती से हाथ मिलाते हुए वे बोले, 'आओ लाला, बड़ा अच्छा लगा तुम यहाँ आए। कई बड़े लोगों से तुम्हारी तारीफ़ सुनी थी। बहुत समय से सोच रहा था तुमसे मिलने का। आज मुलाक़ात हो गई।'

मोंक धाराप्रवाह अँग्रेज़ी बोल रहे थे और निश्चित ही मँजे हुए दलाल प्रतीत नहीं हो रहे थे। शायद निवेश बैंकर। हमारा परिचय कराने के बाद लकी कुछ काम का हवाला देते हुए वहाँ से चला गया।

मैं जानता था कि सब कुछ योजनाबद्ध तरीक़े से चल रहा था। मोंक और मैं बाज़ार को लेकर बातचीत करते रहे। उन्होंने बाज़ार पर मेरी राय जाननी चाही। मैंने कहा, इस समय तो मुझे बाज़ार के कमज़ोर रहने की संभावना नज़र आ रही है।

मोंक बोले, 'बाज़ार में सभी का यही मानना है। मुझे अब बाज़ार के और नीचे जाने की संभावना नहीं दिखती। एशियाई बाज़ारों को अभी स्थिर होने में कुछ समय लगेगा। बहुत जल्दी तेज़ी की तो मुझे भी कोई उम्मीद नहीं है।'

बाज़ार के अलावा भी मोंक की दिलचस्पी थी। वह राजनीति पर भी क़रीबी निगाह रखते थे। पुरानी चीज़ों का संग्रह करने का शौक था। वह खुद को 'गंभीर शौकिया' फ़ोटोग्राफ़र कहते थे। बातों-बातों में मैंने जाना कि वह बहुत ध्यान से सुनते थे। हालाँकि मैं कह नहीं सकता कि मैं जो कुछ कह रहा था, उसमें उनकी वास्तविक तौर पर कोई दिलचस्पी थी या वह केवल दिखावा कर रहे थे। 'आप कुछ और करते-करते बाज़ार में कैसे आ गए।' मैं उनसे पूछना चाह रहा था, लेकिन मैंने फिर अपने आपको रोक लिया।

मुझे समझ नहीं आया, लेकिन मैं स्वभाविक रूप से उनको पसंद करने लगा था। लकी सही था। वह शेयर दलाल के काम के हिसाब से कहीं ज़्यादा ज़हीन दिखाई देते थे। छल-कपट वाली डील में लिप्त ऑपरेटर तो फिर दूर की बात है। जीबी से कई बार मैंने उनका ज़िक्र सुना था। लेकिन कभी मेरे मन में इतनी उत्सुकता पैदा नहीं हुई कि मैं उनके बारे में और

जानता। मैं उनके बारे में इतना ही जानता था कि वे मिड कैप्स यानी मध्यम बाज़ार पूँजी वाले शेयरों के अच्छे जानकार हैं।

शाम बीत रही थी। मोंक ने कुछ खाने के लिए पूछा। हाँ-ना करते हुए आख़िर में हमने नीचे सड़क किनारे खोमचे वाले से भेल मँगाने का तय किया।

मोंक बोले, 'बहुत बढ़िया भेल देता है, एक बार खाओगे तो याद रखोगे।'

उनका कहना सही था। हालाँकि बहुत चटपटी थी। मेरी आँखों से पानी बहने लगा।

भेल और मसाला चाय के साथ मोंक मुद्दे की बात पर आ गए।

'तुम लकी से बहुत नाराज़ हो, मैं समझता हूँ और तुम्हारा गुस्सा अपनी जगह ठीक भी है। ना ही लकी की कोई ग़लती है, अब तक तुम यह भी समझ गए होगे। मैंने लकी को इस काम में लगाया था। लेकिन बाज़ार इसी तरीक़े से चलता है। यदि मैं तुम्हारे आदमी को तुमसे नहीं छीनता तो जल्दी ही कोई और ले जाता। लाला, तुमको मानना पड़ेगा कि जिस तरह की सूचना वह तुम को दे रहा था, उसके लिए तुम उसे बहुत मामूली रक़म दे रहे थे। लेकिन वाक़ई तुमने जिस तरह के संपर्क बनाकर अपनी ताक़त बढ़ाई थी, वह ग़ज़ब ही था। वास्तव में तारीफ़ के क़ाबिल काम किया था।'

भेल का पूरा स्वाद लेते हुए वे बोले : 'अच्छा चलो, जो हो गया, वो हो गया। लेकिन मैं चाहता हूँ लाला; हम दोस्त बन जाएँ। अब यह तुम्हारे ऊपर है, तुमको भी ऐसा महसूस होना चाहिए। और हाँ तुमको जो नुक़सान हुआ, उसकी भी मैं भरपाई करना चाहता हूँ।' कुछ देर ठहरने के बाद वे आगे बोले, 'मेरे पास तुम्हारे लिए एक प्रस्ताव है।'

मैंने सिर हिलाया। उन्होंने मुझसे सवाल किया, 'क्या तुमने कभी अपने लिए दलाली कार्ड लेने के बारे में सोचा था।'

मैंने कहा, 'सच कहूँ तो मेरे मन में एक-दो बार यह विचार आया। लेकिन मुझे लगा कि क्या उसके लिए एक करोड़ रुपए लगाना चाहिए। इसके अलावा फिर उसके साथ तमाम और ख़र्चे हैं। दफ़्तर चाहिए और दफ़्तर चलाने का अलग ख़र्चा। इसके अलावा यह सिरदर्द पाले बिना मेरा

कामकाज बहुत अच्छा चल रहा था। सीधे-सीधे कहूँ तो मैं अपनी वर्तमान स्थिति में बहुत ख़ुश हूँ।'

मोंक ने फिर सवाल किया, 'ज़रूर ख़ुश होगे, लेकिन क्या तुम नहीं चाहते कि अपने इस काम धंधे में आगे बढ़ो, और बड़े लोगों के साथ डील करो।'

'शायद, लेकिन उसके लिए बड़ी रक़म निवेश करनी होगी। अभी इस समय तो मैं ऐसा करने की हालत में नहीं हूँ।' मुझे इस बातचीत से कुछ साफ़ समझ नहीं आ रहा था।

मोंक ने कुछ और बात को खोलते हुए कहा, 'क़िस्मत बहादुरों का साथ देती है। अगला साल कठिन हो सकता है, लेकिन अगले दो से तीन साल बहुत दौलत कमाने के मौक़े मिलने वाले हैं। अगर मैं बीएसई कार्ड के लिए आधी रक़म दे दूँ और कुछ ठीक-ठाक किराए पर दफ़्तर की व्यवस्था कर दूँ।'

'बहुत ही अच्छा है। लेकिन मैं किसी का इतना अहसान लेने में सहज महसूस नहीं कर सकता।'

ऐसा लगता था, जैसे उन्होंने सभी सवालों के जवाब पहले से सोच रखे थे, 'कोई बात नहीं। मैं जो कुछ कर रहा हूँ उसे क़र्ज़ समझ लेना। ऐसा क़र्ज़ जिसे जब चाहो चुका देना... एक साल, तीन साल, पाँच साल। यह कैसा रहेगा?'

'इसके बदले में मुझे क्या करना होगा?' मेरे सवाल पर वह पीछे को झुक कर मुस्करा दिए, 'तुम बहुत तेज़ हो और एकदम बेबाक भी हो। बिलकुल जैसा मैंने सुना था। बदले में तुम मेरे लिए कभी-कभार कुछ सौदे कर सकते हो। दलाली और मार्जिन राशि की कोई समस्या नहीं होगी। लेकिन हाँ, पूरी तरह मेरे काम के भरोसे पर रहने की उम्मीद मत करना।'

मोंक का प्रस्ताव बहुत लुभावना था। लेकिन मैं सोच रहा था कि जब मैं जीबी को बताऊँगा कि मैं अपना खुद का काम शुरू करने की योजना बना रहा हूँ तो वह क्या सोचेगा।

जैसे मेरे भीतर झाँकते हुए मोंक बोले, 'क्या यह सोच रहे हो कि गोविंद क्या कहेगा?'

'जी जी... हाँ। यही।'

खुद अपनी पैनी नज़र की जैसे दाद देते हुए वे बोले, 'इसको लेकर परेशान मत हो। गोविंद को तो इससे ख़ुशी होगी। तुम उसके साथ काफ़ी समय रहे हो, है ना? उसने तुमको मौक़ा दिया, और तुमने उनका विश्वास जीता। और वे क्या माँग सकते हैं? और हमेशा के लिए तो तुम उनके क़र्ज़दार बने नहीं रह सकते? लाला अब आगे बढ़ने का समय है। इस बारे में सोचो।'

मैंने उनसे सवाल किया, 'क्या आप उन्हें बहुत अच्छे से जानते हैं?'

मेरी ओर मुस्कराकर देखते हुए उन्होंने जवाब दिया, 'व्यक्तिगत रूप से तो नहीं, लेकिन मैं ऐसे लोगों को जानता हूँ, जो उनको बहुत अच्छे से जानते हैं।' मुझे इसमें संदेह नहीं था कि मोंक भी बाज़ार के बड़े खिलाड़ियों के साथ व्यवसाय कर रहे थे। मुझे उनके प्रस्ताव पर ज़्यादा सोच-विचार करने को नहीं था। दो दिन बाद मैंने उनको फ़ोन कर उनके प्रस्ताव को स्वीकार करने की जानकारी दे दी।

वे ख़ुश थे, 'बहुत अच्छा है लाला; तुम्हारे साथ जल्दी ही काम शुरू करने को मिलेगा। सिर्फ़ एक बार और, किसी भी समय यदि तुम काम को छोड़ने का फ़ैसला करोगे तो कार्ड पर पहला हक़ मेरा होगा।' मेरे विचार में यह बिलकुल जायज भी था।

उसी दिन मैंने जीबी को इस बारे में बता दिया। मुझे यक़ीन था कि मेरे बताने से पहले उनको इस बारे में जानकारी मिल गई होगी।

उन्होंने चौंकने का नाटक किया, 'ओह! यह तो सच में बहुत अच्छी ख़बर है। मुझे पता ही नहीं चला कि तुमने इतनी दौलत कमा ली कि खुद का दलाली का कारोबार शुरू करने जा रहे हो।'

मैंने कहा, 'गोविंदभाई क्या आप सच में ऐसा कर रहे हैं?'

'क्या करना, मैं कुछ समझा नहीं लाला?'

'ऐसा दिखाना कि आपको कुछ नहीं पता है, जबकि आपको सब कुछ पता है।'

जीबी हँसते हुए बोले, 'सच मैं लाला तुम भी चालाक हो गए हो बाज़ार में काम करते-करते। लेकिन कई बार दिखावा करना पड़ता

है। लाला, अब तुम एक अलग समूह के बीच में जा रहे हो, मेरी तुम्हें यही सलाह है। अक्सर चीज़ें सभी के सामने बहुत स्पष्ट रहती हैं। लेकिन परिस्थितियों को देखते हुए कुछ नहीं जानने का दिखावा करने में कोई बुराई नहीं है।' कुछ रुककर दार्शनिक अंदाज़ में बोले, 'अब भी यह कारोबारी दुनिया बहुत छोटी है। हम एक-दूसरे से मिलते रहेंगे। ठीक है लाला, मिलते रहना, पुराने दोस्तों को भूल मत जाना।'

16

गहरे समंदर में तैरने की चुनौती

दिसंबर, 1997 का अंतिम हफ़्ता था। मैं नरीमन पॉइंट पर नरीमन भवन इमारत में किराए के दफ़्तर में आ गया। इसका मालिक मोंक का परिचित था और पहले छह महीने के लिए किराया काफ़ी कम था। वास्तव में इतना कम कि यक़ीन नहीं होता था। हालाँकि उसके साथ शर्त थी। छह महीने के बाद मुझे नियमित बाज़ार दर से किराया देना होगा।

सबसे अच्छा तो मैं दलाल स्ट्रीट के आसपास कोई दफ़्तर को प्राथमिकता देता जहाँ मैं बाज़ार बंद होने के बाद अपने दोस्तों के साथ कुछ गप्पें करता, मटरगश्ती करता। लेकिन मोंक ने इस जगह का सुझाव दिया और मैं उनके परोपकार का बेज़ा लाभ उठाना नहीं चाहता था। मैंने दफ़्तर सँभालने के लिए एक चपरासी रख लिया था और अब पूरी तरह से बाज़ार में उतरने को तैयार था।

फ़रवरी, 1998 में किसी समय हर्षद मेहता ने अपने ख़ास सहयोगी में से एक को भेजकर मेरी ओर दोबारा दोस्ती का हाथ बढ़ाया। मुझे बताया गया कि हर्षद वापस आने की योजना बना रहा है और दूसरी पारी के लिए बीपीएल, वीडियोकॉन तथा स्टर्लाइट पर उनकी नज़र है। इन कंपनियों के प्रमोटरों से हर्षद की नज़दीकी के बारे में तब तक बाज़ार में सभी को ख़बर हो गई थी। मुझे मालूम था कि उसने इन शेयरों को जमा करना भी शुरू कर दिया है। मुझे सीधा-सरल प्रस्ताव दिया गया : हर्षद के कहने पर इन तीन कंपनियों के शेयरों की ख़रीदी करना है। यह विशुद्ध दलाली का लेन-देन था, लेकिन मुझे बाज़ार की 50-75 अंकों की दर से ज़्यादा कमीशन

मिलेगा। हालाँकि हर्षद के साथ दलालों की कारोबार की उत्सुकता का प्रमुख कारण अच्छी दलाली और सौदे प्राप्त होने की आश्वस्ति नहीं थी। उनकी नज़र होती थी, हर्षद के सौदे से उस शेयर में होने वाले उतार-चढ़ाव के पहले अपना सौदा लगाकर मुनाफ़ा कमाने पर।

मैंने सुन रखा था कि हर्षद स्टॉक एक्सचेंज के मार्जिन के साथ ही डिलीवरी वाले शेयरों के भुगतान में दलालों को कई बार लटकाकर रखता था। निश्चित ही इसका कारण था कि वह जानता था कि उसके दलाल उसके सौदों पर आसानी से अच्छी दौलत कमा रहे हैं। इसकी क़ीमत उनको भुगतान के लिए इंतज़ार के रूप में चुकानी पड़ती थी। अक्सर वह मार्जिन भुगतान के एवज़ में नक़दी की बजाय शेयर दे दिया करता था। जैसे कि दलाल को मार्जिन राशि के 100 रुपए (जो दलाल को स्टॉक एक्सचेंज में जमा कराने होते थे) देने की बजाय हर्षद दलाल को 100 रुपए क़ीमत के शेयर दे देता था। यदि कोई दलाल ऐतराज ज़ाहिर करता था तो वह थोड़ा सख़्त हो जाता या बहुत दोस्ताना होकर उसे अपने जाल में फँसाने लगता। यह निर्भर करता था कि किस व्यक्ति से वह सौदा कर रहा होता था।

मुझे जब हर्षद की ओर से काम करने का संदेश आया तो अच्छे फ़ायदे के लालच में तुरंत ही मैं तैयार हो गया। मैं लंबे समय से उसके संपर्क में नहीं था, पर हमारे संबंध मधुर थे। तब भी मुझे इसको लेकर ज़रूर मन में खिन्नता थी कि उसने सीधे मुझे फ़ोन कर बात करने की बजाय किसी और के माध्यम से संपर्क किया। मैंने प्रस्ताव पर कुछ विचार किया और अंत में उसे नामंजूर करने का फ़ैसला किया। एक कारण तो यह था कि इस बार हर्षद पर नियामक एजेंसियाँ पैनी निगाह रखेंगी और उसे 1992 की तरह बड़ा खिलाड़ी बनने से रोकने के लिए अपने अधिकारों का हरसंभव इस्तेमाल करेंगी। यह हर्षद से मेरा अंतिम संपर्क था।

अप्रैल में सेंसेक्स छप्पर फाड़कर ऊपर की ओर जा रहा था। बीपीएल, वीडियोकॉन और स्टर्लाइट के शेयर भी उछल रहे थे। हर्षद के साथ जुड़े दलालों के पौ बारह हो रहे थे और वे ख़ूब मुनाफ़ा कमा रहे थे। बाक़ी दलाल मन ही मन कुढ़ रहे थे। दलाल स्ट्रीट पर जश्न का यह दौर कुछ समय और चलता रहता, अगर सरकार पोखरण में परमाणु परीक्षण करने का बहुत ही गोपनीय फ़ैसला नहीं लेती। निवेशक इसके लिए तैयार नहीं थे।

सरकार अपनी इस उपलब्धि के लिए चारों ओर हो रही वाहवाही का पूरा रस ले पाती, उससे पहले ही परीक्षण के विरोध में पश्चिम के आर्थिक प्रतिबंध लागू हो गए। बाज़ार की नज़र से इसके दो मायने थे, एफ़आईआई का धन आना बंद होना और हमारी कंपनियों के लिए दुनिया में कहीं भी पूँजी जुटाने में कठिनाई बढ़ना।

अजीब बात थी कि पूरा बाज़ार नीचे की ओर जा रहा था, बीपीएल, वीडियोकॉन और स्टर्लाइट के शेयर की ऊँची उड़ान जारी थी। बिग बुल हर्षद मेहता और उसके दलालों के गुट का खेल रंग लाता जा रहा था। नियमित रूप में तीनों के शेयरों में बेचवाल नहीं होने के कारण कारोबार रोकना पड़ जाता था। यह ऐसा राज़ था, जिसके बारे में सबको पता था कि इनकी क़ीमतों में शानदार उछाल की वज़ह हर्षद मेहता है। ऐसी अटकलें थीं कि एक बार फिर से उसके हाथ अपने शेयर के धंधे के लिए किसी सरकारी बैंक के ख़ज़ाने तक पहुँच गए हैं। लेकिन वह चालाक था और इस बार किसी बैंक के आसपास भी नहीं फटका था। इसकी बजाय उसे अपने धंधे के लिए कंपनियों के प्रमोटरों का साथ मिल गया था।

जून के पहले हफ़्ते तक बीपीएल के शेयर के भाव चार महीने पहले के स्तर से तीन गुने, स्टर्लाइट और वीडियोकॉन के लगभग दोगुने हो गए थे। इसी दौरान हर्षद उसके ख़िलाफ़ दाँव लगाने वाले मंदड़ियों को पटखनी देने के खेल का आनंद भी ले रहा था।

हर्षद ने सावधानी बरती कि पिछली बार की कुछ ग़लतियों को नहीं दोहराए, लेकिन एक चूक रह गई – चर्चा में बने रहने की उसकी इच्छा। बीपीएल, वीडियोकॉन और स्टर्लाइट के शेयरों में बाक़ी बाज़ार के साथ गिरावट आती तो यह स्वाभाविक प्रतीत होता। लेकिन जब शीर्ष कंपनियों के शेयरों को भी ख़रीदार नहीं मिल रहे थे, ऐसे में भी अपने शेयरों की क़ीमतों को जोड़-तोड़ कर ऊपर ले जाकर उसने बाज़ार का ध्यान फिर अपनी ओर आकर्षित किया। शायद वह अपने आप को यह बताने की कोशिश कर रहा था कि वह अब भी बिग बुल है, जो बूढ़ा तो हो गया है, लेकिन अपनी ख़रीदी से बाज़ार को खींच सकता है।

मंदड़िए ऑपरेटरों ने इन शेयरों में बिकवाली कर उन्हें नीचे लाने की कोशिश की। हर बार हर्षद क़ीमतों को ऊपर ले जाता और मंदड़िए नुक़सान

में अपनी पोजीशन काटने को मज़बूर हो जाते थे। कुछ समय तक यह चलता रहा। फिर मंदड़ियों ने शांत रहकर सही समय आने पर प्रहार करने और तब तक इंतज़ार करने का फ़ैसला किया।

आँखों को चौंधिया देने वाला छप्परफाड़ मुनाफ़ा दिखाई देने के बाद भी फ़ंड प्रबंधक बीपीएल, वीडियोकॉन और स्टर्लाइट से दूरी बनाए हुए थे। उनको डर था कि कहीं इससे उनको हर्षद से जुड़ा हुआ नहीं मान लिया जाए। इसका अर्थ था कि इन शेयरों के ख़रीदार केवल हर्षद और उसके दलालों का गुट ही था। जब तक क़ीमतें बढ़ रही थीं, तब तक हर्षद और उसके साथियों के लिए अपनी पोजीशन को अगले निपटान तक ले जाने में कोई कठिनाई नहीं थी। तब भी कहीं न कहीं तेजड़ियों को भी कुछ समय साँस लेने के लिए रुकने की ज़रूरत थी। और उन्होंने सचमुच में ऐसा किया। तीनों कंपनियों के शेयर भी थम गए। क़रीब एक हफ़्ते तक वे अपने स्तर पर बने रहे।

मंदड़ियों को अब समझ आ गया था कि क़ीमतों में कुछ दबाव के बिना तेजड़ियों को मुनाफ़ा वसूली करने में कठिनाई आ रही थी। जून के मध्य में तीनों शेयर तेज़ी से धराशायी होना शुरू हो गए। गुट में किसी न किसी को अपनी पोजीशन दबाव में बेचनी होगी और हर्षद तथा उसके गुट पर जैसे मुसीबतों का पहाड़ टूट पड़ा। जिन कंपनियों के शेयर कुछ हफ़्ते पहले तक शेयर बाज़ार में गुरुत्व के नियमों को तोड़ते हुए दिखाई दे रहे थे, वही अब बाज़ार की भौतिकी के एक अन्य नियम का पालन कर रहे थे – जितनी तेज़ी से ऊपर गए थे, गिरने में उतनी ही कठिनाई हुई।

ख़रीदार नहीं होने के कारण कई दिनों तक तीनों के शेयरों में कारोबार रोकना पड़ा। उनका नीचे लुढ़कना जारी बना रहा। तीनों कंपनियों के शेयरों के धड़ाम होने की वज़ह को लेकर कई तरह की बातें कही गईं। कुछ हास्यास्पद थीं तो कुछ भरोसा करने लायक़ भी हो सकती हैं। इनमें एक थी कि हर्षद मेहता की पत्नी के पास भी इन कंपनियों के शेयर थे और उन्होंने अपने घर को नया रूप देने के लिए कुछ शेयर बेचने का फ़ैसला किया था। दलाल के शेयर बेचने को ऐसा संकेत माना गया कि हर्षद अब इन शेयरों को बेचने जा रहे हैं। इससे तेजड़ियों के खेमे में एक डर फैल गया और सबने अपनी पोजीशन काटनी शुरू कर दी। मैंने 1992 की तेज़ी के समाप्त होने के कारणों के पीछे एक इसी तरह का किस्सा सुना था।

एक अन्य कारण बताया जा रहा था कि मंदड़ियों के गुट ने तीनों कंपनियों के शेयर धारक कुछ फ़ंड प्रबंधकों को इन शेयरों की बिकवाली के लिए राज़ी कर लिया था। उस हफ़्ते के दौरान उन फ़ंड प्रबंधकों के पास शेयरों का बहुत बड़ा लॉट था। हर्षद यह सोचकर शेयर ख़रीदता चला गया कि बेचने वाले मंदड़िए हैं, जो अल्प अवधि के लिए बेच रहे हैं और निपटान की तारीख़ आने तक वह इनसे मुनाफ़ा वसूल लेगा।

एक तीसरी कहानी यह थी कि हर्षद के विरोधी बीएसई के क्लियरिंग हाउस से बीपीएल, वीडियोकॉन और स्टर्लाइट के शेयर चोरी-छुपे बाहर लाने में कामयाब हो गए थे और उनको बाज़ार में बेच दिया था, जिससे इन शेयरों के भाव ज़मीन पर आ गिरे। उस समय डीमेट की व्यवस्था बहुत ज़्यादा प्रचलित नहीं हुई थी। उसके बाद इन विरोधियों ने बाज़ार से कम दाम पर शेयर ख़रीदे और वापस क्लीयरिंग हाउस में जमा करा दिए।

कई साल बाद शाम को मैं कुछ साथियों के साथ बाहर गपशप कर रहा था। मेरे एक डीलर दोस्त ने डींगें हाँकते हुए बताया कि किस तरह से बीपीएल-वीडियोकॉन-स्टर्लाइट बुलबुले के फटने में उसकी भूमिका रही। मेरा दोस्त एक दलाल फ़र्म में था। उसका ग्राहक निजी फ़र्म के मध्यम से हर्षद इन तीनों कंपनियों के शेयरों में ख़रीदी करता रहा था। मेरे दोस्त को संदेह तो था कि फ़र्म हर्षद मेहता के लिए ख़रीदी कर रही है। जब ख़रीदी का आक़ार बहुत बढ़ गया तो मेरा दोस्त चिंतित हो गया और उसने ग्राहक पर मार्जिन के लिए तीनों कंपनियों के शेयरों की बजाय नक़द जमा करने पर ज़ोर दिया। वह फ़र्म मेरे दोस्त की दलाल फ़र्म को और काम दिलाने का लालच देकर समय बढ़ाती रही। लेकिन एक बार क़ीमत में ठहराव आने पर मेरे दोस्त को कुछ गड़बड़ लगा और उसने उनको चेतावनी दी कि अगर मार्जिन की राशि जमा नहीं कराई तो वह पोजीशन काट देगा यानी कि शेयरों का सौदा कर देगा। लेकिन हर्षद मेहता की फ़र्म ने उसका कॉल उठाना ही बंद कर दिया। कोई चारा नहीं होने पर मेरे दोस्त ने बीपीएल के शेयर को बेच दिया। यहाँ से हर्षद की समस्याओं की शुरुआत हो गई। बीपीएल के शेयर में तेज़ गिरावट पर इसमें पोजीशन बनाने वाले दूसरे दलालों ने भी इसमें मुनाफ़ा वसूली करने में भलाई समझी। इसके साथ ही एक शृंखला बन गई। वीडियोकॉन और स्टर्लाइट में भी बिकवाली का दौर शुरू हो गया। एक सीमा तक आकर हर्षद को पूँजी दे रहे लोगों ने भी और पूँजी लगाने से

हाथ खड़े किए होंगे और इसके बाद ऐसा कोई रास्ता नहीं बचा था, जिससे शेयरों की गिरती क़ीमतों को सहारा दिया जा सकता था।

हर्षद के लिए सौदे करने वाले ज़्यादातर दलालों को भारी नुक़सान हुआ, क्योंकि ख़रीदार ही नहीं होने के कारण वे उसके शेयरों की बिकवाली करने में असमर्थ थे। शुरुआती कुछ महीनों में जब शेयर लगातार ऊपर की ओर जा रहे थे, उस समय वे अच्छा ख़ासा पैसा कमा सकते थे। लेकिन भाव धड़ाम गिर जाने के कारण कई दलालों को कारोबार समेटना पड़ गया। बीएसई में रात भर नक़दी संकट से घिरे तेजड़ियों के सौदों को दर्ज़ करने का काम चलता रहा, जिससे वे अपने ख़रीदे हुए शेयरों को दलालों को बेच सकें। इन दलालों को एक्सचेंज के भुगतान में नाकामी से बचाने के लिए कंपनियों द्वारा वित्तीय मदद दी गई।

बाज़ार में गिरावट के कारण मैं भी नुक़सान में था, तभी कुछ और बुरी ख़बरें आ गईं। इस बार मेरे घर से।

मैं सुबह घर से दफ़्तर के लिए जा रहा था, तभी बाउजी ने मुझसे कहा, 'लाला आजकल मुझे अचानक चक्कर आने लगते हैं और सर्दी, खाँसी पर भी दवा का असर नहीं हो रहा है।' वे 70 साल के हो गए थे, लेकिन अपनी उम्र वालों से काफ़ी तंदुरुस्त थे। उसी शाम में उनको अपने डॉक्टर के पास ले गया, जिसने सीटी स्कैन कराने की सलाह दी और फेफड़ों के विशेषज्ञ के पास हमें भेज दिया।

कुछ दिनों के बाद मैं डॉक्टर के पास बैठा था। वे जाँच रिपोर्ट को देख चुके थे। मैं देख रहा था कि वे कोई बुरी ख़बर देने वाले थे और कोशिश कर रहे थे कि किस तरह से वे मुझे बेहतर ढंग से उस बुरी ख़बर को दे सकें।

आख़िर उन्होंने चुप्पी तोड़ी, 'लालचंद जी, मुझे आपको बुरी ख़बर देते हुए बहुत बुरा लग रहा है... आपके पिता के पास अब अधिक समय नहीं है। उन्हें फेफड़े का कैन्सर है... और वह भी अंतिम दौर का।' डॉक्टर साहब के शब्द मेरे कानों में हथौड़े की तरह टकराए। अचानक मेरी साँसें अटक गई थीं। मैं अवाक-सा रह गया था, मुँह जैसे बोलना भूल गया हो।

कुछ देर में अपने आप को सँभालते हुए मैंने डॉक्टर से कहा, 'नहीं... यह नहीं हो सकता... मेरे पिता तो बहुत तंदुरुस्त हैं, और अभी हाल में

खाँसी और कभी-कभार चक्कर के अलावा उनको कभी कोई शिकायत नहीं रही।'

डॉक्टर ने पूरी सहानुभूति प्रदर्शित करते हुए कहा, 'कई बार बीमारी बिना कोई लक्षण प्रकट किए पूरे शरीर में फैल जाती है और बहुत देर से उसका पता चलता है। मुझे बहुत दुख है, लेकिन अब इस स्थिति में ज़्यादा कुछ हो नहीं सकता।'

मैंने पूछा, 'उनके पास कितना समय और है?'

'ज़्यादा से ज़्यादा दो महीने।'

'क्या कुछ भी नहीं हो सकता?'

'अगर आप पूछना चाह रहे हैं कि कोई भी महँगे से महँगा इलाज अगर हो, तो मैं कहूँगा कि हो सकता है कि उससे उनके दर्द में कमी हो जाए, लेकिन ज़रूरी नहीं है कि उससे उनका जीवन भी बढ़ेगा।'

मैंने उनसे कहा, 'भले मैं उनका जीवन नहीं बचा सकता, लेकिन अंतिम समय में उनके दर्द को कम करने के लिए, जो कुछ भी बन सकेगा वह करूँगा।'

डॉक्टर ने मुझे सचेत करते हुए कहा, 'मैं आपको यह बता देता हूँ कि इलाज महँगा होगा और उससे अंतिम परिणाम में कोई बदलाव नहीं होगा।'

उन्होंने बताया कि दवाओं और कीमोथैरेपी पर क़रीब दस लाख रुपए का ख़र्च आएगा। मैं अब दस लाख रुपए ख़र्च करने की स्थिति में आ गया था। लेकिन इस घटना ने मुझे यह भी बता दिया कि धन की भी एक सीमा है। इससे आप सब कुछ नहीं ख़रीद सकते। तब भी मैं भगवान का शुक्रगुज़ार था कि उन्होंने मुझे ऐसे मुक़ाम तक पहुँचाया कि मैं अपने पिता के अंतिम दिनों में उनके जीवन को आसान बना सका।

अब सवाल था कि बाउजी को कीमोथैरेपी के लिए कैसे तैयार किया जाए। मैंने उनको बता दिया था कि वह एकदम स्वस्थ और तंदुरुस्त हैं। स्वाभाविक रूप से वे पूछते कि यदि वे भले-चंगे हैं तो यह इलाज क्यों। बीना और मैंने आख़िरकार उनको मना लिया कि उनके फेफड़े में संक्रमण है और उनको दवाएँ लेनी पड़ेंगी और इलाज कराना पड़ेगा, इस तरह से वे जल्दी स्वस्थ हो जाएँगे। हमने कीमोथैरेपी का उनके सामने कभी नाम ही नहीं लिया।

मैंने ब्रीच कैंडी अस्पताल में उनके लिए समुद्र की ओर खिड़की वाला एक शानदार कमरा लिया और डॉक्टरों से आग्रह किया कि किसी भी सूरत में उनको यह पता नहीं चलना चाहिए कि उनको कौन-सी बीमारी है। उनकी हालत अचानक बहुत बिगड़ गई थी और हमें उनको व्हील चेयर पर कमरे में लेकर आना पड़ा। मेरा दिल डूब रहा था। रह-रहकर ऐसा महसूस हो रहा था कि शायद वे घर वापस नहीं लौट पाएँगे।

लेकिन हमें ख़ुशी के साथ हैरानी हुई। इलाज के इस पहले चरण का उन पर अच्छा असर हुआ और वे अस्पताल से चलते हुए बाहर आए। हमने माँ को उनकी हालत के बारे में नहीं बताया था। मैं अपने भाई और बहन को भी नहीं बताना चाहता था। कोई भी उनकी बीमारी की बात सुनकर खुद को सँभाल नहीं पाता और उनके चेहरों को देखकर बाउजी को यह समझ आ जाता कि वे स्वस्थ नहीं होने वाले हैं।

मैं उन दो महीनों के दौरान भयंकर क़िस्म के दबाव में था। ना केवल मुझे अपने पिता को इलाज के लिए अस्पताल लेकर जाना पड़ता था, बल्कि यह चिंता भी सताती रहती थी कि कहीं उनको बीमारी के बारे में जानकारी नहीं हो जाए। मैं जानता था कि कीमोथैरेपी के दौरान उनकी मुलाक़ात दूसरे कैन्सर मरीजों से होती होगी।

एक रात हम सब खाना खा रहे थे, अचानक बाउजी ने कहा, 'कैन्सर बहुत ख़तरनाक बीमारी है।'

यह सुनकर खाने का कौर मेरे गले में अटक गया।

चिंतित स्वर में मैंने पूछा, 'ऐसा क्यों कह रहे हैं आप?'

उन्होंने कहा, 'जानते हो लाला, अस्पताल में आज हम नौ लोग इलाज के लिए इंतज़ार कर रहे थे। हममें से सात कैन्सर से पीड़ित थे। केवल मैं और मलाड के एक व्यक्ति थे, जिनको कैन्सर नहीं था। मुझे लगा कि भगवान से मुझे किसी बात की शिकायत नहीं करनी चाहिए।' मुझे यह जानकर थोड़ी तसल्ली हुई कि केवल मैं अकेला नहीं हूँ, जो मौत के मुँह में जा रहे अपने पिता से झूठ बोल रहा है।

बाज़ार में गिरावट जारी थी, लेकिन मेरा दिमाग़ विचलित था काम की ओर ध्यान देने की मेरी मन:स्थिति बिलकुल भी नहीं थी। ध्यान भटकने के कारण हो रही ग़लतियों को देखते हुए मैंने अपनी पोजीशन कम से कम

रखी थी। बाउजी का इलाज शुरू हुए दो महीने हो चुके थे। उनकी सेहत में अच्छा सुधार हो रहा था। वास्तव में वह पहले से अधिक स्वस्थ हो गए थे। डॉक्टर के स्पष्ट कथन के बावजूद कि पूरी तरह स्वस्थ होने की कोई संभावना नहीं है, मैं उम्मीद के विरुद्ध एक उम्मीद कर रहा था कि वे इससे बाहर आ जाएँगे।

हालाँकि हमें एक और डर था। हर बार कीमोथैरेपी के पहले पिताजी का एक एक्सरे होता था। लैब में एक सहायक बाउजी के दोस्त का बेटा था। उसने बाउजी से पूछा भी था कि वह नियमित रूप से एक्सरे क्यों निकलवाते हैं। मेरे पिता ने कहा कि वह फेफड़े के संक्रमण का इलाज करा रहे हैं। मेरे पिता के दोस्त के बेटे की मंशा तो नेक होगी, लेकिन उसके कारण मैं दिनभर चिंता में डूबा रहा।

उसने कहा, 'फेफड़े के संक्रमण के इलाज के लिए आप इस तरह नियमित एक्सरे नहीं करवा सकते, हो सकता है कि आपका डॉक्टर आपको बेवक़ूफ़ बना रहा हो।' उसने पिताजी को फेफड़े के विशेषज्ञ के पास भेज दिया। अच्छा हुआ कि विशेषज्ञ केवल शाम को ही परामर्श के लिए मिलते थे। एक्सरे होने के बाद मेरे पिता ने मुझे कॉल किया और कहा कि वे उनके दोस्त के बेटे के बताए फेफड़े के डॉक्टर से राय लेंगे। मैं नाराज़ हो गया और उनको डाँटने लगा कि वे ऐसे लोगों की बात क्यों सुनते हैं, जिनको उस बारे में कोई जानकारी नहीं है।

मैंने उनसे कहा, 'किसी भी अन्य डॉक्टर को दिखाने की कोई ज़रूरत नहीं है, आप सीधे घर वापस जाए।'

उन्होंने चुपचाप मेरी बात मान ली। लेकिन मेरे कारोबारी दिमाग़ में ख़याल आया कि इस तरह से कहीं मैंने उनके भीतर संदेह पैदा तो नहीं कर दिया।

मैंने तुरंत ही बीना को फ़ोन किया और उससे बाउजी से बात करने को कहा। उन्होंने डॉक्टर से मिलने का इरादा कर लिया था। बीना ने उनसे कहा, यह बहुत अच्छा है। उसने उनसे डॉक्टर का पता, नंबर वगैरह ले लिया। बाउजी के मिलने से पहले मैंने किसी तरह डॉक्टर से फ़ोन पर बात की।

मैंने उनके सामने वस्तुस्थिति रख दी, 'डॉक्टर साहब, मैं जानता हूँ कि यह आपके उसूलों के विरुद्ध है। मेरे पिता– आपसे जाँच कराने के लिए आ

रहे हैं, उनका कैन्सर का इलाज चल रहा है, उनके पास बहुत अधिक समय शेष नहीं रह गया है। हमने उन्हें कैन्सर की बीमारी के बारे में नहीं बताया है। किसी और बीमारी का बताकर इलाज करा रहे हैं। उसी पर वह आपसे केवल अपनी संतुष्टि के लिए राय लेना चाहते हैं। लेकिन अगर आप उन्हें आज सही-सही बता देंगे तो वह बीमारी से लड़ने की अपनी इच्छाशक्ति को खो देंगे। मेरी आपसे विनती है कि किसी भी क़ीमत पर उन्हें उनकी वास्तविक बीमारी के बारे में नहीं बताएँ।'

उन पर भगवान की कृपा हमेशा बनी रहे। वे तैयार हो गए।

उस रात जब हम सब इकट्ठे खाना खा रहे थे तो बाउजी और ख़ुश दिखाई दे रहे थे।

बोले, 'लाला बेटा माफ़ करना, तुम्हारे मना करने के बाद भी मैं डॉक्टर के पास चला गया था, अपने संतोष के लिए।'

'कोई बात नहीं, डॉक्टर क्या बोला।' मैंने इस तरह से कहा, जैसे मुझे कुछ पता नहीं था।

'कुछ नहीं, कहा, मामूली-सी सर्दी-खाँसी है। उसने मुझे कफ़ सीरप लिख दिया। मैंने रास्ते में दवा ख़रीद ली।'

बीना और मेरी जान में जान आई। लेकिन उन कुछ घंटों का तनाव अकल्पनीय था। मैं बहुत ख़ुश था कि उस सुबह मैंने कोई बड़ा सौदा नहीं किया था।

बाज़ार की नीचे की ओर यात्रा अनवरत चलती जा रही थी और उसके पीछे कारण आंतरिक और बाहरी, दोनों ही थे। इसके पिछले साल दक्षिण पूर्व एशिया के मौद्रिक संकट ने उसके पहले तक तेज़ी से भाग रहे दक्षिण कोरिया, इंडोनेशिया और थाईलैंड जैसे एशियाई शेरों की अर्थव्यवस्थाओं को रेंगने की हालत में ला दिया था। जापान में मंदी जारी थी और एशिया की समस्याओं की वज़ह से कच्चा तेल और ग़ैर-लौह धातुओं की माँग में आई गिरावट ने रूस को बुरी तरह प्रभावित किया था। मध्य अगस्त में एक और वैश्विक संकट उत्पन्न हो गया। रूस ने अपनी करंसी रूबल की क़ीमत कम कर दी, घरेलू भुगतान में नाकाम रहा और विदेशी क़र्ज़ों पर ब्याज के भुगतान को उसने निलंबित कर दिया। इससे पिछले साल के एशियाई मुद्रा

संकट के बाद के प्रभावों से जूझ रहे वैश्विक पूँजी प्रबंधक और अधिक सचेत हो गए।

अमेरिका के बहुत बड़े हेज फ़ंड लॉन्ग टर्म कैपिटल मैनेजमेंट (एलटीसीएम) में संकट ने तरलता के तनाव को और बढ़ा दिया। एलटीसीएम को रूस में अपने दाँव पर बहुत अधिक घाटा उठाना पड़ा और उसे उबारने के लिए 3.5 अरब डॉलर का पैकेज देना पड़ा। इसके लिए अमेरिकी फ़ेड रिज़र्व और शीर्ष अमेरिकी वित्तीय संस्थानों के समूह ने मिलकर धनराशि जुटाई।

भारतीय अर्थव्यवस्था पिछले साल सकल घरेलू उत्पाद (जीडीपी) की वृद्धि में तीव्र कमी के बाद सुधार पर थी, लेकिन महँगाई क़रीब पूरे साल ही सिरदर्द बनी रही। सितंबर में यह 8.8 प्रतिशत के शिखर पर पहुँची। एक समय तो प्याज की क़ीमतें 60 रुपए और टमाटर की 40 रुपए किलो तक बढ़ गईं। महँगाई बढ़ने के हिसाब से देखें तो यह आज के कम से कम 240 और 160 रुपए किलो के बराबर हैं। यह ज़रूर था कि उस समय महँगाई की समस्या आज की तरह स्थाई नहीं थी।

उस साल दलाल स्ट्रीट पर दिवाली बेनूर रही। इंडेक्स 3,000 अंक के ऊपर बने रहने के लिए जूझता रहा। सबसे बुरी तरह से प्रभावित बड़ी कंपनियों में टाटा मोटर्स (टेल्को) थी। अर्थव्यवस्था की मंदी के कारण जिसका घाटा बहुत अधिक हो गया था। साल के आरंभ में 354 रुपए के भाव से दिवाली तक वह गिरकर 98 रुपए पर आ गया था। कुछ दलालों ने कह रखा था कि वे इसे तभी ख़रीदेंगे, जब यह 50 रुपए के भाव पर आएगा। उनको पूरा भरोसा था कि दिसंबर अंत तक भाव इस स्तर पर आ जाएँगे। ये दलाल वही थे, जो 150 रुपए के भाव पर ऐलान कर रहे थे कि वे टेल्को को तभी ख़रीदेंगे, जब इसकी क़ीमत 100 रुपए पर आ जाएगी। उनको इसका मौक़ा नहीं मिला। नए साल की पूर्व संध्या तक शेयर के भाव 170 रुपए हो गए।

नवंबर में कंपनियों द्वारा अपने शेयरों की पुनर्ख़रीद के लिए कंपनीज अधिनियम में नियमों को शामिल करने के मक़सद से संशोधन किया गया और सेबी ने दिशा-निर्देश अधिसूचित कर दिए। बाज़ार को उम्मीद थी कि यह धारणा को मज़बूत करेगा और इसका बेसब्री से इंतज़ार हो रहा था।

पी. चिदंबरम के ऐलान के 18 महीने से अधिक समय बाद जब अंततः नियमों की घोषणा की गई तो बाज़ार ने बहुत उदासीनता दिखाई। कुल मिलाकर कमज़ोरी को देखते हुए कंपनियों के अपने शेयरों की पुनर्ख़रीदी के लिए किसी तरह की जल्दबाज़ी दिखाने की कोई संभावना नहीं थी।

बाज़ार में एक तरह के निराशा के माहौल के बीच में एक शख़्स के सितारे बुलंदी की ओर जा रहे थे। 37 साल के केतन पारेख। वे ऐसे परिवार से थे, जो शेयर दलाली के काम से परंपरागत रूप से जुड़ा हुआ था। केतन भी एक प्रतिष्ठित ऑपरेटर थे, लेकिन दलाल स्ट्रीट के शीर्ष लोगों की सूची में अभी उनका नाम आना बाक़ी था। वे सीएसई में भी सक्रिय थे, जहाँ आईटीसी उनका पसंदीदा शेयर माना जाता था। उसके पिछले साल उनके विरोधियों ने शुक्रवार को बीएसई पर निपटान के अंतिम दिन उनकी आत्महत्या की अफ़वाह उड़ा दी थी, जिससे उनके सहयोगी दहशत में आकर आईटीसी के शेयरों की बिकवाली कर दें। अफ़वाहों को इससे और बल मिल गया, क्योंकि ऐसा कहा जा रहा था कि स्टॉक एक्सचेंज का भुगतान करने में केतन को कठिनाई आ रही थी। जब तक केतन का गुट इस अफ़वाह पर विराम लगाता तब तक वह अपना काम कर चुकी थी। यह ऐसा कोई झटका नहीं था कि बहुत लंबे समय तक असर रहता। केवल उसी निपटान अवधि में केतन को नुक़सान उठाना पड़ा।

मई, 1998 में केतन ने बड़े स्तर पर एसीसी के शेयर की ख़रीदी की। उनका यह दाँव उल्टा पड़ गया, क्योंकि पोखरण परमाणु परीक्षण के बाद एफ़आईआई सामान्य रूप से बाज़ार का मंदी का रुख़ मानकर चल रहे थे। एसीसी में अपने शेयर बेचने की जगह केतन ने और शेयर ख़रीद लिए। वे यह मानकर चल रहे थे कि उनकी ख़रीदी से एसीसी के शेयर को लेकर धारणा बदल सकती है। यह एक ख़तरनाक क़िस्म का जुआ था। एफ़आईआई ने एसीसी के शेयर बेच दिए और केतन को आख़िरकार नुक़सान में शेयर बेचने पड़े।

एसीसी का झटका बाज़ार में चर्चा का विषय रहा। बाज़ार में ज़्यादातर लोगों के साथ मेरा भी मानना था कि कुछ समय के लिए केतन अब परदे के पीछे चले जाएँगे। लेकिन एसीसी में उन्होंने जितना गँवाया था उससे कहीं ज़्यादा उन्होंने चेन्नई की कंपनी पेंटाफ़ोर सॉफ़्टवेयर के शेयरों में कमा लिया था।

17

नए बिग बुल के साथ तेज़ी का नया दौर

आईटी कंपनियाँ निवेशकों में लोकप्रिय हो रही थीं। लेकिन अमेरिका में जिस तरह का पागलपन दिखाई दिया था उस तरह का माहौल बनने में अभी कुछ और महीने लगने थे। कम से कम अगले कुछ वर्षों तक ज़ोरदार आमदनी होने की उम्मीद में इन्फ़ोसिस, सत्यम और विप्रो जैसी अग्रणी भारतीय आईटी कंपनियों के शेयरों में शानदार बढ़त देखी गई थी।

इस अप्रत्याशित उछाल की वज़ह थी वाई2के बग। मेमोरी में डेटा को सुरक्षित करने के लिए कंप्यूटरों की घड़ी में छह अंकों में तारीख़ रहती थी। दो अंकों में दिन, दो में महीना और दो में वर्ष का आंकड़ा रहता था। शताब्दी में बदलाव के लिए कोई भी अंक का स्थान नहीं था। ऐसी आशंकाएँ जताई जा रही थीं कि 1 जनवरी, 2000 को दुनिया भर के कंप्यूटर सिस्टम तारीख़ के 6 अंकों में से साल को दिखाने वाले अंतिम दो अंकों में '00' को नहीं समझने के कारण अपने आप ही रीसेट हो जाएँगे। इस समस्या को दूर करने के मक़सद से कंप्यूटर कोड की लाखों, करोड़ों लाइनों को स्क्रीन करने और त्रुटि को हटाने के लिए बड़ी संख्या में सॉफ़्टवेयर कोड रायटर चाहिए होंगे।

अचानक सबकी निगाहें भारत की ओर लग गईं। हमारा ही देश एकमात्र देश था, जो इस काम के लिए ज़रूरी मानव संसाधन उपलब्ध करा सकता था और वह भी विकसित जगत की तुलना में बहुत कम लागत में।

एक और अप्रत्याशित क़दम था, जो इस क्षेत्र में देश के उज्ज्वल भविष्य की ओर इशारा कर रहा था। वह था भारत और अमेरिका के बीच समुद्र के भीतर से फ़ाइबर ऑप्टिक केबल लाइन। फ़ाइबर ऑप्टिक केबल से जुड़े कार्यस्थलों से हैदराबाद में बैठे सॉफ़्टवेयर इंजीनियर अमेरिका की कंपनियों के कंप्यूटर सिस्टम के कोड को दुरुस्त कर उनको वाई2के बग से मुक्ति दिला देंगे। यह आउटसोर्सिंग यानी कंपनियों के कई तरह के कार्य अनुबंध पर बाहर से अनुबंध आधार पर कराने के एक नए दौर की महान शुरुआत थी जो आने वाले कई वर्षों तक चलने वाला था।

वाई2के की क़यामत को लेकर छाई घबराहट के बीच अमेरिका में डॉटकॉम की बड़ी उछाल दिन गुज़रने के साथ और मज़बूत हो रही थी। 1990 के दशक के मध्य से 'इंटरनेट' सनसनी बन गया था। ऐसा कहा जा रहा था कि वेब की शुरुआत मानव सभ्यता की एक नई सुबह है और यह पृथ्वी पर जीवन को आमूल-चूल ढंग से बदल देगा। ठीक वैसे ही जैसे चक्के के आविष्कार ने बदला था। कुछ भी जो दूर से ही सही किसी तरह से इंटरनेट से संबंधित था उसके प्रति निवेशकों के उन्माद को देखते हुए अमेरिका में कई डॉटकॉम स्टार्ट-अप अपने अस्थिर व्यवसाय मॉडल के बावजूद भी बहुत अधिक क़ीमत पर पूँजी जुटाने में कामयाब हो गए। इनमें आगे निकट भविष्य में कोई सार्थक लाभ प्राप्त होने की बहुत थोड़ी या ना के बराबर संभावनाएँ थीं।

कोई भी बड़ी भारतीय आईटी कंपनी डॉटकॉम के क्षेत्र में नहीं थी, लेकिन वाई2के संबंधित कार्यों के ऑर्डरों की लंबी कतार के चलते कहीं ज़्यादा ठोस दिखाई दे रही थीं। बाज़ार में सूचीबद्ध शीर्ष तीन कंपनियाँ इन्फ़ोसिस, विप्रो और सत्यम के शेयरों की पहले ही निवेशक संस्थानों से काफ़ी माँग थी। अब इस क्षेत्र की दूसरे स्तर की कंपनियों की ओर दिलचस्पी बढ़ रही थी।

आईटी क्षेत्र में इस उछाल का लाभ लेने के लिए केतन ने पेंटाफ़ोर सॉफ़्टवेयर कंपनी को चुना था। यह एक अबूझ पहेली थी। कंपनी जिसका नाम बाद में पेंटामीडिया ग्राफ़िक्स हो गया, वह वित्तीय रूप से समस्याओं से घिरी हुई थी। ऐसी चर्चा थी कि कंपनी सावधि जमा के भुगतान में नाकाम हो गई थी। पेंटाफ़ोर के प्रबंधन के संबंध में बाज़ार की कुछ ख़राब धारणा ने भी केतन को ऐसा करने से नहीं रोका। फ़ंड प्रबंधक तो दूर की बात है,

आत्म सम्मान के इच्छुक ट्रेडरों ने भी कंपनी के शेयरों से दूर रहने में भलाई समझी। लेकिन यह सब केतन के इस शेयर में दिलचस्पी लेने से पहले की बात है।

मेरा मानना है कि केतन का चयन समझदारी भरा था। जब कंपनी मुसीबतों से घिरी थी, उसका शेयर सस्ता था। केतन ऐसी स्थिति में थे कि वे प्रबंधन के सामने अपनी शर्तें रख सकते थे। पेंटाफ़ोर अपने आप को संस्थानिक निवेशकों के लिए आकर्षक ख़रीदी के अवसर के रूप में पेश करना चाहती थी। उसके प्रबंधन को लेकर धारणा रातोंरात नहीं बदल सकती थी, लेकिन उसके शेयरों में तेज़ी ज़रूर फ़ंड प्रबंधकों की दिलचस्पी को बढ़ा सकती थी। प्रबंधन को केतन की शर्तों को मानना पड़ा। और क़ीमत में उछाल से ही मदद नहीं मिलने वाली थी। उसमें शेयरों की मात्रा भी अधिक होनी चाहिए थी, जिससे कि फ़ंड फ़र्म आसानी से उसमें ख़रीदी और बिक्री कर सकें।

1998 की शुरुआत में उसका शेयर क़रीब 150 रुपए के आसपास था। बीएसई में उसके मात्र पाँच हज़ार शेयरों की ख़रीद-बिक्री होती थी। केतन ने पहले भाव में तेज़ी पैदा की जिससे उसमें ट्रेडरों की दिलचस्पी बढ़ी। मई के अंत में पेंटाफ़ोर के शेयरों की क़ीमत 1,000 रुपए हो गई और रोज़ाना बीएसई में उसके सात से दस लाख शेयरों का कारोबार होने लग गया। वहीं एनएसई में दोगुने शेयरों की ख़रीद-बिक्री होने लगी। पेंटाफ़ोर दोनों एक्सचेंजों पर पाँच सबसे सक्रिय कारोबार करने वाले शेयरों में एक था। इस शेयर के प्रति दिलचस्पी का आलम यह था कि जल्दी ही इसे टेक्नोलॉजी शेयरों के प्रति निवेशकों की धारणा को नापने के पैमाने की तरह देखा जाने लगा।

जल्दी ही कंपनी ने अपने परिचालन जैसे कि बड़ी कंपनियों के साथ भागीदारी और ग्राहकों से मिले कार्यों के संबंध में प्रेस में सूचनाओं के प्रसार से उपयुक्त माहौल बनाना शुरू कर दिया। अब फ़ंड प्रबंधक भी दिलचस्पी लेने लगे थे। केतन ने वित्तीय संस्थानों से बातचीत करके सौदा तय किया, जिससे बाज़ार में बेचने पर जो मूल्य मिलते उससे कहीं बेहतर दाम मिलें। बाज़ार में शेयरों को बेचने पर क़ीमतों में तेज़ गिरावट आ सकती थी और नुक़सान के अलावा इस पर नियामक सेबी का ध्यान भी आकर्षित हो

सकता था। फ़ंड फ़र्मों को सौंपे जाने से यह सुनिश्चित हो जाता कि यदि भविष्य में कोई नुक़सान होता है तो फ़ंड के यूनिटधारकों को उसे उठाना पड़ेगा।

पेंटाफ़ोर के फ़ॉर्मूले को बाद में जी, ग्लोबल टेलीसिस्टम्स, एचएफ़सीएल, डीएसक्यू सॉफ़्टवेयर, एफ़्टेक इन्फ़ोसिस, रैनबैक्सी और सॉफ़्टवेयर सॉल्यूशंस इंटीग्रेटेड जैसी कुछ दूसरी कंपनियों के शेयरों में भी केतन पारेख अगले कुछ वर्षों में जोड़तोड़ करने के लिए दोहराने वाले थे। ज़्यादातर मीडिया क्षेत्र में ऐसी कई छोटी कंपनियाँ थीं, जिनमें केतन ने यही खेल खेला था।

केतन प्रमोटरों के शेयरों का एक छोटा-सा हिस्सा बाज़ार भाव से बहुत अधिक कम क़ीमत पर लेते थे। वे और उनके सहयोगी उसके बाद उन शेयरों का आपस में सौदा करके उसके कारोबार की मात्रा को कई गुना बढ़ा देते थे। एक चार्टर्ड अकाउंटेंट होने के नाते केतन कंपनियों का लेखा-जोखा और आय के मॉडल को बहुत अच्छी तरह से समझते थे। तब भी कुछ को छोड़ दें तो शेयरों की उनकी पसंद यह बताती थी कि वास्तव में वे कंपनी के बुनियादी आंकड़ों को लेकर ज़्यादा चिंता नहीं करते थे।

वे माहिर थे यह अनुमान लगाने में कि कौन-सा शेयर कई गुना मुनाफ़ा देने वाला हो सकता है, जिसे बाज़ार की भाषा में मल्टीबैगर कहा जाता है। दोगुना होने वाले शेयर को टू-बैगर, तीन गुना होने वाले को थ्री-बैगर और इसी तरह से। उनकी पेंटाफ़ोर सॉफ़्टवेयर की 'कहानी' में कंपनी को एक साधारण आउटसोर्सिंग इकाई की जगह हॉलीवुड के स्टूडियोज़ को एनेमिशन सॉफ़्टवेयर प्रदाता इकाई की तरह प्रस्तुत किया गया था।

एक बार ऐसी कंपनी के शेयर की पहचान करने के बाद केतन बाज़ार में प्रमोटरों के अलावा दूसरे धारकों के पास मौजूद शेयरों का विश्लेषण करते थे। ऐसे शेयरों के विश्लेषण में यह जानने की कोशिश की जाती है कि उस कंपनी के शेयरों के कौन-से बड़े निवेशक बिकवाली करना चाहते हैं और कब। केतन को ऐसे फ़ंड प्रबंधकों की पहचान करनी होती थी, जिनको ऐसे समय में बिकवाली के लिए प्रेरित किया जा सकता हो, जो कि उनके सौदे के लिए फ़ायदेमंद हो। दूसरी ओर ऐसे फ़ंड प्रबंधक भी होने चाहिए थे, जिनको उनसे शेयरों की ख़रीदी करने को राज़ी किया जा सके। केतन को यह भी पता लगाना होता था कि बेनामी पहचान के द्वारा प्रमोटर कितने

शेयर अपने पास रखे हुए हैं। यह थोड़ा संवेदनशील विषय था, क्योंकि प्रमोटर अक्सर अपने बेनामी खातों से अपने शेयरों को बेचकर ऑपरेटरों को झाँसा देने की कोशिश करते थे, जबकि ऑपरेटर ख़रीदी करके शेयर की क़ीमत बढ़ाने की कोशिशों में जुटे होते थे। कुछ प्रमोटरों ने केतन को शेयर भाव बढ़ाने के लिए नक़द रक़म दी थी (जी जैसे कुछ बाद में दावा करेंगे कि उन्होंने जो धन केतन को दिया था वह दूसरी कंपनियों के शेयरों की ख़रीदी करने के लिए दिया था) जबकि कुछ ने केतन और उनके कुछ सहयोगियों को बाज़ार के भाव से कम क़ीमत पर अपनी कंपनी के शेयर आवंटित किए थे। बाद में 2001 के शेयर बाज़ार घोटाले की जाँच करने वाली संयुक्त संसदीय समिति ने केतन को धन देने वाली कंपनियों में जो नाम गिनाए उनमें अडानी, एचएफ़सीएल, डीएसक्यू सॉफ़्टवेयर, कैडिला हेल्थकेयर, एसेल, कोपरान और निरमा के नाम थे।

केतन की पसंद बनने वाले शेयरों की क़ीमतें अविश्वसनीय स्तरों को छू रही थीं। वे दलाल स्ट्रीट के नए शहँशाह के रूप में सामने आ रहे थे। ऐसी ख़बरों पर कि वे किसी शेयर की ख़रीदी कर रहे हैं ट्रेडर उस शेयर को बिना कुछ सोचे-समझे ख़रीदने लगते थे। भले वह सूचना सही हो या ग़लत। इससे उस शेयर के भाव चढ़ जाते थे। यदि 1991 की बाज़ार की तेज़ी के नायक हर्षद मेहता थे तो जनवरी, 1999 में आरंभ होकर 18 महीने चली तेज़ी का चेहरा केतन पारेख थे।

लेकिन यह कहना उनकी ट्रेडिंग के हुनर का ज़्यादा आकलन करना होगा कि जिन शेयरों को सबसे पहले उन्होंने पहचाना, उनमें शानदार तेज़ी का श्रेय केवल उन्हीं को है। और शेयरों की कारोबारी संख्या एक बार एक सीमा को पार कर जाती है तो बहुत चालाक ऑपरेटर के भी फ़ंड प्रबंधकों और शेयर क़ीमतों को प्रभावित करने की सीमा होती है। खुदरा स्तर पर उन्मादी व्यवहार या फ़ंड प्रबंधकों की भेड़ चाल से ऑपरेटर की भी नहीं चलती और वे बेअसर हो जाते हैं।

केतन ने जिन कुछ शेयरों की मल्टीबैगर के रूप में पहचान की थी, बाद में वे संस्थानिक निवेशकों की भी पसंद बन गए। इसका कारण पूरी दुनिया में टेक्नोलॉजी शेयरों के प्रति दीवानगी थी ना कि कंपनियों के व्यवसाय का मॉडल। केतन ने भी हर्षद की तरह बाज़ार में लहर पैदा नहीं की।

हर्षद और केतन शोध के लिए दो परस्पर विपरीत ध्रुव हैं। हालाँकि माना जाता है कि केतन का गुरु हर्षद मेहता ही था। क़िस्मत का निराला खेल ही था कि जब बाज़ार में केतन नए नक्षत्र के रूप में उभर रहे थे उस समय हर्षद मेहता पतन की ओर थे। बीपीएल, वीडियोकॉन और स्टर्लाइट कंपनियों के शेयरों के माध्यम से वापसी का उनका प्रयास नाकाम हो गया था।

हर्षद तड़क-भड़क और ठाठ-बाट पसंद करता था और सुर्खियों में रहना चाहता था। केतन ने चर्चा में रहने के ख़तरे को समझते हुए लंबे समय तक खुद को सुर्खियों से दूर रखा। लेकिन कंपनियों के शेयरों में उनकी पोजीशन बढ़ने के साथ उनके लिए सुर्खियों से देर रहना कठिन होता चला गया। यदि हर्षद मुखर और आडंबर वाला था तो केतन मृदु भाषी और कम बोलने वाले। हर्षद को नज़दीक से जानने वालों के अनुसार वह शेयर को उचित समय पर बेचने से चूक जाता था, यही उसकी प्रमुख कमज़ोरी थी। किसी कंपनी के शेयरों के भाव नई ऊँचाइयों पर ले जाने में उसे महारत थी, लेकिन जब इनको बेच कर मुनाफ़ा कमाने की बारी आती थी तो ऐसा लगता था जैसे उसके निर्णय लेने की क्षमता जवाब दे जाती थी।

मैंने हर्षद के कई सहयोगियों को यह कहते हुए सुना था, 'पता नहीं बेचने के मामले में जैसे वह किसी अभिशाप से ग्रस्त था।'

केतन को ऐसा कोई पछतावा नहीं था। यदि बाज़ार में कमज़ोरी का रुझान है तो वे शेयर को अल्प अवधि के लिए बेचने में भी हिचकते नहीं थे। लेकिन केतन में एक चीज़ हर्षद के समान ही थी : वे भी शेयरों की क़ीमत को लेकर अपनी समझ गँवा सकते थे। यानी वास्तविक मूल्यांकन की अनदेखी कर अनाप-शनाप दाम में भी ख़रीदने को तैयार हो जाते थे। जैसे-जैसे बाज़ार में तेज़ी बढ़ेगी, केतन बेलगाम होते चले जाएँगे और आख़िर में उनको अपने इस अक्खड़पन की क़ीमत चुकानी होगी।

केतन के मक़सद में मदद करना शेयरों के मूल्यांकन को लेकर बदला हुआ नज़रिया था जिसने परंपरागत मानदंडों को अस्वीकार कर दिया था। दुनिया भर में शेयर बाज़ार दो हिस्सों में बँट गया था। एक ओर नई अर्थव्यवस्था के शेयर थे, जिनमें टेक्नोलॉजी, मीडिया और टेलीकॉम (टीएमटी) क्षेत्र या सूचना प्रौद्योगिकी, संचार और मनोरंजन (आईसीई) क्षेत्र

की कंपनियाँ थीं। दूसरी ओर पुरानी अर्थव्यवस्था के शेयर थे, जिनको ब्रिक ऐंड मोर्टार कंपनी भी कहा जाता है, जिनमें अन्य सेक्टर की कंपनियाँ हैं।

जहाँ तक नई अर्थव्यवस्था के शेयरों का सवाल था, शेयरों के मूल्यांकन का परंपरागत पैमाना क़ीमत से आय (पीई) गुणक या पीई अनुपात को पुराना माना जाने लगा था। पहला कारण था, ज़्यादातर आईटी कंपनियों के पास पश्चिमी देशों से वाई2के के कार्यों के ढेरों ऑर्डर थे और वे तिमाही नतीजों में लगातार मज़बूत बढ़त दिखा रहे थे। यह महसूस किया गया कि यह वृद्धि दर अनिश्चितकाल के लिए बनी रह सकती है। ज्ञान आधारित अर्थव्यवस्था के सुनहरे भविष्य को लेकर एक और राय यह थी कि परंपरागत कंपनियों को उत्पादन बढ़ाने के लिए संयंत्र और उपकरणों में निवेश करना होता था। टेक्नोलॉजी कंपनियाँ केवल अपने प्रोफ़ेशनल्स की संख्या बढ़ाकर अपनी गतिविधियों को बढ़ा सकते हैं। सच्चाई यह थी कि कोई नहीं जानता था कि इन कंपनियों का मूल्यांकन कैसे किया जाए, क्योंकि यह पूरा नया क्षेत्र था। पिछला कोई उदाहरण मौजूद नहीं था।

1998 में परदा गिरने तक साल भर में ज़्यादातर आईटी कंपनियों के शेयर तीन से चार गुना बढ़ चुके थे। सेक्टर को लेकर मुझे संदेह था। मैंने धन कमाने का मौक़ा गँवा दिया। कभी-कभार मैंने कुछेक आईटी शेयरों में दाँव लगाया, लेकिन उनके दामों में बेतहाशा बढ़ोतरी के कारण बड़ी पोजीशन बनाने में डरता रहा और कभी भी पूरा भरोसा नहीं जागा।

मैंने खुद को बदलने और टेक्नोलॉजी में आस्था दिखाने का निर्णय लिया, लेकिन इसके लिए ज़रूरी दृढ़ राय का मुझमें अभाव था। मैंने इस विषय में जीबी और मोंक से चर्चा की। दोनों ही इसको लेकर कुछ कहने की स्थिति में नहीं थे कि टेक्नोलॉजी शेयरों में तेज़ी कब तक चलने वाली है। लेकिन हमेशा की तरह जीबी की इस रुझान पर अपनी दिलचस्प राय थी।

'यदि तुम अपने आसपास जानने की कोशिश करोगे तो टेक्नोलॉजी पर संदेह करने वालों से ज़्यादा विश्वास करने वाले मिलेंगे। मेरा अनुभव कहता है कि कुछ संदेह करने वाले होना अच्छा संकेत है। जब तक संदेह करने वाले लोग हैं, रैली जारी रह सकती है। जब हर कोई एक कोई शेयर या सेक्टर की ख़रीदी के लिए सलाह देने लगे तब ज़रूर आपको इसके बारे में दोबारा सोचना चाहिए।'

मोंक की भी इसी तरह की राय थी। लेकिन उन्होंने कुछ अलग तरीक़े से उसे बताया। 'रुझान से लड़ना बेकार है, और इस समय रुझान टेक्नोलॉजी शेयरों के पक्ष में है। जहाँ तक इन शेयरों के अधिक मूल्यांकन का सवाल है, यह तो इतिहास ही बताएगा।' साल के दौरान मुझे यह समझ आया कि मोंक केतन के काफ़ी क़रीब है। मोंक मेरे ज़रिए जो शेयर ख़रीद रहे थे उससे मैं इस नतीजे पर पहुँचा था।

नई अर्थव्यवस्था के शेयरों की पार्टी में कथित देर के लिए मुझे चिंता करने की ज़रूरत नहीं थी। शेयरों के भाव में बहुत तेज़ वृद्धि के बावजूद वास्तव में यह एक शुरुआत थी। मार्च, 1999 में इन्फ़ोसिस अमेरिका में निवेशकों से क़रीब 70 मिलियन डॉलर जुटाकर नेस्डेक में सूचीबद्ध होने वाली पहली कंपनी बन गई। उसी साल अक्टूबर में सत्यम कंप्यूटर सर्विसेज की सहायक इकाई सिफ़ी ने 74 मिलियन डॉलर जुटाए और न्यू यॉर्क स्टॉक एक्सचेंज (एनवाईएसई) में सूचीबद्ध हुई। विप्रो छह महीने बाद इस लीग में शामिल होने वाली थी। भारतीय आईटी कंपनियाँ आख़िरकार वैश्विक परिदृश्य पर आ गई थीं।

टेक्नोलॉजी शेयरों में अगले 18 महीनों में अभूतपूर्व उछाल से मेरी संपत्ति किसी भी कल्पना से कहीं ज़्यादा होने वाली थी। मेरे जैसे युवा ट्रेडरों ने सबसे ज़्यादा फ़ायदा कमाया। हालाँकि मैं स्वीकार करता हूँ कि मुझे आरंभ में संदेह था, लेकिन बाद में मेरे विचार बदल गए। हम किसी तरह के अतीत के बोझ से दबे हुए नहीं थे। लेकिन हमारे वरिष्ठों पर ज़रूर पुराने अनुभवों का दबाव था और जब सॉफ़्टवेयर कंपनियों के शेयरों के दाम चढ़े तब पुराने दलालों ने दावा किया कि आईटी बूम भी शेयर बाज़ार के पिछले उन्मादों से अलग नहीं है और जो लोग अभी सेक्टर के उछलने से ख़ुश हो रहे हैं उनको दुखी करके जाएगा।

उनके संशय को समझा जा सकता था। रिलायंस, एसीसी, टाटा स्टील और एसबीआई जैसी बड़ी कंपनियों के शिखर के स्तर पर जो पीई अनुपात था, आईटी शेयरों के भाव उससे भी बहुत ज़्यादा पीई अनुपात दिखा रहे थे। बुज़ुर्ग यह स्वीकार नहीं कर रहे थे कि नई अर्थव्यवस्था की कंपनियों पर निवेश की परंपरागत पद्धति लागू नहीं हो सकती थी।

शेयर बाज़ार में कई बार ज़्यादा अनुभव ख़ूबी की बजाय ख़ामी बन जाता है। मुझे याद है कि एक पुराने दलाल ने मुझे बताया : 'लाला, कंप्यूटर

को लेकर यह अचानक इतना जुनून क्यों पैदा हो गया? आख़िरकार यह टाइपराइटर का ही आधुनिक रूप है, है कि नहीं? जब टाइपराइटर की खोज हुई थी तो लोगों ने अनुमान लगाया था कि यह दुनिया को बदल देगा, बदला क्या? नहीं, ना। यही कंप्यूटर के साथ भी होगा।'

वे दलाल महाशय आंशिक रूप से सही थे। क्योंकि उसके बाद जो गुब्बारा फटा तो उसमें कुछ चुनिंदा कंपनियाँ ही अपना अस्तित्व बचा पाईं, जो विश्वस्तरीय बनने के चरण में थीं। बहुत से निवेशकों ने तेज़ी के दौरान जितना कमाया था, उससे कहीं ज़्यादा गँवा दिया। और यह भी है कि टेक्नोलॉजी बूम ने पृथ्वी पर तुरंत ही जीवन में क्रांतिकारी बदलाव नहीं किए, जैसी कि उम्मीद की जा रही थी। हाँ, आने वाले सालों में बड़े बदलावों के लिए बुनियाद ज़रूर रखी। आईटी और नई अर्थव्यवस्था वाले शेयरों में सिर चकरा देने वाली उछाल दो साल तक किसी भी नियम या तर्क को ताक पर रखते हुए जारी रही। लेकिन इस दौरान लोगों ने बहुत आसानी से दौलत बनाई। यह ऐसा समय था, जब लेखा-जोखा और लाभ-हानि को समझने की ज़रूरत नहीं थी। वे कारोबारी जो मानते थे कि इतने ऊँचे भाव बने नहीं रह सकते और क़ीमतें नीचे आएँगी वे आईटी शेयरों की अल्प अवधि के लिए बिकवाली करते रहते थे। ऐसे ट्रेडर लगभग बर्बाद हो गए। जिन लोगों ने उछाल के कारणों के बारे में सोचे-विचारे बिना आईटी कंपनियों के शेयरों की ख़रीदी कर ली, उनको सबसे अधिक फ़ायदा हुआ।

ऐसा नहीं है कि इस तेज़ी ने सरपट अमीर बनने की राह आसान कर दी थी। साल में दो गति अवरोधकों ने लगभग रफ़्तार को पूरी तरह थाम दिया था। लेकिन बाज़ार ने जिस तरह से दोनों बाधाओं को पार किया उससे सभी हैरान रह गए।

1999 की शुरुआत तेजड़ियों के लिए बहुत अच्छी रही। महँगाई धीरे-धीरे कम हो रही थी और उसके साथ ही ब्याज दरें भीं। राजनीतिक स्तर पर शीर्ष नेतृत्व में आंतरिक झगड़े कम हो गए थे और सरकार की पकड़ मज़बूत होती प्रतीत हो रही थी। टेक्नोलॉजी शेयर हर किसी की पसंद बने हुए थे। यहाँ तक कि सेक्टर की कम जानी-पहचानी और कई बार तो पूरी तरह से संदिग्ध कंपनियों के शेयरों पर भी निवेशक टूटे पड़ रहे थे। किसी पुरानी अर्थव्यवस्था वाली कंपनी की वेबसाइट आरंभ करने की ख़बर भी निवेशकों को रोमांचित करने के लिए काफ़ी थी। कुछ कंपनियों

ने निवेशकों को आकर्षित करने के लिए अपने नाम के आगे टेक्नोलॉजीज़ और दूसरे आईटी से जुड़े शब्द जोड़कर अपना दोबारा नामकरण किया। इनमें से ज़्यादातर कंपनियों का टेक्नोलॉजी से कोई वास्ता नहीं था।

कलकत्ता की एक सॉफ़्टवेयर फ़र्म के बारे में एक मज़ेदार किस्सा है जो कि अचानक खुदरा निवेशकों के बीच बहुत लोकप्रिय हो गई। बाद में ख़रीदारों को पता चला कि दरअसल, वह सॉफ़्ट वीयर फ़र्म थी ना कि सॉफ़्टवेयर फ़र्म।

अपने कंप्यूटर सिस्टम को वाई2के अनुपालन बनाने वाली कंपनियों को बजट में करों में छूट की पेशकश ने आईटी शेयरों के प्रति लोगों की दिलचस्पी और बढ़ गई। इसमें प्रस्ताव किया गया कि कंपनियों द्वारा वाई2के अनुपालन पर किए गए संपूर्ण ख़र्च को आने वाले वित्त वर्ष में राजस्व व्यय के रूप में माना जाना चाहिए। इसका अर्थ था कि कंपनियाँ इस संपूर्ण व्यय की राशि को अपने कर दायित्व से कम कर सकती थीं। कुल मिलाकर बाज़ार की दृष्टि से यह अच्छा बजट था और तेजड़ियों ने अगले कुछ हफ़्तों में सेंसेक्स को क़रीब 600 अंक (18 प्रतिशत) तक चढ़ाकर इसको अपनी स्वीकृति प्रदान कर दी थी।

लेकिन अप्रैल के दूसरे हफ़्ते में एआईएडीएमके के सरकार से समर्थन वापस लेने पर राजनीतिक अस्थिरता के बादल उमड़ने लगे थे। बाज़ार की नामचीन हस्तियों को भरोसा था कि भाजपा नए सहयोगी बनाकर अगले हफ़्ते संसद में बहुमत साबित करने में कामयाब हो जाएगी। लेकिन हुआ उल्टा। अविश्वास प्रस्ताव में अब के सबसे कम अंतर की हार में एनडीए सरकार एक मत से हार गई। इसके साथ ही सेंसेक्स सात प्रतिशत गिर गया और एनडीए के विश्वास मत जीत लेने की संभावना पर अति विश्वास जता रहे ट्रेडरों को भारी नुक़सान उठाना पड़ा। मैंने भी अपना काफ़ी मुनाफा इस गिरावट में गँवा दिया, लेकिन दूसरों की तुलना में फिर भी मेरी स्थिति बेहतर रही।

कुछ ही दिन पहले मोंक ने बातों ही बातों में एक सलाह दी थी, 'राजनीतिक घटनाओं पर कभी बड़ा दाँव नहीं लगाना। बाज़ार बेतुका हो सकता है, लेकिन राजनेताओं की तुलना में फिर भी उसके बारे में ज़्यादा अनुमान लगाया जा सकता है।'

भाजपा विश्वास मत जीत सकती थी, लेकिन बहुजन समाज पार्टी और नेशनल कॉन्फ्रेंन्स के सदस्य सैफ़ुद्दीन सोज ने अंतिम समय में पाला बदल लिया। हैरानी की बात थी कि सरकार गिरने और चार साल के भीतर तीसरे आम चुनाव की संभावना से भी बाज़ार के तेज़ी के मूड में कोई खलल नहीं पड़ा था। इसके साथ ही करगिल में भारत की अग्रिम चौकियों पर पाकिस्तानी घुसपैठियों के क़ब्ज़े और पीछे हटने से इनकार से कश्मीर सीमा पर तनाव बढ़ रहा था। घुसपैठियों को बाहर खदेड़ने के लिए भारतीय सशस्त्र बलों की बड़ी संख्या में सीमा की ओर हलचल शुरू होने के बाद युद्ध का ख़तरा मुँह बाये आकर खड़ा हो गया था। भारत ने मई के अंतिम हफ़्ते में हवाई हमलों की शुरुआत की और आख़िरी घुसपैठिए को खदेड़े जाने तक दो महीने यह कार्रवाई चलती रही।

वैसे तर्कशास्त्र तो यही कहता है कि युद्ध और राजनीतिक अस्थिरता के इस घालमेल में निवेशक जोख़िम को कम करने की भागदौड़ में लग जाने चाहिए थे। वास्तव में युद्ध की शुरुआत में इसके लंबे खिंचने की आशंका से बाज़ार में कुछ दिनों तक गिरावट का रुख़ रहा। लेकिन जल्दी ही बाज़ार ने इन चिंताओं को दरकिनार कर दिया और जुलाई के अंतिम हफ़्ते में जब भारत ने औपचारिक विजय का ऐलान किया तब तक सेंसेक्स 30 प्रतिशत बढ़ चुका था।

टेक्नोलॉजी कंपनियों के शेयरों में आग लगी हुई थी और नई ऊँचाइयों को छू रहे थे।

बाज़ार में धन कमाना इतना आसान कभी नहीं रहा था। एक दिन मैं मोंक से मिलने उनके दफ़्तर गया था। वे मुझसे बोले, 'इस बाज़ार में पैसे कमाने के लिए आपको इतना ही करना है कि बस काम करना है और किसी भी टेक्नोलॉजी कंपनी का शेयर ख़रीद लेना है। लेकिन इसका अर्थ यह भी है कि बाज़ार में तेज़ी कभी भी ख़त्म हो सकती है।'

चाहे अग्रणी कंपनी के हों या कोई नई कंपनी के, टेक्नोलॉजी शेयरों में आँखें चौंधिया देने वाले फ़ायदे ने बड़ी संख्या में निवेशकों को बाज़ार की ओर खींचा। शेयरों की ख़रीद-फ़रोख़्त में मँजे हुए खिलाड़ियों के साथ ही नए नवेलों ने भी अच्छा पैसा बनाना शुरू किया। इससे वे नतीजों के बारे में बिना सोचे-विचारे बड़े दाँव लगाने को प्रोत्साहित हुए। बाज़ार के अनुभवी

लोगों के लिए यह चिंता बढ़ाना वाला संकेत था। क्योंकि परंपरागत रूप से जब भी छोटे या खुदरा निवेशक बाज़ार में बड़ी तादाद में भेड़चाल में घुसते आते हैं तब-तब तेज़ी शिखर से उतरना शुरू हो जाती है। किसी शेयर के सौदे के लिए बेचवाल और ख़रीदार दोनों की ज़रूरत होती है। यदि बेचने वाले नहीं होंगे तो ख़रीदार ख़रीदी नहीं कर पाएँगे। कई शेयरों में बेचवाल नहीं होने के कारण कारोबार रोकना पड़ जाता है। क़ीमतें 8, 10 या 16 प्रतिशत तक उछल या गिर जाती हैं, जो उस शेयर के लिए एक्सचेंज द्वारा दिन के लिए तय सीमा होती है।

जहाँ आईसीई शेयर एक-दूसरे से नई ऊँचाइयाँ छूने की होड़ कर रहे थे। वहीं पुरानी जानी-मानी कंपनियों के भाव निवेशकों की दिलचस्पी के अभाव में ज़मीन पर ही पड़े थे। रिलायंस इंडस्ट्रीज़, टाटा स्टील, टेल्को, एसीसी, ग्रेसिम, एसबीआई, आईटीसी, हिंदुस्तान लीवर और बजाज ऑटो जैसी कंपनियों के शेयरों की पूछ-परख़ नहीं हो रही थी। जिनकी एक समय ज़ोरदार माँग रहती थी और बाज़ार की धारणा के संकेत देते थे। फ़ंड प्रबंधक और दलाल इन कंपनियों का मखौल उड़ाने लगे थे। उनमें से बहुत से अब यह मानने लगे थे कि अब इन कंपनियों की उपयोगिता नहीं रह गई है और जल्दी ही ये कारोबार से बाहर हो जाने वाली हैं।

जहाँ तक वाह-वाही लूट रहे नई अर्थव्यवस्था के शेयरों की बात है, उनमें से ज़्यादातर की क़ीमतें ज़मीनी हक़ीक़त से कोसों दूर हो गए थे। कंपनी के राजस्व, आय, मुनाफ़े आदि से उसके शेयर के भाव का संबंध लंबे समय पहले टूट चुका था। शेयर की उचित क़ीमत के सिद्धांत पर मुझे कभी भरोसा नहीं रहा था। किसी समय पर उस शेयर के लिए निवेशक जो भी क़ीमत देने को तैयार हों वही उसका भाव है। लगभग 99 प्रतिशत समय शेयरों की क़ीमत उनके वास्तविक मूल्य से अधिक या कम होती है। मेरा सिद्धांत है कि एक भाव ऐसा होता है, जिस पर आप अच्छा मुनाफ़ा मिलने की उम्मीद कर सकते हैं और ज़रूरी नहीं है कि वह उस शेयर की उचित क़ीमत हो। लेकिन इस समय पूरी तेज़ी पर जो खेल चल रहा था, वह 'बेवक़ूफ़ी भरा' था। लोगों ने हास्यास्पद दामों पर शेयरों की ख़रीदी की। उनको पूरा यक़ीन था कि कोई और इससे भी ज़्यादा बेतुके दामों पर इन्हें ख़रीदने के लिए बैठा होगा।

वाज़िब क़ीमत देखकर समझदारी से निवेश करने वाले बड़े निवेशक राधाकिशन दमानी, राकेश झुनझुनवाला और कई पुराने दिग्गजों ने टेक्नोलॉजी शेयरों को बहुत महँगा मानते हुए इससे पैसा बनाने के लिए अल्प अवधि के लिए उनकी बिकवाली कर दी, जिससे सस्ता होने पर उनको ख़रीद लें। लेकिन शेयरों में रैली जारी रही, जिससे वे नुक़सान पर अपनी पोजीशन ख़त्म करने को मज़बूर हो गए। मंदड़िए कुछ समय और इंतज़ार करेंगे तथा फिर से ऊँचे दामों पर बिकवाली करेंगे। इस आशा से कि नुक़सान की भरपाई हो जाएगी। लेकिन इस बार भी कुछ अलग नहीं होने वाला था। शेयरों में उछाल जारी रहा और उनको पहले से अधिक नुक़सान हुआ। इस राज़ से सब वाकिफ़ थे कि कुछ प्रमोटर अपनी कंपनियों के शेयरों के भाव जोड़तोड़ कर बढ़ाने के लिए दलालों और ऑपरेटरों को धन देते थे। मंदड़ियों का मानना था कि अंत में जीत उनकी होगी। उनकी इस सोच के पीछे ठोस कारण था। उनकी दलील थी, आख़िर बाज़ार हमेशा के लिए कंपनी के बुनियादी आंकड़ों को अनदेखा नहीं कर सकता था।

अतीत में भी कई प्रमोटरों ने अपनी कंपनियों के शेयरों के भावों को ऊँचाइयों पर ले जाने का प्रयास किया। ज़्यादातर इन प्रयासों का नतीजा शेयर की क़ीमत और गर्त में जाने और नियामक की कार्रवाई में सामने आया। 1992 में जब यह तय लग रहा था कि कई मंदड़िए दिवालिया होने वाले हैं, उसके कुछ ही दिन बाद उन्होंने पलटवार किया, जिससे अंततः प्रतिभूति घोटाला सामने आ गया। 1998 में मंदड़ियों ने एक बार फिर से बिग बुल हर्षद मेहता को बीपीएल, स्टर्लाइट और वीडियोकॉन के मामले में बुरी तरह मात दे दी।

उन्होंने सोचा था कि यही रणनीति टेक्नोलॉजी शेयरों में भी कारगर रहेगी। वास्तविक से बहुत अधिक क़ीमत वाले शेयरों के उचित भाव पर नीचे आने के लिए उसकी बिकवाली कर मुनाफ़ा कमाने के सिद्धांत में कोई बुराई नहीं है। सिवाय इसके कि इस बार टेक्नोलॉजी शेयरों के लिए उन्माद बहुत व्यापक था, जिससे मंदड़ियों की कामयाबी की संभावना कम थी।

एक शाम मैं निवेशक राकेश झुनझुनवाला के दफ़्तर में था। उनके कुछ सहयोगी भी वहाँ थे। राकेश झुनझुनवाला ख़ुश दिखाई नहीं दे रहे थे। टेक्नोलॉजी शेयरों में गिरावट की उनकी कई रणनीतियाँ नाकाम हो गई थीं। स्वाभाविक है कि चर्चा टेक्नोलॉजी शेयरों को लेकर ही हो रही थी।

राकेश ने स्क्रीन पर भाव देखते हुए कहा, 'मैं कह रहा हूँ कि यह टेक गुब्बारा फटेगा। जैसे-जैसे शेयर के भाव चढ़ेंगे आईटी कंपनियाँ पूँजी जुटाने के लिए शेयर जारी करेंगी। बाज़ार में उनके शेयर ज़्यादा होंगे, जिनकी क़ीमत धीरे बढ़ेगी, क्योंकि हर बार जब भी क़ीमत बढ़ेगी तो बेचने वाले ज़्यादा लोग होंगे। अभी तक आईटी शेयर आंशिक रूप से खुद की आत्म प्रशंसा पर बढ़ते जा रहे हैं। लोग ख़रीदते हैं, शेयरों की क़ीमत बढ़ती है। क़ीमतें और बढ़ेंगी यह सोचकर और लोग ख़रीदते हैं। लेकिन एक बार क़ीमतें थमने पर लोग ख़रीदना बंद कर देंगे। तब उल्टा चक्र शुरू होगा। लोग बेचना शुरू करेंगे। तब शेयर गिरेंगे, क्योंकि तब एक साथ सभी इनको एक साथ बेचकर निकलने में लग जाएँगे।'

राकेश के क़रीबी दोस्त केडी ने सवाल उठाया, 'राकेश यह दलील बिलकुल ठीक है। कहीं न कहीं शेयरों के भाव गिरेंगे। लेकिन सवाल यह है, कब?' यह सच था। कोई भी अनुमान नहीं लगा सकता था कि बेदम होने से पहले कब तक शेयर के भाव चढ़ेंगे। ऐसा कम ही होता था कि राकेश के सामने कोई इतनी बेबाकी से बात करे। ज़्यादातर राकेश अपने सटीक जवाब से सामने वाले को चुप करा देते थे। मैं कुछ-कुछ उम्मीद कर रहा था कि राकेश अपनी बात को साबित करने के लिए केडी से बहस करेंगे, लेकिन राकेश ने कुछ नहीं कहा। केडी उन थोड़े से लोगों में थे, जिनकी राय का राकेश सम्मान करते थे।

प्रमोटर अपने शेयरों में दिलचस्पी लेते रहे हैं। इसमें कुछ नया नहीं था। सामान्य तौर पर इसमें वे समझदारी से काम लेते हैं। लेकिन इस समय प्रमोटरों की मदद से ऑपरेटरों की शेयरों के भाव में जोड़तोड़ जैसे एक सुस्थापित व्यवस्था का रूप लेती दिखाई दे रही थी। प्रमोटरों के ऑपरेटरों के साथ मिलकर काम करने देने की बाज़ार में चर्चा होती रहती थी और उन पर इसका कोई फ़र्क़ नहीं पड़ता था।

कुछ और भी चल रहा था, जो कि अनुचित था। मुझे अपने दोस्तों से पता चला कि कुछ राजनेता बाज़ार में सक्रिय हो रहे हैं। वे फ़र्जी या किसी दूसरे नाम से संदिग्ध कंपनियों में हिस्सेदार बन रहे थे। इससे पहले तक वे सरकार की नीतियों के किसी कंपनी के पक्ष में पैरोकारी करने पर प्रमोटरों से रक़म लेकर संतुष्ट हो जाते थे। लेकिन फिर उन्हें समझ आया कि 'शेयरों

की भागीदारी' लेकर कहीं ज़्यादा पैसा बनाया जा सकता है तो बहुतों ने 'कारोबार के इस नए तरीक़े' को अपना लिया।

हमेशा शानदार प्रदर्शन करने वाले बाज़ार की तलाश में रहने वाले एफ़आईआई ने 1999 में भारत में शेयर बाज़ार में अपना निवेश बढ़ा दिया था। इनमें से बहुत से संस्थानों ने मॉरिशस में पंजीकृत निवेश कंपनियों के माध्यम से अपनी पूँजी लगाना पसंद किया। इसका कारण था, मॉरिशस के साथ भारत की दोहरे कराधान से बचने की संधि। इसके तहत मॉरिशस स्थित इकाइयों को पूँजी लाभ कर का भुगतान भारत की बजाय मॉरिशस की दरों पर करने की छूट थी। मॉरिशस में पूँजी लाभ कर नहीं था, जिससे एफ़आईआई को भारतीय शेयर बाज़ार में पूँजी लाभ पर कोई भी कर नहीं देना होता था।

वे जो भी कर रहे थे, नियमों के तहत ही था और इसमें कुछ भी ग़लत नहीं था। लेकिन मॉरिशस में स्थित होने का दावा करने वाली इन तथाकथित कंपनियों में से बहुत सारी केवल 'पोस्ट बॉक्स' कंपनियाँ ही थीं। मॉरिशस केवल उनका डाक का पता ही था। उनका यह धाँधलीबाजी का कारोबार यहीं तक सीमित नहीं था। शुल्क के रूप में एक बड़ी रक़म लेकर वे भारतीय प्रमोटरों और बाज़ार के ऑपरेटरों के लिए भी एक 'दूसरा खाता' वहाँ खोलने को तैयार थे।

काग़ज़ी तौर पर तो यह भारत में निवेश के इच्छुक विदेशी नागरिक या विदेशी कंपनी की एफ़आईआई संचालित स्कीम ही थी। इस तरह के निवेश सीधे नहीं किए जा सकते थे और सेबी पंजीकृत एफ़आईआई के माध्यम से ही निवेश हो सकता था। ओवरसीज़ कार्पोरेट संस्थाएँ (ओसीबी) भी थीं। इनमें कम से कम 60 प्रतिशत अनिवासी भारतीय स्वामित्व वाले ओवरसीज़ कार्पोरेशन, भागीदारी फ़र्में या ट्रस्ट थे।

उस समय इस तरह के खातों की अपनी जानकारी को प्रकट करने के संबंध में नियम बहुत सख़्त नहीं थे। परिणामस्वरूप वास्तविक खाताधारकों की पहचान पहेली ही थी। ज़्यादातर मामलों में ये खाते प्रमोटरों और ऑपरेटरों के थे, जो इनका नियंत्रण करते थे। वे ही एफ़आईआई को बताते थे कि कौन-से शेयर ख़रीदने हैं या कौन-से बेचने हैं। लेकिन बाज़ार को इसकी कोई जानकारी नहीं थी। इन खातों और ओसीबी के माध्यम से

ख़रीदी का अतिरिक्त फ़ायदा था। इससे एफ़आईआई के किसी शेयर को ख़रीदने के भ्रम के कारण उसके संबंध में धारणा मज़बूत होती।

कई कंपनियाँ इस अपनी पूँजी को इस गोल चक्र में घुमाकर उसमें वृद्धि करने में लिप्त थीं। इसे 'राउंड टिपिंग' का नाम दिया गया था। प्रमोटर एक तरह से हिसाब-किताब में गड़बड़ी करके अपनी कंपनी से पैसे की चोरी कर उसे हवाला या किसी क़ानूनी दिखाई देने वाले संदिग्ध लेन-देन के माध्यम से अन्य देशों में भेज रहे थे। कई बार संदिग्ध निर्यात या आयात से हासिल धनराशि को सीधे किसी विदेशी खाते में जमा करा दिया जाता था। इसे बाद में प्रमोटर अपनी किसी मित्र एफ़आईआई को निवेश के लिए दे देता था, जो कि दुनिया भर में विभिन्न बाज़ारों में अलग-अलग कोषों के निवेश का प्रबंधन कर रही होती थी।

एफ़आईआई इन कई खातों में से एक के माध्यम से प्रमोटर के धन को वापस भारत भेज देती थी। काग़ज़ों पर यह किसी शेयर में एफ़आईआई का निवेश जान पड़ता था। पर असल में परदे के पीछे प्रमोटर ही होता था, जो फ़ैसला करता था कि एफ़आईआई उसका धन किस शेयर में लगाएगी। किसी शेयर में एफ़आईआई के धन लगाने की ख़बर से बाज़ार में उस शेयर के संबंध में मज़बूत धारणा बन जाती। लेकिन सामान्य तौर पर जब एफ़आईआई किसी कंपनी के शेयर ख़रीदती थीं तो बेचवाल कोई व्यक्ति या फ़र्म होती थी, जिसे प्रमोटर नियंत्रित कर रहा होता था। मैंने पहले भी ज़िक्र किया था कि कई प्रमोटर बेनामी खातों में शेयर रखते थे, जिसके बारे में आम निवेशक को जानकारी नहीं थी।

प्रमोटर अपने अवैध धन वापस भारत लाने का एक और तरीक़ा आज़माते थे। वह था अपनी कंपनियों के शेयरों को निजी तौर पर बेचने का। इसमें कंपनी अपनी पसंद के निवेशकों को अपने शेयरों की बिक्री कर सकती है। इस निजी स्तर की बिक्री में शेयरों की 'ख़रीदी' करने वाले निवेशकों में एक निवेशक एफ़आईआई होता था, जिसके पास प्रमोटर ने अपना धन रखा हुआ है।

कई मौक़ों पर शेयरों के भावों में तेज़ वृद्धि से हम घबरा जाते हैं। हम शेयरों को बेच कर मुनाफ़ा निकाल लेते हैं। और होता यह है कि शेयर के भाव और नई ऊँचाई छूते चले जाते हैं। यह बहुत सीधी-सरल बात है और

इसमें कोई बहुत ज्ञान की ज़रूरत नहीं है कि शेयरों के भाव में इस प्रकार की जुनूनी बढ़त अनिश्चितकाल तक नहीं जारी रह सकती। मुझे वारेन बफ़ेट की बात याद आती है, जिसका अक्सर हवाला दिया जाता है : 'आपके पास पूँजी बचे रहने से कहीं अधिक समय तक बाज़ार सनकी ढंग से व्यवहार कर सकता है।' इसका अर्थ कि बाज़ार को लेकर किसी भी अनुमान पर पूँजी दाँव पर लगाने से नुक़सान जारी रह सकता है। मंदड़ियों को बहुत अधिक धन गँवाकर यह बात समझ में आ रही थी।

अक्टूबर में भाजपा के नेतृत्व वाले राष्ट्रीय जनतांत्रिक गठबंधन की पहले से ज़्यादा सीटों के साथ सत्ता में वापसी पर बाज़ार में ख़ुशियाँ छा गईं। पहली बार सेंसेक्स ने आठ अक्टूबर को पाँच हज़ार अंक को छुआ जो कि मनोवैज्ञानिक रूप से उत्साहजनक कहा जा सकता है। बीएसई के बोर्ड और अन्य वरिष्ठ दलालों ने बीएसई की इमारत की छत से गुब्बारे छोड़े जिन पर 5,000 छपा हुआ था। इसकी तसवीर अगले दिन कुछ कारोबारी अख़बारों में छपी। इसके बाद तो कुछ विघ्नसंतोषी दलालों ने पक्का मान लिया कि यह बाज़ार के चरम पर पहुँचने का संकेत है। लेकिन तेज़ी का यह दौर आसानी से थमने वाला नहीं था।

केवल उसी एक साल में कई शेयरों के भाव में इतनी अधिक बढ़त हुई थी, जो कि अविश्वसनीय थी। ख़ासकर उन शेयरों में जिनमें केतन की दिलचस्पी थी। 1999 की शुरुआत में पेंटाफ़ोर का शेयर 700 रु. के भाव पर था। साल के अंत में वह 3,000 रु. की ऊँचाई छू रहा था। इससे पिछले साल भी यह शेयर क़रीब चार गुना बढ़ गया था। जी के शेयर 640 रु. के स्तर से क़रीब 11,000 रुपए पर पहुँच गए थे। इसके पिछले साल में भी इसमें सात गुना वृद्धि हुई थी। जिस किसी ने 1998 के आरंभ में जी के शेयरों में 10,000 रुपए का निवेश किया होगा, वह 11 लाख रुपए कमा चुका था! ग्लोबल टेलीसिस्टम्स के शेयर एक साल में 74 रु. से 1,000 रु. पर पहुँच गए थे। इसी तरह से हिमाचल फ़्यूचरिस्टिक कम्युनिकेशन लिमिटेड (एचएफ़सीएल) के 37 रु. से 700 रु., एफ़्टेक इन्फ़ोसिस के 45 रु. से 2100 रु., रैनबैक्सी के 270 रु. से 1,000 रु. और सॉफ़्टवेयर सॉल्यूशंस के 600 रु. से 2,200 रुपए पर पहुँच गए थे।

एक शाम हम लोग शेयर बाज़ार के बड़े खिलाड़ियों के कारोबार के तौर-तरीक़ों पर चर्चा कर रहे थे। जीबी बोले, 'राधाकिशन या राकेश कभी

भी अपने पसंदीदा शेयरों को इतनी चकाचौंध कर देने वाली ऊँचाई तक ले जा पाने में समर्थ नहीं होंगे, जितना कि हर्षद और केतन कर सकते हैं। हर्षद और केतन की तरह आरकेडी और राकेश अंधाधुंध तरीक़े से काम नहीं करते। उनको पता है कि किसी शेयर को बेचकर कब उससे बाहर आना है और किस स्तर पर ख़रीदी करनी है। इसके अलावा राकेश और आरकेडी किसी शेयर की क़ीमत को समझते और मानते हैं कि कोई भी शेयर एक सीमा के बाद उसकी जोड़तोड़ कर निर्मित की गई अवास्तविक क़ीमत पर बना नहीं रह सकता। हर्षद और केतन के साथ ऐसा नहीं है। इन दोनों की सोच है कि किसी भी शेयर के लिए कोई क़ीमत अधिक नहीं है, भले ही उस कंपनी की आमदनी, कारोबार कुछ भी हो।'

लेकिन शेयरों की क़ीमतों में चमत्कारिक तेज़ी ही नई अर्थव्यवस्था की कंपनियों की तुनकमिज़ाज ख़ासियत नहीं थी। एनवाईएसई में सूचीबद्ध होने के मुश्किल से एक महीने के बाद ही सत्यम कंप्यूटर की सहायक कंपनी सिफ़ी ने इंडियावर्ल्ड कम्युनिकेशंस में 24.5 प्रतिशत हिस्सेदारी के लिए 2.8 करोड़ डॉलर (उस समय 122 करोड़ रु.) का भुगतान किया था। आईआईटी से पढ़े हुए राजेश जैन की शुरू की हुई इंडियावर्ल्ड की खेलडॉटकॉम, बावर्चीडॉटकॉम, खोजडॉटकॉम, और समाचारडॉटकॉम सहित 13 वेबसाइट थीं। इस करार में सिफ़ी के इंडियावर्ल्ड की शेष 75.5 प्रतिशत हिस्सेदारी 7.5 करोड़ डॉलर (325.4 करोड़ रु.) में ख़रीदने के लिए 1.2 करोड़ डॉलर (51.3 करोड़ रु.) के ऑप्शन का भुगतान भी शामिल था।

यह तमाम भुगतान ऐसी कंपनी के लिए जिसका कुछ कारोबार 1.3 करोड़ रु. और विशुद्ध लाभ 25 लाख रु. था। मीडिया और बाज़ार में सौदे को लेकर बहुत उत्साह का माहौल दिखाई दिया, लेकिन निजी तौर पर कई जानकारों को संदेह था कि यह सौदा सिफ़ी से पूँजी निकालने का एक बहाना है। सार्वजनिक रूप से इस तरह के संदेहों को ज़ाहिर करने का कोई बहुत लाभ नहीं था। कई विश्लेषकों की दलील थी कि अमेरिका में घाटे में चल रही कंपनियों के शेयरों के भाव इससे भी ज़्यादा बेतुके हैं। तब लाभ कमा रही कंपनी के लिए 500 करोड़ की क़ीमत देने में क्या बुराई है।

वित्तीय रूप से 1999 मेरे करियर का सबसे अच्छा साल था, लेकिन निजी जीवन में मुझे बहुत बड़ा नुक़सान हुआ। सितंबर के आसपास बाउजी

की तबीयत बिगड़ने लगी। अंत क़रीब आ गया था। टेस्ट रिपोर्ट बता रही थीं कि पिछले एक साल से हमने यमराज को दूर कर रखा था, अब उनके दस्तक देने का समय आ गया था।

मैं सोच रहा था कि बाउजी के लिए अंतिम दिन शांति से बिना दर्द-तकलीफ़ के गुज़र जाते तो बेहतर होता। डॉक्टर से मैंने पूछा, तो उसके जवाब से मेरा दिल और दहल गया, 'हाँ, तकलीफ़ तो होगी। कैन्सर पूरे फेफड़ों में फैल चुका है। उनको बहुत खाँसी आएगी, कफ़ के साथ ख़ून भी आएगा।'

डॉक्टर की बातें सुनकर मैं अपने आपको कोसने लगा। इससे तो बेहतर होता कि मैं उसी समय इलाज नहीं करवाता, जब डॉक्टर ने मुझसे कहा था कि उनके पास केवल दो महीने का जीवन शेष है। क्या केवल उनको एक दर्दनाक मौत मरते हुए देखने के लिए मैंने उनकी उम्र बढ़ाने पर पैसे ख़र्च किए थे। मैं सचमुच में ऐसी कामना कर रहा था कि उनके मस्तिष्क में कैन्सर उसी तरह सामान्य वृद्धि करता रहता और वे दर्द-तकलीफ़ से मुक्त रहते हुए अनंत यात्रा पर चले जाते। शाम का वक्त था। मैं यूँ ही ख़यालों में खोया हुआ था। तभी बीना का फ़ोन आया। वह बोली, बाउजी कुछ अजीब-सा बर्ताव कर रहे हैं। ना तो किसी को पहचान रहे हैं। आसपास लोगों से जैसे उनको कोई मतलब ही नहीं हो। अगले दिन मैं उनको डॉक्टर को दिखाने के लिए ले गया। डॉक्टर ने बताया कि उनके दिमाग़ में कैन्सर फिर से फैलने लगा है और अब कुछ ही दिन शेष हैं। दो दिन बाद बाउजी कोमा में चले गए और फिर वे कभी उससे बाहर नहीं आए।

18

एक और बड़ी गिरावट की गर्जना

केतन के क़रीबी सहयोगियों को भी उनके सौदों पर नज़र रखने में परेशानी होती थी। अपने पसंदीदा शेयरों के तेज़ी के रुख़ और भाव चढ़ने को लेकर उसके मन में कोई संदेह नहीं होता था, लेकिन काफ़ी भाव बढ़ने पर वह अक्सर उनमें अस्थायी बिकवाली कर मुनाफ़ा बना लेते थे और दाम गिरने के बाद फिर ख़रीदी कर लेते थे उनमें तेज़ी का रुख़ क़ायम था। इस तरह से मुनाफ़ा निकालते रहने और फिर कम दाम पर ख़रीद लेने से उनकी औसत लागत और कम होती जाती थी।

जीबी ने एक बार कहा, 'निवेश के उनके ज़्यादातर तथाकथित दाँव पूरी तरह से संदिग्ध हैं। लेकिन जहाँ तक ट्रेडिंग के हुनर का सवाल है, उनका कोई सानी नहीं है।'

केतन बाज़ार को हक्का-बक्का छोड़कर जिस तेज़ी के साथ किसी शेयर की ख़रीदी करते थे और उतनी तेज़ी से बेचकर उससे बाहर निकल जाते थे। सब उनकी चालों पर सोचते रह जाते थे। वे दलालों के एक बड़े नेटवर्क के माध्यम से सौदे करते थे, जिससे कोई भी अगर उनके सौदों पर निगाह रख रहा हो तो वह चकरा जाए। ऐसा हो सकता था कि वे मुंबई के दलालों के ज़रिए कोई ख़रीदी कर रहे होते तो उसी वक्त में उससे भी ज़्यादा शेयर कलकत्ता के दलालों के माध्यम से बेच रहे हों। कई बार इसका उल्टा भी होता था। ख़रीदी ज़्यादा शेयरों की कर रहे होते तो बिकवाली कम शेयरों की।

हालाँकि इस रणनीति में कुछ भी चौंकाने वाला नहीं है, क्योंकि ऑपरेटरों को कई बार वे जो पोजीशन बनाना चाहते थे उसके उलट रुझान बनाना पड़ता था। यदि उनको बड़ा लॉट ख़रीदकर रखना होता था तो वे पहले क़ीमत को नीचे गिराने की कोशिश में बेचवाल भी बन सकते थे, जिससे बाद में कम क़ीमत पर ज़्यादा मात्रा में शेयर ख़रीद सकें। इसके पीछे चाल यह होती थी कि क़ीमतों को एक अहम स्तर से नीचे ले जाकर रोज़ाना के ट्रेडर और छोटे निवेशकों को डरा कर बिकवाली कराना था। यदि ऑपरेटरों को बड़ा लॉट बेचना होता था तो वे थोड़ी ख़रीदी कर माँग पैदा करने और क़ीमत को बढ़ाने की कोशिश करते थे। इसका मक़सद होता है कि एक अहम स्तर से ऊपर क़ीमत को ले जाना, जिससे छोटे निवेशकों और रोज़ाना के ट्रेडर को ख़रीदी के लिए ललचाया जा सके।

ऐसा भी हुआ कि केतन ने जिन दलालों को ख़रीदी और बिकवाली के ऑर्डर दिए उन्होंने उसके पहले अपने सौदे लगाकर फ़ायदा कमाने की कोशिश की। कुछ ने कमाया भी, लेकिन केतन को ज़्यादातर मामलों में यह जानकारी मिल गई और उन्होंने ऐसे दलालों पर सख़्ती से क़दम उठाया। वे मृदु भाषी और बहुत व्यवहार कुशल थे, लेकिन उनके साथ छल करने वालों के प्रति वे बहुत निर्मम भी हो सकते थे।

मोंक ने मुझे एक किस्सा बताया था। एक बार केतन को पता चला कि उनका एक दलाल उनके साथ छल कर रहा है। उस दलाल से दुश्मनी रखने वाले ने केतन उसकी शिकायत की। केतन ने उस दलाल के साथ दो-चार सौदे करके इसकी पड़ताल की तो यह सही निकला। दो दिन बाद केतन ने उस दलाल को एक कंपनी का शेयर ख़रीदने का ऑर्डर दिया, जो पिछले कुछ दिनों से लगातार चढ़ता आ रहा था। यह ऑर्डर के अमल से पहले उसने अपने खुद के लिए बड़ी मात्रा में यह शेयर ख़रीद लिया, जिससे कि वह केतन के ऑर्डर से बढ़ने वाली क़ीमत का लाभ उठा सके। उसके ऑर्डर करने के कुछ ही मिनटों बाद केतन ने अपने अन्य सहयोगी के माध्यम से उस शेयर के बड़े लॉट की बिकवाली कर दी। उस दलाल को ज़बरदस्त नुक़सान हुआ। वह भागा-भागा मदद माँगते हुए केतन के दफ़्तर पहुँच गया। कुछ दूसरे दलालों को भी उन्होंने इसी तरह से धोखेबाजी की सज़ा दी। केतन के दलालों पर नकेल कसने के बाद भी कोई न कोई दलाल उनके

ऑर्डर के पहले फ़ायदा उठाने की कोशिश करता ही रहा। ऐसा कोई तरीक़ा नहीं था कि वे इसे पूरी तरह से रोक सकें।

कुछ समय पहले तक एकांत पसंद और चमक-दमक से दूर रहने वाले केतन ने अब अपने इस एकाकी स्वभाव से बाहर आना शुरू कर दिया था। अब ऐसा प्रतीत हो रहा था कि उनको अपनी सफलता और ऊँचे-ऊँचे लोगों से अपने संबंधों को दिखाने में ख़ुशी होने लगी थी। अब आए दिन वे बॉलीवुड के दिग्गजों और सितारों के साथ मेल-मुलाक़ातें करते हुए नज़र आने लगे थे। सबसे ज़्यादा हैरानी उनकी नए साल की पार्टी से हुई। गेटवे ऑफ़ इंडिया से कुछ दूरी पर माँडवा में समुद्र किनारे एक रिज़ॉर्ट में नई सदी के स्वागत में दी गई इस पार्टी के मेहमानों में आईटी कंपनियों, बॉलीवुड की जानी-मानी शख़्सियतें, कार्पोरेट और वित्त विभागों के बड़े अफ़सर, फ़ंड मैनेजर और बाज़ार में केतन के सहयोगी थे। गोपनीयता और अकलमंदी की दम पर फलने-फूलने वाले उद्योग में केतन का इस तरह से अपने प्रभाव और ताक़त का खुला प्रदर्शन पुराने लोगों को रास नहीं आया।

जीबी के एक दोस्त बोले, 'इस तरह से तो ये आदमी हम सब के लिए जल्दी ही मुसीबत खड़ी कर देगा, सरकार और कर अधिकारियों की निगाहें हम पर लग जाएँगी।' दूसरे ने टिप्पणी की, 'गुंडे-बदमाशों का ख़तरा अलग है। साला खुद तो डूबेगा ही, साथ में हम सबको भी डुबा देगा।'

और अगर आप यह सोच रहे हैं कि मुझे इस पार्टी में आमंत्रित किया गया या नहीं तो मैं इतना ही कह सकता हूँ कि अभी केतन ने मुझे इस लायक़ नहीं समझा था। मोंक के ज़रिए वह मेरे बारे में जान गया होगा, लेकिन उसने अभी मुझसे मिलने की ज़रूरत महसूस नहीं की थी। यह मैं ज़रूर कहूँगा कि इससे मेरे अहम को रत्ती भर भी चोट नहीं लगी।

तमाम उतार-चढ़ाव को छोड़ दें तो यह साल मेरे लिए बहुत फ़ायदेमंद था। बाज़ार में अन्य ज़्यादातर लोगों के लिए भी ख़ासा लाभप्रद रहा था। सिवाय उन कुछ मुट्ठी भर लोगों को छोड़कर, जिन्होंने टेक्नोलॉजी कंपनियों के शेयरों में अल्प अवधि में बिकवाली करके पैसे कमाने की ज़िद पकड़ रखी थी। उस वर्ष के दौरान सेंसेक्स क़रीब 40 प्रतिशत बढ़ा। हालाँकि

पुरानी अर्थव्यवस्था की सम्मानित कंपनियों के शेयरों के दामों में कोई ख़ास बढ़ोतरी नहीं हुई। दो बातें इनके शेयरों के बढ़ने के रास्ते में बाधक बनती रहीं। एक, उनकी आय में बढ़त आईसीईई कंपनियों की उच्च आय के मुक़ाबले कहीं भी नहीं ठहरती थी। दूसरा, कई निवेशकों ने मान लिया था कि अब बाज़ार की अगुआई में हमेशा के लिए बदलाव हो गया है और ब्लू चिप कंपनियों के शेयरों को बेचकर नए दौर की आईटी कंपनियों के शेयर ख़रीद लिए थे।

शेयरों की क़ीमतों में शानदार वृद्धि से चौंधियाए और मदमस्त बाज़ार के ज़्यादातर लोग अगले साल और बेहतर प्रदर्शन की उम्मीद कर रहे थे। उनका मानना था कि भारत दुनिया में सबसे अच्छा प्रदर्शन करने वाले बाज़ारों में से एक था; इसलिए एफ़आईआई भारत में और ज़्यादा पूँजी निवेश करेंगे।

नई सदी का आगमन हुआ। वाई2के बग से समस्याएँ पैदा होने की आशंकाएँ बेबुनियाद साबित हुईं और कंप्यूटर प्रणालियों में कोई बाधा नहीं उत्पन्न हुई। पिछले साल सेंसेक्स में 40 प्रतिशत की बढ़ोतरी के बाद तेजड़ियों के थोड़ा सजग रहने की उम्मीद ज़रूर की गई थी। लेकिन उनके हौसले और ज़्यादा बढ़ गए थे। अब वे बेलगाम हो गए थे।

साल के पहले ही कारोबारी सत्र में इंडेक्स 375 अंक (7.5 प्रतिशत) चढ़ गया। मुझे पता चला कि ऑपरेटर ख़रीदी कर रहे हैं। उनको विश्वास है कि जल्दी ही वे यह शेयर एफ़आईआई को और ऊँचे दामों पर बेच देंगे। केतन की गतिविधियाँ कर अधिकारियों की निगाहों में आने की जीबी के दोस्त की राय ग़लत नहीं थी। जनवरी के दूसरे हफ़्ते में आयकर अफ़सरों ने केतन के दफ़्तरों का सर्वे किया और उनको अघोषित आय के सबूत प्राप्त हुए। सेंसेक्स के साथ ही केतन की कुछ पसंदीदा कंपनियों के शेयरों के भाव कुछ समय के लिए कमज़ोर हुए। लेकिन उतनी ही तेज़ी के साथ बाज़ार ने पलटी भी खाई।

उस साल जनवरी से मार्च के दूसरे हफ़्ते तक बाज़ार में जो उन्माद से भरी तेज़ी रही उसका किसी भी तरह से शब्दों में वर्णन नहीं किया जा सकता। उन ढाई महीनों में हमने जो कुछ देखा उसे 'पागलपन' कहना भी कम हो सकता है। ऐसा हो गया था मानो बाज़ार के सभी किरदारों ने अपने दिमाग़,

सोच-विचार और विवेक को छुट्टी पर भेज दिया हो। शेयरों के भाव ही अपने आप में सब बयान कर देंगे। इन्फ़ोसिस 14,500 रु. से 28,000 रु. तक चढ़ गया, सत्यम 2,200 रु. से 7,200 रु., विप्रो 2,600 रु. से 9,800 रु., ग्लोबल टेलीसिस्टम्स 960 रु. से 3,550 रु. हिमाचल फ़्यूचरिस्टिक्स 677 रु. से 2,550 रु. और डीएसक्यू सॉफ़्टवेयर 950 रु. से 2700 रु. हो गया (मैं यहाँ पर मोटे-मोटे आंकड़े बता रहा हूँ)। इन कंपनियों के शेयरों की तुलना में जी का शेयर कुछ कम चढ़ा था, केवल 50 प्रतिशत 1,100 रुपए से यह 1,600 रुपए तक पहुँचा। लेकिन याद रहे कि जी अब एक रुपए का चुकता-पूँजी शेयर था यानी कि जिन शेयरधारकों ने 10 रुपए की चुकता पूँजी पर इसे ख़रीदा था, उनके लिए यह 16,000 रु. क़ीमत का था।

अब तक आईसीई के शेयरों का जुनून नैस्डेक पर दिखाई देने लगा था। इन शेयरों की क़ीमतों में बेतहाशा वृद्धि से इनकी क़ीमतों के लक्ष्य का अनुमान देने वाले बाज़ार के विश्लषेकों का ख़ासा मज़ाक़ बन रहा था। विश्लेषक एक साल की समय अवधि के लिए जो लक्ष्य देते थे, वह दो महीने में ही हासिल हो जाता था। बेचारे, बाज़ार के जानकार सिर खुजलाते रह जाते थे, कैसे वे इसे तर्कसंगत ठहराएँ। और कई शेयरों के भाव दो साल से भी कम समय में दस गुना या उससे भी ज़्यादा बढ़ने के बावजूद ज़्यादातर शेयर दलाल फ़र्म उनको 'बेचने' की सलाह नहीं दे रही थीं। जबकि उनके भाव पीई यानी कि क़ीमत और आमदनी के अनुपात के कई गुना हो गए थे, जो कि असामान्य था। कुछ को 'बेचने' की सलाह ज़रूर थी, लेकिन दलाल फ़र्मों द्वारा पूरे जोश-खरोश के साथ दी जा रही 'ख़रीदी' की सलाहों की तुलना में बेहद कम। विश्लेषकों ने तब अधिक क़ीमतों को तर्क संगत ठहराने के लिए मूल्य आमदनी वृद्धि (प्राइस अर्निंग ग्रोथ-पीईजी) का सहारा लेना शुरू कर दिया। हालाँकि सामान्यतया पीई का ही सहारा लिया जाता है। इससे केवल इतना हुआ कि शेयरों के ऊँचे भाव कुछ-कुछ तर्कसंगत दिखाई देने लगे। मुझे जीबी की एक बात याद आती है कि जब शेयरों के भाव बहुत ज़्यादा हो जाएँ और लोग इसे स्वीकार करने की बजाय उनको जायज़ ठहराने की कोशिश करें तो समझना चाहिए कि यह शेयर बेचकर मुनाफ़ा निकालने का वक्त है।

दलाल फ़र्में उन कंपनियों से पंगा मोल नहीं ले सकतीं, जिनसे उनको पूँजी जुटाने या अन्य कंपनियों के अधिग्रहण में मदद के एवज़ में शुल्क प्राप्त होता है। दलालों के संस्थानिक ग्राहक भी छलांगें लगाने वाले शेयर ख़रीदना चाहते हैं, जिससे कि उनके फ़ंड का प्रदर्शन उनके विरोधी संस्थान के मुक़ाबले में आगे रहे। मज़ाक़ बन जाने और उपहास के डर से बहुत कम दलालों या फ़ंड प्रबंधकों में इतनी दृढ़ता होती है कि वे भीड़ से अलग खड़े हो सकें।

दलालों के खुदरा या छोटे निवेशकों से मार्जिन की राशि वसूल करने में ढिलाई के कारण एक और जोख़िम बढ़ता जा रहा था। हर दिन क़ीमतें बढ़ जाने से ग्राहक के खाते में हमेशा रक़म बढ़ रही थी। कई निवेशक इस जमा हो रही राशि से और शेयर ख़रीद रहे थे। दलाल भी उनको इसके लिए प्रोत्साहित करते थे, क्योंकि उनको भी और दलाली प्राप्त हो रही थी। लेकिन अब हिसाब-किताब का वक्त नज़दीक आ रहा था।

11 फ़रवरी को सेंसेक्स ने पहली बार 6,000 का अंक छुआ। लेकिन इस मनोवैज्ञानिक स्तर से नीचे आकर बंद हुआ। वह शुक्रवार का दिन था। हमने इस मंज़िल पर पहुँचने की कामयाबी का जश्न ताज़महल पैलेस के हार्बर बार में मनाया, जहाँ से गेट वे ऑफ़ इंडिया का नज़ारा दिखाई देता था। हम क़रीब एक दर्ज़न लोग थे। तीन या चार पेग लेने के बाद वहाँ मौजूद सभी लोग इससे पूरी तरह सहमत हो गए थे कि बाज़ार बहुत ज़्यादा महँगा हो चुका है और अब समय आ गया है, जब हमें बिकवाली करनी चाहिए।

पार्टी ख़त्म होने के बाद जीबी के साथ मैं समंदर किनारे टहल रहा था। सर्दियाँ ख़त्म होने को थीं। पर हवा में हल्की-सी चुभन थी।

टहलते हुए जीबी ने कहा, 'तुम जानते हो लाला, जब हम कभी श्मशान में अंतिम संस्कार में शामिल होते हैं तो बहुत दार्शनिक हो जाते हैं और कुछ बेहतर बनने का संकल्प लेते हुए घर वापस आते हैं। लेकिन अगली सुबह सोकर उठने के बाद हम वापस अपनी लय में रोज़मर्रा की तरह काम में लग जाते हैं। मैं बता रहा हूँ, आज रात भी शराब पीने के बाद जितने भी लोग अपनी पोजीशन बंद करने का इरादा ज़ाहिर कर रहे थे, उनके साथ भी यही होने वाला है। होगा ये, जैसे-जैसे क़ीमत चढ़ेंगी, वे और ख़रीदी करने वाले हैं।'

अगले सोमवार सेंसेक्स सत्र के दौरान ही 6,150 की नई ऊँचाई छूकर लौटा और फिर से 6,000 अंक के नीचे बंद हुआ। अब तक तेजड़िए रोमांच से मदमस्त हो चुके थे और जुनून के साथ ख़रीदी कर रहे थे। उनको पूरा भरोसा था कि महीने के अंत तक इंडेक्स 7,000 अंकों पर पहुँच जाएगा। मैं कुछ समझदार फ़ंड मैनेजरों को देखकर हैरान था। वे भी ऊपर जा रहे शेयरों का पीछा करते हुए ट्रेडरों की तरह बर्ताव कर रहे थे।

एक घरेलू फ़ंड कंपनी में एक मैनेजर कुछ महीनों पहले तक वारेन बफ़ेट के समझदारी के साथ निवेश की वकालत करता रहा था। अचानक वह नई अर्थव्यवस्था की कंपनियों के शेयरों को लेकर बहुत मज़बूत रुख़ दिखाने लगा था। नई फ़ंड स्कीम के ऐलान के लिए पत्रकार वार्ता में एक पत्रकार ने उससे सवाल किया कि जी कंपनी का शेयर क्या 14,000 रु. (विभाजित होने से पहले) की क़ीमत रखता है।

उसका जवाब था, 'जो लोग एक शेयर की केवल क़ीमत ही देखते हैं और कह रहे हैं कि जी का शेयर महँगा है, वे कंपनी के कारोबार को नहीं समझते।' उसकी ख़ुशक़िस्मती थी कि मीडिया में किसी ने उससे विस्तार से बताने को नहीं कहा।

एक सप्ताह बाद सेंसेक्स फिर 6,000 पर पहुँचा। लेकिन इस स्तर से नीचे आकर बंद हुआ। अगर बाज़ार उस समय तक अपने चरम पर नहीं पहुँचा था तो कुछ तकनीकी विश्लेषकों ने माना कि अब यह उसके क़रीब पहुँचने के संकेत हैं। लेकिन किसी ने भी सेंसेक्स में इस सुस्ती की ओर ज़्यादा ध्यान नहीं दिया। सत्र के दौरान आख़िरकार टेक्नोलॉजी कंपनी के शेयर ऊँचाइयाँ भी छू रहे थे। जब तक कमाई हो रही थी, क्या फ़र्क़ पड़ रहा था, सेंसेक्स कितने स्तर पर है?

केंद्रीय बजट ने बाज़ार में तेज़ी की भावनाओं को और मज़बूत कर दिया। इसमें सूचीबद्ध भारतीय कंपनियों में एफ़आईआई की निवेश सीमा को 30 से बढ़ाकर 40 प्रतिशत कर दिया गया। एक महीने पहले ही भारतीय कंपनियों को सरकार की मंजूरी के बिना ही अमेरिकन डिपॉजिटरी रेसीट (एडीआर) और ग्लोबल डिपॉजिटरी रेसीट (जीडीआर) जारी करके पूँजी जुटाने की छूट मिली थी। एडीआर और जीडीआर शेयर की तरह ही हैं। अंतर इतना ही है कि ये विदेशी बाज़ारों में निवेशकों को उपलब्ध कराए जाते

हैं। एडीआर अमेरिकी स्टॉक एक्सचेंज (नैस्डेक या एनवाईएसई) में सूचीबद्ध होते हैं और जीडीआर लक्ज़मबर्ग स्टॉक एक्सचेंज में।

सरकार ने भारतीय कंपनियों को एडीआर और जीडीआर से मिलने वाले धन का 50 प्रतिशत विदेशी बाज़ारों में कंपनियों के अधिग्रहण में इस्तेमाल करने की भी अनुमति दे दी थी। आने वाले महीनों में कुछ कंपनियाँ जीडीआर के माध्यम से पूँजी जुटाएँगी और प्रमोटर उससे मिलने वाली धनराशि को अन्य देशों में संदिग्ध कंपनियाँ ख़रीदने के लिए बाहर भेज देंगे। इसका तरीक़ा कुछ इस तरह से था। भारतीय कंपनी एक विदेशी फ़र्म को ख़रीदती थी, जिसके मालिकों से भारतीय प्रमोटरों की पहले से ही मिलीभगत से सहमति बन चुकी है। भारतीय प्रमोटर अधिग्रहण के लिए निश्चित राशि देगा, जिसमें से आधी से ज़्यादा उसे बाद में लौटा दी जाएगी।

उस साल फ़रवरी के अंतिम हफ़्ते तक काग़ज़ों पर मेरी दौलत इतनी हो चुकी थी कि मुझे बताने में भी शर्म आ रही है। मैं इतना ही कहूँगा कि यह इतनी ज़्यादा थी कि मैंने गिनती ही बंद कर दी थी।

बजट के अगले दिन हम लोग एक रेस्तराँ में जमा थे। मोंक बोला, 'लाला, पिछले एक साल में कहीं ऐसा तो नहीं हुआ हो कि तुमने शाहरुख़ ख़ान से भी ज़्यादा दौलत कमा ली हो?' मैंने मन ही मन में अपनी संपत्ति का गुणा-भाग किया तो ख़ुश हो गया। मोंक सही कह रहे थे।

तब मैंने उसकी बात का जवाब देते हुए कहा, 'मैंने कभी ऐसा तो नहीं सोचा, लेकिन मुझे लगता है कि यह सही होगा।' हम दोनों ख़ुशी के साथ कुछ शरमा गए।

मोंक ने मुस्कराते हुए पूछा, 'बिलकुल सही है, लाला। मुझे एक बात बताओ इतने पैसे कमाने के बाद भी तुम अभी भी काम क्यों कर रहे हो?'

'उसी वज़ह से जिसके कारण शाहरुख़ और आमिर ख़ान, शायद दोनों की मिलाकर जितनी दौलत है उससे ज़्यादा कमाने के बाद भी आप काम पर आ रहे हैं।' मेरा जवाब सुनकर वहाँ सभी ने ज़ोरदार ठहाका लगाया। सबसे साथ हँसी में शामिल होने से पहले मोंक की आँखों में मुझे क्षण भर के लिए गुस्सा कौंधते हुए दिखाई दिया।

मैं जान गया था कि मोंक को लेकर मैंने अपनी सीमारेखा को पार कर दिया था और मुझे जल्दी ही ग़लती को दुरुस्त करना होगा और बात को बढ़ाते हुए मैंने वही किया।

'...या जिसके कारण केतन पारेख रोज़ाना काम पर आता है या कहें कि वारेन बफ़ेट, और पैसा कमाने के लिए।'

मोंक मेरी संपत्ति के बारे में सार्वजनिक रूप से बात कर सकते थे, लेकिन मैं उनके इस पहलू के बारे में चर्चा नहीं कर सकता था।

मैंने जिस तरह से बात को घुमाया, उससे ख़ुश होकर वे मुस्करा दिए। पैग की एक चुस्की लेते हुए बोले, 'लाला, कमाल का ट्रेडर है, मुझे उसकी सबसे ज़्यादा जो बात जँचती है, वह बाज़ार की नब्ज़ को पकड़ लेता है। बाज़ार के रुझान को पकड़ लेता है और घाटे वाले सौदे से तुरत-फुरत बाहर निकल जाता है।' वहाँ मौजूद किसी को भी समझ में नहीं आया कि मोंक का इशारा किस ओर है। मुझे छोड़कर।

1929 की अमेरिकी शेयर बाज़ार की बड़ी गिरावट के तीन दिन पहले अर्थशास्त्री इरविंग फ़िशर ने कहा, 'शेयरों की क़ीमतें ऐसा लगता है कि स्थायी रूप से ऊँचाई पर आ गई हैं।'

टेक्नोलॉजी कंपनियों के शेयरों के भाव में आश्चर्यजनक बढ़त को देखते हुए भारत में भी बाज़ार के ज़्यादातर जानकारों को ऐसा लग रहा था कि इसी प्रकार की ग़लतफ़हमी ने जकड़ लिया था। जिस प्रकार से भाव उड़ान भर रहे थे उससे बाज़ार के कुछ बुज़ुर्ग अनुभवी अनहोनी की आशंकाओं को लेकर चिंतित थे। अब कुछ समय से वे बाज़ार में कभी भी बड़ी गिरावट को सामने प्रत्यक्ष देख पा रहे थे। लेकिन बार-बार ग़लत साबित होने के बाद वे अब इस बारे में और बोलकर अपना मखौल उड़ाना नहीं चाह रहे थे, इसलिए अपने अनुभव के ज्ञान को अपने तक ही सीमित रख रहे थे। यह कारोबार के हिसाब से भी अच्छा नहीं समझा जाता। जब शेयरों के भाव रोज़ छप्पर फाड़कर धन वर्षा कर रहे हों तो ग्राहक ऐसे दलालों को पसंद नहीं करते, जो सावधानी बरतने की नसीहत दें।

आम तौर पर प्रकाश जोख़िम लेने में आगे रहता था, लेकिन वह कुछ मुट्ठी भर लोगों में था, जो अपने मुनाफ़े को बचाकर रखने में कामयाब हो सके थे। फ़रवरी मध्य तक उसने अपने सभी सौदे काटकर पोजीशन लगभग शून्य कर ली और छुट्टी पर जाने का फ़ैसला किया।

मैं उसे और उसकी पत्नी को छोड़ने विमानतल जा रहा था। रास्ते में वह बोला, 'सच में लाला, मुझे नहीं लगता कि हमें अपने जीवन में कभी भी दोबारा इस तरह की तेज़ी देखने को मिलेगी। वास्तव में तो मेरा मन कह रहा है कि अब मैं पूरी तरह से इस कारोबार को छोड़ दूँ। क्योंकि यह तेज़ी नहीं रहेगी तब भी हम हर दूसरे महीने अपना पैसा दोगुना करने की उम्मीद करते रहेंगे और यह दौलत भी गँवा देंगे।'

अमेरिकी टेक्नोलॉजी कंपनियों के इंडेक्स नैस्डैक में 14 मार्च को अचानक भूचाल आ गया। चार प्रतिशत की गिरावट के साथ यह 4,707 तक गिर गया। और अचानक दुनिया भर में टेक्नोलॉजी शेयरों के निवेशक इन शेयरों को बेचने के लिए भागने लगे। जैसे उसी क्षण सबको एक साथ पता लगा कि ज़्यादातर टेक्नोलॉजी कंपनियों का कारोबार टिकाऊ नहीं है। अभी हाल तक जो शेयर फ़ंड प्रबंधकों और लोगों के लिए आँखों के तारे थे, वे रातों-रात अछूत हो गए थे। वे उनसे अपना पिंड छुड़ाने को बेताब हो रहे थे।

दलाल स्ट्रीट पर भी अलग नज़ारा नहीं था। डर और दहशत में अगले एक महीने तक हुई बिकवाली में टेक्नोलॉजी कंपनियों के पसंदीदा शेयरों के भाव आधे रह गए थे। कई निवेशकों की काग़ज़ी दौलत घटकर बहुत थोड़ी-सी रह गई थी या ख़त्म हो गई थी। जब गिरावट शुरू हुई तो बहुत से ट्रेडर और निवेशकों ने इसे तेज़ी के बाज़ार में ही एक मुनाफ़ा वसूली का मामूली करेक्शन समझा और सोचा कि जल्दी ही फिर तेज़ी लौटेगी। उन्होंने अपनी पोजीशन नहीं काटी। जब तक वे हालात की गंभीरता को समझते तब तक बाज़ार में कारोबार बहुत सीमित मात्रा में रह गया था। कई कंपनियों के शेयरों में ट्रेडिंग बंद थी, क्योंकि ख़रीदार नहीं थे, केवल बेचने वाले ही थे। बाज़ार में ज़्यादातर अन्य लोगों की तरह मेरी भी काग़ज़ी दौलत कम रह गई। लेकिन तब भी काफ़ी कुछ बाक़ी था।

19

बद से और बदतर हुए हालात

दलाल स्ट्रीट पर यह एक नीरस दिवाली थी। सेंसेक्स 6,000 से ऊपर पहुँचने के बाद नीचे गिरकर 3,700 के आसपास आ गया था। कट्टर मंदड़ियों ने गिरावट के रुख़ का अनुमान लगाया होगा, लेकिन किसी ने भी कभी इतनी ज़्यादा गिरावट के बारे में नहीं सोचा होगा।

केतन के अपराजेय होने के आभामंडल की चमक फीकी पड़ गई थी। वह अब भी अपने कुछ पसंदीदा शेयरों में काम करने की रणनीति तय करते रहते थे। उनके दोस्त प्रमोटरों से अब भी उनको पूँजी उपलब्ध हो रही थी। ग्लोबल ट्रस्ट बैंक और माधवपुरा मर्केन्टाइल को-ऑपरेटिव बैंक (एमएमसीबी) के ख़ज़ाने तक उनकी पहुँच बनी हुई थी। फ़ंड प्रबंधक भी थे जिन पर वे भरोसा कर सकते थे कि वे उनके इशारे पर शेयरों की ख़रीद-बिक्री कर सकते थे। क्रेडिट सुइस, फ़र्स्ट बोस्टन और ड्रेस्नर क्लाइनवर्ट बैंसन जैसे वैश्विक निवेश बैंकों की ब्रोकरेज इकाइयों का उनको समर्थन था। इन इकाइयों ने उनके साथ समन्वय में ख़रीद-बिक्री की सहमति की थी। इस व्यवस्था ने एक कंपनी के शेयर में बहुत अधिक दिलचस्पी का माहौल बनाने में मदद की जिससे बाज़ार के अन्य किरदारों को आकर्षित किया जा सके। केतन ने बाद में संयुक्त संसदीय समिति को बताया कि ये व्यवस्थाएँ नक़ली ढंग से कारोबारी मात्रा दिखाने के मक़सद से नहीं थी, बल्कि विशुद्ध वित्तीय करार थे, जिसमें ये दलाल फ़र्में उनको एक क़ीमत के साथ क़र्ज़ प्रदान कर रही थीं। यह संसदीय समिति 2001 के शेयर बाज़ार घोटाले की जाँच कर रही थी।

इस ख़ास तरह की व्यवस्था में केतन अपने पास रखे शेयर सीधे दलाल फ़र्म के खाते में भेज देते और उनके बदले में तुरंत नक़दी प्राप्त कर लेते। इस सुविधा को डिलीवरी-विरुद्ध-भुगतान (डीवीपी) कहा जाता था और लेन-देन स्टॉक एक्सचेंज के क्लीयरिंग हाउस के माध्यम से नहीं होता था। क्लीयरिंग हाउस के माध्यम से सामान्य प्रक्रिया को पूरी करने का मतलब था कि केतन को धन प्राप्त होने में दस दिन का समय लग सकता था।

केतन से शेयर ख़रीदने के तुरंत बाद दलाल फ़र्में उन्हीं शेयरों को कुछ अधिक दाम में वापस बेचने को ले आती थीं। इनके ख़रीदार होते थे; केतन और उनके सहयोगी! इस बार सौदा क्लीयरिंग हाउस के माध्यम से होता था, जिसमें केतन को साप्ताहिक निपटान के आने वाले सप्ताह तक भुगतान के लिए दस दिन का समय मिल जाता था। इस लेन-देन के उलझे हुए जाल के संबंध में संसदीय समिति में केतन ने जो भी दावा किया हो, लोगों ने बढ़े हुए कारोबार को लेकर यही सोचा था कि इस शेयर में एफ़आईआई की दिलचस्पी है।

बाज़ार के मंदी के दौर से उबरने के कोई संकेत दिखाई नहीं दे रहे थे। केतन की मुश्किलें बढ़ती जा रही थीं। जब बाज़ार उछालें ले रहा था तो कुछ राजनेताओं और उनके सहयोगियों ने केतन को पूँजी दी थी कि वे अपने जादू से उसे कई गुना करके लौटा दें। जैसी कि उम्मीद की गई थी, केतन ने वह पूरा धन अपने पसंदीदा शेयरों में लगा दिया। बाज़ार में गिरावट में क़ीमतें नीचे जाने पर अब वे मुनाफ़ा तो दूर की बात है, मूल धन भी वापस करने की स्थिति में नहीं थे। जिन रसूखदार लोगों ने उनको अपनी पूँजी दी थी उनको ज़रा-सा भी इल्म नहीं था कि किस तरह से शेयर बाज़ार चलता है और उसके क्या जोख़िम हैं। वे इसे समझना भी नहीं चाहते थे। उनको बस अपनी पूँजी की फ़िक्र थी।

मंदड़िए अब पूरी तरह से खुलकर मैदान में थे। वे जानते थे कि केतन अब शेयरों के भावों को पहले की तरह आसानी से नहीं सँभाल सकेंगे, जैसा वे बाज़ार की तेज़ी के समय में करने में समर्थ थे। केतन ने अनजाने में राजनीतिक तौर पर प्रभावशाली लोगों को दुश्मन बना लिया था। अमर सिंह से उनकी क़रीबी को देखकर भाजपा के कुछ बड़े नेता चिंतित थे।

समाजवादी पार्टी और भाजपा ख़ास तौर पर उत्तर प्रदेश में एक-दूसरे के कट्टर विरोधी थे। ऐसा माना जा रहा था कि केतन सपा के लिए धन कुबेर का काम कर रहे थे।

पुरानी अर्थव्यवस्था के उद्योगपतियों को दोहरी पीड़ा झेलनी पड़ी थी। निवेशकों ने उनके शेयरों की उपेक्षा की थी और नई टेक्नोलॉजी कंपनियों की बाज़ार पूँजी दिन पर दिन बढ़ रही थी। कई टेक्नोलॉजी कंपनियाँ अपनी बहुत कम इक्विटी को बेचकर बाज़ार से बड़ी पूँजी जुटा लेने की स्थिति में थीं। इसका श्रेय केतन को जाता था, जिन्होंने उनके शेयर के भाव आसमान पर पहुँचा दिए थे। इससे वे अपने कार्य क्षेत्र का तेज़ गति से विस्तार करने पाई थीं। नई कंपनियाँ परंपरागत कारोबार वाली पुरानी स्थापित कंपनियों के लिए सीधे किसी तरह का ख़तरा नहीं थीं। लेकिन परंपरागत कंपनियाँ इसको लेकर ज़रूरत असहज थीं कि ऐसी कंपनियाँ, जिनकी कुछ भी भौतिक संपत्ति नहीं है, उनकी क़ीमतें आसमान छू रही थीं। या कहें कि केतन को प्रतिद्वंद्वियों को हथियार मुहैया कराने वाले और स्थापित व्यवस्था के लिए ख़तरे के रूप में देखा जा रहा था।

फ़रवरी, 2001 में केंद्रीय बजट से बाज़ार में कुछ समय के लिए बहार लौटी थी। हालाँकि पिछले कुछ बजटों के विपरीत इस बजट में सूचना प्रौद्योगिकी क्षेत्र के लिए कुछ भी ख़ास नहीं था। सच में देखें तो बुरी ख़बर थी। उस समय तक निर्यात पर केंद्रित इकाइयों और निर्यात प्रसंस्करण क्षेत्रों में स्थित इकाइयों, मुक्त व्यापार क्षेत्रों और सॉफ़्टवेयर टेक्नोलॉजी पार्क को घरेलू बाज़ारों में बिक्री पर 25 प्रतिशत की कर छूट प्राप्त थी। बजट में इसे समाप्त कर दिया गया। कंपनी में एफ़आईआई निवेश की सीमा अब बढ़ाकर 40 प्रतिशत कर दी गई थी। लेकिन इस समय इसके कोई मायने नहीं थे, जब एफ़आईआई भारत छोड़कर भाग रहे थे।

बजट के तुरंत बाद मंदड़ियों ने कमज़ोरी की ओर बढ़ते माहौल को भाँप लिया और उनके तेवर और उग्र हो गए।

एक दिन फ़ोन पर एक सौदे का आर्डर देने के बाद मोंक मुझसे बोले, 'इतनी भारी बिकवाली के बीच में केतन अपने पसंदीदा शेयरों को सहारा देने की कोशिश करके मूर्खता कर रहा है। मंदड़िए इस बार उसको छोड़ेंगे नहीं।'

मोंक को मैंने ग्लोबल टेलीसिस्टम्स, हिमाचल फ़्यूचरिस्टिक्स, जी और डीएसक्यू जैसे केतन के पसंदीदा शेयरों में पिछले कुछ हफ़्तों के दौरान ख़ासी बिकवाली करते हुए देखा था। शुरू में मैंने सोचा था कि वे इन शेयरों में पुरानी पोजीशन को बंद कर रहे हैं जो केतन ने उनके माध्यम से ख़रीदी कर रखी थीं। लेकिन उनकी बात सुनकर मैं अपनी सोच को बदलने को विवश हो गया था।

मैं सोच रहा था तो क्या मोंक केतन के प्रतिद्वंद्वियों के साथ हो गए थे और उनकी ओर से सौदे कर रहे थे। या केतन का खेल ख़त्म हो गया है यह सोचकर वे निजी हैसियत से शेयरों की अल्प अवधि बिकवाली कर रहे थे?

मैंने अपने संदेह की पुष्टि करने की कोशिश की, 'लेकिन केतन को सभी इसलिए जानते हैं कि जब किसी को भी उम्मीद नहीं होती, तभी वह पूरी ताक़त से वापस लौटकर आता है।'

मोंक लेकिन आश्वस्त थे, 'इस बार नहीं। वह ज़्यादा विश्वास में मारा गया है। उसको इतना ज़्यादा विश्वास हो गया था कि बाज़ार किसी भी दिशा में जा रहा हो, शेयरों के भाव उसके इशारे पर ही चलने वाले हैं। उसने इतनी ज़्यादा पोजीशन बना रखी हैं कि अब उसके बूते के बाहर की बात है। एक साल पहले ज़रूर यह संभव था। मैंने सुना है कि उसके पास दलालों को देने के लिए मार्जिन की राशि भी नहीं है।'

केतन के लिए हालात तेज़ी से बिगड़ रहे थे। क़ीमतें ऊपर ले जाने के निराशा भरे प्रयासों में उन्होंने कलकत्ता में अपने ख़ास दलालों से उनकी ओर से ख़रीदी करने को कहा। लेकिन कोई फ़र्क़ नहीं पड़ा। क़ीमतें नीचे जाना जारी रहा। अधिकारियों ने बाज़ार की गिरावट को मंदड़ियों की कारस्तानी समझा, जो निजी लाभ के लिए क़ीमतों को अनुचित तरीक़े से नीचे ले जा रहे थे। निसंदेह भारी अल्पावधि बिकवाली से क़ीमतों पर दबाव पड़ रहा था, लेकिन एक साल पहले जब तेजड़िए क़ीमतों को चढ़ा रहे थे और मंदड़ियों को नुक़सान हो रहा था तो अधिकारियों को कुछ भी दाल में काला दिखाई नहीं दे रहा था।

अब तक सभी ओर से बुरी ख़बरें आने लगी थीं। बजट के दो दिन बाद ही बीएसई के अध्यक्ष आनंद राठी ने एक्सचेंज के निगरानी विभाग से कुछ शेयरों के संबंध में दलालों की स्थिति पर गोपनीय जानकारी लाने को

कहा। राठी ने बाद में दावा किया कि उन्होंने यह सूचना यह जानने के लिए माँगी थी कि सेंसेक्स में उस दिन की गिरावट संस्थानिक बिकवाली से आई थी या सटोरियों को बिकवाली से और इस हिसाब से वे जोखिम प्रबंधन उपायों के निर्देश जारी करते। उनके जो भी तर्क हों, यह बीएसई के गवर्निंग बोर्ड के सदस्य की आचरण संहिता का उल्लंघन था। राठी और निगरानी अधिकारी के बीच बातचीत का टेप बीएसई के अफ़सर ने प्रेस को लीक कर दिया। राठी पर निजी फ़ायदे के लिए जानकारी माँगने और उसे मंदड़ियों के गुट को देने का आरोप लगाया गया। जाँच में हालाँकि यह आरोप साबित नहीं हो सका कि राठी को इस सूचना से निजी तौर पर कोई लाभ हुआ। लेकिन जो नुक़सान होना था, वह हो चुका था। इस खुलासे के एक हफ़्ते से भी कम समय में सेबी ने बीएसई के पूरे बोर्ड को भंग कर दिया।

टेक्नोलॉजी कंपनियों के पहले ही गर्त में जा चुके शेयरों को एक और झटका लगा। बाज़ार की आँखों के लाड़ले शेयरों में से एक एनआईआईटी टेक्नोलॉजीज़ ने मुनाफ़े को लेकर चेतावनी जारी की। इससे विज़ुअल सॉफ़्ट, पोलारिस और केपीआईटी इन्फ़ोसिस्टम्स जैसी आईटी सर्विसेज़ कंपनियों के दूसरी कतार के शेयरों को लेकर भी माहौल बिगड़ गया।

बाज़ार में उथल-पुथल के पीछे मंदड़ियों का हाथ होने की धारणा बलवती हो रही थी। सेबी ने गिरावट को रोकने की कोशिश में बिना ख़रीदी के बिकवाली पर रोक लगा दी यानी कि कारोबारी वही शेयर बेच सकेंगे जो कि उनके पास हैं। वे अल्प अवधि बिकवाली कर बाद में उतनी ही मात्रा में शेयर ख़रीदी कर अपनी पोजीशन बराबर नहीं कर सकेंगे। काग़ज़ी तौर पर तो इस क़दम से ऐसी उम्मीद की गई कि मंदड़िए बेचे हुए शेयरों का हिसाब बराबर करने के लिए उतने ही शेयर ख़रीदेंगे, जिससे क़ीमतें चढ़ेंगी। लेकिन प्रतिबंध का उल्टा प्रभाव हुआ और सेंसेक्स अगले तीन सत्रों के दौरान सेंसेक्स 500 अंक और गिर गया।

जीबी से मैंने पूछा, तो उनका जवाब था, 'मंदड़ियों की अल्प अवधि की बिकवाली तो बंद हो गई पर हो सकता है कि जिनके पास शेयर रखे हुए हैं वे अब भी उनको बेच रहे हों।'

देश में और बुरी ख़बरें आ रही थीं। बीएसई बोर्ड को भंग किए जाने के कुछ ही दिनों के बाद एक खोजी वेबसाइट तहलका डॉट कॉम के स्टिंग

ऑपरेशन में कुछ रक्षा अधिकारियों और सत्ताधारी एनडीए गठबंधन के नेताओं को एक संदिग्ध हथियार कंपनी के पक्ष में काम के लिए रिश्वत लेते हुए दिखाया गया। भ्रष्टाचार को किसी सूरत में बर्दाश्त नहीं करने के हमेशा दावे करने वाली सरकार की विश्वसनीयता पर यह गहरा धक्का था। सरकार ने आरोप लगाया कि यह सबकुछ जानबूझकर ऐसे समय पर किया गया है, जिससे शेयर बाज़ार को और कमज़ोर किया जा सके। इसके पीछे वज़ह थी। फ़र्स्ट ग्लोबल स्टॉकब्रोकिंग के शंकर शर्मा बफ़ेलो नेटवर्क्स के प्रमुख शेयरधारक थे, जो कि तहलका डॉट कॉम के स्वामित्व वाली होल्डिंग कंपनी थी।

शंकर शर्मा, राधाकृष्ण दमानी और निर्मल बंग पर क़ीमतों को गिराने के लिए साठगाँठ करने का आरोप लगा और आयकर विभाग तथा प्रवर्तन निदेशालय ने उनपर छापामार कार्रवाई कर दी। कुछ और लोगों पर भी छापे डाले गए, लेकिन वे बहुत जाने-पहचाने नाम नहीं थे। सेबी की जाँच में पता चला कि निर्मल बंग और फ़र्स्ट ग्लोबल से संबंधित इकाइयों ने शेयरों की क़ीमतें गिराने के लिए बहुत भारी बिकवाली का माहौल बनाने के मक़सद से मिलजुल कर सौदे किए। बंग और दमानी ने इसके विरुद्ध अपील की और यह साबित करने में कामयाब हो गए कि उनके सौदे इतने बड़े नहीं थे कि वे क़ीमतों पर दबाव बना पाते। इसके अलावा उन्होंने कोई भी नियम नहीं तोड़ने की भी बात कही। शर्मा की समस्या कुछ लंबे समय तक चली।

पूरे मार्च माह के दौरान केतन की हालत दिन पर दिन और बदतर होती गई। जाँच एजेंसियों के छापे और उसके बाद उनके बैंक खातों को फ्रीज़ किए जाने से उनके लिए पूँजी सुलभ नहीं रह गई थी। केतन ने मुंबई और कोलकाता में दलालों से उनकी ओर से शेयरों की ख़रीद करने को कहा और इसके लिए उनको ब्याज का भुगतान करने का भी वादा किया। उन्होंने मार्जिन राशि के एवज़ में अपने कुछ शेयर भी इन दलालों के पास बंधक के तौर पर रख दिए।

बाज़ार में अब बहुत से लोगों का सोचना था कि केतन अपने पसंदीदा शेयरों की क़ीमतों को ऊपर ले जाते हुए उनसे दिल लगा बैठे थे। कुछ का दावा था कि कंपनियों के प्रमोटरों ने केतन से विनती की थी कि वे उनके शेयरों को डूबने से बचा लें। वे अपनी क्षमता का अधिक आकलन करते हुए इसके लिए राज़ी हो गए थे, लेकिन सच्चाई यह थी कि केतन ने

खुद को बचाने के लिए क़ीमतों को सहारा देने की कोशिश की थी। यह हताशा में खेला गया दाँव था। इसके अलावा उनके पास कोई विकल्प नहीं था। क़ीमतें जब तेज़ी से ऊपर या नीचे जाती हैं तो वे अपने इर्द-गिर्द एक मज़बूती का चक्र बनाती हैं। केतन को आशा थी कि छोटी ख़रीदी के ज़रिए अगर वे कीमतों को स्थिर लेते हैं तो बिकवाली का दबाव कम होगा और क़ीमतें बढ़ सकती हैं, जिससे उनको कुछ राहत मिल जाएगी। एक अन्य रास्ता यह था कि वे उनके पास रखे हुए सभी शेयरों को बेच कर बाहर निकल जाएँ। लेकिन इससे क़ीमतों में और तेज़ गिरावट का ख़तरा था और उसके बाद भी वे अपने पूरे शेयरों को नहीं बेच पाते। चुपचाप बैठकर बिकवाली के उन्माद के थमने का इंतज़ार करने से भी कोई लाभ नहीं होने वाला था। शेयरों के भाव बिना किसी रोकटोक के नीचे गिरते जा रहे थे, ऐसे में उनको एक्सचेंजों को बाज़ार में शेयर की गिरती हुई क़ीमत पर मार्जिन (मार्क्ड टु मार्केट) की राशि का भुगतान करना होगा, जिसके लिए धनराशि की ज़रूरत होगी। मार्क्ड टु मार्केट मार्जिन व्यवस्था में मौजूदा पोजीशन के मूल्य में वृद्धि होने पर खाते में धनराशि क्रेडिट में आती है, जबकि पोजीशन के मूल्य में गिरावट होने पर मार्जिन में अंतर की राशि एक्सचेंज में जमा करानी होती है।

अंतिम पाँसा फेंकते हुए केतन ने अपने चुनिंदा शेयरों की क़ीमतों को गिरने से रोकने के लिए सहारा देने का फ़ैसला किया। इस उम्मीद में कि हो सकता है उसे अस्थायी तौर पर ही इसमें सफलता मिल जाए। सीएसई में उनके साथी डीएसक्यू, हिमाचल फ़्यूचरिस्टिक्स और इसी तरह के अन्य मिट्टी मोल फेंके जा रहे शेयरों को ख़रीद रहे थे और कोशिश कर रहे थे कि इन पोजीशनों को आगे बढ़ा लें, लेकिन उनकी क़ीमतें गिरना जारी रहा।

संकट को भाँप कर केतन के कई दलालों ने ख़रीदे हुए शेयरों को बेचना शुरू कर दिया था। कुछ अन्य ने केतन के अमानत के तौर पर रखे शेयरों को बेच डाला। इस तरह के क़दमों से एक कुचक्र शुरू हो गया। गिरते हुए भावों ने बिकवाली को उकसाया, बिकवाली की हरेक लहर और अधिक गिरावट की ओर ले जा रही थी और यह अनवरत सिलसिला चल पड़ा। कई कंपनियों के शेयरों के ख़रीदार ही नहीं थे, जिससे कारोबार बंद करना पड़ा। दलाल अपने पूरे शेयर बेचने में असमर्थ हो गए थे, जिससे वे एक्सचेंजों को भुगतान भी करने में नाकाम रहे।

जिस समय केतन नक़दी संकट से जूझ रहा थे, ठीक उसी समय बदला फ़ाइनेंसर के बाज़ार से धन वापस खींच लेने के निर्णय (मैं सोचता हूँ कि यह एक संयोग ही था) से उसकी हालत और ख़राब हो गई। बाज़ार में शेष कुछ ही फ़ाइनेंसरों ने प्रीमियम इतना ज़्यादा बढ़ा दिया कि बदला दरें आसमान पर पहुँच गईं। इसमें कोई संदेह नहीं था कि सफलता की मंज़िल की सीढ़ियों पर चढ़ते हुए केतन ने जिनको जख़्म दिए थे, अब वे अपना बदला निकाल रहे थे।

सीएसई पर भुगतान का बड़ा संकट पैदा हो गया। केतन की ओर से शेयर ख़रीदने वाले उनके साथी एक्सचेंज को भुगतान करने में नाकाम रहे थे। एक्सचेंज के किसी तरह बैंक गांरटी को भुनाकर और चूककर्ता दलालों की मार्जिन राशि को उपयुक्त बनाकर निपटान को पूरा करने की कोशिश की गई थी, तब भी तीन निपटान चक्रों में कुल 106 करोड़ रुपए की संचित कमी आ रही थी। इसके अतिरिक्त एक्सचेंज ने कमी की भरपाई के लिए ट्रेड गारंटी कोष से धन भी निकाल लिया। लेकिन ये सभी उपाय भी अभी भुगतान में हुई कमी को पूरी करने के लिए नाकाफ़ी थे।

सभी रास्ते बंद हो जाने पर केतन पूरी तरह से ख़ाली हो गए थे। उनके पास कोई धन नहीं बचा था। उन्होंने एमएमसीबी के पास अपने शेयर गिरवी रख दिए जो अब मिट्टी मोल हो चुके थे और उनके बदले में 137 करोड़ रुपए का पे ऑर्डर प्राप्त कर लिया। यह पहली बार नहीं था, जब बैंक के अध्यक्ष रमेश पारिख ने केतन की मदद की थी। मार्च के आरंभ से ही बैंक नक़दी की समस्या का सामना कर रहा था। जब यह बात सामने आई थी कि बैंक का ख़ज़ाना केतन के लिए खुला हुआ है। पारिख खुले हाथ से केतन को रिज़र्व बैंक की सीमाओं को ताक पर रखकर क़र्ज़ दे रहे थे और वह भी बिना किसी गारंटी के। दलाल स्ट्रीट के नए बिग बुल को बैंक द्वारा बड़ा क़र्ज़ देने की अफ़वाह से बैंक के ग्राहक घबरा गए और अपनी जमा-पूँजी निकालने लगे। इसके साथ ही एक तरह से बैंक को ताला लगने की शुरुआत हो गई।

बैंक के बंद होने के पीछे केतन एक बड़ा कारण थे। लेकिन एकमात्र कारण नहीं। बैंक अध्यक्ष रमेश पारिख का बेटा विनीत पारिख भी अपनी फ़र्म मधुर कैपिटल के माध्यम से शेयर बाज़ार में सक्रिय रूप से कारोबार

कर रहा था। कहा जाता है कि बाज़ार में घाटे की भरपाई के लिए वह खुले हाथ से बैंक के ख़ज़ाने का इस्तेमाल कर रहा था। केतन को पे ऑर्डर देने के समय तक एमएमसीबी खोखला हो चुका था। केतन ने बैंक ऑफ़ इंडिया में पे ऑर्डर पेश किया जिसने उनको रक़म जारी कर दी। जब बैंक ऑफ़ इंडिया ने एमएमसीबी में पे ऑर्डर प्रस्तुत किया तो स्वाभाविक रूप से वह बाउंस हो गया।

हर्षद मेहता को हिसाब निपटाने के लिए ज़्यादा समय देने वाले स्टेट बैंक के अफ़सरों के अंजाम को बैंक ऑफ़ इंडिया के अध्यक्ष वी. कृष्णमूर्ति भूले नहीं थे। उन्होंने केतन के मामले में कोई नरमी नहीं दिखाई। उन्होंने तुरत-फुरत सीबीआई को सूचना दे दी। 30 मार्च, शुक्रवार को कारोबारी सत्र समाप्त होने के बाद उनको गिरफ़्तार कर लिया गया।

दिलचस्प बात थी कि बाज़ार ने इस घटनाक्रम की एक तरह से उपेक्षा कर दी। सोमवार को सेंसेक्स में केवल 40 अंकों की मामूली गिरावट रही। शाम को हम लोग बाज़ार के बारे में ही चर्चा कर रहे थे। प्रकाश बोला, 'ऐसा लगता है कि लोगों के पास बेचने को अब कुछ रह नहीं गया है।'

शेयर बाज़ार में बड़ी गिरावट की एक प्रमुख घटना यूटीआई की अग्रणी म्यूचुअल फ़ंड स्कीम यूएस-64 थी। जुलाई, 2001 में असफल होने के पहले इस स्कीम में 1.9 करोड़ यूनिटधारक खाते थे, जिनमें से 99 प्रतिशत छोटे निवेशकों के थे और इसके अंतर्गत क़रीब 16,500 करोड़ रु. का फ़ंड था। इसकी दोषपूर्ण क़ीमत का मतलब था कि जिस क़ीमत पर निवेशकों ने यूएस-64 यूनिट ख़रीदी थीं और साथ ही जिस क़ीमत पर उन्होंने वापस यूटीआई को यूनिट बेचीं उसका स्कीम की एनएवी या वास्तविक मूल्य से कोई वास्ता नहीं था। यूटीआई यूएस-64 का विक्रय और पुनर्ख़रीद मूल्य 20 पैसे प्रति माह बढ़ाता था। काफ़ी हद तक नई आने वाली पूँजी स्कीम छोड़ने वाले यूनिटधारकों को भुगतान में मदद करती थी। इस प्रकार की मूल्य प्रणाली के कारण स्कीम में बने हुए निवेशकों और उसे छोड़ रहे निवेशकों को निश्चित रक़म प्राप्त हो जाती थी। लेकिन इससे निवेशकों में यह सोच भी बन गई थी कि यूएस-64 जोख़िमरहित 'सुनिश्चित अदायगी' वाली स्कीम है। 1990 के दशक के आरंभ तक यूएस-64 के निवेश में 20 प्रतिशत हिस्सा शेयरों का था और बाक़ी की

रक़म ऋण इंस्ट्रूमेंट्स में निवेशित होती थी। जून, 2001 तक जब तेज़ी का दौर बहुत अधिक तकलीफ़ भरे दौर से गुज़र रहा था, उस समय यूएस-64 का 75 प्रतिशत निवेश शेयरों में हो चुका था। इनमें बहुत सारे संदिग्ध क़िस्म के शेयर भी थे, जो कुछ ग़लत इरादों से ख़रीदे गए थे।

परिसंपत्तियों की गुणवत्ता में गिरावट के बावज़ूद लोगों के अनुमान के विपरीत स्कीम कुछ अधिक समय तक चलती रही। पोंजी स्कीम की तरह नए निवेशकों से लगातार पूँजी का प्रवाह बने रहने से यूएस-64 की यूनिटें बेचकर निकल रहे निवेशकों को भुगतान में मदद मिलती रही। लेकिन मार्च, 2001 के आसपास नई पूँजी आना बंद होने के साथ यूनिटधारकों की धनवापसी के आग्रह को पूरा करना कठिन हो गया। यूटीआई में संकट की अफ़वाहें चलने लगीं, जिससे भुगतान के लिए लोगों के आवेदन बढ़ते चले गए। मई महीने से कार्पोरेशन और संस्थानिक निवेशक जोख़िम को भाँपकर अपनी पूरी पूँजी भर-भरकर ले जाने लग गए। छोटे व्यक्तिगत निवेशकों को घाटा उठाना पड़ा, जिनको यूएस-64 की हालत के बारे में कोई भी इल्म नहीं था और उन्होंने अपना निवेश बना रहने दिया।

मई और जून में असामान्य रूप से यूनिट भुनाए जाने और निवेश को वापस लेने से यह बिलकुल स्पष्ट है कि यह अंदरूनी जानकारी कुछ स्तरों पर थी कि यूटीआई दो जुलाई की अपनी बोर्ड बैठक में यूएस-64 यूनिट की पुनर्ख़रीद बंद करने की घोषणा करने वाला है। गोपनीयता का बहुत साफ़ उल्लंघन हो रहा था। यूटीआई के न्यासी बोर्ड में एसबीआई का प्रतिनिधि भी था। एसबीआई ने मई में 355 करोड़ रु. का अपना निवेश निकाल लिया। यूटीआई ने बड़ी संख्या में आवेदनों पर भुगतान के लिए जून में बैंकों से बहुत भारी उधारी ली थी। इन सभी बैंकों का यूएस-64 में निवेश था और स्कीम की ख़स्ता हालत देखकर ये भी अपनी पूँजी वापस लेने की कतार में खड़े हो गए।

दो जुलाई को बोर्ड की बैठक में यूटीआई ने यूएस-64 की यूनिटों के भुगतान को रोकने का ऐलान कर दिया। बाज़ार भौंचक्का रह गया और ख़ासकर लाखों छोटे निवेशकों पर तो वज्रपात हो गया। उनका विश्वास चूर-चूर हो गया था। स्कीम में फेरबदल कर उसे दोबारा से रचा गया और भुगतान की तारीख़ें तय की गईं, लेकिन लगभग सभी निवेशकों को अपने

मूल निवेश पर घाटा उठाना पड़ा। सबसे बुरी बात कि कई लोगों की इसमें जान भी चली गई। अख़बारों में ख़बरें आई कि बिना सोचे-विचारे सटोरियों की तरह ट्रेडिंग में भारी घाटा होने पर कम से कम आधा दर्ज़न लोगों ने खुदकुशी कर ली। कुछ पर दलालों और वित्तीय संस्थानों, फ़ाइनेंसरों की भारी देनदारी हो गई और ना चुका पाने के हालात के डर से उन्होंने जान देने में भलाई समझी।

तिमाही नतीजों का समय और भी बुरी ख़बरें लेकर आया। आईटी सर्विसेज की कंपनियों के परिणाम अच्छे नहीं थे। सत्यम के नतीजे अच्छे थे, लेकिन प्रबंधन ने कहा कि आने वाले साल को लेकर उसका रुख़ 'आशावादी मगर सतर्क है।' इस भाषा से कोई भी अंदाज़ लगा सकता था कि एक तिमाही पहले तक की ज़बरदस्त वृद्धि दर फ़िलहाल दूर की कौड़ी नज़र आ रही थी। नैस्डैक में गिरावट के बाद छाई सुस्ती अब भारतीय सॉफ़्टवेयर इकाइयों में घुसपैठ करने लगी थी।

अगले दिन इन्फ़ोसिस ने भी कुछ इसी तरह का वक्तव्य जारी किया। आने वाले वर्ष में उसके राजस्व में 30 प्रतिशत की वृद्धि का अनुमान था, जो कि कंपनी के पिछले रिकॉर्ड को देखते हुए कुछ मामूली-सा लक्ष्य दिखाई देता था। दूसरी कतार की कुछ आईटी कंपनियाँ जैसे कि मास्टेक के नतीजे बहुत ख़राब रहे। और अचानक ही बाज़ार से टेक्नोलॉजी शेयरों का खुमार उतरता हुई दिखाई दिया।

अब मैं पीछे पलट कर सोचता हूँ कि काश मैंने डॉट कॉम के पागलपन या उस बुलबुले, उसे आप जिस तरह से भी देखें, उससे हुए मुनाफ़े के निवेश में अधिक सावधानी बरती होती। आईसीई शेयरों की गिरावट में किसी तरह से मैं बच गया। लेकिन इसका अर्थ यह नहीं है कि मुझे घाटा नहीं हुआ। मेरी काग़ज़ पर जो अधिकतम दौलत बनी थी, उसकी 40 प्रतिशत इस गिरावट में डूब गई। तब भी मेरे पास काफ़ी रक़म बची हुई थी। मैंने कुछ ऐसी स्टार्टअप इकाइयों में निवेश किया, जिनका भविष्य उज्ज्वल दिखाई दे रहा था। या ऐसे कहें कि इन स्टार्टअप के उद्यमियों ने मुझे निवेश के लिए बहुत अच्छे तरीक़े से राज़ी कर लिया। सभी तरह के विचारों पर स्टार्टअप की बुनियाद रखी गई थी, जिनमें से कई तो बहुत ही बकवास क़िस्म के थे। उनमें से कुछ अपने समय से आगे के थे और कुछ समय बाद आते तो शायद बेहतर प्रदर्शन कर पाते।

यह ज़रूर है कि मैं अकेला नहीं था। मैं एक अच्छी कंपनी में था। मुझे उम्मीद थी कि यदि उनमें से दो अच्छा करते हैं तब भी मैं अपने कुल निवेश को दोगुना करने में कामयाब हो जाऊँगा। आने वाले वर्षों में उनमें से ज़्यादातर निकम्मे साबित हुए। उनमें से कुछ से मैं मामूली लाभ लेकर बाहर आ गया। लेकिन कुल मिलाकर स्टार्टअप में निवेश का मेरा अनुभव बहुत ख़राब रहा।

खैर, कुछ कारोबारों और आकांक्षाओं से भरे उद्यमियों को समझने के लिहाज़ से यह एक अच्छा अनुभव भी रहा।

20

आईटी बूम हुआ धड़ाम

प्रकाश ने अपना ट्रेडिंग का मुनाफ़ा तो बचा लिया था, मगर लंबी अवधि के निवेश वाले शेयरों को वह समय पर नहीं बेच पाया, जिससे उनका लाभ उसके हाथ से फिसल गया था। वे ख़रीदी भाव से भी नीचे आ गए थे। कुछ ऐसे भी थे, जिन्होंने काग़ज़ पर हो रहे मुनाफ़े के काफ़ी हिस्से को भुना लिया था, उसके बावजूद उनको काफ़ी घाटा हुआ था। बीना का दूर का रिश्ते का भाई पंकज इसी तरह के लोगों में शामिल था। वह अनाज और तिलहनों के अपने परिवार के व्यापार को देखता था। कड़ी मेहनत और बुद्धि से उसने अपने कारोबार को बढ़ाया था और अब सालाना 50 लाख रुपए उससे कमा रहा था। क़रीब एक साल पहले उसने शेयर कारोबार में दिलचस्पी लेनी शुरू की थी। एक पेशेवर व्यापारी के रूप में पंकज को ऐसा लगा कि वह अनाज के कारोबार की अपनी सफलता को शेयर कारोबार में भी दोहरा सकता है।

उसने सावधानी के साथ शुरुआत की और बाज़ार में तेज़ी का दौर था, जिससे शुरुआती दाँवों में उसे ख़ासा मुनाफ़ा हुआ। कुछ कंपनियों के कुछ सौ शेयरों से आगे बढ़ते हुए उसने हज़ारों की संख्या में शेयर लेने शुरू कर दिए और वह भी टेक्नोलॉजी कंपनियों के ऊँची क़ीमतों वाले शेयरों में। उसकी पत्नी और माता-पिता चिंतित हो गए थे। लेकिन पंकज निश्चिंत था कि वह इस व्यवसाय में भी पूरी तरह से दक्ष हो गया है। दिवाली के आसपास का वक्त था। एक रिश्तेदारी में विवाह समारोह में पंकज से मुलाक़ात हुई। मुझे गुस्सा तब आया, जब वह नौसिखिया मुझ अनुभवी को ट्रेडिंग का ज्ञान बाँटने लगा।

घर लौटने पर शाम को मैंने बीना से कहा, 'मैं स्टाम्प पर लिखकर दे सकता हूँ। ये आदमी जल्दी ही मुसीबत में फँसेगा।'

फ़रवरी और मार्च महीनों में शेयरों के भाव हैरतअंगेज़ ऊँचाइयों को छू रहे थे। पंकज के ख़रीदे हुए शेयरों के भाव भी आसमान पर थे और काग़ज़ों पर उसका मुनाफ़ा 50 लाख रुपए तक पहुँच गया था। रात को परिवार के साथ खाना खाते समय जब वह अपनी शेखी बघार रहा था तो उसके माता-पिता ने उसे बिकवाली कर मुनाफ़ा निकाल लेने की सलाह दी। वे शेयर कारोबार को नहीं जानते थे, लेकिन उनमें इतनी सहज बुद्धि थी कि वे जानते थे कि यह मुनाफ़ा एक साल की आमदनी के बराबर है। पंकज ने उनकी एक नहीं सुनी। उसकी पत्नी ने बीना को कॉल कर मुझे उसे समझाने के लिए कहा। मैं जानता था कि क़िस्मत को अपना हुनर मान लेने वाले एक शौकिया खिलाड़ी के मुक़ाबले एक पेशेवर ट्रेडर को समझाना कहीं आसान है। तब भी मैंने पंकज को शेयर बेच कर मुनाफ़े को बाज़ार से निकाल लेने के लिए किसी तरह से मना लिया। उसने शेयर तो बेच दिए, लेकिन अपनी पूँजी निकालने की बजाय उसे दलाल के पास ही रहने दिया। जब शेयरों ने गोता लगाया तो पंकज को अपनी नक़दी देखकर लालच आ गया। उसने सोचा कि निचले स्तरों पर ख़रीदी कर तुरंत मौक़ा मिलते ही उनको बेचकर लाभ कमा लेगा। एक के बाद एक कई ग़लत सौदों में पंकज ने ना केवल अपने लाखों रुपए के मुनाफ़े की पाई-पाई गँवा दी, बल्कि उसे दलाल को 15 लाख रुपए अलग से देने पड़े। उनके पिता ने यह रक़म भरी। इसके बाद पंकज ने कभी अपने घर पर शेयर का नाम भी नहीं लिया।

मेरे एक अन्य रिश्तेदार ने भी इसी तरह घर आई लक्ष्मी को ठुकरा दिया। सिर्फ़ इसलिए कि वह पूँजी लाभ कर बचाने के लिए तीन महीने तक शेयरों को रखना चाहते थे।

नैस्डेक पर निवेशक नई अर्थव्यवस्था के शेयरों को प्रतिशोध की भावना के साथ दंडित कर रहे थे। बिकवाली का जुनून 14 अप्रैल को चरमोत्कर्ष पर पहुँच गया। कंपोजिट इंडेक्स एक ही कारोबारी सत्र में दस प्रतिशत गिर गया था। महज़ एक महीने पहले अपने शीर्ष से वह अब 35 प्रतिशत नीचे आ गया था।

दलाल स्ट्रीट में हाल में ताज़ा-ताज़ा आने वाले छोटे निवेशकों में से कई गिरावट में पूरी तरह से साफ़ हो गए। लेकिन जो लोग आरंभ में ही आए थे, उनके पास अब भी कुछ रक़म बच रही थी और वे बाज़ार में सक्रिय बने रहे।

अप्रैल के पहले हफ़्ते तक बाज़ार 4,700 के क़रीब पहुँच गया था। लेकिन अगले सप्ताह के भीतर ही यह छलांग मारकर 5,500 को पार कर गया। इससे कइयों को यक़ीन हुआ कि तेज़ी का बाज़ार वापस आ गया था और भारत दुनिया के अन्य बाज़ारों के मुक़ाबले अलग खड़ा होने में सक्षम होगा। इसके साथ ही कई बेहद महँगे शेयर अपने शीर्ष दाम से सस्ते दिखाई दे रहे थे, जो बाज़ार में नए आने वालों को लुभा रहे थे। उनको लग रहा था कि भारी गिरावट शेयरों की ख़रीदी करने और उसी तरह का तगड़ा मुनाफ़ा कमाने का अवसर पेश कर रही है, जिसका दावा उनके दोस्त, सहयोगी या रिश्तेदार करते रहे थे।

उदाहरण के लिए इन्फ़ोसिस क़रीब 28,000 रुपए के अपने शिखर से नीचे 15,000 रुपए, विप्रो फ़रवरी अंत में 10,000 रुपए पर पहुँच गया था जो अब 5,000 रुपए के आकर्षक भाव पर था, ग्लोबल टेली 3,500 रुपए के शीर्ष से गिरकर 1,700 रुपए पर ख़रीदा जा सकता था। यह सूची बहुत लंबी थी।

निश्चित ही ख़रीदार यह नहीं समझ रहे थे कि शेयरों के भाव सस्ते नहीं थे, बल्कि उनके शीर्ष स्तर से तुलना करने पर सस्ते जान पड़ रहे थे। छोटे निवेशकों को यह भी ग़लतफ़हमी होती है कि एक बार कोई शेयर किसी नई ऊँचाई को छू लेता है तो निकट भविष्य में वह निश्चित ही उस क़ीमत को पार करेगा, क्योंकि चतुर लोगों ने उसको इतनी ऊँची क़ीमत पर ख़रीदा है।

5,500 के स्तर पर सेंसेक्स की वापसी कुछ ही समय के लिए रही। अप्रैल के अंत तक वह फिर गिरकर 4,500 पर आ गया और मई के अंतिम सप्ताह तक 4,000 से भी नीचे।

कई खुदरा ग्राहक दलालों को अपनी देय राशि का भुगतान करने में नाकाम हो गए जो कि उनको स्टॉक एक्सचेंज को देनी होती है, चाहे ग्राहक दे या ना दे। इसके लिए दलाल खुद ही दोषी थे। उन्होंने पर्याप्त मार्जिन नहीं

लिया था और ग्राहकों को भारी-भरकम ख़रीदी करने की छूट दी थी, बिना इसकी परवाह किए कि अगर शेयर के भाव नीचे चले गए तो वे भुगतान कर पाएँगे या नहीं। उन दिनों किसी भी निवेशक से बात करने पर वह बातचीत में यह ज़रूर कहता था, 'यदि मैंने ऐसा किया होता...'

एक शाम मैं जीबी के दफ़्तर में था। वे बोले, 'सौदे के नियम पालन नहीं करने के कारण बड़े से बड़े ट्रेडर को भारी नुक़सान उठाना पड़ा है। मैं उनके लिए काम करता हूँ, इसलिए मैं यह कह सकता हूँ। लेकिन यह बात सही है कि बाज़ार में ऐसी तेज़ी किसी ने पहले कभी नहीं देखी। क़ीमतें बढ़ती जा रही थीं और कारोबारी निश्चिंत और सहज हो गए थे। कोई भी पेशेवर ट्रेडर अपने शेयर की क़ीमत के लिए एक लक्ष्य रखेगा जहाँ पर भाव आने पर वह उसे बेचकर मुनाफ़ा काट लेगा। दूसरा अगर क़ीमत गिरती है तो इसका भी एक लक्ष्य तय करेगा कि इस क़ीमत तक वह घाटा बर्दाश्त कर बाहर आ जाएगा और ज़्यादा घाटा बर्दाश्त नहीं करेगा। पहले चाहे कुछ भी हो, ऑपरेटर इन नियमों पर दृढ़ रहते थे।'

'लेकिन इस बार उनको ऐसा लगा कि क़ीमतें और भी गिर जाएँगी तो भी उनको फ़र्क़ नहीं पड़ेगा, क्योंकि उनकी औसत ख़रीदी लागत काफ़ी कम भाव की है। एक बार अतिविश्वास आ जाने पर नियमों की अवहेलना शुरू हो जाती है और निर्णय लेने में बड़ी-बड़ी चूक होने लगती है। इतनी भारी-भरकम ख़रीदी की स्थिति में उनको सही समय पर शेयर बेचने की ज़रूरत थी। सैद्धांतिक रूप से हो सकता है उनको कोई ख़तरा दिखाई नहीं दिया हो और भाव नीचे जाने पर उन्होंने सोचा हो कि और ख़रीदी की जा सकती है। लेकिन उनको अनुभव से यह समझना चाहिए था कि अगर क़ीमतें और गिरती हैं तो निचले स्तरों पर और भी कमज़ोर बेचवाल होंगे। वे सभी एक साथ बेचने के इच्छुक होंगे। उसी दाम पर बड़ी मात्रा में बिकवाली कठिन होगी और क़ीमतें और टूटेंगी।'

जून में सेंसेक्स ठहराव के कुछ संकेत दे रहा था और 4,300 से 4,800 के दायरे में घूम रहा था। जुलाई के पहले हफ़्ते में यह फिर से 5,000 के स्तर पर पहुँचा, जिससे उम्मीद दिखाई दी कि तेज़ी अब भी जीवंत है। लेकिन आशा की यह किरण झूठी साबित हुई। फ़ंड प्रबंधकों और खुदरा निवेशकों की काग़ज़ों पर अपनी बची-खुची रक़म को सुरक्षित

करने की कोशिश में आईसीई के शेयरों का टूटना जारी रहा। अब तक ज़्यादातर खिलाड़ियों ने टेक्नोलॉजी शेयरों की पार्टी वास्तव में ख़त्म होने के कड़वे सच से सुलह कर ली थी। फ़रवरी में लोगों ने ऐसी क़ीमतें देखी थीं, जिसके बारे में कल्पना भी नहीं की जा सकती थी और कुछ ही महीनों में फिर से ऐसे भाव देखने को मिल रहे थे, जो बुरे से बुरे सपनों में भी किसी ने नहीं देखे होंगे।

बाज़ार के ज़्यादातर खिलाड़ियों की तरह मैंने भी बहुत रक़म गँवाई थी। लेकिन भगवान का शुक्र है कि जो भी गँवाई थी, वह मुनाफ़े की रक़म थी। आपको विश्वास नहीं होगा, लेकिन मैंने राहत की साँस ली थी कि मेरा मुनाफ़ा ज़्यादा वास्तविक स्तर पर आ गया था। अगर मैं उस समय अपना मुनाफ़ा निकाल लेता, जब मेरा निवेश अपने शीर्ष पर था तो शायद मुझे समझ में ही नहीं आता कि आख़िर इस रक़म का मैं करूँ तो क्या करूँ। बहुत से लोगों को अपने नाम के आगे करोड़पति देखकर बहुत गुमान होता है। लेकिन मुझे इस तरह का कोई शौक नहीं था। इसके कई कारण हैं, कुछ मेरा आयकर और माफ़िया की निगाहों में चढ़ जाने का डर और कुछ यह डर कि कहीं अमीरी ट्रेडिंग का मेरा हुनर नहीं छीन ले। मेरे पास काफ़ी सारे शेयरों का पोर्टफ़ोलियो था, लेकिन बड़ा निवेशक होने का कोई मुग़ालता मुझे नहीं था। ना ही मेरी निवेश गुरु बनने की कोई महत्त्वाकांक्षा थी।

मैंने उन लोगों के सुझावों पर शेयर ख़रीदे थे, जिनके विवेक और फ़ैसले पर मुझे भरोसा था। निवेश की उनकी सलाह आगे आने वाले वर्षों में मुझे बहुत शानदार मुनाफ़ा कराएगी। खुद मुझे ट्रेडिंग में बहुत मज़ा आता था और मैं अभी कम से कम एक दशक और इस काम को करते रहना चाहता था।

जब मैंने जीबी को बताया तो उन्होंने हमेशा की तरह अपनी ख़ारिज करने वाली शैली में मेरी बात काट दी।

'लाला, तुमको अभी बहुत समय तक काम करना है। चिंता मत करो।'

'आप ऐसा क्यों बोल रहे हैं?'

'पहली बात तो तुम दस साल से इस धंधे में टिके हो। इसका मतलब कि तुम्हारे पास इस कारोबार का हुनर है। अगर तुम एक सक्षम कारोबारी

नहीं होते तो अब तक बाज़ार तुमको टिकने नहीं देता। दूसरी बात, इस व्यवसाय के बाद तुम और कोई काम-धंधा नहीं कर सकते। कोई भी दूसरा काम-धंधा एक दिन में लाखों रुपए कमाने या गँवाने का मौक़ा नहीं देता। शायद केवल धन ही नहीं, बल्कि यहाँ का रोमांच तुमको किसी और काम में नहीं मिलेगा।'

जीबी की बातों में दम था।

बाज़ार गिरने के बावजूद ये साल मेरे लिए अच्छा रहा था। मैंने मुंबई के बाहर ज़मीन में निवेश किया। घाटकोपर में एक बड़ा फ़्लैट लिया था और एक लाल रंग की ओपेल आस्ट्रा कार ख़रीद ली।

21

9/11 हमलों का असर

जैसे ही प्रतीत हुआ कि बाज़ार में स्थिरता आ गई है तभी अमेरिका में वर्ल्ड ट्रेड सेंटर के ट्विन टावर पर 9/11 हमलों ने दुनिया भर के बाज़ारों को एक बार फिर गहरी निराशा में धकेल दिया।

हमलों के दो हफ़्तों से कम समय में सेंसेक्स 15 प्रतिशत गिरकर आठ साल के निचले स्तर पर 2,600 पर पहुँच गया। कई और विदेशी दलाल फ़र्मों ने अपने दफ़्तर बंद कर दिए। इसी तरह से कई छोटी दलाल फ़र्मों ने भी कारोबार समेट लिया। 20 महीने पहले ही बाज़ार में उल्लास और उमंग की बयार छाई हुई थी और अब घोर निराशा। ट्रेडर सोच में डूबे थे, अगर ऐसी ही हालत रही तो उनकी रोज़ी-रोटी कैसे चलेगी। मैं भी उन्हीं में से एक था। पिछली मंदी के दौर में लोग कंपनियों के बंद होने की चर्चा करते थे। अब इस बार स्टॉक एक्सचेंजों के बंद होने की बात होने लगी थी। 9/11 हमलों से अमेरिका में मंदी गहरा गई और उसका असर दुनिया की दूसरी अर्थव्यवस्थाओं में भी महसूस हो रहा था।

जनवरी, 2002 में भारती टेलीवेंचर्स ने अपने प्रारंभिक सार्वजनिक निर्गम आईपीओ का ऐलान कर दिया। यह भारतीय पूँजी बाज़ार के इतिहास का पहला 100 फ़ीसदी बुक-बिल्ट इश्यू था। बुक-बिल्ट इश्यू का अर्थ था कि इसमें शेयर के भाव निवेशकों में शेयरों की माँग के आकलन के आधार पर किया जाएगा। यह निर्धारित क़ीमत वाले आईपीओ से भिन्न था, जिसमें

कंपनी खुद क़ीमत तय करके जन साधारण के लिए बाज़ार में उतरती है। उस समय तक मोबाइल फ़ोन लोकप्रिय हो गए थे। लेकिन लोगों में उस समय ऐसी धारणा थी कि यह अमीर लोगों के एक ख़ास वर्ग के लिए ही है। इसके कारण आईपीओ की तैयारी में कंपनी ने जो ऊँचे-ऊँचे महत्त्वाकांक्षी अनुमान प्रस्तुत किए, उनकी ओर निवेशकों ने बहुत ध्यान नहीं दिया। डॉट कॉम के गुब्बारे के फटने की यादें अब भी लोगों के दिमाग़ में ताज़ा थीं और आईपीओ को लेकर सामान्य रूप से लोगों में संशय था।

कंपनी ने 45 रु. का आधार मूल्य घोषित किया। अंत में निवेशकों की सुस्त प्रतिक्रिया के कारण वही क़ीमत आईपीओ के लिए भी तय हो गई। पिछले साल की बड़ी गिरावट के बाद ज़मीन तलाश रहे बाज़ार के लिए 834 करोड़ रु. का आईपीओ काफ़ी भीमकाय था। मुख्य रूप से तो इसके लिए बाज़ार में छाया मंदी का माहौल दोषी था और कुछ 1999 में भारती टेलीकॉम के डिलिस्ट होते समय अल्प शेयरधारकों के साथ उचित व्यवहार नहीं किए जाने से संभावित निवेशक चिंतित थे।

मुझे इसमें कोई दिलचस्पी नहीं थी। आईपीओ ने कभी मुझे आकर्षित नहीं किया। हाँ, आईपीओ के ग्रे मार्केट में ज़रूर मेरी दिलचस्पी रही। आईपीओ में ऐसी क़ीमत पर शेयर ख़रीदना जो प्रमोटर ने उचित समझकर तय की हो, मुझे कभी रास नहीं आया। मैंने आईपीओ के शेयर बाज़ार में सूचीबद्ध हो जाने के बाद भारती के शेयर ख़रीदे और आगे भी कुछ महीनों तक और शेयर ख़रीदता रहा। भारती के शेयर को ढाई गुना अभिदान मिला यानी जितने शेयरों के लिए उसने पेशकश की थी उससे ढाई गुना ज़्यादा के लिए आवेदन मिले। बाज़ार के सुस्त माहौल को देखते हुए यह कोई कम उपलब्धि नहीं थी। कुछ वर्षों बाद फ़ैसले ने बहुत ज़ोरदार मुनाफ़ा दिया। मोबाइल फ़ोन अब कोई विलासिता का साधन नहीं रह गया, बल्कि एक सुविधा और ज़रूरत बन गया था।

एक दिन जीबी से शेयरों के लगातार गिरते हुए भावों पर चर्चा करते हुए मैंने कहा, 'बहुत सारी कंपनियाँ जल्दी ही कारोबार समेट लेंगी।' जीबी ने कहा, 'अरे, उसकी चिंता मत करो। कंपनी के शेयरों की क़ीमतें गर्त में गई हैं, इसका मतलब यह नहीं है कि उसके ग्राहकों ने उसके साथ कारोबार करना बंद कर दिया है। बाज़ार बहुत से प्रमोटरों को संदिग्ध समझता होगा

और वास्तव में बहुत सारे हैं भी, लेकिन उनके उत्पाद और सेवाओं पर ग्राहकों को पूरा भरोसा है। और कारोबार के लिए इसी की ज़रूरत है, शेयरों की ऊँची क़ीमत की नहीं।'

2002 के दौरान और उसके बाद अगले साल मई तक बाज़ार बहुत धीमा, सुस्त रहा। मैं अब मोंक से अलग होने के बाद पूरी तरह से अपने बूते पर काम कर रहा था। केतन के साथ सौदों को लेकर वह सेबी की जाँच के दायरे में था और बाद में उसको जुर्माना भी देना होगा। उसने कई सौदे मेरे माध्यम से किए थे। सेबी के अधिकारी मेरे पास भी आए थे। उनको मेरे ख़िलाफ़ कुछ भी नहीं मिला। लेकिन फिर भी उनके सवालों के जवाब देना और बार-बार सेबी के दफ़्तर आना-जाना। इस तरह से मेरा समय और ऊर्जा तो ख़र्च हुई थी।

मैं सदाशयता के साथ मोंक से अलग हो गया था। बीएसई की सदस्यता कार्ड के लिए उनकी उधार दी गई रक़म मैंने लौटा दी थी। कुछ समय पहले यह रक़म मोंक के लिए छुट्टे पैसे की तरह होती, लेकिन बाज़ार में गिरावट ने उनको कुछ करोड़ रुपयों का झटका दिया था और अब पाई-पाई मूल्यवान हो गई थी।

चेक देने के बाद हम दोनों ने हाथ मिलाए। मोंक बोले, 'दुनिया बहुत छोटी है लाला, मिलते-जुलते रहेंगे।'

कंपनियों की आमदनी नीचे गिर रही थी और बीच-बीच में बाज़ार में उछाल आता था, लेकिन अंत आम तौर पर तेजड़ियों के लिए दुखद ही होता था। बाज़ार तेज़ी की ओर वापसी करने को अब भी तैयार नहीं था। मैं खुद कई बार ग़लत सौदों में फँस चुका था और अधिक पूँजी नहीं गँवाना चाहता था; इसलिए मैंने शेयरों की ख़रीदी कम कर दी थी।

और तभी बिना किसी संकेत के बाज़ार ने करवट ली। लोगों को यह समझने में कुछ महीनों का समय लग गया कि बाज़ार में एक बार फिर तेज़ी लौट आई है। शुरू में संदेह के कारण इसे स्वीकार करना स्वाभाविक था। साल की शुरुआत में सेंसेक्स 3,400 पर था, जो मई के मध्य तक 2,900 तक फिसल गया। जून अंत में यह गिरावट से उबर कर 3,500 पर आ गया। हालाँकि कंपनियों की आय अब भी कमज़ोर थी और बहुत से लोगों का मानना था कि तेज़ी टिकेगी नहीं। मेरी भी सोच यही थी, लेकिन मारुति

उद्योग के आईपीओ ने बाज़ार की धारणा को अप्रत्याशित मज़बूती प्रदान की। बाज़ार में छाई अनिश्चितताओं के बावजूद सरकार ने आईपीओ लाने का फ़ैसला किया था। खुदरा सहित निवेशकों के हर वर्ग ने इसको हाथों-हाथ लिया, जो कि हैरान करने वाला था। इसका आधार मूल्य 115 रु. तय किया गया था। माँग को देखते हुए अंतिम क़ीमत 125 रु. निर्धारित की गई। पहली बार ऐसा हुआ कि बुक-बिल्ट इश्यू आधार मूल्य से अधिक तय किया गया। आईपीओ से सरकार को 993 करोड़ रु. प्राप्त हुए।

जिस बाज़ार में माना जा रहा था कि नक़दी का संकट है और ख़रीदार नहीं हैं, वहाँ आईपीओ को मिली उत्साहजनक प्रतिक्रिया ने सभी को चकित कर दिया। सबसे अहम बात कि इससे यह साफ़ संदेश मिला कि यदि क़ीमत उचित हो तो बाज़ार में अच्छी पेशकश के लिए हमेशा ख़रीदार उपलब्ध रहेंगे। कई जानकार चिंतित थे कि मारुति आईपीओ में एक साथ एक हज़ार करोड़ रुपए जाने के बाद बाज़ार में कुछ सुस्ती रह सकती है, लेकिन शेयर सूचीबद्ध होने पर भी उसकी अच्छी माँग रही। जिन निवेशकों ने मारुति के आईपीओ में निवेश से पैसे कमाए, वे अब निवेश के लिए आकर्षक क़ीमतों पर आने वाले अच्छे आईपीओ का इंतज़ार करने लगे।

सार्वजनिक निर्गमों की यही ख़ूबी है। वे बाज़ार की तरलता, नक़दी को सोख लेते हैं। लेकिन अगर वे बाज़ार में अच्छे दामों पर सूचीबद्ध होते हैं तो वे अपने आप में नक़दी का स्त्रोत बन जाते हैं।

अक्टूबर मध्य तक सेंसेक्स 5,000 के क़रीब पहुँच गया था और कट्टर मंदड़िए भी अब कुछ खिन्नता के साथ स्वीकार कर रहे थे कि बाज़ार में अब फिर तेज़ी का दौर है। कंपनियाँ पूँजी उगाहने को उत्सुक थीं और व्यवसायिक बैंकर दिन-रात एक करके उनको सलाह देने में जुटे हुए थे।

तेज़ी के हर दौर को एक नायक या बिग बुल की ज़रूरत होती है। भारतीय शेयर बाज़ार की यह एक ख़ासियत है। इस बार बाज़ार में राकेश झुनझुनवाला हीरो के रूप में सामने आए। एक कुशल ट्रेडर लेकिन उससे भी बेहतर एक उम्दा निवेशक। उन्हें 2000 की टेक्नोलॉजी शेयरों की उछाल में बहुत नुकसान हुआ। उन्होंने सार्वजनिक उद्यमों और अन्य पुरानी अर्थव्यवस्था वाली कंपनियों में जमकर निवेश किया हुआ था। इसके साथ

ही उन्होंने केतन की कारस्तानी वाले टेक्नोलॉजी कंपनियों के शेयरों की कम अवधि के लिए बिकवाली कर दी थी।

राकेश ने जिन शेयरों को ख़रीदा था, उनके भाव गिर गए। हालाँकि ये कंपनियाँ बहुत अच्छी थीं और कुछ तो शानदार लाभांश देने वाली थीं। वहीं जिन टेक कंपनियों के शेयर उन्होंने बेचे थे, उनके भाव चढ़ते चले जा रहे थे, जिससे घाटा उठाकर उनको महँगे दामों पर ख़रीदना पड़ रहा था। कुल मिलाकर निवेश और ट्रेडिंग दोनों ही उनको नुक़सान दे रहे थे।

टेक गुब्बारा जब फटा तो उन्होंने एक बार फिर से बाज़ार के लाड़ले बने उन्हीं टेक शेयरों को अल्प अवधि के लिए बेच कर अपने कुछ घाटे की भरपाई की, जिन्होंने उनको नुक़सान पहुँचाया था। लेकिन उसके बाद बाज़ार में चली मंदी से लंबी अवधि का उनका निवेश कम रह गया था। फ़रवरी, 2001 में बजट के बाद क़ीमतों को गिराने के आरोपों में नियामक सेबी के उनके सौदों की जाँच करने से उनकी परेशानी और बढ़ी।

लेकिन बाज़ार के गिरावट से उबरने के साथ अच्छी कंपनियों के शेयरों को लेकर राकेश के सब्र और जुनून के अच्छे परिणाम मिलने शुरू हो गए थे। कंपनियों के ठोस आंकड़ों के आधार पर उनके शेयरों को देख परख़ कर उनमें निवेश फिर से चलन में आ गया और राकेश इसके जीते-जागते उदाहरण थे। टाइटन, क्रिसिल, मैट्रिक्स लैब, जियोमेट्रिक सॉफ़्टवेयर और हॉकिन्स कुकर्स जैसी कंपनियों में उनके निवेश आरंभ करने के बाद से अब तक इनकी क़ीमतें बढ़कर बहुत अच्छा मुनाफ़ा देने की स्थिति में आ गई थीं। *आउटलुक* पत्रिका के अक्टूबर महीने के अंक में उन पर प्रकाशित एक फ़ीचर में 21 कंपनियों में उनकी एक प्रतिशत से अधिक हिस्सेदारी का मूल्य 114 करोड़ रुपए आंका गया था।

यह अवश्य है कि पिछले कुछ बरसों में बाज़ार का आकार बहुत बड़ा हो गया है और उसे चलाना किसी एक व्यक्ति के बूते के बाहर है। जब केतन के सितारे बुलंद हो रहे थे, उस समय कारोबार की मात्रा और शेयरों की गुणवत्ता के हिसाब से बाज़ार में इतनी गहराई नहीं थी। एफ़आईआई की गतिविधियाँ ज़्यादातर बड़ी 20-25 कंपनियों के शेयरों में सीमित थीं। शेयरों को इलेक्ट्रॉनिक रूप में ख़रीदने-बेचने के लिए डीमेट प्रणाली, टेक्नोलॉजी सेक्टर में भारत की ज़ोरदार तरक्की और कुछ भारतीय कंपनियों के अमेरिका

में सूचीबद्ध होने से आज ज़्यादा विदेशी निवेशक भारत में निवेश के इच्छुक हैं। एक से बढ़कर एक उत्कृष्ट कंपनियाँ निवेश के लिए बहुत सारे विकल्प देती हैं। आने वाले कुछ वर्षों में बाज़ार में राकेश के ढेरों प्रशंसक होंगे। उन्होंने बाज़ार में कभी किसी स्टॉक के लिए उन्माद पैदा नहीं किया, जैसा कि हर्षद और केतन अपने जमाने में कर सकते थे। लेकिन उनके निवेश का तरीक़ा लंबे समय तक निरंतर चलने वाला था। हालाँकि उनके भी कुछ दाँव ग़लत रहे। जल्दी ही मीडिया में उनको 'भारत का वारेन बफ़ेट' कहा जाने लगा। यह तुलना उनको क़तई पसंद नहीं आती थी। राकेश का कहना था कि बफ़ेट के पास कहीं ज़्यादा दौलत और दिमाग़ है। साथ ही उनका मानना था कि वह खुद किसी के जैसे नहीं हैं। सबकी अलग अपनी पहचान है।

नियामक एजेंसियों से घिरे उनके गुरु और नज़दीकी दोस्त राधाकिशन दमानी ने डी मार्ट के नाम से सुपर मार्केट खोलने के लिए शेयर बाज़ार से कुछ समय के लिए विश्राम ले लिया।

2004 की शुरुआत तेजड़ियों के लिए बहुत धूमधाम के साथ हुई। पहली बार सेंसेक्स 6,000 के पार बंद हुआ। मारुति के आईपीओ की सफलता ने सरकार को आईपीओ और फ़ालो ऑन यानी एक आईपीओ के बाद दूसरे आईपीओ के माध्यम से अपनी हिस्सेदारी बेचने के लिए प्रोत्साहित किया। इनमें सबसे बड़ा तेल एवं प्राकृतिक गैस आयोग (ओएनजीसी) का दूसरा सार्वजनिक निर्गम था, जिससे सरकार को 10,500 करोड़ रुपए प्राप्त हुए।

शेयर रजिस्ट्रार के दफ़्तर में क्लर्क से हुई एक चूक के कारण हाई नेटवर्थ वाले व्यक्तियों (एचएनआई) को उनकी पात्रता से कहीं ज़्यादा शेयर आवंटित हो गए। निवेशकों ने अपने डीमेट खाते देखे तो अतिरिक्त शेयर देखकर वे ख़ुशी से फूले नहीं समाए और कई ने इस ग़लती का तुरत-फुरत फ़ायदा उठाते हुए पूरे शेयर बेच डाले। लेकिन रक़म हड़पना इतना आसान नहीं होता, जितना उन्होंने सोचा था। सेबी और वित्त मंत्रालय हरकत में आ गए और उनको शेयर वापस करने को मज़बूर कर दिया। नियमित ट्रेडर और शेयरों की आवंटन की प्रक्रिया से भलीभाँति अवगत होने के कारण एचएनआई जानकारी नहीं होने का बहाना नहीं बना सकते थे।

बाज़ार जैसे-जैसे ऊपर चढ़ने लगा, छोटे निवेशक धीरे-धीरे उसमें आना शुरू हो गए। दलाल फ़र्मों ने कर्मचारी बढ़ाने आरंभ कर दिए। लेकिन मई में बाज़ार को एक और झटका लगने वाला था, जिससे कई लोग यह सोचने को मज़बूर हो जाएँगे कि बाज़ार में तेज़ी का रुख़ अब समाप्त हो गया है।

भाजपा के नेतृत्व वाले एनडीए गठबंधन ने जनता का रुझान अपने पक्ष में मानकर तय समय से छह महीने पहले अप्रैल में चुनाव कराने का फ़ैसला किया। लेकिन यह क़दम उल्टा पड़ गया। काँग्रेस और उसके सहयोगियों ने एनडीए गठबंधन से ज़्यादा सीटें हासिल कर लीं। नतीजे बाज़ार के मनमाफ़िक नहीं थे। भाजपा को कारोबार और बाज़ार के पक्ष में समझा जाता है। बाज़ार उसकी जीत की आस लगा रहा था। तब भी तेजड़ियों ने उम्मीद नहीं छोड़ी। लेकिन आने वाले कुछ दिनों में उनके सब्र का इम्तिहान होने वाला था।

भाजपा को सरकार बनाने से रोकने के लिए वाम दलों ने काँग्रेस के नेतृत्व में यूपीए की सरकार को समर्थन देने की पेशकश की। लेकिन वे सरकार में शामिल होना नहीं चाहते थे। समर्थन का वादा करने के अगले ही दिन वाम दलों ने एनडीए सरकार के समय की विनिवेश नीति को भंग करने की शर्त रख दी। इससे बाज़ार में घबराहट फैल गई और नतीजों के अगले दिन शुक्रवार को सेंसेक्स में 330 अंक की गिरावट में उसकी नाख़ुशी ज़ाहिर हो गई।

बात यहीं पर समाप्त नहीं हुई। इससे भी कुछ भयंकर सोमवार का दिन रहा। टेलीविज़न के रिपोर्टर ने विनिवेश की नीति पर वाम दलों की राय जाननी चाही। इस पर भारतीय कम्युनिस्ट पार्टी के नेता ए.बी. वर्धन ने अव्यवहारिक टिप्पणी करते हुए कहा, 'भाड़ में जाए सेंसेक्स।' इससे बाज़ार में भूचाल आ गया। सेंसेक्स और निफ़्टी में दस प्रतिशत की गिरावट होने पर सर्किट लग गया यानी की कारोबार बंद करना पड़ गया। नियमों के तहत 15 मिनट के लिए ट्रेडिंग बंद करनी पड़ी। लेकिन जब दोबारा कारोबार शुरू हुआ तब भी बिकवाली थमी नहीं। दोनों इंडेक्स पाँच प्रतिशत और नीचे चले गए और बाज़ार को एक बार फिर बंद करना पड़ गया। सेंसेक्स अब पिछले दिन के बंद भाव से 840 अंक नीचे आ चुका था और निफ़्टी 290 अंक नीचे था।

मैंने इस प्रकार का बिकवाली का भयानक आलम इससे पहले 1992 में देखा था जब हर्षद मेहता का प्रतिभूति घोटाला सामने आया था। लेकिन तेज़ गिरावट के कारण पहली बार बीच सत्र में कारोबार को रोकने की नौबत आई थी। गुस्से से भरे दलालों और निवेशक एक्सचेंज के सामने सड़क पर उतर आए और उन्होंने काँग्रेस, सेबी और सोनिया गाँधी के विरोध में नारेबाज़ी शुरू कर दी। उनका गुस्सा स्वाभाविक था। इस तीव्र गिरावट में उन्होंने पिछले कुछ महीनों में बड़ी कठिनाई से जोड़ा गया; क़रीब-क़रीब पूरा मुनाफ़ा गँवा दिया।

कुछ घंटों के बाद सत्र फिर शुरू हुआ। काँग्रेस के नेताओं ने आर्थिक सुधार जारी रखने का वादा करते हुए बाज़ार में दहशत और घबराहट को दूर करने की कोशिश की। इसके साथ ही भारतीय जीवन बीमा निगम और अन्य सरकारी समर्थन वाले संस्थानों ने बाज़ार में स्थिरता लाने के लिए हस्तक्षेप करते हुए ख़रीदी की। बाज़ार में तेज़ गिरावट में कई दलाल फ़र्मों में ग्राहकों की मार्जिन राशि कम हो गई थी। ग्राहक इतने कम समय में अतिरिक्त राशि का इंतज़ाम करने में असमर्थ हो गए थे।

बाज़ार में तबाही की शुरुआत पिछले सप्ताह हो गई थी जब सेंसेक्स और निफ़्टी सप्ताह के दौरान दस-दस प्रतिशत गिर गए थे। ख़ासकर शुक्रवार को सेंसेक्स में 330 अंक की गिरावट ने कई तेजड़ियों को कठिनाई में डाल दिया था। स्टॉक एक्सचेंजों ने और गिरने की आशंका वाले शेयरों की बड़ी ख़रीदी वाली दलाल फ़र्मों पर अस्थायी मार्जिन लगा दिया। कई दलाल जो शुक्रवार को मार्जिन की देनदारी चुकाने में असमर्थ रहे थे, उनके टर्मिनल बंद कर दिए गए।

उनकी वित्तीय हालत पहले ही ख़स्ता हो गई थी। कई ट्रेडरों के पास अपने लंबी अवधि के निवेश को तोड़कर अतिरिक्त मार्जिन राशि की माँग को पूरा करने के अलावा कोई चारा नहीं था। एक्सचेंजों ने बाद में इनकार कर दिया कि उन्होंने किसी तरह का अस्थायी मार्जिन थोपा था। लेकिन ऐसे कई दलालों को मैं जानता हूँ, जिन्हें कुछ शेयरों में ग्राहकों से ज़्यादा मार्जिन वसूलने के निर्देश फ़ैक्स से प्राप्त हुए थे।

सोमवार को बाज़ार खुलते ही ट्रेडिंग स्क्रीन पर बिकवाली के ऑर्डर की झड़ी लग गई। कई ट्रेडर अतिरिक्त मार्जिन राशि की व्यवस्था के

लिए अपनी लंबी अवधि के निवेश के शेयरों की बिकवाली करने में लग गए थे। ठीक एक साल बाद सेबी की जाँच में सामने आया कि यूबीएस सिक्योरिटीज़ एशिया के बिकवाली ऑर्डरों से सर्वाधिक नुक़सान हुआ था।

इस स्विस दलाल फ़र्म ने बाज़ार के खुलते ही चंद मिनटों के भीतर 188 करोड़ रु. के शेयरों की बिकवाली कर दी थी। सेबी ने पाया कि फ़र्म की निफ़्टी इंडेक्स वायदा और कुछ स्टॉक वायदा में कुल 726 करोड़ रु. की अल्प बिकवाली की पोजीशन थी। जब शेयरों की क़ीमतों में तेज़ गिरावट हुई तो उसके साथ ही इंडेक्स और स्टॉक वायदा के भाव भी नीचे आए। जाँच में पता चला कि यूबीएस को हाज़िर सौदों की बिक्री में क़रीब 17 करोड़ रु. का घाटा हुआ था, लेकिन वायदा सौदों में लगभग 59 करोड़ रु. का मुनाफ़ा। इसे देखते हुए क़ीमतों में गिरावट पर यूबीएस को फ़ायदा होना तय था।

यूबीएस ने पहले सेबी को बताया कि उसने अपने मालिकाना खाता से शेयरों की बिकवाली की थी। बाद में वह पलट गई और बयान बदल दिया। अब उसका कहना था कि उसने भागीदारी नोट्स के जरिए भारत में निवेश करने वाले ग्राहकों की ओर से शेयरों और वायदे के सौदे किए हैं।

भागीदारी नोट्स – पी नोट्स या पीएनएस – उन एफ़आईआई के द्वारा जारी डेरिवेटिव इंस्ट्रूमेंट थे, जो सेबी में पंजीकृत थीं। इन उपकरणों के ख़रीदार वे विदेशी निवेशक थे, जो या तो अपात्र थे या जिन्होंने सेबी में पंजीयन नहीं कराने का विकल्प चुना था। अक्सर जो पी–नोट ख़रीदने वाला माना जाता था वह किसी अन्य निवेशक का मुखौटा होता था और वह निवेशक भी किसी और के लिए काम कर रहा होता था। और यह कड़ी इतनी लंबी थी कि अंतिम लाभार्थी तक नियामक एजेंसी पहुँच ही नहीं पाती थी। 2001 के प्रतिभूति घोटाले की जाँच कर रही संयुक्त संसदीय समिति ने 1999–2000 के टेक्नोलॉजी बूम के दौरान पी–नोट्स के व्यापक दुरुपयोग के कई मामले पकड़े।

प्रमोटरों को काला धन वैध करने और अपने शेयरों की क़ीमतों को ऊपर ले जाने के लिए पी–नोट बहुत सुविधाजनक तरीक़ा मालूम हुआ। पी–नोट्स की ख़ास संरचना सेबी को वास्तविक मालिक तक पहुँचने नहीं देती थी। और यह तब तो और कठिन हो जाता था, जब वह निवेशक ऐसे

देश का निवासी होता था, जो टैक्स को लेकर गोपनीयता बरतते थे, जहाँ बैंक गोपनीयता क़ानूनों का हवाला देकर अपने ग्राहकों की पहचान ज़ाहिर करने से इनकार कर सकते थे।

सेबी ने यूबीएस से पीएन खातों के लाभार्थियों की पहचान का खुलासा करने को कहा। यूबीएस ने सेबी को साफ़ मना कर दिया। उसने कहा कि ग्राहक किसी भी तरह का सहयोग करने को राज़ी नहीं हैं। नियमों के तहत एफ़आईआई को अपने पीएन ग्राहक की पहचान से अवगत होने की ज़रूरत होती है और नियामक के माँगने पर उपलब्ध कराना होता है। यूबीएस ने असमर्थता ज़ाहिर कर दी या वह पहचान बताने का इच्छुक नहीं था। जो भी हो इससे पीएन को लेकर बहुतों के मन में जो संदेह था, वह और मज़बूत हुआ कि यह देश का ही धन था, जो टैक्स बचाने और काले धन को वैध करने के लिए घुमा-फिरा कर लाया जा रहा था।

यूबीएस को दोषी ठहराने वाले आदेश में पीएन के दुरुपयोग को पुरज़ोर तरीक़े से उठाया गया था। लेकिन यह साबित नहीं किया जा सका कि यूबीएस ने जानबूझकर वायदा सौदों में फ़ायदे के लिए हाज़िर बाज़ार में बिकवाली की थी। और यूबीएस को सज़ा? पीएन जारी करने पर एक साल का प्रतिबंध। यूबीएस ने तुरंत ही इस आदेश को प्रतिभूति अपील ट्रिब्यूनल में चुनौती दे डाली और दो महीने से भी कम समय में अपील में उसके पक्ष में फ़ैसला हो गया।

सेबी ने सर्वोच्च न्यायालय में अपील दायर की, लेकिन जनवरी, 2009 में सुलह हो गई और सहमति से आदेश जारी हो गया। यूबीएस ने आरोपों को स्वीकार या इनकार किए बिना सेबी को 50 लाख रुपए का जुर्माना अदा कर दिया।

यूपीए सरकार के पहले बजट में शेयर बाज़ार के निवेशकों के लिए ख़ुशियों से भरा पिटारा था। 10 प्रतिशत के लंबी अवधि पूँजीगत लाभ कर को ख़त्म कर दिया गया था और अल्प अवधि पूँजीगत लाभ कर पर आयकर की पूर्व दर को घटाकर 10 प्रतिशत कर दिया गया था। जो 33 प्रतिशत आयकर

के दायरे में थे, उनके लिए अल्प अवधि पूँजी लाभ कर आधे से भी कम कर दिया गया। इसके अलावा एक साल से ज़्यादा अवधि के लिए रखे गए शेयरों पर निवेशकों को कोई भी कर नहीं देना था।

जीबी ने यह ऐलान सुना तो एक नक़ली हँसी के साथ कहा, 'यह सब खुदरा निवेशकों को आकर्षित करने के नाम पर हो रहा है। वास्तव में तो इससे प्रमोटरों को ज़्यादा फ़ायदा होगा, क्योंकि वे ही ज़्यादातर कारोबार करते हैं।'

नए पूँजी लाभ कर की दरों से राजस्व के नुक़सान की भरपाई के लिए चिदंबरम ने शेयर बाज़ार के सभी सौदों पर 0.15 प्रतिशत प्रतिभूति व्यवहार कर (एसटीटी) की शुरुआत की। एसटीटी लगाने के पीछे ख़ास वज़ह शेयर बाज़ार के कारोबारियों को कर के दायरे में लाना था, जो काल्पनिक घाटा दिखाकर पूँजी लाभ कर बचाने के लिए कुख्यात थे। और एसटीटी एक्सचेंजों को सौदे के समय पर संग्रहीत करना था, ऐसे में कारोबारी इससे बच कर नहीं निकल सकते थे। सरकार के लिए एसटीटी ना केवल प्रभावी, बल्कि कम लागत वाला स्त्रोत था।

लेकिन एसटीटी ने रोज़ाना ख़रीदी–बिकवाली करने वाले डे ट्रेडरों को आतंकित कर दिया जो पाँच से दस पैसे के अंतर में काम करते हैं। पूँजी लाभ कर के विपरीत हर सौदे पर एसटीटी देना ही होता है चाहे सौदे में ट्रेडर को मुनाफ़ा हो या घाटा। पूँजी बाज़ार के कारोबारी स्टॉक एक्सचेंजों के समर्थन के साथ वित्त मंत्री से मिले और उनके सामने अपना पक्ष पेश किया। उनका कहना था कि एसटीटी के कारण डे ट्रेडर बाज़ार से दूर हो गए तो शेयरों का कारोबार बहुत कम रह जाएगा। डे ट्रेडर या जिन्हें जॉबर्स भी कहते हैं, शेयर बाज़ार के लिए नक़दी का अहम स्त्रोत हैं। उन्होंने दलील दी कि सट्टेबाजों के अभाव में शेयरों की क़ीमतों में बहुत अस्थिरता आ जाएगी और वास्तविक निवेशकों को भी नुक़सान होगा।

सरकार ने एसटीटी हटाने से इनकार कर दिया, लेकिन इसकी दरों में संशोधन के लिए राज़ी हो गई। डिलीवरी आधारित यानी उसी दिन सौदा नहीं काटने और शेयर रखने वाले सौदे पर एसटीटी की दर 0.075 प्रतिशत कम कर दी। ग़ैर डिलीवरी सौदों में 0.015 प्रतिशत और फ़्यूचर, ऑप्शन सौदों में एसटीटी 0.01 प्रतिशत घटा दिया गया। ट्रेडर और निवेशक भुगतान

किए गए एसटीटी की सीमा तक अपनी कर देयता में छूट का दावा भी कर सकते थे।

एसटीटी दरों में कमी करने से सरकार को कर अनुमान में बहुत ज़्यादा नुक़सान हो रहा था। लेकिन शेयर बाज़ार में तरलता या नक़दी के अभाव से सरकार को कहीं ज़्यादा भारी क़ीमत चुकानी पड़ सकती थी।

यह दिल्ली में सरकार के अपने रुख़ में नरमी लाने के दुर्लभ मौक़ों में से एक था। दलालों के लगातार विरोध के चलते सरकार को झुकना पड़ा था।

चालाक दलालों ने जल्दी ही एसटीटी में सुराख ढूँढ़ लिया और ग्राहकों के कर दायित्व को कम करने में मदद करने लगे, जो उनकी बचत पर प्रहार कर रहा था। कुछ वर्षों बाद सरकार छूट को समाप्त कर फिर पलटवार किया।

लंबे अंतराल के बाद 2004 व्यवसायिक बैंकरों के लिए व्यस्त साल रहा। उस साल 26 कंपनियों ने आईपीओ के ज़रिए 12,400 करोड़ रुपए जुटाए। इसमें देश की अव्वल सॉफ़्टवेयर सर्विसेज़ निर्यातक टाटा कंसलटेंसी सर्विसेज (टीसीएस) का 5,420 करोड़ रुपए का आईपीओ शामिल था। मई में चुनाव नतीजों के बाद लगे झटके से बाज़ार उबर ही रहा था। उसके बाद भी निवेशकों ने आईपीओ को लेकर ज़ोरदार उत्साह दिखाया। निर्गम को खुदरा श्रेणी में तीन गुना अभिदान मिला। इसके लिए 12.5 लाख आवेदन आए। कुल मिलाकर निर्गम को 7.7 गुना अभिदान प्राप्त हुआ।

टीसीएस के आईपीओ से शेयर बाज़ार में नक़दी के कम होने की चिंताएँ एक बार फिर बेबुनियाद साबित हुईं। कंपनियों ने साल के दौरान फ़ालो-ऑन पब्लिक इश्यू, प्रिफ़रेंश्यल इश्यू और राइट्स इश्यू के माध्यम से 23,000 करोड़ रुपए उगाहे। भारी पूँजी प्राथमिक बाज़ार में लगने के बाद भी सेंसेक्स ने दिसंबर में नई ऊँचाई को छुआ।

मेरे पास ओपेल आस्ट्रा कार थी। अब मैंने महिंद्रा स्कॉर्पियो लेने का फ़ैसला किया था।

22

दौलत बनाने के लिए फ़र्जीवाड़ा

ज़्यादातर प्रमोटरों के लिए अपनी कंपनियों से पूँजी निकाल लेना एक सामान्य मानक था। उनका कारोबार ख़ासा फलता-फूलता हुआ होता था, लेकिन कंपनी के बही-खातों में बहुत कम पूँजी दिखाई देती। कुछ ही हिस्सा कंपनी के बही-खातों में शामिल किया जाता था। बाक़ी प्रमोटर के निजी खातों में चला जाता था।

लेकिन जैसे-जैसे बाज़ार में तेज़ी ने ज़ोर पकड़ा तो प्रमोटरों को यह समझ में आया कि कंपनी के पूरे राजस्व आंकड़े, बल्कि वास्तविक से ज़्यादा आंकड़े बही-खातों में दिखाकर ज़्यादा दौलत कमाई जा सकती है। जितनी ज़्यादा आय और आय वृद्धि की संभावना होगी, बाज़ार उस कंपनी के शेयर को उतनी ही अधिक क़ीमत देने का इच्छुक होगा।

और इस तरह से शुरू हुआ 'बाजार पूँजीकरण' और 'संपत्ति के सृजन' का बड़ा खेल। बहुत से प्रमोटर अपनी छवि को निखारने में जुट गए। इसमें बाज़ार के ऑपरेटरों, विश्लेषकों, फ़ंड प्रबंधकों और मीडिया ने भी बहुत मदद की।

शेयर की क़ीमत को बाज़ार में जारी शेयरों की संख्या (इक्विटी) से गुणा करने पर बाज़ार पूँजी का आंकड़ा सामने आता है। अधिक इक्विटी से ज़रूरी नहीं है कि बाज़ार पूँजीकरण भी विशाल हो, क्योंकि ज़्यादा संख्या में शेयर होने से उसकी क़ीमत बढ़ना भी उतना ही कठिन होता है। बाज़ार पूँजीकरण तब बढ़ता है, जब शेयर का मूल्य अधिक होता है। कंपनी की

बाज़ार पूँजी (या कंपनी का मूल्य) जितनी अधिक होती है, उतना ही उसके लिए धन राशि जुटाना सरल हो जाता है। कम शेयरों में वह ज़्यादा पूँजी जुटा सकती है।

एक विश्लेषक से इस बीच में अब तक मेरी अच्छी दोस्ती हो गई थी। वह प्रमोटरों और कंपनियों के जारी होने वाले नतीजों के संबंध में हमेशा शक करते थे, इसलिए मैं उनको शरलॉक कहा करता था। शाम को हम लगभग रोज़ ही बैठकर शराब की चुस्कियों के साथ बाज़ार की गपशप किया करते थे। वह मुझे अपने पेशे की कुछ बातें बताया करते थे। मैं उनको अपने ट्रेडिंग के धंधे के संबंध में कुछ सुनाया करता था।

एक शाम हमारी बातें कुछ ज़्यादा ही देर तक चलती रहीं। शरलॉक ने काफ़ी विस्तार से मुझे बताया कि किस तरह से प्रमोटर कंपनियों के अपने हिसाब-किताब और आमदनी में गड़बड़झाला करते हैं। उनका कहना था, मझोली पूँजी वाली यानी मिड कैप कंपनियों में यह हेराफेरी बहुत बेलगाम तरीक़े से होती है। हालाँकि बड़ी पूँजी वाली यानी लार्ज कैप कंपनियाँ भी इसमें पीछे नहीं हैं।

शरलॉक ने मुझे बताया, 'देखो ऐसा है कि दूध में पानी तो होगा ही, अंतर केवल कम, ज़्यादा का है।'

आंकड़ों में हेराफेरी का एक तरीक़ा यह है कि समय से पहले ही राजस्व को लेखा रिकॉर्ड में दर्ज़ कर स्वीकृति देना जबकि यह निश्चित नहीं हो कि कंपनी को भुगतान प्राप्त होगा या नहीं। संपत्ति कारोबारी की आलीशान आवासीय परियोजना की लॉन्च होने के पहले ही दिन पूरी बुकिंग हो सकती है, लेकिन बाद में कुछ रद्द हो सकते हैं या कुछ भुगतान में विफल हो सकते हैं। कोई फ़र्म अपने वितरकों को आसान शर्तों पर क़र्ज़ देकर उनके पास उत्पादों के स्टॉक को बढ़ाकर अपने पास स्टॉक को कम कर सकती है। कंपनियों ने बिक्री के संदिग्ध आंकड़े भी रिकॉर्ड में दर्ज़ किए या ऐसे परिचालन से आमदनी को भी बिक्री के रूप में रिकॉर्ड में प्रदर्शित किया जो कि उसका मूल कारोबार नहीं था (जैसे कि शेयरों, बॉन्ड, म्यूचुअल फ़ंड में निवेश से हुई आय)। ऐसी कंपनियाँ भी थीं जो अपने ही शेयरों में ऊपरी तौर पर दिलचस्पी लेती थीं और अपनी आय में मुनाफ़ा दिखाती थीं। कुछ कंपनियाँ प्राप्त होने वाली संदिग्ध आय, कर विवाद और

अन्य दायित्वों के लिए उपयुक्त प्रावधान नहीं करती थीं। बैंकिंग उद्योग में 'सदाबहार' क़र्ज़ डूबंत क़र्ज़ों के लिए कम प्रावधान की मानक प्रक्रिया है। बैंक संकटग्रस्त क़र्ज़दार को नया क़र्ज़ दे देते हैं जिससे वह उस रक़म से अपना पिछला क़र्ज़ चुकता कर दे, जिससे कि तकनीकी रूप से डिफ़ाल्टर होने से बच जाए।

बढ़ते हुए बाज़ार में प्रमोटर असली या फ़र्ज़ी किसी भी तरह से अच्छा-मोटा मुनाफ़ा दिखाना चाहते थे। इससे उनको आकर्षक मूल्यों पर इक्विटी पूँजी जुटाने में मदद मिलती थी। लेकिन बाज़ार में मंदी के दौरान प्रमोटर कंपनी के हिसाब-किताब से धनराशि निकालने की अपनी पुरानी तिकड़म को अपनाते थे। वे जानते थे कि गिरे हुए बाज़ार में मोटी आय दिखाने से कोई लाभ नहीं होने वाला क्योंकि संभावित निवेशक शेयरों की क़ीमत को ज़्यादा बताकर नाक-भौंह सिकोड़ने से बाज़ नहीं आने वाला है।

कंपनी के हिसाब से नक़दी बाहर निकालने की सबसे आम रणनीति थी प्राप्ति को कम से कम दिखाना और ख़र्च बढ़ा-चढ़ाकर बताना। इसके लिए कई तरह के मद हो सकते थे, बिक्री और प्रोत्साहन के कार्यक्रमों से लेकर पूँजीगत व्यय कार्यक्रमों तक।

कंपनियों के लाभ-हानि के विवरण पत्रक को पढ़ने मात्र से निवेशकों को धनराशि के ग़लत तरीक़े से ख़र्च होने के संबंध में पूरी जानकारी नहीं मिलेगी। उस कंपनी में या उसी उद्योग में काम करने वाले ही असलियत को जानते हैं। शराब जैसे कुछ क्षेत्रों में राज्यों में बिक्री कर में काफ़ी अंतर होने के कारण बहुत कड़ी मात्रा में बिक्री नक़दी में होती है जो कंपनी के लेखा-बही में दर्ज़ नहीं होती। कई कंपनियाँ केंद्रीय उत्पाद शुल्क, विक्रय कर और आयकर से बचने के लिए उत्पादन को कम बताती थीं। फ़र्म अपने विक्रय के एक हिस्से को ऐसी जगह पर स्थित सहयोगी फ़र्म के हिस्से में दिखा देती थीं जहाँ कि करों की दर कम होती। कई बार कंपनियाँ अपने सामान का एक हिस्सा उसके उचित मूल्य से कम में फ़र्जी इकाइयों को बेच डालती थी। इसके बाद फ़र्जी इकाइयाँ इन उत्पादों को बाज़ार मूल्य पर बेच देती थीं। इस तरह से यह सुनिश्चित किया जाता था कि विक्रय से होने वाला मुनाफ़ा कभी भी शेयरधारक तक नहीं पहुँच सके। यदि कंपनी का माल निर्यात होता था तो प्रमोटर इस रास्ते से अपना धन देश के बाहर

ले जा सकता था। कंपनी अपने उत्पादों को दुबई या सिंगापुर में प्रमोटर के स्वामित्व वाली इकाई को रियायती दरों पर बेच देती। उसके बाद वह इकाई उत्पाद को अंतरराष्ट्रीय बाज़ार में असली क़ीमत पर बेच देता था। क़ीमत में जो अंतर होता था वह स्विट्ज़रलैंड या कैमेन आइलैंड प्रमोटरों के बैंक खातों में पहुँच जाती थी।

कंपनियाँ ज़्यादा ख़र्च दिखाने को अपने विक्रेताओं से फ़र्ज़ी बिल प्राप्त करने के लिए साठगाँठ कर लेती हैं। इसमें अधिक राशि जो उनको मिलती है वे उसको बाद में प्रमोटर को नक़द वापस कर देते हैं। यदि विक्रेता अंतरराष्ट्रीय इकाई है तो प्रमोटर कंपनी के हिसाब से उस राशि को निकाल कर उसे टैक्स के लिहाज़ से सुरक्षित किसी देश में अपने खाते में भेज सकता था।

ऐसे कई हवाला कारोबारी थे जिनके पास फ़र्ज़ी फ़र्में थीं। हर तरह की स्वामित्व वाली, भागीदारी फ़र्म, कंपनी या ट्रस्ट, देश में या विदेश में जिसे जिस तरह की ज़रूरत हो। अपनी कंपनी से नक़दी निकालकर निजी खाते में डालने के इच्छुक प्रमोटर कुछ भी फ़र्ज़ी ख़र्च दिखाकर हवाला कारोबारी को चेक से भुगतान कर देते थे। उनको कमीशन काटकर नक़द में रक़म मिल जाती थी।

संयंत्र और मशीनों की बढ़ती लागत से भी प्रमोटरों को कंपनी के धन से अपने ख़ज़ाने को भरने में मदद मिलती थी। इसके लिए कंपनी भुगतान करती थी और बाद में प्रमोटर सप्लायर से नक़द रक़म ले लेता था। मशीनों की लागत जितनी ज़्यादा होती थी उतना ही ज़्यादा उसकी क़ीमत में ह्रास होता था और उतना ही मुनाफ़ा कम हो जाता था। ह्रास मूल्य की राशि को मशीन की उम्र पूरी होने पर उसकी जगह दूसरी मशीन लेने के लिए अलग रख दिया जाता था। उसके बाद प्रमोटर इस राशि को अपने खाते तक लाने की जुगाड़ करता था।

लाभ-हानि के विवरण पत्रक में 'अन्य व्यय' ऐसा मद था जिसमें तरह-तरह के ख़र्चों को बढ़ा-चढ़ाकर डाला जा सकता था और यह कंपनी से धन की निकासी का एक अच्छा रास्ता था। नीरस बाज़ार या सुस्त अर्थव्यवस्था में 'अन्य व्यय' में तेज़ वृद्धि से कंपनी से पैसा बाहर जाने का संकेत मिलता है।

विदेशी कंपनियों के अधिग्रहण के बहुत से ऐसे उदाहरण थे जो और कुछ नहीं बल्कि प्रमोटरों के द्वारा कंपनी से अपने उपयोग के लिए धन बाहर निकालने की तरक़ीबें थीं। कुछ तो ऐसे उदाहरण थे जिनमें प्रमोटरों ने ख़ास तौर पर अन्य देशों में अधिग्रहण के लिए पूँजी जुटाई और उसके बाद बहुत अधिक क़ीमत पर कोई अनजानी कंपनी ख़रीद ली। इस तरह की 'व्यवस्थाओं' के ज़रिए भुगतान का एक हिस्सा वापस प्रमोटर के पास पहुँच जाता था।

डीमेट यानी काग़ज़ी शेयरों के इलेक्ट्रॉनिक रूप में बदलाव का एक परिणाम और रहा जो कि उसका मक़सद नहीं था। प्रमोटरों में सटोरिया प्रवृत्ति को प्रोत्साहन मिला। काग़ज़ी शेयरों के दौर में प्रमोटरों को तभी ख़रीदार या बेचवाल की पहचान पता चलती थी जब शेयर उनके पास नामांतरण या किसी संशोधन के लिए आता था। लेकिन डीमेट के कारण चंद दिनों में ही वे जान सकते थे कि कौन-सा फ़ंड प्रबंधक उनके शेयरों को ख़रीद या बेच रहा है। प्रमोटर इस सूचना का उपयोग करके अपने बेनामी खातों के शेयरों में पोजीशन ले लेते थे। या वे किसी जोड़तोड़ करने वाले एजेंट से संपर्क करते थे जो फ़ंड प्रबंधकों के साथ साठगाँठ करने में मदद करते थे। यदि फ़ंड प्रबंधक कंपनी के शेयरों का बड़ा लॉट ख़रीद रहा होता था तो प्रमोटर अपने बेनामी खाते से बाज़ार भाव से कुछ सस्ती क़ीमत पर उसको शेयर ख़रीदने की पेशकश करता था। या यदि फ़ंड प्रबंधक बिकवाली करने का इच्छुक होता था तो वह उसके पूरे शेयर ख़रीदने का प्रस्ताव करता था जिससे भाव कमज़ोर नहीं हों।

2005 में सेबी ने बड़े सौदों में ख़रीदार और बेचवाल के नाम बताकर उनको अधिक पारदर्शी बनाने की कोशिश की थी। किसी भी शेयर के सौदे में ख़रीदे या बेचे जाने वाले शेयरों की कुल संख्या कंपनी के इक्विटी आधार के 0.5 प्रतिशत से अधिक होने पर दलालों को स्टॉक एक्सचेंज को ग्राहक का नाम और भाव की जानकारी देनी होती थी। लेकिन ऑपरेटर और प्रमोटर इससे भी बचने का रास्ता निकाल लेते थे। यदि प्रमोटर या ऑपरेटर इस निर्धारित सीमा से ज़्यादा का लेन-देन कर रहे होते थे तो वे सौदे को इस तरह से निजी वित्तीय कंपनियों के समूह के ज़रिए अंजाम देते थे कि कोई भी

एक इकाई इस 0.5 प्रतिशत की सीमा के बाहर नहीं जाती थी और काम भी पूरा हो जाता था। स्टॉक एक्सचेंज की वेबसाइट से फ़ंड प्रबंधक के नाम का ही पता चलता था और दूसरे पक्ष की सूचना गोपनीय बनी रह जाती थी।

बाज़ार में एक बार फिर से तेज़ी का दौर आरंभ हो गया था और केतन पारिख भी वापस हरकत में आ गए थे। सेबी ने 2017 तक के लिए उन पर रोक लगाई थी। उनको काम करने के लिए दूसरे माध्यमों का सहारा लेना पड़ रहा था। दिलचस्प बात थी कि फ़ंड प्रबंधकों में अब भी उनके कई दोस्त थे और अपनी कंपनियों के शेयरों की क़ीमतों को ऊपर ले जाने के इच्छुक कई मिडकैप कंपनियों के प्रमोटर उनकी मदद लेते थे।

लेकिन सौदों के लिए दलाल की तलाश में समस्या आती थी। 2001 में शेयर बाज़ार की गिरावट के बाद केतन के लिए काम करने वाले दलालों को भारी नुक़सान उठाना पड़ा था। उसके बाद से उनके बैंक खातों पर रोक लग गई थी और जाँच एजेंसियाँ उनके हर क़दम पर क़रीबी निगाह रखे हुए थीं। ऐसे में वे चाहते हुए भी दलालों को उनकी रक़म का भुगतान क़ानूनी तरीक़े से नहीं कर सकते थे।

केतन ने उनके सामने एक प्रस्ताव रखा। उन्होंने मुखौटे का सहारा लिया यानी दूसरे माध्यमों से वे उनके साथ काम करेंगे। यदि सौदों में उनको मुनाफ़ा होता है तो उससे मिलने वाली कुछ रक़म उनके क़र्ज़ को चुकता करने में चली जाएगी। दलालों के पास भी केतन पर बकाया रक़म को वापस पाने के लिए उनके सौदों को अंजाम देने के सिवाय कोई दूसरी उम्मीद नहीं थी। यदि उनको नुक़सान होता तो दलाल को कुछ भी प्राप्त नहीं होने वाला था। और तो और, वह नियामक से शिकायत भी नहीं कर सकता था। क्योंकि ज़िम्मेदारी उस पर ही आने वाली थी, उसको केतन को ट्रेडिंग के लिए इज़ाज़त ही नहीं देनी चाहिए थी।

तब भी कई दलालों ने उनके प्रस्ताव को मंजूर कर लिया।

लेकिन मुझे हैरानी हुई कि मोंक ने केतन के साथ काम करने से मना कर दिया। उन्होंने साफ़ बोल दिया जब तक कि उसका पुराना हिसाब नहीं होता, वे उसके साथ काम नहीं करेंगे।

मैंने मोंक से पूछा, उन्होंने ऐसा क्यों किया।

मोंक का जवाब था, 'केतन बहुत होशयारी दिखा रहा है। इतने दिनों से धंधे में होने के कारण उसे अच्छे से मालूम है कि कोई ट्रेडर कितना भी ख़ुशक़िस्मत या मँजा हुआ हो औसत के नियम से नहीं बच सकता। वह जानता है कि जिस तरह के बड़े दाँव वह लगा रहा है, उसमें उसको नुक़सान तगड़ा होगा जिससे उसकी पूरी दौलत भी चली जाएगी। कुछ प्रमोटरों के शेयरों में हेराफेरी करने की मिलीभगत कर उसने उनको बेनामी खातों से सस्ते दामों पर शेयरों का बड़ा लॉट देने को मना लिया है। इन शेयरों का बड़ा हिस्सा उसने ओसीबी के फ़र्जी नाम पर अपने विदेशी खातों में भेज दिया था।'

'उसने बाक़ी शेयरों का इस्तेमाल आपस में ख़रीद-फ़रोख़्त कर उस स्टॉक में नक़ली कारोबारी मात्रा को बढ़ाने में किया। अंत में जब दुनिया भर में टेक्नोलॉजी शेयरों की क़ीमतें गिरीं तब केतन जानता था कि अब वह अपने पसंदीदा शेयरों की भारी क़ीमतों को और अधिक सहारा नहीं दे पाएगा। तब उसने अंतिम तुरुप का पत्ता फेंका। उसने मुझे और दूसरे दलालों को उन्हीं कंपनियों के शेयरों को ख़रीदने के लिए प्रस्ताव दिया जिनकी क़ीमतों में वह जोड़तोड़ कर रहा था। इससे अनजान कि उन शेयरों को बेचने वाली केतन के नियंत्रण वाली विदेशी फ़र्में हैं, हमने शेयर ख़रीद लिए।' मैं मोंक की आवाज़ की कड़वाहट को महसूस कर रहा था।

मोंक को आगे कुछ बताने की ज़रूरत नहीं थी। मैं समझ गया था कि बाद में किस तरह से कहानी आगे बढ़ी होगी। निपटान के दिन शेयरों के भुगतान की राशि एक्सचेंजों ने दलालों के खातों से प्राप्त कर ली। धनराशि 'विदेशी निवेशकों' के खातों में और देश के बाहर चली गई थी जिनसे दलाल अनजान थे। जब दलाल उनको दिए ख़रीदी ऑर्डर के लिए केतन के पास धनराशि के भुगतान की माँग करते हुए पहुँचे तो उसने निश्चित ही बहुत बेरुख़ी से उनसे बोल दिया होगा कि वह उनको भुगतान करने में असमर्थ है। वे कुछ नहीं कर सकते थे।

23

आईपीओ बाज़ार में बूम

आरंभिक सार्वजनिक निर्गम (आईपीओ) का बूम 2005 में भी जारी रहा। एक साल पहले के मुक़ाबले ज़्यादा कंपनियाँ (2004 में 26 की तुलना में 55) सूचीबद्ध हुईं, लेकिन जुटाई गई पूँजी 20 प्रतिशत कम (12,402 करोड़ रु. के मुक़ाबले 9,918 करोड़ रु.) रही।

यदि टीसीएस 2004 का सबसे बड़ा आईपीओ था तो जेट एयरवेज और सुजलोन एनर्जी 2005 के सबसे ज़्यादा माँग वाले आईपीओ थे। निवेशकों का उत्साह स्वाभाविक था। जेट एयरवेज और सुजलोन अपने-अपने क्षेत्रों में बाज़ार में अग्रणी थे – जेट नागरिक विमानन में तो सुजलोन पवन ऊर्जा के टर्बाइन में। जेट ने क़रीब 1,900 करोड़ रु. और सुजलोन ने 1,350 करोड़ रु. उगाहे।

दोनों कंपनियों का वित्तीय प्रदर्शन लगातार बदतर होता गया जिससे इन दोनों कंपनियों के शेयरों में लंबी अवधि के निवेशक आगे आने वाले वर्षों में अपनी बड़ी धनराशि गँवाने वाले थे।

वास्तव में सुजलोन ने बाज़ार में तेज़ी के दौर में अच्छा मुनाफ़ा दिया था। आईपीओ में लोगों को 510 रु. में शेयर दिया गया था। पतन के दौर की शुरुआत से पहले यह जनवरी, 2008 के दूसरे हफ़्ते में 2,300 रु. के शीर्ष पर पहुँचा था। लेकिन आईपीओ में शेयर ख़रीदने वाले निवेशकों के लिए अब भी मुनाफ़ा निकालने का वक्त था। अक्टूबर के अंत में जाकर इसकी क़ीमत आईपीओ के मूल्य के नीचे गिरी थी। लेकिन जेट एयरवेज के

शेयर ने सूचीबद्ध होने के बाद एक साल से भी कम समय में आईपीओ के निवेशकों को निराश कर दिया। वास्तव में आईपीओ में इसे ख़रीदने वाले बहुत से निवेशक एक महीने के भीतर ही अपने फ़ैसले पर पछताने लगे थे। इससे और अधिक तकलीफ़ हुई क्योंकि बाज़ार हिस्सेदारी में अग्रणी होने के कारण जेट के शेयर को शानदार मुनाफ़ा देने वाला बताया गया था।

व्यवसायिक बैंकरों के लिए भी कुछ परेशानी होने वाली थी।

अगस्त, 2005 तक किसी सार्वजनिक निर्गम में जारी से ज़्यादा अभिदान मिलने पर उसके व्यवसायिक बैंकर यह तय करने के लिए स्वतंत्र थे कि किस संस्थागत निवेशक को शेयरों का आवंटन किया जाए और कितना किया जाए। इस व्यवस्था से व्यवसायिक बैंकरों को अपने महत्त्वपूर्ण ग्राहकों का हित देखते हुए उनको छोटी संस्थागत फ़र्म के मुक़ाबले ज़्यादा शेयर आवंटित करने में मदद मिल जाती थी। ख़ासकर घरेलू म्यूचुअल फ़ंड को इससे नुक़सान उठाना पड़ता था। बैंकर एफ़आईआई को प्राथमिकता देते थे। इस भेदभाव का शिकार कई संस्थागत निवेशकों ने नाराज़ होकर सेबी को शिकायत की।

नियामक ने विवेकाधिकार कहें या मनमाने अधिकार कहें, उनको समाप्त कर दिया। सेबी ने व्यवस्था दी कि निर्गम के लिए ज़रूरत से ज़्यादा अभिदान प्राप्त होने पर सभी संस्थागत निवेशकों को आनुपातिक आधार पर शेयरों का आवंटन किया जाना चाहिए। व्यवसायिक बैंकरों ने विरोध किया। उनका तर्क था कि आवंटन को तय करने के अधिकार से संस्थागत निवेशकों में से कम समय के लिए पैसे कमाने आने वाले निवेशकों की छँटनी करने में मदद मिली है, जो शेयर के सूचीबद्ध होते ही पैसे कमाने के लिए निवेश करते हैं। उनका कहना था कि अल्प अवधि वाले निवेशकों को प्रोत्साहन देने से शेयर की क़ीमतों में उतार-चढ़ाव बढ़ेगा और छोटे निवेशक डर कर बाज़ार से दूर जाएँगे।

मुझे उनकी दलील में कोई दम नज़र नहीं आई। मनमाने अधिकारों को ख़त्म करने के उनके विरोध का मुख्य कारण यह डर था कि इससे संस्थागत ग्राहकों के लिए उनकी अहमियत घट जाएगी। इसके अलावा यह साबित करने का कोई तरीक़ा नहीं था कि तथाकथित 'लंबी अवधि के निवेशकों' ने वास्तव में लंबी अवधि तक निवेश को बनाए रखा। मैंने लंबी अवधि के

निवेशकों के बीच भी इस तरह के ढेरों निवेशकों को देखा है, जो सूचीबद्ध होने पर मिलने वाला लाभ लेने के लिए आईपीओ में निवेश करते हैं।

उन्होंने पूरा ज़ोर लगा दिया, लेकिन सेबी के सामने उनकी एक नहीं चली।

सेबी ने एक और अच्छा क़दम उठाया। उसने संस्थागत निवेशकों से शेयरों के लिए आवेदन करने के समय शेयरों के मूल्य की दस प्रतिशत राशि जमा कराने को कहा। उस समय तक केवल खुदरा निवेशकों को शेयरों के लिए आवेदन करते समय राशि जमा करानी होती थी और वह भी पूरी। इस असमानता के कारण संस्थागत निवेशकों और प्रमोटरों को भी शेयरों के बड़े से बड़े लॉट के लिए बोली लगाने की छूट मिल जाती थी, क्योंकि उनको आवेदन के लिए कोई भी राशि नहीं देनी पड़ती थी। इससे ऐसा एक माहौल निर्मित करने में मदद मिलती थी कि फ़ंड प्रबंधकों में आईपीओ की ज़ोरदार माँग है। चूँकि आवंटन के अधिकार व्यवसायिक बैंकरों के पास थे, इससे फ़ंड प्रबंधकों के लिए यह भी ज़रूरी नहीं था कि जितने शेयरों के लिए उन्होंने आवेदन में बोली लगाई थी, वे सभी ख़रीदें। दरअसल, ये निवेशक आईपीओ की सफलता सुनिश्चित करने के लिए उससे अपना नाम जोड़कर ही अहसान कर रहे थे।

आईपीओ के मूल्य तय करने की प्रक्रिया को बुक-बिल्ट कहते हैं। बुक-बिल्ट निर्गमों में जो मित्र फ़ंड प्रबंधक थे वे ऊपरी मूल्य पर ज़्यादा मात्रा में शेयरों की बोली लगाते थे। अन्य निवेशकों को भी अब उच्चतम मूल्य पर बोली लगाने के लिए फुसलाया जा रहा था या अंतिम क़ीमत उच्चतम भाव पर तय होने पर शेयरों का आवंटन नहीं होने का जोख़िम था। आवेदन करते समय दस प्रतिशत राशि जमा कराने की व्यवस्था से संस्थागत निवेशकों की कुछ बढ़ा-चढ़ाकर लगाई जाने वाली बोलियों पर अंकुश लगाने में मदद मिली थी।

सेबी की जाँच से आईपीओ बाज़ार में तेज़ी थम गई। जाँच से सामने आया कि यस बैंक और आईडीएफ़सी के आईपीओ में खुदरा निवेशकों के लिए आरक्षित शेयरों को फ़र्जी डीमेट खातों के ज़रिए जालसाजों के समूह ने हड़प लिया था। इसका खुलासा जुलाई में हुआ, जब एक कारोबारी पुरुषोत्तम बुधवानी पर आयकर छापे में उसके पास 6,000 डीमेट खातों का

पता चला। वही इन खातों को चलाता था। आयकर विभाग ने सेबी को सूचना दी। सेबी ने यस बैंक और आईडीएफ़सी के आईपीओ में आवंटनों के परीक्षण के साथ जाँच शुरू की। जाँच के खुलासों से खुदरा निवेशक आक्रोशित हो गए। घोटाले की वज़ह से उनको या तो शेयर आवंटित ही नहीं हुए थे या उनको जितने शेयर मिलने चाहिए थे, उतने शेयर नहीं मिले थे। यस बैंक के शेयर के भाव अक्टूबर में सूचीबद्ध होने के बाद से तीन महीने से कम समय में 50 प्रतिशत से अधिक बढ़ गए। आईडीएफ़सी के शेयर की क़ीमत अगस्त में सूचीबद्ध होने के बाद से दोगुने से भी ज़्यादा हो गई थी।

सेबी ने जून, 2003 तक के आईपीओ तक जाँच के दायरे का विस्तार कर दिया। उसने अप्रैल, 2006 में विस्तृत रिपोर्ट जारी की। जाँच में सामने आया कि 21 आईपीओ में खुदरा निवेशकों के हिस्से के शेयरों को 85 फ़ाइनेंसर ने हड़प लिया। बाज़ार में 24 लोगों ने सामने रहकर उनके लिए यह शेयर जुटाने का काम किया। बाज़ार में सूचीबद्ध होने के दिन के मुनाफ़े के आधार पर सेबी ने निष्कर्ष निकाला कि फ़ाइनेंसर और उनके मुखौटों ने शेयरों की इस चोरी से कुल 72 करोड़ रुपए का मुनाफ़ा कमाया।

लगभग 59,000 बेनामी डीमेट खाते खोले गए थे और इन संदिग्ध इकाइयों के द्वारा आईपीओ में शेयरों के लिए आवेदन भरे गए थे। क़रीब 84 प्रतिशत खाते डिपॉजिटरी पार्टिसिपेंट (डीपी) कार्वी ने खोले थे। डीपी, डिपॉजिटरी का एजेंट होता है, डिपॉजिटरी और निवेशक के बीच का मध्यस्थ। अन्य डीपी के साथ भी बड़ी संख्या में इस तरह के बेनामी खाते खोले गए थे। इनमें ख़ास उल्लेखनीय एचडीएफ़सी बैंक, सेंचुरियन बैंक ऑफ़ पंजाब (बाद में एचडीएफ़सी बैंक ने जिसका अधिग्रहण कर लिया) और आईएलएफ़एस थे।

हरेक मामले में डीपी ने डीमेट खोलने वाले व्यक्ति या फ़र्म या इकाई की पहचान या उसके पते के प्रमाण की सतर्कता के साथ जाँच नहीं की। ग्राहक को जानें (केवाईसी) मानदंडों के तहत उनको यह करना था। बहुत अजीब बात थी कि एक ही दिन डाक के समान पते के साथ बड़ी संख्या में खाते खोले जा रहे थे और किसी भी डीपी को इसमें कुछ संदिग्ध प्रतीत नहीं हुआ। तब भी किसी ने आपत्ति ज़ाहिर नहीं की जब बेनामी खातों में

आवंटित आईपीओ के शेयर सूचीबद्ध होने के एक दिन पहले कुछ चुनिंदा डीमेट खातों में जमा हुए।

कई डीपी में सैकड़ों डीमेट खाताधारकों के डाक के समान पते दर्ज़ थे। कई खुदरा निवेशकों के अनेक डीमेट खाते होना सामान्य था। यह उन दिनों की याद दिला रहा था, जब खुदरा निवेशक शेयर आवंटन की संभावनाओं को बढ़ाने के लिए आईपीओ में कई-कई आवेदन लगाया करते थे। चूँकि उस समय स्थायी खाता संख्या (पैन) जैसा कुछ नहीं था तो यह निवेशक पकड़े नहीं जा पाते थे। पति, पत्नी, दो बच्चों का चार सदस्यों का परिवार कम से कम आधा दर्ज़न नामों के साथ आवेदन कर सकता था।

जब डीमेट खाते की शुरुआत हुई तो संयुक्त नामों से शेयर हासिल करने वाले निवेशकों को उन शेयरों को डीमेट कराने के लिए ठीक उन्हीं नामों के साथ अपने उतने ही डीमेट खाते खुलवाने पड़े थे। फलस्वरूप कई परिवारों के अनेक डीमेट खाते थे। इस तरह से एक समान डाक पते के साथ कई डीमेट खाते होने में कुछ असामान्य नहीं था। लेकिन सैकड़ों खातों में एक समान पता होने पर ज़रूर ख़तरे की घंटी बजनी थी।

सेबी की जाँच में पता चला कि डीपी में कार्यरत कर्मचारी के पास एनएसई का सर्टिफ़िकेशन इन फ़ाइनेंशियल मार्केट (एनसीएफ़एम) नहीं होने पर डिपॉजिटरी ने बहुत तगड़ा अर्थदंड आरोपित किया था। कुछ मामलों में यह तीन लाख रुपए तक था। और यह बहुत अजीब था कि उस अनुपात में खाता खोलने में नियमों के उल्लंघन पर जुर्माने की राशि पाँच सौ से एक हज़ार रुपए के बीच थी। डीपी के खाता खोलने के नियमों का बार-बार उल्लंघन करने के बावजूद डिपॉजिटरी ने मामूली अर्थदंड लगाने के अलावा कोई कार्रवाई नहीं की। यह बताता है कि डिपॉजिटरी कितने ढीलमपोल तरीक़े से डीपी का निरीक्षण करता था।

बाज़ार के खिलाड़ियों ने सोचा था कि सेबी की रिपोर्ट से सार्वजनिक निर्गमों में खुदरा निवेशकों की दिलचस्पी कम हो जाएगी, लेकिन आईपीओ का जादू जारी रहा। 2006 में 75 कंपनियों ने आईपीओ से 24,779 करोड़ रुपए की पूँजी जुटाई, जो 2005 में जुटाई गई पूँजी से दोगुने से भी अधिक है।

24

बेलगाम बुल्स

फ़रवरी, 2006 में सेंसेक्स ने 10,000 अंक का ऐतिहासिक पड़ाव हासिल किया। अब एक बार फिर से बाज़ार में उल्लास और उमंग दौड़ रहा था। दुनिया भर में उभरते हुए बाज़ारों का खुमार चढ़ा हुआ था और इस रुझान के बीच भारत अपवाद नहीं था। एफ़आईआई बहुत खुलकर ख़रीदी कर रहे थे और म्यूचुअल फ़ंड में खुदरा धनराशि का प्रवाह लगातार बढ़ रहा था। अप्रैल के अंतिम हफ़्ते तक सेंसेक्स 12,000 अंक तक उछल चुका था और थकान के कोई निशान नज़र नहीं आ रहे थे।

रिलायंस पेट्रोलियम साल का सबसे ज़ोरदार हिट आईपीओ था। कंपनी ने 2,700 करोड़ रु. की पूँजी जुटाई थी। 45 करोड़ शेयरों के आईपीओ में प्रति शेयर भाव 60 रु. का था। आईपीओ 51 गुना भर गया था जो आईपीओ बाज़ार के साथ ही शेयर बाज़ार में उन्माद के मूड को प्रदर्शित कर रहा था।

जैसा कि शेयर बाज़ार का इतिहास बताता है कि तेज़ उछाल के बाद अक्सर उतनी ही तेज़ गिरावट आती है। जिंसों के भाव में तेज़ी, दुनिया भर में ब्याज दरों में मज़बूती और उभरते बाज़ारों में महँगे शेयर भाव की चिंता, तमाम सारे कारणों ने मिलजुल कर दुनिया भर में शेयर बाज़ारों को गिरावट में धकेल दिया।

जून तक सेंसेक्स 9,000 अंकों के नीचे गिर गया। मई, 2003 में बाज़ार में तेज़ी का दौर शुरू होने के बाद से 30 प्रतिशत की यह गिरावट

सबसे बड़ी थी। बहुतों ने मान लिया था कि बाज़ार में तेज़ी ख़त्म हो चुकी है। जीबी उन लोगों में थे, जिनका इस स्थिति के संबंध में विपरीत रुख़ था। इसका कारण बाज़ार के कुछ आला दर्ज़े के ऑपरेटरों से उनकी नज़दीकी थी।

उन्होंने मेरी चिंता को दूर करते हुए कहा, 'अर्थव्यवस्था अब भी अच्छी हालत में प्रतीत होती है। कंपनियाँ विस्तार की योजना बना रही हैं, आमदनी बढ़ रही है और रोज़गार के मौक़े पैदा हो रहे हैं। मुझे ज़्यादा चिंता नहीं है।' मैं जानता था कि वे या तो राधाकृष्ण दामानी या राकेश के विचारों को ही दोहरा रहे थे। दामानी अब भी बाज़ार में वापस नहीं आए थे, तो पूरी संभावना थी कि यह राकेश के ही विचार हो सकते थे।

गिरावट में आईपीओ के लिए निवेशकों की चाहत भी जैसे मुरझा गई थी। जून से अगस्त के बीच बाज़ार में आने वाले आईपीओ इससे प्रभावित हुए। जीएमआर इन्फ्रास्ट्रक्चर आईपीओ में प्रति शेयर का भाव 210-250 रुपए की मूल्य रेंज की निचली क़ीमत पर तय होना था। आईपीओ को सात गुना ज़्यादा अभिदान मिला था। संस्थागत श्रेणी में 11 गुना अभिदान प्राप्त हुआ था, लेकिन खुदरा श्रेणी में उत्साह नहीं था। सूचीबद्ध होने के दिन शेयरों के प्रति बहुत ही सुस्त प्रतिक्रिया रही और मुश्किल से दो प्रतिशत ज़्यादा क़ीमत पर यह सूचीबद्ध हुआ। सत्र का कारोबार समाप्त होते-होते तक इसका भाव आईपीओ के 210 रु. की क़ीमत पर ही आ गया।

मैं सोच रहा था, आईपीओ में बोली लगाने वाले संस्थागत निवेशक कहाँ लापता हो गए थे। यदि संस्थागत श्रेणी में 11 गुना आवेदन आए थे तो इसका अर्थ था कि आवेदन करने वालों को हर 11 शेयरों की बोली पर एक शेयर आवंटित हुआ होगा। सूचीबद्ध होने पर जब शेयर अपने आईपीओ के दाम के क़रीब उपलब्ध है तो ये निवेशक जितने शेयर चाहते थे, उतने ख़रीद सकते थे। सूचीबद्ध होने के दिन एक तरह से बिलकुल माँग नहीं होना, यह बता रहा था कि बाज़ार में आईपीओ के लिए उत्साहजनक प्रतिक्रिया सुनिश्चित करने प्रभाव का इस्तेमाल किया गया था। तब भी

जिन्होंने आईपीओ में निवेश किया था और एक साल तक शेयर को रखा था, उनके लिए अफ़सोस का कोई कारण नहीं था। अगले अठारह महीनों में शेयर के भाव पाँच गुना बढ़ गए।

उस साल अगस्त के आख़िर तक वैश्विक बाज़ारों में स्थिरता आ गई थी और आगे आने वाले महीनों में बाज़ार ने ऊपर की ओर अपनी यात्रा शुरू कर दी थी। सेंसेक्स 10,000 अंकों के पड़ाव को सुपर फ़ॉर्म में चल रहे सनत जयसूर्या की तेज़ रफ्तार से पार कर रहा था। अक्टूबर में उसने 12,000 का स्तर दोबारा हासिल कर लिया। नवंबर महीने के पहले दिन सेंसेक्स 13,000 पर पहुँच गया था। दिसंबर के पहले सप्ताह में उसने 14,000 का स्तर छू लिया।

इधर शेयर बाज़ार में उन्माद छाया था तो उधर साल का एक बहुत नामचीन आईपीओ उस कंपनी और उसके व्यवसायिक बैंकों के लिए दु:स्वप्न साबित हुआ। ब्रिटेन स्थित केयर्न कंपनी की भारतीय इकाई केयर्न इंडिया आईपीओ के ज़रिए 6,000 करोड़ रुपए की पूँजी जुटाने की इच्छुक थी। इससे पहले तक केवल ओएनजीसी ने ही सार्वजनिक निर्गम के माध्यम से उससे बड़ी राशि 10,500 करोड़ रुपए जुटाए थे। लेकिन दिसंबर में आईपीओ खुलने के बाद से ही उसके साथ कुछ न कुछ समस्याएँ चलती रहीं।

160-190 रुपए की क़ीमत के साथ आया आईपीओ बोली के पहले ही दिन पूरी तरह भर गया। लेकिन कई संस्थागत निवेशकों ने शेयरों की बोली को कम कर दिया था और बोली मूल्य को भी घटा दिया था। कुछ ने अपनी बोली पूरी तरह से वापस ले ली थी। इसके प्रभाव कई तरह से सामने आ रहे थे। संस्थागत निवेशकों की उदासीनता को देखकर कई खुदरा निवेशकों ने अपनी बोली वापस लेने का फ़ैसला किया। अंतिम दिन ऐसा प्रतीत होने लगा कि हो सकता है कि आईपीओ को पूरा अभिदान प्राप्त नहीं हो।

आईपीओ के शीर्ष व्यवसायिक बैंकों को तब अपनी ओर से इस पूँजी की कमी को पूरा करना पड़ता। आईपीओ को यदि पहले ही पर्याप्त बोली

प्राप्त नहीं होती तो व्यवसायिक बैंकरों को केवल अपनी प्रतिष्ठा की चिंता करनी थी और धनराशि की पूर्ति की ज़रूरत नहीं पड़ती। लेकिन निवेशकों के अपनी बोली वापस लेने पर व्यवसायिक बैंक पूँजी की कमी की पूर्ति करने के लिए कंपनी से करार में बँधे हुए थे।

बोली के अंतिम दिन तय मूल्य के निचले स्तर पर आईपीओ को निचली क़ीमत पर लगभग पूरी पूँजी की प्राप्ति हो गई। अनौपचारिक बातचीत में व्यवसायिक बैंकरों ने बताया कि कंपनी के एक रसूखदार प्रतिद्वंद्वी ने कई संस्थागत निवेशकों पर बोली को वापस लेने के लिए दबाव बनाया था।

कैयर्न कंपनी को आईपीओ के माध्यम से 5,788 करोड़ रुपए की पूँजी जुटाने का संतोष हो गया होगा, लेकिन उसको अभी और शर्मिंदगी झेलनी थी। जनवरी के दूसरे हफ़्ते में यह बाज़ार में सूचीबद्ध हुआ। उसकी शुरुआत ख़राब रही। दिन के कारोबार की समाप्ति पर इसका बंद भाव आईपीओ की 160 रु. की क़ीमत से 14 प्रतिशत नीचे रहा।

वर्ष 2007 आईपीओ बूम के चरमोत्कर्ष पर पहुँचने का साल बन जाएगा। इस वर्ष में 100 कंपनियों ने कुल मिलाकर क़रीब 34,000 करोड़ रुपए की पूँजी बाज़ार से जुटाई। देशभर में संपत्ति की क़ीमतें आसमान पर पहुँच रही थीं। रियल एस्टेट कंपनियों के शेयर निवेशकों के बीच आकर्षण का केंद्र थे। कोई हैरानी की बात नहीं है कि उस वर्ष में आईपीओ के माध्यम से जुटाई गई पूँजी में से क़रीब 43% रियल स्टेट की कंपनियों के आईपीओ के माध्यम से ही जुटाई गई।

वर्ष का सबसे हिट आईपीओ के.पी. सिंह की प्रवर्तित कंपनी डीएलएफ़ का था, जिसने लगभग 9,200 करोड़ रुपए की पूँजी जुटाई थी। शेयर बाज़ार में आने में कंपनी को बहुत वक्त लगा और तमाम तरह की परेशानियाँ भी उसके सामने आईं। ऐसा बताया जाता है कि कुछ समस्याएँ सिंह के विरोधियों ने ही खड़ी की थीं, जो नहीं चाहते थे कि वे इतने शक्तिशाली बनें।

रियलिटी स्टॉक नई ऊँचाइयाँ छू रहे थे। लैंड बैंक या भूमि बैंक की शब्दावली उस समय काफ़ी चलन में थी, क्योंकि रियल एस्टेट कंपनियाँ

अपने शेयरों की क़ीमतों में वृद्धि के लिए अपने स्वामित्व की ज़मीन की क़ीमत को बहुत ज़ोर-शोर से प्रचारित कर रही थीं। कई प्रकरणों में तो जिन ज़मीनों के मालिक होने का वे दावा कर रही थीं उनमें स्वामित्व को लेकर कोई स्पष्टता नहीं थी। इसके अलावा निवेशकों ने कंपनियों के कार्य को अंजाम देने की क्षमताओं, उसके मुनाफ़े के मार्जिन, नियामक संबंधी अड़चनों और ज़मीन के विकास में आने वाली कई अन्य चुनौतियों की ओर भी ध्यान नहीं दिया। इन प्रॉपर्टी फ़र्मों के वित्तीय विवरणों में पारदर्शिता के अभाव की समस्या इससे भी बड़ी थी। उनके बहुत-से सौदे नक़द हुआ करते थे, जिससे धाँधली की आशंका और बढ़ जाती थी।

लेकिन जब तक ज़मीन की क़ीमतें हैं और शेयर की मूल भाव दिन पर दिन बढ़ते जा रहे थे तो इन सब बातों की चिंता क्यों और क्यों की जाए? अगले साल जब यह गुब्बारा फटा तब रियल स्टेट के शेयर बिकवाली की चपेट में आए। लेकिन अभी इसमें कुछ महीनों की का समय बाक़ी था।

मार्च में सेबी ने एक निर्देश जारी किया कि रियल एस्टेट की कंपनियाँ अपने भूमि बैंक के मूल्य को अपने रिकॉर्ड में तभी दिखा सकेंगी, जब इसका स्वामित्व स्पष्ट होगा। यह नियम रियल एस्टेट कंपनियों को ही ध्यान में रखकर लाया गया था। डीएलएफ़ के मूल्यांकन पर इसका असर पड़ा, क्योंकि इसके व्यवसायिक बैंकर कंपनी के भूमि बैंक के दम पर ही आईपीओ को प्रस्तुत कर रहे थे।

2006 में डीएलएफ़ के आईपीओ लाने के संबंध में योजनाओं को लेकर चर्चा शुरू हुई थी। ऐसा कहा जाने लगा कि डीएलएफ़ के शेयर सूचीबद्ध होने पर के.पी. सिंह देश के सबसे अमीर व्यक्ति बनेंगे और बाज़ार पूँजी के हिसाब से डीएलएफ़ शीर्ष तीन कंपनियों में होगी। जब आईपीओ को सभी मंजूरियाँ प्राप्त हो गईं, तो इसमें प्रस्तावित शेयरों की संख्या और उसकी क़ीमत मर्चेंट बैंकों के हलकों में चल रही बातचीत के मुक़ाबले में कम थी।

वर्ष 2007 भारतीय दलाल उद्योग के लिए भी उत्कर्ष का वर्ष था। मई में निर्मल जैन की प्रमोटेड कंपनी इंडिया इन्फ़ोलाइन फ़्रांस की दलाल फ़ार्म सीएलएसए के वरिष्ठ अधिकारियों को तोड़कर अपने यहाँ ले आई। भारत पराजिया, एच.नेम कुमार, अनिरुद्ध डांगी और वासुदेव जगन्नाथ की

इस चौकड़ी में से हर एक को 11-11 करोड़ रुपए बोनस पर लिया गया। पराजिया और सीएलएसए के एक सहयोगी अभिजीत राहा दलाल उद्योग में किंवदंती बन चुके थे। उन्होंने सीएलएसए को दलाल फ़र्मों में शिखर पर पहुँचाने में महत्त्वपूर्ण भूमिका निभाई थी। कई बड़े और बहुत अधिक स्थापित वैश्विक निवेश बैंकों के साथ प्रतिस्पर्धा के बावजूद सीएलएसए ने कई वर्षों तक अपने आप को शिखर पर बनाए रखने में कामयाबी हासिल की थी। दलाल उद्योग में उनको मिला बोनस एक रिकॉर्ड राशि थी जहाँ पहले मुश्किल से एक करोड़ रुपए दिए जा रहे थे।

ना केवल दलाल उद्योग, बल्कि पूरे कॉर्पोरेट क्षेत्र में वेतन के पैकेज बहुत आकर्षक और पहले की तुलना में बढ़ गए थे। कंपनियाँ बहुत अधिक लाभ कमा रही थीं। इंडिया इन्फ़ोलाइन की दो अधिकारियों को दिए गए पैकेज के संबंध में एक्सचेंज में दी गई जानकारी के खुलासे से दो दिन पहले प्रधानमंत्री मनमोहन सिंह ने भारतीय कॉरपोरेट जगत को अपने एक वक्तव्य से असमंजस में डाल दिया। उन्होंने एक सार्वजनिक कार्यक्रम में प्रमोटरों और वरिष्ठ अधिकारियों को बहुत अधिक वेतन भत्ते देने में संयम रखने का आग्रह किया। सिंह की टिप्पणी पर कॉर्पोरेट जगत ने भी तीखी प्रतिक्रिया दी। उसका कहना था कि शीर्ष अधिकारियों को निशाना बनाना आसान है, क्योंकि उनकी आय के स्त्रोत सबके सामने हैं। दूसरी ओर बेहिसाब धन-दौलत के लिए पहचाने जाने वाले राजनेता बहुत आसानी के साथ अपनी दौलत को छुपा सकते हैं।

बाज़ार में बढ़त जारी थी। 2007 के अंतिम 4 महीनों में 3 जाने-माने दलाल फ़र्म मोतीलाल ओसवाल सिक्योरिटीज़, रेलीगेयर इंटरप्राइजेज़ और एडलवाइज़ कैपिटल अपने आईपीओ लेकर आए। निवेशकों ने इन सभी आईपीओ को हाथों-हाथ लिया और बाज़ार में भी इन्होंने धमाकेदार आमद दर्ज़ कराई। मोतीलाल ओसवाल और रेलीगेयर एंटरप्राइजेज़ के शेयर 2 महीने से भी कम समय में दोगुने हो गए थे। एडलवाइज़ कैपिटल का शेयर सूचीबद्ध होने के दिन ही 83% उछल गया था।

वे निवेशक ख़ुशनसीब थे, जिन्होंने जल्दी इनको बेचकर मुनाफ़ा अपनी जेबों में डाल लिया, क्योंकि जनवरी, 2008 में बाज़ार की गिरावट के बाद दलाल फ़र्मों के शेयर शीर्ष भावों की तुलना में कौड़ियों में उपलब्ध

हो गए थे। क़ीमतों के इस दबाव से निकलने में उनको आगे बहुत वक्त लगने वाला था। और आगे आने वाले कई सालों तक इन फ़र्मों की आय का मुख्य स्त्रोत उनका शेयरों की दलाली नहीं, बल्कि उधारी का कारोबार होने वाला था।

25

सेबी नियमों के जाल में एनबीएफ़सी

बाज़ार में एक अभूतपूर्व तेज़ी के साथ ही कुछ संदिग्ध सौदेबाज़ी भी शुरू हो गई थी। शेयरों की क़ीमतों में शानदार वृद्धि के कारण अब ऐसे बहुत से छोटे-छोटे ऑपरेटर हो गए थे, जिनकी संपत्ति 50 करोड़ रुपए से 100 करोड़ रुपए तक की थी। बाज़ार की भाषा में इन्हें जॉकी कहा जाता रहा है। स्मॉल और मिडकैप कंपनियों के प्रमोटरों के बीच इन जॉकी की काफ़ी माँग थी, जो अपने शेयरों के मूल्य को बढ़ाने के लिए इनका सहारा लिया करते थे।

इसके अतिरिक्त ऐसे ऑपरेटर भी थे, जो सार्वजनिक रूप से पूँजी जुटाने की इच्छुक छोटी कंपनियों के लिए निवेश बैंकरों की तरह भूमिका निभा सकते थे। इन ऑपरेटरों के अन्य देशों में फ़र्ज़ी खाते भी हुआ करते थे, जो उन्होंने एफ़आईआई के नाम पर खुलवा रखे थे। इनके माध्यम से ये छोटे कम पूँजी वाले आईपीओ में अपनी पूँजी लगाते थे। ये ऑपरेटर आईपीओ के ग़ैर संस्थागत हिस्से में पूँजी लगाने के लिए फ़र्ज़ी एचएनआई भी उपलब्ध कराते थे। किसी भी शेयर के सूचीबद्ध होने के पहले हफ़्ते में उसकी कारोबारी मात्रा और क़ीमतों को आपस में चक्रीय सौदेबाज़ी के ज़रिए बढ़ाया जाता था और बाद में ये शेयर ऐसे निवेशकों की झोली में पहुँच जाते थे, जिनको इस तमाम धाँधलीबाज़ी की कोई जानकारी नहीं होती थी।

कई दलाल फ़र्म अपने ग्राहकों को ग़ैर बैंकिंग वित्तीय कंपनियों यानी एनबीएफ़सी से मार्जिन की राशि क़र्ज़ पर लेकर बहुत अधिक शेयर लेने की छूट भी दे देती थीं। उनके खातों में इतनी धनराशि नहीं होती थी, जिसे कि लीवरेज पोजीशन भी कहा जाता है। इसमें खाते में उपलब्ध रक़म से कई गुना अधिक तक शेयरों को ख़रीदने के लिए मार्जिन मिल जाता है। इस तरह के सौदे में किसी शेयर को ख़रीदने के लिए जितनी रक़म की ज़रूरत होती है उसमें से कुछ हिस्सा निवेशक लगाता है और बाक़ी की रक़म वित्तीय संस्थान क़र्ज़ के रूप में उधार देता है। सेबी के नियमों के अनुसार दलाल केवल सौदे की क़ीमत का 50% तक ही किसी ग्राहक को क़र्ज़ लेने की अनुमति दे सकते हैं। और वह भी केवल कुछ चुनिंदा शेयरों में जिसकी पोजीशन स्टॉक एक्सचेंज की वेबसाइट पर देनी होती है।

लेकिन एनबीएफ़सी द्वारा शेयरों की खरीदी में मार्जिन के लिए दी जाने वाली उधारी के संबंध में कोई स्पष्ट दिशानिर्देश नहीं थे और कई बार तो सौदे के कुल मूल्य का 70% तक उधार दे दिया जाता था। इसी तरह से कौन-से शेयरों के लिए इस प्रकार से रक़म उधार दी जा सकती है उसको लेकर भी किसी तरह की पाबंदी का पालन नहीं किया जाता था। ना ही पोजीशन के बारे में स्टॉक एक्सचेंज की वेबसाइट पर कोई खुलासा किया जाता था। इसका कारण था कि एनबीएफ़सी का नियंत्रण आरबीआई के हाथ में था ना कि सेबी के हाथ में। कुख्यात दलालों ने यह एक नया रास्ता निकाल लिया था और अपने ग्राहकों को एनबीएफ़सी के ज़रिए मार्जिन की रक़म उपलब्ध करा रहे थे।

इस गड़बड़झाले से जब तक नियामकों की आँखें खुलतीं तब तक तो जितनी बरबादी और तबाही होनी थी, वह हो चुकी थी। नियामकों को वर्षों बाद पता लगा था। अगस्त, 2014 में रिज़र्व बैंक ने एनबीएफ़सी पर उनके पास गिरवी रखे शेयरों के मूल्य के 50% से ज़्यादा राशि उधार देने पर रोक लगा दी। साथ ही कुछ कंपनियों के शेयरों के लिए इस तरह की उधारी को प्रतिबंधित कर दिया, जो कि तरलता के मापदंडों को पूरा करते थे।

26

आईपीओ मुनाफ़े की गारंटी?

समय के साथ बाज़ार में तेज़ी की जड़े मज़बूत हो रही थी। तब भी दुनिया के बाज़ारों में समय-समय पर पैदा हो रहे संकट के संकेतों की उपेक्षा करना कठिन था। लेकिन भारतीय बाज़ारों में पूँजी का प्रवाह इतना प्रबल था कि शेयरों की क़ीमतों में कुछ समय के लिए तो जैसे कि गुरुत्व का सिद्धांत भी लागू होना बंद हो गया। शेयर की क़ीमतें ऊपर ही ऊपर चढ़ती जा रही थीं। शेयरों के अत्यधिक बढ़े हुए मूल्यों को तर्कसंगत बताने के लिए विश्लेषक नए-नए तरीक़े निकाल रहे थे। शेयरों के मूल्य अगले तीन से चार वर्षों की आमदनी के आधार पर चढ़ते चले जा रहे थे। अर्थव्यवस्था के इंजन पूरी शक्ति के साथ दौड़ रहे थे। कर संग्रहण कीर्तिमान रच रहा था तथा कंपनियों के लाभ और हानि के विवरण पत्रक कोई बहुत अच्छी सेहत में नहीं थे।

कुछ ट्रेडरों ने शेयरों की अल्प अवधि के लिए बिकवाली कर दी थी। उनका दृढ़ मत था कि शेयरों की क़ीमतें उनकी कंपनियों के आंकड़ों के मुक़ाबले बहुत ज़्यादा हैं और तर्कसंगत नहीं हैं। वे मान रहे थे कि शेयरों की क़ीमतों का नीचे उचित स्तर पर आना तय है। लेकिन यह क़दम उनके लिए आत्मघाती सिद्ध हुआ था। क़ीमतों को लेकर उनका आकलन सही था, लेकिन उन्होंने ऐसी भीड़ के विरुद्ध खड़े होने के कारण अपनी पूँजी गँवाई, जो कंपनी के नतीजों और आमदनी के आंकड़ों पर सोचे-विचारे बिना शेयरों पर ढेर सारी पूँजी लगाने पर तुली हुई थी। ज़्यादातर मिडकैप कंपनियों के प्रमोटर अपने ही शेयरों में दिलचस्पी ले रहे थे। इन शेयरों को गिरवी रखकर उधार ली गई रक़म का इस्तेमाल कर रहे थे।

आने वाले वर्षों में मैंने बाज़ार में संभावित ख़तरों की चेतावनी देने के लिए अपने खुद के कुछ संकेतक तैयार कर लिए थे। ऐसा ही एक संकेतक था आसानी से पैसा कमाने का। शेयरों से पैसे कमाना जितना आसान होता जाता है, बाज़ार से हिसाब-किताब पूरा करने का दिन नज़दीक आ रहा होता है। अब ऐसा समय था कि पैसे कमाने हों तो केवल ट्रेडिंग के लिए स्क्रीन के सामने बैठ जाएँ। कोई भी शेयर चुने लें और अगले दिन दस प्रतिशत ऊँचे दाम पर बेचकर धन कमा लें। मेरे लिए यह एक निश्चित संकेत होता था कि अब किसी भी समय बाज़ार में बना गुब्बारा फट सकता है।

लेकिन किसी भी ट्रेडर के लिए सही समय को जान पाना एक मुश्किल हुनर होता है, भले ही वह कितना भी अनुभवी क्यों नहीं हो। जिन ट्रेडरों ने हालिया महीनों में रिअल्टी और अधो संरचना की फ़र्मों के शेयरों के शिखर पर पहुँच जाने का अनुमान लगाने की कोशिश की थी, उनको तगड़ा झटका लगा था। बहुत से ट्रेडर जिन्होंने पहले इन शेयरों की अल्प बिकवाली की थी, वे अपने घाटे की भरपाई करने की उम्मीद में अब ख़रीदार बन गए थे। यह वर्ष 2000 में डॉटकॉम में आए उछाल में टेक्नोलॉजी कंपनियों के शेयरों में देखे गए रुझान के समान ही था।

मुझे शेयर बाज़ार की कहावत याद आ गई : बाज़ार में तब तक तेज़ी शुरू नहीं होती जब कि आख़िरी तेजड़िया भी उम्मीद नहीं छोड़ देता और बाज़ार में मंदी तब तक आरंभ नहीं होती जब तक कि अंतिम मंदड़िया भी हार-थककर निराश नहीं हो जाता। अल्प बिकवाली कर मुनाफ़ा कमाने के चक्कर में बार-बार नाकाम होने के बाद कई मंदड़िए निराश हो चुके थे। वास्तव में एफ़आईआई की ओर से पूँजी के ज़बरदस्त प्रवाह के कारण मंदड़ियों को एक भी बार मौक़ा ही नहीं मिला। अक्टूबर के मध्य तक एफ़आईआई भारतीय शेयर बाज़ार में 18 अरब डॉलर की रिकॉर्ड पूँजी लगा चुकी थीं। इससे सेंसेक्स 20,000 का आंकड़ा पार कर चुका था। भारत सहित उभरते बाज़ारों में धन की बाढ़ के पीछे अमेरिकी केंद्रीय बैंक फ़ेड का ब्याज कटौती का फ़ैसला भी एक प्रमुख कारण था। बैंक मध्य अगस्त से दो किस्तों में आधार ब्याज दरों में सौ अंकों की कटौती कर चुका था।

दो महीनों में सेंसेक्स पाँच हज़ार अंक बढ़ चुका था। सरकार और नियामक संस्थाएँ चौकन्नी हो गई थीं। पूँजी का प्रबल प्रवाह बहुत अच्छा

था, लेकिन अति हर तरह की बुरी होती है। ज़्यादा पूँजी संकट भी पैदा कर सकती है। इससे रुपया ज़्यादा मज़बूत हो जाएगा और भारतीय निर्यात प्रतिस्पर्धा में पिछड़ जाएगा। डॉलर की बाढ़ से रुपए पहले ही उसके मुक़ाबले 39 के रिकॉर्ड स्तर पर पहुँच चुका था। इसके अतिरिक्त जिस तरह से डॉलर आ रहा था, उसको उसी तरह से वापस खींचे जाने से बाज़ार के लिए भी जोख़िम बढ़ गया था। एफ़आईआई का भारतीय बाज़ारों को लेकर नज़रिया बदलने के साथ ही यह डॉलर कपूर की तरह हवा भी हो सकता था।

हेज फ़ंड बहुत ज़्यादा सक्रिय हो गए थे और उनके पास पूँजी का बड़ा हिस्सा पार्टिसिपेटरी नोट्स के माध्यम से आ रहा था। सरकार और नियामक इससे चिंता में थे, क्योंकि पी-नोट्स के पीछे निवेशक कौन है, इसकी जानकारी नहीं थी। वे राजनेता हो सकते थे, प्रमोटर हो सकते थे, माफ़िया सरगना हो सकते थे या फिर आतंकवादी भी! वास्तव में पी-नोट्स का बड़ा हिस्सा बेनामी निवेश का थोड़ा-सा बेहतर सुधरा हुआ रूप था।

लूटपाट करने वाले एफ़आईआई को अंकुश में रखने के लिए सेबी ने पी-नोट्स पर नकेल कसने की मंशा के संकेत दिए। 16 अक्टूबर की शाम को जारी परामर्श नोट में सेबी ने ऐसे नए पी-नोट्स जारी करने पर तत्काल प्रतिबंध का प्रस्ताव किया, जो वायदा और ऑप्शन जैसे डेरिवेटिव्ज़ में कारोबार से जुड़े थे। साथ ही पहले से काम कर रहे पी-नोट्स की अनुमति का नवीनीकरण नहीं करने और अगले 18 महीनों में सभी पोज़ीशन को समेटने का प्रस्ताव किया।

इन प्रस्तावों से विदेशी निवेशकों में हड़कंप मच गया। ज़्यादातर ऐसे निवेशकों में जो गोपनीयता बनाए रखते हुए भारतीय बाज़ारों में काम करते रहना चाहते थे। उधर बाज़ार को अब तक इस विदेशी धन की लत लग गई थी। हालाँकि पी-नोट पर यह प्रतिबंध देश में पूँजी प्रवाह को नियंत्रित करने के उद्देश्य से थे। तब भी जिस तरह से उसके बाद पी-नोट्स निवेशक अपनी पोज़ीशन को समेटने में जुटे गए थे, बाज़ार में कुछ समय के लिए गिरावट का रुख़ साफ़ दिखाई दे रहा था। निस्संदेह इसके असर का अंदाज़ा नहीं लग सकता था। निवेशकों ने कुछ शेयरों में अपने नुक़सान की भरपाई दूसरे शेयरों की बिकवाली से करने की कोशिश की जिनमें उनको मुनाफ़ा हो रहा था।

बहुत लंबे समय के हिसाब से निवेश करने वाले ट्रेडर भी अगली सुबह डरावनी गिरावट की आशंका के साथ कंप्यूटर स्क्रीन के सामने पहुँचे। उनका डर सही साबित हुआ। सेंसेक्स और निफ़्टी दस प्रतिशत तक धड़ाम हो गए। बाज़ार के खुलने के चंद मिनटों के भीतर सेंसेक्स 1,745 अंक टूट गया, जिससे एक घंटे के लिए कामकाज बंद करना पड़ा।

सेबी और वित्त मंत्रालय दहशतज़दा विदेशी निवेशकों को आश्वस्त कर स्थिति को सँभालने के लिए तत्काल हरकत में आ गए। वित्त मंत्री पी. चिदंबरम ने कहा कि पी-नोट पर रोक लगाने का कोई इरादा नहीं था। हम केवल इस रास्ते से आने वाले धन के प्रवाह को प्रतिबंधित करना चाहते हैं। सेबी प्रमुख एम. दामोदरन ने कहा कि एफ़आईआई के लिए पंजीकरण की प्रक्रिया को सरल बनाने की कोशिश की जाएगी, जिससे ज़्यादा से ज़्यादा संस्थाएँ इधर-उधर से घूमकर आने का रास्ता चुनने की बजाय सीधे भारत में निवेश कर सकें। इससे निवेशकों को कुछ राहत महसूस हुई, लेकिन अगले दिन बिकवाली का रुझान फिर शुरू हो गया। पी-नोट्स पर परामर्श नोट जारी होने के बाद तीन सत्रों में सेंसेक्स 1,500 अंक लुढ़क गया था।

तब भी हालात उम्मीद से कहीं तेज़ी के साथ पटरी पर लौट आए। लंबे समय के लिए निवेश करने वाले कई एफ़आईआई ने इसे भारत में ख़रीदी के सुनहरे अवसर की तरह देखा। दिसंबर महीने में विशेष रूप से एफ़आईआई की गतिविधियाँ धीमी पड़ने लगती हैं। ज़्यादातर पूँजी प्रबंधक साल के अंत में और नए साल के जश्न के लिए छुट्टियों पर चले जाते हैं। लेकिन इस साल एफ़आईआई ने दिसंबर में जैसे बदला लेते हुए फिर से ख़रीदी शुरू कर दी। उन्होंने क़रीब एक अरब डॉलर की रक़म झोंक दी जिससे साल भर की उनकी ख़रीदी 17 अरब डॉलर पर पहुँच गई जो कि किसी भी एक साल में सर्वोच्च थी। शेयर बाज़ार में जश्न चल रहा था। हालाँकि संकेत साफ़ मिल रहे थे कि निवेशकों का अनुपात का अनुमान गड़बड़ा रहा था। कई कंपनियों के शेयर उनकी औक़ात के बाहर जा रहे थे।

एफ़आईआई की दिलचस्पी के अतिरिक्त रिलायंस पॉवर का आईपीओ भी आने वाला था। यह भारतीय शेयर बाज़ार के इतिहास का सबसे बड़ा आईपीओ बनने वाला था। इसमें 11,500 करोड़ रुपए की पूँजी जुटाने का लक्ष्य था। लेकिन समानांतर चलने वाले ग्रे मार्केट में इसकी ज़ोरदार माँग को देखते हुए आवेदन बहुत ज़्यादा आने वाले थे। मान लें कि आईपीओ

दस गुना भरा तो बाज़ार से एक लाख करोड़ रुपए की पूँजी अस्थायी तौर पर बाहर हो जाएगी। रिलायंस पॉवर के शेयरों का ग्रे मार्केट में ज़ोरदार जलवा था। आईपीओ के लिए क़ीमत का दायरा घोषित होने से पहले ही नवंबर में इन पर 35 रुपए के अतिरिक्त दाम यानी प्रीमियम मिल रहा था।

आख़िर में वायदा और ऑप्शन बाज़ार में पूँजी की तुलना में बहुत भारी-भरकम पोजीशन निर्मित हो गई थीं। इसका चिंताजनक पहलू यह था कि कई छोटे खुदरा निवेशक भी इस जोख़िम भरे खेल में कूद पड़े थे, जो बड़ी पूँजी वाले निवेशकों के लिए है। ज़्यादा कमीशन कमाने के लिए दलाल, खुदरा निवेशकों को अंधाधुंध ख़रीदी, बिकवाली करने के लिए प्रोत्साहित कर रहे थे। वे क़ीमतें उनके प्रतिकूल जाने के परिणाम पर बिना सोचे-विचारे सौदे करने में लगे हुए थे।

जीबी ने मुझे चेतावनी का एक और संकेत बताया।

वे बोले, 'शेयर बाज़ार के बाहर के दूसरे कारोबारियों और व्यवसायियों के बाज़ार में आने लगना एक और संकट का संकेत है। वे ऐसा मानकर आते हैं कि यह मोटा माल कमाने की सही जगह है। उचित अनुपात तक तो उनका निवेश ठीक है, बल्कि बाज़ार में नक़दी के लिए अच्छा है। लेकिन समस्या तब खड़ी होती है, जब वे अपने मुख्य काम-धंधे की उपेक्षा करते हैं और शेयरों से आमदनी को आसानी से हाथ आने वाला धन मानकर इसके पीछे भागने लगते हैं।'

मुझे चारों ओर उतावलेपन से भरा उत्साह और आशावाद नज़र आ रहा था। और तब भी मैं निश्चित नहीं कर पा रहा था कि बाज़ार में अल्प अवधि के लिए बिकवाली शुरू करने का यह सही समय हो सकता है। पूरे दिसंबर महीने बाज़ार कुलाँचें भरता रहा था। मेरी ट्रेडिंग की पोजीशन और निवेश दोनों में अच्छा-ख़ासा मुनाफ़ा हो रहा था। तब भी मुझे असहज महसूस होना शुरू हो गया था। अक्टूबर के अंत में 20,000 तक पहुँचने के बाद सेंसेक्स एक दायरे के भीतर घूम रहा था। लेकिन कई लघु और मझोली कंपनियों के शेयरों के भाव आए दिन नई ऊँचाइयों को छू रहे थे।

मैं बाज़ार में अल्प समय के लिए बिकवाली करने से बच रहा था, लेकिन दिसंबर मध्य से मैंने ट्रेडिंग वाले अपने सौदे काटने शुरू कर दिए थे। उसके बाद मैंने अपने निवेश के शेयरों की क़ीमतों का आकलन किया और

उन शेयरों को बेचने का फ़ैसला किया, जो पिछले एक साल में दोगुने हो गए थे। इनके निकट भविष्य में इतनी तेज़ गति से बढ़ने की संभावना नहीं दिखाई दे रही थी। मुनाफ़े को दोबारा बाज़ार में निवेश करने के लालच पर मैंने किसी तरह से क़ाबू पाया। यह इसलिए कठिन था, क्योंकि चारों ओर शोर था कि अगले साल के मध्य तक सेंसेक्स 25,000 के आंकड़े को छुएगा। मैंने अपने आप को समझाया कि मैं अब युवा नहीं होने जा रहा हूँ। करियर के इस दौर में कोई भी एक ग़लत क़दम मुझे कुछ साल पीछे धकेल सकता है। मुझे यह चिंता नहीं रह गई थी कि अब मैं दिवालिया हो जाऊँगा, लेकिन बहुत ज़्यादा घाटे की भरपाई करना इतना आसान नहीं होने वाला था, जितना कि पाँच साल पहले था। अपनी पोजीशन कम करते जाने के साथ मैं और अधिक शांत, सहज और हल्का महसूस कर रहा था। मैं पहले के मुक़ाबले जल्दी घर पहुँचने लग गया था, जिससे बीना भी ख़ुश थी। मुझे उसके और बच्चों के साथ ज़्यादा समय बिताने को मिल रहा था।

बाज़ार के लिए यह एक और शानदार साल था। 2003 में तेज़ी का दौर शुरू होने के बाद से लगातार पाँचवाँ बेहतरीन साल। यह सही है कि इन वर्षों में प्रत्येक साल में कम से कम एक तेज़ गिरावट भी आई। ऐसे दौर भी आए जब मेरे जैसे ट्रेडर ने बड़ी राशि गँवा दी। लेकिन बाज़ार इतना उदार रहा कि उसने हमें फिर खेल में वापस आने के कई-कई मौक़े दिए।

एक रसूखदार ऑपरेटर ने अलीबाग में अपने फ़ार्म हाउस पर नए साल के जश्न की पार्टी आयोजित की थी। मुझे जाने में ज़रा भी दिलचस्पी नहीं थी। लेकिन जीबी अड़ गए, उनके साथ चलना पड़ेगा।

मुझे मनाते हुए कहा, 'अरे लाला, औरतों जैसा मत कर। चलो, साथ में मस्ती करेंगे। सबसे बड़ी बात, अपने को पता चलेगा कि अपने कारोबार के चुनिंदा जानकार लोग बाज़ार के बारे में क्या सोचते हैं।'

मैं मान गया, 'ठीक है, गोविंद भाई, आप कहते हैं तो चलता हूँ।'

जीबी ऐसे शख़्स थे, जिनकी बात को मैं टाल नहीं पाता था। मैं गाड़ी चलाता हुआ अलीबाग जा रहा था। रास्ते में एक दोस्त का कॉल आया। उसने बताया कि रिज़र्व बैंक ने एफ़आईआई को शेयरों में अल्प बिकवाली की इज़ाज़त दे दी है। एफ़आईआई की अल्प बिकवाली में कुछ नया नहीं था। भले ही अब तक नियमों के तहत इस पर रोक थी मगर कई हेज़ फ़ंड

के बारे में सभी जानते थे कि वे विदेशी दलाल फ़र्मों के पी-नोट खातों में रखे गए शेयरों को इस उम्मीद से बेच रहे थे कि बाद में सस्ते भाव पर ख़रीद कर उनको वापस कर देंगे। आगे चलकर रिज़र्व बैंक का परिपत्र इस प्रकार की अल्प अवधि बिकवाली को वैधानिक कर देगी।

जहाँ तक मैंने इसे समझा कि एफ़आईआई को अल्प अवधि बिकवाली की अनुमति देने के लिए रिज़र्व बैंक के पास पूरी तरह से जायज़ कारण था। संस्थागत और खुदरा दोनों तरह के निवेशकों की भारी ख़रीदारी से बाज़ार में आग भड़की हुई थी। अब तक जिन ट्रेडरों ने बाज़ार में अल्प अवधि बिकवाली की कोशिश की थी, वे बर्बाद हो गए थे। यह बाज़ार में संतुलन बनाने वाली प्रभावी नीतियों के नहीं होने का नतीजा था कि बाज़ार में धारणा कमज़ोर हो गई थी। एफ़आईआई को अल्प अवधि बिकवाली की अनुमति देकर रिज़र्व बैंक शायद प्रणाली में असंतुलन को दूर करने की कोशिश कर रहा था। लेकिन मुझे सभी ओर अशुभ संकेत नज़र आ रहे थे।

मैंने तुरंत जीबी को कॉल किया और इस नए फ़ैसले के बारे में बताया।

जीबी ने कहा, 'हाँ, मैंने भी सुना है... कहना कठिन है कि अभी तुरंत इसका क्या असर हो सकता है। जब तक मज़बूती का रुझान है तब तक जहाँ तक मुझे लगता है कि इसका कोई असर नहीं होगा। लेकिन हवा पलटते ही, पक्का मानकर चलना कि बाज़ार में ख़ूनखराबा होगा। मंदड़ियों को अब एक हथियार मिल गया है, उनको अधिकतम प्रभाव के लिए हथियार तैनात करने के केवल एक उपयुक्त मौक़े का इंतज़ार करना होगा।'

पार्टी में हर कोई आने वाले साल को लेकर आशावादी और उम्मीद से भरा हुआ था। कुछ अनुभवी लोग बाज़ार में गिरावट की सुगबुगाहट को सुन पा रहे थे। उन्होंने बाज़ार में तेज़ी के कई दौर देखे थे, जिससे वे जानते थे कि यह जश्न अनिश्चि तकाल तक जारी रह सकता है। भले ही वे अपने को यह दिलासा दें कि तेज़ी का हर दौर तेज़ी के पिछले दौर से अलग था। और एक हमेशा कही जाने वाली पंक्ति – 'इस बार यह भिन्न है' – सच प्रतीत होती थी। पार्टी में मौजूद किसी भी शख़्स ने अगर बाज़ार में तेज़ी का ऐसा प्रचंड तूफ़ान देखा था तो वह हर्षद मेहता के दौर की तेज़ी थी। तब एसीसी का शेयर मूल्यांकन की तमाम पारंपरिक पद्धतियों को ताक पर रखकर 10,000 रुपए पर पहुँच गया था।

बहुत सारे लोग इससे भलीभाँति अवगत थे कि जुनून के इस दौर का अंत भी बहुत से निवेशकों के लिए दुखद होने वाला है, जैसा कि पहले भी तेज़ी के हर चरण के बाद होता रहा था। तेज़ी का समापन हमेशा ही अचानक कभी भी हो जाता है। यह किसी नियम व्यवस्था का पालन करते हुए नहीं होता। काश, ऐसा होता तो ट्रेडर और निवेशकों को यह ज़रूर बेहद पसंद आता।

दो-चार पैग सभी ले चुके थे। तभी मेजबान ने कुछ मज़ेदार, लेकिन जोख़िम भरी टिप्पणियाँ कीं। वे इसके लिए जाने-पहचाने जाते थे।

एक दलाल ने कहा, वह एक ख़ास शेयर को ख़रीदने के लिए उसके भाव के ग्राफ़ में 'डबल बॉटम' बनने का इंतज़ार कर रहा है। 'डबल बॉटम' जैसा कि नाम से ही ज़ाहिर होता है कि ऐसा ग्राफ़ तब बनता है, जब कोई शेयर बहुत नीचे के स्तर तक गिर जाता है, कुछ समय के लिए भाव ऊपर आते हैं और फिर दोबारा नीचे के स्तर जाकर ऊपर उठते हैं। यह संकेत माना जाता है कि निकट भविष्य में शेयर के उस स्तर से नीचे जाने की संभावना नहीं है।

'डबल बॉटम?' ऑपरेटर ने दलाल से पूछा : 'मैं तो तुमसे कहूँगा कि तुम अपने घर में कमोड के सामने और पीछे दो दर्पण लगवा लो। जब भी तुम उस पर बैठोगे तो एक-दो नहीं, जितने चाहो उतने कमोड देख सकते हो।'

यह सुनकर वहाँ मौजूद सभी हँस-हँस कर दोहरे हो गए। उसके बाद उन महाशय ने बहस को गंभीरता की ओर मोड़ने की कोशिश की। उन्होंने अमेरिका सहित विकसित दुनिया में सब-प्राइम क़र्ज़ और बैंकिंग सेक्टर में उत्पन्न हो रहे संकट पर इकतरफ़ा भाषण शुरू कर दिया। उन्होंने काफ़ी कुछ पढ़ रखा था (मैं कई बार सोचता हूँ कि ऑपरेटर के तौर पर कुछ ज़्यादा ही पढ़ रखा था) और बाज़ार के रुझानों की उनको अच्छी ख़बर थी। लेकिन सब-प्राइम के गिरवी रखने संबंधी नियमों और उसके डेरिवेटिव उत्पादों की जटिलताओं पर उनकी उतनी मज़बूत पकड़ नहीं थी। निश्चित ही इस तरह के हास्यास्पद उत्पादों को बनाने वाले जानकारों को छोड़कर किसी को भी इसका रत्ती भर भी अनुमान नहीं था कि दरअसल, वे क्या हैं, किससे संबंधित हैं या वित्तीय बाज़ारों के लिए क्या जोख़िम पैदा कर सकते हैं।

वहाँ मौजूद हम सभी की तरह वे भी जानते थे कि बुनियादी समस्या क्या है – अमेरिका में बहुत सारे लोगों ने घर ख़रीदने के लिए चुकाने की अपनी हैसियत के बाहर जाकर पूँजी उधार ले ली थी। बेलगाम होकर उधारी बाँटने वाले बैंकों ने इन क़र्ज़ों को डेरिवेटिव्ज़ के तौर पर नई पैकिंग में प्रस्तुत किया तथा निवेशकों को बेच दिया, जो अधिक मुनाफ़े की ओर भाग रहे थे। यदि मकानों की क़ीमतों में अनुमान से हटकर लगातार गिरावट आती तो व्यापक तौर पर लोगों के इनके भुगतान में नाकाम होने का डर था। यही नहीं इससे पूरी एक कड़ी बनी हुई थी, जिसमें सभी प्रभावित होने वाले थे।

वे बार-बार दोहरा रहे थे, 'सब-प्राइम में कुछ गड़बड़ है ...आप देखिए, संकट खड़ा हो सकता है... वास्तव में, यह बाज़ार में बड़ी गिरावट का कारण बन सकता है।' वे सबको सहमत करने की कोशिश करते हुए जान पड़ रहे थे। हालाँकि वे अपने विचारों को पूरी तरह से व्यक्त नहीं कर पा रहे थे। तब तक पार्टी पूरे शबाब पर आ गई थी और किसी का ध्यान उनकी बातों की ओर नहीं था।

लेकिन मैं उनमें नहीं था। मैंने अपने पहले पैग के कुछ घूँट ही लिए थे। मैं अपने होशो-हवास क़ायम रखना चाहता था। बेहद मँजे, अनुभवी लोगों की बाज़ार के बारे में राय को सुनना चाहता था।

किसी ने बीच में कहा, 'मुझे लगता है कि जापानी निवेशक अरबों डॉलर की पूँजी के साथ निवेश के सही मौक़े का इंतज़ार कर रहे हैं।'

कोई और बोला, 'मैंने सुना है कि कुछ ने तो पूँजी लगाना शुरू भी कर दिया है।'

किसी और ने कहा, 'अरे, तब तो मुझे लगता है कि सावधान हो जाना चाहिए। छोटे निवेशकों के बाद जापानी निवेशकों का आना पक्का संकेत है कि बाज़ार अब अपने शीर्ष पर है।' यह सुनकर वहाँ ज़ोरदार ठहाका लगा।

इसके बाद चर्चा का विषय बदल गया। लोग कहने लगे कि किस तरह से भारत उभरते बाज़ारों में सर्वश्रेष्ठ है। कैसे जल्दी ही भारत की सकल घरेलू उत्पाद जीडीपी की वृद्धि चीन से ज़्यादा होगी।

एक सज्जन बोले, 'लोग कहते हैं, भारतीय बाज़ार महँगा हो चला है। तब भी विदेशियों के पास के पास कोई विकल्प नहीं होगा, या तो वे आज

की क़ीमतों में ख़रीदी करें या उससे भी ज़्यादा दामों पर। आख़िर चीन को छोड़कर हमारे देश जैसी जीडीपी दर और कहाँ है?'

किसी ने रिलायंस पॉवर के आईपीओ और कुछ समय के लिए इसके बाज़ार से नक़दी को खींच लेने का उल्लेख किया। लेकिन इस चिंता को तुरंत दरकिनार कर दिया गया।

एक मझोले स्तर के ऑपरेटर बोल पड़े, 'अरे बाबा, आपको अभी पता नहीं है कि कितनी पूँजी बाहर इंतज़ार में है। रिलायंस पॉवर जैसे दो आईपीओ भी एक साथ में आ जाएँ तो भी कोई समस्या नहीं होने वाली है।'

दूसरे लोगों ने भी सहमति में सिर हिलाया और अपने ग्लास उठाकर ज़ाम छलकाकर बाज़ार के यूँ ही रोशन रहने की दुआएँ माँगीं।

मुझे ऐसा प्रतीत हुआ कि कोई भी हँसी का पात्र बनने के डर के कारण बाज़ार में गिरावट की बात नहीं करना चाहता था। मुझे यह बहुत ज़्यादा नासमझी या बेवकूफ़ी का एक और संकेत जान पड़ा। इससे मेरी सोच और दृढ़ हो गई कि अब तेज़ गिरावट के आने में ज़्यादा वक्त नहीं था।

2008 की शुरुआत बाज़ार में सुस्ती के साथ हुई। सेंसेक्स में केवल 15 अंकों की बढ़ोतरी हुई। महीने की दस तारीख़ को सेंसेक्स ने 21,206 की रिकॉर्ड ऊँचाई छुई, लेकिन सत्र ख़त्म होने तक यह पिछले बंद भाव से क़रीब 300 अंक नीचे आ गया। इंडेक्स को 21,000 के स्तर से ऊपर जाने में संघर्ष करना पड़ रहा था। हालाँकि लगातार तीन सत्रों में वह इस स्तर को छू चुका था। इसके कुछ दिन पहले रिलायंस पॉवर ने अपने 26 करोड़ शेयरों के आईपीओ के लिए 405-450 रु. का मूल्य दायरा घोषित कर दिया था। यह आईपीओ 15 से 18 जनवरी तक खुलने वाला था। बाज़ार में बहुत नक़दी होने की तमाम चर्चाओं के बीच भी इतनी बड़ी पूँजी के आईपीओ का सचमुच बहुत अधिक धनराशि को खींचना तय था।

मूल्य दायरा घोषित किए जाने के कुछ ही घंटों के भीतर रिलायंस पॉवर के शेयरों पर समानांतर ग्रे मार्केट में प्रीमियम 200 रुपए तक उछल गया। ग्रे मार्केट की क़ीमतों का अलिखित नियम रहा है कि आईपीओ के सूचीबद्ध होने के दिन निवेशक कम से कम इतने मुनाफ़े की उम्मीद कर सकते हैं।

रिलायंस पॉवर के शेयरों को लेकर उन्माद को देखकर मैं हैरान था। अगले कुछ दिनों में ग्रे मार्केट में इसके शेयर पर प्रीमियम बढ़कर 450 रु. हो गया था। बड़े से बड़े तेजड़िया का सिर इससे चकरा गया था। यदि ग्रे मार्केट का प्रीमियम सही संकेत दे रहा था तो आईपीओ में शेयर आवंटित होने पर सूचीबद्ध होने के दिन निवेशक का धन दोगुना होने वाला था।

कंपनी की कोई आमदनी नहीं थी, जिसके संबंध में कोई बात की जा सके। फिर भी लोग अनाप-शनाप क़ीमत पर उसके शेयरों को ख़रीदने को आतुर हो रहे थे। आईपीओ को अब इक्विटी निवेश के रूप में नहीं देखा जा रहा था, बल्कि ऐसे दिखाई दे रहा था कि लोग इसे कोई ऐसी स्कीम मानने लगे थे, जिसमें एक महीने से भी कम समय में पूँजी के दोगुना होने की गारंटी थी। इससे आईपीओ में लोगों की भागम-भाग बढ़ गई थी। इसने उन्माद को और बढ़ा दिया था। जहाँ भी जाएँ, जल्दी ही चर्चा घूम-फिरकर रिलायंस पॉवर की ओर मुड़ जाती थी। यहाँ तक कि ऑटो रिक्शा और टैक्सी में जा रहे हों तो भी वही सब बातें सुनाई देती थीं। ड्राइवरों ने भी अपने दोस्तों से सुन रखा था कि आईपीओ धनराशि को दोगुना करने का ज़बरदस्त तरीक़ा है। मुझे नहीं लगता कि भीड़ का ऐसा उन्माद जो रिलायंस पॉवर पैदा कर रहा था, वैसा आगे फिर कभी भी देखने को मिलेगा। कई दोस्तों और रिश्तेदारों, जिनसे मेरा संपर्क टूटा हुआ था, वे भी मुझे कॉल कर रहे थे और आईपीओ में निवेश करने के बारे में राय माँग रहे थे।

डिपॉजिटरी पार्टिसिपेंट (डीपी) की जमकर चाँदी हो रही थी। पहली बार बाज़ार में आ रहे निवेशक डीमेट खाते खुलवा रहे थे, जिससे आईपीओ में दाँव लगा सकें। ऐसे भी किस्से सुनने को मिले कि किराना स्टोर वालों ने भी आईपीओ के आवेदन भरवाने में ग्राहकों की मदद करना शुरू कर दिया। वे डीमेट खाते खुलवाने में भी उनकी मदद कर रहे थे।

बीना उस समय कार चलाना सीख रही थी। एक शाम को हम खाना खाने की तैयारी ही कर रहे थे, तभी एक अप्रत्याशित मेहमान आ गया। वह बीना को ड्राइविंग सिखा रहा था। उसने पॉलीथिन बैग में 25,000 रुपए रखे हुए थे।

उसने पूरी गंभीरता के साथ आग्रह किया, 'सर, हमको रिलायंस पॉवर के शेयर ख़रीदना है, मैडम कह रही थीं आप शेयर बाज़ार में हैं, आप मेरी

मदद कर दीजिए, प्लीज़।' वह जानना चाहता था कि कहाँ से शेयरों के लिए आवेदन का फ़ॉर्म मिलेगा और क्या दस्तावेज़ चाहिए होंगे।

उसकी उम्र 30 से 35 साल के आसपास की थी। इससे पहले उसने कभी भी शेयर बाज़ार में निवेश नहीं किया था। मुझे पहले तो उस पर खीज आई, लेकिन जल्दी ही मैं कुछ आश्चर्य में डूब गया। आईपीओ पर मुझसे अब तक राय लेने वालों को शेयरों तथा शेयर बाज़ार के संबंध में कुछ बुनियादी जानकारी होती थी। वे गाहे-बगाहे बाज़ार में पैसा लगाते रहते थे और एकाध बार क़िस्मत उनका साथ भी दे देती थी। लेकिन यह ऐसा शख़्स था, जिसे शेयर बाज़ार की एबीसीडी भी नहीं मालूम थी और वह अपनी बचत का एक ख़ासा बड़ा हिस्सा ऐसी जगह निवेश करना चाहता था, जो कि जोख़िम से भरा दाँव था।

मेरे दिमाग़ में सवाल उठा, 'लेकिन तुम रिलायंस पॉवर में पैसे लगाना क्यों चाहते हो?'

उसका सीधा जवाब था, 'मेरे दोस्तों ने बताया है कि इससे एक महीने में मेरा पैदा दोगुना हो जाएगा।'

मेरा मन कर रहा था कि उससे यहाँ से दफ़ा होने और इसकी बजाय रेसकोर्स जाकर घुड़दौड़, मटका बाज़ार या फिर ऐसी ही किसी पोंजी जमा स्कीम में अपनी क़िस्मत आज़माने को कहूँ, जो चंद दिनों में धनराशि को कई गुना करने का दावा करते हैं। बीना मेरे भीतर कौंध रहे विचारों को समझ गई थी और आँखों ही आँखों में उससे रुखाई से पेश नहीं आने का अनुरोध कर रही थी। मैं चुप रह गया। आख़िरकार वह उसके गुरु थे। उसकी ड्राइविंग की क्लास के अगले महीने पूरे होने तक।

मुझे लग रहा था कि उसने अपनी सोच बना ली थी और उसे कुछ भी समझाना बेकार था। हो सकता था कि शेयर के सूचीबद्ध होने के दिन वह अच्छी कमाई कर ले। हालाँकि मुझे इसकी संभावना कम नज़र आ रही थी कि उसका निवेश दोगुना होगा। मैंने अपने एक मित्र सब ब्रोकर से उनकी बात करवाने का वादा किया। वह उनको आईपीओ के आवेदन की इस पूरी क़वायद को करने में मदद कर देगा। वह प्रसन्न हो गए।

उस समय तक मैं खुद कुछ पूँजी आईपीओ में लगाने के बारे में सोच रहा था। लेकिन चारों ओर आईपीओ को लेकर इस पागलपन को

देखकर मैं सोच में पड़ गया कि यह सही रहेगा या नहीं। इसमें कोई संदेह नहीं था कि शेयर की क़ीमत मूल्य दायरे के ऊपरी सिरे (450 रु.) पर तय होने वाली थी। निवेशकों के हर वर्ग से इतनी ज़ोरदार माँग जो थी। मैंने आईपीओ में निवेश करने का मन बना लिया। लेकिन उधारी की रक़म से नहीं। इससे शेयर के ख़रीदी क़ीमत से नीचे सूचीबद्ध होने की स्थिति में मेरी लागत और अधिक हो जाती तथा घाटा और ज़्यादा होने की आशंका थी।

आईपीओ से लगातार अशुभ संकेत मिल रहे थे। आईपीओ के खुलने के दिन ही सेंसेक्स 100 अंक गिर गया। निफ़्टी लाल निशान से केवल छह अंक ऊपर रहा। बाज़ार में कुछ घबराहट थी। आईपीओ में बड़ी पूँजी को देखते हुए थोड़ा दबाव बनने का अनुमान था। बहुत से निवेशक अपने पास रखे शेयरों को बेचकर पूँजी का इस्तेमाल रिलायंस पॉवर के शेयरों के लिए आवेदन में करने वाले थे।

15 जनवरी को आईपीओ खुला और एक मिनट के भीतर ही पूरा भर गया यानी उसमें प्रस्तावित शेयरों के लिए आवेदन आ गए। इतने बड़े आईपीओ के लिए यह एक रिकॉर्ड था। दिन समाप्त होने तक आईपीओ दस गुना भर गया। और आवेदन मिलना जारी था। इसी बीच में रोज़ाना के शेयर बाज़ार में हवा पलट गई थी। सेंसेक्स 477 अंक और निफ़्टी 124 अंक गिर गया था।

मझोली कंपनियों यानी मिडकैप कंपनियों के शेयर इसमें ज़्यादा बुरी तरह से गिरावट के शिकार हुए थे। ख़ासकर जिनमें वायदा और ऑप्शन (एफ़ऐंडओ) की बहुत अधिक पोजीशन बनी हुई थीं। हर दिन शेयरों के भाव बढ़ते हुए देखकर बहुत से कम पूँजी वाले ट्रेडरों ने मोटा फ़ायदा कमाने के मक़सद से एफ़ऐंडओ में पोजीशन बना ली थी। नक़दी के विपरीत एफ़ऐंडओ के सौदों में ट्रेडरों को अपनी ख़रीदी या बिकवाली के कुल मूल्य का केवल 25 से 30 प्रतिशत ही देना होता है। बाज़ार जब ऊपर की ओर चढ़ रहा था तब नक़द के मुक़ाबले एफ़ऐंडओ में शानदार मुनाफ़ा हासिल हो रहा था।

लेकिन तेज़ गिरावट में इन लोगों को जल्दबाजी में अपनी ख़रीदी–बिकवाली की पोजीशन बंद करनी पड़ी। वे अतिरिक्त मार्जिन राशि देकर

अपनी पोजीशन को बनाकर रख सकते थे। लेकिन गिरावट के संकट में बहुत कम ट्रेडरों के पास ही मार्जिन राशि जुटाने के लायक़ संसाधन रहते हैं। दलालों ने अतिरिक्त मार्जिन राशि जमा कराने में असमर्थ ग्राहकों की पोजीशन को काटना शुरू कर दिया था। इसने शेयरों की क़ीमतों पर दबाव और बढ़ा दिया। बिकवाली से कुचक्र शुरू हो गया। गिरती क़ीमतों से जोख़िम लेने की कम क्षमता वाले कई कारोबारी अपनी शेयरों की बिकवाली करने को मज़बूर हो गए।

मैं अब तक लंबी अवधि के लिए रखे शेयरों को बेचकर अपनी 90 प्रतिशत पोजीशन से बाहर आ गया था। कुछ में तो आख़िर में मैंने नुक़सान भी उठाया। सावधानी बरतते हुए मैंने निफ़्टी वायदा में कम अवधि की बिकवाली शुरू की। तब भी मैं बहुत बड़े स्तर पर बाज़ार में अल्प बिकवाली करने के लिए पूरी तरह से आश्वस्त नहीं था।

रिलायंस पॉवर के आईपीओ का पहला दिन था। शाम को मैं एक प्रतिष्ठित दलाल फ़र्म में काम करने वाले अपने एक दोस्त से बात कर रहा था। उनकी बात सुनकर मेरे कान खड़े हो गए थे।

'आर-पॉवर के लिए पागलपन देखकर भरोसा नहीं होता। मेरे ज़्यादातर ग्राहकों ने आईपीओ में पूँजी लगाने के लिए अपने ट्रेडिंग खाते को पूरा ख़ाली कर दिया है।'

ग्राहक आम तौर पर दलाल के पास अपने खाते में कुछ अतिरिक्त धन रखते हैं। अगर वे नियमित ट्रेडर होते हैं तो इससे अतिरिक्त मार्जिन राशि की कभी तत्काल ज़रूरत होती है तो खाते में अतिरिक्त पैसा बना रहता है। या कभी तत्काल किसी शेयर में सौदेबाज़ी की संभावना पैदा होती है तो उसमें भी मदद मिल सकती है।

क़ीमतों की गर्मी से बाज़ार तपना शुरू हो गया था और उसके पिघलने का ख़तरा प्रत्यक्ष दिखाई दे रहा था। कई शेयरों के भाव छह महीने से भी कम समय में दोगुने से भी ज़्यादा या कुछ तो तीन गुना तक हो गए थे। मुझे भीतर से ऐसा लग रहा था कि बाज़ार ने अपनी दिशा बदल ली थी। लेकिन इसकी पुष्टि के लिए मुझे और संकेतों की ज़रूरत थी। मैंने दूसरी दलाल फ़र्मों में अपने पहचान वालों को फ़ोन किया और टटोला कि उनके यहाँ क्या चल रहा था। उनकी भी यही कहानी थी। छोटे निवेशक और एचएनआई

इसी प्रकार से ट्रेडिंग खाते में पड़ा अपना धन निकालकर रिलायंस पॉवर के आईपीओ में लगा रहे थे।

बाज़ार के अचानक अपनी दिशा बदलने पर यह ऐसा ठोस कारक बनेगा, जिसके कारण दो हफ़्ते से भी कम समय में बाज़ार में तबाही मच जाएगी। मैंने इस जानकारी पर बहुत गहराई से विचार-मंथन किया। यदि किसी कारण से बाज़ार में तेज़ गिरावट होती है तो ज़्यादातर छोटे निवेशक और एचएनआई के पास मार्जिन की ज़रूरत को पूरा करने के लायक़ भी धन नहीं होगा। गिरावट में निचले स्तरों पर ख़रीदी का फ़ायदा उठाना तो दूर की बात है।

मैंने एक बड़ा जुआ खेलने का फ़ैसला किया - अगली सुबह सबसे पहले मैं ज़्यादा से ज़्यादा निफ्टी वायदा कम अवधि के लिए बेच दूँगा। आर-पॉवर वैक्यूम क्लीनर की तरह प्रणाली से बहुत अधिक नक़दी को खींच रहा था, जो कि बाज़ार की सेहत के लिए अच्छा नहीं था। अपनी बिकवाली की पोजीशन पर अच्छा मोटा लाभ कमाने के लिए मुझे रुझान के पूरी तरह से पलट जाने तक का इंतज़ार नहीं करना पड़ा था। कुछ ही सत्रों में तेज़ गिरावट में ही मुझे ज़ोरदार मुनाफ़ा हो जाएगा। इस समय बाज़ार ख़ासी गिरावट के लिए तैयार दिखाई दे रहा था।

अगली सुबह बाज़ार के खुलते ही मैंने निफ़्टी वायदे की बिकवाली शुरू कर दी थी। मुझे पता चला था कि बाज़ार की कम से कम दो और बड़ी शख़्सियतों की भी यही राय है और वे बिकवाली के मूड में हैं। उनमें से एक बड़े निवेशक थे, जिनकी ट्रेडिंग में भी काफ़ी पोजीशन बनी हुई थीं। दूसरे ट्रेडर थे जो एक बड़े अमेरिकी निवेश बैंक की संपत्ति के काम को सँभालते थे।

दलालों और निवेशकों में बेचैन अब दहशत में बदल रही थी। तीन सत्रों में सेंसेक्स क़रीब 1,000 और निफ़्टी 260 अंक गिर गया था। कई मिड कैप शेयरों के वायदे कारोबार में भयानक संकट की स्थिति बन गई थी। भाव नीचे आ जाने के कारण ग्राहक मार्जिन राशि देने में असमर्थ हो गए थे और दलालों ने उनकी पोजीशन काटकर हिसाब बराबर कर दिया था। इस हाहाकार के बीच रिलायंस पॉवर का आईपीओ 65 गुना भर गया। इतनी अधिक बोलियाँ प्राप्त होने का यह नया इतिहास रच गया था।

इसके संस्थागत हिस्से (50 प्रतिशत) को 82 गुना बोलियाँ प्राप्त हुई थीं। ग़ैर-संस्थागत हिस्से में 160 गुना और खुदरा श्रेणी में 10 गुना। कंपनी को 7.5 लाख करोड़ रुपए कुल मूल्य की 50 लाख बोलियाँ प्राप्त हुई थीं। इस आंकड़े को इस तरह से देख सकते हैं – यह उस साल के सरकार के अनुमानित योजना और ग़ैर योजना ख़र्च के बराबर था। इतनी अधिक माँग को देखते हुए आईपीओ में प्रति शेयर की क़ीमत जैसा कि सोचा गया था, मूल्य दायरे के सर्वोच्च स्तर पर तय हुई थी, 450 रुपए प्रति शेयर। खुदरा निवेशकों के लिए हालाँकि संस्थागत, एचएनआई और कार्पोरेशनों की तुलना में आईपीओ मूल्य से पाँच प्रतिशत कम 420 रु. प्रति शेयर क़ीमत तय की गई।

दो हफ़्ते बाद कंपनी कहने वाली थी कि लगभग 4.5 लाख खुदरा आवेदकों को एक भी शेयर आवंटित नहीं हुआ, जिन्होंने 225 शेयरों से भी कम के लिए आवेदन भरे थे। ग़ैर संस्थागत श्रेणी में बहुत अधिक आवेदनों के कारण एचएनआई मुसीबत में आ गए थे। उन्होंने रक़म उधार लेकर आवेदन किया था। हर 160 शेयरों के आवेदन पर उनको एक शेयर मिल रहा था, जबकि 160 शेयरों की राशि पर उनको ब्याज अदा करना पड़ रहा था।

बड़े ट्रेडर और ऑपरेटर रिलायंस आईपीओ के संबंध में ज़्यादा चिंतित नहीं थे। उनके सामने कहीं ज़्यादा बड़ी मुसीबत खड़ी थी। सप्ताह के दौरान शेयरों के भावों में बेतहाशा गिरावट से बहुत सारी कंपनियों के उनके शेयरों में नुक़सान हो रहा था। अपने दलालों के पास अतिरिक्त मार्जिन राशि जमा नहीं कराने पर हालत और बदतर होने वाली थी।

बाज़ार में मेरे जानने वाले कई लोग शनिवार-रविवार को पूरा समय पूँजी जुटाने के लिए भाग-दौड़ करते रहे। धारा पलट चुकी थी। नक़दी के जिस प्रचंड ज्वार पर नौकाएँ सरलता से चढ़ाई चढ़ रही थीं, अचानक अब वह सूख गई थी।

मुझे मदद के लिए बहुत ज़्यादा फ़ोन कॉल नहीं आए थे। कारण कि मेरे ज़्यादातर ट्रेडर साथियों ने यही मान लिया था कि मुझे भी भारी नुक़सान हुआ होगा और मैं नक़दी की जुगत करता हुआ भटक रहा हूँ। मेरे दोस्त इससे बेख़बर थे कि मैं अच्छा ख़ासा मुनाफ़ा बाज़ार से निकालने के बाद चैन की नींद सो रहा था।

मुझे चारों ओर जो माहौल दिखाई दे रहा था, उससे तो लगता था कि सोमवार को बाज़ार में और भयानक मारकाट और ख़ूनखराबा होने वाला है। पूरी प्रणाली में इतना धन ही नहीं रह गया था कि क़ीमतों में इस ज़बर्दस्त गिरावट का निवेशक फ़ायदा उठा पाते। सोमवार को मार्जिन की कमी के कारण और पोजीशन कटने वाली थीं और घबराहट में बिकवाली का एक और दौर शुरू होने वाला था। लेकिन अब मुझे अपनी कम अवधि की बिकवाली वाली पोजीशन के बारे में सोचना था। सबसे अनुभवी ट्रेडर भी बाज़ार के शिखर पर पहुँच जाने या गिरावट का दौर पूरा होने का सटीक अनुमान नहीं लगा सकता। बड़ी मुश्किल से कभी-कभार ऐसा होता है कि आपने अपना सौदा काटा होता है और बाज़ार किसी भी दिशा में उल्टा रुख़ ले लेता है। लेकिन उस सौदे का महत्त्व केवल सीखने के काम का होता है।

शुक्रवार को निफ़्टी 5,705 के भाव पर बंद हुआ था। मुझे सहज रूप से और कुछ ट्रेडिंग स्क्रीन के पिछले एक हफ़्ते के अध्ययन से महसूस हो रहा था कि इंडेक्स कम से कम एक बार 5,000 अंक के नीचे जाएगा। भले ही वह वहाँ से तुरंत पलट कर ऊपर आ जाए। जैसा कि अनुमान था, बाज़ार में एक हफ़्ते पहले गिरावट शुरू होने के बाद से सोमवार सबसे बुरा दिन रहा। सत्र की शुरुआत से शेयरों के भाव बिना रोक-टोक के नीचे लुढ़कते चले गए। अतिरिक्त मार्जिन की राशि जुटाने में नाकाम रहे ट्रेडर औने-पौने जो भी दाम मिले रहे थे, उन पर अपनी पोजीशन को काट रहे थे। बिकवाली के बवंडर में फँसकर क़ीमतें नीचे की ओर जा रही थीं। भारी ख़रीदी या बिकवाली कर बाज़ार के किसी भी दिशा में रुझान को और तीव्र करने में चतुर हेज़ फ़ंड कम समय की बिकवाली कर दबाव को और बढ़ा रहे थे। अब तो यह फ़ंड जो भी उनको शेयर उधार देने को इच्छुक हो उससे लेकर इन शेयरों का बाज़ार में सौदा कर सकते थे।

एक्सचेजों ने आग में घी डालने का काम किया। उन्होंने विभिन्न कंपनियों के शेयरों पर मार्जिन की राशि बढ़ा दी और आम तौर पर दिए जाने वाले समय से पहले मार्जिन का भुगतान करने का दबाव बनाने लगे। दलालों के पास कोई चारा नहीं था। यदि वे मार्जिन राशि नहीं देते तो उनके ट्रेडिंग टर्मिनल बंद कर दिए जाते। उनके एक ओर कुआँ और दूसरी ओर खाई थी। गिरावट के समय में ट्रेडिंग टर्मिनल के बंद होने पर लंबी अवधि की पोजीशन होने और क़ीमतें लगातार गिरते जाने से दलाल के लिए

जोख़िम और बढ़ जाता। दलालों ने अपने ग्राहकों की पोजीशन को काटने में ही भलाई समझी। कुछ-कुछ ग्राहकों ने मार्जिन राशि के भुगतान के लिए तुरंत चैक से भुगतान कर दिया। शीघ्र धन जमा कराने की आरटीजीएस सुविधा का ज़्यादा विस्तार नहीं हुआ था और चैक से धनराशि आने में कम से कम दो दिन का वक्त लगना था। इस प्रकार के घबराहट के माहौल में दो दिन बहुत ज़्यादा समय था। इसके अलावा इसकी भी कोई गारंटी नहीं थी कि ग्राहकों के खातों में पर्याप्त धनराशि होगी या नहीं, क्योंकि बहुतों को भारी नुक़सान हो चुका था। डर और अविश्वास का माहौल बना हुआ था।

दूसरी ओर, एक्सचेंज अपनी जगह पर सही थे। अतिरिक्त मार्जिन राशि की माँग कर वे यह सुनिश्चित कर रहे थे कि दलाल भुगतान में चूक नहीं कर जाएँ। लेकिन हालात इस क़दर ख़राब नहीं होते यदि वे बेक़ाबू बाज़ार में एक बार में मार्जिन बढ़ाने की बजाय धीरे-धीरे मार्जिन बढ़ाते रहते। बढ़ते हुए बाज़ार में मार्जिन को अपरिवर्तित रखने से ट्रेडर और अन्य बेलगाम होकर अपनी पोजीशन को बढ़ाते जाने के लिए प्रोत्साहित होते हैं। जब तक क़ीमतें बढ़ती रहती हैं, ट्रेडिंग खातों में धनराशि बढ़ते जाने से मार्जिन की परवाह नहीं रहती। किसी को भी यह ख़याल नहीं आता कि पुराने स्तर से तेज़ी से गिरावट होने पर मार्जिन चिंताजनक स्तर तक कम रह जाएगा।

शुक्रवार को 208 अंकों की गिरावट के बाद ज़्यादातर कारोबारियों ने यह कल्पना नहीं की थी कि अगले सत्र में भी इससे तेज़ी से दाम गिरेंगे। कई का सोचना था कि लगातार पाँच सत्रों की गिरावट के बाद बाज़ार पलटेगा। भले ही थोड़े समय के लिए। लेकिन तेजड़ियों की सज़ा अभी पूरी नहीं हुई थी।

सोमवार को निफ़्टी 4,977 के निचले स्तर तक गिर गया। हालाँकि सत्र की समाप्ति तक कुछ नुक़सान की भरपाई की और 5,208 अंकों पर बंद हुआ। सत्र में निफ़्टी 500 अंक और सेंसेक्स 979 अंक गिरा। उस दिन कामकाज बंद होने तक मैंने अपनी क़रीब 60 प्रतिशत पोजीशन ख़त्म कर दी। मुझे अच्छा फ़ायदा हुआ था, जिसे सुनकर किसी के भी पेट में दर्द हो सकता था।

मुझे सबसे ज़्यादा डर इस बात का था कि सरकार बाज़ार में गिरावट को थामने के लिए एलआईसी या हो सकता है कि किसी सरकारी बैंक को ख़रीदी करने के निर्देश दे सकती है। इस तरह का क़दम बाज़ार में स्थिरता लाने में मदद करता और मेरे जैसे बिकवाली करने वाले मंदड़िए अपनी पोजीशन को कवर करने के लिए ख़रीदी करने को विवश हो जाते। अब तक बाज़ार में बहुत से खिलाड़ी गिरावट के रुख़ को भाँपकर बेचवाल बन गए थे और अगर ये सभी एक साथ अपनी पोज़ीशन को कवर करने लगे तो बाज़ार को उठने में देर नहीं लगेगी।

वित्त मंत्री या मंत्रालय के किसी बड़े अफ़सर ने सार्वजनिक रूप से कोई बयान नहीं दिया था। लेकिन बाज़ार में यदि और गिरावट आती तो निश्चित ही निवेशकों की घबराहट को दूर करने के लिए सरकार की ओर से कुछ न कुछ आश्वासन ज़रूर दिया जाता। या हो सकता है कि बाज़ार खुलने के ठीक पहले सेबी अल्प अवधि के लिए बिकवाली पर प्रतिबंध की घोषणा कर देती, जिससे मंदड़ियों में अपनी पोजीशन को कवर करने की भगदड़ थम जाती। तब भी मेरे भीतर का ट्रेडर बोल रहा था कि बिकवाली का एक और दौर आना तय है, क्योंकि कई दलाल और ट्रेडर अपनी बकाया पोजीशन का मार्जिन अदा करने के लिए नक़दी की जुगाड़ करने में लगे हुए थे।

रात में मुझे ठीक से नींद नहीं आई। मेरे बैंक खाते में अच्छी ख़ासी रक़म आने वाली थी। इसके बावजूद मुझे अब इस बात की चिंता थी कि बाज़ार एक बार फिर अचानक पलट सकता था और मेरा मुनाफ़ा डूब सकता था। अब भी बाज़ार में मेरी कुछ पोजीशन बकाया थीं। शायद नींद नहीं आने का कारण मेरे भीतर का अपराध बोध था। मैं धन कमा रहा था, वहीं मेरे कई दोस्त संकट में फँसे हुए थे।

उस रात में मुझे अजीब सपने आए। इनमें से एक में मैंने देखा, मेरे दोस्त मुझ पर स्वार्थी होने और धन-दौलत होने के बाद भी उनकी मदद नहीं करने का आरोप लगा रहे थे। मैं उनसे बहस करने में लगा हुआ था। एक और सपने में एक पुलिसवाला मेरे घर पर गिरफ़्तारी वारंट लेकर पहुँचा था। उसने कहा, सेबी ने कुछ लोगों की पहचान की है, जो बिकवाली करके बाज़ार में आतंक फैला रहे हैं। मैं उसके सामने गिड़गिड़ा रहा हूँ। लेकिन उसने एक नहीं सुनी और वह मुझे हथकड़ी लगाकर सड़क पर ले जा रहा है। लोग ख़ुशी से ताली बजा रहे हैं।

मैं जब हथकड़ी लगाकर सरेआम ले जाने का विरोध करता हूँ तो वह कहता है कि उसे मुझे नज़ीर की तरह पेश करने का आदेश है, जिससे आगे कोई और अल्प अवधि में बिकवाली नहीं करे। शायद सपने का यह अंश मेरे भीतर पैदा हुए इस गुमान से उपजा था कि बाज़ार में गिरावट मेरे कारण आई।

अगले दिन काम पर जाते समय मुझे गिरफ़्तार करने और हथकड़ी लगाकर सड़क पर घुमाने के सपने मेरे दिमाग़ को बेचैन कर रहे थे। लेकिन मेरी क़िस्मत का सितारा चमकता जा रहा था। सत्र की शुरुआत होने के कुछ ही मिनटों के भीतर सेंसेक्स और निफ़्टी धड़ाम हो गए थे। दस प्रतिशत की गिरावट के कारण सर्किट लग गया था यानी कि काम बंद करना पड़ गया था। नियम के अनुसार एक घंटे ट्रेडिंग रुकी रही।

बाज़ार के हतप्रभ खिलाड़ियों को कुछ समझ नहीं आ रहा था कि आख़िर ऐसा क्या हो गया था। तुरंत ही उनको आश्वस्त करने की सब कुछ ठीक-ठाक है, वित्त मंत्रालय हरकत में आ गया। बैंकों को दलालों को अतिरिक्त क़र्ज़ की सुविधा देने को कहा गया और वित्त मंत्रालय के अधिकारियों ने कहा कि पर्याप्त नक़दी सिस्टम में है। कोई चिंता की बात नहीं है। सरकारी बैंकों से गिरवी के तौर पर जमा कराए गए शेयरों को हड़बड़ी में नहीं बेचने को कहा गया। यह क़ीमतों में गिरावट के रुझान को और तेज़ कर सकता था। कुछ बैंक प्रमुखों ने अर्थव्यवस्था के मज़बूत होने का बयान दिया, कुछ ने दलालों को अतिरिक्त क़र्ज़ के माध्यम से पूरी सहायता का आश्वासन दिया और कुछ ने कहा कि बाज़ार में क़ीमतें बहुत आकर्षक स्तर पर हैं और बाज़ार में वे अपना निवेश बढ़ाएँगे। बाद में कई दलालों ने शिकायतें कीं। बैंकों ने अल्पकालिक क़र्ज़ तो उपलब्ध कराया, लेकिन 24 प्रतिशत की उच्च ब्याज दरों पर।

वित्त मंत्रालय ने खुद दख़ल देकर कहा कि देश में सब कुछ बढ़िया चल रहा है।

एक घंटे बाद बाज़ार खुला और कुछ समझदारी दिखाई दी। तब भी बाज़ार थोड़ा-सा चढ़ते ही बिकवाली शुरू हो जाती थी। आख़िर में सत्र की समाप्त पर निफ़्टी 4,900 पर था और सेंसेक्स 16,729 पर। बाज़ार केवल सात सत्रों के दौरान शिखर से 25 प्रतिशत नीचे था और तेज़ी का दौर एक बार फिर ख़त्म प्रतीत हो रहा था।

कुछ समय वाले और अंशकालिक किरदार हमेशा के लिए बाज़ार से विदा हो गए थे। इस हादसे से पूरी तरह उबरने और शेयर बाज़ार के बारे में सोचने की स्थिति में आने में उनको कई वर्ष लगने वाले थे। कुछ बड़ी फ़र्में और खिलाड़ी भी बड़ी मुश्किल से इस संकट की चपेट में डूबने से अपने को बचा सके थे। बहुत से लोगों के लिए उनके सपनों का घर, सपनों की कार या परिवार के साथ एक महीने के यूरोप का सैर-सपाटा आने वाले कुछ साल के लिए अब संभव नहीं रह गया था।

जहाँ तक मेरा सवाल था, अब मैं एक अमीर आदमी था। मैंने अब तक के अपने करियर का सबसे साहसी दाँव खेला था और इसका मुझे शानदार फल मिला था। लेकिन यह सब कुछ पैसे, धन-दौलत की ही बात नहीं थी। मुझे सबसे ज़्यादा संतोष अपने फ़ैसले को लेकर था। एक प्रचंड तेज़ी से भाग रहे बाज़ार के विरुद्ध खड़े होने और इसमें विजयी होकर सामने आने के निर्णय ने मुझे भीतर से तृप्त कर दिया था।

मैंने इस जीत के जश्न को मनाने के लिए बीना और बच्चों के साथ रात में किसी पाँच सितारा होटल में जाकर डिनर करने का सोचा। साथ ही अप्रैल में उनकी किसी पसंद की जगह पर छुट्टियाँ मनाने का तोहफ़ा देकर उनको चकित करने की योजना बनाई। लेकिन फिर किसी कारण से इरादा बदल लिया। हो सकता है कि इसके पीछे मेरे भीतर छुपा कहीं अपराध बोध हो या अपनी क़िस्मत को लुभाने की अनिच्छा ने मुझे इरादा बदल देने को मज़बूर कर दिया। मैंने घर पर ही रहकर संगीत सुनने और बीना के साथ बहुत देर तक, बहुत सारी बातें करना पसंद किया।

मेरे भीतर की भावनाएँ आपस में एक-दूसरे से टकरा रही थीं। एक तरफ़ मेरी ख़्वाहिश थी कि मेरी कामयाबी का डंका बजे। वहीं बाज़ार में संकट के ऐसे समय में मेरी कामयाबी से पैदा होने वाली ईर्ष्या का विचार मुझे असहज कर रहा था। इससे मेरी ओर लोगों का ध्यान भी आकर्षित होगा, जिससे मैं हमेशा से बचता आया था। अब वह दिन दूर नहीं था, जब मेरी कमाई को लेकर बाज़ार में चर्चा होने वाली थी। मैंने बहुत कोशिश की थी कि ऐसा नहीं हो, लेकिन मैं इसे रोक नहीं सका।

27

और आर-पॉवर का नतीजा आया

बाज़ार की परेशानियाँ पूरी तरह से ख़त्म नहीं हुई थीं।

इस हादसे का अंतिम दृश्य अभी बाक़ी था- एक्सचेंजों में आर-पॉवर के शेयर के सूचीबद्ध होने में अभी तीन से चार हफ़्ते का समय था।

स्टॉक के आईपीओ की क़ीमत से भी नीचे सूचीबद्ध होने की संभावना के पहले संकेत भी स्वाभाविक रूप से ग्रे मार्केट से आए। आईपीओ के भाव से ज़्यादा यानी प्रीमियम पहले 450 रु. तक पहुँच गया था, जिसका अर्थ था कि बाज़ार के मंदी के रुझान के विपरीत आर-पॉवर आईपीओ के दोगुने भाव पर एक्सचेंजों में आमद दर्ज़ करा सकता है। वहीं अब सेंसेक्स और निफ़्टी के एक हफ़्ते के समय में 25 प्रतिशत तक गिर जाने के बाद ग्रे मार्केट में प्रीमियम दो सौ रुपए तक नीचे आ गया था।

हालाँकि निवेशकों की उम्मीदें बहुत कम हो गईं थीं, फिर भी उन्हें भरोसा था कि वे अच्छा मुनाफ़ा बना सकते हैं। उनकी इस उम्मीद का आधार था, आईपीओ की ज़बर्दस्त माँग। यदि निवेशकों को जितने शेयरों के लिए आवेदन दिया था, उसका थोड़ा अंश भी मिल जाता तो शेयर के एक्सचेंज में सूचीबद्ध होने पर बाक़ी के शेयर ख़रीदने को उत्सुक होने का कोई औचित्य था।

आर-पॉवर के शेयरों के सूचीबद्ध होने की तारीख़ 11 फ़रवरी तय हो गई थी। जैसे-जैसे तारीख़ पास आ रही थी, बाज़ार में स्थिरता आती हुई प्रतीत हो रही थी और लोग मान रहे थे कि अब बुरा समय बीत गया है।

उन्हें लग रहा था कि रिलायंस पॉवर का बेहतर प्रदर्शन बाज़ार को ऊपर भी ले जा सकता है। लेकिन ग्रे मार्केट में बहुत ज़्यादा सौदे नहीं हो रहे थे और प्रीमियम नीचे की ओर जा रहा था।

ग्रे मार्केट के बाहर हर किसी की निगाह उस पल की ओर थी, जो भारतीय शेयर बाज़ार के दस्तावेज़ों में एक ऐतिहासिक पल के रूप में दर्ज़ होने वाला था।

इससे ज़्यादा पतन और कुछ हो नहीं सकता था।

सुबह 9.55 बजे आर-एडीएजी के चेयरमैन अनिल अंबानी ने शेयरों के सूचीबद्ध होने के संकेत में बीएसई के फ़्लोर पर घंटा बजाया। जैसे उन्होंने भूखे मंदड़ियों के समूह को अपने शेयर पर टूट पड़ने की दावत दे दी हो।

शेयर थोड़े से समय के लिए 500 रु. के पार गया। लेकिन इस क़ीमत पर ज़्यादा सौदे नहीं हुए। बीएसई पर दिन की सबसे ज़्यादा क़ीमत 599 रु. रही। एनएसई पर 530 रु. के सर्वोच्च स्तर पर गया। लेकिन यह उसी तरह से था, जैसे कि पल भर के लिए बिजली कौंधी हो। कुछ ही मिनटों में शेयर के भाव 355 रु. तक नीचे गिर गए। बंद भाव 372 रु. रहा, जो कि आईपीओ की क़ीमत से 17 प्रतिशत कम था। पहले दिन की औसत क़ीमत 416 रु. रही।

हो सकता है कि बाज़ार में गिरावट के रुख़ ने रिलायंस पॉवर के शेयर को और कमज़ोर कर दिया हो। बाद में अनिल अंबानी कार्पोरेट जगत के अपने विरोधियों को दोषी ठहराएँगे, जिन्होंने साजिश कर क़ीमत को गिराया, जिससे मौजूदा निवेशकों ने बिकवाली की और संभावित ख़रीदारों में दहशत पैदा हो गई और वे दूर रहे। आईपीओ के दौरान रिलायंस पॉवर के शेयरों में उत्साहित होकर बोली लगाने वाले और शेयर ख़रीदने के लिए आगे नहीं आए, जबकि उनको बहुत सस्ते दामों में शेयर मिल रहे थे।

बहुत थोड़े से निवेशक अच्छा मुनाफ़ा कमाकर अपने शेयर बेच सके थे। और क़ीमतें इतनी तेज़ी से नीचे आईं कि जिनको अच्छी क़ीमत मिली, वे भी उतने शेयर नहीं बेच सके जितने बेचना चाहते थे।

बाज़ार में आर-पॉवर के पहले दिन की गिरावट के झटके ग्रे मार्केट में भी महसूस किए गए। बहुत ज़्यादा घाटा हो जाने के कारण बहुत-से लोग अपने सौदों को निभाने से पीछे हट गए। ग्रे मार्केट अवैध है और भरोसे

पर काम करता है। अपने वचन से अगर कोई पीछे हट जाता है तो उस पर अदालत में कार्रवाई नहीं की जा सकती। तब भी यह बाज़ार समय की कसौटी पर खरा उतरा है, जो इसका प्रमाण है कि बहुत कम ही यहाँ के खिलाड़ी अपने वचन को निभाने से चूके हैं। लेकिन इस घटना ने ग्रे मार्केट में लोगों के विश्वास को डिगा दिया। इसे दोबारा बहाल होने में बहुत लंबा वक्त लगना स्वाभाविक था।

आईपीओ की असफलता पर मीडिया में तमाम तरह की नकारात्मक ख़बरों के बीच अपनी छवि को कुछ सुधारने के लिए रिलायंस पॉवर ने 24 फ़रवरी रविवार को बोनस शेयर देने की घोषणा की। यह प्रमोटरों के लिए नहीं था। निवेशकों को हर पाँच शेयरों पर तीन बोनस शेयर मिलने थे।

लेकिन ज़्यादातर लोग यह समझने में नाकाम रहे कि इससे क्या फ़ायदा होने वाला था। क्योंकि बोनस शेयरों से शेयरधारक की ख़रीदी की औसत लागत भले ही कम होने वाली हो, बाज़ार मूल्य तो अपने आप ही बोनस के बाद प्रचलन में आए अतिरिक्त शेयरों की सीमा तक कम ही हो जाएगा। बोनस शेयर जारी करने से निवेशकों को अच्छे मुनाफ़े का आश्वासन नहीं मिलने वाला था। यदि निवेशकों को कुछ अच्छा मुनाफ़ा मिल सकता था तो उसके लिए शेयर के भावों को ऊपर ले जाने वाला कोई आधारभूत कारण चाहिए था। क़ीमतों का चार्ट और ट्रेडिंग स्क्रीन पर दिमाग़ खपाने के बाद मैं अच्छी तरह से समझ चुका था कि शेयर की क़ीमत जल्दी ही और टूटेगी। मैंने शेयर की थोड़े समय के लिए बिकवाली यानी शॉर्ट करने में ज़रा भी देर नहीं की।

जनवरी के बाद से बिकवाली के अनेक दौर के बाद बाज़ार अब 17,000–18,000 के दायरे में स्थिर होता हुआ दिखाई दे रहा था। फ़िलहाल कुछ समय को अब मंदड़ियों के लिए बिकवाली के लिए शेयर का चयन करना आसान प्रतीत नहीं हो रहा था। जिस समय उनके हथियार ख़त्म हो रहे थे, तभी खुद वित्त मंत्री ने उनको गोला–बारूद प्रदान कर दिया। यूपीए के कार्यकाल के अंतिम बजट में पी. चिदंबरम ने किसानों के लिए 60,000 करोड़ रुपए के राहत पैकेज का ऐलान कर दिया। इसमें छोटे और सीमांत किसानों के 50,000 करोड़ रुपए के कृषि ऋणों को माफ़ करना शामिल था।

शेयर बाज़ार के लिए यह साफ़ संकेत था कि सरकार की अब पहली प्राथमिकता अगले साल होने वाले लोकसभा चुनाव में जीत हासिल करना है। इसका अर्थ था कि और लोक लुभावन क़दमों की तैयारी है। बाज़ार इससे सहम गया था। मंदड़ियों के हौसले बढ़ गए और उन्होंने हमले शुरू कर दिए। अगले तीन हफ़्तों में सेंसेक्स को वे क़रीब 3,000 अंक गिराकर 15,000 के मनोवैज्ञानिक स्तर से नीचे ले आए। बहुत ही प्रबल तेजड़िया भी अब यह स्वीकार करने लगा था कि क़रीब पाँच साल के बाद अब तेज़ी का दौर समाप्त हो गया है।

दुनिया भर से आ रही बुरी ख़बरों से मंदड़ियों को अपने हमले जारी रखने में मदद मिल रही थी। ख़ासकर अमेरिकी और ब्रिटिश बाज़ारों से। निवेश बैंक सब–प्राइम क़र्ज़ की अगुआई कर रहे थे। अब क़र्ज़दारों की भुगतान में नाकामी से वे अब पूँजी को तरस रहे थे। गंभीर तरलता संकट का सामना करने के लिए ये बैंक दूसरे बाज़ारों से अब जितना भी निवेश निकाल सकते थे, उसे खींच रहे थे।

बाज़ार की धारणा में आए नाटकीय बदलाव से फ़ंड प्रबंधकों की आईपीओ में दिलचस्पी नहीं दिखाई दे रही थी, जिससे अन्य कंपनियों की पूँजी जुटाने की योजनाएँ भी लड़खड़ा गई थीं। आईपीओ के ज़रिए वोकहार्ड हॉस्पिटल 750 करोड़ रुपए और दुबई स्थित एमार प्रॉपर्टीज़ और भारत के एमजीएफ़ डेवलपमेंट का संयुक्त उपक्रम एमार एमजीएफ़ 6,400 करोड़ रु. की पूँजी जुटाना चाह रहे थे। दोनों को अपना इरादा त्यागना पड़ गया।

मैंने ट्रेडिंग से कुछ समय का अवकाश लेने का निर्णय लिया, जो मैंने बहुत मेहनत से हासिल किया था। परिवार के साथ मैं छुट्टियाँ बिताने श्रीलंका चला गया था। मैं कोशिश कर रहा था कि बाज़ार की ख़बरें मुझे विचलित नहीं कर सकें, लेकिन दुनिया भर में तेज़ी से चल रहे घटनाक्रमों पर नज़र बनाए हुए था।

मैं पूरे साल बिना कुछ किए, केवल बाज़ार पर नज़र बनाए रखकर भी आराम से रह सकता था। लेकिन मनमौजी तरीक़े से व्यवहार कर रहे, दिशाएँ बदल रहे बाज़ार में काम करने के रोमांच को रोकना बहुत कठिन था।

स्पष्ट दिखाई दे रहा था कि जब भी बाज़ार ऊपर चढ़ने की कोशिश करता तो बिकवाली शुरू होती और हर बार क़ीमतें नीचे का रुख़ कर लेती

थीं। एफ़आईआई की कम अवधि की बिकवाली शेयरों की क़ीमतों पर दबाव को बढ़ा रही थी। एफ़आईआई पी-नोट खातों में रखे शेयरों को उधार ले रही थीं और बेचवाल बनी हुई थीं। पी-नोट्स के निवेशकों से दलाल अनजान थे। वे उनकी ओर से रखे गए शेयरों को अल्प बिकवाली के लिए अन्य एफ़आईआई ग्राहकों को उधार दे रहे थे। दलाल फ़र्मों के लिए यह मुनाफ़े का कारोबार था। वे इस 'क़र्ज़' के एवज़ में अच्छा मोटा शुल्क वसूल रही थीं। एफ़आईआई पहले उधार लिए हुए शेयर बेच देतीं, उसके बाद कम दामों पर उन्हें ख़रीदतीं तथा दलाल फ़र्म को वापस लौटा देतीं।

बाज़ार में मंदी का माहौल छाया हुआ था। 'उधारी' के शेयरों की अल्प बिकवाली एफ़आईआई को शानदार लाभ देने के साथ ही शेयरों की क़ीमतों को और नीचे की ओर ले जा रही थी। विडंबना ही थी कि इस बिकवाली की मार से ढेर हो रहे शेयर वही थे जो कुछ महीने पहले तक संस्थागत निवेशकों के प्रिय बने हुए थे। दहशत में कई एफ़आईआई ने अपने शेयरों का हिसाब कर पल्ला झाड़ लिया था और दूसरे सुरक्षित बाज़ारों को चले गए थे।

सालों तक काम करते हुए मुझे बाज़ार में मंदी और अल्प बिकवाली से धन कमाने की कला रास आने लगी थी। बाज़ार में ज़ोरदार तेज़ी के दौर में कोई भी नौसिखिया धन कमा सकता है, लेकिन गिरते हुए बाज़ार में एक वास्तविक हुनरमंद पेशेवर ट्रेडर ही मुनाफ़ा निकाल सकता है। अल्प बिकवाली में ट्रेडर के संयम की जिस तरह की परीक्षा होती है, वह लंबी अवधि की पोजीशन में संभव नहीं है।

मुझे जीबी की बात अब भी याद है। वे इसका कारण बताते थे कि क्यों बाज़ार में हमेशा ही मंदड़ियों से कहीं ज़्यादा तेजड़िए होते हैं और क्यों ज़्यादातर ट्रेडर चढ़ते बाज़ार में जिस आक्रामक तरीक़े से लंबी अवधि के लिए ख़रीदी करते हैं उतने ही उग्र तरीक़े से गिरते हुए बाज़ार में अल्प बिकवाली करने के इच्छुक नहीं होते।

कई वर्ष पहले उन्होंने मुझसे एक दिन कहा था, 'इंसान स्वभाव से आशावादी है और ट्रेडर भी इस नियम के अपवाद नहीं हैं। भले ही उनको किसी भी तरीक़े से पैसे कमाने से मतलब होता है। एक ट्रेडर के लिए कोई शेयर ख़रीदना और यह उम्मीद करना कि उसके दाम बढ़ेंगे, सरल होता

है, बजाय किसी शेयर को ख़रीदकर उसकी क़ीमत के कम होने की आशा करना। यदि आप कोई शेयर सौ रुपए क़ीमत का ख़रीदते हैं तो आपको पता है कि बदतर से बदतर हालत में उसकी क़ीमत शून्य तक जा सकती है और ज़्यादा से ज़्यादा आपको सौ रुपए का नुक़सान होगा। निश्चित ही शेयर की क़ीमत कभी भी शून्य नहीं होगी। यदि आप किसी शेयर को सौ रुपए में बेच देते हैं तो उसकी कोई सीमा नहीं है कि उसकी क़ीमत कितनी तक बढ़ेगी।'

'इस तरह से लंबे समय के लिए शेयर ख़रीदी करने वाला ट्रेडर शेयर की क़ीमत 90 रु. तक गिरने के बाद भी उम्मीद बनाए रख सकता है। लेकिन 100 रु. के भाव पर बिकवाली करने वाला ट्रेडर उसकी क़ीमत 110 रु. जाने पर ही छटपटाना शुरू कर देता है। पहली बात कि जब वे बिकवाली करते हैं तो ज़्यादातर अपनी स्वाभाविक प्रवृत्ति के विरुद्ध जाते हैं और वे तब तक बेचैन रहेंगे, जब तक कि दाम उनके बिक्री मूल्य के नीचे नहीं आ जाते। इसलिए भले ही कई महीनों में बाज़ार जितना ऊपर चढ़ता है, उस शिखर से एक हफ़्ते में लुढ़क कर नीचे आ सकता है, लेकिन तब भी बिकवाली करने वाला ट्रेडर बहुत बड़े कलेजे वाला होता है। बिकवाली करते समय ट्रेडर ज़्यादा अनुशासित होते हैं और सामान्य रूप से लंबी पोजीशन के मुक़ाबले इसमें उसको नुक़सान कम होता है।'

वैश्विक वित्तीय बाज़ारों में संकट लगातार गहराता जा रहा था। 15 सितंबर को यह चरम पर पहुँच गया। इस दिन लेमैन ब्रदर्स ने सरकार से राहत पैकेज नहीं मिलने के बाद दिवालिया अर्ज़ी लगा दी थी। कुछ ही घंटों के अंतराल से मेरिल लिंच की हालत जर्जर हो जाने के कारण उसे बैंक ऑफ़ अमेरिका ने ख़रीद लिया था। दोनों निवेश बैंकों का लगभग 252 साल पुराना इतिहास था। वॉल स्ट्रीट में तेज़ी से अफ़वाहें चल रही थीं कि कुछ ही दिनों में मोर्गन स्टेनली, सिटीग्रुप और यहाँ तक कि अजेय दिखाई देने वाला गोल्डमैन सॅक्स भी दिवालिया होने वाले हैं।

महज़ छह महीने में अमेरिका की बड़ी पाँच निवेश फ़र्में - लेमैन ब्रदर्स, मेरिल लिंच, बियर स्टर्न्स इतिहास बन गई थीं और बची हुई गोल्डमैन सॅक्स और मोर्गन स्टेनली ने अपने आपको बदल दिया था। वाल स्ट्रीट का नक़्शा हमेशा के लिए परिवर्तित हो गया था।

इसमें कोई हैरानी नहीं थी कि अमेरिका में वित्तीय क्षेत्र के शेयरों पर सबसे बुरी मार पड़ी थी। शेयरों की क़ीमतें इसी रफ़्तार से गिरते रहने से दूसरे बैंकों के सामने भी संकट खड़ा होने की आशंका में सिक्योरिटीज़ ऐंड एक्सचेंज कमीशन (एसईसी) ने वित्तीय क्षेत्र की सभी कंपनियों के शेयरों में बिकवाली करने पर अस्थायी आकस्मिक प्रतिबंध लगा दिया।

मैं भगवान से मना रहा था कि सेबी कहीं एसईसी की रणनीति की नक़ल नहीं कर बैठे और इसी प्रकार का प्रतिबंध यहाँ भी नहीं लगा दे। दलाल स्ट्रीट में लूटमार करने वाले मंदड़ियों से सबसे ज़्यादा ख़तरा रिअल एस्टेट के क्षेत्र की कंपनियों के शेयरों को था। डीएलएफ़, यूनीटेक, एचडीआईएल, शोभा डेवलपर्स, अनंत राज, ओमेक्स और ऑर्बिट कॉर्प जनवरी के अपने चरमोत्कर्ष से 60 से 70 प्रतिशत तक कम हो चुके थे। लेकिन अब भी ऐसा दिखाई नहीं दे रहा था कि गिरावट थमने वाली है।

'भूमि बैंक' की सनक के बारे में मैंने पहले भी उल्लेख किया था। उसने इन कंपनियों के शेयरों को विस्मयकारी ऊँचाइयों पर पहुँचा दिया था। निवेशकों ने इन कंपनियों के स्वामित्व की ज़मीन के आधार पर इनका मूल्यांकन किया था, जबकि ज़मीन के कई टुकड़ों के स्वामित्व के करार विवादित थे। इसके अलावा ज़मीन के विकास की पूरी प्रक्रिया में लंबा समय लगना था। उसके बाद उसके ख़रीदार आते। लेकिन इतने आगे तक का मूल्यांकन शेयरों की क़ीमतों में झलक रहा था। ज़मीन की क़ीमतें आसमान छू रही थीं और जैसा कि बाज़ार में तेज़ी के दौर में होता है, लोगों को लग रहा था कि हमेशा के लिए ना सही, आने वाले कई साल तक संपत्ति की क़ीमतें निरंतर ऊँचाइयों की ओर जाने वाली हैं। निवेशकों ने इस सेक्टर में कॉर्पोरेट गवर्नेंस के मानकों की अवहेलना की ओर भी ध्यान नहीं दिया। इसमें बहुत अधिक सौदे नक़द होते थे, जिनको कभी भी हिसाब-किताब में दर्ज़ नहीं किया जाता था। ज़्यादातर रिअल एस्टेट कंपनियों के प्रमोटर अपनी कंपनी के शेयरों के साथ कुछ हेराफेरी करते रहते थे। कई ने बेनामी खातों में रखे शेयरों को गिरवी रखकर धनराशि उगाही थी। लेकिन अब पहिया उल्टा घूम रहा था। वही निवेशक जो उनकी क़ीमतों के पीछे-पीछे भागा करते थे, वे अब उनको छोड़कर भाग रहे थे।

रिअल एस्टेट कंपनियों के शेयरों में सेबी के प्रतिबंध से भी इस सेक्टर को अस्थायी राहत ही मिलने वाली थी। बाज़ार ने समझ लिया था कि इन

कंपनियों के मॉडल बहुत अधिक खोखले हैं और इनके शेयरों से इस क़दर मोहभंग हो गया था कि कोई भी क़ीमत ज़्यादा प्रतीत हो रही थी। इसकी तुलना में बेहतर प्रबंधन और आधारभूत रूप से मज़बूत कंपनियों के शेयर सस्ते दामों पर उपलब्ध हो रहे थे। जिससे रिअल एस्टेट के स्टॉक और महँगे दिखाई पड़ रहे थे।

तेजड़िए अपने जख़्मों को सहला ही रहे थे कि अक्टूबर में और निर्मम बिकवाली शुरू हो गई। इसका कारण था डॉलर के मुक़ाबले जापानी मुद्रा येन का मज़बूत होना। इसे बाज़ार की शब्दावली में येन 'कैरी ट्रेड' कहा गया। कैरी ट्रेड में निवेशक सबसे कम ब्याज वाली मुद्रा में उधारी लेता है, उसे डॉलर में परिवर्तित करता है और इस धन राशि का निवेश ऐसी परिसंपत्तियों में करता है, जिसमें उसे मुद्रा परिवर्तन लागत को समायोजित करने के बाद सबसे बेहतर मुनाफ़ा प्राप्त होता है। ये परिसंपत्तियाँ सामान्यतया शेयर, कमोडिटी, मुद्रा या अधिक ब्याज वाले बॉन्ड हुआ करते हैं।

येन कैरी ट्रेड में धनराशि जापानी मुद्रा में उधारी ली जाती थी। एफ़आईआई येन में उधारी लेने के बाद इस धन को डॉलर में बदलता और उसके बाद फिर से जिस बाज़ार में निवेश करने का इरादा होता था उस बाज़ार की स्थानीय मुद्रा में उसे परिवर्तित करता था। उसके बाद मूल ऋण की वापसी के लिए निवेश को भुनाते समय वह स्थानीय मुद्रा को डॉलर में बदलता और फिर डॉलर को येन में परिवर्तित कर ऋण को चुकता करता।

मुद्रा में हर बार परिवर्तन के लिए एक क़ीमत देनी होती थी और इस गोल चक्कर के बाद हासिल होने वाली आमदनी स्वाभाविक तौर पर परिवर्तन लागत से ज़्यादा होनी चाहिए थी। यह सौदा तभी फ़ायदे का था जब तक कि वह मुद्रा (इस मामले में येन) जिसमें धन राशि उधार ली गई थी, वह स्थिर रहे या डॉलर के मुक़ाबले उसका मूल्य कम हो। इसी के साथ जिन परिसंपत्तियों में धनराशि का निवेश किया गया हो, वह बढ़ती रहे।

लेकिन डॉलर के मुक़ाबले येन की क़ीमत मज़बूत होना बुरी ख़बर थी। इसका अर्थ था कि निवेशक को येन में ली गई मूल उधारी को चुकाने के लिए ज़्यादा डॉलरों की ज़रूरत होगी। और भी बदतर हालात तक होंगे, जब उन परिसंपत्तियों का मूल्य भी गिरने लगेगा, जिनमें उधार लेकर निवेश किया गया था। सितंबर से वास्तव में यही होना आरंभ हो गया था। उभरते

बाज़ारों में शेयर, कमोडिटी और मॉरगेज सिक्योरिटी जैसे जोख़िम वाले बॉन्डों में क़ीमतें बेरोकटोक नीचे गिरने लगीं, जिससे अतिरिक्त मार्जिन की माँग बढ़ गई। 2007 के अंत में कैरी-ट्रेड ने धीरे-धीरे ज़ोर पकड़ा था और सितंबर, 2008 की घटनाओं के बाद तेज़ हो गया। जैसे ही निवेशकों ने अपने कैरी-ट्रेड का समापन किया और उधारी चुकाने के लिए डॉलरों को येन में बदलना शुरू किया वैसे ही येन की माँग बढ़ी और यह डॉलर के मुक़ाबले मज़बूत होने लगा। येन की मज़बूती और परिसंपत्तियों के मूल्य में गिरावट के दोहरे हमले से एक दुष्चक्र आरंभ हो गया, जिससे कैरी-ट्रेड के सौदों को लोग समेटने में लग गए। इस दहशत के झटके ने दुनिया भर के वित्तीय बाज़ारों को हिला दिया।

एफ़आईआई की पूँजी को बहुत अधिक मात्रा में बाहर जाने से रोकने के लिए सेबी ने हताशा भरा क़दम उठाते हुए पिछले अक्टूबर में पी-नोट्स पर लगाए गए प्रतिबंधों को हटा लिया। लेकिन एफ़आईआई भारत के बाज़ारों में अभी नए सिरे से कोई पूँजी लगाने की इच्छुक नहीं थे और पी-नोट्स के माध्यम से पोजीशन बनाने की छूट से उनके नज़रिए पर कोई फ़र्क़ नहीं पड़ा।

सेबी ने तब कुछ सख़्त क़दमों को आजमाया। सेबी ने एफ़आईआई से पी-नोट खातों से अल्प बिकवाली के लिए उधार लिए गए शेयरों के बारे में जानकारी का खुलासा करने को कहा।

यह एक तरह से एफ़आईआई को चेतावनी थी कि अल्प बिकवाली उचित नहीं है। चतुर एफ़आईआई ने संकेत को समझ लिया और तुरंत इसे बंद कर दिया। कुछ अन्य ने ऐसा नहीं किया। एक हफ़्ते के भीतर सेबी ने एफ़आईआई के शेयरों को उधार लेकर अल्प बिकवाली करने पर रोक लगा दी। लेकिन इस क़दम का भी कोई ख़ास लाभ नहीं हुआ। अक्टूबर, 2008 में एफ़आईआई ने 14,000 करोड़ रुपए से ज़्यादा क़ीमत के शेयर बेचे।

यह महीना घरेलू म्यूचुअल फ़ंडों के लिए भी बुरा साबित हुआ। बहुत अजीब था कि शेयरों की क़ीमतों में लगातार गिरावट हो रही थी। लेकिन उनको कारोबार में इक्विटी यानी शेयरों के हिस्से की ओर से कोई परेशानी नहीं थी। जैसा कि अमेरिका में हो रहा था, भारत में भी मनी मार्केट फ़ंड के बहुत अधिक निवेश को भुनाया जा रहा था। यह सितंबर मध्य से आरंभ

हुआ था और अक्टूबर, 2008 के अंत तक जारी था। इस दौरान कंपनियों और एचएनआई ने कुल 71,000 करोड़ रुपए की पूँजी मनी मार्केट फ़ंड से खींच ली।

मनी मार्केट फ़ंड के बहुत से निवेशकों ने अपनी धनराशि बैंकों में जमा करा दी, जो सुरक्षित होने के साथ बेहतर ब्याज दरें दे रहे थे। मनी मार्केट फ़ंड कंपनियों के जमा प्रमाण-पत्रों, डिबेंचर और वाणिज्यिक पेपरों (उच्च साख वाली कंपनियों की अप्रतिभूत अल्पकालिक उधारी) में निवेश करते हैं। निवेशकों से धनराशि वापसी के ढेरों आवेदनों पर मनी मार्केट फ़ंडों ने अपनी परिसंपत्तियों को बेचने की कोशिश की। प्रतिभूतियों के ग्राहक नहीं मिलने पर उन्हें निराशा हाथ लगी। उन्होंने यूनिटधारकों के भुगतान के लिए बैंकों से क़र्ज़ लेने का प्रयास किया। लेकिन बैंक संकटग्रस्त म्यूचुअल फ़ंडों को क़र्ज़ के अपने आश्वासन को पूरा करने में कंजूसी बरत रहे थे। लंबे समय से बैंक म्यूचुअल फ़ंडों के साथ रंजिश पाले हुए थे। दरअसल, म्यूचुअल फ़ंडों की क़र्ज़ से जुड़ी योजनाएँ (डेट फंड) बैंकों की सावधि जमा योजनाओं के लिए सीधी चुनौती पेश करती आ रही थीं। बैंकों के पास म्यूचुअल फ़ंडों को मौजूदा हालात में बहुत अधिक उधार नहीं देने के ठोस कारण हो सकते हैं, लेकिन कहीं न कहीं वे म्यूचुअल फ़ंडों के इस संकट में उलझे होने का आनंद उठा रहे थे और अब वैधानिक तरीक़े से अपने हिस्से को हासिल कर रहे थे।

बैंकों ने म्यूचुअल फ़ंडों से 11 प्रतिशत और 24 प्रतिशत के बीच ब्याज लिया। कुछ तो ऐसे भी मामले थे, जिनमें फ़ंड फ़र्मों से दो या तीन दिन के क़र्ज़ के एवज़ में 39-46 प्रतिशत तक ब्याज वसूला गया। इन क़र्ज़ों के लिए बंधक के तौर पर जमा प्रमाण-पत्रों (सीडी) को भी स्वीकार करने से बैंक मना कर रहे थे। रिज़र्व बैंक को रियायती दरों पर आकस्मिक उधारी खिड़की खोलने के लिए हस्तक्षेप करना पड़ा। वित्त मंत्रालय ने वाज़िब दरों पर म्यूचुअल फ़ंडों को क़र्ज़ देने और निजी बैंकों की सीडी को बंधक के रूप में स्वीकार करने के लिए बैंकों पर दबाव डाला।

अक्टूबर में एक और उल्लेखनीय घटना आईसीआईसीआई बैंक को लेकर हुई, जो लेमैन ब्रदर्स के दिवालिया होने के बाद तरह-तरह की अफ़वाहों से घिरा हुआ था। बाज़ार में चर्चा थी कि बैंक की विदेशी इकाई

के पास लेमैन ब्रदर्स द्वारा जारी प्रतिभूतियाँ थीं और बैंक के दिवालिया हो जाने से उसे बहुत घाटा हो रहा है। इससे बैंक का शेयर तीन कारोबारी सत्र में 450 रु. से लुढ़कता हुआ 305 रु. पर आ गया था। मुझे पूरा यक़ीन था कि कुछ लोगों का समूह शेयर की क़ीमत में गिरावट से मुनाफ़ा बनाने की नीयत से सुनियोजित तरीक़े से अफ़वाह फैला रहा है। माहौल ऐसा चल रहा था कि लोग बुरी से बुरी ख़बर पर विश्वास करने को तैयार थे। और शेयर की गिरती हुई क़ीमतों से कोरी गप्पों पर भरोसा हो जाता था कि ज़रूर बैंक के साथ कुछ गड़बड़ है। बैंक की बिगड़ती माली हालत की अटकलें फैलने के साथ डरे हुए निवेशक अपनी जमा पूँजी निकालने के लिए बैंक की शाखाओं के सामने कतारें लगाने लगे। आईसीआईसीआई बैंक को दूसरी बार इस तरह की हालात का सामना करना पड़ रहा था। इससे पहले अप्रैल, 2003 में दक्षिण गुजरात में उसकी शाखाओं से लोगों ने एक साथ भारी निकासी की थी।

अफ़वाहें मुझ तक भी पहुँच रही थीं। पहले पहल तो मेरे मन में भी बैंक के शेयर को गिराने वाली भीड़ में शामिल होने का ख़याल आया था। लेकिन मैंने अपने आप पर अंकुश रखा। यदि मैं शेयर की अल्प बिकवाली करने का फ़ैसला कर लेता तो मुझे शानदार मुनाफ़े के लिए बड़ी पोजीशन लेनी होती। इसमें आगे जाँच होना तय थी, जिसमें सभी बड़े बेचवाल तहक़ीक़ात के दायरे में आने वाले थे। मुझे भी जाँचकर्ताओं से जूझने में अपना समय बर्बाद करना होता, उन्हें समझाना होता कि सौदे के पीछे मुनाफ़ा कमाने के अतिरिक्त कोई अन्य मक़सद नहीं था। मैंने तय किया कि इसमें इतना सिरदर्द मोल लेने की ज़रूरत नहीं है।

जनवरी से लेकर अप्रैल तक मुझे अविश्वसनीय सफलता हासिल हुई थी। उसके बाद सितंबर तक के महीनों में मेरा प्रदर्शन औसत रहा था। कुछ पोजीशन में दोबारा वही स्तर आने पर दाँव लगाने में मुझे नुक़सान हुआ था। लेकिन हर बार कोई भी सही नहीं हो सकता। और मैं बिना किसी अहम और अहंकार के औसत के नियम के सामने सिर झुकाने में ही संतुष्ट था।

ज़्यादातर शेयर जिनमें मैंने अल्प बिकवाली की थी, वह पूरी तरह से अपने ही विवेक पर आधारित था। फिर कुछ ऐसे शेयर थे, जिनमें मैंने एक समूह के साथ रहते हुए सौदा किया था। मैं इसको समूह में शिकार करना

कहता था। हमारा पसंदीदा लक्ष्य वे शेयर होते थे, जिनमें प्रमोटर के खुद ही दिलचस्पी लेने की ख़बरें होती थीं। बहुत साधारण रणनीति थी, सब मिलकर शेयर की वायदा क़ीमत को गिराएँगे। जैसे-जैसे शेयर की वायदा क़ीमत नीचे जाएगी, उसके अनुरूप शेयर के हाज़िर भाव भी नीचे जाएँगे। इससे घाटे को ज़्यादा नहीं बढ़ने देने के लिए की जाने वाली बिकवाली यानी स्टॉप लॉस लगेगा और मार्जिन की अतिरिक्त माँग उत्पन्न होगी, बहुत जोख़िम नहीं ले सकने वाले कमज़ोर ट्रेडरों के बिकवाली करने से शेयर पर दबाव बढ़ता जाएगा। थोड़े समय के लिए निवेश करने वाले हेज़ फ़ंड जैसे खिलाड़ियों के पसंदीदा शेयर भी हमारे लिए उपयुक्त थे। तब भी एक समूह में भी हम किसी बड़ी पूँजी वाली लार्ज कैप कंपनी के शेयर के भाव को एक सीमा से ज़्यादा प्रभावित करने में असमर्थ थे। लेकिन यह ज़रूर था कि योजनाबद्ध तरीक़े से हम लोग कई मध्यम पूँजी मिड कैप कंपनियों के शेयरों की क़ीमतों को अपने हिसाब से दिशा देने में हम ज़रूर कामयाब हो जाते थे।

अक्टूबर महीने की बात है। जीबी ने ऊर्जा क्षेत्र की कंपनी के एक शेयर को निशाना बनाने का सुझाव दिया। यह बाज़ार में तेज़ी के चरम के दौरान तेजड़ियों का पसंदीदा शेयर रहा था। बाज़ार में गिरावट का इस पर भी असर हुआ था। लेकिन कुछ अतिरिक्त कारण भी थे, जिनसे इसमें कमज़ोरी बनी हुई थी। कुछ ग़लत तरीक़े से किए गए अधिग्रहण और कंपनी के उत्पादों में खामियों से इसके शेयर को लेकर बाज़ार में प्रतिकूल धारणा बन गई थी और सितंबर मध्य तक इसकी क़ीमत रिकॉर्ड उच्च स्तर से आधी रह गई थी। अक्टूबर के आरंभ में इसकी क़ीमत 100 रु. से भी कम पर आ गई। तभी जीबी ने मंदड़ियों की छापामार कार्रवाई के लिए इसे सटीक निशाना बताया।

मैंने उसकी क़ीमत के चार्ट को देखा और जीबी से कहा कि मुझे यह बहुत ज़्यादा आकर्षक दिखाई नहीं दे रहा है।

मैंने सवाल किया, 'साल के शुरुआती स्तर से पहले ही इस शेयर की क़ीमत एक-चौथाई रह गई है। मान लें कि थोड़ा नीचे और गया तो आख़िर कितने नीचे तक जा सकता है?'

जीबी ने मुझे अपना पाठ याद दिलाया, 'लाला, तुम बाज़ार की सच्चाई को भूल गए, मैंने तुमको बहुत पहले क्या बताया था, तेज़ी में कोई

भी भाव शिखर नहीं होता और मंदी के बाज़ार में भी नीचे जाने की कोई सीमा नहीं होती।'

'मैं आपका कोई भी सबक़ नहीं भूला हूँ, गोविंद भाई। चार्ट मुझे बता रहा है कि शेयर के भाव को 100 रु. से ऊपर रखने के हरसंभव प्रयास किए जा रहे हैं। मुझे पता चला है कि प्रमोटर के फ़ंड मैनेजरों और अन्य निवेशकों के साथ अच्छे संबंध हैं, जिससे वह किसी भी संकट में अपने शेयर की क़ीमत को गिरने से बचा सकता है।'

'तब तो खेल और भी दिलचस्प होगा। है, कि नहीं?'

मैं भी अपनी दलील पर क़ायम था, 'हो सकता है। लेकिन और भी कितने शेयर हैं जहाँ आसानी से पैसा कमा सकते हैं, फिर क्यों इसमें पड़ना?'

मुझे संदेह होने लगा था कि इस शेयर में हाथ डालने के पीछे उनका कोई निजी कारण हो सकता है। शेयर ट्रेडिंग का बुनियादी उसूल है, 'कभी भी अपने अहम के आधार पर कोई फ़ैसला मत लो।' इस नियम को ताक पर रखने के कारण कुछ लोग मुसीबतों से घिर चुके हैं। लेकिन मैं ऐसे कई ट्रेडर को जानता हूँ, जिन्होंने कभी-कभार अपने अहम में आकर फ़ैसला किया और कामयाब भी हो गए।

जीबी मुझे समझाने पर तुले हुए थे, 'लाला, मुझ पर भरोसा करो, इसमें बहुत अच्छी कमाई का मौक़ा है।'

मैं अब सोच रहा था कि हो सकता है कि जीबी के पास कोई ऐसी जानकारी है, जो बाज़ार में और किसी के पास नहीं है।

'ठीक है, मैं आपके साथ हूँ। इसमें अंदरूनी ख़बर क्या है?' मैंने सवाल किया।

जीबी बोले, 'अरे, लाला, तुम बहुत मीन-मेख निकाल रहे हो और मुझे तुम पर पूरा भरोसा है, सुनो ऐसा है, ओल्ड फ़ॉक्स का मानना है कि शेयर नीचे जाने के लिए पूरी तरह से तैयार है।'

दलाल स्ट्रीट के एक बहुत ही चतुर खिलाड़ी को हम ओल्ड फ़ॉक्स कहकर बुलाते थे। ट्रेडिंग और निवेश, दोनों में उनका कोई मुक़ाबला नहीं था। मैंने ओल्ड फ़ॉक्स के फैसले पर विश्वास किया, लेकिन इतना भी नहीं

कि आँख और कान बंद कर उनकी बात पर काम करना आरंभ कर दूँ। तब भी मैं इस मुहिम का हिस्सा बनने को तैयार था। मैं यह देखने को उत्सुक था कि यह शेयर कितना और नीचे जा सकता है।

हमने उसको लगातार निशाना बनाया और शेयर की क़ीमत एक बार फिर से 100 रु. से नीचे आ गई। बाज़ार के रुख़ ने भी हमारे मक़सद में सहायता की। शेयर की क़ीमत हर दिन कुछ प्रतिशत में गिरती चली गई। लेकिन बड़ा हाथ मारने के लिए घबराहट से भरी बिकवाली के एक दौर की ज़रूरत थी, जिससे क़ीमतों के उछले बिना पोजीशन कवर करने में मदद मिल जाती।

हम उसी का इंतज़ार कर रहे थे। लेकिन ऐसा लग रहा था कि यह कभी नहीं आएगा। शेयर की क़ीमत और बाज़ार में कमज़ोरी के बावजूद हमारी उम्मीद के अनुरूप गिरावट का स्तर नहीं आया था। हमें संदेह हो रहा था कि कंपनी का प्रमोटर अपने शेयर को सँभालने की हरसंभव कोशिश कर रहा था। मौजूदा एफ़ऐंडओ सीरीज़ के निपटान में मुश्किल से एक हफ़्ते का समय रह गया था। हम सोच में पड़े हुए थे कि इसमें जोख़िम लेकर अंतिम दाँव खेलें या मामूली लाभ लेकर अपनी पोजीशन को बंद कर दें।

अंत में हमें जिसका इंतज़ार था, वह कामयाबी मिल गई। जीबी को कंपनी के एक व्यक्ति से अंदरूनी ख़बर मिली कि प्रमोटर शुक्रवार को सुबह की उड़ान से जर्मनी जा रहे हैं, जहाँ वे अगले दो दिन कंपनी की धन जुटाने की योजनाओं के संबंध में निवेशकों से मुलाक़ात करेंगे। ओल्ड फ़ॉक्स ने हमें सुझाव दिया कि शुक्रवार सुबह हम शेयर के वायदा भाव को गिराने के लिए पूरी ताक़त लगा देंगे।

ओल्ड फ़ॉक्स ने जीबी से कहा, 'क़ीमतों को तोड़ने के लिए यह हमारी सबसे तगड़ी चोट हो सकती है। मैं सोचता हूँ कि यदि तेज़ गिरावट आती है तो उसके नहीं होने पर ऐसा कोई भी नहीं है, जो क़ीमतों को सँभाल सके। और यदि कोई हो भी तो मुझे नहीं लगता कि वह खुद श्री टी (प्रमोटर) जितना प्रभावी होगा।'

शुक्रवार को बाज़ार के खुलते ही हम शेयर के वायदा सौदे पर शिकारी कुत्तों के झुंड की तरह टूट पड़े। और उसके बाद क़िस्मत ने हम पर एक और मेहरबानी की। मैं सोच रहा था कि भगवान भी आज हमारे साथ हैं।

कंपनी को अंतरराष्ट्रीय बाज़ारों में निर्यात किए गए उत्पादों में गुणवत्ता संबंधी समस्याओं का सामना करना पड़ रहा था। एक दिन पहले ही उसके एक अमेरिकी ग्राहक के यहाँ उसके उत्पादों में बड़ी ख़ामी आ गई थी। दोपहर में यह ख़बर विदेशी समाचार एजेंसी ने जारी कर दी। इसके बाद तो शेयर के भाव बुरी तरह गिर गए और कारोबार किए गए शेयरों की संख्या भी बहुत ज़्यादा थी। उस दिन के सत्र के अंत में शेयर की क़ीमत पिछले दिन के बंद भाव से 40 प्रतिशत नीचे थी। इस गिरावट में हमने अपनी लगभग पूरी पोजीशन कवर कर ली थी।

अगले दिन हम सब दोपहर में ओल्ड फ़ॉक्स के घर पर खाना खाने के लिए जमा हुए। उन्होंने मुझसे सवाल किया, 'तो लाला, अब तो तुम मान गए कि सर्वाधिक क़ीमत से 75 प्रतिशत नीचे आने के बाद भी शेयर के भाव अब भी नीचे जाने के लिए बहुत गुंज़ाइश है?'

मैं समझ गया कि जीबी ने उनको आरंभ में मेरे इस ऑपरेशन में शामिल होने को अनिच्छुक होने के बारे में बताया था।

मैंने मुस्कराकर जवाब दिया, 'हो सकता है या नहीं भी हो सकता है। लेकिन मुझे लगता है कि तेजड़ियों के हाथ-पैर उसी समय ठंडे पड़ गए होंगे, जब उनको पता चला होगा कि वे ओल्ड फ़ॉक्स से मुक़ाबला कर रहे हैं।'

ओल्ड फ़ॉक्स हँसने लगे। मैं जानता था कि मन ही मन वे गदगद हो रहे थे।

28

बुल्स की बारी

एफ़आईआई के बिना रुके लगातार बिकवाली करते जाने से अक्टूबर, 2008 के अंतिम हफ़्ते तक सेंसेक्स 9,000 और निफ़्टी 3,000 अंकों के नीचे आ गया था। छह वर्षों में यह सबसे बेरौनक दिवाली थी। घबराहट भरे माहौल में बिकवाली के दबाव से बाज़ार को किसी भी स्तर पर सहारा नहीं मिल रहा था। बाज़ार टूटता जा रहा था, और घबराहट में बिकवाली भी बढ़ती जा रही थी। जनवरी में बिकवाली की पहली लहर के बाद ऐसा दिखाई दे रहा था कि सेंसेक्स 15,000 के आसपास स्थिर हो जाएगा, जो कि उसके शिखर से 30 प्रतिशत नीचे था। इस स्तर पर भी गिरावट नहीं थमी। निवेशकों ने सोचा कि 12,000 के स्तर पर बाज़ार थम जाएगा। लेकिन बाज़ार को यहाँ भी सहारा नहीं मिला। अब निवेशक को लगता था कि चाहे कुछ भी हो जाए 10,000 के नीचे बाज़ार नहीं टूटेगा। लेकिन सेंसेक्स 10,000 के नीचे भी गया और उसके बाद दो कारोबारी सत्र में 9,000 का स्तर भी टूट गया। निफ़्टी 2,252 तक गिर गया। डर के इस वातावरण ने यह मानने को मज़बूर कर दिया था कि नीचे कोई भी लक्ष्य सोच से परे नहीं था।

जो शेयर प्रचारित किए गए थे कि ब्लू चिप हैं और दुनिया के नंबर एक बनने जा रहे हैं, उनकी हालत पतली हो गई थी। इन कंपनियों के ऊँची उड़ाने भरने वाले प्रमोटर बैरागी बन गए थे। पिछले साल इस समय चारों ओर आशावादी माहौल था। और अब एकदम उल्टा माहौल हो गया था – निराशा छायी हुई थी और कुछ तो शेयरों में निवेश के बंद हो जाने की तक

बातें करने लगे थे। लोग बहुत से मज़ाक़िया एसएमएस आपस में भेज रहे थे, जो इस मंदी की मार के शिकार लोगों के ज़ख़्मों पर नमक की तरह था और इसमें उनको किसी तरह का हास्य नज़र नहीं आ रहा था।

उस साल आमिर ख़ान की हिट फ़िल्म *तारे ज़मीं पर* को लेकर एसएमएस चल रहा था, 'अब देखिए दलाल स्ट्रीट पर : सारे ज़मीं पर।'

एक अन्य था, 'निफ़्टी (एनआईएफ़टीवाई) का पूरा मतलब : नो इनकम फ़ॉर दिस ईयर।'

मैंने बाज़ार में बिकवाली करके दौलत कमाई थी। लेकिन वास्तव में मंदी के बाज़ार में कोई भी हमेशा विजेता नहीं होता है। हालाँकि मैंने अपना जो भी मुनाफ़ा कमाया था, उसे बाज़ार से निकाल लिया था, वह ज़्यादातर सुरक्षित था। पर मेरा निवेश ज़रूर सिकुड़ गया था। इस बीच मिड कैप और स्मॉल कैप को लेकर बहुत धूम रही थी। बाद में सब कौड़ियों के मोल हो गए थे। मैंने इनसे दूर रहने में ही अपनी भलाई समझी थी। ऐसा नहीं था कि मैं ब्लू चिप कंपनियों के अलावा दूसरी कंपनियों में निवेश नहीं करता था, लेकिन पूरे सोच-विचार के साथ इनको अपने कुल निवेश के 20 प्रतिशत तक ही सीमित रखा था। लगभग तीन दशक तक बाज़ार में रहते हुए मैंने देखा था कि किस तरह से बहुत से उभरते हुए ब्लू चिप स्टॉक का आगे कहीं नामो-निशान भी नहीं मिलता था। आज़माए और कसौटी पर कसे गए स्टॉक से हो सकता है, कम समय में कई गुना मुनाफ़ा नहीं मिलता हो, लेकिन लंबी अवधि के हिसाब से वे शानदार और निरंतर लाभ देने वाले होते हैं। ट्रेडर कितना भी चतुर क्यों ना हो, ट्रेडिंग में हमेशा और निरंतर मुनाफ़ा नहीं होता। बहुत नियमों के अनुसार अनुशासित होकर काम करने वाले ट्रेडरों को भी कई बार अति विश्वास का शिकार होकर नुक़सान झेलना पड़ जाता है।

दुनिया भर में केंद्रीय बैंक और सरकारों ने अपनी-अपनी अर्थव्यवस्थाओं में तीव्र गिरावट को रोकने के लिए क़दम उठाने आरंभ कर दिए थे। वित्तीय बाज़ारों में बढ़ते संकट से अर्थव्यवस्था के पटरी से उतरने के बढ़ते जोख़िम के बीच अचानक 'आर्थिक राहत' और 'राहत पैकेज' जैसे शब्द प्रचलन में आ गए थे।

भारत में कई छोटे दलालों ने कर्मचारियों की छँटनी शुरू कर दी थी। आगे आने वाले महीनों में स्थितियाँ और बदतर ही होने वाली थीं। इनमें ज़्यादातर तो खुद दलाल ही दोषी थे। वे खुद ही इसमें उलझे थे। अपना मूल्यांकन बढ़ाने के लिए कई अंधाधुंध विस्तार में जुट गए थे। नई शाखाएँ खोल दी थीं और कर्मचारियों को नियुक्त कर लिया था। अभी तक दलाल फ़र्मों में हिस्सेदारी के लिए मुँहमाँगे दाम देने को तैयार निजी इक्विटी निवेशक और विदेशी संस्थानों ने अचानक ही अपनी पसंद सीमित कर ली थी और अपने बजट कम कर दिए थे। दलाल फ़र्मों के मालिकों को समझ आ गया था कि केवल अधिक शाखाएँ दिखाकर वे ज़्यादा क़ीमत की माँग नहीं कर सकते थे। दलालों को पता था कि उनके कई ग्राहकों को इतना ज़्यादा नुक़सान हो गया था कि बहुत जल्दी उनके बाज़ार में वापस लौटने की कोई संभावना नहीं थी। निकट भविष्य में नए ग्राहकों के आने की कोई संभावना भी नहीं दिखाई दे रही थी। उन्हें अब अपनी लाभकारी शाखा में भी बहुत अधिक कर्मचारियों की आवश्यकता महसूस नहीं हो रही थी।

नवंबर में नई परेशानियाँ आ गईं। ऐसे घटनाक्रम हुए, जिन्होंने पूरे देश को हिला दिया। 26 नवंबर की शाम पाकिस्तान से हथियारबंद आतंकियों का दस्ता समुद्र के रास्ते मुंबई में घुसा और उसने तबाही बरपा दी। दक्षिण मुंबई के सभी प्रमुख स्थानों पर उन्होंने अंधाधुंध गोलियाँ बरसाईं, जिसमें 144 लोगों की मृत्यु हो गई। इनमें 28 विदेशी थे। मार्च, 1993 के सिलसिलेवार बम धमाकों में 350 लोगों की मौत के बाद यह शहर पर सबसे जघन्य हमला था।

अगले दिन स्टॉक एक्सचेंजों में कारोबार बंद रहा। 28 नवंबर को जब कामकाज शुरू हुआ तो सेंसेक्स और निफ़्टी दोनों मामूली बढ़त के साथ बंद हुए। बाज़ार का इससे अप्रभावित दिखाई देना तारीफ़ के क़ाबिल हो सकता है। लेकिन यह वित्तीय बाज़ारों के क्रूर चेहरे को भी दिखाता है, जिसको कुछ भी होता रहे अंत में अपने मुनाफ़े और नुक़सान की ही चिंता रहती है, जिसका हिसाब-किताब किया जा सकता है। आपदाएँ और मौतों से बाज़ार को तभी भी कोई सरोकार होता है, जब वे अर्थव्यवस्था और कंपनियों की आमदनी को प्रभावित कर रही हों। और यही एक विडंबना है, बाज़ार धारणा पर संचालित होता है और फिर भी भावनाशून्य है। देश की या विश्व में किसी भयंकर आपदा के बाद बाज़ार की प्रतिक्रिया पर मुझे

वास्तव में भरोसा नहीं होता। मेरा अब तक का अनुभव बताता है कि बाज़ार के इस बैराग्य भाव को बनाने में हताश सरकार का हाथ होता है, जो यह सुनिश्चित करने का प्रयास करती है कि उसके बाज़ार दुनिया को यह संदेश दें कि यहाँ सब कुछ सामान्य है।

बहुत से लोगों को बीते साल ने जो ज़ख्म दिए थे, उसके कारण नए साल का जश्न फीका था। बहुत कम लोगों को आने वाले साल से बेहतर उम्मीद थी। मुझे पिछले साल अलीबाग में नए साल के जश्न की पार्टी में हुई चर्चा की याद ताज़ा हो गई जहाँ लगभग हर कोई पूरी दृढ़ता से यही मान रहा था कि बाज़ार की उड़ान जारी रहेगी। मेरे दिमाग़ में वही बातें घुमड़ने लगीं और मैं सोच रहा था कि बोरों में नक़दी भरे हुए वे जापानी फंड आख़िर कहाँ लापता हो गए।

साल के दौरान जापानी इकाई की एक ही ख़रीदी सुर्खियों में आई। रैनबैक्सी का दाइची सैंक्यों द्वारा अधिग्रहण। दाइची ने रैनबैक्सी में कंपनी के प्रमोटरों सिंह बंधुओं की 34 प्रतिशत हिस्सेदारी 737 रुपए प्रति शेयर की क़ीमत पर ख़रीद ली थी। इसी क़ीमत पर उन्होंने 20 प्रतिशत और हिस्सेदारी अल्प शेयरधारकों से ख़रीदने की खुली पेशकश की। दाइची ने अंत में रैनबैक्सी को सन फ़ार्मा को बेच दिया। वह भी जितने में ख़रीदा था, उसके आधे दाम पर। इस बीच कंपनी ने नियामक एजेंसियों की तमाम तरह की खानापूर्ति का सामना किया और अमेरिका को मिलावटी नक़ली दवाओं के निर्यात के लिए 50 करोड़ डॉलर का हर्जाना देना पड़ा।

मैं पार्टी की मेज़बानी करने वाले ऑपरेटर और सब-प्राइम क़र्ज़ बाज़ार में तबाही से आने वाली क़यामत के उनके अनुमान के बारे में सोचने लगा। उन्होंने सटीक विश्लेषण किया था, लेकिन अपनी ही सलाह पर वे काम करने से चूक गए।

बाज़ार में बहुत से लोगों के लिए यह साल ख़ुशगवार यादें छोड़कर नहीं जा रहा था। हालाँकि इतिहास जब रचा जा रहा था, तब वे भी उसमें शामिल थे।

29

सत्यम का सफ़ेद झूठ

2009 की शुरुआत कुछ उल्लास और उमंग के साथ हुई। पहले ही कारोबारी सत्र में सेंसेक्स 256 अंक चढ़ गया। अगले तीन दिनों में उसने 350 अंक और जोड़े। सब कुछ बेहतर नज़र आने लगा था। तभी एक और बड़ा झटका आया। इस बार लेकिन इसका दुनिया के वित्तीय बाज़ारों से कोई संबंध नहीं था।

सात जनवरी को बाज़ार के खुलने से पहले सत्यम कंप्यूटर सर्विसेज़ के संस्थापक बी. रामलिंगा राजू ने सेबी को और एक्सचेंजों को चिट्ठी लिखकर खुलासा किया कि कुछ वर्षों से वे कंपनी के हिसाब-किताब में हेराफेरी करने में लगे हुए थे। वे उनमें झूठा राजस्व और बैंक बैलेंस दिखा रहे थे, जो कि वास्तव में था ही नहीं। उनका यह क़बूलनामा कंपनी के ताबूत में अंतिम कील की तरह था। एक महीने पहले ही मयतास प्रॉपर्टीज़ और मयतास इन्फ्रा में हिस्सेदारी ख़रीदने का प्रस्ताव लाने के बाद से कंपनी के प्रति शेयरधारकों में आक्रोश भर गया था।

राजू के इस क़बूलनामे के बाद तो सत्यम जैसे तूफ़ान की चपेट में आ गया। उसका शेयर 83 प्रतिशत तक धड़ाम हो गया और मात्र 30 रुपए पर आ गया। एक दिन पहले वह 179 रुपए पर बंद हुआ था। डरे हुए निवेशकों ने कंपनी के जल्दी ही दिवालिया होने की आशंका में औने-पौने दामों पर सत्यम के शेयरों से पल्ला झाड़ लिया। सत्र समाप्ति पर उसका भाव 40 रु. था।

फ़ंड प्रबंधकों और विश्लेषकों में एक तरह के प्रतिशोध का भाव था। फ़ंड प्रबंधक हमेशा ही सत्यम के शेयर से दूरी बना कर रहते आए थे। विश्लेषक का रुख़ भी सत्यम को लेकर कमज़ोरी का रहा था। बहुत पहले से ही इस एक छोटे समूह की सोच रही थी कि सत्यम की कहानी का ख़राब अंत होगा। टीसीएस, इन्फ़ोसिस, और विप्रो के बाद तीसरी सबसे बड़ी कंपनी आईटी सर्विसेज़ कंपनी होने के बावजूद सत्यम में कंपनी क़ायदों और लेखा मानकों के अनुपालन को लेकर बाज़ार में संशय बना रहा था। उसका पीई गुणांक अपनी विरोधी कंपनियों के मुक़ाबले हमेशा कम रहा था। दूसरे शब्दों में कहें तो जिन्होंने सत्यम के शेयर ख़रीदे भी थे, वे भी उसे अन्य तीन की तुलना में मूल्यवान मानने के अनिच्छुक थे। तब भी शेयर के काफ़ी सारे ख़रीदार थे, क्योंकि लगातार तिमाही नतीजों में कंपनी की आय में ख़ासी वृद्धि दिखाई दे रही थी।

और शेयर बाज़ार की यह 'ख़ूबी' है कि घोर निराशा के दौर में भी उम्मीद बनाए रखने वालों, अच्छी कंपनियों के ख़रीदारों या सस्ता माल ख़रीदने वालों, या इन्हें जो भी नाम दें, ऐसे लोगों की कभी कमी नहीं होती। उस दिन दोनों एक्सचेंज में सत्यम के रिकॉर्ड 34.67 करोड़ शेयरों की ख़रीद-फ़रोख़्त हुई। इससे पता चलता था कि बहुत से निवेशकों का मानना था कि गंभीर अव्यवस्थाओं में घिरे होने के बाद भी कंपनी में एक बार फिर सब ठीक हो जाएगा।

टेलीविज़न पर पहली बार मैंने जब यह ख़बर देखी तो मुझे भरोसा नहीं हुआ। ऐसा बहुत ही कभी बिरला ही हुआ होगा कि इतनी अग्रणी कंपनी का प्रमोटर धोखाधड़ी को खुद आगे आकर स्वीकार कर ले और वह भी इतने व्यापक स्तर पर। मेरे भीतर का ट्रेडर तुरंत जाग गया और मैंने ज़्यादा से ज़्यादा शेयरों की बिकवाली कर दी। सौदे के लिए टर्मिनल पर 'एंटर' की दबाने से पहले ही कंपनी के शेयर भाव बहुत तेज़ी से नीचे गिर रहे थे। बाज़ार भौंचक्का देखता रह गया और चंद मिनटों में दाम सौ रुपए से नीचे आ गए। मैंने अपनी पोज़ीशन को दोगुना करने के बारे में सोचा, लेकिन फिर इरादा बदल लिया। मैंने 90 रुपए क़ीमत पर शेयर को ख़रीद कर अपनी बिकवाली की पोजीशन बंद कर दी और इंतज़ार करने लगा। चूँकि शेयर में एक सत्र के दौरान भाव में एक निश्चित सीमा तक बढ़त या गिरावट को

सीमित करने वाले सर्किट का कोई प्रावधान नहीं था, उसमें गिरावट जारी रही और यह 30 रुपए तक पहुँच गया। सत्र की समाप्ति पर यह 40 रुपए के भाव पर बंद हुआ।

सत्यम की परेशानी कुछ महीने पहले शुरू हुई थी। प्रमोटरों ने पूँजी जुटाने के लिए शेयर गिरवी रखे थे, उन उधारी देने वालों ने उसके शेयर बेचने शुरू कर दिए। सेबी के नियमों में कंपनी से प्रमोटरों के द्वारा शेयरों के गिरवी रखने की जानकारी प्रकट करने की कोई अपेक्षा नहीं की गई थी। इसलिए यह जानकारी सामने नहीं आई थी कि राजू पूँजी जुटाने के लिए अपने शेयरों को गिरवी रख रहे थे।

सितंबर, 2008 के अंत तक कंपनी में प्रमोटरों की हिस्सेदारी 8.6 प्रतिशत तक कम हो गई थी। कंपनी का आसानी से अधिग्रहण हो सकता था। अक्टूबर में येन के सौदों के कारण बाज़ार कराह रहा था।

तब भी सत्यम का शेयर निचले स्तरों पर मज़बूत हो रहा था। लेकिन शेयरधारक इससे बेख़बर थे कि राजू के हाथ से समय फिसलता जा रहा था। फ़र्जी नक़दी और बैंक अवशेषों की वज़ह से सत्यम के हिसाब-किताब में बहुत गड़बड़झाला था। अब तक राजू लेखा परीक्षकों को चकमा देते आए थे, लेकिन कभी न कभी तो उनको इसको दुरुस्त करना ही पड़ता। इसके अलावा फ़र्जी राजस्व पर उन्हें कर तो असली अदा करना पड़ रहा था। और चूँकि उन्होंने धनराशि जुटाने के लिए शेयर गिरवी रखे थे, तो यह भी ज़रूरी था कि शेयरों की क़ीमतें बेहतर बनी रहें। अन्यथा उधारी देने वाले शेयरों को बेचना शुरू कर देते। शेयरों की क़ीमतें बनाए रखने के लिए राजस्व में फ़र्जी बढ़ोतरी को दिखाना पड़ रहा था।

राजस्व के इस पूरे घपले पर परदा डालने के लिए राजू ने योजना बनाकर बोर्ड के सामने रखी। वह इस प्रकार थी कि सत्यम ग़ैरसूचीबद्ध मयतास प्रॉपर्टीज़ (राजू परिवार के पूर्ण स्वामित्व वाली कंपनी) को 6,240 करोड़ रुपए में ख़रीदे और सूचीबद्ध कंपनी मयतास इन्फ्रा में 1,440 करोड़ रुपए में 51 प्रतिशत हिस्सेदारी हासिल कर ले।

संस्थागत शेयरधारक इस पर भड़क गए। उनका मानना था कि सत्यम के प्रमोटर कंपनी के अल्प शेयरधारकों की क़ीमत पर मुनाफ़ा लेने की कोशिश कर रहे हैं। राजू समझ गए कि अपने अहम शेयरधारकों से दुश्मनी

मोल लेने से कंपनी की कार्यशैली को लेकर और ध्यान आकर्षित होगा। उन्होंने योजना ठंडे बस्ते में डाल दी।

इससे निवेशक कुछ हद तक शांत हो गए। इधर राजू ने आग बुझाई थी कि कहीं और चिंगारी भड़क गई। फ़ॉक्स न्यूज़ ने ख़बर दी कि विश्व बैंक ने सत्यम के साथ किसी तरह के कारोबार करने पर आठ साल की रोक लगा दी है। कारण था उस पर ठेके हासिल करने के लिए बैंक के अफ़सरों को रिश्वत देने का आरोप सिद्ध हो गया था। कंपनी ने पुरज़ोर तरीक़े से इसका खंडन किया। लेकिन विश्व बैंक की पुष्टि के बाद शेयर के भाव 13 प्रतिशत से ज़्यादा गिर गए।

हालात राजू के क़ाबू के बाहर हो रहे थे। कंपनी के शेयरों की पुनर्ख़रीद के प्रस्ताव पर विचार करने के लिए बोर्ड की बैठक होने वाली थी। निर्धारित तारीख़ के दो दिन पहले 27 दिसंबर को ऐलान किया गया कि बैठक 10 जनवरी तक के लिए स्थगित कर दी गई है, क्योंकि पुनर्ख़रीद के अलावा अन्य प्रस्तावों पर भी विचार किया जा रहा था। कंपनी ने 'शेयरधारकों के लिए अधिक मूल्य के रणनीतिक विकल्पों पर सलाह' देने के मक़सद से मेरिल लिंच को नियुक्त किया।

डीएसपी मेरिल लिंच और सत्यम के संबंध 1999 से थे। कंपनी के एडीआर (अमेरिकन डिबेंचर रेसीट) निर्गम में डीएसपी मेरिल लिंच ही लीड प्रबंधक थी। सत्यम की सहायक सत्यम इन्फ़ोवे द्वारा इंडियावर्ल्ड के 499 करोड़ रुपए के चौंकाने वाले अधिग्रहण में वही सलाहकार थी। जैसा कि मैंने पहले उल्लेख किया था कि सौदे से कई लोगों के कान खड़े हो गए। बाज़ार और कंपनी हलकों में चर्चा हो रही थी कि दरअसल, कंपनी के प्रमोटरों ने हाल के एडीआर निर्गम में जुटाई नक़द राशि को इस तरह से एक भारी-भरकम अधिग्रहण के जरिए बाहर निकाल लिया है।

'रणनीतिक विकल्पों' पर सत्यम की सलाहकार के रूप में नियुक्ति के एक हफ़्ते बाद ही डीएसपी मेरिल लिंच ने बयान जारी कर कहा कि वह यह कार्य बंद कर रही है। उसका कहना था कि कंपनी कुछ महत्त्वपूर्ण जानकारी प्रदान नहीं कर रही है।

कंपनी का शेयर रसातल में चला गया था। फिर भी बहुत से लोगों का मानना था कि सरकार सत्यम के संकटमोचन के लिए प्रत्यक्ष या अप्रत्यक्ष

हस्तक्षेप करेगी। कारण कि इसमें बहुत अधिक लोगों का रोज़गार – क़रीब 53,000 – जुड़ा हुआ था। तीन महीने बाद लोकसभा चुनाव होने वाले थे और उसके कुछ ही समय बाद राज्य के चुनाव होने थे। बाज़ार में एक वर्ग को उम्मीद थी कि भले ही धोखाधड़ी अभी पूरी तरह से सामने नहीं आई थी तब भी उद्योग में विरोधी कंपनियाँ किसी न किसी क़ीमत पर सत्यम को ख़रीदने में दिलचस्पी लेंगी।

आठ जनवरी को मुहर्रम की छुट्टी के बाद शुक्रवार को बाज़ार शुरू होने पर कई ट्रेडरों ने इस पर दाँव खेलते हुए सत्यम के शेयरों को ख़रीदना आरंभ कर दिया था। 30 रु. के आसपास मैंने भी कुछ लाख शेयर ख़रीद लिए थे। कुछ लाख शेयर लगभग 25 रुपए और कुछ लाख क़रीब 20 रु. के स्तर पर। बुधवार को भी भारी मात्रा में कारोबार हो रहा था। अच्छी शुरुआत के बाद शेयर की क़ीमत गिरनी चालू हो गई। ताज़ा अफ़वाह थी कि सरकार इसमें हाथ डालने की इच्छुक नहीं थी और सत्यम को उसके हाल पर छोड़ दिया जाने वाला था। बीएसई पर शेयर की क़ीमत 11 रु. तक गिर गई और एनएसई में इसका भाव सात रु. रह गया। मैंने उस दिन के न्यूनतम भाव के आसपास अपने शेयरों को बेच दिया। अच्छे ख़ासे घाटे के साथ। इस सौदे को करते हुए मैंने सोचा था कि मैं इनको एक महीने या और ज़्यादा समय भी रख सकता हूँ। उस समय तक यह भी साफ़ हो जाएगा कि कंपनी इस संकट से मुक्त होगी या नहीं। लेकिन शेयर की क़ीमत में तेज़ गिरावट ने मुझे उसी तरह से क़दम उठाने को मज़बूर कर दिया, जैसा कि एक ट्रेडर को उठाना चाहिए था।

ज़्यादातर ट्रेडर जिनको मैं जानता हूँ उनको घबराहट में सत्यम को बेचकर अपनी लंबी अवधि की ख़रीदी में बहुत घाटा उठाना पड़ा। अपना माल बेचने के बाद भी उत्सुकतावश कुछ समय तक मैं स्क्रीन पर सत्यम पर नज़र रखे रहा। निचले स्तरों पर ज़ोरदार ख़रीदी निकल रही थी और मुझे संदेह होने लगा कि ख़रीदार ज़रूर कुछ ऐसा जानते हैं, जिससे बाक़ी बाज़ार बेख़बर है। तब तो मुझे पूरा यक़ीन हो गया, जब सत्र ख़त्म होने तक शेयर के भाव नीचे से उबर कर 23 रु. तक पहुँच गए।

एक ही सौदे में मुझे 90 लाख रुपए का घाटा हो गया था। लेकिन मैंने इसमें ही संतोष महसूस किया कि कुछ और लोगों को तो इससे भी अधिक नुक़सान उठाना पड़ा था। बोर्ड के मयतास फ़र्मों में हिस्सेदारी

ख़रीदने के निर्णय पर सत्यम के शेयर में गिरावट आई थी। उस समय लार्सन ऐंड टुब्रो (एलऐंडटी) ने 170 रुपए प्रति शेयर की क़ीमत पर सत्यम में 3.95 प्रतिशत की हिस्सेदारी ख़रीदी थी। दिसंबर तिमाही की समाप्ति पर एलऐंडटी की हिस्सेदारी प्रमोटर की हिस्सेदारी से भी अधिक हो गई थी। राजू और कंपनी के गिरवी रखे शेयरों की बिक्री के कारण प्रमोटर की हिस्सेदारी 3.6 प्रतिशत तक गिर गई थी।

धोखाधड़ी सामने आने के बाद एलऐंडटी के प्रमुख ए.एम. नाइक ने कहा, कंपनी अब सत्यम के और शेयर ना तो ख़रीदेगी और ना ही बेचेगी। दो हफ़्ते बाद कंपनी ने 32.52 रुपए प्रति शेयर के भाव से 7.6 प्रतिशत अतिरिक्त हिस्सेदारी ख़रीद ली। इससे कंपनी की सत्यम में 12 प्रतिशत की हिस्सेदारी की औसत क़ीमत घटकर 82 रु. प्रति शेयर हो गई थी। कंपनी के पास कोई चारा भी नहीं था। शेयर की क़ीमत अब कभी भी 170 रु. तक जाएगी, यह असंभव ही लग रहा था। लेकिन 82 रु. शेयर के भाव से कंपनी को अपने निवेश को दोबारा प्राप्त कर लेने की बेहतर संभावना थी।

सप्ताहांत के दौरान यह भी साफ़ हो गया था कि सरकार कंपनी को क़िस्मत के भरोसे पर नहीं छोड़ेगी।

इस पूरे घटनाक्रम ने मेरे इस विचार को ही मज़बूती प्रदान की कि भले ही कंपनी और उसके शेयर पर कितनी ही खोजबीन और अनुसंधान कर लें, कंपनी के भीतर क्या चल रहा है, उसे केवल प्रमोटर ही जानता है। सत्यम का कम पीई गुणांक इसका सबूत था कि बाज़ार को उसकी आमदनी पर पूरा भरोसा नहीं था। लेकिन विश्लेषक और फ़ंड प्रबंधक कभी भी आंकड़ों में साफ़ तौर पर कहाँ पर गड़बड़ी है, इसकी ओर संकेत नहीं कर सके।

नक़द प्रवाह, बकाया क़र्ज़, कर भुगतान और प्रमुख प्रतिस्पर्धियों के मुक़ाबले परिचालन मार्जिन को गहराई से समझने पर कारोबार की स्थिति कमज़ोर या मज़बूत होने के संकेत ज़रूर मिलते हैं। लेकिन ऐसे प्रमोटर को लेकर निवेशक क्या ऐहतियात बरत सकता है, जो फ़र्जी रसीदें, बिल और बैंक प्रपत्र में जालसाजी करे, फ़र्जी राजस्व और नक़द शेष दर्शाए, एक लापरवाह या साठगाँठ में शामिल (जैसा भी प्रकरण हो) लेखा परीक्षक से उन्हें प्रमाणित भी करा ले और इस सबसे भी बढ़कर इस झूठी आय पर सचमुच का कर भुगतान भी कर रहा हो। कुछ भी नहीं।

सत्यम की घटना से निवेशक आने वाले दिनों में इस तरह के और धोखाधड़ी के मामले सामने आने के संबंध में चिंतित हो गए थे। इसका मध्यम स्तर की आईटी कंपनियों के शेयरों पर भी असर पड़ा था। हालाँकि ये कंपनियाँ बाज़ार में उथल–पुथल के बीच भी अब तक अच्छा प्रदर्शन कर रही थीं। यदि आप एक अग्रणी कंपनी के आंकड़ों पर भरोसा नहीं कर सकते तो छोटी कंपनियों के आंकड़े कितने विश्वसनीय हो सकते हैं?

इस घोटाले ने उभरते बाज़ारों में सर्वश्रेष्ठ कंपनी प्रशासन मानक होने के भारत के दावे को भी खोखला साबित कर दिया।

30

बुल्स की ज़ोरदार वापसी

बाज़ार का चतुर खिलाड़ी होने के बावजूद ओल्ड फ़ॉक्स ने जाने समझे बिना ज़्यादा जोख़िम लेना आरंभ कर दिया। 2009 में मार्च के मध्य से बाज़ार ऊपर चढ़ने लगा था। शुरुआत धीमी हुई, लेकिन बाद में इसने गति पकड़ ली। आम धारणा थी कि बढ़त ज़्यादा चलने वाली नहीं है। जब भी रुझान बदलता है, चाहे वह ऊपर की ओर हो या नीचे की ओर, उसको पहचानने में कुछ समय लगता है।

मार्च के अंत तक निफ़्टी के 3,000 और सेंसेक्स के 10,000 का स्तर छू लेने के बाद भी विश्लेषक और दूसरे खिलाड़ी, दोनों ही उन संकेतों को खोज रहे थे, जिससे वे कह सकें कि बाज़ार आख़िरकार 14 महीने के कमज़ोरी के रुख़ से बाहर आ गया है।

आरंभ में, मैं छोटे मुनाफ़े से संतुष्ट हो रहा था, क्योंकि निश्चित नहीं था कि बाज़ार ने ऊपर की यात्रा शुरू कर दी है। क़ीमतें बढ़ने के साथ मैं बिकवाली कर मुनाफ़ा निकाल लेता था। उसके बाद भी अगर शेयर मज़बूती दिखाना जारी रखता था तो फिर ख़रीद लेता था। इस दौरान ओल्ड फ़ॉक्स लगातार अल्प बिकवाली करते आ रहे थे। उनको पूरा यक़ीन था कि यह रैली टिकाऊ नहीं है।

बाज़ार के सबसे मँजे हुए ट्रेडर भी जहाँ चूक कर जाते हैं, वह है अच्छा मुनाफ़ा होने पर समय पर उस पोजीशन से बाहर आने की। हर कोई बाज़ार की सच्चाई से अच्छी तरह वाकिफ़ है। झूठ बोलने वाले के अलावा

बाज़ार के शिखर और नीचे के स्तर का कोई अंदाज़ा नहीं लगा सकता। अनुभवी ट्रेडर जानता है कि वह सबसे ऊँची क़ीमत पर अपने पूरे शेयरों को बेचकर बाहर नहीं आ सकता या अगर बेचवाल है तो सबसे कम स्तर पर ख़रीदी करके अपनी पोजीशन को कवर नहीं कर सकता। यदि ट्रेडर सावधानी नहीं बरतता है तो उसकी स्थिति उस सैनिक की तरह होती है, जो दुश्मन को खदेड़ता हुआ अनजाने में उसके इलाक़े में घुस जाता है।

ऐसा ही कुछ इस बार ओल्ड फ़ॉक्स के साथ हुआ था। रुझान मंदी से मज़बूती की ओर मुड़ चुका था, लेकिन वे इसे भाँप नहीं पाए और बिकवाली करते रहे। जिस तरह से एक बुल ऑपरेटर की सज़ा एक वास्तविक बेचवाल है, उसी तरह से मंदी में ट्रेडिंग करने वाले का अनजान शत्रु लंबी अवधि का निवेशक है।

चूँकि बाज़ार काफ़ी समय से गिरता जा रहा था, वायदा में लंबी ख़रीदी की पोजीशन वाले ट्रेडरों का नुक़सान बढ़ता गया था। इसी तरह से एक से दो महीने में अच्छा मुनाफ़ा कमाने की उम्मीद से ख़रीदी करने वाले अल्पकालिक निवेशक भी घाटे में थे। इन दोनों श्रेणियों के निवेशकों की उपस्थिति बाज़ार में अब कम रह गई थी, क्योंकि लगातार नुक़सान ने उन्हें बाज़ार से दूर कर दिया था। उनकी जगह ऐसे निवेशक आने आरंभ हो गए थे, जो ख़रीदी करके एक या दो या और भी अधिक समय तक के लिए इंतज़ार करने को तैयार थे। इनमें एचएनआई, किसी और के नाम पर ख़रीदी कर रहे प्रमोटर और कभी-कभी छोटे निवेशकों में बाज़ार के रुख़ के ख़िलाफ़ निवेश करने वाले शामिल थे। इनमें से कोई भी निवेशक आक्रामक ढंग से ख़रीदी नहीं करता, जिससे इनकी उपस्थिति को जान पाना कठिन होता है। बाज़ार इस रुझान को 'शेयरों के कमज़ोर हाथों से मज़बूत हाथों में जाने' के रूप में देखता है। इस प्रकार की ख़रीदी का नतीजा होता है कि बाज़ार में शेयरों की आम उपलब्धता कम हो जाती है। जो भी लोग बेचना चाहते थे उन्होंने बिकवाली कर ली है और अब शेयर उन निवेशकों के पास हैं, जो ख़रीदी को लेकर लंबी अवधि का नज़रिया रखते हैं। इन सूक्ष्म बदलावों को पहचानने में चूके मंदड़िए केवल अतिविश्वास के कारण दुश्मन के इलाक़े में घुस गए थे। एक बार क़ीमतें चढ़ना शुरू होने पर उछाल बहुत तेज़ होता है, क्योंकि माँग को कम करने के लिए ज़्यादा संख्या में बेचवाल नहीं होते हैं। इससे मंदड़ियों के लिए अपनी बिकवाली की पोजीशन को

ख़त्म करने के लिए क़ीमतों में उछाल के बिना ख़रीदी करना कठिन हो जाता है।

ओल्ड फ़ॉक्स के साथ यही हुआ था। वे समझने में नाकाम रहे कि उनके विरोधी बदल गए थे। पिछले साल उन्होंने बहुत सटीक अनुमान लगाया था कि बाज़ार अब शिखर पर है और अब नीचे आएगा। लेकिन बाज़ार के रुझान के पलटने के संकेतों को पढ़ने में वे चूक कर गए। अप्रैल मध्य तक निफ़्टी 3,500 पर पहुँच गया था और सेंसेक्स 11,200 पर। मंदड़िए भौंचक्के थे। उन्होंने अपनी पोजीशन को बंद करने के लिए बहुत व्याकुल होकर ख़रीदी की। कुछ हद तक इसके कारण भी और क़ीमतों में तेज़ी आई।

ओल्ड फ़ॉक्स को अपनी अल्प बिकवाली की कुछ पोजीशन को कवर करने में नुक़सान उठाना पड़ा, क्योंकि क़ीमतें चढ़ चुकी थीं। लेकिन इसे फ़ॉक्स की ख़ूबी कहेंगे, वे जान गए थे कि उनसे चूक हो गई थी और केवल अपनी बात के लिए बाज़ार पर अपनी सोच से चिपके नहीं रहे, बल्कि आगे बढ़ गए। उन्होंने बिकवाली की अपनी पोजीशन ख़त्म कर दीं और तुरंत ख़रीदी की पोजीशन बनानी शुरू कर दीं।

पिछले साल जनवरी से शुरू हुआ मेरी जीत का सिलसिला जारी था। मैंने धीरे-धीरे अब अपने सौदों की राशि को बढ़ा दिया था और मुनाफ़ा भी बढ़ता जा रहा था।

बाज़ार को अभी एक और बड़ी बाधा पार करनी थी - वह थी लोकसभा चुनाव की। राजनीतिक जानकार और चुनाव विश्लेषक त्रिशंकु संसद का अनुमान लगा रहे थे यानी जिसमें किसी भी दल को बहुमत प्राप्त नहीं होगा। उनकी राय पर अविश्वास का कोई ठोस कारण भी नहीं था। मीडिया रिपोर्ट सत्ताधारी यूपीए से मोहभंग के रुख़ को बहुत आम बता रही थीं, लेकिन विपक्ष बिखरा हुआ था। उनके पास नेतृत्व के लिए कोई प्रभावी उम्मीदवार नहीं था।

16 मई शनिवार के दिना आए नतीजों से देश चकित रह गया। काँग्रेस और ज़्यादा जनादेश के साथ वापस आ गई थी, उसने अपने दम पर 220 से अधिक सीटें हासिल कर ली थीं। सबसे अहम पहलू यह था कि इस बार काँग्रेस को वाम दलों के रहमो-करम पर रहने की ज़रूरत नहीं थी, जो

पिछले पूरे कार्यकाल के दौरान यूपीए को बाहर से समर्थन करते रहे थे और सरकार को प्रमुख आर्थिक सुधारों को आगे बढ़ाने में रोड़े अटकाते रहे थे।

अगले दिन बाज़ार की चाल ने सबको हतप्रभ कर दिया। कारोबार शुरू होने के 30 सेकेंड के भीतर बाज़ार उछल कर सत्र के 10 प्रतिशत के सर्किट के ऊपरी छोर पर पहुँच गया था। सेबी के नियमों के अनुसार एक घंटे के लिए ट्रेडिंग रोकनी पड़ी। ट्रेडिंग के दोबारा आरंभ होने पर फिर 60 सेकेंड में इंडेक्स पाँच प्रतिशत और उछल गए। इसके बाद पूरे दिन के लिए काम रोक दिया गया। शानदार 2,100 अंक उछलकर सेंसेक्स 14,284 और निफ़्टी 651 अंक चढ़कर 4,323 के स्तर पर बंद हुआ था।

भारतीय शेयर बाज़ार के इतिहास में पहली बार सेंसेक्स और निफ़्टी को सर्किट के ऊपरी स्तर पर जाने के कारण काम रोकना पड़ा था। यूपीए सरकार ने जैसे एक चक्र को पूरा कर दिया था। ठीक एक साल पहले 17 मई को यूपीए की जीत के बाद भाकपा नेता ए.बी. बर्धन की नासमझी भरी टिप्पणी से बाज़ार धड़ाम हो गया था। निचला सर्किट लगने के कारण दिन भर के लिए काम रोकना पड़ गया था।

दोनों इंडेक्स अगले सप्ताह कुछ ठंडे हुए। लेकिन तब तक बाज़ार की धारणा में बहुत सुधार हो गया था। एफ़आईआई ने मई में ही 20,600 करोड़ रुपए क़ीमत के शेयरों की ख़रीदी की। इसे भारत के विकास की गाथा में दुनिया के निवेशकों के विश्वास मत के रूप में देखा गया था।

धारणा में नाटकीय बदलाव और शेयर क़ीमतों के निचले स्तर से उबर कर पर आना कुछ वर्गों के लिए पीड़ा का कारण भी बन गया था। 14 मई को डीएलएफ़ के प्रमोटरों ने कंपनी की 9.9 प्रतिशत हिस्सेदारी संस्थागत निवेशकों के एक समूह को 3,860 करोड़ रुपए में बेची। प्रति शेयर 232 रुपए क़ीमत पर यह सौदा हुआ। यह दो साल पहले उसके आईपीओ में शेयर की 525 रु. क़ीमत से आधा मूल्य था। तेज़ी के दौर के चरम पर शेयर की क़ीमत ने 1,200 रुपए की ऊँचाई को छुआ था। अब वह शिखर बहुत दूर दिखाई दे रहा था।

संस्थापकों ने इस धनराशि का इस्तेमाल समूह की कंपनी डीएलएफ़ असेट्स लिमिटेड में निजी इक्विटी फ़र्म डीई शॉ की हिस्सेदारी को ख़रीदने

तथा उसमें और अधिक धन लगाने में किया। यह निर्णय दो कारोबारी सत्र के बाद ही प्रमोटरों के लिए परेशानी का सबब बन जाएगा।

डीएलएफ़ प्रमोटरों ने अपनी तरफ़ से ईमानदारी बरतते हुए चुनाव नतीजों से पहले ही सौदे को पूरा कर लिया। नतीजों में किसी भी दल को पूर्ण बहुमत नहीं मिलने और त्रिशंकु संसद की स्थिति में बाज़ार में कमज़ोरी का रुख़ आने का ख़तरा था। यूपीए की अप्रत्याशित जीत से शेयरों के भाव में तेज़ी आ गई और चुनाव नतीजों के बाद पहले कामकाजी सत्र में डीएलएफ़ के शेयर 323 रु. तक चढ़ गए। अक्टूबर तक शेयर 475 रु. का हो गया।

जुलाई में कंपनियों ने फ़ैसला किया कि क्वॉलीफ़ाइड इंस्टीट्यूशनल प्लसेमेंट्स (क्यूआईपी) या संस्थागत निवेशकों को शेयरों की बिक्री के माध्यम से पूँजी जुटाने के एक और चरण के लिए बाज़ार के हालात उपयुक्त है। कई कंपनियों के पास बहुत ज़्यादा विकल्प नहीं थे, उनको कारोबार के विस्तार के लिए नहीं, बल्कि कारोबार में बने रहने के लिए पूँजी की ज़रूरत थी। इस तरह से सौदे के लिए शेयर के दो हफ़्ते के बंद भाव का औसत आधार मूल्य तय था। इससे कम पर कंपनियाँ अपने शेयरों की बिक्री नहीं कर सकती थीं। अगर ख़रीदने वाला तैयार हो तो वे दो हफ़्ते के औसत से अधिक पर सौदा करने के लिए स्वतंत्र थीं। कई कंपनियों ने पुरानी तिकड़मों का सहारा लिया, जैसे कि इच्छुक ख़रीदारों से बोलियाँ बुलाने से पहले शेयर की क़ीमतों को ऊपर ले जाने के लिए ऑपरेटरों की मदद ली।

लेकिन फ़ंड प्रबंधक उनके झाँसे में नहीं आने वाले थे। इस समय पूँजी के लिए तरस रही कंपनियों के ढेरों प्रस्ताव उनके पास थे और उनके पास चयन करने का पूरा अवसर था। दो हफ़्ते के औसत बंद भाव के फ़ार्मूले का उनके लिए कोई अर्थ नहीं था। वह इसे ख़ारिज भी कर सकते थे, यदि उनको ऐसा लगता कि शेयर की क़ीमतों में धाँधलीबाज़ी की गई है या पूरे बाज़ार में ही सकारात्मक रुझान के कारण शेयर की क़ीमतें बढ़ी हुई हैं, ना कि उसके वास्तविक मूल्य के कारण उसकी इतनी क़ीमत है।

फ़ंड प्रबंधक बहुत सख़्ती के साथ सौदेबाज़ी कर रहे थे। कई मामलों में तो प्रमोटरों को क़ीमतों को कुछ समय तक नीचे आने का इंतज़ार करना पड़ा। तब कहीं जाकर फ़ंड प्रबंधक उनके शेयरों के प्रस्ताव को लेने को

राज़ी हुए। फ़ंड प्रबंधक जानते थे, आख़िर में प्रमोटरों को अपने शेयर बाज़ार भाव से कुछ रियायती क़ीमत पर उनको देने ही पड़ेंगे। इसका फ़ायदा उठाते हुए कई फ़ंड प्रबंधकों ने कंपनी के पहले से अपने पास रखे हुए शेयरों को बेच दिया और क्यूआईपी के माध्यम से वही शेयर सस्ती क़ीमतों पर ख़रीद लिए। बाज़ी पलट गई थी और इस बार फ़ंड प्रबंधक प्रमोटरों की स्थिति का फ़ायदा उठा रहे थे।

31

भरे नहीं मंदी के ज़ख़्म

लेकिन बहुत दुर्दांत मंदी में बीते 14 महीनों ने कुछ ऐसे बदलाव किए थे, जो स्थायी रूप से बने रहने वाले थे। पहला, पिछले चार महीनों में शेयरों की क़ीमतों में भले ही तेज़ी से वृद्धि हुई हो, लेकिन वे अब भी जनवरी, 2008 की हिमालयी ऊँचाइयों से काफ़ी नीचे थीं।

दूसरा, बाज़ार की मंदी ने कई कंपनियों के अस्थिर कारोबारी मॉडल को उजागर कर दिया था। ख़ासकर इनमें इन्फ्रास्ट्रक्चर और ज़मीन-जायदाद के क्षेत्र की कंपनियाँ थीं। इनमें से ज़्यादातर दोबारा कभी भी संस्थागत निवेशकों का भरोसा हासिल नहीं कर पाएँगी। हालाँकि बुल ऑपरेटर कभी-कभार कुछ समय के लिए उन पर अपनी दया दृष्टि डाल देंगे।

दलाल फ़र्मों के नज़रिए से खुदरा निवेशकों और एचएनआई से आने वाले मोटे कमीशन और थोक कारोबार के दिन कुछ समय के लिए ख़त्म हो गए थे। अनके ग्राहकों ने बहुत अधिक धनराशि गँवा दी थी या अपने बड़े काग़ज़ी मुनाफ़े को कौड़ियों में बदलते हुए देखा था। उनमें से बहुत से जल्दी तो बाज़ार में वापस आने वाले नहीं थे। कुछ तो अब कभी भी वापस आने की हिम्मत नहीं करेंगे। जो बाज़ार में टिके हुए थे, वे बड़े सौदे करने से बच रहे थे। वे उस समय का इंतज़ार कर रहे थे, जब वे बड़ी रक़म सुरक्षित तरीक़े से दाँव पर लगा सकेंगे।

स्टॉक और इंडेक्स वायदा कारोबार में काम करने वाले निवेशकों को बड़ा झटका झेलना पड़ा था। उनको इस हाल में पहुँचाने के लिए दलाल फ़र्में

ज़िम्मेदार थीं। दरअसल, वायदा में काम करने से दलाल फ़र्मों को कई गुना ज़्यादा कमीशन मिलता था। इसलिए वे तुलनात्मक रूप से सुरक्षित ऑप्शन की बजाय ग्राहकों को वायदा में ज़्यादा काम कराने में दिलचस्पी लेते थे।

2007-08 में जब तेज़ी का रुख़ पूरे ज़ोरों पर था, उस समय डेरिवेटव्ज़ के कुल कारोबार में इंडेक्स और स्टॉक वायदा की हिस्सेदारी 87 प्रतिशत थी। अगले साल डेरिवेटिव्ज़ का कारोबार क़रीब 15 प्रतिशत घट गया और इसमें वायदा कारोबार की हिस्सेदारी 64 प्रतिशत ही रह गई। अगले साल यह 33 प्रतिशत तक कम होने वाली थी। उसके बाद के वर्षों में ज़्यादातर दलाल फ़र्मों को राजस्व के बड़े भाग की प्राप्ति शेयर बाज़ार से नहीं हुई, बल्कि उन्हें अपनी ग़ैर बैंकिंग वित्तीय कंपनी के उधारी के व्यवसाय के भरोसे पर रहना पड़ा।

2008 की बाज़ार की मंदी ने कई मझोली पूँजी वाली कंपनियों के प्रमोटरों को आसमान से ज़मीन पर ला पटका। बल्कि कई मामलों में यह कहना ज़्यादा सही होगा कि घुटने टेकने को मज़बूर कर दिया। जब बाज़ार उड़ान भर रहा था तो इन प्रमोटरों ने अपनी कंपनी के शेयरों को वायदा और ऑप्शन की सूची में शामिल कराने के लिए हर तरह की तिकड़म भिड़ाई। किसी शेयर के वायदा और ऑप्शन की सूची में आने के लिए उस कंपनी की निर्धारित न्यूनतम बाज़ार पूँजी और एक निश्चित अवधि तक निर्धारित न्यूनतम मात्रा में कारोबार होना ज़रूरी था। प्रमोटर इसके लिए बुल ऑपरेटर से मिलीभगत कर किसी भी तरह से एफ़ऐंडओ की सूची के लिए मानदंडों की पूर्ति सुनिश्चित कर लेते थे। कई प्रमोटरों को एफ़ऐंडओ कारोबार वाली सूची में उनकी कंपनी के शेयर के शामिल होने से शेयर की क़ीमतों में हेराफेरी और समय-समय पर अच्छा मुनाफ़ा कमाने में मदद मिलती थी। इस महान सूची में नाम शामिल होने के ऐलान वाले दिन ये प्रमोटर शानदार पार्टी देते थे। ऐसी क़रीब आधा दर्ज़न पार्टियों का मैं ख़ुद गवाह रहा हूँ।

प्रमोटर कुछ इस तरह से करते थे कि वे ऑपरेटरों से साठगाँठ कर कंपनी के बहुत सारे शेयरों की ख़रीदी कर लेते थे, जिससे शेयर की क़ीमतें बढ़ जाती थीं। शेयर के हाज़िर के भाव बढ़ने पर वायदा भाव भी बढ़ जाते थे। कई ट्रेडर क़ीमतों में गिरावट पर दाँव लगाते हुए कम समय के लिए बिकवाली यानी शॉर्ट कर देते थे। लेकिन बहुत अधिक मात्रा में शेयर प्रमोटर

और ऑपरेटर ने अपने पास जमा कर रखे होते थे, जिससे क़ीमतें स्थिर बनी रहती थीं और उसके वायदा भाव भी नीचे नहीं आते थे। उल्टे ऑपरेटर डेरिवेटिव्ज़ के सौदे निपटान के दिन से कुछ दिन पहले और ख़रीदारी कर लेते थे, जिससे वायदा भाव और बढ़ जाते थे। अंत में वायदा की अल्प बिकवाली करने वाले ट्रेडरों को ऊँचे भावों पर ख़रीदारी करनी होती, जिससे वायदा क़ीमतें और बढ़ जातीं और उनका घाटा भी। कुछ ट्रेडर जिनके पास ज़्यादा पूँजी होती, वे कुछ दिन में क़ीमतों में गिरावट की उम्मीद से बिकवाली की अपनी पोजीशन को अगली निपटान तक के लिए आगे बढ़ा लेते थे। लेकिन जब तक प्रमोटर और ऑपरेटर की जुगल जोड़ी बाज़ार में शेयरों की मात्रा को सीमित बनाए रखती, तब तक बिकवाली करने वाले ट्रेडरों को कम भाव में ख़रीदी का मौक़ा मिलने वाला नहीं था।

हालाँकि बाज़ार में मंदी के दौर में एफ़ऐंडओ की सूची में इन शेयरों की मौजूदगी मंदड़ियों के लिए क़ीमतों को गिराने में मददग़ार हो जाती थी। बेचवाल ऐसी कंपनियों को निशाना बनाते थे, जिनके बारे में उनको जानकारी होती थी कि उनके प्रमोटर नक़दी संकट का सामना कर रहे हैं। मंदड़िए बड़े स्तर पर वायदा में बिकवाली करने लग जाते थे। लगातार बिकवाली से वायदा भाव जैसे ही टूटना शुरू होते थे, हाज़िर भाव भी उसी के अनुसार गिरने लगते थे। लेकिन इस बार अंतर यह होता था कि प्रमोटरों के पास भाव बढ़ाने के लिए नक़दी नहीं होती थी। कई मौक़ों पर प्रमोटर अपने पास से या बेनामी खातों में रखे शेयरों को गिरवी रखकर पूँजी जुटा लिया करते थे। लेकिन एक बार शेयर भाव के दबाव में आ जाने और क़ीमतें गिरना शुरू होने के बाद उधारी देने वाले के मार्जिन के लिए कॉल आने शुरू हो जाते थे। यदि प्रमोटर अतिरिक्त अमानत जमा कराने में असमर्थ होते थे तो उधारी देने वाला शेयर बेचना शुरू कर देता था। इससे शेयर की क़ीमतों में गिरावट और तेज़ हो जाती थी। मंदड़ियों ने कई मिड कैप कंपनियों के शेयरों में इस तिकड़म को आज़माया और मोटा मुनाफ़ा बटोरा, जबकि प्रमोटर अपने ज़ख़्म सहलाते रहे।

इसके बाद हैरानी की बात नहीं है कि कई कंपनियों ने एफ़ऐंडओ की सूची से उनके शेयरों को बाहर करने की विनती करते हुए स्टॉक एक्सचेंजों को चिट्ठी भेजी। वैसे भी बाज़ार पूँजी और कारोबारी मात्रा निश्चित सीमा से कम हो जाने पर कई कंपनियाँ सूची से बाहर हो गई थीं।

तेज़ी के दौर में कई प्रमोटरों ने पूर्वनिर्धारित क़ीमत पर खुद को इक्विटी वारंट जारी कर सस्ते में अपनी हिस्सेदारी को बढ़ाने की कोशिश की थी। प्रमोटरों को केवल दस प्रतिशत अग्रिम अदा करना था। बाक़ी की राशि अठारह महीने बाद वारंट के शेयरों में बदलने के समय पर वे अदा कर सकते थे। बाज़ार बढ़त के दौर में था। प्रमोटरों को पूरा यक़ीन था कि अठारह महीने के बाद वे रियायती बाज़ार मूल्य पर अपने वारंटों को शेयरों में बदलने में सक्षम रहेंगे।

लेकिन कई कंपनियों के शेयरों की क़ीमतों में इतनी तेज़ गिरावट हुई कि जिस समय तक वारंट परिवर्तित होने के लिए आए तब तक परिवर्तन मूल्य बाज़ार की क़ीमत से कहीं अधिक हो गया था। प्रमोटरों ने वारंटों को परिवर्तित करने की बजाय उनको छोड़ देने में ही भलाई समझी। केवल उन्हें दस प्रतिशत की रक़म का ज़रूर नुक़सान हुआ, जो उन्होंने अग्रिम अदा की थी। एक साल बाद सेबी ने इक्विटी वारंट के लिए अग्रिम भुगतान बढ़ाकर 25 प्रतिशत कर दिया, जिससे प्रमोटर छोटे निवेशकों को ठगने की कोशिश नहीं करें।

32

बड़े नामों में शुमार हुआ

पिछले कुछ वर्षों में मेरी असामान्य रूप से लंबी विजेता पारी के कारण कार्पोरेट क्षेत्र के लोग मेरे नाम से परिचित होना शुरू हो गए थे। मेरा आशय उन लोगों से है, जो कंपनियों और वित्तीय संस्थानों के राजस्व और वित्तीय पहलू से जुड़े हुए थे, जैसे कि मुख्य वित्तीय अधिकारी। कुछ फ़ंड प्रबंधक भी अब मेरे लिए ज़्यादा सहज रूप से उपलब्ध हो गए थे। शुक्र है कि मैंने अपना ज़्यादा मुनाफ़ा ट्रेडिंग के ज़रिए कमाया था ना कि निवेश से जिससे कि मीडिया मुझसे अनजान था। निवेश के संबंध में जानकारी सार्वजनिक रूप से उपलब्ध आंकड़ों से आसानी से जुटाई जा सकती है। मीडिया से दूर रहने में मुझे क़तई परेशानी नहीं थी, अपने कारोबार के बाहर पहचाने जाने की मेरी कोई लालसा भी नहीं थी। धीरे-धीरे मुझे अमीरों और मशहूर हस्तियों की ओर से पार्टियों के आमंत्रण मिलने शुरू हो गए थे। मैंने बिना ज़्यादा सोचे इनको अस्वीकार कर दिया। प्रमोटरों ने अपने शेयरों की क़ीमतों को बढ़ाने के लिए मुझे संदेशे भेजने आरंभ कर दिए थे। वे मुझे कुछ हिस्सा देने को भी तैयार थे। कई बार विरोधी कंपनियों के शेयरों की क़ीमतों को गिराने के भी प्रस्ताव भेजे गए। इस तरह के अनुरोध मुझे पहले भी मिले थे, लेकिन अब मेरी सेवाएँ लेने की इच्छुक कंपनियों का स्तर कहीं ज़्यादा ऊँचा था।

मैंने कुछ प्रमोटरों को उनकी कंपनियों के शेयरों के भावों को बढ़ाने में मदद दी, लेकिन कभी भी मैंने उन शेयरों में निवेश नहीं किया। उनकी क़ीमतों को बढ़ाने के काम के दौरान कुछ समय तक मैं उनके शेयरों में

ट्रेडिंग करता था। जैसे ही मैं उनका काम पूरा कर देता था तो उस शेयर से मेरा नाता ख़त्म हो जाता था। यदि प्रमोटर शेयर की क़ीमत के संबंध में सजग है तो यह अच्छा है, इससे वह ऐसा कुछ करना नहीं चाहेंगे, जिससे बाज़ार या उनके प्रमुख शेयरधारक भड़क जाएँ। लेकिन समस्या तब है, जब प्रमोटर अपने शेयर की क़ीमत को लेकर किसी तरह का जुनून पालते हैं। मुझे तो इससे साफ़ संकेत यही मिलता है कि वे अपना समय और ऊर्जा अपने मुख्य कारोबार में नहीं लगा रहे हैं। यह सीधे तौर पर विनाश को न्योता देना है। प्रमोटर अक्सर भूल जाते हैं कि वास्तव में शेयर को सही क़ीमत उनके मूल कारोबार की मज़बूती से मिलती है, ना कि हेराफेरी और दूसरे अनुचित साधनों के इस्तेमाल से। बेहतर शेयर के भाव ज़्यादा से ज़्यादा प्रमोटर को पूँजी उगाहने में मदद कर सकते हैं। लेकिन उसे यह पूँजी कारोबार में लगानी होगी और शेयरधारकों को लगातार मुनाफ़े की स्थिति दिखानी होगी। जब तक वह ऐसा करने में समर्थ नहीं होता तब तक शेयर की क़ीमत लड़खड़ाती रहेगी।

कई दिलचस्प ऑपरेटरों से भी मेरा मिलना हुआ। उन सबमें जेसी सबसे जोरदार था और मुझे लगता है कि इसका कुछ कारण उसके तड़क-भड़क वाले तौर-तरीक़े थे। कोई भी एक बार उससे मिल लेता था तो उसे आसानी से नहीं भूल पाता था। उसके दिखावे के तौर-तरीक़े बहुत से लोगों को पसंद नहीं आते थे तो बहुत से लोग भौंचक्के रह जाते थे। उनको महँगी घड़ियों का बड़ा शौक़ था और ख़ासकर लोगों को उन घड़ियों की क़ीमत के बारे में बताना। उनके बात करने के लहज़े को आहत करने वाला भी समझा जा सकता था। हमेशा यह किसी मंशा के साथ नहीं होता था, पर वे अपनी ऊलज़लूल टिप्पणियों से कुछ लोगों को ज़रूर निशाना बनाते थे।

जेसी 1980 के दशक के आख़िर से बाज़ार में काम कर रहे थे। लेकिन सही या ग़लत किन्हीं भी कारणों से पिछले कुछ वर्षों से ही लोगों ने उन पर ग़ौर करना आरंभ किया था। उनको शेयरों की अल्प समय की बिकवाली करने में मज़ा आता था। ऐसा लगता था, जैसे गड़बड़ करने वाले प्रमोटरों को सही राह पर लाने की ज़िम्मेदारी उन्हें ही मिली थी। वे ख़रीदी भी करते थे और उन्होंने निवेश के हिसाब से भी काफ़ी शेयर ले रखे थे, लेकिन मंदी के उनके सौदों के कारण उनकी चर्चा होती थी और लोग उनकी ओर आकर्षित होते थे और इससे उन्हें भी बहुत ख़ुशी महसूस होती

थी। उन्होंने बहुत धन कमाया और गँवाया भी था। मुझे यही समझ आया कि उनके अड़ियल रवैये की वज़ह से वे अक्सर संकट में उलझ जाते थे। वे अपने निवेशक होने का दावा करते थे और उन ऑपरेटरों में खुद को शुमार करना क़तई पसंद नहीं करते थे, जो कंपनियों के शेयरों में धाँधलीबाज़ी के लिए प्रमोटरों के साथ मिलीभगत करते थे। हालाँकि दावा पूरी तरह सच नहीं था। मैं जानता था कि उनकी कुछ संदिग्ध मिड कैप और स्माल कैप कंपनियों के साथ उनके शेयरों के भाव को बढ़ाने के लिए कमीशन पर डील चलती थी।

उन्होंने एक दिन मुझे कॉल किया और मुलाक़ात की इच्छा ज़ाहिर की। मैंने हामी भर दी। उन्होंने अपने दफ़्तर बुलाया, जो मुझे कुछ नागवार गुज़रा। मेरी जगह कोई और होता तो शायद बुरा मान सकता था। लेकिन मैंने जेसी की तुनकमिज़ाजी के बारे में काफ़ी कुछ सुन रखा था, जिससे मुझे बिलकुल भी अपमानित होने जैसा महसूस नहीं हुआ। उनका मुझे दफ़्तर में मिलने के लिए बुलाना अप्रत्यक्ष रूप से व्यवसाय में अपने को वरिष्ठ जताना और मुझे मिलने आने के लिए निर्देश देने की तरह था।

मैं अंधेरी में उनके दफ़्तर पहुँच गया। मुझे भी उस शख़्स से मिलने की तीव्र उत्कंठा हो रही थी, जिसके बारे में मैंने इतना सुन रखा था। उनके बारे में कुछ सौ करोड़ के आसामी होने की अफ़वाहें थीं। लेकिन उनका दफ़्तर एक साधारण-सी इमारत में था। दफ़्तर भी बहुत ख़ास सुसज्जित नहीं था। मुश्किल से आधा दर्ज़न कर्मचारी काम करते होंगे।

उनके केबिन में ठीक-ठाक जगह थी, लेकिन यह बहुत विशाल नहीं था। उनकी अर्ध चंद्राकार टेबल पर काँच रखा हुआ था और उसके ऊपर चार ट्रेडर वर्कस्टेशन थे। तीन जेसी के सामने रखे हुए थे, जबकि एक उनकी दायीं ओर रखा हुआ था। एक वर्कस्टेशन के बगल में डेविड हॉफ़ का पैकेट था। मैंने उनकी घड़ी को देखा। जैसा सुन रखा था, घड़ी महँगी थी। जेसी को बहुत अच्छे से जानने वाले मेरे एक दोस्त ने एक बार उल्लेख किया था कि जेसी जो घड़ी पहनते हैं, उसकी क़ीमत 15 लाख रुपए तक है।

जेसी ट्रेडर की बजाय एक निवेशक होने का दावा किया करते थे। लेकिन ज़्यादातर लोगों का बाज़ार में मानना था कि सच्चाई इससे उल्टी है।

बातों-बातों में उन्होंने कहा, 'मैं ऐसी कंपनियों को पसंद नहीं करता जहाँ प्रबंधन आपकी चापलूसी करता है, जिससे आप उनकी कंपनी के शेयर ख़रीद लें। बहुत ज़्यादा दोस्ती दिखाने से मुझे ऐसा लगता है कि वे अपने शेयरों की क़ीमतों को बढ़ाना चाहते हैं।' उनका कहना था कि उनका निवेश ज़्यादातर ब्लू चिप कंपनियों और कुछ बेहतर प्रबंधन वाली ऐसी कंपनियों के शेयरों में है, जिनकी क़ीमत उनके वास्तविक मूल्य से कम है, लेकिन आगे उनमें बढ़त की अच्छी संभावनाएँ हैं।

'ब्लू चिप को मैं कभी हाथ नहीं लगाता, वे आने वाली पीढ़ी के लिए हैं। मैंने अपने परिवार की कम से कम छह पीढ़ियों के लिए यह सुनिश्चित कर दिया है कि घर में बैठे-बैठे, बिना कभी कोई कामकाज के वे आराम से ज़िंदगी बिता सकते हैं। मैं किसी सौदे में अधिकतम नुक़सान तय कर लेता हूँ और उसी के भीतर काम करता हूँ। वीडियो गेम पार्लर में जैसे कोई बच्चा करता है ना ठीक उसी तरह से मैं तब तक ही ट्रेडिंग करता हूँ, जब तक कि मेरे पास सिक्के होते हैं। सिक्के ख़त्म होते ही मैं गेम से हट जाता हूँ।'

'1996 तक मैं पहले ख़रीदी ही किया करता था और उसके बाद बेच देता था। लेकिन मंदी के बाज़ार ने मुझे नया रास्ता बताया कि इसके ठीक उल्टा करने शॉर्ट करने यानी थोड़े समय के लिए बिकवाली करके फिर दाम कम होने पर ख़रीदी करके भी अच्छा पैसा कमाया जा सकता है। मैंने मौक़ा देखकर बिकवाली करना आरंभ कर दिया और कुछ दाँव में गड़बड़ी रही, लेकिन तब भी मैंने काफ़ी मुनाफ़ा कमाया। हर कोई शॉर्ट करके पैसे नहीं कमा सकता। यह कोई आसान नहीं है। बहुत कठिन है। ज़्यादातर समय मैं बाज़ार में ख़रीदारी का ही रुख़ रखता हूँ। कुछ कारणों से मेरी बिकवाली की पोजीशन की ही चर्चा होती है।'

मैंने कहा, 'बिलकुल उनकी होगी ही। आप जिस तरह से कुछ शेयरों पर हमला करते हैं, उससे तो ऐसा लगता है कि आपको पूरी उम्मीद है कि कंपनी जल्दी ही ठप होने वाली है। कई प्रमोटरों को मैं जानता हूँ, आपके इन्हीं तेवरों के कारण जिनकी रातों की नींद हराम हो गई।'

जेसी मुस्करा उठे। तारीफ़ से वे मन ही मन फूले नहीं समा रहे थे।

'अरे लाला, आप कुछ ज़्यादा ही तारीफ़ कर रहे हो। मैं शेयरों में अंतर करने की कोशिश करता हूँ। एक तो वे होते हैं जिनकी अधिक क़ीमत

उनकी संभावनाओं के आधार पर बाज़ार तय करता है और दूसरे, वे शेयर होते हैं जिनकी अधिक क़ीमत को प्रमोटर सहारा दे रहा होता है। दूसरी श्रेणी वाले शेयरों को एक न एक दिन ज़मीन पर आना होता है। कहीं से कुछ बुरी ख़बर या बाज़ार की धारणा में अचानक नकारात्मक बदलाव आते ही यह दूसरी श्रेणी वाले शेयर ताश के पत्तों की तरह ढह जाते हैं। यह ज़रूर है कि इस मोड़ के आने तक बहुत धैर्य के साथ इंतज़ार करना होता है। इस बीच में प्रमोटर और ऑपरेटर शेयर की क़ीमतों को ऊपर ले जाएँगे और आपको थोड़े समय के लिए नुक़सान भी लेना होगा। मुझे भी एक-दो बार नुक़सान उठाना पड़ा, लेकिन दो या तीन दाँव अन्य शेयरों में हुए नुक़सान से कहीं ज़्यादा आपकी भरपाई कर देंगे।'

जेसी मेरे साथ बहुत हिलमिल गए थे और अब खुलकर अपने सौदों के बारे में बात कर रहे थे।

मैंने उनसे सवाल किया, अबान लॉयड (तेल खनन के क्षेत्र में काम करने वाली कंपनी) को लेकर बहुत समय तक मंदी की धारणा रखने के बाद उनकी तेज़ी की राय क्यों बनी। मुझे कारण पता था, लेकिन मैं उनसे इस बारे में सुनना चाहता था। कई महीने तक जेसी की सोच रही थी कि अबान में गिरावट आएगी। उन्होंने अबान वायदे को शॉर्ट कर दिया था, लेकिन शेयर की क़ीमत बढ़ती जा रही थी, जिससे उनको बहुत नुक़सान हुआ। तभी जेसी की क़िस्मत चमक गई। वेनेजुएला के तट पर ऑयल रिग कंपनी के राजस्व का मुख्य स्त्रोत थे। वे डूब गए। इस झटके में कंपनी के शेयर की क़ीमत एक हफ़्ते में आधी रह गई। जेसी के ना केवल पूरे नुक़सान की भरपाई हो गई, बल्कि अच्छा ख़ासा फ़ायदा हुआ। बाद में शेयर की क़ीमत तेज़ी से चढ़ गई और साल के निम्नतम स्तर से काफ़ी ऊपर को आ गई। हालाँकि अब भी यह हाल के उच्चतम स्तरों से कुछ नीचे ही थी।

जेसी ने मुस्कराते हुए जवाब दिया, 'लाला, बाज़ार में बड़े-बड़े ऑपरेटरों के साथ काम करते हुए, मैं सोचता हूँ कि आपको भी यह चाल समझ में आ गई होगी। शेयर की क़ीमत चढ़ना शुरू हुई, क्योंकि मैंने अपनी बिकवाली की पूरी पोजीशन कवर कर ली थी।'

वे अपनी कामयाबी पर आत्ममुग्ध होकर बोल रहे थे, 'निश्चित ही कंपनी अच्छा प्रदर्शन नहीं कर रही थी। लेकिन कोई भी ख़रीदार ही नहीं

रह गया था, मैं क़ीमतों को और अधिक नीचे ले जाने में असमर्थ हो गया था। क़ीमतों को एक बार फिर से नीचे गिराने के लिए ख़रीदारों की ज़रूरत थी। ख़रीदारों को आकर्षित करने के लिए मुझे ऐसा भ्रम का माहौल निर्मित करना था कि शेयर की क़ीमतें इस स्तर से अब ऊपर को जाने वाली हैं।'

साल के आरंभ में मैंने सुना था, जेसी ने मुंबई की अचल कारोबार की एक कंपनी के वायदे में बहुत अधिक बिकवाली की थी। प्रमोटरों ने एक तेजड़िया ऑपरेटर से मिलकर क़ीमतों को तेज़ कर दिया और एक स्तर तक उनको बनाए रखने में कामयाब हो गए। जेसी को तीन गुना ज़्यादा दामों पर वायदा सौदों की ख़रीदी करनी पड़ गई। बाज़ार में ऐसी चर्चा थी कि जेसी को उस सौदे में 40 करोड़ रुपए का घाटा हुआ था। हालाँकि इसे मैं अपनी अशिष्टता कहूँगा, फिर भी मैंने और जानने की उत्सुकता में चर्चा छेड़ दी।

'मैंने सुना था कि उस सौदे में आपको एक पैकेट का नुक़सान हो गया था।'

मेरी आँखों में आँखें डालकर जेसी बोले, 'थोड़ा-बहुत, लेकिन उतना नहीं जितना बाज़ार में लोग सोच रहे थे।' लेकिन उन्होंने इसका ज़िक्र नहीं किया कि प्रमोटर को क़ीमतों को बढ़ाने में मदद करने वाले ऑपरेटर के ऊपर वह किस क़दर भड़के थे।

मैंने ही इस विषय को भी उठा दिया, 'लेकिन इसको इतना व्यक्तिगत स्तर पर क्यों लेना चाहिए? यदि वह ऑपरेटर मना कर देता तो प्रमोटर किसी दूसरे ऑपरेटर से वह काम करा लेता।'

जेसी ने इसे स्वीकार किया। 'हो सकता है। लेकिन पता नहीं क्यों, उस घटना से वह शख़्स मुझे क़तई पसंद नहीं है। उसके बाद से वह जिस शेयर में ख़रीदी करता था, मैं उसमें बिकवाली करके उसकी क़ीमत को गिराने का लक्ष्य बना लेता।'

मैंने अब जेसी को टोका। 'जेसी, अब आप उल्टी बात कह रहे हैं। अभी कुछ देर पहले आपने कहा था, आप कभी भी ट्रेडिंग के फ़ैसलों में अपने अहम को आड़े नहीं आने देते। केवल अपने विरोधी को सबक़ सिखाने के लिए कुछ शेयरों के भावों को गिराने से तो नुक़सान का जोख़िम बढ़ जाता है।'

वह मुस्कराने लगे। 'इतना तो चलता है। मैं आज जहाँ पर हूँ, तो एक-दो दुश्मन तो होने चाहिए। बहुत सारे दूसरे शेयर हैं, जहाँ आप पैसे कमा सकते हैं।'

लेकिन जेसी ने अपने लिए एक-दो से कहीं ज़्यादा दुश्मन पैदा कर लिए। बाज़ार की अटकलबाज़ियों की मानें तो क़ीमतों को गिराने के इस खेल में उन्होंने कई कंपनियों के प्रमोटरों की नाराज़गी मोल ले ली। इनमें एक मुंबई की अचल संपत्ति कारोबारी कंपनी थी, जिसके प्रमोटरों के राजनेताओं से बहुत अच्छे संबंध थे। प्रमोटरों ने पहले तो उनसे सरलता से कहा कि उनके स्टॉक का पीछा करना छोड़ दें। जेसी ने उनसे साफ़ कह दिया, वे अपने काम से काम रखें और दफ़ा हो जाएँ। जेसी के व्यवहार से चिढ़े हुए प्रमोटरों ने उनके दफ़्तर पर गुंडे भेजकर उनको धमकाया। मैंने ऐसा भी सुना कि उनको सबक़ सिखाने के लिए गुंडों ने उनकी अच्छी-ख़ासी मरम्मत भी कर दी थी। अब जेसी से इस बारे में पूछना तो मेरी सलामती के लिए भी ठीक नहीं था। लेकिन कुछ समय तक जेसी अपने साथ कुछ अंगरक्षकों को लेकर ही कहीं बाहर जाते थे। जिन लोगों को इसका कारण ज्ञात नहीं था, वे यही समझते रहे कि यह जेसी का अपनी शान-शौकत और रुतबा दिखाने का ही एक और नुस्ख़ा है।

क़रीब एक घंटे तक हम लोग बात करते रहे। मुलाक़ात के बाद लौटते समय जेसी कार तक मुझे छोड़ने के लिए आए। 'आप एक समझदार इंसान हैं। मुझे लगता है कि हमें मिलकर काम करना चाहिए।'

मैंने सकारात्मक जवाब दिया, विचार अच्छा है। उसके बाद हमने कई बार बाज़ार के बारे में अपने विचार साझा किए, लेकिन कभी भी साथ में काम नहीं किया।

33

बराबरी की होड़

सेबी की कुछ नई नीतियाँ अब अपना रंग दिखाने लगी थीं। 2008 में उसने संस्थागत निवेशकों को सीधे बाज़ार में व्यापार के लिए डायरेक्ट मार्केट एक्सेस (डीएमए) सुविधा को अनुमति दी थी। इस प्रणाली के तहत ग्राहक अपने दलाल की अवसंरचना के माध्यम से मगर उसके किसी तरह के दख़ल के बिना स्टॉक एक्सचेंज के ट्रेडिंग सिस्टम में पहुँच सकता था। इसके पहले तक सिंगापुर या लंदन में स्थित किसी फ़ंड प्रबंधक को भारतीय शेयरों में सौदा करना होता था तो उसे भारत में अपने दलाल को कॉल करके ऑर्डर देना होता था। संस्थागत दलालों में डीलरों के बीच अच्छे संपर्क रखने वाले मेरे जैसे व्यक्ति को अक्सर इस तरह के बड़े ऑर्डर की जानकारी उनको अंजाम दिए जाने से पहले ही मिल जाती थी और वे उसका फ़ायदा उठाने के लिए पहले ही सौदा कर लेते थे। डीएमए की शुरुआत के साथ वैश्विक फ़ंड प्रबंधक अपने ऑर्डर इलेक्ट्रॉनिक तरीक़े से अपने दलाल के ट्रेडिंग सिस्टम में पहुँचा देते और वहाँ से ऑर्डर एक्सचेंज के ट्रेडिंग इंजन तक पहुँच जाते। दलाल को ऑर्डर की जानकारी उसके पूरे हो जाने के बाद मिलती थी।

डीएमए के आने के साथ ही एल्गोरिद्म ट्रेडिंग जिसे बाज़ार की भाषा में प्रोग्राम्ड ट्रेडिंग कहा जाता था, उसके विकास में तेज़ी आ गई। एल्गो ट्रेडिंग में एक सॉफ़्टवेयर पूर्व में दिए गए निर्देशों पर सौदे को अंजाम देता है। बुनियादी स्तर पर निर्देश किसी शेयर को वायदे में बेचने और यदि वायदा भाव हाज़िर भाव से कुछ अधिक मूल्य पर है तो उतनी ही मात्रा में नक़द में ख़रीदने का हो सकता है। इसके विपरीत निर्देश हाज़िर में बेचने और

हाज़िर से कम होने पर वायदा ख़रीदने का भी हो सकता है। जटिल निर्देश ट्रेडिंग की मात्रा, इंडेक्स के स्तर और कई सारे अन्य मानदंडों को आपस में जोड़कर किसी सौदे को पूरा कर सकते थे। डीएमए और एल्गो ट्रेडिंग साथ-साथ चल रहे थे, अब सॉफ़्टवेयर डीलर के दायित्वों को अंजाम देने वाला था। इससे पहले यदि कोई फ़ंड प्रबंधक किसी दलाल फ़र्म में डीलर को मान लें कि पाँच लाख शेयरों का एक मूल्य के दायरे में ऑर्डर देता था तो यह डीलर की ज़िम्मेदारी होती थी कि यह सुनिश्चित करे कि ऑर्डर को उसी तरीक़े से अंजाम दिया जाए, जिससे कि क़ीमत और उसकी मात्रा के उद्देश्य पूरे हो। इसका अर्थ था कि ऑर्डर को अलग-अलग हिस्सों में स्क्रीन पर माँग और आपूर्ति की स्थिति का आकलन करते हुए इस तरह से अंजाम दिया जाए, जिससे कि बाज़ार का ध्यान सौदे की ओर आकर्षित नहीं हो।

एल्गो ट्रेडिंग में इन सब बातों का ध्यान सॉफ़्टवेयर रखने वाला था। एल्गो ट्रेडिंग के मामले में एफ़आईआई और विदेशी दलाल फ़र्में ज़्यादा मज़बूत स्थिति में थीं। वे अपने हिसाब से सॉफ़्टवेयर तैयार कराने के लिए सर्वश्रेष्ठ विशेषज्ञों की सेवाएँ ले सकते थे। डीएमए को आरंभ में रफ़्तार पकड़ने में समय लगा। स्टॉक एक्सचेंज एलगोरिद्म को अपनी प्रणाली पर काम करने की इज़ाज़त देने से पहले उसकी पूरी तरह से जाँच-पड़ताल करना चाहते थे। एक्सचेंजों की चिंता जायज थी। सुरक्षा के पर्याप्त उपाय किए बिना एल्गो के इस्तेमाल से बाज़ार में तबाही आ सकती थी। अपने ट्रेडिंग सॉफ़्टवेयर को तैयार करने में लाखों का ख़र्च करने वाली विदेशी फ़र्में अपने एल्गो की गोपनीयता को ज़ाहिर करने की क़तई इच्छुक नहीं थीं। लेकिन स्टॉक एक्सचेंज के इस नियम में ढील देने के बाद इन फ़र्मों को अपने एल्गो की बारीकियों को उजागर करने की ज़रूरत नहीं थी। इसके बाद डीएमए ने उड़ान भरी।

दिन के कारोबारियों जिन्हें डे ट्रेडर कहते हैं, उनकी विशाल टीम वाली घरेलू फ़र्मों को वित्तीय बाज़ारों में हथियारों से सुसज्जित होने की इस दौड़ में जीतने का कोई मौक़ा नहीं मिला। एक, इंसान सॉफ़्टवेयर प्रोग्राम से युक्त मशीनों की गति के सामने कहीं भी नहीं ठहरते थे। डे ट्रेडर जब तक पलक झपकाता तब तक तो ये मशीनें बाज़ार में हाज़िर, वायदा के बीच में आने वाले मौक़ों को सेकेंड के भी हिस्से में पहचानकर सौदों को अंजाम दे सकती

थीं। स्थानीय फ़र्मों ने भी इस मुक़ाबले में वापस आने की कोशिश की। हालाँकि उन्होंने आम तौर पर उपलब्ध ट्रेडिंग सॉफ़्टवेयर का सहारा लिया। सामान्य एल्गो की परेशानी यह थी कि सभी लगभग एक से थे। एक फ़र्म की एल्गो ट्रेडिंग को दूसरी फ़र्म की एल्गो ट्रेडिंग से कुछ अलग करने वाली कोई विशेषता नहीं थी। इनका एफ़आईआई और विदेशी दलाल संस्थाओं के हुनरमंद सॉफ़्टवेयर इंजीनियरों की टीम के द्वारा तैयार ट्रेडिंग सॉफ़्टवेयर से कोई मुक़ाबला नहीं था।

तेज़ गति से ट्रेडिंग के रास्ते में एक और बाधा आ रही थी। जब तक प्रतिद्वंद्वी एल्गो को मात देने के लिए कम से कम समय में सौदों को पूरा नहीं किया जा सकता हो तब तक सबसे अच्छा सॉफ़्टवेयर भी प्रभावी नहीं होगा। सौदों में समय बहुत महत्त्वपूर्ण है, जो मिलीसेकेंड तक में पूरे करने होते हैं। पहले एनएसई और उसके बाद बीएसई द्वारा 'को-लोकेशन' की सुविधा आरंभ करने पर यह बाधा भी दूर हो गई। इसमें एक्सचेंज ने शुल्क लेकर दलालों को अपने सर्वर एक्सचेंज के ट्रेडर इंजन के क़रीब रखने की सुविधा प्रदान कर दी। इससे दलालों को एक्सचेंज से ख़रीद-बिक्री भाव तेज़ी से मिलने वाले थे। साथ ही एक्सचेंज की मुहर के लिए सौदों को तेज़ गति से वापस भी भेजा जा सकता था। एक्सचेंज के सर्वर से प्रसारित होने वाले डेटा को दलाल तक पहुँचने में ज़रा-सा अंतराल रहता था, मिलीसेकेंड का जिसे इंसानी नज़र से पकड़ा भी नहीं जा सकता। यह अंतराल स्टॉक एक्सचेंज के ट्रेडिंग इंजन से दलाल के सर्वर की दूरी पर निर्भर करता था। हालाँकि यह मात्र एक मिलीसेकेंड का ही होता है। को-लोकेशन सुविधा से बड़े दलाल बेहतर भाव हासिल करने में छोटे दलालों से आगे हो सकते थे।

छोटे कारोबारियों ने विरोध किया। एनएसई ने को-लोकेशन सुविधा के लिए आरंभ में 25 लाख रुपए (आगे चलकर शुल्क कम कर दिया गया) का शुल्क तय किया था, जो उनके लिए बहुत अधिक था। इससे वे विदेशी फ़र्मों से पिछड़ने लगे थे। विदेशी फ़र्मों के लिए यह मामूली-सी रक़म थी। मामूली से अंतर पर सौदे करने वाले स्थानीय कारोबारी इससे सबसे ज़्यादा प्रभावित हुए। पलक झपकते ही एक सॉफ़्टवेयर प्रोग्राम ख़रीदी और बिकवाली के बेहतर भाव छीन लेने वाला था। इंसान कभी भी उस गति से मुक़ाबला नहीं कर सकता था। जब तक कोई ट्रेडर स्क्रीन पर भाव देखकर अपना ऑर्डर डाल पाता तब तक सॉफ़्टवेयर उससे वह सौदा छीन चुका

होता। एल्गो सॉफ़्टवेयर सेकेंड के छोटे से हिस्से में बड़ी तादाद में ऑर्डर डालकर छोटे कारोबारी के ऑर्डर को पीछे धकेलने में सक्षम था। छोटे कारोबारी के लिए यह इसी तरह से था, जैसे सिनेमा हॉल के टिकट लेने के लिए कतार में लगा हुआ शख़्स क्या देखता है कि उसके पहले टिकट लेने वालों की संख्या अचानक तीन गुनी हो गई है। एक बार मान लें कि टिकट मिल जाएगा, लेकिन इसकी संभावना कम है कि आपको अपनी पसंद का टिकट मिल जाए। एल्गो के बेहतर ख़रीदी और बिक्री भाव में आगे रहने के कारण डे ट्रेडर को किसी शेयर की ख़रीदी में भाव में पाँच पैसे या उससे भी ज़्यादा देना पड़ेगा या बेचने के भाव में पाँच पैसे या उससे भी ज़्यादा की कमी आ जाएगी।

अधिक समय अवधि के लिए शेयर ख़रीदने वाले छोटे निवेशक के लिए पाँच पैसे या दस पैसे का अंतर वास्तव में बहुत मायने नहीं रखता, लेकिन डे ट्रेडर के लिए यह अंतर उसका मुनाफ़ा काफ़ी हद तक कम करने वाला था। या यह भी हो सकता है कि उसे कोई मुनाफ़ा ही नहीं हो। उनमें जो चतुर थे उन्होंने सौदों की अपनी रणनीति में बदलाव कर दिया और थोड़ा रुककर आगे बेहतर समय का इंतज़ार करने लगे। बजाय सौ सौदों में से हरेक पर 50 रु. कमाने की बजाय कुछ ज़्यादा जोखिम लेकर उन्होंने कम सौदे करने और हरेक पर 200 रु. कमाने की रणनीति अपना ली। कुछ को इससे लाभ हुआ और वे कारोबार में बने रहने में कामयाब हो गए। लेकिन कई अन्य पेशा बदलने को मज़बूर हो गए।

लेकिन संस्थागत निवेशकों के पास नाख़ुश होने के दूसरे कारण थे। लंबे समय से उन्हें कुछ विशेषाधिकार प्राप्त थे, जो धीरे-धीरे लेकिन लगातार उनसे वापस लिए जा रहे थे। इसकी शुरुआत कुछ साल पहले हुई थी। सेबी ने उनसे नक़द बाज़ार के सौदों पर अग्रिम मार्जिन का भुगतान करने को कहा था। उस समय तक केवल ग़ैर-संस्थागत कारोबारियों को नक़द सौदों पर अग्रिम मार्जिन का भुगतान करना होता था, क्योंकि नियामक ऐसा मानते थे कि संस्थानों के स्टॉक एक्सचेंजों की देयताओं में कभी भी चूक करने की संभावना नहीं है। लेकिन एक के बाद एक घटनाएँ वैश्विक वित्तीय संकट की ओर ले जा रही थीं, जिससे वित्तीय संस्थानों को लेकर यह धारणा ख़त्म हो रही थी कि ये अपराजेय हैं और किसी भी संकट में अटल बनी रहेंगी। अब उनको भी उसी तरह की इकाई के रूप में देखा जा

रहा था, जिसके किसी भी छोटे निवेशक या एचएनआई की तरह ही भुगतान में चूक करने की संभावना है।

मई, 2010 में सेबी ने नियम बनाया कि संस्थानों को आईपीओ के लिए बोली लगाते समय आवेदन की पूरी राशि का भुगतान करना होगा। अब तक उन्हें आवेदन की धनराशि में से केवल दस प्रतिशत ही बोली लगाते समय भरना होता था। वहीं खुदरा निवेशकों और ग़ैर-संस्थागत निवेशकों को पहले से ही पूरी राशि बोली लगाते समय भुगतान करनी होती थी। चूँकि कम राशि ही अग्रिम देनी होती थी तो संस्थान बड़ी संख्या में शेयरों के लिए बोली लगाते थे। संस्थानों के द्वारा भारी-भरकम बोली लगाने से प्रारंभिक निर्गम में अत्यधिक माँग की अतिरंजित तसवीर उभर कर आती थी।

संस्थानों की बहुत ज़्यादा दिलचस्पी से प्रतिक्रिया की शृंखला आरंभ हो जाती थी। खुदरा और अन्य निवेशक इसे कंपनी की मज़बूती पर एक तरह की मुहर लगने की तरह मानते थे और निवेश की दिशा में प्रोत्साहित होते थे।

स्वाभाविक था कि एफ़आईआई और व्यवसायिक बैंकरों, दोनों ने ही सेबी के इस क़दम का विरोध किया, क्योंकि इससे आईपीओ की प्रक्रिया के साथ खिलवाड़ करने की उनकी ताक़त कम हो रही थी। लेकिन सेबी नहीं झुका और निर्णय को वापस लेने से साफ़-साफ़ मना कर दिया।

34

एसकेएस का ग़रीबी हटाओ का मार्ग

2010 में दो धमाकेदार सार्वजनिक निर्गम आए थे। मैं दोनों में ही पैसे नहीं लगा पाया। लेकिन मैंने इन पर हुई बौद्धिक चर्चा का अच्छा आनंद लिया। इनमें एक एसकेएस माइक्रोफ़ाइनेंस का आईपीओ था। यह अगस्त में आईपीओ लाने वाली दो माइक्रोफ़ाइनेंस कंपनियों में पहली थी। आईपीओ में 1,650 करोड़ रुपए से कुछ अधिक पूँजी जुटाने का प्रस्ताव था। इसमें से 733 करोड़ रु. के नए शेयर जारी किए जा रहे थे और बाक़ी शेयर मौजूदा निवेशकों के आईपीओ में शामिल किए गए थे।

माइक्रोफ़ाइनेंस या सूक्ष्म वित्त शेयर बाज़ार के लिए नई अवधारणा थी। निर्गम को लेकर बहुत अधिक उत्साह था, ज़ोर-शोर से चर्चा हो रही थी। उसके कारोबार के मॉडल को समझने वाले बहुत कम लोग थे। वे केवल इतना जानते थे कि एमएफ़आई समाज के सबसे ग़रीब वर्ग, जो ग़रीबों में भी ग़रीब है, उसको क़र्ज़ देती हैं। यह ऐसा वर्ग है, जिसकी बैंकों और धन के अन्य परंपरागत स्त्रोतों तक कोई पहुँच नहीं है।

41 वर्षीय भारतीय अमेरिकी विक्रम अकुला के द्वारा स्थापित एसकेएस को सराहा भी गया, उस पर चिंता भी ज़ाहिर की गई और आईपीओ लाने के निर्णय पर उसकी कड़ी आलोचना भी हुई। संशय ज़ाहिर करने वालों में नोबेल पुरस्कार से सम्मानित बांग्लादेश के अर्थशास्त्री और माइक्रोफ़ाइनेंस के शिखर पुरुष मोहम्मद यूनुस शामिल थे। उनका तर्क था कि आईपीओ

से ऐसा संदेश जाता है कि ग़रीबों से भी धन-दौलत कमाने का खेल चल रहा है। आख़िरकार माइक्रोफ़ाइनेंस फर्में थोड़ा-बहुत नहीं, बल्कि 30-40 प्रतिशत ब्याज दर वसूल कर रही थीं। अधिक ब्याज दरों कारण था, क़र्ज़दारों के भुगतान में चूक करने के अधिक जोख़िम की भरपाई करना। यदि एमएफ़आई के ऋण पुनर्भुगतान में चूक की दर कम थी तो उसे निवेश पर शानदार फ़ायदा मिल जाता था। आईपीओ के हिमायती पूरी तरह से मान रहे थे कि एसकेएस के आईपीओ की सफलता से कई अन्य माइक्रोफ़ाइनेंस फ़र्में शेयर बाज़ार से पूँजी जुटाने और अपने कारोबार में विस्तार करने को उत्साहित होंगी। उनका कहना था कि इससे माइक्रोफ़ाइनेंस फ़र्मों के बीच प्रतिस्पर्धा बढ़ेगी और ब्याज दरें कम होंगी, जिससे ग़रीब क़र्ज़दार ख़ून चूसने वाले साहूकारों के कुचक्र से मुक्त हो सकेंगे।

कंपनी ने ग़रीबों को क़र्ज़ के माध्यम से मदद करने के उच्च आदर्श पर चलने का दावा करते हुए भारत में एमएफ़आई के पूरे परिदृश्य में आमूल बदलाव की कोशिश तथा इस क़वायद में निवेशकों को धन कमाने में मदद की थी। बहुत से निवेशकों ने ऐसा सोचा हो सकता है कि इस प्रकार के आईपीओ में पैसा लगाने से अच्छा और क्या हो सकता है। यह कमाई का अच्छा मौक़ा दे रहा है, साथ ही एक महान उद्देश्य की पूर्ति हो रही है। पहली बार निवेशकों को दलाल स्ट्रीट पर पूँजीवाद के मुनाफ़े के साथ ही परोपकार करने का मौक़ा भी हासिल हो रहा था और हर कोई इस बहती गंगा में हाथ धोना चाहता था।

कंपनी में आईपीओ के पहले निवेश करने वालों में ट्रेडिंग के क्षेत्र के दिग्गज जॉर्ज सोरोस के प्रबंधन वाले क्वांटम और इन्फ़ोसिस के संस्थापक एन.आर. नारायण मूर्ति प्रवर्तित कैटामारन इन्वेस्टमेंट्स जैसे बड़े नाम शामिल थे।

जिस बात की बहुत ज़्यादा चर्चा नहीं हुई वह थी, आईपीओ के पहले एसकेएस प्रबंधन द्वारा स्टॉक ऑप्शन के रूप में रखे हुए शेयरों की बिक्री। प्रमोटर का हडबड़ी में पैसा निकालना मुझे हमेशा से संदिग्ध महसूस होता रहा है। संस्थापक विक्रम अकुला और सीईओ सुरेश गुरनामी ने ऑप्शन का अपना कुछ हिस्सा बेच दिया। बाक़ी का हिस्सा तीन वर्ष के लिए लॉक-इन यानी इसके पहले नहीं बेचने की शर्त पर वे सहमत हो गए।

आईपीओ को निवेशकों ने हाथों-हाथ लिया। हालाँकि बहुत से लोगों का मानना था कि 985 रुपए प्रति शेयर क़ीमत बहुत ज़्यादा थी। लेकिन कंपनी का पिछला रिकॉर्ड और क़र्ज़ का हिसाब-किताब मज़बूत था, जो निवेशकों को यक़ीन दिला रहा था कि उसका कारोबार अच्छा चलने वाला है और उसकी अधिक क़ीमत पूरी तरह से औचित्यपूर्ण है।

एसकेएस की एक्सचेंजों पर शानदार आमद हुई। आईपीओ क़ीमत से क़रीब 18 प्रतिशत ऊपर भाव पर यह खुला और बाज़ार बंद होते समय इसकी क़ीमत लगभग दस प्रतिशत अधिक थी। बाज़ार में कुछ कमज़ोरी नहीं रही होती तो पहले दिन का इसका प्रदर्शन और भी बेहतर हो सकता था। तब भी अगले एक महीने तक शेयर लगातार दौड़ता रहा और क़रीब 1,400 रुपए तक पहुँच गया।

लेकिन अक्टूबर से एसकेएस के साथ समस्याएँ पेश आनी शुरू हो गईं। संस्थापक अकुला के साथ मतभेदों के चलते सीईओ सुरेश गुरनामी ने अचानक इस्तीफ़ा दे दिया। पिछले कुछ हफ़्तों से शेयर नीचे जा रहा था और अब बोर्ड के भीतर सत्ता संघर्ष ने उस पर और अधिक दबाव निर्मित कर दिया। लेकिन कुछ दिन बाद तो कहीं ज़्यादा बड़ा झटका लगने वाला था। आंध्र प्रदेश में एक के बाद एक क़र्ज़दारों के आत्महत्या करने से राज्य सरकार हिल गई और उसने राज्य में एमएफ़आई की गतिविधियों को नियंत्रित करने के मक़सद से अध्यादेश जारी कर क़ानून बना दिया।

जैसा कि सभी ओर बताया गया कि आंध्र प्रदेश में कुकुरमुत्ते की तरह ढेरों एमएफ़आई पैदा हो गए थे और उनके एजेंट ग़रीबों को क़र्ज़ लेने को फुसला रहे थे। भले उनको क़र्ज़ की ज़रूरत नहीं हो। बिना ज़रूरत लिए गए उधार को ख़र्च करने के बाद जब ये लोग किस्तें चुकाने में नाकाम रहते थे तो वही एजेंट वसूली वाले गुंडे बनकर उनको डराने-धमकाने लगते थे। इनमें से ही कुछ ने पीड़ित होकर आत्महत्या कर ली।

साज़िश के बारे में भी बात चल रही थी। ऐसा कहा जा रहा था कि एसकेएस के बढ़ते दायरे ने साहूकारों से मधुर संबंध रखने वाले राजनेताओं की आजीविका को ख़तरे में डाल दिया था, जिनका ग़रीबों को ग़रीब बनाए रखने में ही स्वार्थ था। एमएफ़आई को बदनाम करने के लिए आत्महत्याओं की घटनाओं को बढ़ा-चढ़ाकर पेश किया गया। एसकेएस के लिए आंध्र सबसे बड़ा बाज़ार था। इन सब घटनाओं ने कंपनी को बुरी तरह से

नुक़सान पहुँचाया। वह कभी भी इस सदमे से नहीं उबर सकी। साल के अंत में उसके शेयर की क़ीमत आईपीओ मूल्य से क़रीब 40 प्रतिशत नीचे 600 रु. पर आ गई।

इन सब घटनाओं को देखते हुए मैंने लंबी अवधि के निवेश के बारे में बहुत सोचा-विचारा। जिसने आईपीओ में शेयर ख़रीदे थे और एक महीने के भीतर बेचने का निर्णय लिया था, वह अब उस निवेशक से कहीं ज़्यादा चतुर दिखाई देगा, जो अब भी लंबे समय के लिए शेयर को रखकर बैठा होगा।

इस बीच में बाज़ार की बढ़त के साथ मेरा बैंक खाता भी लगातार फल-फूल रहा था। अगस्त तक बढ़त का रुझान बना रहा, लेकिन सितंबर में बाज़ार ने ज़ोरों की उड़ान भरी। हालाँकि पिछली तेज़ी के जैसा उत्साह और रोमांच साफ़ तौर पर दिखाई नहीं दे रहा था। एक छोटा-सा समूह था, जिसमें ज़्यादातर एफ़आईआई थे जो बहुत अधिक धन लगा रहे थे।

तब भी छोटे निवेशकों को कोल इंडिया के आईपीओ में अच्छा मुनाफ़ा कमाने का मौक़ा मिला। सभी श्रेणियों के निवेशकों ने भारत के सबसे बड़े कोयला उत्पादक के शेयरों के लिए बोली लगाई। आईपीओ में प्रति शेयर क़ीमत 245 रु. थी जो कि आकर्षक थी। कंपनी 15,200 करोड़ रु. जुटाने के लिए आईपीओ लाई थी, लेकिन 2.3 लाख करोड़ रुपए की बोलियाँ प्राप्त हुईं। आईपीओ को 15 गुना प्रतिसाद मिला। बहुत अजीब बात थी कि आवेदन में पूरी राशि भरने के नए नियम को लेकर गिला-शिकवा करने वाले संस्थागत निवेशक बोली लगाने में सबसे आगे थे। आईपीओ के संस्थागत हिस्सा क़रीब 25 गुना भर गया, जिसके लिए 1.73 लाख करोड़ रु. की बोलियाँ प्राप्त हुईं। रिलायंस पॉवर के आईपीओ में संस्थागत हिस्से में 1.89 लाख करोड़ की बोलियाँ आई थीं। लेकिन इसमें एक बहुत अहम अंतर था। रिलायंस पॉवर में बोली के समय संस्थागत निवेशकों को आवेदन करते समय केवल दस प्रतिशत राशि ही जमा करानी थी। जबकि कोल इंडिया के आईपीओ में उन्हें आवेदन राशि का शतप्रतिशत रक़म का भुगतान करना था।

इसने मेरी लंबे समय से चली आ रही सोच का ही समर्थन किया कि संस्थागत निवेशकों को अनुकूल नियमों का मोह दिखाकर बहुत ज़्यादा

पुचकारने की ज़रूरत नहीं होती है। यदि उन्हें दौलत बनाने के मौक़े की ज़रा भी गंध आ जाती है तो वे निश्चित ही निवेश के लिए कूद पड़ेंगे। आईपीओ का खुदरा निवेशकों वाला हिस्सा दो गुना भरा। इससे फिर एक बार इस तथ्य पर मुहर लग गई कि यदि क़ीमत सही होगी तो खुदरा निवेशक भी संस्थागत निवेशकों की तरह ही निवेश के लिए उत्सुक होंगे।

कोल इंडिया में धन लगाने वाले किसी भी निवेशक के निराश होने का कोई कारण नहीं था। शेयर 287 रुपए के भाव पर एक्सचेंज में सूचीबद्ध हुआ और दिन का कारोबार ख़त्म होने पर उसका बंद भाव 342 रु. था। आईपीओ के 245 रु. के मूल्य से शानदार मुनाफ़ा देते हुए 40 प्रतिशत अधिक। 34 महीने से ज़्यादा समय के बाद सेंसेक्स 21,000 के स्तर पर पहुँचा था। लेकिन हम लोगों में ज़्यादातर को बाज़ार की यह बढ़त खोखली दिखाई दे रही थी। कंपनियों की आमदनी में बढ़ोतरी सुस्त होने लगी थी और शेयर की क़ीमतों में उछाल के बाद भी कोई दलाल फ़र्म कर्मचारियों की भर्ती नहीं कर रही थी।

बाज़ार का परंपरा से चला आ रहा ज्ञान ऐसा कहता है कि बहुत धमाकेदार आईपीओ आम तौर पर तेज़ी के शिखर पर पहुँचने का संकेत होता है। यह 2008 में रिलायंस पॉवर के आईपीओ के समय सच साबित हुआ। कोल इंडिया के आईपीओ से यह एक बार फिर से सही निकला। मैंने सोचा था कि कोल इंडिया के आईपीओ की कामयाबी धारणा को मज़बूत करेगी और अधिक निवेशकों को बाज़ार की ओर खींचेगी। इसके अलावा डेरिवेटिव बाज़ार में बहुत ज़्यादा बड़ी पोजीशन निर्मित होती दिखाई नहीं दे रही थीं। मैं छोटे खुदरा निवेशकों के उन्माद के साथ बाज़ार में आने को बाज़ार में सुधार का एक सबसे विश्वसनीय संकेत मानता हूँ। लेकिन ऐसा कुछ नज़र नहीं आ रहा था। तब भी कोल इंडिया के शेयरों के सूचीबद्ध होने के बाद बाज़ार ने चेतावनी देना शुरू कर दिया था।

35

औसत का कठोर नियम

नवंबर के अंत में नक़दी के बदले क़र्ज़ घोटाले ने बाज़ार की धारणा को और कमज़ोर कर दिया। इसमें मुंबई स्थित ग़ैर बैंकिंग वित्तीय कंपनी एनबीएफ़सी मनी मैटर्स, एलआईसी हाउसिंग फ़ाइनेंस, एलआईसी और कुछ सार्वजनिक क्षेत्र के बैंकों के अफ़सर शामिल थे।

पिछले क़रीब एक साल के दौरान ही मनी मैटर्स का नाम बहुत चर्चा में आया था। इसके बहुत तेज़ी से बोलने वाले और महत्त्वाकांक्षी संस्थापक राजेश शर्मा ने वित्तीय बाज़ार में अपना करिअर 1990 के दशक के आख़िर में फ़ोर्ट में एक छोटे-से दफ़्तर से आरंभ किया था। पेशे से चार्टर्ड अकाउंटेंट शर्मा मिड और स्मॉल कैप कंपनियों के थोकबंद शेयरों के ख़रीदार खोजने में माहिर थे और कंपनियों में इस ख़ूबी के कारण उनकी ख़ासी माँग थी।

शर्मा के रसूखदार फ़ंड प्रबंधकों से अच्छे संबंध थे, जिससे उनको कई मुश्किल डील करने में मदद मिली थी। 2001-2002 में ऐसा कहा जाता है कि उसने एक खुदरा दलाल फ़र्म में एक आला अफ़सर से दोस्ती की जिसकी आने वाले वर्षों में देश की बड़ी दलाल कंपनियों में गिनती होने वाली थी। शर्मा कुछ कंपनियों के शेयरों को बेचने की कोशिश कर रहा था। ऐसी चर्चा थी कि इस अधिकारी ने अपने कुछ दौलतमंद ग्राहकों एचएनआई को शर्मा के शेयरों की ख़रीदी करने के लिए राज़ी कर लिया। यह शर्मा की बहुत बड़ी कामयाबी बन गई और उसके बाद से उसके सौदे और बड़े होते चले गए।

लेकिन शर्मा बॉन्ड का सक्रिय कारोबारी था, जहाँ कामकाज उतना पारदर्शी नहीं था। उसकी ख़ास तौर पर पहचान थी ऐसे बॉन्ड को बेचने के लिए जो बहुत ज़्यादा प्रचलन में नहीं थे। 2007 में शेयर बाज़ार में शर्मा ने अच्छा समय काटा था। उसने बैंक ऑफ़ राजस्थान और डेक्कन एविएशन (जो बाद में किंगफ़िशर एयरलाइंस बन गई) के शेयर बड़ी संख्या में संस्थागत निवेशकों को बेचा था। शेयरों की कहीं चकाचौंध भरी दुनिया में पहचान बनाने के बावजूद शर्मा सुर्खियों से दूर रहने वाले क़र्ज़ के बाज़ार में ज़्यादा सहज दिखाई देते थे।

शर्मा का कारोबार अब तक बढ़ते-बढ़ते इस मुक़ाम पर आ गया था कि उनकी फ़र्म देश की कुछ शीर्ष कंपनियों के लिए क़र्ज़ का इंतज़ाम करने लगी थी। 2007-08 में कंपनी का सालाना राजस्व 10 करोड़ रु. से भी कम और शुद्ध मुनाफ़ा 4.22 करोड़ रु. था। 2010-11 के पहले पूर्वार्ध तक मनी मैटर्स का राजस्व 224 करोड़ और मुनाफ़ा लगभग 75 करोड़ हो गया था। इसके शेयर की क़ीमत बहुत बढ़ गई थी। कंपनी के तेज़ रफ़्तार से विकास ने शर्मा को वित्तीय सेवा उद्योग में चुनिंदा नामों में गिना जाने लगा था। स्वाभाविक था कि इससे उसके कुछ विरोधियों में जलन और गुस्सा भी भर गया था, जिनको पीछे छोड़कर शर्मा बहुत आगे निकल गया था। शर्मा का पुराना कारोबारी साथी भी इनमें से एक था। ऐसा कहा जाता है कि उसने शर्मा के कारोबारी मॉडल के बारे मे जाँच एजेंसियों को सूचना दे दी। ऐसा खुलासा हुआ कि शर्मा सरकारी बैंकों के अफ़सरों को रिश्वत देकर अपने ग्राहकों के क़र्ज़ों को स्वीकृति दिला रहा था। इन ग्राहकों में कई अचल संपत्ति क्षेत्र की कंपनी थे। कुछ मामलों में तो शर्मा ने इन रिअल एस्टेट कंपनियों को इतना अधिक क़र्ज़ स्वीकृत करा दिया था, जिसके लिए वे पात्र नहीं थीं।

शर्मा को एलआईसी हाउसिंग फ़ाइनेंस के सीईओ रामचंद्रन नायर तथा एलआईसी, बैंक ऑफ़ इंडिया, सेंट्रल बैंक ऑफ़ इंडिया और पंजाब नैशनल बैंक के अफ़सरों के साथ सीबीआई ने गिरफ़्तार कर लिया। घोटाले के सामने आने से मुश्किल से एक महीने पहले मनी मैटर्स ने अपने शेयर 625 रु. प्रति शेयर के मूल्य पर संस्थागत निवेशकों को देकर 10 करोड़ डॉलर जुटाए थे। इन निवेशकों में मोर्गन स्टेनली, वैलिंग्टन एसेट मैनेजमेंट, जीएमओ और फ़िडेलिटी जैसे बड़े नाम शामिल थे। इस डील तक शेयर

के भाव 700 रु. तक उछल गए थे, जो एक साल पहले 100 रु. से भी कम थे। शेयर की क़ीमत में सात गुना की बढ़ोतरी को देखते हुए संभावित निवेशकों को इसकी ख़रीदी करने से पहले गहन विचार-मंथन करना चाहिए था। लेकिन जब बाज़ार कुलाँचे भरता रहता है तो कोई भी फ़ंड प्रबंधक इसकी परवाह नहीं करता।

इस पूरे घटनाक्रम के कुछ महीनों पहले मुझे कंपनी के शेयर में उछाल के बारे में सूचना आई थी। मैंने इसमें पैसे कमाए और लंबे समय तक निवेश नहीं करते हुए इससे बाहर आ गया। मेरे दोस्त ने इस शेयर के बारे में मुझे बताया था। उसे पूरा भरोसा था कि साल समाप्त होते-होते यह 1,000 रु. के स्तर को छुएगा। मैं शेयर में अपना निवेश बनाए रखता, लेकिन कंपनी के संस्थागत निवेशकों को शेयर देने के फ़ैसले ने मेरे विचार बदल दिए। मेरा अनुभव रहा था कि निवेशकों के बीच किसी समय में बहुत पसंद किए जा रहे शेयर में तेज़ी की गतिविधियाँ निवेशकों को देने की डील होने तक ही चलती हैं। शेयर में मेरा निवेश दोगुना हो गया था और इसे बेचकर मुनाफ़ा निकाल लेने का मुझे क़तई अफ़सोस नहीं था। शर्मा की गिरफ़्तारी की ख़बर से शेयर की क़ीमत तेज़ी से नीचे गिरी और इस स्तर से कभी उबर नहीं सकी। 2 नवंबर और 31 दिसंबर के बीच शेयर 663 रु. से गिरकर 130 रु. पर आ गया। शेयर को ख़रीदने वाले फ़ंड प्रबंधक इसमें फँस गए थे। ख़रीदारों के अभाव में रोज़ाना शेयर का कारोबार रोकना पड़ रहा था। अगले पाँच महीनों में शेयर का भाव 50 रु. से भी कम हो गया।

मैंने शानदार मुनाफ़ा कमाया था। घोटाले के कारण नियामक एजेंसी की निगाहें कंपनी के शेयरों के सौदों पर थीं। इससे मैं कुछ चिंतित ज़रूर हुआ। हालाँकि मनी मैटर्स में मेरे सौदे मेरे अपने स्तर के हिसाब से बहुत बड़े नहीं थे, लेकिन शेयर में पिछले छह महीने के दौरान हुए कारोबार में बड़े सौदों में आसानी से नज़र में आने वाले थे। मुझे भेदिया सूचना से यह फ़ायदा नहीं हुआ था और मुझे यक़ीन था कि इसे मैं साबित भी कर दूँगा। लेकिन अपने सौदों के काग़ज़ात नियामक के सामने खोलना और उसके असंख्य सवालों का जवाब देना हमेशा से ही मुझे बहुत तनाव देने वाला महसूस होता था।

दिसंबर, 2010 में सेबी ने चार कंपनियों की जाँच की। इसमें पाया गया कि उनके प्रमोटरों ने संस्थागत निवेशकों को अपने शेयर बेच कर पूँजी

जुटाने के पहले शेयरों के भावों को चढ़ाने के लिए ऑपरेटर संजय डांगी और उसकी सहयोगी फ़र्म के साथ मिलीभगत की। बाद में सेबी ने रिपोर्ट में जिन कंपनियों के नाम थे, उनमें से ज़्यादातर को बरी कर दिया, लेकिन प्रमोटर और ऑपरेटर अब और अधिक सज़ा से बचते हुए नियामक की अवहेलना नहीं कर सकते थे।

साल का अंत मुनाफ़े के साथ होता तो मेरे लिए और अच्छा होता, लेकिन ऐसी मेरी क़िस्मत नहीं थी। आईपीओ में नुक़सान से मुझे और ज़्यादा खीज हुई। आईपीओ में निवेश में मेरी कभी भी बहुत दिलचस्पी नहीं रही, लेकिन मेरे लिए संबंध रुपए-पैसे से बढ़कर थे और उनकी ख़ातिर ही मैंने उसमें निवेश किया था।

बाज़ार में ठहराव की स्थिति थी, कोई एक रुझान साफ़ नज़र नहीं आ रहा था। इसी बीच में एक कंपनी ए2जेड मेंटेनेंस ने आईपीओ लाने का फ़ैसला किया। कंपनी का मुख्य कारोबार बिजली की वितरण लाइनें और उपकेंद्रों की स्थापना करना था। यह नवीनीकृत स्त्रोतों से बिजली पैदा करने और नगर निकायों के ठोस कचरे के प्रबंधन से भी जुड़ी थी। लेकिन कंपनी की मुख्य पहचान कुछ और थी। इसमें अरबपति निवेशक राकेश झुनझुनवाला की 21 प्रतिशत हिस्सेदारी थी। उन्होंने 2006 में 20 करोड़ रु. में यह हिस्सेदारी ख़रीदी थी और अब कंपनी जब आईपीओ ला रही थी तो वे कुछ रक़म वापस लेने की योजना बना रहे थे।

कोल इंडिया के आईपीओ की सफलता से यह सामने आ गया था कि मूल्य निर्धारण बाज़ार के हालात से कहीं ज़्यादा मायने रखता है। तब भी ए2जेड के प्रबंधन ने क़िस्मत आज़माने का फ़ैसला किया। उनको भरोसा था कि झुनझुनवाला का नाम आईपीओ में अच्छी क़ीमत दिलाएगा। हालाँकि फ़ंड प्रबंधकों ने पहले ही संकेत दे दिए थे कि जायज क़ीमत होने पर ही वे उसमें निवेश करेंगे। अब 'जायज' की परिभाषा बाज़ार की मौज़ूदा परिस्थितियों पर निर्भर करती है। तेज़ी के बाज़ार में कोई भी क़ीमत ज़्यादा नहीं है और वास्तव में ऐसा प्रतीत होता है कि निवेशकों को बहुत महँगी क़ीमत पर आईपीओ में निवेश करने में मज़ा आता है। लेकिन अनिश्चित बाज़ार में वे परिचालन अनुपात, आय वृद्धि और कारोबारी मॉडल को लेकर तरह-तरह के सवाल खड़े करते हैं।

ए2जेड नए शेयर जारी कर 675 करोड़ रुपए जुटाना चाहती थी और राकेश सहित कुछ मौजूदा निवेशक आईपीओ में अपनी हिस्सेदारी का कुछ अंश बेचने के इच्छुक थे। नए जारी होने वाले शेयर और मौजूदा निवेशकों के शेयरों को मिलाकर आईपीओ 400 रुपए प्रति शेयर की क़ीमत पर कुल 860 करोड़ रु. का था। इस मूल्य पर कंपनी में झुनझुनवाला की हिस्सेदारी का मूल्यांकन 500 करोड़ रुपए का हो रहा था। पाँच साल से कम समय में निवेश 25 गुना हो गया था। उन्होंने आईपीओ में पाँच लाख शेयर बेचे थे, जिससे उनका शुरुआती निवेश तो उनके वापस मिल ही रहा था, बहुत अधिक मुनाफ़ा भी हो रहा था।

कंपनी ने आईपीओ के लिए 400-410 रुपए की मूल्य दायरा तय किया और बोली शुरू होने से पहले ही उसने 400 रुपए प्रति शेयर भाव से एंकर निवेशकों को आईपीओ का कुछ हिस्सा बेचकर 125 करोड़ रुपए जुटा लिए। लेकिन अन्य संस्थागत निवेशक ने ऐसा उत्साह प्रदर्शित नहीं किया। उनको लग रहा था कि आईपीओ के दाम बहुत ज़्यादा हैं। यहाँ तक कि एचएनआई भी बहुत उत्सुक नहीं थे।

बोली के लिए आईपीओ की तारीख़ आने से कुछ दिन पहले जीबी ने मुझे फ़ोन किया और बोले, आओ कुछ बीयर-शीयर पीते हैं। गप्पें मारेंगे। हम जियोफ़्री में मिले।

हमने बीयर के लिए वेटर से बोला। मैंने छूटते ही सवाल किया, 'क्या आप मुझे ए2जेड बेचने के इरादे में हैं?'

वे मुस्कराने लगे, 'वाह, मुझे लगता है कि हम दोनों एक-दूसरे को इतने अच्छे तरीक़े से जानते हैं कि एक-दूसरे के विचारों को भी पढ़ लेते हैं।'

मैंने भी मुस्कराकर कहा, 'मुझे कारण बताइए, मैं इसे क्यों लूँ।'

'भैया को पूरा भरोसा है कि यह भविष्य की एक बड़ी कंपनी बनने की ओर है।'

'मैं सोचता हूँ कि इतना निर्णय के लिए पर्याप्त है। लेकिन फ़ंड प्रबंधक इससे सहमत नहीं दिखाई देते और सच कहूँ तो मैं भी। कंपनी ने क़ीमत कुछ ज़्यादा ही तय की है।'

'तुम फ़ंड प्रबंधकों की क्षमता पर बहुत ज़्यादा भरोसा करते हो, वे कंपनी के मूल्य का आकलन कर जो कह देते हैं, तुम यक़ीन कर लेते हो।' वे कुछ खिन्न हो गए।

मैं अपनी दलील पर क़ायम था, 'ऐसा नहीं है कि उन्होंने मूल्यांकन पर जो कह दिया वही अंतिम सच हो गया, लेकिन वे बेवकूफ़ नहीं हैं। उनमें से बहुतों ने कोल इंडिया के आईपीओ में बहुत पैसे बनाए और ऐसा भी नहीं है कि बाज़ार में मंदी आ गई हो। इसके बाद भी वे निवेश के इच्छुक नहीं हैं। इससे कुछ समझा जा सकता है।'

'लाला अब मैं तुमको इससे ज़्यादा नहीं बोलूँगा, लेकिन इतना ही कहूँगा, अगर तुम ज़्यादा से ज़्यादा शेयर के लिए बोली लगाओगे तो मुझे ख़ुशी होगी। इसके साथ ही यह मत भूलो कि तुमने भैया के आइडिया पर पहले अच्छा ख़ासा पैसा कमाया है।' बीयर का घूँट पीते हुए जीबी बोले। उनकी आवाज़ की मिठास अब कुछ कम होती हुई दिखाई दे रही थी। मैं उनकी अप्रसन्नता को महसूस कर सकता था और मैंने तुरंत ही माहौल को सौम्य बनाने की कोशिश की।

'अरे, आप तो लगता है बुरा मान गए। मैंने कभी नहीं कहा कि मैं निवेश नहीं करूँगा। मैं तो चाहता था, आप मुझे बताएँ कि इन कारणों से मुझे इसमें निवेश करना चाहिए।'

जीबी ने भी खुद को सामान्य बनाने की कोशिश की, बीयर की चुस्की लेते हुए बोले, 'लाला, मैं बुरा नहीं मान रहा हूँ। लेकिन मुझे ये ज़रूर लग रहा है कि यह तुम नहीं तुम्हारी कामयाबी बोल रही है। ऐसा नहीं होता, तो तुम मुझे शेयर की क़ीमत को लेकर भाषण नहीं देते।'

जीबी ने जो बोला नहीं था, वह भी मैं समझ गया था : '...नहीं तो तुम भैया को क़ीमतों को लेकर उपदेश नहीं देते।'

बीयर के मग ने उनके चेहरे को ढँक रखा था। कुछ सेकेंड के लिए मैं केवल उनकी आँखें ही देख सका था। वे एकदम ठंडी थीं, उनकी निगाहें मेरे भीतर तक समा गईं और मुझे कँपकँपी महसूस हुई। मैं यह नहीं कह रहा हूँ कि वे मुझे धमकी देने की कोशिश कर रहे थे, लेकिन उनकी निगाहों ने मुझे कुछ पल के लिए परेशान कर दिया। मैं व्यवसायिक नज़रिए से अपनी बात रख रहा था, लेकिन जीबी ने इसे मेरा अहंकार समझा।

मैंने तुरंत ही बात को सँभाला और उनकी कोहनी पर अपना हाथ रख दिया। 'आप चिंता मत करिए, ऐसा कुछ भी नहीं है, गोविंद भाई, आप जानते हैं, मैं आपको कभी मना कर ही नहीं सकता।'

उनके चेहरे पर ख़ुशी तैर रही थी। उनकी मुस्कान कह रही थी, चलो माफ़ कर दिया। वे बोले, 'बहुत अच्छा लगा यह देखकर कि सफलता तुम्हारे सिर पर सवार नहीं हुई है।' हम दोनों ने ठहाका लगाया।

राकेश की सलाह पर निवेश में मुनाफ़ा कमाने वाले उनके दोस्तों और व्यवसायिक सहयोगियों की मदद से आईपीओ को ठीकठाक प्रतिक्रिया मिल गई थी। उनको पूरा भरोसा था कि राकेश का जादू ए2जेड में भी काम करेगा। संस्थागत और खुदरा श्रेणियों में कम आवेदन आए थे, जबकि ग़ैर संस्थागत श्रेणी में तीन गुने से ज़्यादा के लिए बोलियाँ प्राप्त हुई थीं, जिससे जो कमी-बेशी थी, वह पूरी हो गई थी।

तब भी एक्सचेंज में शेयरों की आमद बहुत ख़राब रही। शेयर आईपीओ के भाव से नीचे सूचीबद्ध हुआ और कभी भी ऊपर नहीं गया। राकेश ने 352 रु. के भाव पर पाँच लाख शेयर ख़रीदे। इस उम्मीद से कि उनके ख़रीदी करने से नए ख़रीदार शेयर में दिलचस्पी लेंगे और उसके भाव में गिरावट थम जाएगी। इस सौदे से उनको कोई नुक़सान नहीं हुआ। उन्होंने आईपीओ के ज़रिए पाँच लाख शेयर 400 रु. के भाव पर बेचे थे। आख़िर सत्र ख़त्म होने के समय इसका बंद भाव 329 रु. था, जो आईपीओ के मूल्य से 18 प्रतिशत कम था।

प्रमोटर अमित मित्तल भी इस होड़ में कूद पड़े। उन्होंने 336 रु. के भाव पर क़रीब 9 लाख शेयर ख़रीदे थे। लेकिन राकेश और मित्तल, दोनों की ख़रीदी डूबते जहाज से कूदने को आतुर निवेशकों के लिए अपना माल बेचने में ही सहायक साबित हो सकी। इसकी बहुत ज़्यादा संभावना थी कि शेयर का एक्सचेंज में प्रदर्शन ख़राब रहने वाला था। बोली के दौरान संस्थाओं और खुदरा श्रेणियों से सुस्त प्रतिक्रिया का अर्थ था कि शेयर की माँग नहीं थी। जैसे ही शेयर सूचीबद्ध हुआ, रक़म उधार लेकर निवेश करने वाले एचएनआई ने उसकी बिकवाली आरंभ कर दी। बिकवाली की इस लहर से शेयर कभी भी उबर नहीं सका। जो कुछ हुआ, उससे मुझे कोई हैरानी नहीं हुई। मैंने शांत भाव से बाज़ार के फ़ैसले को स्वीकार किया। मुझे बहुत ज़्यादा नुक़सान भी नहीं हुआ था।

आईपीओ में मूल्यों का उचित निर्धारण कितना ज़रूरी है, इसका महत्त्व पंजाब ऐंड सिंध बैंक के आईपीओ से एक बार फिर से सिद्ध हो गया था। ए2जेड आईपीओ की बोली बंद होने के कुछ ही दिन बाद बोली के लिए खुले पंजाब ऐंड सिंध बैंक के आईपीओ को 50 गुना बोली प्राप्त हुई। निवेशकों ने इसकी क़ीमत को वाज़िब मानते हुए इसमें धन लगाना उचित समझा। ए2जेड की दयनीय शुरुआत के ठीक एक हफ़्ते बाद ही सूचीबद्ध हुआ पंजाब ऐंड सिंध बैंक का शेयर आरंभिक सत्र में 22 प्रतिशत तक उछल गया था। बाद में इसका बंद भाव 127 रु. रहा, जो कि आईपीओ के 120 रु. क़ीमत से 6 प्रतिशत ज़्यादा था।

36

नए साल की बेरंग शुरुआत

साल 2011 की शुरुआत शेयर तेजड़ियों के लिए फीकी रही। 2जी स्पेक्ट्रम मामले में बड़े-बड़े लोगों की गिरफ़्तारी से अनिश्चितता और कमज़ोरी के माहौल से शेयरों की क़ीमतों में गिरावट आई। बिकवाली की आँधी ने स्मॉल कैप और मिडकैप कंपनियों के शेयरों को उड़ा दिया और ज़्यादातर मामलों में प्रमोटरों को अपने पापों की सज़ा मिल रही थी।

कुछ प्रमोटर अपने शेयरों की क़ीमतों का सहारा देने में मदद की उम्मीद लेकर मेरे पास आए। मगर मैंने इनकार कर दिया। कारण कि मुझे मालूम था कि प्रयासों का कोई परिणाम नहीं होने वाला था। ऐसी कंपनियों के शेयर, जिनमें प्रमोटरों ने अपनी हिस्सेदारी की बड़ा हिस्सा गिरवी रख दिया था, उन पर सबसे ज़्यादा मार पड़ी थी। मुझे बाज़ार में कुछ सूत्रों से सुनने को मिला कि जेसी अपनी हरकतों पर आमादा था। वह इन शेयरों को गिराने में व्यस्त था। तीन कंपनियों - एक समूह की अवसंरचना फ़र्म, एक रिअल एस्टेट फ़र्म और एक दलाल फ़र्म - के प्रमोटरों ने नियामक को लिखा कि मंदड़ियों का एक समूह मिलीभगत कर उनके शेयरों के दाम गिरा रहा है, जिससे शेयरधारकों की संपत्ति का अनावश्यक विनाश हो रहा है। एक फ़र्म ने जेसी का नाम लेकर उसे इस मंदड़ियों के हमले का मास्टरमाइंड बताया।

एक शाम मैं कार से घर लौट रहा था। तभी मैंने जेसी को कॉल किया, यह सोचकर कि इन आरोपों पर देखें तो सही उसका क्या कहना है।

मैं जानता था कि वह ज़रूर अपनी इन हरकतों में उछाले जा रहे अपने नाम और प्रचार के भरपूर मज़े ले रहा होगा।

दूसरी ओर से रूखी आवाज़ में 'हेलो' सुनाई देते ही मैंने कहा, 'प्रमोटर हाहाकार कर रहे हैं और कह रहे हैं कि महाशक्तिमान जेसी उनके शेयरों को बर्बाद कर रहे हैं।'

दूसरी ओर से जेसी की दबी हुई हँसी सुनाई दी। मैं फ़ोन पर बात करते हुए उसकी प्रसन्न मुखमुद्रा की कल्पना कर पा रहा था।

भीतर की ख़ुशी को छुपाते हुए वह बोला, 'अरे नहीं लाला, बाज़ार में लोग और मीडिया वाले बहुत ज़्यादा कुछ बढ़ा-चढ़ा कर बताते हैं। यह सच है कि मैंने इन शेयरों की बिकवाली की है, लेकिन मेरे पास इनकी इतनी अधिक मात्रा नहीं है, जितना सभी बता रहे हैं। वास्तव में ये प्रमोटर मेरे ऊपर दोष मढ़कर अपनी ग़लतियों को छुपाने की कोशिश कर रहे हैं।'

मैं जानता था कि वह पूरी तरह ग़लत नहीं था। लेकिन मुझे भी उसे चिढ़ाने में मज़ा आ रहा था। मैंने उसे और छेड़ा।

'मैंने सुना है कि एक प्रमोटर ने क़सम खाई है कि तुमको बिकवाली की पोज़ीशन से दोगुनी क़ीमत पर कवर करने को मज़बूर कर देगा।'

'ऐसा है क्या? अच्छा, किसने-किसने, कौन है वो लाला? उनको कोशिश कर लेने दो, मैं भी देख रहा हूँ, साले @###$, तुमने कभी उनको सेबी को तब शिकायत करते हुए देखा है, जब उनके भाव बिना किसी कारण के आसमान छूते नज़र आते हैं? तब वे कभी नहीं कहते कि बुल आपरेटर उनके शेयरों की क़ीमतों को चढ़ा रहे हैं और इतने ऊँचे दाम पर ख़रीदने पर छोटे निवेशकों के फँसने की आशंका है। लेकिन जैसे ही उनके शेयरों की क़ीमतें गिरती हैं, तब वे तुरंत दावा करने लगते हैं कि शेयरधारक की संपत्ति का नुक़सान हो रहा है। मुझे तो बचपन के स्कूल के दिनों की याद आती है : सर, सर, यह लड़का मुझे मार रहा है।'

'जहाँ तक दलाल फ़र्म के प्रमोटर का सवाल है, उसका व्यवहार तो और भी ज़्यादा घटिया है। कुछ साल पहले जब मैं उसके साथ काम कर रहा था और दूसरी कंपनियों के शेयरों को गिरा रहा था तब उसने कभी भी विरोध नहीं किया कि मैं शेयरधारकों की संपत्ति को नुक़सान पहुँचा रहा हूँ। जब उसे मुझसे मोटी दलाली मिल रही है तो फिर साफ़ है, उसे कोई परेशानी

क्यों होने लगी? लेकिन जब मुझे उसकी कंपनी के शेयर में सही मौक़ा दिखाई दिया तो उसे मिर्ची लग गई और रोते हुए सेबी के पास पहुँच गया।

'मैं सच कह रहा हूँ लाला, जब भी मैंने शेयरों की बिकवाली की है ये सब मुझ पर टूट पड़े हैं। प्रमोटर और ऑपरेटर मिलीभगत कर क़ीमतों को ऊपर चढ़ाने पर तुल गए। अगर वे ऐसा नहीं करते तो क़ीमतें स्वाभाविक रूप से नीचे आतीं और मैं अच्छे पैसे बना लेता। लेकिन क्या मैंने कभी प्रमोटरों की हरकतों के बारे में सेबी से शिकायत की? नहीं। मैं कभी सेबी के पास नहीं गया। मैंने तो जैसे भी हालात आए उनका सामना किया है। मुझे समझ नहीं आता कि उनको क्या दिक्कत है, वे ऐसा क्यों नहीं कर सकते।'

जेसी की बात में दम था। लेकिन प्रमोटरों के पास उससे नाराज़ होने की अपनी वज़ह थी। मेरे दोस्तों ने मुझे बताया था कि जेसी के पास ऐसी कंपनियों की पहचान करने की कला थी, जिसके प्रमोटरों ने ज़्यादातर शेयर पूँजी जुटाने के लिए गिरवी रख दिए थे। एक बार ऐसी कंपनी को खोज निकालने के बाद वह उसके शेयरों को पूरी तरह तबाह कर जाने पर तुल जाता था।

मार्च, 2008 में चेन्नई स्थित कंपनी ऑर्किड केमिकल्स ऐंड फ़ार्मास्यूटिकल्स के शेयरों के भाव एक दिन में 39 प्रतिशत गिर गए। दरअसल, दो एनबीएफ़सी ने प्रमोटर राघवेंद्र राव द्वारा गिरवी रखे गए शेयर बेच दिए थे। अमेरिका में सब-प्राइम संकट के कारण समस्याओं से जूझ रहे वहाँ के निवेश बैंक बीयर स्टर्न्स की बिकवाली के कारण ऑर्किड केमिकल्स के शेयर में कमज़ोरी आना शुरू हो गई थी। शेयर के भाव गिरने पर राव उधार देने वाली संस्थाओं के मार्जिन की माँग को पूरा नहीं सके, जिसके बाद उन संस्थाओं ने उनके शेयरों को बाज़ार में बेचना शुरू कर दिया था।

शेयरों की बिक्री से राव की कंपनी में हिस्सेदारी 24 से घटकर 14 प्रतिशत रह गई, जिससे कंपनी का किसी अन्य के अधिग्रहण का रास्ता खुल गया था। रैनबैक्सी के नियंत्रण वाली सोलरेक्स ने शेयर में गिरावट का फ़ायदा उठाकर कंपनी की 12 प्रतिशत हिस्सेदारी ख़रीद ली, जिससे शत्रुतापूर्ण अधिग्रहण की ख़बरें उड़ने लगीं। दिलचस्प यह था कि बाज़ार में

राव के गिरवी शेयरों की बिकवाली करने वाली दो एनबीएफ़सी में से एक रैलीगेयर थी, जो रैनबैक्सी समूह का हिस्सा थी।

ऑर्किड शायद इसलिए बच गई, क्योंकि खुद रैनबैक्सी को ही अगस्त, 2008 में जापान की दायची सैंक्यो ख़रीद रही थी। सोलरेक्स ने कुछ समय तक आर्किड में हिस्सेदारी रखी, लेकिन धीरे-धीरे उसने अगले कुछ वर्षों में शेयरों को बेचकर इससे बाहर आ गई।

राव ख़ुशक़िस्मत रहे कि कंपनी का नियंत्रण उनके हाथ से जाने से बाल-बाल बच गया। लेकिन समुद्री तेल क्षेत्र की फ़र्म ग्रेट ऑफ़शोर के विजय कांतिलाल शेठ इतने क़िस्मत वाले नहीं थे। मई, 2009 में उनके नाम पर एक बदनुमा धब्बा लगा। वे पहले भारतीय प्रमोटर बने, जिन्होंने गिरवी रखे गए शेयरों के बदले लिए गए क़र्ज़ को चुकाने में असमर्थ रहने के कारण अपनी कंपनी पर से नियंत्रण गँवा दिया।

शेठ ने कंपनी में अपनी क़रीब पूरी 15 प्रतिशत हिस्सेदारी भारती शिपयार्ड के पास गिरवी रख दी थी। बाज़ार में मंदी हावी हो जाने के कारण ग्रेट ऑफ़शोर का शेयर सितंबर, 2008 में 545 रु. के स्तर से मार्च, 2009 के आरंभ में 206 के स्तर पर आ गया था। भारती शिपयार्ड ने शेठ से अतिरिक्त गारंटी प्रदान करने या क़र्ज़ का कुछ हिस्सा चुकाने को कहा। लेकिन वे ऐसा करने में असमर्थ रहे और फ़र्म उनके हाथ से निकल गई।

37

फ़र्ज़ीवाड़ा और गिरवी का खेल

सत्यम कंप्यूटर की लेखा-बही में धोखाधड़ी के बाद सेबी ने कंपनियों को प्रमोटरों द्वारा गिरवी रखे शेयरों की मात्रा का खुलासा करना अनिवार्य कर दिया था। प्रमोटर अपने गिरवी शेयरों का ब्योरा सार्वजनिक करना नहीं चाहते थे। इससे कंपनी के शेयरों के मंदड़िए ऑपरेटरों के निशाना बन जाने का ख़तरा था।

और गिरवी शेयरों के खुलासों के मानदंड कितने भी सख़्त क्यों नहीं हों, प्रमोटर कहीं न कहीं से उनसे बचने के रास्ते निकाल सकते थे। उदाहरण के लिए प्रमोटर नियमित रूप से बेनामी खातों में अपने शेयर रखा करते थे जो स्टॉक एक्सचेंज, निवेशकों और नियामकों की नज़र में नहीं आते थे। कई कारणों से बेनामी खाते रखे जाते थे। बाज़ार में तेज़ी होने और शेयरों के अच्छे भाव मिलने पर प्रमोटर इन खातों से बड़ी मात्रा में शेयरों को फ़ंड हाउस को बेचकर अच्छा धन कमा सकते थे। गिरते हुए बाज़ार में प्रमोटर शेयर के भाव को स्थिर रखने के लिए अपनी कंपनी के शेयर ख़रीद कर इस खाते में रख सकता था।

अपनी ज़रूरतों के अनुसार प्रमोटर अपने शेयर क़र्ज़दाता संस्था जो आम तौर पर एनबीएफ़सी होती थी, के पास गिरवी रख देते थे। लेकिन कई बार विदेशी निवेशकों से भी गिरवी रखकर उधार पूँजी प्राप्त करते थे। कई बार कम जाने-पहचाने जाने वाले एफ़आईआई द्वारा मिड कैप कंपनियों के शेयरों में काग़ज़ों पर जो निवेश प्रतीत होता है, असल में एक विधिवत शेयर

गिरवी रखने का करार होता है। प्रमोटर अपने बेनामी खातों से एफ़आईआई के खाते में शेयर हस्तांतरित कर देते थे और उसके बदले में उन्हें क़र्ज़ मिल जाता था। जैसी भी शर्त होती है, उसके अनुसार प्रमोटर एफ़आईआई को घरेलू या विदेशी बाज़ार में ब्याज अदा करता है। इस व्यवस्था में प्रमोटर को यह फ़ायदा रहता है कि उसे स्टॉक एक्सचेंज को शेयरों को गिरवी रखने की सूचना नहीं देनी होती है।

मंदड़िए हमेशा ऐसी कंपनियों के शेयरों की गंध लेते हुए घूमते रहते हैं, जिनके प्रमोटरों ने बड़ा हिस्सा गिरवी रखकर क़र्ज़ ले रखा है और उस रक़म का इस्तेमाल उसकी क़ीमत को बढ़ाने में कर रहे हैं।

कुछ प्रमोटर एक्सचेंज को गिरवी संबंधी लेन-देन की जानकारी देने में कुछ दिनों की देर कर देते थे, जिससे मंदड़ियों को क़ीमत का अंदाज़ नहीं हो पाता था कि आख़िर किस क़ीमत पर शेयर को उन्होंने गिरवी रखा होगा। वे अनुमान लगाते रहते थे। लेकिन जेसी जैसे ऑपरेटरों का अपना अनौपचारिक सूचना नेटवर्क था, जिससे वे क़ीमत का पता लगा लेते थे। यह उस दलाल फ़र्म का कोई शख़्स हो सकता था, जिसके माध्यम से प्रमोटर अपने शेयर का लेन-देन करता था या एनबीएफ़सी में कोई शख़्स हो सकता था, जिससे प्रमोटर ने रक़म उधार ली थी। एक बार क़ीमत की जानकारी हो जाने पर उस शेयर के भाव गिराने में आसानी हो जाती थी।

तब भी शेयरों के भावों का रुझान किसी न किसी समय पर उसके उचित मूल्य पर वापस आने की ओर ही रहता है, जो कि कंपनी के बुनियादी आंकड़ों से तय होते हैं। जिस तरह से तेजड़िया ऑपरेटर या तेजड़ियों का गुट किसी शेयर के भाव को स्थायी रूप से बहुत अधिक बनाए नहीं रख सकता, उसी तरह से मंदड़िए भी क़ीमतों को हमेशा के लिए दबाव में नहीं रख सकते। किसी अच्छी कंपनी के शेयरों में तेज़ गिरावट में ख़रीदार तुरंत ही मौक़ा देखकर ख़रीदी शुरू कर देते हैं। यदि मंदड़ियों की मार से गिरा हुआ शेयर उबरने में ज़्यादा वक्त लेता है तो यह अच्छा संकेत है कि मूल क़ीमत अधिक थी। हाँ, यह ज़रूर है कि अगर बाज़ार का मूड ही कमज़ोर हो तो शेयरों की क़ीमतें कुछ अधिक समय तक कमज़ोर बनी रह सकती हैं।

शेयरों के भावों में बहुत आहत करने वाली गिरावट ने कई प्रमोटरों की अक्ल ठिकाने लगा दी थी और सेबी भी उनके लिए बेचैनी का सबब

बना हुआ था। जनवरी मध्य में रिलायंस एडीएजी के अध्यक्ष अनिल अंबानी और उनके समूह के चार निदेशकों ने एफ़आईआई नियमों और विदेशी क़र्ज़ के मानदंडों के उल्लंघन के एक मामले में सहमति करते हुए करार के तहत 50 करोड़ रुपए सेबी को भुगतान किए। किसी कंपनी समूह के द्वारा सहमति शुल्क के रूप में सेबी को किया गया यह सबसे बड़ी रक़म का भुगतान था। दो एफ़आईआई के कुछ संदेहास्पद पी-नोट लेन-देन की जाँच करते हुए नियामक को सबूत मिले, जिससे पता चलता था कि आर-एडीएजी की फ़र्मों (बाद में आर-पावर में विलय हो गया) के द्वारा बाहरी वाणिज्यक उधार और विदेशी मुद्रा परिवर्तनीय बॉन्ड से जुटाई गई धनराशि भारतीय शेयर बाज़ार में निवेशित की गई थी। सुलह करार के तहत आर-एडीएजी फ़र्मों रिलायंस इन्फ्रा और रिलायंस नैचुरल रिसोर्सेज को दो साल के लिए पूँजी बाज़ार में प्रतिबंधित कर दिया गया।

कोई भी कार्पोरेट समूह अब सेबी की पकड़ से बचकर नहीं रह पा रहा था। शुरुआत में ना जाने लोगों ने सेबी को 'काग़ज़ी शेर' जैसे कितने ही खिताब देकर उसकी हँसी उड़ाई थी। उसे बिना किसी अधिकार की संस्था मानकर उसे ये खिताब दिए गए थे। जुलाई में सेबी ने बाज़ार के खिलाड़ियों को एक और झटका दिया, जिससे वे अपनी तिकड़मों से बाज़ आ जाएँ। उसने ऐसी दलाल फ़र्मों के गोरखधंधे का भंडफोड़ किया, जो अपने ग्राहकों को आयकर में चोरी की तरक़ीबों से मदद कर फल-फूल रही थीं।

ये दलाल फ़र्में ग्राहकों से 5-6 प्रतिशत का कमीशन लेकर फ़र्ज़ी मुनाफ़ा या घाटा उनके खातों में दिखा देती थीं। कर चोरी करने वालों के लिए तब भी यह फ़ायदे का सौदा था। कमीशन देने के बाद भी उनको क़रीब 25 प्रतिशत की बचत हो जाती थी। दलाल फ़र्मों के लिए यह उनके शेयर दलाली के काम से कहीं ज़्यादा लाभप्रद था, जिसमें उन्हें हर सौदे पर 0.01-0.25 प्रतिशत की दलाली मिलती थी।

दलाल फ़र्में दिन का कामकाज ख़त्म होने के बाद ग्राहकों के खातों के बीच शेयरों की अदला-बदली किया करती थीं। कई बार बहुत ज़्यादा सौदे होने पर ग़लती से ग्राहकों के सौदों में अदला-बदली हो जाती थी। एक ग्राहक का सौदा दूसरे ग्राहक के खाते में दर्ज़ हो जाता था। स्टॉक एक्सचेंज की ओर से इस चूक को सुधार करने की दलालों को अनुमति थी। वे ग़लती

से दर्ज़ सौदों को सही ग्राहक के खाते में डाल सकते थे। आगे चलकर दलालों ने इस छूट का बेज़ा फ़ायदा उठाना शुरू कर दिया। वे ग्राहकों की कर चोरी या बेहिसाबी धन को वैध करने में मदद करने के लिए एक खाते से दूसरे खाते में सौदों की अदला-बदली करने लगे।

सेबी और कर अधिकारियों को जल्दी ही पूरे खेल का पता चल गया। सेबी ने नियम बना दिया कि यदि ग़लत खाते के सौदे दलाल के कुल मासिक कारोबार के 5 प्रतिशत से ज़्यादा हुए तो उस पर जुर्माना वसूला जाएगा। नए नियम से कई निवेशकों को लाभ हुआ, जिन्हें दलाल के 'रिलेशनशिप मैनेजर' अनैतिक तरीक़े से ठग लिया करते थे। दलाल फ़र्मों से अपने निवेश के प्रबंधन की सेवाएँ लेने वाले कई एचएनआई दलालों को 'पॉवर ऑफ़ अटॉर्नी' देकर उन्हें क़ानूनी रूप से अपने खातों के संचालन करने की इज़ाज़त देते थे। शाखा के प्रमुख के साथ मिलीभगत कर रिलेशनशिप मैनेजर एचएनआई के कुछ फ़ायदे वाले सौदों को कई बार किसी दूसरे खाते में डाल देता था और उसको कम मुनाफा बता दिया करता था। एक बार नया नियम लागू हो जाने पर 'ग़लत' ग्राहक कोड सौदों की संख्या में बहुत नाटकीय ढंग से कमी आ गई। कर चोरी करने के चक्कर में रहने वालों को अब कर अधिकारियों को चकमा देने के लिए नए रास्तों की तलाश करनी पड़ रही थी। सितंबर में उन प्रमोटरों और निवेशकों पर एक और आघात हुआ, जो छोटे निवेशकों की क़ीमत पर व्यवस्था की आँखों में धूल झोंक रहे थे। सेबी ने जीडीआर जारी करके शेयरों की क़ीमतों में हेराफेरी का प्रयास कर रही सात भारतीय कंपनियों और कुछ 'विदेशी संस्थागत निवेशकों' को फटकार लगाई। जीडीआर शेयरों की तरह ही होते हैं। फ़र्क़ यह है कि जीडीआर को केवल विदेशी बाज़ारों में जारी किया जा सकता है और इसी तरह से उनका कारोबार हो सकता है। लेकिन जीडीआर धारक विदेशी निवेशक इन्हें कंपनी को देकर उससे समान मूल्य के शेयर जारी करने का आग्रह कर सकती है, जिनकी भारत में ख़रीद-फ़रोख्त हो सकती है। इस प्रक्रिया को 'जीडीआर का शेयरों में परिवर्तन' कहा जाता है। 1990 के दशक के आरंभ में एफ़आईआई के लिए भारतीय बाज़ार खुलने के समय से ही शेयरों की क़ीमतों में एक प्रीमियम जुड़ा होता था, जिसमें विदेशी निवेशक की बड़ी हिस्सेदारी होती थी। जीडीआर के माध्यम से शेयरों की हेराफेरी करने का तरीक़ा कुछ इस प्रकार से था : कुछ संदिग्ध

कंपनियाँ जीडीआर का ऐलान करती थीं, जिन्हें कुछ संदिग्ध कंपनियाँ लेती थीं। दुबई में कुछ ऑपरेटर थे जो इस प्रकार की सेवाएँ देने में माहिर थे और उनके फ़र्ज़ी एफ़एफ़आई खाते थे, जिनमें वे जीडीआर ख़रीदते थे। जीडीआर में निवेश की गई पूँजी प्रमोटर की ही होती थी और भारत के बाहर ले जाकर कम या शून्य कर वाले ठिकानों में जमा की होती थी। बाद में इसे संदिग्ध क़िस्म के कई लेन-देन के माध्यम से एफ़आईआई को पहुँचा दिया जाता था।

जीडीआर निर्गम को ख़रीदने वाले एफ़आईआई कुछ ही महीनों के भीतर जीडीआर को उनके मूल्य के अनुसार शेयरों में परिवर्तित करा लेते थे और इन्हें जीडीआर जारी करने वाली कंपनियों से संबंधित इकाइयों के समूह को ही बेच देती थीं। इस सौदे में मिलने वाली रक़म एफ़आईआई कुछ और फ़र्ज़ी लेन-देन की शृंखला के माध्यम से वापस प्रमोटरों के विदेशी खातों तक पहुँचा देगा। लेन-देन में अपने नाम के इस्तेमाल के लिए एफ़आईआई को 8-10 प्रतिशत का कमीशन मिल जाता था।

उधर भारत में छद्म इकाइयाँ आपस में लेन-देन कर नक़ली तरीक़े से शेयर के कारोबार में इज़ाफा करती थीं, जिससे कि खुदरा निवेशक शेयर की ओर आकर्षित हो जाते थे। कंपनी के शेयरों में पर्याप्त निवेशकों की दिलचस्पी पैदा होते ही छद्म इकाइयाँ अपने पास रखे शेयरों को बेचकर मुनाफ़ा कमा कर चंपत हो जाती थीं। भारतीय प्रमोटरों के द्वारा जीडीआर के ज़रिए हेराफेरी से मुझे कोई हैरानी नहीं हुई। मैं पिछले कुछ समय से इस तरह की गतिविधियों के बारे में सुनता आ रहा था।

विदेशों में छुपाए गए धन को वैध करने और इस सौदेबाज़ी में आसानी से माल कमाने का जीडीआर अच्छा रास्ता था। आने वाले महीनों में संदिग्ध जीडीआर के और मामले सामने आएँगे। भले ही संदिग्ध लेन-देन के प्रकरणों की पहचान हो जाए, सेबी के लिए आरोपों को साबित करना बहुत कठिन था।

मावी इन्वेस्टमेंट फ़ंड पर लगाया गया प्रतिबंध 2013 में सेबी उठा लेगी। सेबी का कहना था कि वह उस पर संदिग्ध जीडीआर जारी करने वाली कंपनियों के प्रमोटरों की मदद करने के आरोपों को निर्णायक ढंग से साबित करने में असमर्थ रही। सेबी ने मावी इन्वेस्टमेंट फ़ंड के लाभार्थी

मालिकों की जाँच की कोशिश की। लेकिन फ़ंड ने सेबी के सवालों का गोलमोल जवाब दिया और उसकी जाँच आगे नहीं बढ़ सकी। अपने बचाव में मावी की दलील थी कि उसके निवेशकों में बैंक और वित्तीय संस्थान हैं। और इन संस्थागत निवेशकों के अपने खुद के बड़ी संख्या में निवेशक हैं, जो रोज़ बदलते रहते हैं। ऐसे में लाभार्थी मालिकों से संबंधित सूचना हासिल करना असंभव है।

सेबी ने फ़ाइनेंशियल सर्विसेज़ कमीशन ऑफ़ मॉरिशस से सूचनाएँ जुटाने की कोशिश की जहाँ पर मावी पंजीकृत है। लेकिन एफ़एससी से मिला ब्योरा मावी की सेबी को दी गई जानकारी से बहुत अलग नहीं था। आख़िर में सेबी जाँच छोड़ने को मज़बूर हो गया।

दिलचस्प है कि मावी का नाम 2जी टेलीकॉम स्पेक्ट्रम मामले की जाँच में भी सामने आया। मावी उन फ़र्मों में से एक थी, जिसके माध्यम से घोटाले के आरोपी के द्वारा स्विट्ज़रलैंड के रास्ते से एक कंपनी में हिस्सेदारी ख़रीदने के लिए धन आया था। इस कंपनी को बिना खुली प्रक्रिया अपनाए टेलीकॉम स्पेक्ट्रम का आवंटन किया गया था।

38

दलाल स्ट्रीट का सबसे शानदार हरफ़नमौला

2011 में सितंबर की बात है। मैं सुबह एक कारोबारी दैनिक अख़बार के शेयरों के भाव वाले पन्ने को देख रहा था। तभी मेरा ध्यान मशहूर चारमीनार सिगरेट ब्रान्ड बनाने वाली कंपनी वीएसटी (पहले वज़ीर सुल्तान टोबैका नाम था) के शेयरों के भाव की ओर गया।

भारत की तीसरी सबसे बड़ी सिगरेट कंपनी के शेयर एक दिन पहले 1,350 रु. की रिकॉर्ड ऊँचाई पर पहुँच गए थे। मुझे तुरंत राधाकिशन दमानी और कंपनी को नियंत्रण में लेने की उनकी नाकाम कोशिश याद आ गई। मैंने स्टॉक एक्सचेंज की वेबसाइट पर जाकर देखा कि क्या राधाकिशन अब भी वीएसटी में क़रीब 26 प्रतिशत की हिस्सेदारी रखे हुए हैं, जो उन्होंने कई वर्षों में जमा की थी। बिलकुल, उनकी हिस्सेदारी बनी हुई थी और उसकी क़ीमत अब 520 करोड़ रुपए हो गई थी।

यह रक़म 2000 में जब से राधाकिशन ने शेयर जमा करने शुरू किए थे, उसकी 15 गुना राशि थी। उस समय एकांतप्रिय व्यक्तित्व वाले इस निवेशक ने बिना सहमति के सिगरेट निर्माता वीएसटी की ख़रीदी के प्रयास से बाज़ार को चकित कर दिया था। कंपनी में ब्रिटिश अमेरिकन टोबैको (बीएटी) एकमात्र सबसे बड़ा शेयरधारक था, जिसके पास 32 प्रतिशत की हिस्सेदारी थी। अपनी निवेशक इकाई ब्राइट स्टार इन्वेस्टमेंट्स के ज़रिए राधाकिशन ने कंपनी में 15 प्रतिशत से कुछ कम हिस्सेदारी ख़रीद ली थी।

पिछले एक साल में प्रति शेयर औसतन 88 रुपए के भाव पर उन्होंने शेयर ख़रीदे थे। कंपनी की 20 प्रतिशत अतिरिक्त हिस्सेदारी ख़रीदने के लिए प्रति शेयर 112 रुपए देने को तैयार थे। यह जिस दिन उन्होंने कंपनी पर नियंत्रण के लिए अधिक हिस्सेदारी ख़रीदने का ऐलान किया, उस दिन शेयर की क़ीमत से 26 रुपए अतिरिक्त प्रीमियम था।

यहाँ तक कि राधाकिशन के नज़दीकी सहयोगी भी उनके इस आक्रामक तेवर से चौंक गए। यह उनके मृदुभाषी और एकांत प्रिय स्वभाव के प्रतिकूल था। प्रस्ताव के दस्तावेज़ में कहा गया था कि अधिग्रहण के इच्छुक (ब्राइट स्टार इन्वेस्टमेंट) की मंशा केवल और केवल कंपनी में अपनी हिस्सेदारी बढ़ाने की है। हो सकता है कि राधाकिशन की कंपनी के संचालन की कोई योजना नहीं हो, यदि उनका खुला प्रस्ताव स्वीकृत हो जाता तो उनकी हिस्सेदारी ब्रिटिश अमेरिकन टोबैको से भी ज़्यादा हो जाती यानी वे सबसे बड़ी हिस्सेदारी के मालिक हो जाते।

बाज़ार के जानकारों का सोचना था कि राधाकिशन दमानी को यक़ीन था कि ब्रिटिश अमेरिकन टोबैको उनकी बोली के जवाब में कोई और बोली लेकर नहीं आ सकेगा। क्योंकि इससे पहले विदेशी निवेश संवर्धन बोर्ड ने दो बार वीएसटी में हिस्सेदारी बढ़ाने के उसके आवेदन को ख़ारिज कर दिया था। अजूबा यह हुआ कि आईटीसी एक जवाबी बोली प्रस्ताव अपनी निवेश इकाई रसेल क्रेडिट के माध्यम से लेकर आ गई। इसमें 115 रुपए प्रति शेयर क़ीमत लगाई गई थी। आर.के. दमानी जाँच के घेरे में थे। 2001 के केंद्रीय बजट के तुरंत बाद शेयर बाज़ार को गिराने के आरोप में मंदड़ियों की मिलीभगत में उनकी कथित भूमिका की छानबीन चल रही थी। ऐसे में सेबी ने ब्राइट स्टार के प्रस्ताव को मंजूरी में देर कर दी।

हालाँकि आईटीसी और ब्रिटिश अमेरिकन टोबैको में पूर्व में विवाद हुआ था और उनके संबंध बहुत मधुर नहीं थे। तब भी ब्रिटिश अमेरिकन टोबैको ने आईटीसी के बोली प्रस्ताव का मौन समर्थन किया। आईटीसी खुले बाज़ार से भी वीएसटी के शेयर ख़रीद रहा था। ब्राइट स्टार की तरह आईटीसी ने भी कहा कि वह कंपनी में महत्त्वपूर्ण हिस्सेदारी रखना चाहता है और प्रबंधन का नियंत्रण हाथ में लेने की उसकी कोई मंशा नहीं है।

बोली को लेकर एक अप्रिय युद्ध छिड़ गया। जल्दी ही यह साफ़ हो गया था कि राधाकिशन की वीएसटी में हिस्सेदारी बढ़ाने की मुराद पूरी होना आसान नहीं है। इसमें नियामक संबंधी और सांस्कृतिक कई तरह की रुकावटें थीं। ब्राइट स्टार ने अपनी बोली बढ़ाकर 118 रुपए प्रति शेयर की तो आईटीसी ने 126 रुपए प्रति शेयर कर दी। सभी का अनुमान था कि राधाकिशन इस होड़ से पीछे हट जाएँगे। आईटीसी जैसी वित्तीय रूप से मज़बूत कंपनी के साथ बोली के संघर्ष में वे टिक नहीं पाएँगे।

एक बार फिर राधाकिशन ने प्रति शेयर की क़ीमत और हिस्सेदारी की माँग को बढ़ाकर बाज़ार को हैरान कर दिया। उन्होंने प्रति शेयर क़ीमत बढ़ाकर 151 रुपए कर दी और 30 प्रतिशत हिस्सेदारी ख़रीदने की इच्छा ज़ाहिर कर दी। तब भी वह बैंकों, बीमा कंपनियों और वित्तीय संस्थानों को मनाने में नाकाम रहे, जिनके पास कंपनी में 22 प्रतिशत की हिस्सेदारी थी।

अंत में जब ब्राइट स्टार का बोली प्रस्ताव खुला तो वीएसटी ने प्रस्ताव के अंतिम दिन से ठीक पहले अपनी बुक क्लोजर तारीख़ एक दिन आगे बढ़ा दी। ब्राइट स्टार और निवेश बैंकर एएसके रेमंड जेम्स ने इसे ग़लत बताते हुए आपत्ति की। उन्होंने आरोप लगाया कि यह निवेशकों को खुले बाज़ार से वीएसटी के शेयरों को ख़रीद कर खुले बोली प्रस्ताव में बेचने से रोकने के लिए जानबूझकर किया गया है।

खुले प्रस्ताव के ज़रिए ब्राइट स्टार वीएसटी में अपनी हिस्सेदारी क़रीब 20 प्रतिशत तक बढ़ाने में कामयाब हो गया, लेकिन राधाकिशन का वीएसटी पर नियंत्रण के लिए ज़रूरी हिस्सेदारी हासिल करने का सपना पूरा नहीं हुआ। हालाँकि अगले कुछ साल में हिस्सेदारी में क़रीब 6 प्रतिशत की बढ़ोतरी और हुई। कुछ लोगों का कहना था, ऐसे बहुत से अन्य शेयर थे, जिन्होंने उसके बाद से और भी बेहतर मुनाफ़ा दिया था। उनका कहना सही था। लेकिन यही तो है जो राधाकिशन दमानी को हमारे समकालीनों में सर्वश्रेष्ठ निवेशक बनाता है : मोटे हिसाब से भी देखें तो नौ साल में वीएसटी के शेयरों से ब्राइट स्टार को जो अच्छा ख़ासा लाभांश प्राप्त हुआ उसके मुक़ाबले में वीएसटी के शेयरों की ख़रीदी की लागत कहीं कम थी। जुलाई, 2002 और जुलाई, 2011 के बीच दमानी की निवेशक इकाई ब्राइट स्टार जिसके पास वीएसटी के शेयर थे, उसे 45 प्रतिशत से 450 प्रतिशत के

बीच वार्षिक लाभांश के माध्यम से 71.36 करोड़ रुपए प्राप्त हुए थे। जबकि ब्राइट स्टार ने वीएसटी के 26 प्रतिशत शेयर ख़रीदने के लिए 63 करोड़ रुपए ही ख़र्च किए थे, जो कि कम थे।

मैं कह नहीं सकता कि बीएटी-आईटीसी के गठजोड़ से हार जाने की हताशा से राधाकिशन बाहर आए या नहीं, लेकिन अगर वे अपने अहम को दरकिनार कर दें तो इस डील के लिए उन्हें ख़ुश होना चाहिए। यदि सिगरेट कंपनी में बड़ी हिस्सेदारी उन्हें मिल जाती और वह उनके नियंत्रण में आ जाती तो उसके दैनिक कार्यों में उन्हें व्यस्त देखकर मुझे हैरानी होती।

उनकी पीढ़ी के बाज़ार के तमाम दिग्गजों में दमानी का मैं सबसे ज़्यादा सम्मान करता हूँ। दलाल स्ट्रीट में ऐसे कई लोग हैं, जो आगे चलकर कई गुना मुनाफ़ा देने वाले शेयरों की क्षमता की पहचान करने में माहिर हैं। लेकिन मेरे दिमाग़ में ऐसी कोई और शख़्सियत नहीं आती, जो निवेश के लिए अच्छे कारोबार की पहचान कर सकती हो और ज़रूरत पड़ने पर कारोबार का संचालन करने में भी पूरी तरह से सक्षम हो। खुदरा स्टोर की शृंखला डी-मार्ट की सफलता से दमानी ने उद्यम और प्रबंधन के अपने हुनर को पहले ही साबित कर दिया था। उन्होंने ईंट-ईंट जोड़कर इसकी बुनियाद रखी थी। इस क्षेत्र में बहुत बड़े-बड़े खिलाड़ियों से घमासान प्रतिस्पर्धा के बावजूद उनकी कामयाबी बहुत उल्लेखनीय उपलब्धि थी। डी-मार्ट की स्थापना में दमानी के साथ काम करने वाले सज्जन को मैं जानता था। उन्होंने मुझे बताया था, दमानी इस उपक्रम के हर पहलू से जुड़े रहे थे। यहाँ तक कि वे खुद सामान, क़िस्मों और कम क़ीमतों की तलाश करते हुए क्राफ़ोर्ड मार्केट और दक्षिण मुंबई में मुसाफ़िरखाना भी कई बार गए। निवेश के संबंध में दमानी का उसूल बहुत साधारण था : कोई कारोबार कितना भी बड़ा क्यों नहीं हो, अच्छा मुनाफ़ा कमाने के लिए आपका उसको उचित क़ीमत पर ख़रीदना ज़रूरी है।

डी-मार्ट के संचालन में उन्होंने यही सिद्धांत लागू किया। वे जानते थे कि उपभोक्ता उनके स्टोर में बहुत ही विभिन्नता, विविधता को तलाशेंगे। लेकिन उपभोक्ताओं के विश्वास को जीतने के लिए वे समझते थे कि उनको कम क़ीमतों पर विविधता को परोसना होगा। क्योंकि अंततः उनके अमीर से अमीर उपभोक्ताओं को भी बेहतर सौदा पसंद था और वे यह भी ज़रूर

चाहेंगे कि उनके दोस्त भी इन सौदों के बारे में जानें। इसी तरक़ीब और नज़रिए ने उन्हें शानदार मुनाफ़ा दिया।

अपने मालिकाना हक़ वाली जमीन पर ही डी–मार्ट के स्टोर बनाने की नीति ने दमानी को आगे आने वाले वर्षों में परिचालन लागत को कम रखने में मदद की। उन्होंने सस्ती क़ीमतों पर पहले ही ज़मीन ख़रीद रखी थी।

39

संकट के बीच छुट्टी का आनंद

2011 और 2012 में ज़्यादातर समय बाज़ार में उतार-चढ़ाव बना रहा। इससे कई मिड कैप कंपनियों के लिए संकट पैदा हो गया। ये कंपनियाँ 2007 की तेज़ी के शिखर के दौरान पूँजी से भरपूर हुआ करती थीं।

इन कंपनियों ने क्षमता के विस्तार, अधिग्रहण और महँगे क़र्ज़ का आंशिक निपटारा करने के लिए एफ़सीसीबी के माध्यम से पूँजी जुटाई थी। जैसा कि इसके नाम से ही ज़ाहिर है कि धन राशि विदेशी मुद्रा में जुटाई जाती थी और उसका वापस भुगतान भी उसी मुद्रा में किया जाता था।

बाज़ार में उस समय धन की कमी नहीं थी। आपको ज़रूरत हो या नहीं हो, लेकिन धन जुटाने का सबसे अच्छा नियम है कि ऐसे समय में इसे जुटाया जाए जब यह उपलब्ध हो।

प्रमोटर अपने शेयर बेचकर भी पूँजी जुटा सकते थे। उनके शेयरों की क़ीमतें ऊँचाई पर थीं। लेकिन बाज़ार में तेज़ी का उन्माद चढ़ा हुआ था, जिसके कुछ समय तक और जारी रहने की उम्मीद थी। ऐसे में वे अपने शेयरों में कमी नहीं करना चाहते थे।

साथ ही उनको बहुत ज़्यादा क़र्ज़ चढ़ने की चिंता भी सता रही थी।

उनकी समस्या का समाधान एफ़सीसीबी ने किया। इसमें उनको दोनों फ़ायदे मिल रहे थे। एफ़सीसीबी या बाज़ार की भाषा में कन्वर्टिबल में क़र्ज़ और शेयर दोनों की ख़ूबियाँ थीं। जैसा बॉन्ड में होता है, इसमें ब्याज था और एक नियत समयावधि थी। एक बड़ा फ़र्क़ था कि बॉन्ड की समय

अवधि के दौरान ब्याज संचित होता रहता और उसका भुगतान बॉन्ड की समय अवधि पूरी होने पर ही करना होता था। बॉन्ड सामान्य तौर पर तीन और पाँच साल की अवधि के होते थे। पहले से निर्धारित परिवर्तनीय शुल्क होता था, उसे अदाकर बॉन्डधारक समय पूरा होने पर इन्हें शेयर में परिवर्तित करा सकते थे। परिवर्तन शुल्क के रूप में शेयर की मौजूदा क़ीमत पर 15-20 प्रतिशत प्रीमियम देना होता था।

प्रमोटर और बॉन्डधारक दोनों के लिए एफ़सीसीबी का समय पूरा होने पर अनुकूल परिणाम होता था, उन्हें परिवर्तन शुल्क के प्रीमियम के साथ शेयर प्राप्त हो जाते थे। एफ़सीसीबी धारक बॉन्ड को शेयर में परिवर्तित करा लेता और खुले बाज़ार में बेचकर मुनाफ़ा कमा लेता।

एफ़सीसीबी का विकल्प चुनते समय लगभग सभी प्रमोटर ऐसा मानते हैं कि क़र्ज़ का पुनर्भुगतान नहीं करना होगा, क्योंकि शेयर की क़ीमत परिवर्तन शुल्क से ज़्यादा होगी। वे यह भी सोचते थे कि रुपए की डॉलर के मुक़ाबले मज़बूती बनी रहने वाली है।

एफ़सीसीबी निर्गमन की घोषणा के पूर्व कई प्रमोटर बाज़ार के ऑपरेटरों से मिलीभगत कर अपने शेयरों की क़ीमतें ऊपर चढ़ा लेते थे। चूँकि परिवर्तन शुल्क एफ़सीसीबी जारी करने के समय में शेयर के बाज़ार भाव का 15-20 प्रतिशत प्रीमियम था, इससे अधिक परिवर्तन शुल्क सुनिश्चित हो जाता था और शेयर को लेकर धारणा मज़बूत हो जाती थी।

यह तो क़तई नहीं माना जा सकता कि एफ़सीसीबी निर्गमन को ख़रीद रहे फ़ंड प्रबंधक प्रमोटरों के मन की बात को नहीं समझते थे। अजीब बात थी कि कंपनी के कारोबारी मॉडल या शेयर के मूल्यांकन के संबंध में कोई भी सख़्त क़िस्म के सवाल नहीं पूछे जाते थे।

लेकिन 2008 की मंदी में कई कंपनियों के व्यवसाय के बुनियादी आंकड़े और उनके प्रमोटरों के असली स्वभाव जगज़ाहिर हो गए। उनके शेयरों की क़ीमतें कभी भी बिकवाली की मार से उबर नहीं सकीं। 2009 और 2010 में बाज़ार के चढ़ने के बाद भी इन कंपनियों के शेयरों के भाव बॉन्ड की समय अवधि पूरा होने पर परिवर्तन शुल्क के कहीं आसपास भी होने की संभावना नहीं थी।

पहली बार प्रमोटरों को एफ़सीसीबी धारकों से लिए गए क़र्ज़ का भुगतान करने के बारे में सोचना पड़ गया था, क्योंकि बॉन्ड के शेयरों में बदलने की कोई संभावना नहीं थी। प्रमोटर इतने आश्वस्त थे कि बॉन्डों का भुगतान करने की नौबत ही नहीं आएगी तो उन्होंने ऐसे किसी हालात के लिए किसी तरह का प्रावधान करने के बारे में भी नहीं सोचा था। उस समय तक कच्चे माल की ज़्यादा लागत और कमज़ोर माँग जैसे कई कारणों से कंपनियों की आय पर दबाव बढ़ रहा था। बहुत से मामलों में कंपनियों के पास कोई भरोसेमंद राजस्व या वास्तविक नक़दी स्त्रोत ही नहीं था। उन्हें महज बाज़ार के ऑपरेटरों से मिलकर अपनी कंपनियों के शेयरों के दाम में बढ़ोतरी करना ही आता था। लेकिन वह कारोबारी मॉडल भंग हो गया था। अगर कंपनियों को क़र्ज़ चुकाने में नाकामी के धब्बे से बचना था तो उन्हें एफ़सीसीबी निर्गम में प्राप्त धन की वापसी करना ज़रूरी था। सीधी-सादी भाषा में कहें तो मौजूदा क़र्ज़ों के भुगतान के लिए उनको नए सिरे से पूँजी जुटाने की ज़रूरत थी। शेयरों की क़ीमतें रसातल में जा रही थीं, ऐसे में उनसे पूँजी जुटाने का प्रश्न ही नहीं था। प्रमोटरों को अपनी बहुत अधिक हिस्सेदारी को कम करना पड़ता जितना कि शायद उन्हें रास नहीं आता।

तभी अंतिम झटका लगा। हैरानी इस बात की हुई कि यह मुद्रा क्षेत्र की ओर से आया था। 2007 की तेज़ी के दौरान रुपया लगातार डॉलर से मज़बूत हो रहा था और बहुत ज़्यादा उम्मीद थी कि यह रुझान जारी रहने वाला है। लेकिन 2011 से भारत के बुनियादी आर्थिक आंकड़ों की कमज़ोरी के कारण डॉलर के मुक़ाबले रुपया कमज़ोर होना आरंभ हो गया। यह 2007 के स्तर से 20 प्रतिशत से ज़्यादा गिर गया। इससे कंपनियों की मुसीबतें और बढ़ गईं। उन्हें अब डॉलर के भुगतान के लिए और ज़्यादा रुपयों की ज़रूरत हो रही थी।

कोई और रास्ता नहीं होने पर कंपनी के पास अपनी देनदारी का भुगतान ना करने का विकल्प तो था ही। लेकिन इसके बाद वे फिर कभी अंतरराष्ट्रीय बाज़ार से पूँजी नहीं जुटा सकते थे।

कुछ कंपनियों ने बॉन्डधारकों से बॉन्ड वापस ख़रीदने की पेशकश की। कंपनियों को यह बात जम गई, क्योंकि उनकी पुनर्भुगतान की क्षमता को लेकर संदेह पैदा हो जाने पर बॉन्डों की क़ीमत में बहुत गिरावट आ गई थी।

अन्य कंपनियों ने बॉन्डधारकों के साथ बॉन्डों की शर्तों को नए सिरे से तय करने के लिए बातचीत की कोशिश की। परिवर्तन शुल्क को कम करके शेयर की मौजूदा क़ीमत के क़रीब रखने की पेशकश करते हुए उन्हें कम ब्याज दर के लिए राज़ी करने का प्रयास किया।

अपने निवेशकों को बॉन्डों की शर्तों के पुनर्निर्धारण के लिए राज़ी करने की मशक्कत कर रही कुछ कंपनियों ने अपने शेयर की क़ीमत में हेराफेरी का पुराना खेल दोहराने की कोशिश की। एफ़सीसीबी के भुगतान में नाकाम रहे एक मिड कैप टेलीकॉम फ़र्म के प्रमोटर ने अपने शेयर की क़ीमत को बढ़ाने के लिए एक ऑपरेटर की मदद ली, जिससे कि उनके बॉन्डधारक नए सिरे से करार के लिए राज़ी हो जाएँ।

2011 की समाप्ति तक एक के बाद एक ग़लत दाँव लगने पर मैं बुरी तरह से सदमे में आ गया था। मेरा भरोसा दोबारा क़ायम होने में कुछ वक्त लग गया। पिछले कुछ महीनों में मैंने अपने सौदों को छोटा रखा था। लेकिन उससे भी ज़्यादा मदद नहीं मिली। शायद मैं अपनी ज़्यादा ही प्रताड़ना कर रहा था। वह साल बाज़ार में लगभग सभी के लिए कठिन रहा था और बहुत थोड़े से लोगों ने ही उल्लेखनीय लाभ अर्जित किया था। लेकिन मुझे ऐसा अंदेशा हो रहा था कि मैं शारीरिक और मानसिक तरीक़े से पूरी तरह से थकने लगा था। इससे उबरने का एक तरीक़ा था, मैं बाज़ार से दूर हो जाऊँ और कितना भी प्रलोभन क्यों नहीं हो, कम से कम एक महीने तक बाज़ार में कोई भी कामकाज नहीं करूँ। मैंने जीवन की छोटी-छोटी ख़ुशियों का आनंद लेने का मन बनाया, जिनसे मैं बहुत लंबे समय से दूर बना हुआ था। मैंने तय किया कि इन छोटी-छोटी ख़ुशियों से समय बचने पर ही मैं बाज़ार की ओर निगाह करूँगा। बाज़ार से एक महीने की स्वैच्छिक दूरी ही शायद मुझमें एक बार फिर से नया जोश और उमंग भर सकती थी। मैं अपने खुद के इस इलाज में कितना सफल रहूँगा, क्या मेरी समस्या दूर होगी, इसको लेकर मैं निश्चित नहीं था। लेकिन इसमें मैं कुछ गँवाने वाला भी तो नहीं था।

मैंने बीना को अपनी योजना बताई। सुनकर वह बेहद ख़ुश हुई, लेकिन उसे कुछ संशय भी था।

उसने कुछ उलाहना देते हुए कहा, 'मैं सोच भी नहीं सकती कि आप एक हफ़्ते से ज़्यादा समय तक बाज़ार से दूर रह सकते हैं। आठवें दिन तो आपकी हालत ख़राब दिखाई देने लगती है और कंप्यूटर स्क्रीन पर शेयर भाव देखने के लिए आप तड़पना शुरू कर देते हैं।'

'नहीं डियर, इस बार ऐसा कुछ नहीं होने वाला। यदि और कुछ नहीं तो मैं तुम्हारी बात ग़लत साबित करने के लिए ही अपनी बात पर क़ायम रहूँगा।'

बीना ने मज़ाक़ किया, 'मुझे तो डर है, आपकी प्रेमिका का आकर्षण आपकी अपनी पत्नी को ग़लत साबित करने की ज़िद को भी कमज़ोर नहीं कर दे।'

'नहीं, प्रेमिका को एक महीने के लिए इंतज़ार करना होगा, इस बार।'

बीना मानने को तैयार नहीं थी, 'सचमुच? मैं तो एक महीने पूरे होने के बाद ही भरोसा करूँगी।'

छह महीने पहले मुरबाद में मैंने एक ज़मीन ख़रीदी थी। मैं शनिवार-रविवार की छुट्टी वहाँ बिताना चाहता था। बागवानी करना, सब्ज़ियाँ उगाना चाहता था। लेकिन बाज़ार की उथल-पुथल में व्यस्त रहते हुए यह सब कुछ करने का वक्त ही नहीं मिला था। अब उस सपने को पूरा करने का समय आ गया था।

बाज़ार में कारोबारी सत्र एक घंटे पहले सुबह नौ बजे से शुरू होने के बाद से मेरी सुबह की सैर बंद हो गई थी। मैं ट्रेड मिल पर सुबह कसरत किया करता था। लेकिन उसमें सोसाइटी के दोस्तों के साथ सुबह की ताज़ी-खुली हवा जैसा आनंद कहाँ होता था।

कई दिनों से मैं अपने रिश्तेदारों से भी कटा हुआ था। फ़ेसबुक के कारण मैं अपने कई स्कूली दोस्तों के फिर से संपर्क में आ गया था। उनसे मिलने का कई बार वादा किया था, लेकिन उसे पूरा नहीं किया था। मैं थोड़ा-बहुत खाना बनाना भी सीखना चाहता था। बीना से बेहतर कोच और कौन हो सकता था। उसने पूरे घर में सब कुछ इतनी कुशलता के साथ सँभाला था कि कभी भी मुझे बच्चों की पढ़ाई-लिखाई और उनके व्यक्तिगत विकास को लेकर चिंता करने की ज़रूरत ही नहीं हुई थी। मैं अब पिता के रूप में उनको ज़्यादा बेहतर तरीक़े से जानने के लिए उनके

साथ समय बिता पाऊँगा। पिछले साल कई अच्छी फ़िल्में थी, जो मैं देखना चाहता था, लेकिन नहीं देख पाया था। अचानक ही मुझे इतनी तमाम योजनाओं के लिए एक महीने का समय बहुत कम दिखाई देने लगा।

लेकिन सुबह की सैर, फ़िल्में देखने, खाना पकाने और दोस्तों, रिश्तेदारों से मेलजोल की व्यस्तता के बीच भी मैं बाज़ार पर निगाहें बनाए हुए था। एक महीने की छुट्टी से तरो-ताज़ा होकर मैं फ़रवरी, 2012 के पहले हफ़्ते में काम पर लौट आया।

अर्थव्यवस्था धीमे होने के संकेत दे रही थी और सरकार कोई भी बड़ा सुधार आगे बढ़ाने में असमर्थ थी, इस पर भी बाज़ार की उछाल जारी थी। लेकिन यह ज़्यादा समय तक नहीं चल सकी। फ़रवरी के अंत तक बाज़ार में माहौल और ज़्यादा बिगड़ गया। हालाँकि कमोडिटी बाज़ार मल्टी कमोडिटी एक्सचेंज (एमसीएक्स) के आईपीओ को बहुत ज़ोरदार प्रतिक्रिया मिली। एमसीएक्स भारत में आईपीओ लाने वाला पहला एक्सचेंज था और कमोडिटी में उसके वर्चस्व की स्थिति को देखते हुए निवेशक इसके आईपीओ लेकर उत्साहित थे। 650 करोड़ रुपए से ज़्यादा के आईपीओ में प्रति शेयर क़ीमत मूल्य दायरे के सर्वाधिक स्तर पर 1032 रुपए तय हुई थी। आईपीओ को 54 गुना बोली प्राप्त हुईं। खुदरा श्रेणी में 24 गुना बोलियाँ आईं, जिससे एक बार फिर यह साबित हो गया कि बाज़ार की परिस्थितियाँ कैसी भी हों, अच्छे आईपीओ में पैसा लगाने के लिए निवेशक हमेशा तैयार रहते हैं।

40

राज्य एजेंसियों की सख़्ती

मार्च में एक के बाद एक बुरी ख़बरें आईं। ओएनजीसी के बिक्री प्रस्ताव (ओएफ़एस) में गड़बड़ से शुरुआत हुई। सरकार इस प्रस्ताव के ज़रिए 5 प्रतिशत हिस्सेदारी बेचकर क़रीब 12,700 करोड़ रुपए जुटाने की उम्मीद कर रही थी। लेकिन निर्गम को सहारा देने के लिए एलआईसी को आना पड़ा। अन्य संस्थागत निवेशकों विशेषकर एफ़आईआई की ओर माँग के अभाव में एलआईसी को ही लगभग 90 प्रतिशत शेयर लेने पड़ गए। पूरे जनवरी और फ़रवरी महीनों के दौरान ओएनजीसी के शेयर में शानदार वृद्धि हुई थी। इससे बहुत से लोग यही मान रहे थे कि निर्गम सफल रहेगा। लेकिन ऐसा मालूम हुआ कि इस दौरान एलआईसी ही खुले बाज़ार से शेयर ख़रीदी कर रही थी। संभवतया बिक्री प्रस्ताव के पहले उसकी क़ीमत को मज़बूत बनाए रखने के लिए ऐसा किया जा रहा था। उसने एक जनवरी और आठ फ़रवरी के बीच 15.7 करोड़ शेयर ख़रीदे, लेकिन एक्सचेंज को बहुत बाद में इसकी सूचना दी। हालाँकि एफ़आईआई को ज़रूर दलालों के अपने नेटवर्क और संपर्कों से जानकारी हो गई होगी कि ख़रीदार और कोई नहीं, बल्कि एलआईसी है और इस तरह से उन्हें सारा माज़रा समझ आ गया। बिक्री प्रस्ताव आने पर इसके जाल में नहीं फँसे।

बहुत संभावना है कि सरकार के कहने पर एलआईसी, ओएनजीसी के शेयर की क़ीमत को सहारा देने की कोशिश कर रही हो। इसके अलावा बीमा कंपनी के एक्सचेंजों को ख़रीदी के बारे में सूचना देने में देर करने का और कोई कारण समझ नहीं आता। इस घटना से सरकार और नियामक

दोनों की ही छवि धूमिल हुई। क्या सेबी ने किसी अन्य संस्थागत निवेशक द्वारा इसी प्रकार के उल्लंघन की कभी अनदेखी की?

एलआईसी ने बिक्री प्रस्ताव के माध्यम से 37 करोड़ शेयरों की ख़रीदी सहित तीन महीने से कम समय में क़रीब 15,000 करोड़ रुपए का ओएनजीसी में निवेश किया। यह शेयर बाज़ार में निवेश के उसके वार्षिक बजट का एक बहुत बड़ा हिस्सा था। बाज़ार के पुराने अनुभवी जानकारों ने तो यह सोचना शुरू कर दिया था कि जिस तरह से सरकार एलआईसी के निवेश के फ़ैसलों में दख़लंदाज़ी कर रही है, उससे कहीं बीमा कंपनी का वही हाल नहीं हो, जो यूएस-64 का हुआ था।

मार्च के मध्य में केंद्रीय बजट में भी ऐसा कुछ नहीं था, जिससे बाज़ार उत्साहित होता। बल्कि बजट के दो प्रस्तावों को एफ़आईआई ने नकारात्मक माना। एक आयकर अधिनियम में संशोधन से जुड़ा था, जिसमें भारत में स्थित संपत्ति से संबंधित पुराने लेन-देन पर कर लगाने का प्रावधान किया गया था, भले ही उस संपत्ति का नियंत्रण करने वाली फ़र्म विदेश में स्थित हो और लेन-देन भारत के बाहर हुआ हो। एक अन्य कर चोरी और काले धन को रोकने के लिए जनरल एंटी अवॉयडेंट रूल्स (गार) यानी सामान्य वर्जना निरोधक नियम को लागू करना। गार में आयकर विभाग को यह अधिकारी दिया गया था कि यदि उसके पास ऐसा मानने का कोई कारण है कि कोई वित्तीय व्यवहार विशेष तौर पर कर से बचने के लिए किया गया है तो वह एफ़आईआई को कर लाभ देने से इनकार कर सकता है। मॉरिशस के साथ भारत की कर संधि का लाभ लेते हुए अल्पकालिक पूँजीगत लाभ कर के भुगतान से बचने के लिए कई एफ़आईआई ने मॉरिशस में अपनी छद्म कंपनियाँ स्थापित की थीं और उनके माध्यम से भारत में अपना निवेश कर रही थीं।

घबराए हुए एफ़आईआई ने एशियन सिक्योरिटीज़ इंडस्ट्री ऐंड फ़ाइनेंशियल मार्केट्स एसोसिएशन (एएसआईएफ़एमए) की अगुआई में मोर्चा खोल दिया। उन्होंने वित्त मंत्री प्रणब मुखर्जी को कड़े शब्दों में चिट्ठी लिखकर धमकी दे डाली कि यदि 'कर संबंधी अनिश्चितता' का समाधान नहीं किया गया तो वे एक साथ देश को छोड़कर चले जाएँगे। विदेशी निवेशकों का इस तरह से खुले तौर पर वित्त मंत्री को चिट्ठी लिखकर

चेतावनी देने का कम से कम मेरी दृष्टि में यह पहला मामला था। भारत को विदेशी पूँजी की ज़रूरत थी, लेकिन इसका मतलब यह नहीं था कि विदेशी निवेशक उसकी वित्तीय नीतियों को निर्देशित करने लगें।

एएसआईएफ़एमए ने मंत्री को गार के संबंध में सुझाव दिया था : 'छोटे निवेश' पर गार को लागू नहीं करें। 'छोटे निवेशों' से एएसआईएफ़एमए का आशय था, भारत में सूचीबद्ध कंपनी में 10 प्रतिशत या उससे कम की हिस्सेदारी। लेकिन यह पूरी तरह से बेतुका था, क्योंकि कोई भी एफ़आईआई सूचीबद्ध भारतीय कंपनी में 10 प्रतिशत से ज़्यादा किसी भी तरह से नहीं रख सकती थी। वास्तव में एएसआईएफ़एमए कहना चाह रही थी कि एफ़आईआई के शेयर बाज़ार में लेन-देन पर गार लागू नहीं होना चाहिए, चाहे उनमें से कुछ अल्पकालिक पूँजी लाभ कर से बचने के लिए मॉरिशस के रास्ते से निवेश की छूट का दुरुपयोग करती आ रही हों। सरकार की दाद देनी होगी कि वह अपने फ़ैसलों पर क़ायम रही, उसने विदेशी निवेशकों को आश्वस्त किया कि कर नियमों की उचित व्याख्या होगी।

41

एक नए खिलाड़ी का प्रवेश

नियामक की ओर से पेश आई तमाम अड़चनों और बहुत से क़ानूनी दाँवपेंचों के बाद एमसीएक्स-एसएक्स ने आख़िरकार फ़रवरी, 2013 में शेयर कारोबार का अपना प्लेटफ़ॉर्म शुरू कर दिया। बाज़ार की परिस्थितियाँ तीसरे स्टॉक एक्सचेंज के लिए बिलकुल भी अनुकूल नहीं थीं। लेकिन जिग्नेश शाह ऐंड कंपनी की दलील थी कि मौजूदा एक्सचेंज बीएसई और एनएसई निवेशकों को उचित सेवाएँ नहीं दे पा रहे थे। जिग्नेश को पूरा भरोसा था कि उसके एक्सचेंज से देश में निवेशकों की संख्या में वृद्धि में मदद मिलेगी। मुझे कभी भी इस पर यक़ीन नहीं था। शाह बहुत तीक्ष्ण बुद्धि वाले थे, मुझे इस पर कोई संदेह नहीं था, ना ही उनके जोश और उत्साह पर। लेकिन मेरा मानना था कि कोई केवल इसलिए निवेश आरंभ नहीं करता, क्योंकि एक नया एक्सचेंज शुरू हो रहा है। अर्थव्यवस्था में वृद्धि और अधिक कंपनियों के पूँजी जुटाने के साथ निवेशकों की संख्या बढ़ेगी, जिसका एमसीएक्स-एसएक्स जैसे एक्सचेंजों को लाभ हो सकता था। इसके विपरीत नहीं होगा, कि पहले कोई एक्सचेंज खुल जाए और वह कंपनियों को पूँजी बाज़ार में उतरने के लिए प्रोत्साहित करे तथा अर्थव्यवस्था को गति प्रदान करे! एमसीएक्स-एसएक्स ज़्यादा से ज़्यादा यह कर सकता था, ट्रेडरों और निवेशकों को प्रोत्साहन देकर प्रतिद्वंद्वी एक्सचेंजों से उनका व्यवसाय छीन लेता। लेकिन यह बहुत ज़्यादा नहीं होगा, जितना कि बाज़ार में वृद्धि से मिलने वाला कारोबार होगा।

प्रतिद्वंद्वियों के पास संसाधनों की कोई कमी नहीं थी और एमसीएक्स-एसएक्स के प्रलोभन देने वाले प्रस्तावों का उतनी ही तेज़ी के साथ जवाब देने में सक्षम थे। दलाल उद्योग दयनीय हालत में था। 2008 की बाज़ार की मंदी के बाद ग्राहकों की संख्या में बेहद कमी आई थी और दलाल फ़र्में हास्यास्पद रूप से कम दरों का प्रलोभन देकर एक-दूसरे के ग्राहकों को तोड़ने में लगे हुए थे। लेकिन इस तरह की रणनीति के बाद भी वे ग्राहकों का भरोसा जीतने में कामयाब नहीं हो सके थे। ग्राहक भी तुरंत ही उस दलाल के पास चला जाता था, जो कम से कम दरों की पेशकश करता था। यह ज़रूर था कि दलाल फ़र्मों की तुलना में स्टॉक एक्सचेंजों का मुनाफ़े का मार्जिन बहुत ज़्यादा था - 35 से 40 प्रतिशत तक। बाज़ार के कुछ जानकार चिंतित थे कि यदि एक्सचेंज अधिक सदस्यों को आकर्षित करने के लिए मार्जिन की ज़रूरत में छूट का निर्णय लेते हैं तो यह रसातल में गिरने की होड़ में बदल जाएगा।

कमोडिटी बाज़ार में शाह के बहुत दमदार रिकॉर्ड को देखते हुए बहुत से लोग ऐसा अनुमान लगा रहे थे कि वे स्टॉक एक्सचेंज के पूरे परिदृश्य के खेल को बदल देंगे और नए सिरे से नियम तय करेंगे। आख़िरकार उन्होंने ताक़तवर सेबी से सफलतापूर्वक मुक़ाबला किया था और बहुत नीचे से शुरुआत कर कामयाबी के शिखर पर पहुँचे थे। वे मानते थे कि बहुत जल्दी ही शाह के व्यवसायिक कौशल, महत्त्वाकांक्षा और राजनीतिक संबंध के चलते एमसीएक्स-एसएक्स अपने प्रतिद्वंद्वियों को पछाड़ देगा।

जितनी जल्दी एमसीएक्स-एसएक्स तरलता की गुत्थी को सुलझा लेता उतनी ही तेज़ी से वह कामयाबी की सीढ़ी चढ़ सकता था। इसमें ऑर्डर बुक की मज़बूती सबसे अहम पहलू था, जिसे बाज़ार की भाषा में तरलता या नक़दी कहते हैं। इसी आधार पर कोई भी ट्रेडर या निवेशक यह निर्णय करने वाला था कि वह कौन से एक्सचेंज के साथ कारोबार करेगा। किसी कंपनी के शेयर में ज़्यादा तरलता या ख़रीदार या बेचवाल जितने ज़्यादा होंगे उतना ही उसकी क़ीमतों को प्रभावित किए बिना उस शेयर के बड़े लॉट में कारोबार करना उतना ही आसान होगा।

लेकिन अधिकतम स्तर की तरलता को निर्मित करना सबसे कठिन था। यदि कोई एक्सचेंज तेज़ी के साथ इसे करने में समर्थ नहीं होता है तो बाज़ार के अग्रणी खिलाड़ी के पीछे चलना उसकी नियति बन जाती है।

तरलता में ही शानदार के साथ ही अनैतिक चक्र को स्थायी बनाए रखने की क्षमता है। एक बार निश्चित स्तर की व्यापकता को हासिल कर लेने पर वह और ज़्यादा से ज़्यादा लोगों को आकर्षित करता है और इससे कारोबार और बढ़ता है, जिससे फिर और लोग आकर्षित होते हैं। इसके विपरीत देखें तो, तरलता का अभाव होने पर कारोबारी ज़्यादा अंतर के लिए किसी और प्लेटफ़ॉर्म की तलाश करते हैं, जिससे तरलता और कम होती है, इससे बाक़ी लोग भी हतोत्साहित होते हैं।

बीएसई का एफ़ऐंडओ कारोबार इसका श्रेष्ठ उदाहरण है कि तरलता कितनी अधिक महत्त्वपूर्ण है। पुराना होने के बाद भी बीएसई ने अपनी ही ग़लतियों के कारण एनएसई को इसकी शुरुआत का लाभ दे दिया। इसके बाद सदस्यों को आकर्षित करने के तमाम प्रयास करने पर भी वह आगे नहीं बढ़ पाया।

एमसीएक्स–एसएक्स के काम शुरू करने के साथ मेरे जैसे अधिक मात्रा में काम करने वाले ट्रेडर की माँग बढ़ गई थी। एक्सचेंज चाहता था कि हम अपने कारोबार का कुछ हिस्सा उनके माध्यम से करें। किसी भी उद्योग में प्रतिस्पर्धा का स्वागत होना चाहिए। एमसीएक्स–एसएक्स को एनएसई और बीएसई के व्यापक कारोबार के मुक़ाबले में आने में समय लगने वाला था, हालाँकि कुछ ट्रेडर एक्सचेंज की मदद करने को राज़ी हो गए। लेकिन वे परोपकार नहीं कर रहे थे। यदि एमसीएक्स–एसएक्स की ताक़त बढ़ती है तो यह ट्रेडर और दलालों की मोलभाव की ताक़त में भी तो वृद्धि करने वाला था। उनके पास तीसरे एक्सचेंज का विकल्प हो जाएगा। और यदि एक्सचेंज कुछ साल में अच्छा प्रदर्शन करता है तो मेरे जैसे लोग आगे चलकर उससे अपने हित और पक्ष में कुछ दावा भी कर सकते हैं, आख़िर हमने उसके आरंभिक दिनों में उसकी सहायता की थी।

हमारी मदद की सीमा थी। साल के आरंभ से ही बाज़ार बहुत उतार–चढ़ाव भरा रहा था। बहुत ही कम शब्दों में कहें तो वृहद आर्थिक और नीतिगत वातावरण भयानक क़िस्म का था और ऐसा दिखाई नहीं देता था कि बहुत जल्दी इनमें कुछ बदलाव होगा।

बाज़ार की अस्थिरता को अमेरिकी केंद्रीय बैंक फ़ेड के प्रमुख बेन बर्नानके के बयान ने और ज़्यादा बढ़ा दिया। उन्होंने फ़ेड की मासिक बॉन्ड

ख़रीदी की मात्रा में कटौती की योजना का खुलासा किया, जो अर्थव्यवस्था के लिए मौद्रिक राहत प्रदान कर रहा था। दुनिया भर के बाज़ारों में इससे घबराहट फैल गई। फ़ेड की आसान मौद्रिक नीति के परिणामस्वरूप तरलता के बड़े हिस्से का लाभ पूरी दुनिया के बाज़ारों को मिल रहा था और इससे परिसंपत्तियों की क़ीमतों में ख़ासी वृद्धि हो गई थी। फ़ेड के सुलभ पूँजी का अपना कार्यक्रम बंद करने के ऐलान के साथ ही निवेशक वैश्विक तरलता के एक अहम स्त्रोत के अचानक ख़त्म हो जाने को लेकर चिंतित हो गए थे।

उभरते बाज़ारों से विदेशी निवेशक अपना पैसा निकालकर उसे अमेरिकी सरकार के बॉन्ड में निवेशित करने लगे, जिसमें उनको बेहतर मुनाफ़ा मिल रहा था। इससे उभरते बाज़ारों की मुद्राएँ कमज़ोर हुईं और डॉलर अचानक मज़बूत हो गया। जैसे ही रुपया कमज़ोर हुआ एफ़आईआई ने भारतीय शेयरों से अपना धन वापस खींचना आरंभ कर दिया। एक उल्टा चक्र चल पड़ा। एफ़आईआई ने जितनी अधिक बिकवाली की, रुपए पर उतना ही दबाव बढ़ गया, जिससे बिकवाली का एक और दौर आरंभ हो गया, क्योंकि अन्य एफ़आईआई ने रुपए के और कमज़ोर होने से पहले ही अपना धन खींच लेने की कोशिश की।

रुपए में सट्टेबाजी को रोकने के लिए रिज़र्व बैंक ने उपायों की घोषणा शुरू कर दी, जिससे उधार लेना महँगा हो जाए। डॉलर को लेकर जिसकी भी धारणा तेज़ी की है और जो रुपए को लेकर कमज़ोरी का रुख़ रखता है उसे डॉलर को ख़रीदने के लिए पहले रुपए को बेचना पड़ेगा। यह सौदा तभी तक फ़ायदेमंद था जब तक कि डॉलर की क़ीमत रुपए को ख़रीदने की कुल लागत से अधिक थी। रुपए की उधारी लागत बढ़ने पर इस सौदे का आकर्षण ख़त्म हो जाता।

इस घटनाक्रम के प्रभाव को शेयर बाज़ार में महसूस किया गया था। कई ट्रेडरों ने इसके कारण 2012 के मध्य से निजी क्षेत्र के बैंकों में लंबी अवधि की ख़रीदी कर रखी थी। इनमें मैं भी शामिल था। यह सौदा शानदार मुनाफ़ा देने वाला रहा था, क्योंकि शेयरों के भाव बीच में थोड़ी-बहुत मुनाफ़ा वसूली के सुधार के बीच लगातार ऊपर की ओर बढ़ते रहे। बैंकिंग सेक्टर में निजी क्षेत्र के बैंक बाज़ार की पंसद बने हुए थे। कारण सार्वजनिक क्षेत्र के दयनीय हालत वाले बैंकों के मुक़ाबले उनकी लेखा-बही कहीं

मज़बूत और बेहतर स्थिति में थी। अब बहुत लंबे समय से निजी बैंक ट्रेडरों के लिए आँख मूँदकर लगाने के लिए सबसे सही दाँव हो गए थे। वास्तव में कोई बहुत बदक़िस्मत ही होगा, जिसने इस दाँव में पैसे गँवाए होंगे।

रिज़र्व बैंक के क़दमों ने बैंकों में थोक जमा की लागत बढ़ा दी, जिस पर निजी क्षेत्र के बैंक सबसे ज़्यादा निर्भर थे। तेजड़ियों के लिए यह एक बहुत कठोर क़दम था। यस बैंक, इंडसइंड बैंक और कोटक बैंक जैसे नई पीढ़ी के निजी बैंकों पर इसका सबसे घातक असर हुआ, जिनका बचत और चालू खाता आधार सीमित था।

इन निजी बैंकों के शेयर सीधे चोटी से ज़मीन पर आ गिरे। कई तेजड़ियों ने पिछले एक साल में इन बैंकों के शेयरों में जो मुनाफ़ा कमाया था, इस गिरावट में उसका बड़ा हिस्सा गँवा दिया। इन शेयरों के एफ़ऐंडओ कारोबार में ट्रेडरों ने अपने बूते से कहीं अधिक की पोजीशन बना ली थी, जिसे लीवरेज़्ड पोजीशन कहते हैं। बहुत से तेजड़ियों को इसमें आसानी से मोटा मुनाफ़ा बना लेने की उम्मीद थी। बाज़ार में कभी भी कोई शेयर मुनाफ़े की गारंटी नहीं देता। हर कोई इससे अच्छी तरह से वाकिफ़ है। लेकिन इस नियम को भुला देते हैं और उसके बाद लोग भूल जाते हैं और तब बाज़ार बहुत क्रूरता के साथ उन्हें इस नियम की याद दिलाता है। रुपए की मज़बूती के लिए रिज़र्व बैंक और प्रतिबंधात्मक क़दम उठाना जारी रखे हुए था, जैसे सोने के आयात पर अंकुश के लिए आयात शुल्क में वृद्धि कर दी थी, लेकिन मुद्रा धीरे-धीरे नीचे की ओर जा रही थी। मुद्रा और शेयर बाज़ार में घबराहट थी, ऐसे में अफ़वाह फैलाने वालों को अच्छा मौक़ा मिला था। कहा जा रहा था कि सरकार रिज़र्व बैंक को रुपए के आक्रामक तरीक़े से बचाव करने से रोक रही है। रुपए को सहारा देने के लिए रिज़र्व बैंक एक के बाद एक क़दम उठा रहा था, वहीं कुछ करेंसी ट्रेडर कुछ अलग ही अर्थ निकाल रहे थे कि रिज़र्व बैंक से मिल रहे संकेत बता रहे हैं कि वह पूरे मन से इस लड़ाई में नहीं उतर रहा है।

इन कहानियों के पीछे कारण बताया जा रहा था कि राजनेता और उद्योगपति विदेशों में रखा अपना अवैध धन वापस लाना चाहते हैं और रुपए को इसलिए गिरने दिया जा रहा है, जिससे वे सबसे बेहतर विनिमय दर में अपने डॉलरों को रुपए में परिवर्तित करा सकें। और काला धन वापस लाया

जा रहा था, क्योंकि गोपनीयता के क़ानून पहले की तरह कठोर नहीं थे और कोई गारंटी नहीं थी कि उनके खाते की जानकारी लीक नहीं हो। दुनिया भर की सरकारें टैक्स के सुरक्षित कहे जाने वाले ठिकानों के बैंकों पर ग्राहकों के विवरण जारी करने का दबाव बना रही थीं, जिससे वे अपने यहाँ के संदिग्ध कर चोरों के नामों की जाँच कर सकें। अप्रैल, 2014 में आने वाले आम चुनाव के लिए भी राजनेताओं को नक़दी की ज़रूरत पड़ने वाली थी, उनके लिए भी काला धन देश में वापस लाया जा रहा था।

भारत में काले धन को लेकर मचे शोर-शराबे का नतीजा यह हुआ कि हमारी एजेंसियों ने काले धन के लिए स्वर्ग बने देशों के दरवाज़े खटखटाने शुरू कर दिए थे। इन अभियानों का नतीजा सिफ़र रहा, लेकिन जहाँ तक काले धन के खाताधारकों का सवाल था, अब कोई भी सुरक्षित ठिकाना नहीं रह गया था।

30 जुलाई की मौद्रिक नीति समीक्षा के रिज़र्व बैंक के नीति दस्तावेज़ में स्वीकार किया गया कि देश एक असंभव-सी तिहरी समस्याओं में उलझ गया है जहाँ उसे धीमे विकास, उच्च मुद्रास्फीति और कमज़ोर मुद्रा के संकट से जूझना पड़ रहा है। रिज़र्व बैंक ने कहा कि वह मुद्रा की कमज़ोरी से निपटने के लिए अस्थायी रूप से विकास और मुद्रास्फीति से अपना ध्यान हटा रहा है। लेकिन इसी दस्तावेज़ की कुछ ऊपरी पंक्तियों में कहा गया था कि नीति के मौजूदा रुख़ का लक्ष्य; रुपए को और इस तरह से अर्थव्यवस्था के लिए जोख़िम से निपटना, विकास के लिए जोख़िम से निपटना, मुद्रास्फीति से संरक्षण और प्रणाली में पर्याप्त तरलता सुनिश्चित करना है।

कुछ महीनों बाद की बात है। मैं अपने दोस्त शरलॉक के साथ बीयर पी रहा था। वह बोला, 'यह साफ़ संकेत था कि रिज़र्व बैंक एक साथ कई तरह के करतब करने की कोशिश कर रहा है और उसे कम से कम कोई एक तो छोड़ना ही होगा। और सबसे ज़्यादा संभावना है कि यह करतब मुद्रा से संबंधित होगा। हालाँकि वह ऐसा कह ज़रूर रहा है कि मुद्रा पर ध्यान देने के लिए वह विकास और मुद्रास्फीति से ध्यान हटा रहा है।'

कई कारण थे, जो रिज़र्व बैंक की कार्रवाई को कमज़ोर कर रहे थे। इनमें से एक था सीरिया में संघर्ष की वज़ह से कच्चे तेल के दामों में

लगातार बढ़ोतरी हो रही थी। देश सोने के आयात के बिना तो रह सकता था, लेकिन तेल के आयात के बिना हाहाकार मच जाता। मुद्रा का मामला तो 28 अगस्त को चरम पर पहुँच गया। एक ही दिन में डॉलर के मुक़ाबले रुपया 256 पैसे टूट गया। अठारह साल में यह सबसे बड़ी गिरावट थी। एक डॉलर 68.85 रुपए के नए निचले स्तर तक पहुँच गया। कई विदेशी बैंक अनुमान लगा रहे थे कि साल के अंत तक यह 75 रुपए तक गिर जाएगा। सरकार के अपने विदेशी क़र्ज़ों के भुगतान करने की क्षमता पर सवाल उठने लगे। शेयर नीचे को गिरने लग गए थे। डॉलर के क़र्ज़ से दबी कंपनियों के शेयरों के बुरे हाल हो रहे थे।

शेयर बाज़ार का एक नियम है कि जब यहाँ पर रक्तपात हो रहा हो, यानी भयानक घबराहट के माहौल में गिरावट हो रही हो तो ख़रीदी करें। कुछ गुणवत्तापूर्ण कंपनियों के शेयर आकर्षक भाव पर थे, जिनमें तीन से चार साल के नज़रिए से निवेश का इससे बेहतर अवसर नहीं मिलने वाला था। मैं लेखा पुस्तकों को समझने, उद्योगों के रुझान को पढ़ने और उसके बाद लंबी अवधि के लिए निवेश करने में कोई बहुत उस्ताद नहीं था। इसके लिए मैं आम तौर पर अपने कुछ विश्लेषक मित्रों के विवेक का सहारा लेता था, जिनके फ़ैसलों का मैं बहुत सम्मान करता था। मैंने पुरानी अर्थव्यवस्था वाली कंपनियों के कुछ शेयरों का बड़ा लॉट ख़रीद लिया। ये मुझे सस्ते जान पड़ रहे थे।

लेकिन हर गिरावट की दहशत अलग प्रतीत होती है। ठीक वैसे ही जैसे कि तेज़ी का हर दौर पिछली बार से अलग मालूम होता है। इस तरह की दहशत 2008 में थी और फिर 2009 के आरंभ में थी। तब समस्याएँ शेयर बाज़ार के खिलाड़ियों और कुछ बहुत अधिक संदिग्ध कंपनियों तक सीमित थी। अर्थव्यवस्था के साथ किसी क़िस्म की गड़बड़ी या परेशानी नहीं थी। इस बार अर्थव्यवस्था ही समस्या का मूल थी। यदि देश की रेटिंग कम कर दी गई और विदेशी क़र्ज़ के भुगतान में संकट पैदा हो गया तो हालात बहुत बुरी तरह से बिगड़ सकते थे।

सितंबर में रिज़र्व बैंक में शीर्ष स्तर पर बदलाव हुआ। अंतरराष्ट्रीय मुद्रा कोष के मुख्य अर्थशास्त्री रघुराम राजन ने दुवुरी सुब्बाराव की जगह गवर्नर के रूप में कामकाज सँभाला। सुब्बाराव के लिए पाँच साल का उथल-पुथल

से भरपूर कार्यकाल काँटों का ताज बन गया था। अगस्त में ही घोषणा की जा चुकी थी और बाज़ार को नए गवर्नर से बहुत उम्मीदें थीं। उनकी ख़ास पहचान थी कि उन्होंने बहुत पहले 2005 में ही अमेरिका में सब-प्राइम मार्गेज संकट की चेतावनी दे दी थी। वह भी एक ऐसी सभा में जहाँ पर अमेरिकी फ़ेड के तत्कालीन प्रमुख एलन ग्रीनस्पान मौजूद थे।

दफ़्तर में पहले ही दिन राजन ने कुछ प्रस्तावों का ऐलान किया, जिनसे मौद्रिक और शेयर बाज़ारों में विश्वास और संबल बढ़ाने में मदद मिली थी। उनमें से दो विशेष थे। एक तो एनआरआई से जमा को आकर्षित करना और दूसरा तेल कंपनियों को सीधे डॉलर बेचना, जिन्हें तेल आयात के लिए करेंसी की ज़रूरत थी। तेल कंपनियों को आयात बिल के भुगतान के लिए समय-समय पर डॉलर ख़रीदने होते थे और खुले बाज़ार से डॉलर ख़रीदने पर डॉलर की क़ीमत बढ़ जाती थी। तेल विपणन कंपनियों को सीधे डॉलर बेचकर रिज़र्व बैंक यह सुनिश्चित कर सकता था कि बाज़ार में डॉलर की अतिरिक्त माँग के कारण रुपया और कमज़ोर नहीं हो।

इन उपायों में से कोई भी बहुत नया नहीं था। वास्तव में रिज़र्व बैंक ने पहले भी जब कभी रुपया दबाव में आया था तो इनको आज़माया था। पोकरण परमाणु परीक्षण के बाद अगस्त, 1998 में अमेरिका और कुछ अन्य विकसित देशों के हम पर आर्थिक प्रतिबंध लगाने के बाद जब रुपया कमज़ोर पड़ा था, तब भी रिज़र्व बैंक ने एनआरआई और भारतीय मूल के लोगों से जमा आकर्षित करने के लिए रिसर्जेंट इंडिया बॉन्ड जारी किए थे। इसको बहुत शानदार प्रतिसाद मिला। रिज़र्व बैंक ने इन बॉन्ड के ज़रिए 4.2 अरब डॉलर की राशि इकट्ठा कर ली थी। लेकिन राजन ने एनआरआई जमा योजना में एक बहुत अहम क़िस्म का बदलाव किया था। एनआरआई को उनके डॉलर जमा के लिए बाज़ार की दर से 3.5 प्रतिशत अधिक भुगतान किया गया। यह आइडिया शानदार काम कर गया। हालाँकि बहुत बाद में राजन ने स्वीकार किया कि यह उनका आइडिया नहीं था और शुरू में उन्हें यह बहुत बेवकूफ़ी भरा विचार जान पड़ा था।

कई अन्य उपायों की भी राजन ने घोषणा की थी। जैसे कि जल्दी ही नए बैंक लाइसेंसों के ऐलान का वादा, क़र्ज़ बाज़ार में सुधार और अधिक विदेशी पूँजी जुटाने के लिए बैंकों को इज़ाज़त। शेयर बाज़ार इन घोषणाओं

से सरपट भागने लगा था। वह भरोसा बढ़ाने वाले संकेतों की ही तलाश कर रहा था। राजन का रिकॉर्ड पहले ही साफ़-सुथरा और बेदाग़ था। पहले ही दिन उनके प्रस्तावों के ऐलान ने स्पष्ट संदेश दिया कि वे ताबड़तोड़ निर्णय करने वाले थे।

उसके बाद बाज़ार ने पीछे मुड़कर नहीं देखा। एफ़आईआई जोश और जुनून से ख़रीदी करने लग गए और मंदड़ियों को अपनी पोजीशन ज़्यादातर घाटा उठाकर काटनी पड़ गई। 28 अगस्त जिस दिन रुपए में बहुत बड़ी गिरावट दर्ज़ हुई थी और रुपया अपने निम्नतम स्तर पर पहुँचा था, से लेकर सितंबर के तीसरे हफ़्ते तक सेंसेक्स सभी को चौंकाते हुए 3,000 अंकों की छलांग लगा चुका था।

आप सोच सकते हैं कि ख़रीदी या बिकवाली के अपने फ़ैसले ज़्यादातर सही होने के बारे में या तो मैं डींगें हाँक रहा हूँ या मैं अविश्वसनीय रूप से ख़ुशनसीब हूँ। मैं आपको विश्वास दिला रहा हूँ कि ऐसा कुछ भी नहीं था। औसत का नियम किसी को भी नहीं बख़्शता, भले ही कोई व्यक्ति कितना भी दक्ष या ख़ुशक़िस्मत होने का दावा करता हो। सितंबर में बाज़ार में लौटी तेज़ी से हुए मुनाफ़े से मुझे दो स्टॉक फ़ाइनेंशियल टेक्नोलॉजी इंडिया लिमिटेड (एफ़टीआईएल) और एमसीएक्स में एक महीने पहले ही हुए बड़े नुक़सान की भरपाई में मदद मिली। दोनों ही शेयरों में मैंने छोटा-मोटा निवेश किया था और थोड़े समय के लिए ट्रेडिंग की पोजीशन भी बनाई थी। मुझे औसत क़िस्म का लाभ ही हासिल हुआ, लेकिन मैं इन शेयरों में किसी और के इशारे पर काम कर रहा था। क़ीमतें गिरने पर मैं ख़रीदी करता था और क़ीमत बढ़ती तो बिकवाली कर देता था। मैं मार्केट मेकर की तरह काम कर रहा था, जो किसी स्टॉक में सक्रिय रूप से मामूली अंतर पर ख़रीदी-बिक्री करते हैं।

यदि मुझे कहीं नुक़सान होता तो उसकी भरपाई मुझे नक़द रक़म देकर कर दी जाती। यदि मुझे मुनाफ़ा होता तो उसका एक हिस्सा मुझे देना होता था। कुल मिलाकर यह मेरे लिए मुनाफ़े का सौदा था। चूँकि मुझे दोनों स्टॉक में कारोबारी मात्रा बढ़ाने के लिए रक़म का भुगतान किया जा रहा था और क़ीमतों में उतार-चढ़ाव से मुझे बहुत ज़्यादा नुक़सान भी नहीं हो रहा था। हालाँकि मुझे कोई बहुत ज़्यादा मुनाफ़ा भी इनसे नहीं मिल रहा था।

लेकिन मुसीबत ऐसी जगह से आई जहाँ से कोई संभावना नहीं थी। एफ़टीआईएल की एक सहायक फ़र्म थी, नैशनल स्पॉट एक्सचेंज लिमिटेड (एनएसईएल) जो कि 2007 से काम कर रही थी। एनएसईएल एक तरह से स्थानीय मंडी का इलेक्ट्रॉनिक रूप थी। इसका मक़सद कमोडिटी किसानों और कमोडिटी ट्रेडरों को अपनी उपज को बेहतर से बेहतर क़ीमतों पर बेचने के लिए देश भर में ख़रीदार तलाशने में मदद करना था। जैसा कि नाम से ही पता चल रहा था कि एनएसईएल को हाज़िर कारोबार का बाज़ार की तरह बनाया जाना था जहाँ पर किसान, मिल मालिक, कारोबारी अपनी उपज सीधे ख़रीदार को बेच सकें, बिक्री से मिली रक़म लें और अपने घर जाएँ। किसी भी तरह के वायदा सौदे पर प्रतिबंध था। लेकिन किसी नियामक की निगरानी के नहीं होने के कारण एनएसईएल धीरे-धीरे वायदा बाज़ार में बदल गया। कमोडिटी के कारोबार के नियमन की ज़िम्मेदारी वायदा बाज़ार आयोग (एफ़एमसी) की थी। लेकिन हाज़िर एक्सचेंज का दावा करते हुए एनएसईएल, एफ़एमसी की निगाहों से लंबे समय तक बचता रहा।

सिद्धांत रूप में तो विक्रेता को अपनी उपज को निर्धारित भंडारगृह में जमा कराना होता और उपज की गुणवत्ता और मात्रा के प्रमाणन के संबंध में भंडारगृह से रसीद लेनी होती। वे इन रसीदों को बेच सकते थे और ख़रीदार रसीदों के साथ गोदाम जाकर सामग्री को प्राप्त कर सकता था। जिन कमोडिटी का सौदा किया जा सकता था उनमें सराफ़ा (सोना, चाँदी, प्लैटिनम), कृषि उपज (अनाज, रेशे, मसाले, धान, चीनी) और धातु (इस्पात, तांबा) शामिल था।

एनएसईएल नियमों के उल्लंघन में लग गया था। पहला नियम उसने तोड़ा जब ऐसे उत्पादों में उसने कारोबार आरंभ कर दिया, जिनके लिए सरकार की अनुमति नहीं थी। दूसरा और ज़्यादा गंभीर उल्लंघन था वायदा करार पर प्रतिबंध के नियम को ताक पर रखकर 'जोड़ी करार' आरंभ करना। एनएसईएल अब क्रेता और विक्रेता को मिलाने वाला विशुद्ध हाज़िर एक्सचेंज नहीं रह गया था। यह ऐसा प्लेटफ़ॉर्म बन गया था, जहाँ कमोडिटी किसान या ट्रेडर अपने उत्पाद के लिए अपनी मर्ज़ी की क़ीमत पर क्रेता के मिलने तक कार्यशील पूँजी जुटा सकते थे।

जोड़ी करार उनको दो चरणों के लेन-देन के माध्यम से धन राशि उधार लेने की छूट प्रदान कर देता था। पहले चरण में विक्रेता टी+2 (ट्रेड

या सौदे के दूसरे दिन) करार करता था, जहाँ वह क्रेता को एक निश्चित क़ीमत पर अपना उत्पाद बेच देता था। क्रेता को जिस दिन सौदा हुआ उसके उसे दूसरे दिन भुगतान करना होता था। इसी समय जब यह सौदा हो रहा होता था, क्रेता टी+35 करार कर लेता था, जिसमें वह उस उत्पाद को ख़रीदी क़ीमत से थोड़े दाम बढ़ाकर वापस उस कमोडिटी किसान या ट्रेडर को बेच देता था। वास्तव में विक्रेता, क्रेता को उसकी रक़म के एवज़ में यह ब्याज अदा करता था।

उदाहरण के लिए एक कमोडिटी विक्रेता अपने उत्पाद को टी+2 सौदे में 100 रुपए में क्रेता को बेच देता था और 35 दिन बाद उत्पाद को 101 रुपए में वापस ख़रीद लेने की सहमति का करार कर लेता था। बहुत दिलचस्प है कि कमोडिटी विक्रेता 35वें दिन कभी भी उत्पाद को नहीं ख़रीदता था। क्रेता अतिरिक्त ब्याज अदा करने को सहमत हो जाता और यह सौदा आगे बढ़ता जाता। यह चक्र महीनों तक दोहराया जाता रहता था। कमोडिटी का कोई लेन-देन नहीं होता था, वह भंडारगृहों में ही पड़ी रहती थी। ब्याज की वार्षिक दर क़रीब 14-15 प्रतिशत बैठती थी, जो बैंक में मिलने वाली घिसी-पिटी जमा दरों से बहुत अधिक थी।

कमोडिटी के तथा-कथित 'ख़रीदार' अब कमोडिटी के वास्तविक ख़रीदार नहीं रह गए थे। वे निवेशक थे, जो अपनी पूँजी पर 12 से 15 प्रतिशत ब्याज के रूप में मुनाफ़ा कमाने के लिए एक्सचेंज में आ रहे थे। दलाल फ़र्मों ने इसे मुनाफ़े की गारंटी की स्कीम की तरह निवेशकों के सामने पेश करना आरंभ कर दिया, जहाँ पर मुनाफ़ा इससे ज़्यादा ही हो सकता था, कम नहीं। दलाल फ़र्में भी मिलीभगत के इस धंधे में फ़ायदा कमा रही थीं। वे अपने ग्राहकों को 12 प्रतिशत की दर पर धनराशि उधार देती थीं, जिसे जोड़ी करार में निवेश कर दिया जाता था, जिसमें 15 प्रतिशत का ब्याज मिलता था। हर महीने करार को आगे बढ़ाते समय दलाल फ़र्में अपना ब्याज काटकर बाक़ी रक़म ग्राहकों के खातों में जमा करा देती थीं।

'ख़रीदार' यह नहीं जानते थे कि दूसरी पार्टी कमोडिटी की वास्तविक विक्रेता नहीं थी। 'विक्रेता' अब ज़्यादातर या सभी ऐसे लोग या इकाइयाँ थीं, जो 14-15 प्रतिशत ब्याज पर धनराशि लेकर उसे ज़्यादा मुनाफ़ा कमाने में इस्तेमाल करना चाहते थे। बाद में जैसा कि जाँच में सामने आया

कि क़रीब 13,000 निवेशक एनएसईएल पर 25 उधारकर्ताओं को रक़म उधार दे रहे थे।

किसी ने भी यह नहीं सोचा कि चीनी, जीरा, कैस्टर ऑयल, धान, कच्चा ऊन और कैस्टर सीड का एक ही स्टॉक लगातार महीनों तक भंडारगृहों में बिना ख़राब हुए कैसे रखा रह सकता है। सैद्धांतिक रूप से यदि उधारकर्ता कुछ महीनों के बाद रक़म नहीं चुकाता तो क़र्ज़दाता मुसीबत में आ जाता, क्योंकि गिरवी रखी कमोडिटी को भंडारगृह से लेकर बेचने में उसे पूरी क़ीमत मिलना नामुमकिन था।

लेकिन निवेशकों की क़िस्मत से उधारकर्ताओं ने कभी भी ब्याज भुगतान में चूक नहीं की। निवेशकों को केवल अपने ब्याज की चिंता थी और वे ऐसी स्थिति में कभी भी नहीं फँसना चाहते थे, जब उन्हें अपनी रक़म की वसूली के लिए गोदाम से माल लेकर बेचना पड़े।

एनएसईएल को लेकर अब दबे-छुपे चर्चाएँ चलने लगी थीं। कानों-कान ये बातें फैल रही थीं कि कैसे ब्याज बदला प्लेटफ़ॉर्म कमोडिटी के हाज़िर एक्सचेंज के नाम पर चल रहा था। उपभोक्ता मामलों के मंत्रालय की आख़िरकार, देर से सही, नींद खुली और उसने जुलाई में एनएसईएल को नए करार जारी करने से रोककर पुराने सभी बकाया करार को आगे बढ़ाने की बजाय नियत तारीख़ पर निपटान करने के आदेश दिए।

इसके साथ ही एक्सचेंज में चल रहे घोटाले का पर्दाफ़ाश हो गया और उसके ताबूत पर अंतिम कील ठोक दी गई थी। हालाँकि इसे शुरू में 'भुगतान का संकट' समझा गया था। उधारी लेने वालों के पास नियत तारीख़ों पर देनदारों के भुगतान के लिए धन नहीं था। निवेशकों के 5,600 करोड़ रुपए डूबने का ख़तरा पैदा हो गया था। एनएसईएल के पास निपटान गारंटी कोष था और एक्सचेंज के अफ़सरों ने घबराए हुए निवेशकों को दिलासा दी कि यदि उधारकर्ता उनकी धनराशि नहीं लौटाएँगे तो एक्सचेंज करार की उनकी रक़म को वापस लौटाएगा। लेकिन आश्वासन झूठा साबित हुआ। शुरू में एक्सचेंज ने दावा किया कि उसके पास निपटान गारंटी कोष में 840 करोड़ रुपए हैं। लेकिन कुछ दिन बाद कहा कि उसमें तो केवल 65 करोड़ रुपए ही हैं। इससे यह खुलासा हो गया कि एक्सचेंज के पास कोई भरोसेमंद जोख़िम प्रबंधन प्रणाली नहीं थी। एक्सचेंज ने उसके बाद दावा

किया कि निवेशकों को उनकी धनराशि की वापसी के लिए भंडारगृहों में रेहन रखी हुई कमोडिटी को इस्तेमाल किया जाएगा।

लेकिन घोटाले की पूरी असलियत कुछ दिन बाद सामने आई, जब एक्सचेंज ने भंडारगृहों में रेहन रखी कमोडिटी की जाँच आरंभ की। ज़्यादातर रसीदें फ़र्जी निकलीं। उनमें कमोडिटी की जितनी मात्रा का उल्लेख था, भंडारगृहों में उसका केवल अंश मात्र ही मौजूद थी। कुछ मामलों में तो कमोडिटी को पहले ही बैंक में रेहन रख दिया गया था, लेकिन उनके विरुद्ध रसीद जारी नहीं की गई थी। आरंभ में एनएसईएल के सीईओ अंजनी सिन्हा ने कहा, वे और उनका प्रबंधन जोख़िम प्रबंधन तथा परिचालन में चूक के लिए ज़िम्मेदार हैं, जिसकी वज़ह से पूरा संकट पैदा हुआ। लेकिन बाद में वे अपने बयान से मुकर गए और बोले कि एफ़टीआईएल के संस्थापक जिग्नेश शाह एनएसईएल में जो कुछ चल रहा था, उससे अच्छे से परिचित थे।

बहुत से लोगों का ऐसा सोचना था कि केवल 24 उधारकर्ता ही तो हैं, धनराशि वसूल कर पाना बहुत कठिन नहीं होगा। लेकिन इन उधारकर्ता इकाइयों ने पहले ही ली गई धनराशि को अपने समूह की कंपनी में लगा दिया था। कहीं यह धनराशि अचल संपत्ति कारोबार में झोंक दी गई थी, जिससे अधिकारियों के लिए इसे वसूलना मुश्किल हो गया। घोटाला सामने आने के कुछ ही महीनों के बाद अंजनी सिन्हा को गिरफ़्तार कर लिया गया और जिग्नेश शाह की अगले साल मई में गिरफ़्तारी हो गई। इन गिरफ़्तारियों के बीच कुछ बड़े उधारकर्ताओं को भी जेल की हवा खाने का मौक़ा मिला। लेकिन मुट्ठी भर निवेशकों के अलावा एनएसईएल पर भरोसा करके पूँजी लगाने वाले अन्य ज़्यादातर निवेशकों को अपनी रक़म वसूल करनी थी। जाँचकर्ता एनएसईएल से बाहर गए धन का पता लगाने की कोशिशों में जुटे हुए थे।

शुरू में सरकार एनएसईएल निवेशकों के प्रति सहानुभूति दिखाती हुई प्रतीत हुई थी। वह जानती थी कि 13,000 निवेशकों जिनमें से ज़्यादातर एचएनआई थे और जिन्होंने एक जटिल डेरिवेटव में निवेश करते हुए रक़म गँवाई थी, उनकी उपेक्षा से उसको राजनीतिक तौर पर कोई नुक़सान होने का अंदेशा नहीं है। जब एनएसईएल निवेशक फ़ोरम एक वरिष्ठ अफ़सर के पास अपनी शिकायत लेकर पहुँचा तो उसने सरेआम सदस्यों को औसत निवेशकों से ज़्यादा जानकार होने के बावजूद बिना किसी नियम–क़ायदे के

चल रहे एनएसईएल जैसे एक्सचेंज में निवेश करने पर फटकार लगा दी। डाँट-फटकार पूरी तरह से ग़लत नहीं थी। लेकिन सार्वजनिक क्षेत्र के दो उद्यमों पीईसी और एमएमटीसी ने भी एनएसईएल अनुबंधों में निवेश किया था। और एनएसईएल में चल रहे घटनाक्रमों पर निगरानी रखने में सरकार भी क्या नाकाम नहीं रही थी? एक्सचेंज के सभी नियम-क़ायदों को ताक पर रखने के पर्याप्त संकेत मिल रहे थे। उपभोक्ता मामलों के मंत्रालय ने तो अक्टूबर, 2012 में एनएसईएल को कारण बताओ नोटिस भी जारी किया था। लेकिन उसके बाद कोई कार्रवाई नहीं की।

मुझे उसी साल जून में एनएसईएल में गड़बड़ी की सुगबुगाहट के बारे में सुनने को मिला था। लेकिन एफ़टीआईएल और एमसीएक्स, दोनों में मेरी पोजीशन वास्तव में मेरी नहीं थी, इसलिए मुझे ज़्यादा चिंता नहीं थी। लेकिन इतने समय तक बाज़ार में रहने के बाद मैं भी यह जान गया था कि हालात को क़ाबू से बाहर जाते हुए देर नहीं लगती। मैंने उस व्यक्ति से संपर्क किया, जिसके लिए मैं स्टॉक में मार्केट मेकर के रूप में काम कर रहा था। मैंने उससे चिंता ज़ाहिर की।

'लाला तुम तो बेकार में चिंता करते हो, ये सब ठीक हो जाएगा, कोई समस्या नहीं होगी।' उसके जवाब के बाद मैंने ज़्यादा बोलना ठीक नहीं समझा।

उपभोक्ता मामलों के मंत्रालय द्वारा एनएसईएल को नए करार जारी करना बंद करने के आदेश के बाद जुलाई के तीसरे हफ़्ते में एफ़टीआईएल और एमसीएक्स के शेयरों की क़ीमतें तेज़ी से नीचे आने लग गई थीं। एक बार फिर मैंने उस व्यक्ति से बात की जो इन दोनों ही कंपनियों के शेयरों में मेरे माध्यम से खेल रहा था। मुझे कहीं न कहीं कुछ गड़बड़ लग रही थी और मैं पोजीशन से बाहर आना चाह रहा था। लेकिन मैं जानता था कि इससे मैं बाज़ार के कुछ रसूखदार लोगों के पसंदीदा लोगों की सूची से बाहर हो जाऊँगा। इसके अलावा एक बार सहमत होने के बाद मुझे अपनी वचनबद्धता से पीछे हटना भी नापसंद था, फिर चाहे अंजाम जो भी हो। लेकिन मैं सुनना चाहता था कि आख़िर वह क्या कहता है।

'हाँ लाला, अभी तो मामला काफ़ी पेचीदा हो गया है, लेकिन घबराने की बात नहीं है। वैसे भी अगर हालात बेक़ाबू हो गए तो भी तुम्हारी जेब

से तो कुछ जाने वाला नहीं है।' उसके जवाब से उसकी खीज जाहिर हो रही थी।

उसके बाद मैंने कुछ नहीं कहा। हालाँकि एक ट्रेडर के रूप में मेरा मन कह रहा था कि बड़ा संकट आने को है। मैं इस बार सही साबित होना नहीं चाहता था, लेकिन मेरा डर आख़िर जीत गया। 31 जुलाई की शाम को एनएसईएल ने ई-सीरीज के अनुबंधों को छोड़कर बाक़ी सभी अनुबंधों में अगली सूचना तक कारोबार बंद करने का ऐलान कर दिया था। सभी लंबित अनुबंधों की डिलीवरी और निपटान का विलय करना था और उनको 15 दिन के लिए स्थगित कर दिया गया था। यह स्वीकारोक्ति थी कि उधारकर्ता अपनी देनदारी के भुगतान में नाकाम हो गए थे।

अगले दिन एमसीएक्स और एफ़टीआईएल के शेयरों के भाव बाज़ार के खुलने के चंद मिनटों के भीतर ज़मीन पर आ गए थे। एक दिन पहले 541 रुपए के भाव पर बंद हुआ एफ़टीआईएल 180 रुपए पर आ गया। ट्रेडरों को सोचने का भी समय नहीं मिला। एमसीएक्स 20 प्रतिशत गिरावट के साथ टूटकर 512 रुपए पर गिरा था और उसमें केवल बेचवाल ही होने के कारण कारोबार बंद करना पड़ा था। तेजड़ियों के बाहर निकलने का कोई रास्ता नहीं था।

एफ़टीआईएल में गिरावट से मेरा दिमाग़ उखड़ा-उखड़ा था। मुझे बीती शाम ही उसमें ख़रीदी की लंबी पोजीशन को काटने के लिए मना किया गया था। इससे उन्हें डर था कि घबराहट फैलेगी। निश्चित ही बाक़ी मार्केट मेकर को भी ऐसा ही कहा गया होगा। लेकिन इतनी ज़्यादा गिरावट का अर्थ था कि मुझे एक्सचेंज में अतिरिक्त मार्जिन जमा कराने की ज़रूरत पड़ने वाली थी। मैंने शेयर की क़ीमत में 10-15 प्रतिशत की गिरावट का अनुमान लगाया था, लेकिन बदतर से बदतर हालत में भी मैंने 65 प्रतिशत की गिरावट का अंदाज़ नहीं लगाया था।

मुझे पता था कि अगर मैंने शेयरों को बेच दिया तो मुझे अपने नुक़सान की भरपाई के लिए इंतज़ार करना होगा। मैंने सौदे में मुझे निर्देश दे रहे व्यक्ति से संपर्क साधा और उससे पूछा, आगे क्या करना है। क्या शाम को जो कहा गया था, उस पर वे अब भी क़ायम हैं। उनका कहना था, बिलकुल और मुझसे कुछ और शेयर ख़रीदने को कहा गया।

'लेकिन मुझे मार्जिन के लिए और धनराशि की ज़रूरत होगी।' मैंने एक तरह से हाथ खड़े करने शुरू कर दिए।

जवाब मिला, 'कुछ ही घंटों में पैसे का बंदोबस्त हो जाएगा। मैं तुमको थोड़ी देर में कॉल करता हूँ।'

वह कॉल कभी नहीं आया। मैंने एफ़टीआईएल में रखे हुए शेयर बेच दिए। कोई निश्चित नहीं था कि निकट भविष्य में मेरे नुक़सान की भरपाई होगी या नहीं। लेकिन एमसीएक्स में ख़रीदे हुए शेयर मेरे फँसे हुए थे, जो अगले दिन भी कोई ख़रीदार नहीं होने पर 20 प्रतिशत और गिर गया था। एक्सचेंजों ने उसके बाद एक सत्र का कारोबारी सर्किट घटाकर 10 प्रतिशत कर दिया। इससे गिरावट की गति कुछ कम हो गई। लेकिन शेयर बेचने को उतावले हो रहे घबराए निवेशकों को दिलासा देने के लिए कुछ नहीं किया। अगले तीन दिन लगातार शेयर के भाव 10-10 प्रतिशत गिरते चले गए। पाँच कारोबारी सत्र में शेयर की क़ीमत आधी हो गई थी और भाव 300 रुपए के नीचे आ गए थे। इसके बावजूद इसमें ख़रीदारों के आने के कोई संकेत नहीं थे। एक्सचेंजों ने इसके बाद इसका इन्ट्रा डे सर्किट फ़िल्टर घटाकर अब 5 प्रतिशत कर दिया।

मैं और कुछ अन्य ट्रेडर जिन्होंने बड़ी मात्रा में इस शेयर को ख़रीदा हुआ था, वे जानते थे कि लंबी अवधि के निवेशकों के एमसीएक्स में दिलचस्पी लेने में समय लगने वाला था। लेकिन हम यह भी जानते थे कि ऐसे ट्रेडरों की भी कमी नहीं है, जो इतनी गिरावट के बाद इसकी क़ीमतों में ऊपर की ओर अस्थायी उछाल में जल्दी पैसा बनाने के चक्कर में होंगे। छठवें दिन जैसे ही इसके शेयर गिरकर 280 रुपए के स्तर पर आए हमने एक साथ मिलकर ख़रीदी शुरू कर दी। जैसे ही बड़ी मात्रा में ख़रीदी आरंभ हुई कई बेचवालों ने सोचा कि शेयर के भाव में अस्थायी उछाल आने वाला है और उन्होंने तुरंत ही अपने बिकवाली के ऑर्डर वापस खींच लिए। अगले दो-तीन दिनों में कम से कम 10 प्रतिशत ऊँचे दाम पर बेचने की चाह लेकर कई और ट्रेडर मैदान में कूद पड़े। एमसीएक्स का शेयर धीरे-धीरे उबरने लगा, लेकिन इसके लिए अभी ओर अधिक माँग आने की ज़रूरत थी, जिससे कि हम बिना किसी का ध्यान आकर्षित किए बिना अपने शेयरों को बेचकर इस सौदे से बाहर निकल जाते। कारोबारी मात्रा को बढ़ाने के

लिए हमने आपस में ही ख़रीद-फ़रोख़्त की और स्टॉक के लिए लोगों में माँग बढ़ने के साथ ही चुपचाप अपने शेयर बेचकर निकल लिए।

हमारे ख़रीदे शेयरों पर हुए घाटे के अलावा इस ख़रीद-फ़रोख़्त के अपने अभियान में हमें मामूली नुक़सान हुआ। तब भी अगर हम शेयर ना बेचकर इंतज़ार करते रहते तो हमें और ज़्यादा नुक़सान हुआ होता। अगले तीन दिनों तक एमसीएक्स फिर से ख़रीदार नहीं होने पर 5-5 प्रतिशत गिरा।

अगस्त के तीसरे सप्ताह तक एफ़टीआईएल 150 रुपए से नीचे चला गया था। हालाँकि बिकवाली का दबाव कुछ थम गया था। बाज़ार को डर था कि एनएसईएल पर निवेशकों का 5,600 करोड़ रुपए का बकाया चुकाने का बोझ एफ़टीआईएल पर आएगा। एनएसईएल उसकी सौ प्रतिशत स्वामित्व वाली इकाई थी। एफ़टीआईएल के शेयरधारकों को दिलासा देने के लिए प्रबंधन ने घोषणा कर दी कि एनएसईएल के बकाया के भुगतान के लिए वह ज़िम्मेदार नहीं है, दोनों कंपनियाँ अलग इकाइयाँ हैं। हो सकता है कि क़ानूनी रूप से यह दलील दमदार हो, लेकिन इससे यही संकेत गया कि एफ़टीआईएल एनएसईएल की घटनाओं की ज़िम्मेदारी से पल्ला झाड़ने की कोशिश कर रही है। इससे जिग्नेश ऐंड कंपनी की विश्वसनीयता और ज़्यादा घट गई।

एफ़टीआईएल की तुलना में एमसीएक्स कहीं बेहतर स्थिति में था ओर घबराहट के कारण उसके शेयर में बिकवाली कुछ अधिक हो गई थी। लेकिन बाज़ार की चिंता कंपनी की आय की संभावनाओं के संबंध में नहीं थी, बल्कि कंपनी के कार्पोरेट प्रशासन मानकों को लेकर थी। एनएसईएल में ख़राब आंतरिक नियंत्रणों और ढीली जोख़िम प्रबंधन प्रक्रियाओं ने एमसीएक्स में भी प्रणालियों और प्रक्रिया के संबंध में संदेह पैदा कर दिए थे। निवेशकों को एफ़टीआईएल का यह दावा भी रास नहीं आया कि एनएसईएल अलग इकाई है। इससे वे यह सोचने को मज़बूर हो गए कि कल के दिन एमसीएक्स के साथ ऐसा होता है तो मूल कंपनी उनको भी इसी तरह बेसहारा क़िस्मत के भरोसे पर छोड़ने में रत्ती भर भी देर नहीं करेगी।

अंततः जिग्नेश के हाथ से दोनों कंपनियों का नियंत्रण चला गया। उसने क़रीब साढ़े तीन महीने जेल में गुज़ारे। देनदारों की बकाया रक़म की वसूली कर रहे अधिकारियों ने उसकी संपत्ति अटैच कर दी।

42

नियामक के लंबे हाथ

वर्ष 2014 बेहतर भविष्य की उम्मीदें जगाने के साथ शुरू हुआ। सितंबर, 2013 में शेयरों की क़ीमतों में आरंभ हुई रैली थमने का कोई संकेत नहीं दे रही थी। हरेक दिन गुज़रने के साथ बाज़ार का भरोसा बढ़ता दिखाई दे रहा था कि केंद्र में भाजपा की सरकार बनना तय है। पार्टी के प्रधानमंत्री पद के उम्मीदवार नरेंद्र मोदी ने वादा किया कि अगर उनकी पार्टी को जनादेश मिलता है तो वे बिना देर किए अर्थव्यवस्था में व्यापक बदलाव कर देंगे। देश में घोटालों और बढ़ती महँगाई से थके-माँदे लगभग सभी लोग सोच रहे थे, काश, कि मोदी के पास जादुई छड़ी हो, जिससे वे आते ही सब कुछ दुरुस्त कर दें। शेयर बाज़ार के तेजड़िए अपने आप को तरोताज़ा कर रहे थे नए दौर के लिए, जिसे वे सोच रहे थे कि अर्थव्यवस्था के स्वर्णिम काल की वापसी का दौर होगा और बाज़ार में ऐसी तेज़ी आएगी जैसी ना पहले कभी आई थी और ना आगे कोई देख पाएगा। मैं भी उनमें से एक था।

अचानक ही मेरे साथ नकारात्मक घटनाएँ तेज़ी के साथ होने लगीं। नियामक से मुझे एक चिट्ठी प्राप्त हुई, जिसमें मुझसे फ़ार्मा उद्योग के लिए आवश्यक तत्व बनाने वाली बल्क ड्रग्स कंपनी में पिछले हफ़्ते किए गए सौदे के बारे में पूछताछ की गई थी। इस सौदे के कुछ ही हफ़्तों बाद इस कंपनी को एक मझोली फ़ार्मा कंपनी ने ख़रीद लिया था। मैं इससे बेदाग़ बरी होकर निकल गया था। मैंने एक बहुत ही अच्छे संपर्क रखने वाले निवेश बैंकर के लिए यह सौदे किए थे, जो ख़रीदार को सलाह दे रहे थे। मैंने बैंकर के लिए शेयर ख़रीदने के अलावा अपने लिए भी कुछ शेयर ख़रीदे थे। मैंने बैंकर के

सौदे कुछ फ़र्जी ग्राहक खातों के जरिए किए थे और नक़द में उनका निपटान किया था। किसी भी तरीक़े से उनको इन सौदों से नहीं जोड़ा जा सकता था। हालाँकि ये उनके द्वारा दी गई सूचना पर ही किए गए थे। मैं सोच रहा था कि अपने कुछ भरोसेमंद दलालों में इधर-उधर सौदों के ऑर्डर देकर मैं किसी तरह के संदेह के लिए कोई निशान नहीं रहने दूँगा। बाद में मुझे पता चला कि इस शेयर में किए सौदे के लिए उन सभी को नियामक ने चिट्ठी भेजकर सफ़ाई माँगी थी। मैं जानता था कि इनमें से कम से कम एक मुसीबत से बचने के लिए मेरे बारे में जानकारी उगल देगा। इसके कारण ही मैं मुश्किल में आ गया था, क्योंकि मैंने अधिग्रहण के पहले उस कंपनी के शेयर में बहुत अधिक कारोबार किया था।

मैं अभी इस चिट्ठी के जवाब को लेकर ही जूझ रहा था कि एक मझोली आईटी कंपनी के शेयर में मेरे कारोबार के ब्योरे के बारे में सवाल करती हुए एक और चिट्ठी आ गई। यह सौदा मैंने एक फ़ंड प्रबंधक के लिए किया था, जिसने बाद में अपनी फ़र्म के लिए बहुत बड़ी मात्रा में ख़रीदी की थी। संक्षेप में पूरी कहानी यह थी कि यह सौदा भी ग़ैर क़ानूनी था।

दोनों सौदे एक साल पुराने थे और मैं उनके बारे में भूल चुका था। लेकिन नियामक एजेंसी में किसी ने उनकी जाँच की थी। बल्क ड्रग्स फ़र्म में सौदों में उनका संदेह स्वाभाविक था। अधिग्रहण के पहले शेयर की क़ीमतों में हुई वृद्धि के कारण यहाँ तक कि मीडिया ने भी भेदिया कारोबार की ओर इशारा किया था। लेकिन आईटी फ़र्म के सौदे के बारे में चिट्ठी से मुझे यक़ीन हो गया था कि यह नियामक को गुमनामी चिट्ठी से दी गई सूचना का नतीजा है। एक अच्छे वकील की मदद से मैं किसी तरह इससे बचकर बाहर आ गया। मैंने बहुत विचार किया और आख़िर में इस नतीजे पर पहुँचा कि कोई रसूखदार शख़्स मुझे निशाना बना रहा है। मुझे कुछ भी नहीं समझ आ रहा था, ऐसा शख़्स कौन हो सकता था। लेकिन कोई ऐसा व्यक्ति ही ऐसा कर सकता था, जिसे जाने-अनजाने मैंने आहत किया था। मैंने जीबी को सब कुछ बताया। उसने मुझे भरोसा दिलाया कि वह मेरी आशंकाओं के संबंध में पड़ताल करेंगे।

कुछ दिन बाद उन्होंने मुझे कॉल किया और कहा, मेरा संदेह सौ आने सही था।

'तुम सही कह रहे थे, लाला। श्री वी तुम्हें पसंद नहीं करते थे। उन्होंने अपने शेयर गिरवी रखे और तुमने शेयरों के दाम गिरा दिए थे। इसके लिए वे तुमसे नाराज़ थे।'

श्री वी देश के 25 शीर्ष उद्योगपतियों में से थे। मैंने उनके किस्से सुन रखे थे। बताया जाता था कि वे बड़े ही शानदार व्यक्तित्व के शख़्स थे, लेकिन यदि उनको लगता था कि उन्हें अपमानित किया गया है तो वे उसी तरह से बदला लेने से भी नहीं चूकते थे।

मैंने कहा, 'मैं सोचता था कि वे एक परिपक्व इंसान हैं, जो समझते हैं कि इसमें कुछ भी व्यक्तिगत नहीं था।'

जीबी ने मुझे समझाने के लहजे में कहा, 'ऐसा तुम सोचते हो। तुमने ऐसे समय में उनके शेयर के भाव को गिराया, जब उनका कारोबार नाजुक दौर से गुज़र रहा था। उन्होंने तुमको माफ़ नहीं किया। उन्होंने तो सोच लिया है कि तुम्हारा बाज़ार में काम करना ही दूभर कर देंगे और वे अब इसके लिए जो भी उनसे बन सकता है, वह कर रहे हैं।

मुझे भी तैश आ गया, 'मैं कहीं भी नहीं जा रहा हूँ।'

जीबी ने मुझे आश्वस्त किया, 'तुमको कहीं जाने की ज़रूरत नहीं है। मैं देखता हूँ, कोई न कोई रास्ता निकालता हूँ।'

कुछ दिन बाद उन्होंने मुझे फिर से कॉल किया। उनके पास कोई अच्छी ख़बर नहीं थी।

'लाला, ऐसा है, श्री वी दो साल पहले के मुक़ाबले अब बहुत मज़बूत स्थिति में हैं। उनके कई प्रभावशाली दोस्त अब बहुत महत्त्वपूर्ण पदों पर हैं। तुम कितने भी हाथ-पैर मार लो, लेकिन तुमको कुछ और नोटिस आने वाले हैं, जिनमें तुमसे सफ़ाई माँगी जाने वाली है। चिंता मुझे इस बात की है कि कुछ आरोपों में बचना कठिन होगा। तुम्हारे बचने का एक ही रास्ता होगा, तुमने जिनके लिए काम किया था, उनके नाम बता दो। लेकिन इससे भले तुम मामूली सज़ा के साथ बचकर निकल आओ, लेकिन यह बाज़ार में तुम्हारे नाम और कारोबार के लिए अच्छा नहीं रहेगा।'

मैंने इसके बारे में सोचा। कोई रास्ता समझ नहीं आ रहा था।

'आप क्या कहते हो, गोविंद भाई?'

'मैं तो कहूँगा कि अगर किसी के बदले की आग ठंडी होती है तो कुछ समय के लिए पीछे हो जाओ। मैं कुछ अपने संपर्क वालों से बात करता हूँ, जिससे क़ानूनी रूप से तुमको कोई नुक़सान नहीं हो। जब थोड़ा मामला शांत हो जाए तो तुम वापस आ सकते हो। देखो, इस बाज़ार में कोई भी स्थायी दुश्मन या दोस्त तो है नहीं।'

मेरी विदाई कोई बहुत धूमधाम के साथ नहीं हुई थी, जो मुझे पसंद आती। सब कुछ इतना जल्दी-जल्दी हुआ कि मैं आगे कुछ सोच भी नहीं पाया था। बाज़ार के बड़े खिलाड़ियों और मेरे कुछ नज़दीकी दोस्तों को पता था कि मुझे मज़बूर किया गया है। लेकिन मेरे ज़्यादातर जानने वालों को यही जानकारी थी कि मैं शिखर पर पहुँचकर संन्यास ले रहा हूँ और अब किसी ज़्यादा बड़ी चुनौती को आजमाने वाला हूँ।

बहुत से दोस्तों ने कुछ पारंपरिक तरीक़े से लच्छेदार बातों से मेरी तारीफ़ की, 'लाला, तुम्हारी क़िस्मत से मुझे जलन होती है।'

'यह कहने के लिए बड़ा जिगर चाहिए, अब बाज़ार में बहुत काम कर लिया।'

अनुशासन और अच्छी क़िस्मत के मेल से अब धन को लेकर मुझे कोई चिंता नहीं थी। कैरेबियन में अपना खुद का समुद्र तट और एक द्वीप ख़रीदने की मेरी कोई चाहत नहीं थी और तब तक मेरे पास इस उम्र और उसके आगे के लिए भी पर्याप्त पूँजी जमा थी। लेकिन मैं हमेशा से जानता था, केवल पैसा हर बात का जवाब नहीं है। अब मैं खुद अपने जीवन के अहम दौर 46 वें साल में इस सवाज का जवाब तलाश रहा था, आगे क्या? कुछ हद तक सटीक तरीक़े से यह बताने के सिवाय कि शेयर की क़ीमतें किस दिशा में जा रही हैं, मेरे पास कोई और हुनर नहीं था।

कुछ दोस्तों ने सुझाव दिया कि मैं एचएनआई के निवेश को सँभाल लूँ। उनका आशय था कि मुझे यह सब कुछ गुपचुप करना पड़ेगा, क्योंकि मैंने बाज़ार से दूर रहने का वादा किया था। बाज़ार में मेरी पहचान थी और बहुत से लोग थे, जो मेरी सेवाएँ ले सकते थे। कुछ प्रमोटरों और जाने-माने लोगों ने मुझसे पूछा भी, लेकिन मैं सोच-विचार में ही पड़ा रहा कि अब मैं किसके साथ या किसके लिए काम करूँ।

एक रात मैं जीबी के आमंत्रण पर उनके घर डिनर के लिए पहुँचा हुआ था।

'तुम्हारा अभी कितने दिनों तक सेवानिवृत्त होकर घर बैठे रहने का इरादा है?'

जीबी के सवाल से तुरंत मुझे समझ आ गया कि उनके पास मेरे लिए कोई प्रस्ताव है।

मैंने मुस्कराते हुए कहा, 'पहले आप अपना प्रस्ताव मुझे बताएँ, तभी मैं कोई फ़ैसला कर पाऊँगा।'

जीबी पहले चौंके और फिर हँस दिए।

वे बोले, 'लाला, मुझे तुम्हारी यही बात बहुत पसंद है, स्क्रीन के सामने हो या नहीं हो, हमेशा सतर्क रहते हो।'

उन्होंने फिर बताया कि वे मेरे लिए क्या सोच रहे थे। एक अग्रणी उद्योगपति चाहते थे कि मैं उनके समूह की कंपनियों के शेयरों की क़ीमतों का प्रबंधन करूँ और साथ ही अन्य शेयरों में काम करके पूँजी बनाऊँ। आधिकारिक रूप से इसमें कहीं भी मेरा नाम नहीं आने वाला था।

जीबी ने बताया, 'वह मुनाफ़े में 25 प्रतिशत देने को तैयार हैं और कोई बीच में दख़लंदाज़ी नहीं। मुझे लगता है कि यह अच्छा प्रस्ताव है। यदि तुमको बड़ा मुनाफ़ा होता है तो हिस्सेदारी को लेकर और बात कर सकते हैं।'

मैंने कहा, 'आप यह बताएँ कि आपने उनसे कोई वादा तो नहीं किया।'

जीबी कुछ बनावटी ढंग से हँसे, 'मैंने वादा तो नहीं किया है, लेकिन मुझे लगता है कि यह तुम्हारे लिए चुपचाप बाज़ार में बने रहने का सबसे अच्छा तरीक़ा है। और हमेशा के लिए तुम्हें उसके साथ नहीं रहना है। और कुछ अच्छा प्रस्ताव आता है तो तुम इसे छोड़कर उसे ले सकते हो। इसके बारे में सोचो।'

प्रस्ताव अच्छा था। जब तक मैं आगे क्या करने वाला हूँ, इसकी योजना नहीं बना लूँ, तब तक मुझे इस बाज़ार में बने रहने की ज़रूरत थी। 'सलाहकार' की तरह के कई प्रस्ताव थे, लेकिन यह काम इस तरह का

था, जो मुझे ट्रेडर के रूप में मुस्तैद और फुर्तीला बने रहने में मदद करने वाला था। मुझे ट्रेडिंग में हमेशा से मज़ा आया है और जब तक मुझे कुछ और करने की भीतर से प्रबल इच्छा पैदा नहीं होती तब तक मैं ट्रेडिंग ही करते रहना चाहता था।

अगले सप्ताह से मैंने अपना काम शुरू कर दिया। प्रमोटर अपने वचन पर क़ायम रहे और मुझे ट्रेडिंग की रणनीति तय करने में पूरी छूट दी गई। मुनाफ़े की हिस्सेदारी में उन्होंने कभी मोल-भाव नहीं किया। आम चुनाव में भाजपा की ज़ोरदार जीत से बाज़ार में शेयरों की क़ीमतों में तूफ़ानी तेज़ी थी, जिसके कारण मैं उनकी उम्मीदों पर खरा उतर रहा था।

उसी साल की बात है। मेरा स्कूल के दिनों का बहुत क़रीबी दोस्त था दीपेश। हम उसे दिप्या कहकर बुलाते थे। मैं उससे एक बार फिर नए सिरे से संपर्क बढ़ा रहा था। वह दो साल पहले दुबई से लौटकर आया था और अब वह प्रबंधन सलाहकार फ़र्म के साथ काम कर रहा था। उससे बातचीत में मुझे पता चला कि कुछ निवेशों में क़िस्मत चल जाने के बाद उसे भी शेयर बाज़ार का चस्का लग गया था।

उसने बताया, 'मैं क़रीब एक साल से छोटी कंपनियों के शेयरों में नियमित ट्रेडिंग कर रहा हूँ। अच्छा पैसा भी बनाया है।'

मैंने उसे अपने अनुभव से सुझाव दिया, 'बहुत अच्छा, दिप्या, लेकिन ट्रेडिंग के मुनाफ़े को बहुत ही सोच-समझकर निवेश करना, पूँजी को बढ़ाने का यही तरीक़ा है।'

'हाँ...हाँ... बिलकुल, मैं ध्यान रखूँगा। लेकिन मुझे ट्रेडिंग से कुछ और पैसा अभी कमाने की ज़रूरत है। मुझे लगता है कि बाज़ार को मैंने काफ़ी कुछ समझ लिया है, कैसे बाज़ार काम करता है। मैं कुछ महीनों में ज़्यादा नियमित तरीक़े से पैसे कमाने लग जाऊँगा।'

'देखो, इसी सोच के कारण बाज़ार में कई बड़े-बड़े खिलाड़ी बर्बाद हो गए।' मैंने उसे हरसंभव तरीक़े से यह समझाने की कोशिश की थी कि क़िस्मत को अपना हुनर समझने की भूल नहीं करे।

दिप्या बोला, 'हाँ...हाँ... ठीक है लाला, मैं कोई बड़ा खिलाड़ी नहीं हूँ। मुझे मालूम है कि मेरी क्या सीमा है। मुझे बाज़ार की कुछ तकनीकी बातों को समझने के लिए तुम्हारी ज़रूरत है। अभी जो भी मेरा दलाल मुझे

बोल देता है, मैं वैसा ही करता हूँ। क्या मैं दिन में तुमसे एक बार बात कर सकता हूँ?'

मैंने कहा, यह भी कोई बात है, तुम जब चाहो मुझे कॉल कर सकते हो। अगले कुछ महीनों तक वह नियमित रूप से मुझसे बात करता और जो भी कुछ संदेह या समस्या होती, उसके बारे में पूछता।

पहले कॉल में उसका सवाल था, 'लाला, मेरे दलाल का कहना है, कंपनी शेयर को विभाजित कर रही है, क्या इसके शेयर को ख़रीदना चाहिए?'

मैंने सरल शब्दों में समझाने की कोशिश की, 'सौ रुपए के दस नोट या एक हज़ार रुपए का एक नोट, सब बराबर हैं।

'फलां कंपनी परसों नतीजों का ऐलान करेगी और मेरा दलाल कह रहा है कि नतीजे अच्छे आने वाले हैं, मैं इसके शेयर ख़रीद लूँ क्या?'

'यदि तुम्हारे दलाल को पता है कि नतीजे अच्छे आने वाले हैं तो औरों को भी यह पता होगा। यह देखो कि पिछले एक महीने के दौरान शेयर की क़ीमत कितनी बढ़ी है। यदि पहले ही अच्छी-ख़ासी बढ़त हो चुकी है तो संभावना कम है कि तुम इसमें ज़्यादा मुनाफ़ा कमा पाओगे। बल्कि शायद पैसे गँवाने की ज़्यादा संभावना है, क्योंकि जिन्होंने पहले ख़रीदी की है, वे बेचना शुरू कर देंगे।'

'कंपनी वाई में मजदूरों की समस्या चल रही है और शेयर 5 प्रतिशत नीचे गिर गया है। मेरे दलाल का कहना है, अभी इसमें और गिरावट होगी। मेरे पास यह शेयर है, क्या मैं इसे बेच दूँ?'

मुझे याद आया, जीबी मुझसे कहते थे कि बाज़ार हमेशा सभी तथ्यों को निश्चित करने से पहले त्वरित फ़ैसले में हमेशा ख़ुश प्रतीत होता है।

एक ऑटोमोबाइल कंपनी के नए मॉडल को बाज़ार में अच्छी प्रतिक्रिया नहीं मिलने पर कंपनी के शेयर में गिरावट पर जीबी ने मुझे समझाया था। 'शेयर बाज़ार के ट्रेडर अक्सर भूल जाते हैं कि किसी भी व्यवसाय को खड़ा करने में वक्त लगता है। हमारी तरह कारोबार में भी कठिन दौर आते हैं। लेकिन यदि कारोबार का मॉडल अच्छा है और प्रमोटर की मंशा नेक है तो जल्दी ही वह समस्याओं से उबर जाता है। एक कोई

गड़बड़ से आप कंपनी को ख़ारिज नहीं कर सकते। जैसे कि आप किसी एक अपराध के लिए आप किसी कर्मचारी का बर्ख़ास्त नहीं करते।'

मैंने दोस्त को यही पाठ दिया, 'दिप्या, बाज़ार अच्छी और बुरी दोनों ख़बरों पर कुछ ज़्यादा ही प्रतिक्रिया करता है। अगर आप हर मिनट में ख़रीदी-बिक्री करने वाले ट्रेडर नहीं हैं तो आपके लिए तूफ़ान के शांत होने का इंतज़ार करना ही सुरक्षित है।'

'फलां प्रमोटर अपनी कंपनी के शेयरों में नियमित ख़रीदी कर रहा है। मेरे दलाल का कहना है, यह शेयर के भाव उसकी वास्तविक क़ीमत से कम होने का पक्का संकेत है, क्या मुझे इस शेयर को ख़रीदना चाहिए?'

मैंने इस पर उल्टा सवाल किया, 'प्रमोटर के अपनी कंपनी के शेयर ख़रीदना कंपनी के शानदार भविष्य में उसके भरोसे को दिखाता है। लेकिन हो सकता है कि वह दो साल के हिसाब से निवेश कर रहा हो। क्या तुम भी इतने समय के लिए अपना धन निवेश कर सकोगे?'

'बहुत चतुर माने जाने वाले फलां निवेशक ने एक कंपनी में बड़ी हिस्सेदारी ख़रीदी है और वे मीडिया को बता रहे हैं कि कंपनी बहुत अच्छा प्रदर्शन करने वाली है। क्या इसे ख़रीदना सही होगा?'

'यदि वह शेयर के बारे में चारों ओर चर्चा करने में लगे हैं तो इसका अर्थ है कि वह जितनी मात्रा में शेयर ख़रीदना चाहते थे, उन्होंने ख़रीदी कर ली है। इसके अलावा आप यह भी नहीं जानते कि उन्होंने कितने समय के लक्ष्य के साथ निवेश किया है। ऐसी अनेक कंपनियाँ हैं, जो बहुत शानदार और मज़बूत हैं, लेकिन बाज़ार के उनकी क़ीमत को पहचानने के पहले कई साल तक उनके शेयरों के भाव नहीं बढ़े। जब बाज़ार ने उनकी क़ीमत को पहचाना तो उनके शेयरों के भाव कई गुना बढ़ गए, लेकिन उनमें पैसे कमाने के लिए आपको बहुत अधिक सब्र करने की ज़रूरत होती है।'

'ऐसे भी कई उदाहरण मेरे सामने आए हैं, जिनमें बहुत प्रतिष्ठित निवेशक या फ़ंड हाउस को दरअसल, कंपनी ने ख़रीदी के लिए पूँजी उपलब्ध कराई थी। काग़ज़ों पर ज़रूर हो सकता है बहुत बड़े निवेशक ख़रीदी कर रहे हों, मगर हो सकता है कि उन्हें कंपनी के द्वारा इसके लिए किसी रूप में सहायता की जा रही हो। कंपनी को इससे यह फ़ायदा है कि उस निवेशक की मुहर लगते ही उनकी ओर नज़र रखने वाले लोग उस शेयर

की ख़रीदी करने लग जाएँगे और क़ीमत बढ़ जाएगी। मैं यह नहीं कह रहा हूँ कि हमेशा ही ऐसा होता है। लेकिन ऐसा भी होता है।'

'फलां शेयर अगले महीने से निफ़्टी से बाहर हो जाएगा। इसका क्या अर्थ है?'

'दिप्या, इसका मतलब है कि वह शेयर अब बाज़ार की पसंद नहीं रह गया है, उसमें निवेशकों की दिलचस्पी कम हो गई है। लंबी अवधि तक कमज़ोर प्रदर्शन के बाद आम तौर पर स्टॉक सेंसेक्स या निफ़्टी से हट जाता है। लेकिन ऐसा नहीं है कि इससे वह कंपनी हमेशा के लिए गर्त में चली गई। केवल सेंसेक्स और निफ़्टी के स्टॉक ख़रीदने वाले फ़ंड हाउस दोनों इंडेक्स के बाहर के शेयरों की अनदेखी कर सकते हैं, लेकिन यदि कंपनी का कामकाज अच्छा रहता है तो उसके शेयर में माँग दोबारा लौट सकती है और वह इंडेक्स में फिर से शामिल हो सकता है। गुमनामी में खो जाने वाले हर दस कंपनियों के शेयरों में से बहुत थोड़े से वापसी में कामयाब होते हैं। हीरो मोटोकॉर्प, डॉ. रेड्डीज, सन फ़ार्मा और सेल ऐसे ही सफल स्टॉक हैं।'

'फलां कंपनी संस्थागत निवेशकों को बाज़ार मूल्य से 10 प्रतिशत प्रीमियम पर वरीयता आवंटन कर रही है। क्या यह अच्छा संकेत है?'

'नए निवेशक प्रीमियम देने के इच्छुक हैं, यह अच्छा संकेत है। लेकिन यह भी देखना चाहिए कि कंपनी कितनी बार इक्विटी पूँजी बढ़ाती रही है। इक्विटी बढ़ाने का नतीजा ज़्यादा शेयर, ज़्यादा निवेशकों तक पहुँचते हैं, जिससे मौजूदा शेयरधारकों की हिस्सेदारी का प्रतिशत कम हो जाता है। भले ही नए निवेशक प्रीमियम अदा करने के इच्छुक हों, मगर अच्छे निवेशक कंपनी के बार-बार इक्विटी पूँजी बढ़ाने को ठीक नहीं मानते।'

अंत में...

मेरा उद्योगपति के साथ कारोबार ज़्यादा समय तक नहीं चल सका। शुरू में तो उसने हस्तक्षेप नहीं किया। लेकिन धीरे-धीरे उसकी माँगें बढ़ने लगीं। उसकी इच्छा के अनुसार मेरा काम नहीं करना उसे नागवार गुज़रता था। कुछ सौदे बिगड़ जाने पर हमारे संबंधों में और खटास आ गई।

2014 की समाप्ति तक हमने हँसी-ख़ुशी एक-दूसरे से विदाई ले ली। बैंक में मेरी पूँजी कुछ और बढ़ गई थी। लेकिन शेयर बाज़ार से मेरा मोहभंग हो चला था। क़रीबी दोस्तों ने मुझे भविष्य में बेहतर संभावनाओं वाले नए उपक्रमों, स्टार्ट अप में पूँजी लगाने का सुझाव दिया यानी कि मैं वेंचर कैपिटलिस्ट बन जाऊँ। स्टार्ट अप के साथ मेरा पिछला अनुभव अच्छा नहीं रहा था। लेकिन अब माहौल बहुत बदल गया था। मैंने भी सोचा कि एक बार और हाथ आज़माने में क्या बुराई है।

मैंने मुरबाद में अपने फ़ार्म पर ज़्यादा ध्यान देना शुरू कर दिया और उभरते हुए उद्यमियों से मिलने के अलावा अब मैं एक सामाजिक संस्था के साथ भी काम कर रहा था। मुझे भीतर से महसूस होने लगा था कि वित्तीय बाज़ार ख़ासकर शेयर बाज़ार वास्तविक संसार से कितना कटा हुआ है। मैं जिस सामाजिक संस्था की सहायता कर रहा था, वह एक कौशल प्रशिक्षण केंद्र संचालित कर रही थी। साथ ही हिंसा और प्रताड़ना से पीड़ित लड़कियों और महिलाओं को सलाह और आसरा देती है। बचत के महत्त्व को लेकर चर्चा के दौरान एक बालिका से मुझे जो कुछ सुनने को मिला उससे मुझे अपार ख़ुशी मिली। वह लड़की शायद क़रीब 18 साल के आसपास की रही होगी, बोली- उसने हर सप्ताह कम से कम 50 रुपए बचाने का संकल्प ले रखा है और उम्मीद है कि एक दिन वह अपने लिए घर ख़रीदेगी।

एक दिन मैं कहीं जा रहा था, रास्ते में जीबी के दफ़्तर पर रुक गया। शेयर बाज़ार में आख़िरी सौदा किए हुए मुझे नौ महीने से ज़्यादा समय हो गया था। जीबी बहुत दुखी दिखाई दे रहा था। हालाँकि वह इसे छुपाने की पूरी कोशिश कर रहा था।

हमने एक-दूसरे के हालचाल पूछे और पुराने सुनहरे दिनों को याद किया। मैंने बाज़ार के बड़े-बड़े नामों के बारे में पूछा कि उनका क्या-कैसा चल रहा है। मैंने उनके बारे में जो पढ़ा और सुना था, उसके अनुसार तो अब भी वे अच्छी स्थिति में नज़र आ रहे थे।

ऐसा लगा कि मैंने अनजाने में ही दुखती रग पर हाथ रख दिया।

जीबी ने तुरंत जवाब नहीं दिया। ऐसा प्रतीत हुए उन्होंने कुछ सोचा, फिर बोले : 'तुमने ज़रूर गुजराती कहावत सुनी होगी, यदि कुत्ता चलती बैलगाड़ी के नीचे चल रहा है तो आपको ऐसा लग सकता है कि कुत्ता अपनी पीठ पर गाड़ी को लेकर चल रहा है। लेकिन यह भ्रम है। वास्तव में बैल उसे लेकर चलने की मेहनत कर रहे हैं।'

मैं कुछ-कुछ समझ पा रहा था कि वे क्या कहना चाह रहे थे, तब भी मैंने कहा, 'मैं कुछ समझा नहीं।'

शिकायती लहजे में जीबी बोलने लगे, 'मेरा कहने का मतलब है, दरअसल प्रमोटर और कर्मचारी मेहनत कर रहे हैं। केवल निवेश करने के लिए एक अच्छी कंपनी को पहचान लेने से आप महान नहीं हो जाते। तथाकथित निवेशक या फ़ंड प्रबंधक वास्तव में जो कुछ हैं वह प्रबंधन और कर्मचारियों की कड़ी मेहनत की बदौलत हैं। तुम सब लोग निवेशकों को इतना महिमामंडित क्यों करते हो? '

मैंने उनकी बात से असहमति जताई, 'गोविंद भाई यह सोच बहुत ज़्यादा अतिवादी है। बाज़ार के कुछ सबसे श्रेष्ठ लोगों के साथ काम करते हुए मुझे यक़ीन है कि आप जानते हैं कि अच्छी कंपनी की पहचान करना कितना कठिन है। यदि सब कुछ क़िस्मत के भरोसे होता तो बाज़ार में बहुत से लोग दौलतमंद बन गए होते। और अपने अनुभव से आप देखेंगे कि जो भी लोग क़िस्मत के सहारे रहे, वे ज़्यादा दिन टिक नहीं पाए।'

'हो सकता है... चलो लाला, कुछ और बात करते हैं। तुम बताओ तुम्हारे शेयरों के क्या हाल हैं, निवेश की क्या स्थिति है?'

कुछ दिनों के बाद मैं मोंक से मिला और उसे जीबी से हुई बातचीत के बारे में बताया। मोंक हँसने लगा। बोला, 'लगता है कि उसके किसी बड़े ग्राहक ने उसे धोखा दिया है। या हो सकता है कि वह जीवन से ही ऊब गया हो और ख़ासकर बाज़ार से। या हो सकता है कि उसने हाल में तालेब की किताब *फ़ूल्ड बाय रैंडमनेस* (इस किताब में तालेब ने दलील दी है कि वित्तीय बाज़ारों में जीत हुनर नहीं, बल्कि क़िस्मत का खेल है) पढ़ी हो। लेकिन चिंता मत करो, उनको हम लोग जानते हैं, जीबी जल्दी ही इससे बाहर आ जाएँगे। एक महीने बाद उनसे मिलना तो वे अर्थव्यवस्था में शेयर बाज़ार के योगदान के बारे में चर्चा करते हुए दिखाई देंगे।' हम कुछ देर इधर-उधर की बातें करते रहे। मोंक ने उसी जगह से भेल बुलाई जहाँ से बहुत साल पहले उसके दफ़्तर में पहली मुलाक़ात के दौरान हमने भेल बुलाकर खाई थी।

मुझे वही दिन याद आ गए, 'बिलकुल ऐसा लग रहा है, जैसे पुराने दिनों में लौट आए हों।'

मोंक सहमति जताते हुए हँसते हुए बोला, 'शुक्र है, कुछ चीज़ें कभी नहीं बदलतीं, जैसे यह भेलवाला और उसकी भेल। उसने बांद्रा और खार में कोई एक दर्ज़न खोमचे लगा लिए हैं, लेकिन सड़क पार वाला उसका खोमचा, वह यूँ समझो कि कार्पोरेट मुख्यालय तो वही है।'

मैंने मोंक से उसके कारोबार के बारे में पूछा।

मोंक ने कहा, 'इस काम में अब पहले जैसा मज़ा नहीं रह गया है। ट्रेडर और दलालों के लिए अब यह काम बहुत मुश्किलों वाला हो गया है। हालाँकि निवेशकों के लिए यह उतना बुरा नहीं है। बहुत ज़्यादा नियम-क़ायदे हो गए हैं और सेबी ज़रा भी संदेह हो तो धावा बोल देता है।'

कुछ महीनों पहले सेबी ने कुछ फ़र्ज़ी सूचीबद्ध कंपनियों के समूह पर कड़ी कार्रवाई की थी। ये कंपनियाँ कर चोरी में मदद के लिए ही बनाई गई थीं। ये कंपनियाँ ऐसे निवेशकों को शेयर जारी करती थीं, जो कर बचाना चाहते थे। कुछ समय के बाद उनके शेयरों की क़ीमतों को तिकड़मों से बढ़ा दिया जाता था। इसके बाद निवेशक कंपनी की ही मुखौटा इकाइयों को शेयर बेच देते। यह लेन-देन केवल काग़ज़ी होता था। यदि निवेशक ने 10 रुपए प्रति शेयर ख़रीदी की होती थी और एक साल बाद उसने 100 रुपए

प्रति शेयर भाव में बेचा था तो वह 90 रुपए शेयर बाज़ार से क़ानूनसम्मत आमदनी बता सकता था, जिस पर उसे कोई कर देने की ज़रूरत नहीं थी। ऐसा नहीं है कि कंपनी 90 रुपए निवेशक को दे देती थी। इस रक़म को कुछ फ़र्ज़ी क़िस्म के लेन-देन की कड़ी से वापस ले लिया जाता था।

काले धन को सफ़ेद करने और कर चोरी के लिए शेयर बाज़ार का इस्तेमाल करना पिछले कुछ साल में बहुत कठिन हो गया था। सरकार और नियामक इसकी रोकथाम के लिए मिलकर काम कर रहे थे। गोपनीय सूचना की मदद से धन कमाना भी आसान नहीं था। मार्च, 2014 में एलऐंडटी फ़ाइनेंस के शेयर में तेज़ गिरावट आई। इसके एक दिन पहले ही कंपनी ने बाज़ार भाव से बहुत रियायती दरों पर संस्थागत निवेशकों को शेयर जारी किए थे। किसी ने इस सौदे में बिकवाली की क़ीमत लीक कर दी और एक फ़ंड हाउस ने शेयर की अल्प अवधि के लिए बिकवाली कर दी। दो महीने से भी कम समय में सेबी ने फ़ंड हाउस को निशाने पर ले लिया।

ऐसा नहीं है कि बाज़ार में धाँधलीबाज़ी पूरी तरह रुक गई। पहले कुछ गड़बड़ी करने पर पकड़े जाने की संभावना 20 प्रतिशत थी और बचकर निकल जाने की 80 प्रतिशत। लेकिन अब यह उल्टा हो गया था।

कुछ दिन बाद एक दोस्त के विवाह कार्यक्रम में मेरी मुलाक़ात 1990 के दशक के एक जाने-माने ऑपरेटर से हुई।

खाना खाते हुए वे अपना दुखड़ा रोने लगे, 'लाला, एल्गो ने तो अच्छे से अच्छे ट्रेडर को भी अब पीछे छोड़ दिया है। हम चतुर ट्रेडिंग सॉफ़्टवेयर से कोई मुक़ाबला नहीं कर सकते। हमने जो कुछ छोटे, खुदरा निवेशकों और ट्रेडरों के साथ किया, मशीनें हमारा वही हाल कर रही हैं। ये सॉफ़्टवेयर हमसे पहले ही काम कर जाते हैं और हम दहशत में बिकवाली कर देते हैं। मैं स्क्रीन पर कोई भाव देखकर ख़रीदने जाता हूँ, उतने में ही पाँच पैसे दाम बढ़ जाते हैं। सॉफ़्टवेयर मुझसे सौदा छीन लेता है। मुझे ज़्यादा क़ीमत में ख़रीदना पड़ता है। वहीं बेचने जाता हूँ तो सॉफ़्टवेयर फिर मुझे पीछे छोड़ देता है। जिस भाव पर मैंने सोचा था, मुझे उससे पाँच पैसे कम पर बेचना पड़ता है।'

मुझे उन दिनों की याद आ गई, जब ऑपरेटर किसी कंपनी के बाज़ार में उपलब्ध शेयरों को काफ़ी मात्रा में ख़रीद लेने के बाद किस तरह

से उसको नियंत्रित किया करते थे। वे छोटे कारोबारियों की मनोदशा को जानते-समझते थे और उसके अनुसार उसको झटका दिया करते थे। वे क़ीमतों को इस तरह से ऊपर-नीचे करते थे कि दस में से कम से कम आठ बार छोटे कारोबारी को नुक़सान उठाना पड़ता था। अब बहुत तेज़ ट्रेडिंग सॉफ़्टवेयर प्रोग्राम उन ऑपरेटरों को उनके ही हथियार से मार रहा था।

ऑपरेटर महोदय ने हारे हुए अंदाज़ में कहा, 'मैं अब अपने शेयर और थोड़ी-बहुत पूँजी एल्गो ट्रेडिंग में माहिर कुछ एफ़आईआई को दे देता हूँ, वे मुझे 12-14 प्रतिशत सालाना मुनाफ़ा दिला देते हैं। चोट्टों से टकराने और नुक़सान खाने से अच्छा है थोड़ा कम कमाओ, सुकून तो रहता है।'

वे अपने लिए कुछ और खाने के लिए लाने को उठे थे, तभी मैंने कहा, 'मगर मेरे दोस्त तो बताते हैं कि आप अब भी अपनी मर्ज़ी से शेयरों के भाव उठाते-गिराते हैं, जैसे पहले किया करते थे।'

जाते हुए वे कुछ रुके और कुछ तंज के साथ बोले, 'ओह, वाक़ई में क्या? मैं उनकी बात को ख़ारिज नहीं करूँगा। मुझे तभी प्रमोटरों से काम मिल सकता है, जब लोग यह सोचें कि मैं अब भी क़ीमतों को ऊपर-नीचे कर सकता हूँ।'

पिछले सात वर्षों में खेल के नियम पूरी तरह से बदल गए थे। 1990 के दशक के अंत के दौरान और इस सदी के शुरुआती वर्षों तक, जब बाज़ार में गहराई नहीं थी, विदेशी दलाल फ़र्मों में डीलर और बड़े फ़ंड हाउस में पूँजी प्रबंधक राजा हुआ करते थे। और ऐसी ही कुछ बाज़ार के ऑपरेटरों की स्थिति हुआ करती थी। इन सभी के पास महत्त्वपूर्ण सूचनाएँ होती थीं। लेकिन जैसे-जैसे बाज़ार का विस्तार हुआ इन सभी के प्रभाव में कमी होती चली गई। तब भी शेयर बाज़ार की भोजन श्रृंखला में वरीयता का क्रम बहुत कुछ वही रहा।

कुछ पैसे के अंतर के लिए काम करने वाले जॉबर्स कारोबारियों या ट्रेडरों की दया पर निर्भर थे, जो पोजीशन को एक या दो घंटे के लिए रोक सकते थे। ये ट्रेडर अपने से बड़े ट्रेडरों के रहमो-करम पर थे, जो कि अपनी पोजीशन को अगले दिन तक बढ़ाकर ले जा सकते थे। उनके ऊपर ट्रेडर (या खुदरा निवेशक, यदि आप हों तो) जो एक महीने तक अपनी ख़रीदी को रोके रखने की सामर्थ्य रखते थे। उसके बाद बाज़ार को चलाने वाले

ऑपरेटर थे, जो और ज़्यादा समय तक अपना माल रखने की क्षमता वाले थे और उनके पास अहम सूचनाएँ हुआ करती थीं। लेकिन एफ़आईआई के सामने ऑपरेटर नहीं टिकते थे। एफ़आईआई पर प्रमोटर भारी पड़ते थे, जो अपने ही शेयरों में दिलचस्पी दिखाते थे। लेकिन शीर्ष पर प्रमोटर भी चैन से नहीं बैठे रह सकते थे। ताक़तवर अफ़सरशाही और मंत्रियों के नीतिगत फ़ैसलों के बदलाव के आगे वे भी बेबस थे।

मुझे अमिताभ बच्चन का 1990 की उनकी एक हिट फ़िल्म *अग्निपथ* का एक हिट डायलॉग याद आता है :

चींटी को बिस्तुइया खा जाता है, बिस्तुइया को मेंढक, मेंढक को साँप निगल जाता है, नेवला साँप को मारता है, भेड़िया नेवले का ख़ून चूस लेता है, शेर भेड़िए को चबा जाता है, इधर हर ताक़तवर अपने से कम को मारकर जीता है।

शेयर दलाली मुनाफ़े का धंधा नहीं है और यहाँ तक कि 2007-08 की बाज़ार की तेज़ी में आईपीओ लाकर बाज़ार में अपने शेयरों को सूचीबद्ध कराने वाली बड़ी-बड़ी घरेलू दलाल फ़र्में भी अपना ज़्यादातर मुनाफ़ा ग़ैर बैंकिंग वित्तीय कंपनी, पूँजी प्रबंधन और वित्तीय उत्पाद के कारोबार से अर्जित कर रही हैं।

अगले दिन मैं एक बिज़नेस चैनल पर दलाल स्ट्रीट की एक बड़ी शख़्सियत का इंटरव्यू देख रहा था। उस कार्यक्रम में मौजूद दर्शकों में से एक ने उनसे अगले कुछ वर्षों में कई गुना मुनाफ़ा देने वाला कोई स्टॉक यानी मल्टीबैगर स्टॉक पूछा। चतुर निवेशक ने एक लाइन का जवाब दिया, जो शेयरों में निवेश के बारे में बहुत कुछ बताता है :

'केवल अगली पीढ़ी ही बताएगी।'

उस दर्शक ने बार-बार कोई स्टॉक का नाम बताने का आग्रह किया, लेकिन वे अपना जवाब दोहराते रहे। सभी ने उनके बारे में दम्भी, नकचढ़ा और भी ना जाने क्या-क्या सोचा होगा। लेकिन वह केवल सच बोल रहे थे। कोई भी समझदार निवेशक निश्चित नहीं कह सकता कि वह जो शेयर ख़रीदने जा रहा है, वह मल्टीबैगर बनेगा। वह कुछ मानदंडों के अध्ययन के आधार पर सोच-समझकर दाँव लगाता है। लेकिन आख़िर में उस स्टॉक को मल्टीबैगर बनने के लिए कई तरह के अनुकूल हालात की ज़रूरत होती

है। कोई भी एकाध परिस्थिति इधर-उधर हुई नहीं कि वह सफ़र वहीं रुक जाता है और शेयर कभी भी वास्तव में अपने सही मूल्य को कभी प्राप्त नहीं कर पाता। इसके विपरीत कई ऐसे शेयर जो इसके लिए बिलकुल भी पात्र नहीं होते, उनकी कुछ समय के लिए अनाप-शनाप क़ीमत बढ़ जाती है। इसका कंपनी के प्रदर्शन से कोई संबंध नहीं होता।

जब भाजपा मई, 2014 में अपनी दम पर बहुमत हासिल कर सत्ता में आई थी तो हर किसी ने सोचा था कि अब बाज़ार एक ऐतिहासिक तेज़ी के लिए तैयार है। लेकिन 18 महीने बाद केवल मामूली मुनाफ़ा ही हुआ। भारतीय बाज़ार भी दूसरे समकक्ष उभरते बाज़ारों की तरह ही जूझ रहा है। कारणों पर उसका कोई नियंत्रण नहीं है। इससे आपको जान जाना चाहिए कि शेयर बाज़ार में पैसे कमाना कितना कठिन है।

बहुत दिनों से मेरे दोस्त दिप्या की कोई ख़बर नहीं आई है। हो सकता है कि बाज़ार ने उसके भ्रम को दूर कर दिया हो या हो सकता है कि मेरी संगत से मिले मेरे ज्ञान से उसका काम बन गया हो और उसे अब और अधिक मेरी सलाह की ज़रूरत ही नहीं हो।

पाठक के नाम चिट्ठी

प्रिय पाठक,

मैं अपने लिखने-पढ़ने वाले कमरे में जब इन विचारों को लिखने के लिए बैठा उस समय मुम्बई में दोपहर का वक्त हो चला था। शेयर बाज़ार के सामान्य माहौल से एकदम उलट इससे ज़्यादा साफ और नहीं हो सकता था। दलाल स्ट्रीट, मुझे यही कहना पसंद है, उत्साह, उमंग से इस तरह से लबरेज़ था, जैसा पिछले एक दशक में नहीं देखा गया था।

सरसरी तौर पर शेयर बाज़ार पर निगाह रखने वाले को यह विकृत दिखाई दे सकता है। कोविड की प्रचंड लहर में लोग मर रहे हैं, उनकी नौकरियाँ छिन रही हैं, इलाज के खर्च में जीवन भर की पूँजी खत्म हो रही है।

दिमाग़ में ऐसा खयाल आता है कि पूरी दुनिया में एक मानवीय संकट के बीच मुट्ठी भर लोग बेइंतहा दौलत कमा रहे हैं, सोच से परे।

लेकिन ऐसा नहीं था कि केवल भारतीय बाज़ार ही जश्न मना रहा था। दुनिया भर के शेयर बाज़ार आसमान छूने को लालायित हो रहे थे। इस रुझान को गति देने वाले कई कारण थे।

ब्याज दरें बहुत निचले स्तर पर थीं, और सोने तथा अचल संपत्ति कारोबार में निवेश में मुनाफा कुछ अज़ीबोगरीब किस्त से बर्ताव कर रहा था। यह केवल भारत में नहीं, बल्कि दुनिया के ज़्यादातर बाज़ारों में यही चल रहा था। यह माहौल सभी जगह पूँजी प्रबंधकों को दूसरी परिसंपत्तियों से अपना ज़्यादा से ज़्यादा धन हटाकर शेयरों में निवेश करने के लिए प्रेरित कर रहा था। और न केवल पूँजी प्रबंधक, बल्कि बैंकों में अपनी जमा पूँजी

में मामूली ब्याज से असंतुष्ट आम लोग भी शेयर बाज़ार की ओर रुख कर रहे थे।

कोविड ने कई परिवारों को आर्थिक रूप से पूरी तरह से तोड़ दिया था। लेकिन बहुत से परिवार ऐसे भी थे, जिनकी आमदनी में जरूरत से ज़्यादा बढ़ोतरी भी हुई थी। ऐसे लोग जिनको शेयर बाज़ारों की कोई समझ नहीं थी या थोड़ी-बहुत जानकारी थी, वे भी शेयर बाज़ारों को उछालें मारते हुए देखकर या अपने दोस्तों या रिश्तेदारों के शेयर बाज़ार से खासी दौलत कमाने के किस्से सुनकर बिना सोचे-समझे बाज़ार की ओर भाग रहे थे। भले ही कई बार ये किस्से आधा सच ही होते हैं।

इससे लाभ प्रदान करने वाला चक्र निर्मित कर दिया। शेयरों की बढ़ती कीमतें ज़्यादा निवेशकों को आकर्षित कर रही थीं, ज़्यादा पूँजी आ रही थी, कीमतें और बढ़ रही थीं, निवेशकों की तादात और बढ़ रही थी।

तकनीकी उन्नति और निवेश प्रबंधन सेवाएँ प्रदान करने वाली वित्तीय टेक्नोलॉजी फर्मों के उभरने से शेयरों की ख़रीद-फ़रोख़्त ही आसान नहीं हुई थी, बल्कि माउस पर उंगलियों के कुछ क्लिक पर ही कंपनी के ज़रूरी वित्तीय आँकड़े और अनुपात हासिल करना भी सरल हो गया। इससे बहुत से लोगों का ऐसा मानना है कि 'जानकार और शिक्षित' खुदरा निवेशकों की संख्या में इजाफा हुआ। इनमें ज़्यादातर 20 से 30 की उम्र के युवा थे।

और ऐसे छोटे निवेशक जो दिमाग़ पर ज़्यादा जोर दिए बिना शेयर बाज़ार के मुनाफे का कुछ हिस्सा हासिल करना चाहते थे, वे इक्विटी म्यूचुअल फंड में निवेश कर रहे थे। इनमें ज़्यादातर सिस्टेमेटिक इनवेस्टमेंट प्लान यानी सिप के ज़रिए पूँजी लगा रहे थे। बाज़ार की परिस्थितियाँ चाहे जो हों, सिप में निवेशक हर महीने एक निश्चित रकम निवेश करते रहते हैं।

यही कारण है कि आप ऐसे समय में भी जब बाज़ार गिरावट के दौर में हो तब भी म्यूचुअल फंड योजनाओं में बेशुमार धन का प्रवाह जारी रहते हुए देख रहे हैं।

बहुत से लोग भारत में इसे छोटे निवेशकों के लिए एक नई सुबह बताते हुए तारीफ कर रहे हैं। डीमेट खातों, म्यूचुअल फंड फोलियो और दलाल फर्मों में नए ट्रेडिंग खातों में तेजी से वृद्धि को देखकर इतने ज़्यादा खुदरा निवेशक शेयर बाज़ार में दिलचस्पी ले रहे हैं, जितने पहले कभी

नहीं रहे। वर्तमान में सात करोड़ से ज़्यादा डीमेट खाते सक्रिय हैं, करीब 11 करोड़ म्यूचुअल फंड फोलियो हैं और दलाल फर्मों के पास लगभग 2.4 करोड़ सक्रिय ट्रेडिंग अकाउंट हैं। इनमें कुछ खाते एक ही व्यक्तियों के होंगे, कुछ निष्क्रिय होंगे। इन सब को मिलाकर अभी भी हमारी आबादी के अनुपात में यह संख्या कम है। कई परिवार आईपीओ में शेयरों के आवंटन की संभावनाओं को बढ़ाने के लिए सभी सदस्यों के डीमेट खाते खुलवा लेते हैं, या कर में लाभ लेने के लिए भी डीमेट खाते खुलवा लेते हैं। इसी तरह से म्यूचुअल फंड के कई फोलियो से भी कर की बचत में मदद मिल जाती है।

अमेरिका में कुछ हेज़ फंड ने कुछ शेयरों में अल्प बिकवाली कर रखी थी। कुछ छोटे निवेशकों ने उनके विरुद्ध मोर्चा लिया और शेयरों के भाव उल्टी दिशा में ले गए, जिससे इन फंड्स को महंगे दामों पर बेचे हुए शेयर वापस ख़रीदने पड़े। उनको भारी नुकसान हुआ। भारत में अभी ऐसा रुझान नहीं आया है। इसका कारण है कि शेयर उधार लेकर और बेचने का बाजार अभी पर्याप्त विकसित नहीं हुआ है। तब भी आज छोटे निवेशकों की ताकत को मान्यता मिली है।

लेकिन तब भी 'नया सवेरा', 'सशक्त खुदरा निवेशक' या 'समझदार खुदरा निवेशक' की इन तमाम बातों पर मुझे बहुत ज़्यादा भरोसा नहीं है। मैंने अतीत में बहुत से ऐसे 'सवेरे' देखे हैं। लगभग इसी तरीके से उनका आरंभ और अंत होता है। जब तेजी का कोई ताज़ा दौर शुरू होता है तो हर बार नए, भिन्न व्यक्तिगत निवेशक बाज़ार में अपने लुटे-पिट चुके निवेशक बिरादरी की जगह पर आ जाते हैं। नए डीमेट, ट्रेडिंग और म्यूचुअल फंड खाते ऐसे खुलने लगते हैं, जैसे बारिश के बाद कुकुरमुत्ते उगते हैं। और तेजी के दौर में जैसा कि होता है कि जब बाज़ार उठता चला जाता है तो ज़्यादातर नए आने वाले सोचने लगते हैं कि वे निवेश की कला और विज्ञान दोनों में माहिर हो गए हैं। वे हुनर और किस्मत के बीच फर्क नहीं कर पाते और अपना दाँव बढ़ाते चल जाते हैं। अंत में जब तेजी का दौर खत्म होता है तो वे सब कुछ गंवा देते हैं। पिछली तेजी का बड़ा मुनाफा लेकर बहुत कम लोग ही तेजी के अगले दौर को देख पाते हैं।

मार्च, 2020 में बाज़ार में बड़ी गिरावट के पहले कई व्यक्तिगत निवेशकों के सब्र का बांध टूटना शुरू हो गया था। ये वे लोग थे, जिन्होंने नोटबंदी के बाद आई उछाल में शेयरों और म्यूचुअल फंड्स में बहुत अधिक

उत्साह के साथ निवेश किया था। लेकिन 2018 में अचानक रैली समाप्त होने पर इन्होंने ज़्यादातर मुनाफे के साथ ही कुछ ने तो अपनी पूँजी भी गंवा दी। सबसे ज़्यादा घाटा मझोली और छोटी कम्पनियों के शेयरों में या इन शेयरों की स्कीम में पूँजी लगाने वालों को हुआ।

दुनिया में कोविड-19 महामारी का अभूतपूर्व संकट आने के बाद शेयर बाज़ार गिर गए और ये निवेशक दहशत की हालत में थे। मैं कई म्यूचुअल फंड यूनिट धारकों को जानता हूँ, जिन्होंने नुकसान में अपनी यूनिट बेच दीं, उन्हें डर था कि उनकी स्कीम की नेट असेट वैल्यू जिसे एनएवी कहते हैं और नीचे जा सकती है।

कुछ अपने दिल को थाम कर देखते रहे और जैसे ही एनएवी उनकी ख़रीदी के स्तर के बराबरी पर आई या थोड़ा सा भी मुनाफा दिखाई दिया तो उन्होंने तत्काल अपनी यूनिट बेचकर राहत की साँस ली और आगे कभी शेयर बाज़ार का नाम न लेने की कसम खा ली। मार्च, 2020 के निचले स्तरों से बाज़ार आज दोगुने से भी अधिक हो गया है और उनके दिल पर जो बीतती होगी उसकी केवल कल्पना ही की जा सकती है।

आज सभी वित्तीय आँकड़े, कम्पनियों की अंदरूनी जानकारी और उनके विश्लेषण आसानी से उपलब्ध हैं। इस तमाम ब्योरे से अवगत होना, लेकिन जब वास्तव में निर्णय लेने का वक्त आए तो इसे दिमाग से निकाल देने से कोई कुशल निवेशक नहीं बनता। उभरते हुए बाज़ार में कई खुदरा निवेशक अपनी शेखी बघारने से नहीं चूकते कि किस तरह से उन्होंने वित्तीय आँकड़ों पर एक सरसरी निगाह में ही कई गुना मुनाफा देने वाले स्टॉक की पहचान कर ली थी। लेकिन वही निवेशक तब क्या कहेंगे, जब तेजी खत्म होने के बाद वही स्टॉक कुछ साल तक एक ही जगह स्थिर बना रहेगा। एचयूएल, भारती एयरटेल, टाटा टी जैसी कुछ ब्लू चिप कम्पनियों के स्टॉक कई साल तक एक ही भाव के आसपास अटके रहे और उसके बाद अचानक ही उन्होंने इस समय की भरपाई करते हुए दो-तीन साल में शानदार मुनाफा दे दिया। एक दशक पहले आईटीसी में धन लगाकर उसे अभी तक रखने वाले निवेशक सोचते होंगे कि इससे तो बेहतर होता कि वे बैंक में सावधि जमा में पैसे रख देते। तेजी के एक सबसे बड़े दौर में आईटीसी ने बहुत कमजोर मुनाफा दिया है, जबकि कंपनी के वित्तीय आंकड़े बताते हैं कि उसकी स्थिति दूसरी कई कम मशहूर कम्पनियों की तुलना में बहुत

मजबूत है। लेकिन उन कम्पनियों के शेयरों ने कई गुना मुनाफा दे दिया है। यही शेयर बाज़ार है।

निश्चित ही कल, अगले महीने, अगले साल या तीन साल बाद बेहतर नतीजे मिल सकते हैं। लेकिन कम्पनी के वित्तीय विवरण से आपको ऐसा कुछ पता नहीं चल सकता कि शेयर बाज़ार का नज़रिया कब बदलेगा और कब वह इस निर्णय पर पहुँचेगा कि इस शेयर की कीमत का सही मूल्यांकन नहीं हुआ है और इसकी कहीं बेहतर कीमत होनी चाहिए।

मैं आपको शेयर बाज़ार में निवेश करने से डराने या हतोत्साहित करने की कोशिश नहीं कर रहा हूँ। मैं आपको केवल इतना बताने की कोशिश कर रहा हूँ कि जब तक आप कुछ वर्षों तक बाज़ार में नहीं रहते, तेजी और मंदी के कम से कम एक-दो दौर के गवाह नहीं बनते तब तक आप एक कुशल निवेशक के रूप में तैयार नहीं होते हैं।

अब, आईपीओ की कुछ बातें, मुझे बहुत जोरों की हँसी आती है जब मैं फंड प्रबंधकों और बाज़ार के गुरु कहलाने वाले कुछ लोगों के मुँह से सुनता हूँ कि इस बार बाज़ार में आईपीओ लेकर आ रही कम्पनियाँ पिछली बार की तेजी से आईपीओ लाने वाली कम्पनियों के मुकाबले कहीं ज़्यादा मजबूत और बेहतर हैं। इनमें से कई फंड प्रबंधकों ने 2007-08 की तेजी के दौरान भी यही बात कही थी। यह तय है कि तेजी के दौर में आईपीओ लेकर आ रही कम्पनी बहुत अधिक कीमत की माँग करेगी और उसे निवेशकों से मुँहमाँगे दाम मिल भी जाएँगे, क्योंकि ज़्यादातर को कम्पनी के कारोबारी मॉडल, उसके परिचालन वातावरण और प्रमोटरों की निष्ठा जैसी छोटी-छोटी बातों की परवाह ही नहीं है। उनका ध्यान केवल इस पर रहता है कि कैसे जल्दी से जल्दी वे किसी शेयर से धन कमा सकते हैं। इन कम्पनियों में से कुछ मुट्ठी भर ही सब्र रखकर शेयरों को रखने वाले निवेशकों को समय के साथ मुनाफा देंगी। लेकिन ज़्यादातर निराश ही करेंगी।

अब, हवा भरने और उसके बाद गुब्बारा पिचकाने के खेल की चर्चा। 1990 के दशक में और यहाँ तक कि 2000 से 2009 के दौरान भी एक औसत किस्म के मार्केट ऑपरेटर के बारे में सोचने पर दिमाग में गुटका चबाते हुए धूर्त किस्म के गुजराती या मारवाड़ी की शक्ल सामने आती थी, जो मुम्बई के किसी उपनगरीय इलाके या गुजरात या राजस्थान के किसी

बड़े शहर में संदेहास्पद से किसी दफ्तर में पूरे समय अपने फोन पर बात करने में लगा हुआ है। उन्हें बाज़ार के ही एक छोटे से दायरे के बाहर शायद ही कोई जानता हो। वे परदे के पीछे से प्रमोटरों के साथ सांठगांठ करके उनकी कम्पनी के शेयर में कारोबार के बढ़ने का भ्रम पैदा करते थे। शेयर के दामों को चढ़ाते थे और इस सबसे अनजान होकर इस जाल में फँसने वाले निवेशक को ऊँचे दाम पर शेयर बेचकर मुनाफा लेकर निकल जाते थे। शेयर के भाव जमीन पर आ जाते थे और कभी पुराने भावों पर नहीं लौटते थे।

आज थोड़े समय के कई ऑपरेटर अब किसी नासमझ, भोले निवेशक को जाल में फंसाने के लिए भटका नहीं करते। बल्कि बड़े ठाठ-बाट के साथ सोशल मीडिया प्लेटफॉर्म पर कई गुना मुनाफा दिलाने वाले शेयर की पहचान करने के आंशिक सच या पूरी तरह से झूठे दावे करते हुए अपने को मार्केट गुरु बताते हैं। बड़े-बड़े निवेशकों के उद्धरण और बड़ी-बड़ी बातें करते हैं। जिन शेयरों को पहले से ख़रीदे हुए होते हैं, उनके बारे में बढ़ा-चढ़ाकर बातें करके माहौल बनाते हैं। कुछ ऑनलाइन प्रशिक्षण देकर नौसिखियों को बाज़ार का विशेषज्ञ बनाने का वादा करते हैं। और बाज़ार नित नई ऊंचाइयाँ छूता रहा है तो अगला झुनझुनवाला या बफेट बनने की उम्मीद में ऐसे कोर्स के लिए कतार लगाने वाले लोगों की भी कमी नहीं रहती।

तो आप देख ही रहे हैं कि इतने बरसों में कुछ भी नहीं बदला है। सिवाय किरदारों और स्थानों के।

मेरी किताब से कई लोग मुझसे उखड़ गए, जन्हें मैं बहुत अच्छे से जानता था। उनमें से एक गोविन्द भाई थे। उन्होंने अपनी नाराज़गी मेरे सामने साफ-साफ बयान भी कर दी।

एक पार्टी में मिलने पर वे बोले, 'अरे लाला, मुझे पता है कि हमारा पेशा कोई बहुत साफ-सुथरा नहीं है, लेकिन तुमने तो ऐसा बताया है, जैसे शेयर बाज़ार में धूर्त और कपटी ही भरे हुए हैं और केवल वे लोग ही दौलत कमा सकते हैं, जिनके पास कम्पनियों की अंदरूनी सूचनाएँ होती हैं। मेरे कुछ दोस्त और संबंधी कह रहे थे कि वे हमेशा से मानते रहे थे कि शेयरों में पैसे लगाना फर्जीवाड़ा है, और तुम्हारी किताब पढ़ने के बाद तो उनकी बात पर मुहर ही लग गई है।'

मुझे इसका खेद है यदि किताब से कहीं भी ऐसा प्रतीत हुआ हो, क्योंकि मेरी इस तरह की कोई मंशा नहीं थी। मैंने अपने जीवन और कार्य क्षेत्र की कहानी बताने की अपनी ओर से श्रेष्ठतम तरीके से कोशिश की और यह किताब इसी से संबंधित है : शेयर बाजार के मेरे अनुभवों और इस दौरान मैंने जिन लोगों को जाना और जिनके साथ नियमित रूप से मेरा सरोकार रहा। मैं इस कारोबार में जिस स्थिति में रहा उसमें मुझे ऐसे कई घटिया तौर-तरीके देखने को मिले, जिनसे ज़्यादातर लोग अनजान रहते हैं।

वास्तव में शेयर बाज़ार दूसरे किसी भी अन्य उद्योग की तरह हैं, जैसे सभी क्षेत्रों में कुछ भ्रष्ट लोग होते हैं, कुछ गलत तौर तरीके अपनाए जाते हैं, उसी तरह से इस कारोबार में भी है। शायद कोई यह दलील दे सकता है कि इस क्षेत्र में गड़बड़झाला दूसरे उद्योगों के मुकाबले ज़्यादा है। एक बुजुर्ग दलाल ने एक बार मुझे बताया : 'केवल यही एक उद्योग है, जहाँ कच्चा माल भी पैसा है, अंतिम उत्पाद भी पैसा है और यदि कोई सह-उत्पाद मिलता है तो वह भी पैसा है।'

विज्ञापन और मनोरंजन कारोबार की तरह निवेश भी धारणा के आधार पर अधिक संचालित होता है, न कि वास्तविकता पर। इससे और क्या समझा जा सकता है कि निवेशक विशुद्ध नगद प्रवाह पर बैठी कम्पनी की अनदेखी करके ऐसी कम्पनी के लिए हास्यास्पद रूप से ऊँची कीमत देने को तैयार हो जाते हैं, जो न केवल कई वर्षों से घाटे में है, बल्कि निकट भविष्य में उसके मुनाफे में आने की दूर-दूर तक कोई संभावना नहीं है।

लेकिन शेयर बाज़ार को जुआरियों का अड्डा मानना, जहाँ किसी नादान निवेशक को हमेशा निशाना बनाकर लूट लिया जाता है, यह तो पूरी तरह गलत है। यह भी गलतफहमी है कि केवल जिनके पास बहुत सारा पैसा है और भीतरी सूचनाएँ हैं, वही केवल इस बाज़ार में कामयाब हो सकते हैं। यह वास्तविकता है कि कम्पनियाँ बड़े निवेशकों के प्रति पक्षपातपूर्ण व्यवहार करती हैं और जिनके पास अधिक पूँजी होती है, वे बड़े दाँव लगा सकते हैं और यदि वह सही बैठ गया तो भारी मुनाफा कमा सकते हैं। लेकिन क्या स्मार्ट पैसे की हर सौदे में जीत होती है? निश्चित ही ऐसा नहीं है, बाज़ार सभी को समानता के साथ देखता है।

अफसोस की बात है कि 'भीतर की सूचना', 'भेदिया कारोबार' और 'अंदर की ख़बर' को शेयर बाज़ार के साथ जोड़ दिया गया है। कई बार पार्टियों और परिवार के कार्यक्रमों में जानने वाले और रिश्तेदार मुझसे पूछा करते थे, 'अच्छा, तो आपको तो भीतर की बहुत सारी सूचनाएँ मिल जाती होंगी?'

एक सर्जन से मेरी एक पार्टी में मुलाकात हुई थी। उन्होंने एक बार मुझसे यही सवाल पूछा। आम तौर पर ऐसे सवालों को मैं हँसकर और विनम्रता से जवाब देकर टाल देता था। लेकिन उस दिन मैंने तय किया कि पलट कर ऐसा जवाब दूँ कि आइंदा वह शेयर बाज़ार के किसी भी कारोबारी से ऐसा सवाल न पूछे।

मैंने मुस्कराकर उनसे कहा, 'देखिये बहुत से लोगों को यह गलतफहमी रहती है। यह ठीक उसी तरह से है, जैसे मैं कहूँ कि सभी डॉक्टर मेडिकल रेप्रजेंटेटिव से रिश्वत लेते हैं और गैरज़रूरी दवाएँ लिखते हैं, अनावश्यक इलाज को लम्बा खींचते हैं, और अस्पताल बढ़ा-चढ़ाकर बिल बनाते हैं। मैं जानता हूँ कि इस तरह के अस्पताल और डॉक्टर हैं, लेकिन मैं समझता हूँ कि आप भी इससे सहमत होंगे कि न तो सभी डॉक्टर और न ही सभी अस्पताल ऐसे हैं।'

उसके बाद से मुझसे जो भी सज्जन अंदर की ख़बर के बारे में सवाल करता तो मैं उन्हें विनम्रता के साथ उनके पेशे में भ्रष्ट तौर-तरीकों की याद दिला देता और पूछता कि क्या यह सोचना सही है।

सभी विषमताओं के बीच बाज़ार कई मायनों में लोकतांत्रिक है, क्योंकि सभी को यहाँ अपनी पूँजी को बढ़ाने का भरपूर मौका मिलता है। हाँ यह ज़रूर है कि उसे खेल के नियमों को सीखना ज़रूरी होता है। और हो सकता है कि मैंने उनके बारे में न लिखा हो, लेकिन मैं ऐसे कई शौकिया निवेशकों को जानता हूँ, जिन्होंने धैर्य और बहुत कुशलता के साथ कई वर्षों में शेयरों में अच्छा-खासा निवेश जमा किया है। इसी प्रकार से मैं कुछ विश्लेषकों और फंड प्रबंधकों को जानता हूँ, जिन्होंने अपने ऊपर बैठे अफसरों और प्रमोटरों के दबाव में न आते हुए किसी शेयर का उसी तरह से मूल्यांकन किया, जिसके वह लायक था।

कुछ पाठकों और कुछ दोस्तों की भी शिकायत थी कि किताब में मैंने अपने पेशे के गुर को साझा नहीं किया। इस पर मैं कहना चाहूँगा कि समय के साथ मेरे काम करने के तरीके लगातार बदलते गए। और निश्चित ही इस बाज़ार में सभी के साथ ऐसा हुआ है। हरेक ट्रेडर या निवेशक के कुछ बुनियादी नियम हो सकते हैं, जिनका वह हमेशा पालन करेगा। लेकिन मेरा अनुभव रहा है कि इस प्रकार के नियम आपको पूरी तरह से खत्म होने से बचाने के लिए बनाए गए हैं न कि आपको असाधारण मुनाफा कमाने में मदद करने के लिए। निश्चित ही अगर आप अपने अस्तित्व को बचाकर रख पाते हैं तो संयम, अभ्यास और किस्मत से कभी न कभी आप बड़ा हासिल कर सकते हो।

यहाँ पर मैं कुछ चीज़ें बता रहा हूँ, जो मैंने शेयर बाज़ार में कोई 25 साल काम करते हुए सीखीं हैं। आप कितना जोखिम लेने के इच्छुक हैं, वही यह तय करेगा कि आप कितना मुनाफा कमाने वाले हैं। लेकिन इसे आपको शेयर बाज़ार की एक और सच्चाई के नज़रिये से देखने की ज़रूरत है : जोखिम केवल उतना ही लें जितना नुकसान आप बर्दाश्त कर सकते हैं। एक बार अगर आप खेल में उतरने का फैसला कर लेते हैं तो कुछ रातों की नींद उड़ना तय है। लेकिन बहुत ज़्यादा होने पर फिर इसमें मज़ा नहीं रह जाता है।

याद रखें कि बड़े जोखिम से हमेशा बड़े मुनाफे की गारंटी नहीं होती है। आप बहुत अधिक गंवा भी सकते हैं। यह जानें कि आप क्या करने जा रहे हैं और आप ऐसा क्यों कर रहे हैं। छोटी शुरुआत करें और बाज़ार की समझ बढ़ने के साथ अपनी ट्रेडिंग या निवेश को बढ़ाएँ।

गरिमा के साथ नुकसान को स्वीकार करें। इसे एक प्रकार के शिक्षण शुल्क की तरह मानें, जो बाज़ार अपने हर खिलाड़ी से लेता है। बाज़ार में हर कोई गलती करता है, इस पूरे कारोबार की समझ और अधिक पूँजी होने के बावजूद सर्वश्रेष्ठ निवेशकों के भी दाँव 100 प्रतिशत सफल नहीं रहे हैं। कई बार नियमों में बदलाव या नई प्रौद्योगिकी के कारण रातो-रात कारोबारी वातावरण परिवर्तित हो जाता है, कई बार चीज़ें उस तरह से नहीं होतीं, जिस तरह से अपेक्षित होती हैं, या प्रमोटर शेयरधारकों की कीमत पर अपने को अमीर बनाने का निर्णय कर सकता है।

अपने आप से सवाल करें कि कहीं आप समय पर कुछ चेतावनियों को समझ पाने में असफल तो नहीं रहे, या ऐसी कौन सी गलतियाँ थीं, जिनसे बचा जा सकता था और यह सुनिश्चित करें कि आगे उन गलतियों को न दोहराएँ।

यदि आप पूरी तरह से दृढ़ हैं कि कोई शेयर लम्बी अवधि के लिए अच्छा निवेश हो सकता है तो भले ही जब आपने उसे पहचाना तब से लेकर उसकी कीमत 20 प्रतिशत ऊपर हो गई हो, तब भी उसे ख़रीदने में हिचकिचाएँ नहीं। उसे ख़रीद लें। शेयर को बिल्कुल ही न ख़रीदना ज़्यादा महँगा साबित होता है। आपको कभी भी कोई शेयर उस कीमत में नहीं मिलने वाला, जो आपको बहुत सहज महसूस हो। और यदि उस कीमत पर मिल भी रहा होगा तो इसकी संभावना नहीं है कि आप उतनी ही मात्रा में उसे ख़रीदें, जितना चाहते हैं। यह कुछ इस तरह से होता है : एक शेयर जो आपको पसंद है, उसका भाव 150 रुपए है। आपको ऐसा लगता है कि उसकी सही कीमत 120 रुपए है। लेकिन जब कीमत 120 रुपए के स्तर पर आती है तो आपका सोच में पड़ जाना स्वाभाविक है, कहीं यह और नीचे तो नहीं जाएगा।

लेकिन परेशान न हों, बड़े से बड़ा निवेशक कभी भी एक बार में ख़रीदी नहीं करता।

क्या आपने अपने बुजुर्गों को अक्सर यह कहते हुए नहीं सुना कि फलां चीज़े जब वे जवान थे या मध्यम उम्र के थे, तो कितनी सस्ती थी?

'मैंने जब 50 साल पहले काम करना आरंभ किया था तो मैं दो रुपए किलो में सेब ख़रीदा करता था, वो भी बहुत स्वादिष्ट। आज तुम 200 रुपए किलो भाव देकर भी घटिया सेब खाते हो।'

तब भी इससे आपने आज सेब ख़रीदना या खाना बंद तो नहीं किया। किया है क्या?

इसी तरह से शेयर की केवल कीमत पर ध्यान न दें। निवेशक अपने पास रखे हुए शेयरों को उस समय ख़रीदने के ज़्यादा इच्छुक होते हैं, जब उनके भाव गिर रहे होते हैं, बजाय उस समय जब वे बढ़ रहे होते हैं। यदि कम्पनी समय के साथ बेहतर प्रदर्शन कर रही है तो शेयर की कीमत में वह प्रदर्शन परिलक्षित होने की अधिक संभावना है और उसके दाम बढ़ेंगे।

आपने हो सकता है कि कोई शेयर 100 रुपए में ख़रीदा हो और पाँच साल बाद उसकी कीमत 500 रुपए हो। लेकिन इसका अर्थ यह तो नहीं होना चाहिए कि आपको उसे नहीं ख़रीदना चाहिए, क्योंकि उसकी कीमत पाँच गुना हो गई है।

इसके अलावा ज़्यादातर निवेशक 10,000 रुपए भाव का एक शेयर लेने की बजाय दस रुपए की कीमत में उपलब्ध स्टॉक के 1,000 शेयर लेना पसंद करते हैं। लेकिन एक बार सिर्फ इसे आजमाएँ : 10,000 रुपए से अधिक कीमत के स्टॉक की सूची बनाएँ और देखें कि पिछले दस साल में उन्होंने किस तरह से प्रदर्शन किया है या पिछले पाँच साल का ही देख लें। आप हैरान रह जाएँगे।

मैं आपसे यह नहीं कह रहा हूँ कि आँखें बंद करके जो कुछ भी 10,000 रुपए से अधिक कीमत का है, उसे ख़रीद लें। मैं केवल इतना कहने की कोशिश कर रहा हूँ कि महज़ इसलिए कि किसी स्टॉक का विशुद्ध मूल्य अधिक है, उसको अनदेखा न करें।

कभी-कभार अपने दिल की आवाज़ सुनें और ऐसी जगह दाँव लगाएँ, जिसे मैं 'खारिज' दाँव कहूँगा। यानी जिसे आप पूरी तरह से खारिज करना चाहते हैं, उसमें धन लगाएँ। कभी-कभार आपको कोई स्टॉक गिरावट में बहुत ही अविश्वसनीय निचले स्तरों पर मिल जाता है। मेरा अनुभव रहा है कि ऐसे मौकों पर वे लोग, जो कम सवाल करते हैं, अक्सर वे ज़्यादा धन कमा ले जाते हैं। निचले स्तरों पर अविश्वसनीय कीमतें ज़्यादा समय तक नहीं रह पाती हैं।

आधा-अधूरा ज्ञान खतरनाक होता है। आज बहुत से वित्तीय आँकड़े आसानी से उपलब्ध हैं। लेकिन याद रहे यह आँकड़े सभी के लिए उपलब्ध हैं और इसका प्रभाव शेयर की कीमतों में पहले ही शामिल हो चुका है। अच्छी कम्पनियों के शेयर हमेशा महँगे ही रहेंगे और जो अच्छी कम्पनियाँ नहीं हैं, उनके शेयर सस्ती कीमत में उपलब्ध रहेंगे। कोई शेयर महँगा है, सस्ता है या उचित कीमत पर है, इसको जानने के लिए सबसे अधिक इस्तेमाल होने वाला पैमाना है, कीमत-आय का अनुपात; जिसे पीई रेश्यो कहते हैं। लेकिन इन्हें भी कई कारकों के संदर्भ में देखना होगा। यदि आप इस फॉर्मूले को अन्य कारकों से अलग करके इस्तेमाल करने की कोशिश

करेंगे तो आप अच्छे मौके गंवा सकते हैं या आप अपने निवेश को बढ़ा नहीं पाएँगे।

शेयर बाज़ार के अनुभवी निवेशक आपको बताएँगे कि सहजता और बड़ा मुनाफा दोनों साथ-साथ नहीं रह सकते। यदि आप किसी शेयर में निवेश के बाद एकदम सहज, मज़े में हैं तो इसका मतलब है कि आपको लगता है कि शेयर से मुनाफा होना तय है। और बहुत से अन्य लोगों ने भी इसी सोच के साथ उस शेयर में निवेश किया होगा। मैंने पाया है कि जब बहुत सारे लोग एक ही पक्ष में दाँव लगाते हैं तो बहुत कम ही वैसा होता है, जैसा कि सोचा गया था। आपका निवेश का आइडिया कितना ही शानदार क्यों न हो, ऐसे हालात आएँगे जब आपको अपने ऊपर संदेह होगा और पछतावा होगा। और इसमें कुछ भी गलत नहीं है। जब आपके दृढ़ निश्चय की परीक्षा होती है तभी आप वास्तव में निवेशक बनते हैं और आपकी बड़ी कामयाबी के लिए कुछ रातों की नींद उड़ना ज़रूरी है।

एक दलाल महाशय जिनकी उम्र करीब 90 साल के आसपास थीं, उन्होंने मुझे बाज़ार की सच्चाई के बारे में जो कुछ कहा, वह मैं आज भी याद रखता हूँ, 'पेड़ पूरी तरह से स्वर्ग की ऊँचाइयों तक बड़े नहीं होते और जड़ें पूरी तरह से नर्क में नहीं जातीं।'

कई लोग इस पर मुझसे सहमत नहीं होंगे, लेकिन मेरी सोच यही है कि बीच-बीच में मुनाफा वसूली करने और अच्छे से खर्च करने में कोई नुकसान नहीं है। मैंने कई निवेशकों को कहते हुए सुना है : 'मैंने उस कम्पनी के शेयर ख़रीदे थे और आज तक एक भी शेयर नहीं बेचा है। अब उनका मूल्य 20 गुना हो गया है।'

मैं सहमत हूँ। लेकिन आप शेयरों को ब्रेकफास्ट या भोजन में नहीं खा सकते, सही है ना? यदि आप कभी-कभार उस पैसे से कुछ जीवन का आनंद नहीं उठा रहे तो आख़िर कागज़ी संपत्ति किस काम की?

यह सवाल पूछा जा सकता है : लेकिन उन निवेशकों का क्या जिनके पास बहुत बड़ी मात्रा में शेयर नहीं हैं? अगर किसी के पास किसी अच्छी ब्लू चिप कम्पनी के केवल 100 शेयर हैं तो उसके लिए बेहतर होगा कि वह अच्छा मुनाफा हासिल होने तक उनको जितना संभव हो, रखे रहे। यह बिल्कुल ठीक है। यहाँ एक तरकीब है। मकान, भूखंड ख़रीदते समय हमारे

बुजुर्ग हमेशा कहते रहे हैं, आर्थिक रूप से थोड़ा और कोशिश करके किसी तरह से हो सके तो कुछ वर्ग फीट और अधिक ख़रीदो।

मैं कहना चाहूँगा कि शेयर बाज़ार में भी यह लागू होता है। यदि आप सरलता से 100 शेयर ख़रीदने में सक्षम हैं तो कोशिश करें, देखें आप 120 ख़रीद सकें। और यदि आप 1,000 शेयर ख़रीद रहे हैं तो 1,200 ख़रीदने की कोशिश करें। हम सभी को पूर्णांक से कुछ अधिक प्यार होता है। यदि आपका फैसला सही साबित होता है और शेयर से उम्मीद से कहीं पहले आपको अच्छा मुनाफा देता है तो आपने जो अतिरिक्त 20 या 200 शेयर ख़रीदे थे, उन्हें बेचकर आंशिक मुनाफा वसूली कर सकते हैं। इससे आपके हाथ में पूँजी आ जाएगी और साथ ही जो शेयर आपके पास रखे हुए हैं उनकी ख़रीदी की कुल कीमत कम हो जाएगी।

और अंत में यदि आप तेजी के इस बाज़ार में उतनी पूँजी नहीं कमा पाए, जितनी कमाना चाहते थे तो निराश न हों। महत्त्वपूर्ण यह है कि अपनी पूँजी सुरक्षित रखें और धैर्य के साथ सही समय का इंतज़ार करें। निश्चिंत रहें, आने वाले वर्षों में ऐसे कई तेजी के दौर आएँगे।

लालचंद

सितम्बर, 2021

आभार

पृथ्वी हल्दिया, भरत शाह, ए बालासुब्रमण्यिन, दीना मेहता, धीरेन्द्र कुमार, संदीप जैन, शरद शाह, कीर्ति दोषी, आशीष कुमार चौहान, बीएसई लिमिटेड, रवि नारायण, ओम दमानी, स्वर्गीय पराग पारिख, अलरकन मापट, आर अमरनाथ, सुरेश के जाजू, भूपेन सी दलाल, अरविन्द दलाल, केतन वी पारिख, कमलेश गांधी, संजय कुलकर्णी, सुशील केडिया, अभिषेक डालमिया, वेंकट रामास्वामी, जॉयसन थॉमस, सौरभ मुखर्जी, कौशिक शाह, एन कृष्णन, सचिन जुनेजा, भरत अय्यर, नीलेश शाह, रमेश एस दमानी, कल्पराज धरमशी, विजय ममगई, सुनील नायर, मुकुल अग्रवाल, भाविन ठक्कर, मोतीलाल ओसवाल, रशेश शाह और स्वर्गीय माखनलाल दमानी के प्रति मैं अपना आभार प्रदर्शित करता हूँ।

अनुवादक के बारे में

अखिलेश अवस्थी ने समाचार एजेंसी यूनाइडेट न्यूज ऑफ इंडिया - वार्ता के मुख्यालय दिल्ली से पत्रकारिता के करियर की शुरुआत की। बाद में इस संस्थान के भोपाल और इंदौर कार्यालयों में अलग-अलग भूमिकाओं में कार्य किया। 2008 से दैनिक भास्कर, भोपाल में कार्यरत हैं। इसके साथ ही तीन दशकों से जनसत्ता, नवभारत टाइम्स, डाउन टू अर्थ सहित अनेक पत्र-पत्रिकाओं में लेख प्रकाशित। लम्बे अरसे से अनुवाद कार्य करते हुए केन्द्र, राज्य सरकार के विभिन्न विभागों, एनजीओ, निजी संस्थानों के लिए काम किया है। डॉ. हरी सिंह गौर केन्द्रीय विश्वविद्यालय से पत्रकारिता और जनसंचार में स्नातक और स्नातकोत्तर उपाधि प्राप्त की है।